D1641842

Bruno Preisendörfer

Als die Musik
in Deutschland spielte

Reise in die Bachzeit

Büchergilde Gutenberg

Lizenzausgabe für die Mitglieder
der Büchergilde Gutenberg Verlagsges. mbH,
Frankfurt am Main, Zürich, Wien
www.buechergilde.de
Mit freundlicher Genehmigung
des Verlags Kiepenheuer & Witsch, Köln
© 2019, Verlag Kiepenheuer & Witsch, Köln
Alle Rechte vorbehalten
Lektorat: Wolfgang Hörner
Gesetzt aus der Adobe Caslon
Satz: Buch-Werkstatt GmbH, Bad Aibling
Druck und Bindung: CPI books GmbH, Leck
Printed in Germany 2019
ISBN 978-3-7632-7152-8

Für meine Più

»Ob diese [die Musik] zwar mein Acker und Pflug ist,
und mir zum Hauptergetzen dienet, so habe ich ihr
doch seither ein Par Jahren eine Gefehrtinn zugesellet, nemlich
die Bluhmen-Liebe«.

Telemann 1742 an einen Freund

»Ich mache Ihnen ein Geschenk und schicke Ihnen
eine Kiste Blumenzwiebeln«.

Händel 1750 an Telemann in einem auf Französisch abgefassten Brief

»Ohnerachtet der Herr Vetter sich geneigt offeriren,
fernerhin mit dergleichen liqueur [gemeint ist ein Fäßlein Most]
zu assistiren; So muß doch wegen übermäßiger hiesigen
Abgaben es depreciren; denn da die Fracht 16 gr. der Überbringer
2 gr. der Visitator 2 gr. die Landaccise 5 gr. 3 pf.
und generalaccise 3 gr. gekostet hat, als können der Herr Vetter
selbsten ermeßen, daß mir jedes Maaß fast 5 gr. zu stehen kömt,
welches denn vor ein Geschenke alzu kostbar ist.«

Bach 1748 an seinen Vetter und früheren Sekretär Johann Elias Bach

Inhalt

Persönliches Vorwort

Meine erste Begegnung mit Bach war wenig glücklich. Sie erfolgte im Musikunterricht der Mittelstufe. Noch heute sehe ich den Lehrer, einen kleinen, quecksilbrigen Mann, vor der Tafel hin und her hüpfen, stets seine Lieblingssentenz zur Kennzeichnung der Musik Bachs auf den Lippen: »Einheit in der Vielfalt – Vielfalt in der Einheit«. Wie es nicht anders sein kann, seit es Lehrer und Schüler gibt, verdrehten die Schüler dem Lehrer das Wort im Mund: »Einfalt in der Vielheit – Vielheit in der Einfalt.« Das war selbst recht einfältig. Und nicht besonders einfallsreich.

Schwer vorstellbar damals, dass der notorische Thomaskantor einmal mein Lieblingskomponist werden würde, falls diese eher kulinarische Kategorie dem überzeitlichen musikalischen Genius JSB angemessen ist. Zu seinen Lebzeiten war Bach, verglichen mit Händel in London oder dem in ganz Deutschland umtriebigen Telemann, eine regionale Größe, eine ehrerbietig behandelte und bevorzugt bezahlte, aber eben doch eine Provinzfigur. Ein Vergleich mit europäischen Instanzen wie dem Venezianer Vivaldi oder Rameau in Paris wäre erst gar nicht in Betracht gekommen. Heute ist die musikalische Reichweite dieser ›Provinzfigur‹ global und BACH mehr ein Marken- denn ein Eigenname. Auf allen Kontinenten gilt Bach, nach seinem Tod erst als Scholastiker der Fuge verspottet und dann drei Generationen lang ignoriert, als universeller Meister jenseits der Rangklassen. Nur Mozart umgibt ein vergleichbarer Nimbus.

Als der zwanzigjährige Felix Mendelssohn Bartholdy am 11. März 1829 in der Berliner Singakademie eine gestraffte Fassung der Matthäus-Passion zur Aufführung brachte (zwei Drittel der Arien ließ er weg), saßen Hegel, Heine, Schleiermacher und Schumann im Publikum. Allerdings nicht nebeneinander. Was hätten die vier wohl untereinander getuschelt? Und wären sich der anti-romantische Philosoph, der romantische Dichter, der romantische Theologe und der romantische Komponist über die musikalische Auferstehung der in lutherischer Frömmigkeit ruhenden Passion einig gewesen?

Die Frage nach einer innig gläubigen, also nicht nur schmückenden Bindung der Kunst an Religion ist seit dem Aufkommen der romantischen Kunstreligion bedeutungslos geworden. Bachs Kirchenmusik hat sich zur Konzertmusik gewandelt, und selbst wenn sie in Gotteshäusern aufgeführt wird, steht sie nicht mehr zuerst im Dienst einer Feier des Glaubens, sondern bietet ›Kunstgenuss‹ für zahlendes Publikum.

Den Meister hätte das befremdet. Aber wir können seine Musik nicht mehr hören, wie er selbst und seine Zeitgenossen sie gehört haben. An dieser akustisch-epochalen Verschlossenheit ändern auch ›historisch korrekte‹ Aufführungen mit alten Instrumenten nichts. Zwischen ihm und uns steht die Romantik, der seine Wiederentdeckung und Wiedererweckung zu verdanken sind. Jedoch wird alles, was von der Romantik berührt wird, unvermeidlich ›romantisiert‹ und in ihre eigene Daseinshaltung hineingezogen. Das Genie tritt nach vorn, und Gott tritt zurück.

Die Opulenz, in der uns die großen Messen und Passionen heute präsentiert werden, wäre zu Bachs Zeiten gar nicht möglich gewesen. Die damals eingesetzten Orchester kämen uns enttäuschend dünn besetzt vor, ebenso die Chöre mit nicht einmal zwei Dutzend Sängern.

Was hören wir also, wenn in einer Kirche eine Kantate erklingt? Oder die h-Moll-Messe, die Bach selbst nie vollständig gehört hat? Oder in einem Konzertsaal die *Kunst der Fuge,* von der er ebenfalls keine Aufführung erlebte? Oder in einer Philharmonie ein Brandenburgisches Konzert? Oder von einer CD die Toccata und Fuge in d-Moll? Oder vom MP3-Player eine Violinsonate. Oder auf Youtube »Breakdance zu Barock-Beats von Bach«?

*

Darf man ein Buch über Bach schreiben, wenn man im Musikunterricht schlecht aufgepasst hat und kaum Noten lesen kann? Man darf nicht! Allerdings besteht Musik nicht nur aus Noten, das gilt auch für die 16 926 Minuten Musik, die Bach komponiert hat, wie ausgerechnet wurde. Ohne Interpreten und ohne Zuhörer und ohne die Räume, in denen beide einander begegnen, sind Noten nur schwarze Punkte auf liniertem Papier.

Im Übrigen ist dieses Buch keines über Bach und seine Kompositionen, sondern eines über Bach und seine Zeit, über seine Lebensumstände und die seiner Zeitgenossen. Stets spielt Musik im Hintergrund, aber ihr kompositorischer Aufbau und ihre ästhetische Struktur gehören nicht zu den Themen der hier erzählten Geschichten.

Als der kleine Johann Sebastian im Hause seines älteren Bruders Johann Christoph, der ihn nach dem Tod des Vaters aufgenommen hatte, nachts bei Kerzenlicht heimlich Noten kopierte, spielte die Musik nicht in Deutschland, sondern in Italien und Frankreich. Das änderte sich jedoch in den folgenden Jahren und Jahrzehnten. Telemann zählte in einem Gedicht seinerzeit berühmte deutsche Komponisten auf – außer Händel heute allesamt vergessen – und resümierte: »So muss Venedig, Rom, Paris und London sagen, / Die besten Meister sind in Teutschland zu erfragen.«

Der Titel des vorliegenden Buches orientiert sich weniger an der historischen Wertung in der Rückschau als am frischen Selbstbewusstsein der deutschen Musiker jener Zeit. Ganz ernst sollte man ihn dennoch nicht nehmen, sondern mit nationaler Selbstironie. Der bedeutende Bach-Biograph Philipp Spitta allerdings meinte 1873, zwei Jahre nach der deutschen Reichsgründung im Spiegelsaal von Versailles, anders auftrumpfen zu müssen: Seit »dem Beginne des 18. Jahrhunderts übernahm Deutschland unter den musikalischen Völkern die Führerschaft und hat sie bis heute behauptet.« Und »wer die Zeit am Beginn des 18. Jahrhunderts culturhistorisch würdigen will, muß auf die Erscheinung Sebastian Bachs sein Auge richten, die, als noch alles ringsum todt und öde war, wie ungeahnt und durch einen Zauber hervorgerufen kam, der Wasserlilie gleich, die aus geheimnißvoller Tiefe über die graue und einförmige Fläche des Sees heraufgesendet wird, ein prangendes Zeugniß des nie ersterbenden Lebens im Schooße der Natur und der Zeiten.«

Eine Wasserlilie ist der grimmige Bach nicht wirklich gewesen. Das gibt auch Spitta zu, sondern ein »voller deutscher Mann, Recke und Kind in einer Person, wild und doch wieder hingebend weich – unter den deutschen Theologen kann ihm ganz doch nur Luther verglichen werden.« Diese heute komisch wirkenden Einlassungen weisen gleichwohl zu Recht auf die Bedeutung Luthers und seiner Glaubenslehre für Bach und dessen Musik hin. Das soll in diesem Buch nicht überbetont, aber auch nicht überhört werden.

Im Unterschied zu kulturgeschichtlichen Periodisierungen wie ›Lutherzeit‹ oder ›Goethezeit‹ wird gewöhnlich nicht von einer ›Bachzeit‹ gesprochen. Das hat – im Prinzip – seine Richtigkeit. Die Epoche, in der Bach lebte, und überhaupt die Jahrzehnte um 1700 lassen sich anders als die Jahrzehnte um 1500 oder die Jahrzehnte um 1800 nicht mit einer einzigen historischen Gestalt versinnbildlichen. Doch wie fragwürdig generell solche personenbezogenen (mitunter personenfixierten) Veranschaulichungen sein mögen und so zweifelhaft die Versuche, auf diese Weise der Vergangenheit abschnittsweise Name und Gesicht zu geben – ohne sie bleiben nur abstrakte Stilbegriffe übrig. Dass diese Begriffe kaum genauer sind als Kennzeichnungen nach Eigennamen, zeigt das schöne Wort ›Barock‹.

Die Zeit der schrägen Perle
Was bedeutet Barock?

Wollte man mit Epochenbegriffen jonglieren, könnte man den (oder das) Barock als die Postmoderne der Renaissance bezeichnen. Allerdings darf im Unterschied zu ›Postmoderne‹ und ›Renaissance‹ der Begriff ›Barock‹ nicht als Selbstbezeichnung gelten. Er ist Bestandteil kultureller Nachrede, im 19. Jahrhundert einer üblen, die das Pathos jener Zeit als leeren Pomp verhöhnte und ihren lastenden Schmuck als schräge Abirrung von den Idealen der Klassizität. Wortgeschichtlich lässt sich das italienische ›barocco‹ auf die französische ›perle baroque‹ zurückführen und diese wiederum auf die ›barocco‹, mit der die portugiesischen Juweliere des 16. und 17. Jahrhunderts eine unregelmäßig geformte, schiefe oder schräge Perle bezeichneten.

Von diesen Perlen scheint es ziemlich viele gegeben zu haben. Und auch das Barock ist so vielfältig, dass der Begriff schon deshalb fragwürdig, um nicht zu sagen: von epochaler Untauglichkeit ist. Was hat ein von einer Putte aus der Tiepolo-Decke der Würzburger Residenz gestrecktes Gipsbein mit den geometrisch gestutzten Buchskugeln im Park von Versailles gemeinsam? Was Berninis ekstatisch von einem Engel erstochene Theresa in Santa Maria della Vittoria in Rom mit den weit aufgerissenen Mündern von Schlüters sterbenden Kriegern im Berliner Zeughaus? Was das züchtige Ännchen von Tharau des Simon Dach im abgelegenen Preußen mit der frivolen Manon Lescaut des zwielichtigen europäischen Herumtreibers Abbé Prévost? Was der prachtgewohnte Musiker Lully am Hof des Sonnenkönigs mit dem von Schulbuben geplagten Thomaskantor?

Man könnte diese Brückenfragen lange fortsetzen, ohne eine wirklich tragfähige Brücke über die Zeiten und Räume zu finden, in denen ›Barockes‹ sich entfaltet hat. Es gab einen spanischen, italienischen und französischen Barock, einen flämischen und einen holländischen, einen nord- und süddeutschen, einen katholischen und einen protestantischen. Einen fritzischen Barock gab es auch, freundlicher formuliert: das preußische Rokoko. Und über allem leuchtete die Sonne der Aufklärung, jedenfalls seit Anfang des 18. Jahrhunderts und in den Augen derjenigen, die das ›Enligthenment‹, das ›siècle des lumières‹ voller Optimismus zu einer europäischen Bewegung machten. In der Mitte des Jahrhunderts hatte das Barock den Höhepunkt überschritten, und als 1755, fünf Jahre nach Bachs Tod, in Lissabon die Erde bebte, wurde nicht nur die Stadt der schrägen Perlen, sondern auch der Optimismus der europäischen Aufklärung erschüttert. Von der ›besten aller möglichen Welten‹, wie Leibniz sie in seiner *Theodizee* philosophisch hergeleitet hatte, konnte nur noch parodierend die Rede sein, etwa in Gestalt des zwanghaften Optimisten Pangloss in Voltaires *Candide* von 1759.

Das Barock war schwülstig, aber auf mathematisch stringente Weise, seine Überladenheit folgte geometrischen Prinzipien. Selbst die verspielten Wucherungen des Rokoko lebten noch vom Rationalismus, dem sie sich entwinden wollten. Weil die Aufklärer an diesen Rationalismus anknüpften, konnten sie sich mit den Fürsten des Absolutismus verbünden. Die verborgene Strategie hinter diesem Bündnis bestand darin, sich der Machthaber zu bemächtigen: Wenn wir unsere Ideen in die Köpfe der Souveräne säen, werden sie im ganzen Land Früchte tragen; wenn der Staat berechenbar und zuverlässig funktionieren soll wie eine Uhr, so müssen wir den fürstlichen Uhrmacher entsprechend instruieren; und wir müssen ihn dahin bringen, dass er sich, wie Gott aus seiner Schöpfung, aus seinem Staat heraushält, wenn die Uhr erst einmal aufgezogen und der Staat eingerichtet ist.

Die Künste führten in dieser Zeit kein Eigenleben, sondern waren stets auf etwas außer ihnen Liegendes bezogen: auf die Verherrlichung eines Monarchen, auf festliche Repräsentation, auf Kirchenkult und Gottesdienst, auf Erziehung der Subjekte, und zwar der Subjekte in großer Zahl. Das Erbauen und Ergötzen kamen dabei nicht zu kurz, waren jedoch nie offener Selbstzweck. Mochte mancher Künstler die ästhetische Selbstzwecklichkeit bereits empfunden haben, noch war es angeraten, diese Empfindung mit Dienstbarkeit unkenntlich zu machen, statt sich als Genie zu exaltieren, das aus eigenem und nur aus eigenem Recht ans Werk geht. Der Künstler konnte sich selbst an die Decke malen, wie es Tiepolo in der Würzburger Residenz getan hat, und den Baumeister Balthasar Neumann gleich mit, im wirklichen Leben waren es die fürstlichen Auftraggeber, die von hoch oben auf die Künstler herabsahen.

Präludium
Drei Meister

∞

Der »berühmte Hamburgische Künstler
Telemann [...] ist einer von den dreyen
musicalischen Meistern, die heute zu Tage unserm
Vaterlande Ehre machen. Hendel [!]
wird in London von allen Kennern bewundert,
und der Capellmeister Bach ist
in Sachsen das Haupt unter seines gleichen.«

Johann Christoph Gottsched, Dezember 1728

Telemanns *Trauer-music eines kunsterfahrenen Canarien-Vogels*

Rund 1800 Kantaten komponierte Georg Philipp Telemann und hat sich mit ihnen und den 1000 Sinfonien, Sonaten, Duetten und Quartetten sowie 50 Opern, 40 Passionen, 16 Messen und 6 Oratorien nach eigener Auskunft ›ganz marode melodiert‹. Nicht nur wegen dieser unentwegten Produktion überboten sich die Gegner, die sich nach seinem Tod sehr vermehrten, in Schmähungen. Von ›schädlicher Fruchtbarkeit‹ und ›Abgeschmacktheit‹ war die Rede, von ›läppischer Schilderei‹, ›ermüdendem Einerlei‹, ›Sitzenbleiben im Alltäglichen‹, ›musikalischer Manufaktur‹ und ›seichter Affektiertheit‹. Die Urheber dieser ungerechten Abfertigungen eines von den Zeiten überholten Meisters seien zur Strafe verschwiegen. Nur Lessing sei erwähnt. Welche der Verunglimpfungen stammt wohl von ihm?

Wie leicht sich Qualitätsurteile disqualifizieren, wenn sie sich an die Meister halten statt ans Werk, zeigt das Beispiel des ehrwürdigen Albert Schweitzer. Wie so viele spielte auch er Bach gegen Telemann aus, nur unterlief ihm der amüsante Fehler, dass er an einer Bach-Kantate (BWV 145) gerade den Eingangschor besonders lobte, der sich später als von Telemann komponiert herausstellte. Es lebe der Blindtest! Anonym hören und werten, dann erraten, wer der Schöpfer ist.

Wie es Telemann bei Schweitzer mit Bach erging, so erging es Christoph Ludwig Fehre bei den Musikwissenschaftlern mit Telemann. Niemand, den einen oder anderen Spezialisten ausgenommen, kennt heute noch den armen Orgeltreter Fehre aus Dresden. Aber viele, vor allem Musiklehrer, kennen Telemanns Schulmeister-Kantate. Und die stammt eben nicht von Telemann, sondern von Fehre, wie Mitte der 1990er Jahre zuverlässig bewiesen wurde.

Gottlob wurde bislang Telemanns Autorschaft bei der mensch-lich-musikalisch merkwürdigsten seiner Kantaten nicht angezwei-felt. Er veröffentlichte sie 1737 in Hamburg unter dem Titel *Cantate oder Trauer-Music eines kunsterfahrenen Canarien-Vogels, als derselbe zum größten Leidwesen seines Herrn Possessoris verstorben.* Trotz des Herrn Besitzers handelt es sich um ein Stück für Sopran: »Oh weh, oh weh, mein Canarin ist tot. / Wem klag' ich meine Not, / wem klag' ich meine bittren Schmerzen, / wer nimmt dies Leid mit mir zu Herzen, / wem klag' ich diese Not?« Bei Aufführungen pflegen die Sängerinnen zu lächeln, damit das Publikum auch merkt, dass es sich um einen Schabernack handelt. Der Musik ist das nicht an-zuhören. Sogar die Passagen, in denen der Tod in Gestalt der Katze, die den Vogel geholt hat, beschimpft wird (»Friss, dass dir der Hals anschwelle, friss du unverschämter Gast!«), halten den tragischen Ton. Im Rezitativ, das auf die Eingangsarie folgt, heißt es über den ermordeten Kanarienkünstler: »Er war mit seiner Kunst vortrefflich anzuhören und fast ein Wunder seiner Zeit.« Das trifft haargenau auf Telemann selbst zu, bis hin zum einschränkenden »fast«, denn das musikalische Wundertier der Zeit ist Georg Friedrich Händel gewesen.

Händels *Dettinger Te Deum* und das Gespenst vom Lindigwald

Händel und Telemann haben einander Briefe geschrieben, nicht nur über Blumen*. Bach und Telemann waren befreundet, Telemann stellte sich als Taufpate von Bachs Sohn Carl Philipp Emanuel zur Verfügung. Händel und Bach sind einander nie begegnet, trotz ei-nes Versuchs vonseiten Bachs im Juni 1719, Händel in dessen Ge-burtsstadt Halle in Brandenburg** zu treffen. Bach war zu diesem

---

* Siehe die Motti.
** Die Grenzen der heutigen Bundesländer stimmen nicht mit den Grenzen der damaligen Territorialstaaten überein. Das heute zu Sachsen-Anhalt ge-

Zeitpunkt im sächsischen Köthen, Händel in der Weltstadt London berühmt. Und während Bach später in Leipzig Jahrgang um Jahrgang Kantaten schrubbte, wurde Handel (ohne Pünktchen, wie die Engländer sagten und schrieben) mit Kompositionen für repräsentative Feiern der englischen Monarchie beauftragt: Sei es eine Wassermusik, seien es die Krönungsanthems* oder die kirchlichen Triumphmusiken, wenn ein Friede geschlossen oder eine Schlacht gewonnen war.

Das *Dettinger Te Deum* ist eine solche Triumphmusik. Händel komponierte es im Auftrag Georgs II. nach der letzten großen Schlacht des österreichischen Erbfolgekriegs. Bei dieser Schlacht im Juni 1743 in der Nähe des mainfränkischen Dorfes Dettingen standen Truppen aus England, Kurhannover, Österreich und Hessen einem französisch-bayerischen Heer gegenüber. Der englische König war in dieser Schlacht noch einmal sein eigener Befehlshaber, was unter den europäischen Fürsten jener Zeit eigentlich nur noch der Hasardeur Friedrich II. von Preußen wagte. Wenn der König als Feldherr in die Schlacht reitet – oder wohl doch halbwegs behütet weiter hinten im Stabszelt kommandiert –, muss die Schlacht gewonnen werden. Und so geschah es in den Augen der königlichen Chronisten auch bei Dettingen, obwohl der tatsächliche Ausgang der Schlacht wohl eher ein Unentschieden ohne militärische Vorteile für die eine oder andere Seite war, trotz der Tausenden von Toten und Verwundeten.

Wie es im Krieg zuging, lässt Jonathan Swift in seinem 1726 erschienenen satirischen Roman *Gullivers Reisen* den Titelhelden auf der vierten und letzten Ausfahrt dem entsetzten König der Pferde erzählen: »Da mir die Kriegskunst nicht unbekannt war, beschrieb ich ihm Kanonen, Feldschlangen [fahrbare Kleingeschütze], Musketen, Karabiner, Pistolen, Kugeln, Schießpulver, Schwerter, Bajonette [...]; ich sprach ihm von Schiffen, die mit tausend Mann untergingen, von zwanzigtausend Toten auf beiden Seiten, vom

---

hörende Halle war Teil des Erzstiftes Magdeburg und gehörte seit 1680 zum Kurfürstentum Brandenburg.

* Dazu die Passage im Abschnitt »Ein ›Hannoveraner‹ auf dem englischen Thron« im 2. Kapitel.

Stöhnen Sterbender, von Gliedern, die durch die Luft fliegen, von Rauch, Geschrei, Verwirrung, vom Unter-Pferdehufen-zertrampelt-Werden; von Flucht, Verfolgung und Sieg«.

Während der von Händel-Chören besungenen Schlacht vergruben der Legende zufolge flüchtende französische Soldaten in einem Wäldchen einen Münzschatz. Das Wäldchen wird in Dettingen und den umliegenden Dörfern, darunter mein Geburtsort Kleinostheim, als Lindigwald bezeichnet und der Schatz als Lindigschatz. Er ist bis heute nicht gefunden. In meiner Kindheit habe ich nach diesem Schatz gegraben. Aber nur am Tag, denn nachts wurde er von einem Gespenst bewacht. Es sprang den Schatzsuchern auf den Rücken, peitschte auf sie ein und ritt sie zurück ins Dorf. Inzwischen ist das Gespenst verstorben, wie alle Gespenster, an die niemand mehr glaubt. Der Schatz liegt immer noch ungehoben im Lindigwald. Und immer noch ertönt das herrliche *Dettinger Te Deum*. Es klingt heute weltweit mit seinem typischen Händel-Jubel wunderschön nach allgemeinem Lobpreis, obwohl es entstanden ist, um eine Schlacht des Königs von England zu feiern.

Bachs *Chaconne* im Untergrund

Am Morgen des 12. Januar 2007 ging Joshua Bell in den Untergrund. In seinem Geigenkasten befand sich jedoch keine Maschinenpistole wie in amerikanischen Mafia-Filmen, sondern eine dreihundert Jahre alte Stradivari. Der Stargeiger trug ein T-Shirt und eine fälschlicherweise richtig herum aufgesetzte Baseballkappe, als er sich in der Eingangshalle der Washingtoner Metro in Positur stellte. Er holte Geige und Bogen aus dem Kasten und begann zu spielen. Er spielte die *Chaconne** aus der Partita Nr. 2 für Violine von Bach. Es war kurz nach sieben in der morgendlichen Rushhour. Die Menschen hasteten an ihm vorbei. Es dauerte drei Minuten, bis der

---

* Häufig auch mit dem italienischen Gattungsnamen als *Ciacona* oder, wie von Bach selbst, als *Ciaccona* bezeichnet.

erste Passant reagierte. Der Mann hob verwundert den Kopf, zögerte einen Moment – und eilte weiter. Drei Minuten später blieb der erste Passant stehen und hörte ein paar Takte lang zu. Dann warf er ein Geldstück in den aufgeklappten Geigenkasten und ging seiner Wege.

Drei Jahre nach Bells Experiment begann der Cellist Dale Henderson, Bach-Suiten in U-Bahnhöfen zu spielen. Er lud andere Musiker ein, es ihm gleichzutun und sich über die sozialen Medien zu vernetzen. Inzwischen finden unter dem Label »Bach in the Subways« jedes Jahr an Bachs Geburtstag am 21. März an zahllosen ›locations‹ in der ganzen Welt Aufführungen statt.*

Bach war Mitte dreißig, als er sich in Köthen über ein Blatt Notenpapier beugte, um geduldig die kalligraphische Reinschrift eines der geheimnisvollsten Stücke der abendländischen Musik anzufertigen, das »Stück der Stücke« nennt der niederländische Schriftsteller Maarten 't Hart die *Chaconne*. Sie ist für Geige geschrieben, dauert eine Viertelstunde in 256 Takten und klingt, als käme sie aus der Ewigkeit, über alle Zeiten erhaben. Ob sie wirklich ein ›Grabstein‹ für seine erste, in Köthen während seiner Abwesenheit im Juli 1720 gestorbene Frau Maria Barbara ist, wie spekuliert wurde, sei dahingestellt. Die vollkommene Einzigartigkeit und einzigartige Vollkommenheit des Stückes indessen werden von niemandem bezweifelt, so wenig wie die Herausforderung, die es für jeden Virtuosen darstellt.

So unvergleichlich wie das Stück ist auch sein Ruhm. Und wieder hatte Felix Mendelssohn Bartholdy die Finger dabei im Spiel: im Wortsinn, denn er komponierte die Klavierbegleitung, mit der im Frühjahr 1840 die *Chaconne* zum ersten Mal nach Bachs Tod zur öffentlichen Aufführung gelangte.

Ich begegnete der *Chaconne* mit Anfang zwanzig in einem Frankfurter Buchladen. Die noch nie gehörte Musik ging mir durch Mark und Bein, ich kann es nicht anders ausdrücken. Sie kam von der

---

* Ein Video zu Bells Experiment ist zu sehen auf youtube.com/watch?v=LZeSZFYCNRw. Mehr zu Hendersons Projekt auf bachinthesubways.org. Dort auch Verweise auf Youtube-Videos und eine Weltkarte mit Aufführungsorten.

Schallplatte, und als ich mich bei der Buchhändlerin erkundigte, was ›das‹ sei, erhielt ich die Auskunft, es handele sich um ein Stück aus Bachs Partiten. Daraufhin kaufte ich eine Platte mit diesen Stücken, die ich immer noch besitze, auch wenn ich schon lange keinen Plattenspieler mehr in Betrieb habe. Inzwischen höre ich die *Chaconne* von CD in einer Aufnahme mit Mark Lubotsky, gespielt auf einer Guadagnini-Geige aus dem Jahr 1728.

1. Die Welt, Europa und die deutschen Länder

∽∾

Tanz der Kontinente – Singende Geographie –
Der ›Südseeschwindel‹ –
Deutschland nach der Verheerung

Tanz der Kontinente

Drei Akte hat Händels erstes ›Sing-Spiel‹ *Almira,* uraufgeführt im Januar 1705 in der Oper am Gänsemarkt der Hafenstadt Hamburg. Im dritten Akt treten drei Kontinente auf: Europa, Afrika, Asien. Frau Europa trägt dem Libretto zufolge römische Tracht, eine Oboenkapelle schreitet ihr voran. Afrika wird unter Trommeln und Trompeten von zwölf ›Mohren‹ über die Bühne gezogen. Asien tanzt, von Piccoloflöten und Trommeln begleitet, eine Sarabande. Aus diesem Instrumentalstück geht sechs Jahre später, in der Oper *Rinaldo* zu einer Klage-Arie erhöht, Händels größter Hit hervor: *Lascia ch'io pianga.* Die *Almira,* deren vollständiger Titel lautet *Der in Krohnen erlangte Glücks-Wechsel, oder: Almira, Königin von Castilien,* ist Händels einzige Oper ohne Kastratenrollen*.

Vier Seiten hat die Decke über dem Treppenhaus der Würzburger Residenz, und vier Teile hat dort oben die Welt: Europa, Asien, Amerika und Afrika, für jede Seite des Deckengemäldes ein Erdteil. Von Australien wusste Giovanni Battista Tiepolo aus Venedig nichts, als er in Würzburg aufs Gerüst stieg. Das 1752/53 entstandene Fresko zeigt Europa als Herrscherin der Welt und in deren Zentrum den Würzburger Hof. Amerika, als halb wilde, mithin barbusig dargestellte Indianerin trägt Federschmuck und sitzt auf einem Krokodil. Zu ihren Füßen liegen die abgeschlagenen Köpfe weißer Männer, deren Körper, so durften die entsetzten Betrachter vermuten, von den roten Kannibalen verspeist worden waren. Frau Asia, ehrwürdige Repräsentantin einer uralten Kultur, reitet vollständig bekleidet auf einem prächtig aufgezäumten Elefanten, während die primitiv sinnliche Afrika von ›Mohren‹ umgeben nackt und träge auf einem Dromedar ruht in Erwartung der ihr dargebrachten Geschenke.

---

* Dazu der Abschnitt »Kastraten und Diven« im 6. Kapitel.

Etwa in der Mitte zwischen dem Bühnenauftritt von Händels Afrika in Hamburg zu Beginn des 18. Jahrhunderts und dem Erscheinen von Tiepolos Afrika an der Würzburger Decke in der Mitte des 18. Jahrhunderts meldeten die *Wöchentlichen Hallischen Frage- und Anzeigungs-Nachrichten:* »Hieselbst hat sich ein in Diensten Sr. Hochfürstl. Durchl. des regierenden Herzogs von Wolfenbüttel stehender getaufter Mohr Namens Herr Antonius Wilhelmus Amo, einige Jahre Studirens halber aufgehalten.« Die Meldung vom 28. November 1729 weist maliziös darauf hin, dass »das argument der disputation seinem Stande gemäß seyn möchte«, also »vom Mohrenrecht« handele und »vornchmlich dieses untersuchet, wie weit den von Christen erkauften Mohren in Europa ihre Freyheit oder Dienstbarkeit denen üblichen Rechten nach sich erstrecke.« Amos *Dissertatio inauguralis de iure maurorum in Europa* ist verloren gegangen. Einige spätere lateinische Schriften haben sich erhalten, außerdem ist das akademische Wirken des ›Mohren‹ neben Halle auch in Wittenberg und Jena belegt.

Amo kam als Kleinkind auf einem Sklavenschiff der holländischen »West-Indischen Compagnie« nach Amsterdam und dort in den Besitz von Herzog Anton Ulrich von Braunschweig-Wolfenbüttel, dem Dienstherrn von Leibniz in den frühen 1690ern. Jedoch sind der europäische Universalgelehrte und der spätere afrikanische Rechtsphilosoph, der seine außergewöhnliche Laufbahn als Kammermohr begann, einander nie begegnet. Selbst wenn man sich ausmalt, Leibniz hätte kurz vor seinem Tod 1716 sein Haus in Hannover für einen Besuch in Wolfenbüttel verlassen und wäre dort in einem Antichambre des Schlosses* auf den jugendlichen Kammermohr Amo gestoßen, selbst wenn zeitlich gerechnet eine Begegnung der beiden in einem Vorzimmer möglich gewesen wäre, so hätten in Herkunft und Haltung doch das Meer zwischen ihnen gelegen, das Europa von Afrika trennt. Ohnehin hielt der europäische Gelehrte die afrikanische Menschenware für gefährlich. Im Juni 1700 schrieb er an seine Gönnerin, die Kurfürstin Sophie in Hannover: »Als ich beim Kurfürsten in seinem Appartement war, wurde ihm gemeldet, dass einer der neu eingetroffenen Mohren sich gestern ertränkt

---

* Dazu der Abschnitt über das Antichambrieren im 2. Kapitel.

habe. Die Ursache ist: Er hatte ich weiß nicht was für eine Dummheit begangen, er wurde festgenommen und sollte gezüchtigt werden, er entwich aus den Händen der Leute, die ihn führten, und stürzte sich in eine Schleuse und konnte nicht rechtzeitig gerettet werden. Erst heute wurde der Leichnam gefunden, er soll unter dem Galgen begraben werden. Menschen dieser Art sind eine Gefahr und fähig, sich an dem größten Fürsten zu vergreifen. Deshalb sollte man sie besser entfernen.«

Nach Herzog Antons Tod 1714 wurde Amo an dessen Sohn und Nachfolger August Wilhelm vererbt, als einer der an Fürstenhöfen und auf Fürstenbildern gern präsentierten Kammermohren. Sie waren die exotische Zier an europäischen Königs- wie an deutschen Provinzhöfen. Auf zahlreichen Gemälden tragen sie Blumenschalen durch Prunkzimmer oder stehen Schirmchen haltend hinter fürstlichen Kleinkindern, etwa auf einem Bild Antoine Pesnes von 1714, das den pausbäckigen kleinen Friedrich von Preußen mit seiner Schwester Wilhelmine darstellt. Andere Gemälde im sich gern ›leichtfertig‹ gebenden Rokoko-Geschmack ließen schwarze Jünglinge in Kammermohr-Livree bewundernd zu Gräfinnen emporblicken oder lüstern vor den Betten halb nackter Prinzessinnen herumlungern. Eine Porzellangruppe des Meißener Modellmachers Johann Joachim Kändler von 1737, betitelt als »Handkuss mit Mohrendiener«, besteht aus einer sitzenden Dame im Reifrock mit Hündchen im Schoß. Eine Hand überlässt sie recht desinteressiert einem knienden Kavalier zum Kuss, mit der anderen hält sie dem aufgeputzten schwarzen Diener ein Schokaladentässchen zum Nachschenken hin. Von William Hogarth wiederum gibt es eine satirische Radierung aus dem Jahr 1746, die zeigt, wie eine Lady im Reifrock ein Negerbüblein unterm Kinn krault, wie sie sonst ihr Hündchen gekrault haben mag.

Die ›Mohren‹ wurden nicht nur auf Bildern vorgezeigt, sondern auch als Lebendschmuck bei fürstlichen Festen. David Fassmann berichtet in *Leben und Thaten von Friedrich Augusti* von einer entsprechenden Abteilung beim festlichen Einzug nach Dresden anlässlich der Vermählung des Sohnes von August dem Starken mit einer Habsburger Prinzessin im Jahr 1719: »Mohren zu Fuß alle einer Länge, so Ihre Majestät der König [in Polen, der Kurfürst August in Personalunion war] haben aus Portugall bringen lassen, in weißen Atlas gekleidet, mit rothen scharlachenen Talaren, so mit blauen sammtenen Borden und goldenen Tressen wechsels-weise besetzet waren; um den Hals hatten sie goldene Hals-Bänder, und auf den Köpffen Türckische Bünde mit Strauß-Federn.«

Der dressierte schwarze ›Wilde‹ im Festzug faszinierte das Straßenpublikum, und der ›Mohr‹ im Schlafgemach einer weißhäutigen Aristokratin beschäftigte die erotische Phantasie weißer Herren, hin- und hergerissen zwischen Aufreizung und Abscheu. Als Amo, durch die Förderung seines Wolfenbütteler ›Inhabers‹ zum Rechtsdozenten in Jena aufgestiegen, es in den frühen 1740ern wagte, einer Bürgertochter einen Heiratsantrag zu machen, folgte auf die Abweisung öffentliche Häme, etwa in Form gereimter Verfolgung durch den selbst viel verfolgten Johann Ernst Philippi: *Herrn M. Amo, eines gelehrten Mohren, galanter Liebes-Antrag an eine schöne Brünette, Madem. Astrine,* ergänzt durch *Der Mademoiselle Astrine Parodische Antwort auf solchen Antrag eines verliebten Mohren.* Darin wird festgehalten: »Den teutschen Jungfern ist ein Mohr was unbekanntes«, nur »eine Mohrin ist blos deines Hertzens werth« und »Bey Europäern wirst du schwerlich glücklich seyn.« Das war neben der Schmähung auch eine sich selbst erfüllende Prophezeiung. Amos Lebensspuren verlieren sich, nachdem er im letzten Drittel der 1740er Jahre an die Goldküste im heutigen Ghana zurückkehrte.*

Das globale Sklavensystem war als Dreieckshandel zwischen Afrika, Europa und Amerika organisiert. Die Afrikaner waren die Menschenware, europäische Aktiengesellschaften wie die holländische Westindienkompanie die Großhändler, europäische Plantagenbesitzer in den kolonisierten Gebieten Amerikas die Kunden. Der von den Sklaven gewonnene Rohzucker und die von ihnen gepflückte Baumwolle wurden nach Europa verschifft und dort weiterverarbeitet. Der Erlös ließ sich in den Ankauf weiterer Sklaven reinvestieren, der Kreislauf begann von vorn.

Die ›Global Players‹ (wie man heute sagen würde) dieses interkontinentalen Geschäfts waren die Holländer, die Franzosen und

---

* Im August 2016 tauften Menschenrechts-Aktivisten die Berliner Mohrenstraße symbolisch in »Anton-W-Amo-Straße« um.

die Engländer. Aber auch Brandenburg versuchte, sich einen Anteil zu sichern. Am 1. Januar 1683 ließ an der Küste des heutigen Ghana der preußische Major Otto Friedrich von der Gröben unter Paukenschlägen und Schalmeienklang die Fahne mit dem roten Adler aufziehen und legte den Grundstein der Festung Groß-Friedrichsburg, benannt nach Kurfürst Friedrich Wilhelm (der ›große Kurfürst‹). Parallel dazu wurde eine »Brandenburgisch-Africanisch-Amerikanische Companie« in Emden etabliert, jedoch bereits 1706 wieder aufgelöst. 1717 schließlich überließ der Soldatenkönig die Festung der Westindienkompanie. Die Holländer bezahlten 72 000 Dukaten, mussten ihre Neuerwerbung aber auch neu erobern, weil ein Aschanti-Häuptling die Festung nach dem Abzug des preußischen Gouverneurs besetzt hatte.

In den drei Jahrzehnten des Brandenburger Sklavenhandels wurden an die 19 000 Menschen von Afrika nach Amerika verschifft. Gleichwohl war die mitteleuropäische Provinzmacht dem globalen Abenteuer nicht gewachsen. Es fehlte an Geld, Kompetenz und Leuten, um auf dem amerikanischen Kontinent ein eigenes Plantagensystem zu installieren und es mit afrikanischen Sklaven zu bewirtschaften, wie es den Holländern in ›Surinam‹ gelungen war, einem fünfzig Kilometer breiten Küstenstreifen am Atlantischen Ozean. Das gewaltige südamerikanische Hinterland blieb lange unerschlossen, aber an der Küste zogen sich endlos die Zuckerplantagen hin. Sie wurden mit indianischen Sklaven und importierten ›Negersklaven‹ bewirtschaftet. Seit sich die Holländer in den 1670ern bei der Kontrolle des Gebiets gegen die Engländer durchgesetzt hatten, wurden schätzungsweise 300 000 Menschen aus Afrika dorthin verschleppt, darunter ein Bruder Amos.

Die unerhörten ›Importzahlen‹ kamen auch deshalb zustande, weil sich die schwarzen Sklaven als ›robuster‹ erwiesen als die indianischen. Maria Sibylla Merian, die im Juni 1699 zu einer zweijährigen Reise nach Surinam aufbrach, um Material für ihr wunderschönes Insektenbuch zu sammeln, und die nicht nur ein Auge für die Schönheit der Raupen, Blätter und Blüten hatte, sondern auch für das Elend auf den Plantagen – diese großartige Forschungskünstlerin schrieb in ihrer Erläuterung der Bildtafel zur Heilpflanze Flos Pavonis: »Ihr Samen wird gebraucht für Frauen, die Geburts-wehen haben und die weiterarbeiten sollen. Die Indianer, die nicht gut behandelt werden, wenn sie bei den Holländern im Dienst stehen, treiben damit ihre Kinder ab, damit ihre Kinder keine Sklaven werden, wie sie es sind. Die schwarzen Sklavinnen aus Guinea und Angola müssen sehr zuvorkommend behandelt werden, denn sonst wollen sie keine Kinder haben in ihrer Lage als Sklaven.« Noch Voltaire prangerte im *Candide* die Zustände auf den Plantagen in Surinam an. Die einem Sklaven in den Mund gelegte Klage mündet in die Bemerkung: »Und das ist der Preis, um den Ihr Europäer Zucker esst!« Das war über ein halbes Jahrhundert nach Merians Rückkehr aus dem Land, ›wovon die Holländer viel Zucker holen‹, wie die *Singende Geographie* kolportiert.

Singende Geographie

Zu Beginn des 18. Jahrhunderts machte sich in Hildesheim der Gymnasialdirektor Johann Christoph Losius Gedanken darüber, wie man den Schülern (Schülerinnen saßen nicht in den Bänken) Eselsbrücken bauen könne, damit sie den Lernstoff besser behielten. Losius unterrichtete auch das Fach Geographie, und so begann er damit, dafür ein Lehrbuch zusammenzustellen, in dem Metaphern, allgemeine Erläuterungen, Aufzählungen und Merkreime den Stoff gliederten.

Die Metaphern leiteten sich von der Gestalt der Länder auf den Karten her. Amerika mit seiner Einschnürung in der Mitte wird als Sanduhr beschrieben, Europa überraschend als Tod, der auf Asien reitet und nach dem Herzen Afrikas zielt: Wir »wollen Europa als das Bild des Todes, Asia als des Todes Pferd, Africa als ein Hertz, darnach der Tod zielet, und America als desselben Stunden-Glas betrachten.« Der phantasiebegabte Schulmann las eine apokalyptische Reiterin aus dem Kartenbild Europas heraus und gab damit die mörderische Machtpolitik der europäischen Kolonialmächte treffender wieder als ihm selbst bewusst gewesen sein dürfte.

Zu den allgemeinen Erläuterungen zählten die über die Religionen in Europa, das »sind die Christliche, darzu die Griechische, Römische, Evangelische und Reformirte gehören, die Muhammedische bey denen Türcken und Tartern, die Jüdische, welche hin und wieder gedultet wird, und die Heydnische, welche an einigen Orthen noch nicht gar können getilget werden.« Mit einer Aufzählung wird das europäische Staatensystem wiedergegeben: »Nach der Politischen Eintheilung zehlet man 1. Drey Kayserthüme, das Römische, Türckische und Reussische [russische]. 2. Zehen Königreiche als Groß-Britanien, Schweden, Dännemarck, Pohlen, Ungarn, Böhmen, Franckreich, Spanien, Portugal und Preussen. 3. Zehen Republiquen, als die Vereinigte Niederlande, die Schweitz, Graubündten, das Waliser Gebiet, Genf, Venedig, Genua, Lucca, S. Marino im Urbinischen und Ragusa [Dubrovnik]«. Mit einem köstlich kindgerechten Reim schließlich wird den Schülern Deutschland nähergebracht: »Wer will Teutschland tüchtig wissen / Mags behalten bey sechs Flüssen / Als der Donau und dem Rhein / Weser, Oder, Elb und Mayn.«

Das Werk erschien 1708 im Druck, wurde aber schon vorher im Unterricht benutzt. Die Schuljungen lernten Stadt, Land, Fluss nicht nur durch gereimtes Aufsagen auswendig, sondern auch durch gemeinsames Hersingen, obwohl das Lehrbuch trotz des Titels keine Noten enthält.

In der Bach-Kantate *Schleicht, spielende Wellen* (BWV 206) übrigens singen nicht die Schüler, sondern die Flüsse. Es fechten Weichsel (für Polen), Elbe (für Sachsen), Donau (für Habsburg) und Pleiße (für die Stadt Leipzig) einen Sängerwettstreit aus um die Vorrechte an Friedrich August, sächsischer Kurfürst und König in Polen. Die Kantate endet versöhnlich im gemeinsamen Chor: »Die himmlische Vorsicht der ewigen Güte / beschirme dein Leben, durchlauchter August. / So viel sich nur Tropfen in heutigen Stunden / in unsern bemoosten Kanälen befunden, / umfange beständig dein hohes Gemüte / Vergnügen und Lust.«

Die Vertonungen der *Singenden Geographie* stammen von Telemann, der um die Jahrhundertwende ein Schüler von Losius am Hildesheimer Andreanum war. In einem der von ihm melodisch unterlegten Verslein plätschert neckisch ein Bach – ein akronymischer: »Wer erklärt mir die Gedancken? / BAWM und BACH die sind in Francken.« BAWM für »Bamberg, Aichstadt, Würtzburg, Mergetheim« und BACH für »Bareut, Anspach, Coburg und Henneberg«. Als der jugendliche Telemann dazu die Noten schrieb, konnte er von Johann Sebastian noch nichts wissen, schon gar nicht, dass Bach Jahrzehnte später in der *Kunst der Fuge* in Gestalt der Tonfolge B-A-C-H selbst mit seinem Namen spielen würde.

Die Schulmeister- und Schülerscherzlein der *Singenden Geographie* hatten im Unterricht vermutlich ihren Reiz in der Art von »Iller, Lech, Isar, Inn fließen rechts zur Donau hin«, das ältere Generationen unserer Zeit an die Erdkundestunden ihrer Kindheit erinnert. Den politischen Machtverhältnissen im europäischen Staatensystem waren die Losius-Reime samt Telemanns Vertonungen nicht gewachsen, und sollten es auch nicht sein, trotz der Aufzählung von ›Kayserthümern‹ und Königreichen.

Die fünf – nicht gleichrangigen – Großmächte in Europa um 1700 waren Frankreich mit knapp 19 Millionen Einwohnern, England mit knapp 10 Millionen, das Habsburger Reich mit 8 Millionen, das riesige, aber unterentwickelte Russland mit etwas über 17 Millionen, dessen Aufstieg mit dem Niedergang Schwedens unmittelbar zusammenhing, und schließlich das überschaubare, ebenfalls unterentwickelte, dafür frischgetaufte oder besser frischgesalbte Königtum Brandenburg/Preußen, das mit seinen 2 Millionen Einwohnern erst am Beginn seines Aufstiegs zur mitteleuropäischen Macht stand.

Die Rivalität zwischen Frankreich und England beeinflusste maßgeblich das europäische System der Kräfte. Diese Rivalität zog wechselseitige Einmischungen in die inneren Konflikte nach sich und führte zu einer Reihe von Interventionsversuchen. So wagte im Jahr 1745 ein Enkel von James II. mit französischer Unterstützung eine Invasion der Inseln. Der katholische James wiederum war im Zuge der »Glorreichen Revolution« von 1688 durch eine Invasion des frankreichfeindlichen protestantischen Wilhelm III. von Oranien entmachtet worden und hatte im Jahr darauf mit militärischer Unterstützung Ludwigs XIV. eine Invasion Irlands versucht.

Ludwig XIV., der Sonnenkönig, verfügte im Jahr 1710 über eine riesige Armee von 350 000 Mann. Zugleich lebte die Hälfte der Bevölkerung Frankreichs in Armut, jedenfalls hatte das wenige Jahre zuvor der alte Festungsbaumeister des Königs, Sébastian Le Prestre de Vauban, in seiner Schrift über die Notwendigkeit einer Steuerreform geschätzt. Die innere finanzielle Aushöhlung des französischen Staates, die Vauban zu Beginn des Jahrhunderts öffentlich diagnostizierte, sollte sich gegen Ende dieses Jahrhunderts als wichtigster Auslöser der Französischen Revolution erweisen.

Die britischen Verhältnisse ließ der in Irland geborene Jonathan Swift im Jahr 1726 durch den Mund Gullivers dem Riesenkönig von Brobdingnag und zugleich seinen Lesern erklären. Gulliver doziert, »dass unser [das britische] Herrschaftsgebiet aus zwei Inseln bestehe, die drei mächtige Königreiche unter einem Souverän umfassen*, unsere Ansiedlungen in Amerika nicht gerechnet. […] Sodann sprach ich ausführlich über die Zusammensetzung des englischen Parlaments. Dieses bestehe zum Teil aus einer erlauchten Gruppe, die man das Haus der Lords nenne, Personen adligsten Gebluts mit den ältesten und größten Vermögen. […] Der andere Teil des Parlaments bestehe aus einer Versammlung, die man das Haus der Bürger nenne. Diese seien alle führende Männer, frei gewählt und vom Volk wegen ihrer großen Fähigkeiten und ihrer Vaterlandsliebe ausgesucht, um die Weisheit der gesamten Nation darzustellen. Und diese beiden Häuser bildeten die erlauchteste Versammlung in Europa.«

Das liest sich gar nicht so schlecht, doch darf man nicht vergessen: Der Roman ist eine Satire! Gulliver selbst gesteht dem konsternierten Monarchen von Brobdingnag den unaufhörlichen inneren Zwist: »Der Adel kämpft oft um die Macht, das Volk um die Freiheit und der König um die absolute Herrschaft.« Swift lässt den König der Riesen recht grob auf Gullivers Auskünfte reagieren: Man könne »nicht umhin zu folgern, dass die Mehrzahl deiner Mitbürger die schädlichste Rasse kleinen abscheulichen Ungeziefers ist, der die Natur je gestattet hat, auf der Erdoberfläche herumzukriechen.«

Die über Generationen während Konkurrenz zwischen der britischen See- und der französischen Kontinentalmacht hatte – mit-

---

* Gemeint sind England und Irland, Schottland kam erst 1707 hinzu, der inneren Chronologie des Romans zufolge also nach der Rückkehr Gullivers aus dem Riesenland. Gleichwohl war der König von England faktisch auch schottischer Souverän.

unter schwer durchschaubare – Folgen sowohl für die überseeische Kolonialpolitik als auch für die Kräfteverhältnisse zwischen den kleineren mitteleuropäischen Fürstenstaaten. Der kriegerische Aufstieg Preußens beispielsweise wäre ohne die englischen Subsidien nicht möglich gewesen. Der Flötenspieler von Potsdam, dem Bach gegen Ende seines Lebens ein »musikalisches Opfer«* brachte, hätte ohne Inselgeld seine Feldzüge zur Eroberung und Erhaltung der Provinz Schlesien nicht finanzieren können.

Die kolonialen Konflikte wiederum fanden nicht auf den Weltkarten statt, auf denen man Landnahmen, Grenzverschiebungen und Küstenlinien nachzeichnete, sondern an den Küsten und auf den Meeren selbst. Dabei wurden nicht nur Kriegsschiffe zerstört, sondern auch Kauffahrer. So gingen dem Robinson-Erfinder Daniel Defoe, der eine Zeit lang im Warenhandel zwischen dem Mutterland und den englischen Kolonien in Amerika engagiert war, Schiffe verloren, an denen er Beteiligungen hielt. Wenn einem französische Kanonen das Geschäft verderben, kann einem der Appetit auf französische Weine vergehen: »Es wäre besser für England«, ärgerte sich Defoe, »wenn wir alle Rübenwein oder sonst einen Wein tränken, als dass wir den besten Wein in Europa tränken, diesen aber aus Frankreich holten.«

Der ›Südseeschwindel‹

Zwischen England und Frankreich liegt nur ein Rinnsal, verglichen mit der atlantischen Weite, die Europa von ›Übersee‹ trennt. Aber Baumwolle und Zuckerrohr, Teeblätter und Kaffeebohnen wurden in einem Teil der Welt geerntet, in einem anderen Teil weiterverarbeitet und in wieder einem anderen Teil verkauft. Viele Märkte wurden durchlaufen, bevor ein Endprodukt beim Kunden landete und konsumiert wurde, und auf jeder Zwischenstation der Zirkulation

---

* Dazu eine Passage im Abschnitt »Die Gebrüder Graun in Berlin« im 3. Kapitel.

durch die weltweiten Märkte ließ sich Gewinn und wieder Gewinn und noch einmal Gewinn machen. »Man bedenke die Summen, die an Tee und Kaffee verdient werden«, schrieb der in London lebende holländische Arzt Bernard Mandeville in einem Kommentar zu seiner *Bienenfabel,* in provokanter Offenheit die menschliche Habsucht und Machtgier bloßlegend, nicht etwa, um sie moralisch zu verurteilen, sondern um sie als soziale Antriebskräfte zu preisen. Ohne den Interessen-Egoismus der Einzelnen käme das gesellschaftliche Leben als Ganzes zum Erliegen. Welch »enormer Handel wird getrieben, wie vielerlei Arbeit, von der Tausende von Familien leben, wird ausgeführt, bloß dank dem Bestehen zweier närrischer, wenn nicht gar widerlicher Gewohnheiten, des Schnupfens und des Rauchens, die beide sicherlich den ihnen Ergebenen unendlich mehr schaden als nutzen.«* Und eine weltumspannende Folge von Tätigkeiten ist notwendig, um aus rohem Material ein tragbares Kleidungsstück zu machen: »Welche Geschäftigkeit muss in verschiedenen Gegenden der Welt entwickelt werden, ehe ein schönes scharlach- oder rosenrotes Tuch hergestellt ist, und wie viele Handwerke und Gewerbe müssen hierbei herangezogen werden! Nicht bloß solche, die sich von selbst verstehen, wie Wollkämmer, Spinner, Weber, Tuchwirker, Wäscher, Färber, Packer usw., sondern auch andere, ferner stehende, die nicht daran beteiligt zu sein scheinen, wie der Maschinenbauer, der Metallgießer, der Chemiker, die sämtlich ebenso wie eine große Zahl anderer Handwerke notwendig sind, um die zu den bereits genannten Gewerben erforderlichen Werkzeuge, Substanzen und sonstigen Materialien zu beschaffen.« Hinzu kommt, »was für Anstrengungen und Fährnisse in fremden Ländern überstanden werden müssen, welche Wasserflächen zu durchqueren und verschiedene Klimata zu ertragen sind […] Wie weit sind die Drogen und anderen Ingredienzien, die zusammen in einen Kessel hineingehören, über den ganzen Erdball zerstreut!«

Als die Briten 1714 einen König aus Hannover importierten**, war der Spanische Erbfolgekrieg gerade zu Ende. Dieser Krieg, dessen

---

* Zum Tabak siehe den entsprechenden Abschnitt im Kapitel »Weltliche Freuden«.
** Dazu der entsprechende Abschnitt im nächsten Kapitel.

kontinentale Schauplätze wie beim Dreißigjährigen Krieg in den deutschen Gebieten lagen, kann zugleich als der erste europäische Krieg um die Welt beschrieben werden, mit Kämpfen in Mittel- und Westeuropa, in Nordamerika, Indien und auf den Meeren. England ging als Sieger über Frankreich hervor und stieg mit der Festigung seiner Überlegenheit im Siebenjährigen Krieg (1756–1763) zur ersten globalen Wirtschaftsmacht der Geschichte empor.

Die Finanzierung der imperial-ökonomischen Feldzüge oblag seit 1694 der zu diesem Zweck gegründeten »Bank of England«. Obwohl wie in Frankreich auch in England die Last der Staatsschulden stetig wuchs, konnte die Verschuldung hier im Unterschied zu Frankreich am Haushaltskollaps vorbei gemanagt werden, als 1719 und 1720 in der ersten europäischen Finanzkrise der Neuzeit die Blasen platzten. Viele der kleineren überspekulierten Gesellschaften für den Handel zwischen den Kontinenten brachen zusammen, und schließlich geriet auch die große »South Sea Company« ins Wanken, in deren ›Obhut‹ – wenn sich das so sagen lässt – der Sklaventransport von Afrika nach Amerika lag. Allerdings wurden von der Gesellschaft nur wenige Sklaven gehandelt und gar keine Gewinne gemacht. Die spekulativen Erwartungen liefen dem tatsächlichen Aufbau einer Infrastruktur der Gewalt, die für den Handel mit Menschen nun einmal nötig ist, weit voraus.

Das Platzen der Mississippi-Blase in Frankreich ließ die Aktienkurse in London zunächst weiter steigen, weil die vor dem Pariser Kollaps realisierten Spekulationserlöse nun in London investiert wurden. Nachdem offenbar geworden war, dass die »South Sea Company« die versprochene Dividende nie würde zahlen können, verfielen auch deren Kurse schneller, als sie gestiegen waren. Die Anleger – darunter Georg Friedrich Händel und Isaac Newton – sahen sich von der eigenen Gier übertölpelt und sprachen gekränkt vom ›Südseeschwindel‹. Mandeville dürfte sich darüber nicht gewundert haben. Die Gewinner pflegen den Gewinn stets der eigenen Cleverness zuzuschreiben, die Verlierer den Verlust einem widrigen Schicksal und die betrogenen Betrüger den Betrug einem allgemeinen Verfall der Moral.

Der französische Staat war 1715, als die Regierungszeit des Sonnenkönigs endete, wegen der ungeheuren Kosten des Spanischen

Erbfolgekrieges dermaßen überschuldet, dass ein Nürnberger Flugblatt im Krisenjahr 1720 höhnen konnte: »Die Größe des lezt verstorbenen Königs in Franckreich Ludwigs XIV. welchem die Seinigen noch bey seinen Leben [Lebzeiten] mit dem Tittul des Grossen beehret, erhellet unter andern auch aus der grossen Schulden-Last [...], welche er seinem Urenckel und Nachfolger auf den Thron K. Ludwig XV. zu bezahlen hinterlassen.«

Um diese ›grosse Schulden-Last‹ abzuwerfen, bediente sich Philipp II. von Orléans, der anstelle des noch unmündigen Ludwig XV. regierte, der 1716 gegründeten »Banque Générale«. Die Bank gab Papiergeld aus, um damit die staatlichen Schuldverschreibungen zurückzukaufen. Die auf diese Weise abgefundenen privaten Gläubiger konnten mit dem neuen Geld zunächst weder Land noch Häuser erwerben, es jedoch in die »Compagnie d'Occident« investieren, auch »Mississippi-Gesellschaft« genannt. Deren Aufgabe bestand in der vielversprechenden ›Bewirtschaftung‹, will sagen Ausbeutung, Louisianas. Diese und weitere Gesellschaften wurden 1719 in der »Compagnie des Indes« zusammengefasst. Der Kurswert von deren Aktien stieg bis Anfang 1720 auf das 30-Fache des Nennwertes. Über diese beispiellose Hausse schrieb am 31. August 1719 Liselotte von der Pfalz, die Mutter des Regenten Philipp II. von Orléans, in einem Brief, es sei »gar nichts Neues vorgegangen, als viel Sachen in den Finanzen, so ich nicht verzählen kann, denn ich begreife es nicht. Nur das weiß ich, dass mein Sohn ein Mittel gefunden mit einem Engländer, so Monsieur Law heißt [...] dies Jahr alle des Königs Schulden zu bezahlen.« Ende 1720 waren die Aktien wertlos und des Königs Schulden nur zum kleinen Teil bezahlt. ›Monsieur Law‹, ein Schotte, flüchtete nach Venedig. Und in Frankfurt machte sich der allzeit rührige Telemann in einer Suite seiner *Tafelmusik* über das monetäre Desaster lustig. Sie trägt den Titel »La Bourse« (»Die Börse«), ihr letzter Satz heißt »L'espérance de Mississippi« (»Die Mississippi-Hoffnung«.)

Mit dem Platzen der Mississippi-Blase und dem Ende des ›Südseeschwindels‹ hörte die Spekulation nicht auf. Zu verlockend war (und ist) die Vorstellung, aus Geld viel Geld und aus viel Geld noch mehr Geld zu machen. Kaum hatte ein zusammengebrochener Markt den Leuten die Köpfe zurechtgerückt, begannen sie sich auf einem anderen Markt schon wieder zu drehen. Es wurden Hyazinthenzwiebeln gekauft, bis die Preise durch die Decke gingen wie schon beim Tulpenfieber im ersten Drittel des 17. Jahrhunderts. 1736 platzte auch diese Blase. Das irrwitzig überteuerte Spekulationsobjekt, das man kaufte, um es zu verkaufen, wurde wieder zur Blumenzwiebel, die man erwarb, um sie in die Erde zu stecken.

Deutschland nach der Verheerung

Den »Dreißigjährigen Krieg« gab es nicht – nicht in der Art der beiden Weltkriege des 20. Jahrhunderts mit tagesgenauen Datumsgrenzen zu Beginn und am Ende*. Man mag den Aufstand der protestantischen Stände in Böhmen mit dem »Prager Fenstersturz« am 23. Mai 1616 an seinen Anfang setzen und den »Westfälischen Frieden« von 1648 an sein Ende. Der Friede selbst zeigt durch die Vielzahl der Verträge, die zu seiner Herbeiführung zwischen Mai und Oktober in Münster und Osnabrück abgeschlossen werden mussten, dass es sich um eine ebensolche Vielzahl von Feldzügen und Kriegen handelte, von denen einer, der zwischen Spanien und den Niederlanden, nicht dreißig, sondern achtzig Jahre gedauert hatte und von denen ein anderer, der zwischen Spanien und Frankreich, sich noch bis 1659 hinzog.

Die Schlachten, die Belagerungen, die Brandschatzungen und Plünderungen, aber auch die schieren Bewegungen riesiger Massen an Menschen, Vieh und Wagen richteten gewaltige Verheerungen an – im Wortsinn. Entlang der Heerstraßen breiteten sich entvölkerte Wüsteneien aus, unabhängig davon, ob in den entsprechenden Gebieten gekämpft wurde oder nicht. Andere Regionen oder

---

* Es sei darauf hingewiesen, dass der 2. Weltkrieg keineswegs am 8. bzw. 9. Mai 1945 ›endete‹, wie wir gedenkend zu erinnern pflegen. Die Atombomben auf Hiroshima und Nagasaki wurden am 6. und am 9. August abgeworfen, die Unterzeichnung der japanischen Kapitulation in der Bucht von Tokyo erfolgte am 2. September 1945, die japanische Kapitulation in China und Korea am 9. September, die in Burma am 13. September.

Städte blieben vom Krieg nahezu unberührt oder profitierten sogar davon wie die Hafenstadt Hamburg. Auch Münster, die Stadt des Friedensvertrages, war nicht zerstört, während andere Landstriche Westfalens entsetzlich gelitten hatten. Württemberg wiederum verlor drei Viertel seiner Einwohner, während die Bevölkerung der Schweiz sogar wuchs. Auch Mecklenburg wurde stark verheert, ebenso Thüringen und viele Gebiete Sachsens. Das Handwerk in den Städten kümmerte, Dörfer und Höfe verödeten, die Äcker lagen brach. Selbst der Bergbau brach zusammen. Es war niemand mehr da, der hätte in die Gruben steigen können. In der Grafschaft Mansfeld, in der schon Luthers Vater aktiv gewesen war, lebten vor dem Krieg zweitausend Bergleute; im Geburtsjahr Bachs, nahezu vier Jahrzehnte nach dem Westfälischen Frieden, waren es keine drei Dutzend und weitere vier Jahrzehnte immer noch erst sechshundert.

Das Herzogtum Preußen weiter im Osten war nahezu unverwundet davongekommen, das Kurfürstentum Brandenburg in Mitteldeutschland indessen lag zertrampelt da, große Teile seiner Bevölkerung waren umgekommen oder geflohen. Kurfürst Friedrich Wilhelm nahm die calvinistischen Hugenotten, die nach der Aufhebung des Edikts von Nantes im Jahr 1685 aus dem katholischen Frankreich flohen, nicht nur wegen der ›Toleranz‹ auf, sondern vor allem zur Stärkung des Handwerks, der Belebung der Wirtschaft und der Wiederbevölkerung seines Territoriums. Die ›Peuplierung‹ war von machtpolitischer Überlebensnotwendigkeit. Ein Land ohne Leute konnte nur auf dem Papier als Staat gelten, und ein Herrscher ohne Untertanen war bloß ein Popanz im Hermelinmantel. Im 1655 erstmals erschienenen und über drei Generationen immer wieder aufgelegten *Teutschen Fürstenstaat* des Veit Ludwig von Seckendorff hieß es, »dass an der Menge der Unterthanen das gröste Glück des Regenten gelegen und dass solche der recht Schatz des Landes sey«.

Wie alle Zahlen jener Zeit kann auch die der umgekommenen Soldaten nur geschätzt werden. Diese Zahl ist jedoch, gemessen an der ›Entvölkerungsrate‹, vergleichsweise niedrig, übrigens auch gemessen an den ›Mortalitätsraten‹ späterer Kriege. Im ›Teutschen Krieg‹, wie die Zeitgenossen den ›Dreißigjährigen‹ nannten, sollen 600 000 Soldaten gefallen oder an Verwundungen, unbehandelten

Krankheiten und Seuchen gestorben sein. Zwei Generationen später im Spanischen Erbfolgekrieg, der nicht halb so lange dauerte, waren es 100 000 mehr.

Die Jahrzehnte nach dem Dreißigjährigen Krieg waren keine Friedenszeit. Eine ununterbrochene Folge regionaler Feld- und europäischer Kriegszüge bedrängte und bedrückte die Bevölkerung der deutschen Gebiete unmittelbar vor, während und nach der Lebenszeit Bachs, vom Schwedisch-Brandenburgischen Krieg (1675–1679) mit dem Sieg des Großen Kurfürsten in der Schlacht bei Fehrbellin (1675) bis zum Siebenjährigen Krieg (1756–1763), in dem Friedrich der Große das 1740 annektierte Schlesien als Beute festhalten konnte. 1686 belagerten die Dänen – wenn auch vergeblich – die reichsfreie Hansestadt Hamburg; während des Pfälzischen Kriegs (1688–1697) wird am Niederrhein, in der Kurpfalz, in Schwaben und Franken gekämpft, im zweiten Kriegsjahr brennen abziehende französische Truppen die Städte Bingen, Heilbronn, Mannheim, Heidelberg, Worms und Speyer nieder; im Nordischen Krieg (1700–1721) versucht Schweden, sich im Ostseeraum gegen das aufsteigende Russland zu behaupten; im Spanischen Erbfolgekrieg (1701–1714) kämpfen die Großmächte England und Frankreich, jeweils unterstützt durch zahlreiche Partikularmächte, um die politische Dominanz in Europa und die ökonomische Superiorität an den Küsten des Atlantiks; im Krieg Brandenburg-Preußen gegen Schweden (1715/16) verlieren die Schweden Usedom, Rügen, Stralsund und Wismar; im Streit um den polnischen Thron nach dem Tod Augusts des Starken kommt es zum Reichskrieg gegen Frankreich (1734/35); der Einmarsch Friedrichs des Großen in Schlesien löst eine Folge von Kriegszügen aus, die zum gesamteuropäischen Österreichischen Erbfolgekrieg eskalieren (1740–1748), dem Vorspiel des Siebenjährigen Krieges.

Während dieser blutigen Jahrzehnte – die Aufzählung ist nicht vollständig, es fehlen beispielsweise die Türkenkriege und die russischen Feldzüge in Osteuropa – konnten die deutschen Territorialfürsten ihre Macht festigen und ausbauen. Die nun einsetzende Entwicklung der Fürstenherrschaft zum staatlichen Absolutismus war untrennbar verbunden mit der Organisation stehender Heere und mit dem Aufbau einer ordnungschaffenden und selbst ordentlichen Verwaltung. Das Heer seinerseits war, zumal in Friedenszeiten, eine riesige Verwaltungseinheit, in der alles am Soldat, vom Scheitel bis zur Sohle, vom Dreispitz bis zum Stiefel, eindeutig geregelt und als eindeutig geregelt auch durchgesetzt werden musste.

Mit dem Aufstieg der Territorialstaaten, an deren Spitze ein Souverän stand – nur im Notfall eine Souveränin wie bei Maria Theresia von Österreich, bei Zarin Elisabeth oder später bei Katharina von Russland –, ist untrennbar verbunden die Entwicklung einer alle Bereiche des Lebens durchdringende Sozial-, Rechts- und Finanzordnung. Nur auf diese Weise ließ sich ein Gebiet, ein Territorium in historischer Perspektive zu so etwas auf- und ausbauen wie einen Staat im modernen Sinn. Die ›Policey‹, wie die Zeitgenossen sagten, war eines der Stichwörter, mit dem sich große Teile dieser Vorgänge zusammenfassen lassen und mit dem schon die Zeitgenossen sie zusammengefasst haben. Das *Universal Lexicon* Zedlers* erläuterte, die Policey »ist entweder so viel als das gemeine Wesen, Republick, Regiments-Forme oder auch die Gesetze, Anstalten und Verordnungen, so einer Stadt oder Lande gegeben und vorgeschrieben, dass jedermann im Handel und Wandel sich darnach achten, mithin alles ordentlich und friedlich zu gehen« habe.

Die ›Polizierung‹, wie man in Analogie zur ›Bürokratisierung‹ sagen könnte, griff dermaßen um sich, dass sie sogar in die Küche Einzug hielt. Das barocke Titelblatt von Paul Jacob Marpergers *Küch- und Keller-Dictionarium* verspricht neben vielem anderen »Allerhand nützliche Haushaltungs- Gesundheits- Lebens- und Policey-Regeln mit Moralischen Anmerckungen«. Dabei geht es auch um »Grosser Herren Banquets, solenne Festins und Tractirungen«. Ohne Bankette, Feste und traktierendes Bewirten war fürstliche Repräsentation nicht möglich. Nicht immer ging es dabei so nachholend verschwenderisch zu wie beim brandenburgischen Friedrich, der im Herzogtum Preußen zum König avancierte, oder bei August von Sachsen, dem Ähnliches in Polen gelang. Aber auch das, was den Zeitgenossen als halbwegs erträgliches mittleres Maß beim Zurschaustellen von Macht und Herrlichkeit vorkam, wirkt heute als unerhörte Verschwendung. Und selbst der Soldatenkö-

---

* Über das Riesenwerk der entsprechende Abschnitt im 5. Kapitel.

nig, berüchtigt für seinen Geiz bei allem, was nicht die Armee betraf, musste Hof halten und sich vom Exerzierplatz ins Paradezimmer bequemen. Die Musik übrigens blieb dabei buchstäblich auf der Strecke, obwohl der König sich gelegentlich Stücke von Händel vorspielen ließ – auf Marschtrompeten.

2. Die Fürsten machen Staat

∽

Friedrich von Brandenburg setzt in Königsberg
eine Krone auf – Ein ›Hannoveraner‹
auf dem englischen Thron – Antichambrieren bei
Herzog Anton Ulrich in Wolfenbüttel –
Herzog Carl Rudolf von Württemberg unterzeichnet
das Todesurteil über Süß Oppenheimer –
August der Starke inszeniert das Zeithainer Lustlager –
Der Soldatenkönig lässt in Potsdam exerzieren –
Der Philosophenkönig reitet in Breslau ein –
Der ›Herr der fünf Kirchen‹ krönt
in Frankfurt seinen Bruder zum Kaiser

Friedrich von Brandenburg
setzt in Königsberg eine Krone auf

Als der Kurfürst von Brandenburg im Dezember 1700 in Berlin eine Prunkkutsche bestieg, um in einem festlichen Zug zur Selbstkrönung in seine Geburtsstadt Königsberg zu reisen, gehörte das Herzogtum Preußen nicht zum Heiligen Römischen Reich. Dieses Herzogtum, seit 1657 unter der auch von Polen anerkannten Oberhoheit der Brandenburger, war ursprünglich als polnisches Lehen in die Hände der Hohenzollern gelangt. Die westpreußischen Gebiete indessen befanden sich weiterhin unter polnischer Herrschaft. Friedrich konnte sich demnach nicht zum König von, sondern nur zum König in Preußen machen*, ganz ähnlich wie Kurfürst August der Starke von Sachsen sich 1697 nur zum König in Polen, nicht zum König von Polen hatte wählen lassen können.

Obgleich das neue preußische Königtum außerhalb des Reiches lag, war Friedrich I. auf die Anerkennung seiner Königswürde durch den Kaiser in Wien angewiesen. Man baute Schlösser, etwa seit 1693 das Berliner Stadtschloss, organisierte ein stehendes Heer und siedelte fremde Leute in verödeten Gegenden an. Man stritt mit den Landständen über obrigkeitliche Rechte, mit den Junkern auf den Gütern um die Herrschaft über die Bauern und mit den Räten in den Städten um die Durchsetzungskraft fürstlicher Verordnungen. Aber trotz der Konsolidierung der landesherrlichen Souveränität im Verlauf all dieser zähen Auseinandersetzungen in »Seiner Königlichen Majestät Staaten und

---

* Erst Friedrich II. konnte nach den Gebietsgewinnen infolge der ersten polnischen Teilung 1772 offiziell den Titel »König von Preußen« führen.

Provinzen«*, wie die Berliner Kanzleien es angesichts der territorialen Zersplitterung ausdrückten, bedurfte der aufsteigende fürstliche Herr einstweilen noch der Akzeptanz durch die alte kaiserliche Macht. Diese Akzeptanz ließ sich nicht erzwingen, sondern musste diplomatisch in Wien vorbereitet, wenn auch nicht mehr vom Papst in Rom abgesegnet werden.

Wien hatte sich im Juli 1700 gegen die ›Lieferung‹ von 8000 Soldaten für den Spanischen Erbfolgekrieg bereit erklärt, keine Einwände gegen die königliche Würde zu erheben, und so konnte ein Spektakel stattfinden, das sich, beginnend mit dem Aufbruch in Berlin am 17. Dezember, über die Krönung am 18. Januar 1701 in Königsberg bis zum feierlichen Einzug in Berlin am 6. Mai und dem Ausklang der Feierlichkeiten, über ein halbes Jahr hinzog. Der kurfürstlich-königliche Oberhofzeremonienmeister Johann von Besser beschrieb in seiner *Preußischen Krönungs-Geschichte* die prachtvolle Ausfahrt in vier Abteilungen mit Hunderten von Karossen und Rüstwagen und Tausenden von Pferden: In »der zweiten Abteilung fuhr das kurfürstliche Paar mit 200 Personen Gefolge. Die Festlichkeiten, zu denen der Kurfürst selbst den Plan entworfen hatte, begann mit einem Umritt der Hofbeamten und Kavaliere, die von vier Herolden in goldgestickten Kleidern, von Trompetern, Paukenschlägern und Dragonern geleitet wurden.«

Wo immer die Macht auftritt, wird auf Pauken gehauen und in Trompeten geblasen**. *Tönet, ihr Pauken! Erschallet, Trompeten!,* heißt beispielsweise eine Bach-Kantate (BWV 214) zum Geburtstag der sächsischen Kurfürstin Maria Josepha im Dezember 1733. Und eine vermutlich auf 1735 zu datierende Kantate (BWV 207a) zum Namenstag des sächsischen Kurfürsten Friedrich August hebt an: »Auf, schmetternde Töne der muntern Trompeten / ihr donnernden Pauken, erhebet den Knall!« Dagegen darf sich im *2. Brandenburgischen Konzert* die Trompete in geradezu hüpfender Heiterkeit hören lassen, ohne einschüchtern oder gar überwältigen zu müssen. Hier

---

* Als da waren: die Kurmark Brandenburg und die Neumark Brandenburg, Preußen, Hinterpommern, Cleve, Ravensberg, Minden, Halberstadt, Magdeburg, Lauenburg-Bütow, Lingen, Mörs, Tecklenburg.
** Dazu der entsprechende Abschnitt im 6. Kapitel.

ist die Musik selbst die Herrin. Die Trompete darf mit der Flöte tanzen und mehr sein als ein Fanfaren-Werkzeug zur Ankündigung des Machthabers.

Wenn es für den Machthaber etwas zu feiern gibt, beginnen selbst die Glocken in den Kirchtürmen zu schwingen – auf Anordnung. Wie in dem »Befehl, daß der Krönungstag am 18. Januar 1701 in allen Königl. Landen gefeiert werden solle«. Darin wird verlangt, dass »nach der Frühpredigt das Te Deum laudamus gesungen und zu gewissen Stunden, als nämlich: Morgens frühe um 8 Uhr, Mittages um 12 Uhr und nach vollendeter Vesper-Predigt mit allen Glocken im Lande geläutet werden solle.«

Als Element des Herrschaftstheaters hat Musik dafür zu sorgen, dass die Untertanen für nichts anderes mehr Ohren und Augen haben als für die sich selbst feiernde Macht. »Fünfmal hielt der Zug«, schreibt von Besser stolz, »und ein Herold verkündete die Erhebung Preußens zum Königreich.« Zur Krönung »begab sich der König nach dem großen Saal des Schlosses. Er trug ein scharlachfarbenes Kleid mit kostbarer Stickerei und Brilliantknöpfen, rote Strümpfe, einen langen Purpurmantel, der mit Hermelin ausgeschlagen war und durch eine Spange mit drei großen Diamanten zusammengehalten wurde. Als er auf dem Thron Platz genommen hatte, setzte er sich die Krone mit eigenen Händen aufs Haupt und ergriff das Szepter mit der rechten, den Reichsapfel mit der linken Hand.« Danach schritt der König in die Gemächer seiner Gemahlin und setzte auch ihr die Krone auf. Die Prozedur scheint etwas umständlich gewesen zu sein, jedenfalls wird kolportiert, die kniende Sophie Charlotte habe eine Prise Schnupftabak genommen, um die aufkommende Langeweile zu überwinden.

Von der Krönung der Gemahlin abgesehen, orientierte sich die Zeremonie an der Selbstkrönung des schwedischen Königs Karl XII. Der erst fünfzehnjährige Herrscher hatte sich 1697 die Krone eigenhändig aufgesetzt und damit symbolisch eine Souveränität beansprucht, deren Recht und Würde in ihr selber lagen und keiner Rechtfertigung und Würdigung durch eine außer ihr liegende Instanz bedurften, etwa durch die Stände oder durch ein Wahlkapitel oder durch geistliche Amtsträger.

Friedrichs Salbung, wiederum unter Pauken und Trompeten, erfolgte in der Schlosskirche durch den reformierten Oberhofprediger und durch einen lutherischen Theologieprofessor. Beide hatte Friedrich zuvor zu Bischöfen erhoben. Dass der König schon vor der Salbung in Purpur ging, dass er die Bischöfe ernannt hatte, dass das Gefäß mit dem Salböl den Bischöfen durch einen Hofbeamten ausgehändigt wurde und dass die Salbung wie bei Karl XII. nach und nicht wie seit alters her vor der Krönung stattfand, waren unübersehbare Zeichen königlicher Selbstermächtigung.

Für Friedrichs Nachfolger Friedrich Wilhelm hatte sich der königliche Rang bereits so gefestigt, dass er 1713 weder Krönung noch Salbung vornehmen ließ. Und eine Generation später konnte Friedrich II. über das ›Theaterkönigtum‹ seines Großvaters nur noch spotten. Bevor er 1740 zur Huldigung nach Königsberg reiste, schrieb er an Voltaire: »ich breche nach Preußen auf, um ohne heiliges Salbgefäß* und ohne die unnützen, lachhaften Zeremonien, welche die Unwissenheit erfunden und die Gewohnheit befestigt hat, die Huldigung entgegenzunehmen.«

Auf die Huldigung freilich, deren pompöse Ritualisierung mit nicht weniger Grund als ›lachhaft‹ zu bezeichnen gewesen wäre, wagte Friedrich nicht zu verzichten, ebenso wenig darauf, sich das Stadtvolk durch das Auswerfen von Münzen gewogen zu machen, wie es seit jeher üblich und ebenfalls durch ›die Gewohnheit befestigt‹ war. Die Geldstücke zeigten Kopfbilder des jungen Monarchen, ganz ähnlich wie die von Großvater Friedrich nach der Selbstkrönung ausgeworfenen Münzen Kopfbilder gezeigt hatten.

Als Friedrich II. in Königsberg die Huldigungsmünzen unter die Menge streuen ließ, war Kant sechzehn Jahre alt und stand kurz vor

---

* Wie wichtig diese ›heiligen Salbgefäße‹ waren, zeigt noch ein Beschluss des revolutionären Pariser Konvents vom 7. Oktober 1793. Er ordnete das Zerbrechen der Phiole an, in der traditionell das Öl für die Salbung der Könige in die Kathedrale von Reims gebracht worden war. Ludwig XVI. hatte man schon vorher die Krone vom Haupt geschlagen und am 21. Januar 1793 den Kopf von den Schultern. Nachdem man diesen einen König losgeworden war, glaubte man, mit dem Zerbrechen der Phiole das Königtum insgesamt abschaffen zu können. Aber dann bekam man vorübergehend einen Kaiser und im April 1814 wieder einen König, und zwar einen »von Gottes Gnaden«, wie Ludwig XVIII. (Nummer XVII wurde übersprungen) beharrte.

der Immatrikulation an jener Universität, der er sein Leben lang verbunden bleiben sollte. Man stelle sich vor, Emanuel, wie er damals noch hieß, habe sich unter der Menge befunden, und eine der Münzen sei ihm vor die Füße gerollt. Er hebt sie auf und betrachtet neugierig das moppelige Gesicht mit Doppelkinn. Er kann nicht ahnen, dass dieses Jünglingsantlitz im Lauf von viereinhalb Jahrzehnten die hageren asketischen Züge des ›Alten Fritz‹ annehmen wird – so wenig wie er ahnen kann, dass er selbst sich über dem strapaziösen Erdenken seiner drei ›Kritiken‹* in ein gebeugtes kleines Männlein verwandeln wird.

Was sieht man, wenn man der Macht auf einer Münze ins Gesicht blickt? Wie wird aus dem Menschenkopf im Metall ein Emblem der Majestät? Christian Wolff, nach Leibniz und vor Kant der Meisterdenker der deutschen Philosophie, schrieb 1721 in *Vernünfftige Gedancken Von dem Gesellschafftlichen Leben der Menschen:* »Wenn die Unterthanen die Majestät des Königs erkennen sollen, so müssen sie erkennen, daß bey ihm die höchste Gewalt und Macht sey. Und demnach ist nöthig, daß ein König und Landes-Herr seinen Hof-Staat dergestalt einrichte, damit man daraus seine Macht und Gewalt zu erkennen Anlaß nehmen kann. Auch entspringen aus dieser Quelle alle Hof-Ceremonien.«

In der Passage bleibt undeutlich, ob die Macht die Majestät hervorbringt oder die Majestät die Macht. Das liegt nicht etwa an einer Tautologie in Wolffs philosophischer Theorie, sondern an der Tautologie der Macht in der politischen Praxis: Der Machthaber hat die Macht, und er hat sie, weil er sie genommen hat. Der König setzt sich selbst die Krone auf wie Friedrich I. Oder er hat, wie Friedrich II., eine Krönung nicht mehr nötig und kann sich, geborener Souverän, mit der Huldigung zufriedengeben.

Wenige Jahre nach Wolff beschrieb sein Schüler Julius Bernhard von Rohr in der *Einleitung zur Ceremoniel-Wissenschafft der großen Herren* die soziale Funktion fürstlicher Repräsentation einschließlich des Hofzeremoniells: »Das Staats-Ceremoniel schreibet den äußerlichen Handlungen der Regenten [...] eine gewisse Weise der

---

* *Critik der reinen Vernunft* (Riga 1781), *Critik der practischen Vernunft* (Riga 1788), *Critik der Urtheilskraft* (Berlin und Libau 1790).

Wohlanständigkeit vor, damit sie hierdurch ihre Ehre und Ansehen bey ihren Unterthanen und Bedienten, bey ihren Hoch-Fürstlichen Anverwandten und bey andern Mitregenten entweder erhalten, oder noch vermehren und vergrößern.« Es diene außerdem der »Etablierung der völligen Subordinationen zwischen den Ober- und Unter-Bedienten, zu Vermeydung aller Collusionen zwischen denen in Gleichheit stehenden Unterthanen«. Im Rangsystem des Hofes sind alle Höflinge auf den Herrscher bezogen und zugleich untereinander in soziale Relation gestellt. Dieses hierarchische Ordnungsmodell weitet sich beim Aufbau des absolutistischen Fürstenstaates auf die neu geschaffene Bürokratie aus, bis hin zur Idee eines ›Amtsadels‹ mit Vorrechten und Privilegien, die allerdings nicht mehr vom ›Blut‹ der Familie abhängen sollen, sondern vom ›Verdienst‹ um Fürst und ›Vaterland‹.

Der fürstliche und staatliche Ordnungswille hat gleichwohl familiäre Interessen und persönliche Ambitionen nicht ausschalten können, weder am Hof noch in der Staatsverwaltung. Zusätzliche symbolische Gratifikationen, denen oft handfeste materielle Vorteile auf dem Fuße folgten, blieben deshalb ein Mittel, die Elite, ob Geburts- oder Amtsadel, an die herrscherliche Zentralinstanz zu binden. Nicht ohne Grund stiftete Friedrich am Vortag der Krönung einen Orden, und an »einem der nächsten Tage«, wie es im Bericht seines Zeremonienmeisters Johann von Besser heißt, »hielten die Ritter des neugestifteten Ordens vom Schwarzen Adler ihre erste Versammlung; die Ordensmitglieder nahten sich einzeln dem Throne des Königs, der ihnen das breite Ordensband um den Hals legte und die Hand zum Kusse reichte.«

Die Devise des Ordens lautete: »Suum cuique« – »Jedem das Seine«. Auch eine Kantate Bachs aus der Weimarer Zeit trägt diesen Titel (BWV 163). Sie eröffnet mit der Tenorarie: »Nur jedem das Seine! / Muß Obrigkeit haben / Zoll, Steuern und Gaben, / man weigre sich nicht / der schuldigen Pflicht; / doch bleibet das Herze dem Höchsten alleine.« Dieses Herz soll die Münze sein, in die Gott sein Ebenbild prägt wie der Herrscher sein Porträt in die Geldstücke. »Laß mein Herz die Münze sein«, singt der Bass, »die ich dir, mein Jesu, steure«. In der letzten Arie der Kantate vor dem abschließenden Chor erflehen auf herzzerreißend innige Weise Sopran und Alt im Duett die Bereitschaft zur Hingabe des Selbst an Gott, den »Geber aller Gaben«: »Nimm mich mir / und gib mich dir!«

Der faszinierende Text dieser Kantate stammt vom Weimarer Hofdichter Salomon Franck und bezieht sich auf eine neutestamentliche Episode. Die Pharisäer wollen Jesus eine Falle stellen und fragen ihn, ob man dem Kaiser Steuern zahlen solle oder nicht. Jesus lässt sich eine Münze reichen und fragt zurück, wessen Bild darauf zu sehen sei. »Sie sprachen zu ihm: des Kaisers. Da sprach er zu ihnen: So gebet dem Kaiser, was des Kaisers ist und Gott, was Gottes ist.« Der weltliche Mensch ›muss Obrigkeit‹ haben und ihr gehorsam sein. Aber das ›Herz‹, die unsterbliche Seele, gehört Gott allein*.

Im selben Jahr, in dem Friedrich den Orden vom Schwarzen Adler gründete, wurde sein Schwager, Kurfürst Georg Ludwig von Hannover, zum Ritter des Hosenbandordens ernannt, die höchste englische Auszeichnung. Der neue König im abgelegenen Preußen konnte nicht wissen (und hat es auch nicht mehr erlebt), dass Georg Ludwig 1714 als Georg I. den Thron der Jahrhunderte alten englischen Monarchie besteigen würde.

Ein ›Hannoveraner‹ auf dem englischen Thron

Wer in England König wurde, entschied das Parlament. Es hatte in langen Kämpfen die Beschränkung der monarchischen Macht erreicht. Die »Glorious Revolution« von 1688/89 schließlich mündete in die königliche Anerkennung der »Bill of Rights«, Grundlage der nachfolgenden Entwicklung hin zu einer konstitutionel-

---

* Hört man heute, wie der Tenor »Nur jedem das Seine« singt, erscheint neben der neutestamentlichen Szene mit ihren weitreichenden religionspolitischen Deutungsfolgen eine geschmiedete Schrift vor dem inneren Auge. Sie befand (und befindet) sich am Eingangstor zum Konzentrationslager Buchenwald: »JEDEM DAS SEINE«.

len Monarchie. In demselben Jahr, in dem Friedrich mit seiner Selbstkrönung in Königsberg den Anspruch absoluter Macht erhob, regelte das Parlament in London im »Act of Settlement«, wie es künftig mit der Thronfolge zu halten sei. Nachfahren des in der »Glorreichen Revolution« entmachteten katholischen Jakob II. blieben, wie generell die Katholiken, von der Thronfolge ausgeschlossen.

Außerdem wurde festgelegt, dass der König das Land nur mit Zustimmung des Parlaments verlassen durfte. Dennoch gelang es Georg I. zwei Jahre nach seiner Krönung, dem Parlament den Verzicht auf diese Regelung abzuringen. Sonst hätte jeder Besuch seines Kurfürstentums der Genehmigung in London bedurft. Für Georg wäre das darauf hinausgelaufen, die beschränkte königliche Macht in England mit einem faktischen Souveränitätsverlust in seinem deutschen Kurfürstentum zu bezahlen. Während der knapp dreizehn Jahre auf dem englischen Thron reiste Georg sechsmal nach Hannover, im Jahr 1716 gehörte auch Händel zur Entourage. Bei der letzten dieser Reisen kam er nicht mehr in der kurfürstlichen Residenz Schloss Herrenhausen an. Er starb am 11. Juni 1727 in Osnabrück. Sein Sohn beauftragte für die Krönung zu Georg II. den gerade erst eingebürgerten Händel mit der Komposition der Musik. Der Meister aus Halle entledigte sich seiner Londoner Aufgabe mit Pauken, Trompeten und Chören dermaßen bravourös, dass seitdem sein »Coronation Anthem« *Zadok the Priest* bei jeder Krönung in Westminster gespielt wurde, einschließlich derjenigen von Elisabeth II. im Juni 1953: »God save the King [the Queen], long live the King [the Queen]«.*

Die gelegentliche Anwesenheit des englischen Königs und deutschen Kurfürsten in seinem Territorium auf dem Kontinent war insofern von besonderer Wichtigkeit, als Georgs Vater, Herzog Ernst August von Braunschweig-Lüneburg, die Kurwürde** überhaupt

---

* Es sei nicht verschwiegen, dass seit Anfang der 1990er eine Bearbeitung von *Zadok the Priest* die Hymne der Uefa Champions League ist. Dreisprachig dröhnt über die Stadien: »Die Meister. Die Besten. Les Grandes Équipes. The Champions«. Händel würde das vermutlich gefallen, vielleicht vom Text abgesehen.

** Es handelte sich um die neunte Kurwürde. Ursprünglich gab es sieben Kur-

erst 1692 erlangt hatte. Der ›Deal‹ (so kann man es ruhig nennen) zwischen dem Herzog in Hannover und dem Kaiser in Wien beinhaltete, ähnlich wie der Deal um das neue Königtum in Preußen, militärische Zusagen des Herzogs an den Kaiser, in diesem Fall Unterstützung im pfälzischen Erbfolgekrieg gegen Frankreich. Außerdem versprach der Herzog in einem Geheimvertrag, sein Haus werde bei künftigen Kaiserwahlen stets für Österreich stimmen.

Der Thron in England war zu diesem Zeitpunkt noch außerhalb des Hannoveraner Erwartungshorizontes. Erst der »Act of Settlement« von 1701 hatte als Nachfolgerin von Königin Anne, ihrerseits ab 1702 Nachfolgerin des in der »Glorreichen Revolution« an die Macht gekommenen Wilhelm von Oranien, Sophie von der Pfalz festgelegt, Tochter von Elisabeth Stuart und seit 1658 verheiratet mit Ernst August, Kurfürst seit 1692. Die hochbetagte Sophie starb 1714, wenige Wochen vor der kinderlosen Königin Anne, und so wurde Sophies Sohn in Westminster Abbey gekrönt*.

King George war in England wenig beliebt, und Jonathan Swift konnte den blässlichen, dicklichen Deutschen überhaupt nicht leiden. Schon deshalb nicht, weil mit dem Beginn von dessen Herrschaft das Ende seiner eigenen Karrierehoffnungen einherging. Das wäre historisch nicht von Belang, hätte Swifts Abneigung keine literarischen Folgen gehabt. So aber karikierte die Giftfeder aus Dublin den Monarchen aus Hannover im Kaiser von Lilliput. Für Swifts Londoner Leserschaft deutlich erkennbar, beschreibt Gulliver den

fürsten: die Erzbischöfe von Mainz, Trier und Köln sowie die Herrscher von Böhmen, der Pfalz, Sachsen und Brandenburg. 1648 erhielten die pfälzischen Wittelsbacher eine neue Kurwürde, da sie die angestammte 1623 an die bayerischen Wittelsbacher verloren hatten. 1777 fielen die beiden bayerischen Kurwürden durch Erbschaft wieder zusammen – und so waren es insgesamt wieder acht.

* Die dynastischen Verbindungen zwischen England und Deutschland sind langwierig und kompliziert. Noch die Windsors kamen aus dem Hause Sachsen-Coburg-Gotha. Erst 1917, während des ›Großen Krieges‹, wie die Engländer bis heute den 1. Weltkrieg nennen, nahm Georg V. von »Saxe-Coburg and Gotha« (die vier George vor ihm waren ›Hannoveraner‹) die Umbenennung der Dynastie in Windsor vor.

Kaiser von Lilliput auf eine Weise, die dem Erscheinungsbild und den Eigenschaften des neuen Königs von England direkt entgegengesetzt ist. Sogar eine ›österreichische Lippe‹ wird ihm höhnisch angedichtet.

Die Verwicklungen bei der Thronfolge waren keine englische Besonderheit. In ganz Europa konkurrierten und kollidierten dynastische Interessen mit den Integritätsbedürfnissen der Territorialstaaten. Das Herauswachsen der Territorial- und späteren Nationalstaaten aus dem Familienbesitz ihrer Herrscher brachte auf dem Kontinent Erbfolgekriege zwischen den Staaten und diplomatische Intrigen zwischen verschiedenen Linien der Herrscherhäuser hervor. In Russland verhinderte 1741 eine Palastrevolte, dass ein Welfenkind aus der Wolfenbütteler Linie auf den Zarenthron kam. Anna Iwanowna, eine Tochter Iwans V., hatte als Nachfolger den 1740 geborenen Sohn aus der von ihr arrangierten Ehe zwischen Anton Ulrich dem Jüngeren von Braunschweig-Wolfenbüttel und Anna Leopoldowna bestimmt. Als Anna Iwanowna im selben Jahr starb, übernahm Anna Leopoldowna stellvertretend für ihren als Iwan VI. geführten Sohn die Regentschaft, bis sie von Elisabeth von Russland unter Mithilfe der Garderegimenter gestürzt wurde. Im Mai 1742 setzte sich Elisabeth, der neuen zeremoniellen Mode folgend, die Krone eigenhändig aufs Haupt.

Innerhalb der sich entwickelnden Staatsgebilde kam es zwangsläufig zu Konflikten zwischen dynastischen Interessen und der Staatsräson. Die berühmte Selbstbezeichnung Friedrichs II. von Preußen als ›erster Diener des Staates‹ sollte signalisieren, dass der Staat anstelle der Dynastie zur politisch-historischen Bezugsgröße geworden sei. Die Trennung philosophisch und staatsrechtlich zu konzipieren war eine Sache, etwas anderes war es, diese ›aufklärerische‹ Vorstellung von Machtausübung in ein staatliches Handeln umzusetzen, in das der Fürst dienend eingeordnet war, nicht mehr allein herrschend übergeordnet.

Auch während Friedrichs Regierungszeit geriet der dynastisch legitimierte absolute Machtanspruch mit der Vorstellung vom Dienst am Staat in Konflikt. Tatsächlich war dieser Konflikt unter den Bedingungen autokratischer Fürstenherrschaft unlösbar. Erst im Zuge der Überwindung des Absolutismus, auch des ›aufgeklärten‹, erledigte er sich gewissermaßen von selbst.

Während Friedrichs Kronprinzenzeit kam die politische Bedeutung familiärer Verbindungen auf persönlich höchst dramatische Weise zur Geltung. Nicht ohne Grund war England das Ziel seiner misslungenen Flucht (Desertion nannte es der Soldatenkönig) vor dem brutalen Regiment des Vaters gewesen. Sophie Charlotte, die Tochter Ernst Augusts, Gemahlin von Friedrich I. und Mutter des Soldatenkönigs Friedrich Wilhelm, war eine Schwester Georgs von Hannover, des ersten Welfen auf dem englischen Thron. Sophie Dorothea wiederum, seit 1706 Gemahlin des Soldatenkönigs und Mutter Friedrichs II., war eine Tochter Georgs. Dass während des Siebenjährigen Krieges 1756 bis 1763 Friedrichs Feldzüge gegen die Habsburger auch mit englischem Geld finanziert wurden, lag indessen nicht an familiären Verbindungen, sondern an der machtpolitischen Ausrichtung der englischen Politik, die auf dem Kontinent die alten Großmächte Österreich und Frankreich durch die Unterstützung des preußischen Emporkömmlings in Bedrängnis bringen wollte.

Am Hof Friedrich Wilhelms konkurrierte die ›englische Partei‹ mit der ›kaiserlichen‹. Sophie Dorothea favorisierte die Verbindung ihrer Tochter Wilhelmine mit einem Enkel König Georgs mit Aussicht auf die Thronfolge in England. Aber nach Friedrichs gescheitertem Fluchtversuch setzte sich Friedrich Wilhelm mit seiner Neuorientierung auf die Habsburger durch, und Wilhelmine wurde 1731 nach Bayreuth verheiratet.

Auch bei Friedrichs Verheiratung obsiegte die ›kaiserliche Partei‹. 1733 ehelichte Friedrich mit Elisabeth Christine von Braunschweig-Bevern eine Angehörige der Wolfenbütteler Linie der Welfen mit verwandtschaftlichen Beziehungen nach Wien. Elisabeth Christine von Braunschweig-Bevern war eine Cousine zweiten Grades von Elisabeth Christine von Braunschweig-Wolfenbüttel, der Mutter Maria Theresias.

Als Maria Theresia 1740 in Wien die Nachfolge antrat, nahm Friedrich das zum Anlass, den Krieg um Schlesien vom Zaun zu brechen. Die ›kaiserliche‹ Partei hatte beim Einfädeln der Hochzeiten gewonnen, aber in den Jahrzehnten der drei Kriege um

Schlesien* spielten die Engländer eine Hauptrolle beim militärischen Aufstieg Preußens.

Ein Teil der Feierlichkeiten anlässlich der Hochzeit zwischen Friedrich und Elisabeth fand im Juni 1733 in Wolfenbüttel vor dem »Kleinen Schloss« unmittelbar neben dem auch nicht sehr großen Hauptschloss statt. Das kleine Schloss war ein Fachwerkbau, dessen wenig beeindruckender Erscheinung mit einer aufgemalten Steinfassade etwas repräsentativer Glanz verliehen worden war. Der Hannoveraner Familienzweig sollte wissen, dass man auch in Wolfenbüttel seine Ansprüche hatte.

Antichambrieren bei
Herzog Anton Ulrich in Wolfenbüttel

Anfang 1697 lieh man in Wolfenbüttel beim Kurfürsten von Hannover einen Kastraten aus. Es handelte sich um Nicolò Grimaldi, jenen berühmten »Nicolini«, der 1711 bei der Uraufführung von Händels *Rinaldo* in London die Titelrolle singen sollte. In dem Brief, der die ›Leihgabe‹ erbat, redete Herzog Anton Ulrich von Braunschweig-Wolfenbüttel das Oberhaupt der hannoverschen Linie, Ernst August von Braunschweig-Lüneburg, mit dem Kurfürstentitel an. Kurfürstin Sophie spottete darüber in einem Brief an Leibniz: »Der Kurfürstentitel verdient wohl diese Gefälligkeit. Da der Herr Kurfürst aber nur die Hälfte eines Mannes schickt, so fürchte ich, dass das, was man uns zugesteht, auch nur halb ist.«

Der zu diesem Zeitpunkt erst fünf Jahre zurückliegende Erwerb der Kurfürstenwürde durch das Haus Hannover wurde in Wolfenbüttel nur halbherzig anerkannt. Daher die sarkastische Bemerkung Sophies in ihrem Brief an Leibniz, der hinter den Kulissen diplomatischen Anteil daran gehabt hatte, dass die Rangerhöhung überhaupt möglich geworden war.

* Erster Krieg um Schlesien 1740–42, zweiter Krieg 1744 und 1745. Der dritte, sogenannte ›Siebenjährige Krieg‹ (1756–1763) endete mit dem preußischen Erhalt der im ersten Krieg von Friedrich eroberten Provinz Schlesien.

Die Statuskonkurrenz zwischen den beiden Häusern hörte mit dem von Hannover gestatteten Auftritt Nicolinis in Wolfenbüttel nicht auf. Die formelle Anerkennung Hannovers als Kurfürstentum durch die Wolfenbütteler erfolgte erst 1706. Als Anerkennung für die Anerkennung erhielt Anton Ulrich eine Burg und ein paar Dörfer. Zwei Jahre zuvor, als er die Alleinherrschaft übernahm, bis dahin musste er die Macht mit seinem Bruder teilen, hatte er mit dem Ausbau der Paradeappartements begonnen. Damit sollte der Rang des Schlosses als Residenz betont werden, ein Signal fürstlicher Selbstbehauptung, das sich nicht zuletzt an die Konkurrenz im Schloss Herrenhausen in Hannover richtete.

Es handelt sich um eine heute noch erhaltene Folge von fünf Räumen, beginnend mit der (!) Antichambre, gefolgt vom Audienzzimmer, dem Paradezimmer mit einem abgetrennten Kabinett und schließlich der Wandelgalerie. Die Antichambre ist das eigentliche Vorzimmer, der Raum, in dem auf die Erlaubnis für den Zutritt zum Machthaber gewartet wurde. Den Zugang zum Machthaber (oder zum Entscheidungsträger) zu beschränken ist bis heute unabdingbar für jede Art von Machthandeln. Hätte jedermann Zugang zum Fürsten (oder zum Feldherrn oder zum Präsidenten oder zum Vorstandsvorsitzenden), käme niemand wirklich an ihn heran. Die Zutrittsbeschränkung ist allein schon physisch die Voraussetzung dafür, dass diejenigen, die zum ›inneren Kreis‹ gehören, nicht in der Menge stecken bleiben, sondern ihren individuellen Einfluss geltend machen und ihre persönliche Beraterfunktion ausüben können. Wenn Bernhard von Rohr in seiner *Ceremoniel-Wissenschafft der großen Herren* von einem Herzog erzählt, »er hörte einen ieden mit väterlicher Güte an«, so gehört das zu jenen herzerwärmenden Legenden, die das harte, kalte Machthandeln erträglich machten. In der politischen Alltagswirklichkeit dürften die Leute um den Herzog herum schon darauf geachtet haben, wem die Gunst widerfuhr, mit ›väterlicher Güte‹ angehört zu werden.

Entsprechendes gilt für die ›mütterliche Liebe‹. Wenn Voltaire über die sich als ›Mutter ihres Landes‹ inszenierende Maria Theresia bemerkt, »niemals verwehrte sie eine Audienz«, sollte man auch das nicht wörtlich nehmen, sondern als taktische Behauptung, als einen in Lob für Maria Theresia gekleideten Tadel der französischen

Zeremonialverhältnisse. In seinen *Philosophischen Briefen** tritt »ein wohlgepuderter Herr« auf, »der genau weiß, zu welcher Stunde der König sich erhebt, zu welcher er zu Bett geht, und der sich mit einer Aura der Größe umgibt, während er im Vorzimmer eines Ministers die Rolle des Sklaven spielt«.

Der Zugang zu Maria Theresia war keineswegs ›unverwehrt‹, vielmehr geregelt durch eine Kammergerichtsordnung, die festlegte: »ohnbekandte standts persohnen sollen sich beym obrist cammerern umb die erlaubnus des zutritts in die […] anti-cameram nach ihres standes condition gebührend anmelden.«

Wie ritualisiert der Zugang zu dieser Herrscherin war, erlebten 1749 der Leipziger Literaturprofessor Johann Christoph Gottsched und seine Gemahlin Luise Adelgunde – und sie erlebten es entzückt, einschließlich der »Erlaubniß, Ihnen die Hände zu küssen«, wie Luise Adelgunde in einem Brief schreibt. Mit »Ihnen« sind drei Töchterlein der Herrscherin gemeint, elf, sieben und sechs Jahre alt. Was die bürgerlichen Leipziger Literaten als persönliche, gewissermaßen familiäre Auszeichnung interpretierten, war Teil einer Machtdarstellung, der sich auch auswärtige Gesandte zu beugen hatten, im Wortsinn: zu beugen über Kinderhändchen.

Maria Theresia hatte auf der Bühne des neu gegründeten Burgtheaters** Gottscheds *Sterbenden Cato* gesehen, und Gottsched seinerseits Maria Theresia in deren Loge im Burgtheater (bei der Aufführung eines anderen Stücks). Die Audienz kam über Vermittlung zustande und fand in Schönbrunn statt. Die Gottscheds wurden an einem Sonntagmorgen um zehn ins Vorzimmer bestellt, um zu einer keineswegs privaten, sondern öffentlichen Audienz mit weiteren Teilnehmern vorgelassen zu werden.

Je hierarchischer die Machtpyramide, desto exklusiver der Zugang zu ihrer Spitze. Das Vortragsrecht beim Fürsten hatten nur die wichtigsten Amtsträger, die häufig danach strebten, den Kreis der dazu Befugten weiter zu verengen. Beispielsweise hatte Hein-

---

* Zum Entstehungshintergrund dieser *Briefe* der Abschnitt über Händel in London im nächsten Kapitel.
** Eröffnet 1748 am Michaelerplatz, nicht am heutigen Standort am Universitätsring.

rich von Brühl das alleinige Vortragsrecht bei Friedrich August II. von Sachsen (als König in Polen August III.). Die übrigen Minister durften seit 1738 dem Herrscher nur nach Aufforderung unter die Augen treten. Derartige Zugangsbarrieren brachten die Gefahr der Abhängigkeit des Beratenen vom Beratenden mit sich. Doch auch dies war manchen Erben einer Macht, der sie kaum gewachsen waren, gar nicht unrecht.

So weit hat man es in Wolffenbüttel nicht getrieben. Warum sollten mit viel Aufwand Vorzimmer eingerichtet werden, wenn ohnehin niemand vorgelassen wird? Die Wände der Antichambre in Schloss Wolfenbüttel sind mit grünem Damast bezogen. Die Sitzgelegenheiten unterscheiden sich nach Rangstufen, vom gepolsterten Hocker bis zur Adelsbank, auf der drei Leute nebeneinander sitzen können. Bürgerliche hatten zu stehen, in der Regel wurden sie überhaupt nur eingelassen, um dem in der Mitte des Raumes an einem Sekretär sitzenden Schreiber eine Bittschrift auszuhändigen. Ob diese Bittschrift den Fürsten erreichte, hing von vielen Umständen ab, nicht selten auch davon, ob man es verstand, sich den Schreiber auf richtige und unauffällige Weise gewogen zu machen. Auch für diejenigen, die nicht nur einen Brief aushändigen, sondern auf persönlichen Zutritt ins Audienzzimmer hoffen durften, konnten die Wartezeiten lang und Erfrischungen nötig werden. Sie wurden von Pagen serviert, die durch Tapetentüren hereinkamen. Der spätere ›Lügenbaron‹ Münchhausen gehörte in den 1730er Jahren zu den Pagen in Wolfenbüttel.

Von der Antichambre wurde man ins Chambre d'audience gerufen, das eigentliche Audienzzimmer. Dessen Wände sind mit Damast in der herrscherlichen ›Blutfarbe‹ Rot bespannt, floraler Stuck und Gemälde zieren die Decke. Den Mittelpunkt des Raums bildet ein erhöhter, von einem Baldachin überspannter Thronsessel mit einem Kissen davor für die souveränen Füße.

Dem Audienzzimmer folgt das Paradezimmer mit einem Prunkbett, davor wiederum ein Thronsessel, in dem der Herzog beispielsweise fremde Gesandte empfing. Neben dem Paradezimmer befindet sich ein kleines Kabinett mit einem Kamin in Scheinmalerei. Dort hielten sich die Protokollanten auf.

Ergänzt wurde das Ensemble durch eine Bildergalerie, die dem hohen Adel als Wandel- und Wartebereich vorbehalten war. Auch dieser Bereich konnte von Pagen durch Tapetentüren betreten werden.

Das höfische Bildnis gehörte zu den Elementarsymbolen im Gesamtsystem herrschaftlicher Repräsentation. Unter dem Stichwort »Bild, Bildnis, Ebenbild« heißt es in Zedlers Lexikon: »Was das Bild eines souverainen Herrn anlanget, so steht selbiges in denen Audientz-Zimmern, bey denen Gesandten zwischen dem Baldachin und Parade-Stuhl, meistens in Form eines Brust-Bildes erhöht. Es präsentiert die Person, gleich als wäre selbe gegenwärtig, dahero mag auch selbigem [also dem Bild] im Sitzen nicht leicht der Rücken zugewendet werden, auch niemand in dem Zimmer, wo das Bildnis eines regierenden Potentaten befindlich, mit bedecktem Haupte, die Ambassadeurs ausgenommen, erscheinen darff.«

Dem ›Antichambrieren‹ haftete wie der ›höfischen Schmeichelei‹ ein Hauch des Verächtlichen an, vor allem bei gut gestellten Bürgern, die trotz ihres Reichtums und ihres Ansehens nicht persönlich im Audienzzimmer empfangen wurden und auch das Vorzimmer nur betreten durften, um ihre Eingaben auf das Pult eines subalternen Sekretärs zu legen. Sie wurden im Hoffranzösisch der Zeit als ›particuliers‹ bezeichnet, als ›Teile‹ mit Separatinteressen, die im Unterschied zu den Angehörigen der Herrscherhäuser nicht in Anspruch nehmen durften, für das Ganze zu stehen.

Eine Zwischenstellung zwischen ›particulier‹ und Herrscheradel nimmt Bernhard von Rohr in seinen Schriften ein. Der Aristokrat, der kein väterliches Gut erbte, mit vielen Büchern wenig Geld verdiente und stets auf versorgende Ämter angewiesen war, weiß adlige Hochnäsigkeit genauso zu vermeiden wie bürgerlichen Groll. Seiner maßvollen Kritik am höfischen Schein entspricht die vorsichtig ausgewogene Darstellung, wie mit diesem Schein zurechtzukommen war. Beispielsweise lässt er in der *Einleitung zur Ceremoniel-Wissenschafft der Privat-Personen* das Chargenwesen als solches unangetastet, verteidigt jedoch die Berufserfahrung bei einem bürgerlichen Arbeitgeber, wie wir heute sagen würden, die unter Umständen zu einer Charge verhelfen konnte: »Es ist anständiger, eine Zeitlang bey einem bürgerlichen Employ seine Geschicklichkeit zu erweisen und sich dadurch auf eine geschwindere und renomirlichere Weise den Weg zu einer ansehnlichen Adelichen Charge zu bahnen, bey der einer hernach Zeit seines Lebens Ehre und Versorgung hat, als viele und lange Jahre auf dem Expectanten-Bänckgen zu sitzen, und sich mit leerem Winde der Hoffnung und beständiger Anmahnung zur Gedult abspeisen zu lassen.«

Herumsitzen ist langweilig, und Langeweile macht müde. Wilhelmine von Bayreuth erzählt in ihren Memoiren die Anekdote, wie im Vorzimmer des Kaisers in Wien ein hoher Herr den Mund zum Gähnen aufriss und ihm von einem anderen ein Finger zwischen die Zähne gesteckt wurde. Ob dieser historische Klatsch der historischen Wahrheit entspricht, sei dahingestellt. Gesichert ist indessen, dass Leibniz durch eine Halsentzündung gehindert wurde, gleich nach seiner Ankunft in Wien im Dezember 1712 beim Kaiser vorstellig zu werden: »Es hat der Zustand meines halses, der mir fast das reden verbothen, nicht zugelassen, daß ich umb die allergnädigste Audienz ansuchen dürffen […] umb deren willen ich bey dieser jahreszeit eine grosse reise übernommen. Und erfreue mich von herzen, dass ich noch endlich das glück erlebe, einem hohen potentaten auffzuwarten«.

Wenn das lange, überlange Warten keine Kapriolen wie jener von Wilhelmine erzählten hervortrieb, bot es den Nebeneinandersitzenden Gelegenheit, sich Informationen zuzuflüstern und Intrigen einzufädeln. Die ›Expectanten-Bänckgen‹ standen in den Antichambres und boten, ähnlich dem im Wolfenbütteler Schloss, mehreren Wartenden Platz. Würden wir – unserer wenig aristokratischen Herkunft zum Trotz – bei unserer Zeitreise auf einer dieser ›Bänckgen‹ zu sitzen kommen, wäre vielleicht dieser Rat des ›Ceremoniel-Wissenschafftlers‹ hilfreich: »Hat ein junger Cavalier die Gnade, einer […] Fürstlichen Person den Reverence zu machen, so muss er vorher anfragen, ob er wohl bey der ersten Entrée die Erlaubnis habe, ein mündlich Compliment zu machen.« Ist das unerwünscht, sollte der ›junge Cavalier‹ der ›Fürstlichen Person‹ »den Rock küssen und sich alsdenn einige Schritte weit von ihr postiren, damit er ihr nicht gar zu nahe über den Hals stehe, jedoch auch ihre Worte, was sie ihn fragt, bequem vernehmen möge.« Und besonders wichtig: Wenn wir uns – halb rückwärts gehend – ›retirieren‹, sollen wir nicht über die Möbel fallen! Beim Verlassen des Audienzzimmers muss man die

›Fürstliche Person‹ »stets in Augen behalten und ihr nicht den bloßen Rücken zukehren«. Es empfiehlt sich also, schon zu Beginn der Audienz darauf zu achten, was »etwan an Tischen, Stühlen und andern Meublen bey dieser Passage im Wege stehe«.

Herzog Carl Rudolf von Württemberg unterzeichnet das Todesurteil über Süß Oppenheimer

Die Auseinandersetzungen zwischen den Landesherren einerseits, die danach strebten, ihre Territorien administrativ zu vereinheitlichen und ihrer uneingeschränkten Souveränität zu unterstellen, und den Landständen andererseits, die eben diesen absoluten Herrschaftsanspruch offen bekämpften oder in zähem Alltagswiderstand zu hintertreiben wussten, spielten sich auf allen relevanten Machtkampffeldern ab: im Rechtswesen, im Privilegiensystem, im militärischen Bereich und in der Steuerpolitik. In Bernhard von Rohrs *Ceremoniel-Wissenschafft der großen Herren* heißt es exemplarisch: »In den Mecklenburgischen Landen gieng es anno 1718 auf einem Land-Tage sehr tumultuarisch zu. Es wurden den Land-Ständen neuerliche Contributiones unerträglicher Portionen angesonnen, die alten rechtmäßigen Land-Räthe abgesetzt und hingegen neuere bestellt, ein neues Land-Siegel obtrudirt und das alte verbothen, um dadurch die Ritterschafft aus dem Posseß aller ihrer Rechte zu setzen«. Und: »Wenn ein Landes-Herr, der die Landes-Verfassung gantz über den Hauffen werffen und eine Trennung unter den Land-Ständen vornehmen will, einen Land-Tag […] ausgeschrieben, so kommen denn die andern von der Ritterschafft und von ihren Mit-Ständen ein und erinnern sie, dass sie bey ihrer Versammlung die Behutsamkeit gebrauchen sollen, damit von ihnen nichts verbündliches geschlossen werden möchte, weder die so theuer erworbene, von dem Landes-Herrn jederzeit bestätigte Landes-Privilegia und Jura [Rechte] gekränckt, noch die alten löblichen Gebräuche und Gewohnheiten des Landes […] violiret [verletzt] würden. Widrigenfalls […] protestiren sie darwider auf das feyerlichste, erklähren dasselbe als etwas unverbindliches vor null und nichtig, und reserviren sich ihre Jura auf das künfftige, so gut sie können.« Das Fortwirken des Konflikts bezeugt eine zeitgenössische Chronik im Abschnitt über das Jahr 1738: »In dem Herzogthum Mecklenburg dauerten die bereits von 20 Jahren her angefangenen Unruhen noch immer fort, daher dieses so schöne Land in die größte Abnahm verfiel.«

Nach der Beschreibung der Situation in Mecklenburg kommt die Chronik auf den Herrschaftswechsel im »Würtenberger Land« zu sprechen und schildert dann, wie »der berüchtigte Jud Süß sein wohlverdientes Urtheil und Straffe anhören und ausstehen« musste.

Joseph Süß Oppenheimer, seit 1733 ›Hofjude‹, Bankier, Geheimer Finanzrat, Steuereintreiber und merkantilistischer Wirtschaftsberater von Herzog Carl Alexander, wurde 1737 nach dem plötzlichen Tod des Herzogs von den Landständen entmachtet, in einem mehr als zweifelhaften Strafprozess zum Tode verurteilt und am 4. Februar 1738 nach der Bestätigung des Urteils durch den vorübergehenden Regenten Carl Rudolf auf spektakuläre Weise hingerichtet. Sein Versuch, sich noch unter dem Galgen zu rechtfertigen, blieb wegen der »anbefohlnen Rührung der Trommeln« unverständlich. »Nachdem er bis an dem äußern Arm, der ganz oben an dem eisern Galgen ist, gebracht war, wurde er neben an den gleichfalls eisernen und roth angestrichenen Käfig gehenket, alsdann aber, wie er tod war, in den Käfig mit seiner völligen Kleidung hangend, eingeschlossen.« Dort blieb der Leichnam hängen, bis der Käfig sechs Jahre später nach dem Regierungsantritt Herzog Carl Eugens abgenommen und das Skelett verscharrt wurde.

Der Hoffaktor war das Opfer eines Justizmordes, der wiederum als Folge langwährender Konflikte zwischen den Herzögen und den Landständen anzusehen ist. Bereits 1718, zwanzig Jahre vor diesem Ereignis, war der Hof von Eberhard Ludwig, dem Vorgänger Carl Alexanders, von Stuttgart ins neu gegründete Ludwigsburg verlegt worden – zum Affront der Landstände. Außerdem wurde »in Unserer Residenz Statt Stuttgardt« das Posthorn zu oft geblasen, »daß Wir dahero keinen Unterschiedt mehr wißen, ob die Courier etwas wichtiges zu verrichten haben oder nicht.«

Eberhard Ludwig war einer jener deutschen Kleinpotentaten,

die ihre Nachahmung des französischen Absolutismus unter Ludwig XIV. bis zur Karikatur trieben. König Ludwig disziplinierte den frondierenden Adel, indem er dafür sorgte, dass sich dessen Energie in den unendlichen Feinheiten des Versailler Zeremoniells erschöpfte. Herzog Eberhard Ludwig indessen gelang weder das symbolische Niederringen der Landstände noch deren politische Ausschaltung. Herzog Carl Alexander und mit ihm sein ›Hoffaktor‹ führten diesen Kampf weiter, und nach Carl Alexanders Tod kam für die Landstände die Gelegenheit zur Rache. Dass der Hoffaktor Jude war, erleichterte die Sache. Ihm wurden Bereicherung auf Kosten der Staatskasse, Bestechlichkeit, Hochverrat, Schmähung des Christentums und Schändung von Christinnen vorgeworfen. Das Urteil stand von vornherein fest, und der stellvertretend für den noch unmündigen Carl Eugen regierende Herzog Carl Rudolf konnte es nicht wagen, die rechtlich notwendige landesherrliche Bestätigung des Urteils zu verweigern, obwohl dies indirekt einer Schwächung der herzoglichen Souveränitätsansprüche gleichkam. Andererseits wurde es auf diese Weise möglich, den schutzlos gewordenen Oppenheimer zum Sündenbock zu machen und Carl Alexander als Opfer jüdischer Raffgier darzustellen. Der verstorbene Herzog wurde von den eigenen persönlichen, politischen und fiskalischen Verfehlungen entlastet und mit ihm zugleich der Nachfolger und die ganze Dynastie.

Eine Stellung, die unmittelbar auf die Person des Herrschers bezogen und deren Inhaber auf dessen persönliches Wohlwollen (›Gnade‹ nannten es die Zeitgenossen) angewiesen war, überlebte den Tod des Herrschers häufig nicht. Mitunter wirbelte der Nachfolger das gesamte Chargensystem des Hofes durcheinander oder nahm drastische Einschränkungen (und Einsparungen) vor, wie beispielsweise der Soldatenkönig sofort nach Herrschaftsantritt. Der Tod Carl Alexanders hatte für dessen Hoffaktor furchtbare Folgen, aber auch andere Positionen erledigten sich durch den Herrschaftswechsel. Beispielsweise verlor Riccardo Broschi, der Bruder des berühmten Carlo Broschi, genannt Farinelli, seine Stellung als ›Compositeur de musique‹ am Stuttgarter Hof.

Süß Oppenheimer hatte bei den Verhören während der Haft auf die Frage nach seiner »profession« geantwortet: »Große Herren zu tractiren und mit ihnen umzugehen.« Das rechte ›Tractament‹, die richtige Behandlung der Mächtigen in den Landständen hatte der jüdische Finanzrat verabsäumt, nachdem er in unmittelbare Nähe eines Herzogs und an die Quelle seines Reichtums gekommen war. Das musste er mit dem Leben bezahlen, als sich die Waage der Macht nach dem Tod seines Schutzherrn auf die Seite der Landstände neigte. Es gab niemanden, der ihn verteidigte, und auch nach seiner Hinrichtung hörten die Schmähungen nicht auf. Noch ausführlicher und hasserfüllter als der erwähnte Chronikbericht ist die anonym erschienene *Wahrhaffte und gründliche Relation, Was sich in den letzten Stunden mit dem ehemalig Würtembergischen Finanzien Directore, anjetzo aber fameusen Ertz-Dieb und Land-Betrüger Juden Joseph Süß Oppenheimer zugetragen [...] Alles mit unpartheischer Feder entworffen und dem Druck überlassen.* Die ›unpartheische Feder‹ ereifert sich insbesondere darüber, dass Süß Oppenheimer sämtlichen Bekehrungsversuchen trotzte und bis zum Schluss von seinem Gott nicht lassen wollte.

Ebendies wurde den Juden wieder und wieder zum Vorwurf gemacht, selbst in Haushaltungs- und Kochbüchern. In der Vorrede von Marpergers *Küch- und Keller-Dictionarium* werden neben Menschenfressern und Teufelsanbetern auch »verstockte Juden« angeprangert, die »bey ihrer alten Leyer und Aberglauben noch stets verharren« und, wie im Artikel über »Aas« behauptet, den Christen verdorbenes Fleisch verkauften.

Die jüdische Glaubenstreue erregte den christlichen Verfolgungshass in allen Lebensbereichen, vom Kontor bis in die Küche. Er schreit uns noch heute aus zeitgenössischen Flugschriften und ›Warnungsanzeigen‹ nicht nur im Fall Oppenheimer entgegen.

Eine dieser Warnungsanzeigen wurde am 27. November 1725 auf Anordnung Friedrich Wilhelms I. in der *Berlinischen privilegierten Zeitung* abgedruckt. Ein Jude war wegen (angeblicher oder tatsächlicher) Verunglimpfung königlicher Beamter »mit einem wohl verdienten Staubbesen bestraft worden, derselbe [hat] aber dabei große Flüche und schwere GOttes-Lästerungen ausgestoßen gehabt: So ist er dieserhalb [...] heute allhier vor der Stadt auf der gewöhnlichen Richtstätte solcher Gestalt hingerichtet worden, dass ihm zuvor die Zunge aus dem Halse geschnitten, solche 3 mal aufs

Maul geschlagen und er darauf an den Galgen, die Zunge aber auf seine linke Schulter gehencket worden. Er ward von 2 Rabbinen nach der Richtstätte begleitet und ist in seinem Jüdischen Aberglauben gestorben.«

Der als ›Jud Süß‹ geschmähte Joseph Süßkind (!) Oppenheimer* war nicht der einzige jüdische Finanzier in den Fürstenstaaten des Reichs. Ihre Zahl wird für das 17. und 18. Jahrhundert nach Tausenden geschätzt. Besonders mächtig war Samuel Oppenheimer in Wien, zeitweise ›Hofjude‹ des als ›Türkenlouis‹ folkloristisch verklärten Ludwig Wilhelm von Baden-Baden. Der Generalfeldmarschall des Heiligen Römischen Reichs war der überragende Befehlshaber in den Kriegen gegen die Osmanen und wusste die Organisation der Heeresversorgung durch Oppenheimer, dessen Partner Samson Wertheimer und deren in halb Europa tätigen Agenten und Kommissare zu schätzen. Ab 1701 kreditierte Oppenheimer dem Kaiser in Wien die Militärausgaben im Spanischen Erbfolgekrieg. Nach Oppenheimers Tod 1703 brach die Bank unter tätiger Mithilfe des Hofes zusammen, was dem Kaiser die Rückzahlung der mit zwölf bis zwanzig Prozent zu verzinsenden Schulden ersparte. Die Erben des ›Wucherjuden‹, dessen man sich bedient hatte, wurden bedroht und abgefertigt, wie es mit ›christlichen Kaufleuten‹ niemals möglich gewesen wäre.

Die Finanziers waren häufig allein und unmittelbar von der Person des Fürsten abhängig. In Berlin endete ein jüdischer Finanzaufstieg ebenfalls mit dem Tod des fürstlichen Geschäftspartners. Jost Liebmann war mit seiner Tätigkeit für die brandenburgischen Kurfürsten zu einem der reichsten Juden in Deutschland geworden. Er verschaffte Kredite und besorgte Juwelen, darunter diejenigen für die Kronc, die Friedrich I. 1701 in Königsberg seiner Gattin aufs Haupt setzte**. Diese Juwelen waren nur Leihgaben, die Leihgebühr indessen war königlich, wie aus einem Aktenvermerk der Zeit hervorgeht. Liebmann würden »für die zu Dero hochgeliebten Gemahlin der Königin Maj. Königl. Krohne gelieferte und nachgehends wie-

---

* Zu ihm und zu den anderen im Folgenden genannten ›Hofjuden‹ die Einträge im Personenregister.
** Dazu der erste Abschnitt dieses Kapitels.

der von Ihm zurückgenommene Juwelen [...] acht tausend Thlr. bezahlt werden«. Liebmann starb kurz darauf, und seine Frau Esther, eine geborene Schulhoff, übernahm das Geschäft. Sie wurde zu einer der wenigen ›Hofjüdinnen‹ und kaufte von König Friedrich das Münzregal, also das Recht zur Herstellung, Ausgabe und Verbreitung der Geldstücke in den brandenburgisch-preußischen Gebieten. Nach dem Tod ihres verschwenderischen Protektors 1713 fiel sie beim Nachfolger Friedrich Wilhelm I., der die Staatsfinanzen mit einem rigorosen Sparkurs in Ordnung bringen musste, sofort in Ungnade. Sie und ihre Söhne wurden unter Hausarrest gestellt, Gelder, Edelsteine und Wertgegenstände gepfändet. Die gegen die Familie erhobenen Betrugsvorwürfe blieben unbewiesen. Esther Liebmann starb 1714.

Antijüdische Ressentiments befeuerten Anfang der 1720er Jahre auch den Zusammenbruch der Manufakturen (Tuche, Kerzenwachs, Tabak) von Isaak Behrens in Hannover. Behrens hatte die bereits in Schwierigkeiten befindliche Firma 1714 zusammen mit seinem Bruder von seinem verstorbenen Großvater Leffmann Behrens übernommen. Leffmann war in Hannover lange als Bestücker des höfischen Kutschenfuhrparks und als Heereslieferant erfolgreich und außerdem an Kreditvermittlungen für die Finanzierung der 1692 erworbenen Kurfürstenwürde Ernst Augusts und der Wahl Augusts des Starken zum König in Polen* beteiligt. Wie so oft hing auch hier der geschäftliche Aufstieg als ›Hofjude‹ untrennbar mit dem Aufstieg der Fürsten zu absolutistischen Herrschern zusammen. Und wie so oft erfolgte auch hier der Abstieg nach der Veränderung der Machtkonstellationen am Hof. Mit Leffmann Behrens Tod verlor die Familie die Stellung des Hoffaktors an einen konkurrierenden ›Schutzjuden‹, und die von seinen Enkeln übernommene Firma kollabierte. Isaak Behrens und sein Bruder wurden eingekerkert und gefoltert, um das Geständnis zu erzwingen, sie hätten Wertbestände bei Berend Lehman in Halberstadt vor den Gläubigern versteckt. Der große, in ganz Mittel- und Osteuropa einflussreiche Bankier

---

* Zur Kurfürstenwürde von Ernst August der Abschnitt »Antichambrieren bei Herzog Anton Ulrich in Wolfenbüttel«, zur polnischen Krone für August den Starken der folgende Abschnitt über das Zeithainer Lustlager.

Lehmann war der Schwiegervater von Isaak und außerdem mit dessen verstorbenem Großvater Leffmann verschwägert gewesen.

Während unter den Fürstengeschlechtern die organisierte Versippung zum Machterhalt nicht nur eine Selbstverständlichkeit war, sondern als dynastische Pflicht verstanden wurde, beargwöhnte man die familiären Verbindungen jüdischer Geschäftsleute als wucherische Verschwörungen, deren Aufdeckung zur Rechtfertigung auch solcher Mittel diente, auf die man in ›christlichen‹ Fällen nicht zurückgegriffen hätte.

Doch konnten in diesem ›jüdischen‹ Fall trotz der Folter die Vorwürfe nicht bewiesen werden. Auch Süß Oppenheimer widerstand der Folter und wurde dennoch hingerichtet. Isaak Behrens und sein Bruder entgingen rund anderthalb Jahrzehnte zuvor diesem Schicksal, wurden jedoch auf Lebenszeit des Landes verwiesen – entschädigungslos, versteht sich.

Berend Lehmann in Halberstadt war Heereslieferant und Bankier der Herrscher in Preußen, Hannover, Braunschweig und Sachsen. In den 1720ern besorgte er für das »Grüne Gewölbe«, die Dresdener Wunderkammer Augusts des Starken, säckeweise Edelsteine, auch wenn die des »Mohren mit Smaragdstufe« nicht von ihm beschafft wurden. Die sechzig Zentimeter große Figur hält den Betrachtern grinsend eine schwere Schale mit einem Gesteinsbrocken entgegen, in dem dunkelgrüne Smaragde stecken. Das als »Smaragdstufe« bezeichnete Gebilde kam bereits Ende des 16. Jahrhunderts nach Dresden und stammt aus einer damals von den Spaniern wiederentdeckten altaztekischen Mine in Kolumbien. Vielleicht trägt deshalb der im Auftrag des Kurfürsten aus dunkelbraun lackiertem Holz geschnitzte schwarze Mann einen indianischen Federschmuck*.

Augusts Wunderkammer verschlang Unsummen. Für einzelne Exponate hätte man halbe Schlösser bauen können. Kein Wunder, dass die fürstliche Verschwendungssucht Unmut bei den Ständen hervorrief. Und ebenfalls kein Wunder, dass sich dieser Unmut nur

---

* Im Internet zu besichtigen unter https://skd-online-collection.skd.museum/Details/Index/117440. Dort sieht die eigentlich dunkelbraune Figur glänzend schwarz aus.

indirekt gegen August, aber unmittelbar gegen seinen ›Hofjuden‹ richtete. Der Kurfürst unterband Lehmanns Handelsgeschäfte und schränkte nach und nach auch dessen Banktätigkeit ein.

1727 ging Lehmann bankrott. Er wurde kurzfristig unter Hausarrest gestellt, konnte mit geliehenem Geld einen Teil der Schulden bezahlen, aber nichts vom Vermögen retten. Nach seinem Tod am 9. Juli 1730 bankrottierte auch der Erbe. Wenige Wochen vor Lehmanns Tod feierte sein ehemaliger Schutzherr das verschwenderischste Fest, das ein deutscher Fürst jener Zeit auf die Beine gestellt hat – auf die Beine von 30 000 Soldaten.

August der Starke inszeniert das Zeithainer Lustlager

In den Vorzimmern der Macht braucht man viel Geduld, beim Briefeschreiben an die Herren auch. Wenn man etwas von ihnen haben will, den Titel eines ›königlich-polnischen Hofcompositeurs‹ zum Beispiel, tut man gut darin, ihnen zuerst etwas zu – geben: ›Ergebenheit‹ vor allem, Demut und Ehrerbietung. Dabei ist es ratsam, sich kundig an die offizielle Titulatur zu halten – so wie Johann Sebastian Bach, als er im Juli 1733 nach dem Tod Augusts des Starken an den Nachfolger Friedrich August* schrieb mit der Anrede »König in Pohlen, Groß-Herzog in Litthauen, Reußen, Preußen, Mazovien**, Samogitien, Kyovien, Vollhinien, Podolien, Podlachien, Lieffland, Smolenscien, Severien und Czernienhovien, Herzog zu Sachsen, Jülich, Cleve, Berg, Engern und Westphalen, des heiligen Römischen Reichs Ertz-Marschall und Churfürsten, Landgraffen in Thüringen, Marggraffen zu Meißen, auch Ober- und Nieder-Lausitz, Burggraffen zu Magdeburg, Gefürsteten Graffen zu Hen-

---

* Als Kurfürst Friedrich August II., als König in Polen Friedrich August III.
** Mazovien am rechten Weichselufer; Samogitien in Litauen; Kyovien in Polen; Vollhinien und Podolien, beide in der heutigen Ukraine, damals polnisch-litauisch; Podlachien im Osten Polens; Severien teil- und zeitweise polnisch, russisch, ukrainisch.

neberg, Graffen zu der Marck, Ravensberg und Barby, Herrn zu Ravenstein«.

Wenn Bach hier übertrieb, dann nur wenig. Hätte er nach den ersten Titeln vielleicht abkürzungshalber ein »etc.« hinsetzen sollen? Das Betiteln und Betteln (»mit ganz unterthänigster Bitte«) gehörten genauso zu einem Brief an jemanden, der sehr viel mehr Macht hatte als man selbst, wie das in »tieffster Devotion« Ersterben und das »in unauffhörlicher Treue« Verharren. Sich und das Eigene hatte man nicht zu loben, sondern kleinzumachen vor dem Großen. Und so widmete Bach dem Kurfürsten »eine gegenwärtige geringe Arbeit von derjenigen Wißenschafft, welche ich in der Musique erlanget«.

Als zwei Jahrzehnte später Johann Joachim Quantz seinen *Versuch einer Anweisung die Flöte traversière zu spielen* seinem königlichen Schüler Friedrich II. von Preußen widmete, versäumte auch er nicht die gehorsamste Auflistung sämtlicher Titel: »Dem Allerdurchlauchtigsten Großmächtigsten Fürsten und Herrn Friederich, Könige in Preußen; Markgrafen zu Brandenburg; des heiligen Römischen Reichs Erzkämmerern und Churfürsten; Souvrainen und Obersten Herzoge von Schlesien; Souvrainen Prinzen von Oranien« und so weiter. Auch die Widmung selbst folgt der üblichen Ergebenheitsrhetorik in der »Hoffnung, daß Eure Königliche Majestät [...] dasjenige, was ich zum Dienste der Musik, nach meinen geringen Kräften, hierinne entworfen habe, ein gnädiges Auge finden lassen werden.«

Bei der ›geringen Arbeit‹ Bachs handelte es sich um das Kyrie und das Gloria der h-Moll Messe! Ob der Fürst verstanden hat, was ihm da unter die Augen kam? Kam es ihm überhaupt unter die Augen? Jedenfalls hatte der neue Herrscher in Dresden kurz nach dem Machtantritt kein Ohr für die Sorgen des Leipziger Kantors. Drei Jahre später wiederholte Bach das Gesuch. Diesmal wurde ihm seine Bitte mit einem behördlichen Dekret gewährt: »Demnach Ihro Königliche Majt. in Pohlen, und Churfürstliche Durchlaucht zu Sachßen etc.« – hier ist es amtlich, das ›etc.‹, das der Untertan nie hätte wagen dürfen – »Johann Sebastian Bachen, auf deßen beschehenes allerunterthänigstes Ansuchen, und umb seiner guten Geschicklichkeit willen, das Praedicat als Compositeur bei Dero Hof Capelle, allergnädigst ertheilet«.

Als der Fürst, der Bach 1736 das begehrte ›Praedicat‹ verlieh, im Jahr 1719 mit einer habsburgischen Prinzessin verheiratet worden war, hatte sein Vater unter Mithilfe des ehemaligen preußischen Zeremonienmeisters Johann von Besser ein gewaltiges Fest inszenieren lassen, einschließlich Feuerwerk und die Elbe entlangfahrenden Musikschiffen. Telemann reiste eigens nach Dresden, um die anlässlich der Feierlichkeiten im neuen Hoftheater aufgeführten Opern und Diven wie die Durastanti und den Kastraten Senesino zu hören*. Auch Händel hielt sich zu dieser Zeit in Dresden auf. Er machte dabei Senesino eine Offerte, und als im Folgejahr der Kurfürst die Operntruppe wegen dauernder Streitigkeiten entließ, brach der Kastrat nach London auf. Ob Telemann und Händel in Dresden einander begegnet sind, ist nicht dokumentiert. Aber es ist reizvoll, sich vorzustellen, wie die beiden Meister am Ufer der Elbe zwischen den Zuschauern stehen und auf die Musikschiffe warten. Zumal Händel die Aufführung mit der seiner *Wassermusik* auf der Themse hätte vergleichen können. Über diese hatte 1717 der preußische Gesandte in London berichtet: »Der Barke des Königs folgten jene mit den Musikern, etwa 50 an der Zahl, welche alle Arten von Instrumenten spielten, so Trompete, Oboe, Fagott, Querflöte, Geige und Baß; es waren jedoch keine Sänger dabei. Die Musik hatte der berühmte Händel, ein gebürtiger Hallenser und wichtigster Hofkomponist seiner Majestät, eigens für diesen Anlaß komponiert.«

Der spektakulären Fürstenhochzeit in Dresden folgte neben weiteren Prunkfesten in den kommenden Jahren auch eine bizarre ›Zwergenjagd‹, angeregt von der ›Zwergenhochzeit‹, bei der im Oktober 1710 Zar Peter der Große, Augusts zeitweiliger Verbündeter in den Kriegen gegen Schweden, in seiner neu gegründeten Hauptstadt 36 Paare verheiratet hatte. Zum Fürstenspaß in Sachsen schrieb Bernhard von Rohr: »Anno 1725 ward […] bey Dresden eine Jagt von jungen Haasen, Caninchen und andern jungen Wilde gehalten, dabey die kleinen Hof-Zwerge die Stellen der Ober-Jägermeister und Chefs präsentirten, die übrigen Jäger-Stellen wurden von kleinen Knaben, die alle grün gekleidet, vertreten, und die zu dieser Jagt gebrauchten Hunde waren auch sehr klein und lustig,

---

* Zu den beiden der Abschnitt über »Kastraten und Diven« im 6. Kapitel.

also daß sowohl Jäger als Hunde ein Gelächter machten. Bey dem Ende ward diese gesammte nach dem verjüngten Maaß-Stabe eingerichtete Jägerey an einer Tafel proper tractirt.«

Über den sächsischen Hof in der zweiten Hälfte der 1720er Jahre bemerkte Wilhelmine von Bayreuth in ihren Memoiren: »Der Hof zu Dresden war damals der glänzendste Deutschlands. Die Pracht war hier bis aufs äußerste getrieben.« Das bestätigte ihr Vater, der Soldatenkönig, auf seine knurrige Weise, während er sich im Januar 1728 zum Karneval in Dresden aufhielt: »Die hiesige Magnificence ist so groß, daß ich glaube sie habe bei Louis XIV. unmöglich größer sein können, und was das liederliche Leben betrifft, so [...] kann ich in Wahrheit sagen, daß ich dergleichen noch nicht gesehen, [...] daher ich Ursach habe, hier recht vergnügt zu seyen.«

Zwei Jahre später machte er sich erneut nach Sachsen auf, diesmal zur Teilnahme an dem ›Lustlager‹ mit Truppenschau, das August inszenieren ließ, um die Wohlfahrt seines Landes, die Kampfstärke seiner Armee und die Ansprüche auf die Kaiserkrone zu dokumentieren. »Die ganze sächsische Armee war dort versammelt und macht dort die Übungen und Manöver«, notiert Wilhelmine, die »Uniformen, Livren und Gespanne waren von vollendeter Pracht, gegen hundert Tische mit großem Gepränge bestellt«. In David Fassmanns *Leben und Thaten Friedrich Augusti* heißt es über die Prunkmanöver auf dem rund vierzig Kilometer von Dresden entfernten Zeithainer Plateau bei Mühlberg: »Damit nun diese schönen Troupen für denen Augen aller Welt Parade machen möchten, mussten sie im May ohnweit Mühlberg an der Elbe [...] in ein Lager rücken. Solches wurde in allem gegen dreyßig tausend Mann starck geschätzt, und ist einen gantzen Monat stehen geblieben. Der gantze Königl. Pohlnische Hof hat sich dabey eingefunden, wie auch sonst viele tausend Zuschauer allerley Standes und Geschlechts. Des Königs von Preußen Majestät traffen ebenfalls, mit einer ansehnlichen Suite, in dem Lager ein, und haben fast alles vom Anfang bis zum Ende mit angesehen.«

Das »martialische Lust-Theatro«, wie Fassmann die tagelang sich hinziehenden Festlichkeiten mit Hunderten von Gästen und Tausenden von Zuschauern nennt, wurde wegen seines repräsentativen Glanzes von den Teilnehmern bestaunt und von der zeitgenössischen Publizistik gerühmt. Nicht alles, was dort an Zahlen kolportiert ist, darf eins zu eins genommen werden, und wie lang und schwer der Riesenstollen wirklich war, der aus Pöppelmanns eigens dafür entworfenem Backofen kam, gehört zu jenen anekdotischen Nebensächlichkeiten, für die sich die Nachwelt umso mehr interessiert, je unwichtiger sie für das historische Verständnis des Geschehens sind.

Dem Kurfürsten von Sachsen und König in Polen kam es darauf an, für seine Person und seine Dynastie Herrschaftsansprüche zu erheben, die über die bereits erreichte politische Macht deutlich hinausgingen. Aber obwohl sein Sohn ebenfalls König in Polen wurde, wussten die polnischen Aristokraten die Verstetigung zu einer Erbmonarchie zu verhindern. Das sächsische Kurfürstentum wiederum sollte sich dem militärischen Aufstieg des brandenburger Nachbarn nicht gewachsen zeigen, und auch die erstrebte Kaiserkrone blieb unerreicht. Immerhin gelang es August mit dem Zeithainer Festmanöver, seinen preußischen Nachbarn zu beeindrucken. Allerdings mit Folgen, die seinen Absichten entgegenliefen. Friedrich Wilhelm I. verstärkte den Aufbau seiner Armee, dabei unterstützt von Fürst Leopold von Anhalt-Dessau. Im Juli 1744 marschierte als Nachfolger des Soldatenkönigs der Philosophenkönig mit 60 000 Mann in Sachsen ein, im Dezember 1745 waren sogar Leipzig und Dresden vorübergehend besetzt.

Der Soldatenkönig lässt in Potsdam exerzieren

Während seiner Regierungszeit von 1713 bis 1740 hat Friedrich Wilhelm, der 1725 die Uniform zum ›Staatskleid‹ machte, die Zahl seiner Soldaten von knapp 40 000 auf knapp 80 000 Mann verdoppelt. In absoluten Zahlen war 1740 das preußische Heer das viertgrößte in Europa, im Verhältnis zur Bevölkerungszahl von 2,5 Millionen das größte. Und es handelte sich nicht um Schautruppen, trotz der Königsmarotte mit den ›langen Kerls‹, sondern um gut ausgerüstete Kampfeinheiten.

August mochte seine Dreißigtausend auf dem Zeithainer Feld paradieren lassen, im Ernstfall zählte nicht das ›martialische Lust-‹, sondern das tatsächliche ›Kriegs-Theatro‹, wie in der zeitgenössischen Publizistik die Schlachtfelder genannt wurden*. Zwar wusste Friedrich Wilhelm den Krieg zu vermeiden, und seine Truppen mussten sich erst unter dem Nachfolger im Kampf bewähren. Aber anders als für August war für ihn nicht mehr der Hof, sondern das Heer das organisatorische Rückgrat des absolutistischen Königsstaats, der eben von einer »formidablen Armeé« abhänge und von der finanziellen Fähigkeit, sie auch einzusetzen, also von einem »großen tresor, die Armeé in Zeit von Noth Mobihle zu machen«. Ebendies unterschied die Militärpolitik der aufsteigenden mitteleuropäischen Großmacht von der paradierenden Wichtigtuerei kleiner Herren wie etwa derjenigen Leopolds von Anhalt-Köthen. Er hielt 57 Soldaten, einen Kammermohr und einen Kapellmeister. Der Kapellmeister hieß Bach.

Soldaten im Dutzend zu besolden kostete Geld (in Köthen 1723 knapp 2700 Taler, für Bach und die Musiker wurden etwas über 1900 Taler ausgegeben), Soldaten nach Zehntausenden anzuwerben war nur möglich mit organisierter Gewalt. Die Werber zogen über die Dörfer (nicht durch die größeren Städte), um mit List, Tücke, Bier und Kleingeld unerfahrene junge Leute anzuheuern. Die Bauernfängerei machte vor den Kirchtüren nicht halt. Im Jahr 1714 brach in Perleberg der pietistische Prediger Gottfried Arnold am Altar zusammen, als preußische Werber während des Pfingstgottesdienstes in die Kirche eindrangen. 1720 kam es in der den Hohenzollern gehörenden rheinischen Grafschaft Mark zur Revolte, als ein 240 Mann starkes Kommando während eines lutherischen Gottesdienstes eine Kirche umstellte. Einige Gläubige flüchteten auf den Kirchturm und läuteten Sturm, worauf von allen Seiten die Bauern zusammenliefen und die Soldaten mit Steinen und Stöcken angriffen. Es wurde geschossen, und es gab mehrere Tote.

Zwangswerbungen fanden nicht nur auf den preußischen Territorien statt. Immer wieder kam es zu diplomatischen Protesten fremder ›Landesväter‹, deren ›Landeskinder‹ betrunken gemacht

---

* Im militärpolitischen Schrifttum ist bis heute vom ›theatre of war‹ die Rede.

und zu Unterschriften genötigt oder geradewegs verschleppt worden waren. Diese Übergriffe nahmen mit der Einführung des Kantonsystems 1733 ab, hörten jedoch nie völlig auf.

Mit dem Kantonsystem sollte das Problem gelöst werden, den kontinuierlichen Menschennachschub für das Militär zu gewährleisten, ohne die wirtschaftliche Entwicklung zu gefährden und ohne die bürgerliche Funktionselite durch die Einziehung ihrer Söhne zu verärgern. Ein Manufakturarbeiter auf dem Exerzierplatz fehlt an seinem Arbeitsplatz, was umso schädlicher ist, je besser er ausgebildet wurde. Ein Jurist, dessen Söhne man in die Armee zwingt, lässt in seiner Loyalität für die Obrigkeit nach. Ein lutherischer Prediger, dem das Gleiche geschieht, verliest die königlichen Verordnungen mit weniger Inbrunst von der Kanzel. Mithin war es angeraten, städtische Manufakturarbeiter, Akademiker und Geistliche vom Kantonsystem auszunehmen. 1740 wurde sogar ganz Berlin kantonsfrei gestellt.

Die Kantone waren genau definierte Aushebungsdistrikte, die wiederum bestimmten Regimentern zugeteilt wurden. Ein Regiment der Infanterie erhielt zwischen 5000 und 8000 ›Feuerstellen‹ (heute würde man ›Haushalte‹ sagen), ein Kavallerieregiment zwischen 1800 und 3800. Alle fünfzehnjährigen Jungen wurden in gerollten Listen erfasst (›enroliert‹) und bekamen einen ›Laufpass‹. Die Dienstpflicht war zeitlich nicht beschränkt, die tatsächliche Dienstzeit hing vom militärischen Bedarf und von der körperlichen Beschaffenheit der Enrolierten ab.

Nach der Lösung der schwierigen Aufgabe, genug Soldaten zu bekommen, musste dafür gesorgt werden, sie auch zu behalten. Je mehr Rekruten davonlaufen, desto mehr müssen frisch angeheuert und neu ausgebildet werden. Während der Regierungszeit Friedrich Wilhelms desertierten rund 30 000 Soldaten, und zwar nicht etwa bei Märschen oder Schlachten (unter Friedrich Wilhelm gab es keinen Kriegszug), sondern aus den Friedensregimentern. Die Leute liefen einfach auf die Felder zurück.

Von Friedrich I. über Friedrich Wilhelm bis Friedrich II. wurde kein König der Desertion wirklich Herr. Über Jahrzehnte wechselten Edikte mit Strafverschärfungen und solche mit Amnestien bei Rückkehr in den Dienst einander ab. 1711 drohte das »Geschärffte

Edict wider die starck einreissende Desertion« unter Friedrich I., »daß wider die Deserteurs binnen 24 Stunden der Process gemacht und statt der Todes-Straffe des Stranges, sie zu Schelmen declariret, die Nase und 1 Ohr ihnen abgeschnitten, und in einer Vestung an die Karre geschmiedet, auch nie pardonniret«. 1748 schrieb Friedrich II. in seinen *Generalprinzipien des Krieges:* »Auch schmilzt Eure Armee durch Desertion mehr zusammen als durch den blutigsten Kampf.«

Der Soldatenkönig hielt die großen, ›Revuen‹ genannten Musterungen in Potsdam im Mai und Juni ab. Die Regimenter formierten sich mit dem ganzen musikalischen Getöse, das auf den Paradeplätzen und während der Feldmärsche üblich war. Über die Rolle der Regimentsmusiker schreibt Hanß Fleming in *Der vollkommene Teutsche Soldat* von 1726: »Die Trompeten, Paucken, Trommeln, Querpfeiffen und Hautbois animiren die Soldaten in Bataillen und Stürmen, sie reguliren die Märsche, Evolutiones und Retraites.« Johann Jacob Bach, nach Johann Sebastian das zweitjüngste der Bach-Kinder, trat 1704 als Hautboist in die Armee des Schwedenkönigs Karl XII. ein*. Er starb 1722 in Stockholm.

Was die Trommler betrifft, fährt Fleming fort: »Man nimmt gerne zu Tambours Jungen, die 12 bis 16 Jahre alt, denn dieser ihre Gelencke und Arme sind jung und alart, um den Wirbel reinlich schlagen zu lernen.« Je nachdem »die Compagnie starck oder schwach, so gehören drey oder doch zum wenigsten zwey Tambours dazu, welchen ein Regiments-Tambour vorgesetzt, der einen Unter-Officiers-Rang hat.« Dieser Rang bringt die disziplinarische Aufgabe mit sich, »die unter ihm stehenden liederlichen Tambours, so ihre Dienste versäumen, mit dem Stock zu bestrafen.«

Beim Soldatenwerben auf den Dorfplätzen und in den Straßenschenken sind die Musikanten ebenfalls unersetzlich. Sie sorgen für die richtige Stimmung, wenn es darum geht, an die nötige Unterschrift zu kommen: »Die Tambours, Trompeter und Querpfeiffer

---

* Lange galt Johann Sebastians Capriccio in B-Dur (BWV 992) mit seinen für Bach ganz ungewöhnlichen ›Untertiteln‹ (z. B. »Schmeichelung der Freunde, um denselben von seiner Reise abzuhalten«) als Abschiedsmusik für Johann Jacob. Das wird heute eher bezweifelt.

sind eigentlich die rechten Lockvögel, die mit ihrer afficirenden Musique, Thon und Schall manchen ungerathenen Sohn aus der Schule, manchen liederlichen Handwercks-Purschen von der Werckstadt, manchen Bauer-Knecht aus der Scheure und manchen Müßiggänger herbeylocken. Es gehet mancher mit tanzen, mit springen in dem Krieg, als ein Lahmer und Krüpel aber aus demselben wieder heraus.« Hat man den Bauernlümmel dann im Soldatenrock, muss dem Rekruten der Bauer ausgetrieben werden. Das *Reglement vor die Königliche Preußische Infanterie* von 1726 formuliert überdeutlich: »Das erste im Exerciren muß seyn, einen Kerl zu dressiren, und ihm das air von einem Soldaten beyzubringen, daß der Bauer herauskommt, wozu gehöret, daß einem Kerl gelernet wird: Wie er den Kopf halten solle, nemlich selbigen nicht hangen lasse, die Augen nicht niederschlage, sondern unterm Gewehr mit geradem Kopf über die rechte Schulter nach der rechten Hand sehe [...] Daß ein Kerl steiff auf den Füssen und nicht mit gebogenen Knien, auch Fuß gegen Fuß, ohngefehr eine Spanne lang von einander stehe. Daß ein Kerl den Leib gerade in die Höhe halte, nicht hinterwärts überhänge und den Bauch voraus strecke, sondern die Brust woll vorbringe und den Rücken nur einziehe.«

Der Soldatenkönig stellte sich in Positur, streckte den Bauch vor, hielt den Stock schlagbereit und musterte grimmig seine Truppen, mit Akkuratesse darauf achtend, dass die Bewegungsabläufe beim Exerzieren instruktionsgemäß ausgeführt wurden. Die Bewegungsabläufe waren in exakt definierte Einzelabschnitte zerlegt, denen jeweils ebenso exakt definierte Kommandos entsprachen. Das von Leopold von Anhalt-Dessau geprägte Infanterie-Reglement nennt 62 Kommandos und legt viel Wert auf ›Zackigkeit‹: »Zwischen denen Tempos in denen Hand-Griffen muß wol und égal [gleichmäßig] angehalten werden, so lange bis man 8 zählen kann [...] Alle Griffe müssen frisch gemacht und muß starck an das Gewehr oder auf die Taschen geschlagen werden, deßgleichen bey allen Tritten die Beine woll aufgehoben und starck und zugleich zugetreten werden soll.« Über die ›Größenordnung‹ in der Kompanie heißt es: »Die Compagnien sollen allezeit rangiret seyn, und wann der Capitaine einen neuen Kerl unter die Compagnie bekömmt, muss er solchen zugleich nach seiner Größe einrangiren und in die Rangir-

Role schreiben lassen, damit ein jeder Kerl sein Glied, Vorder-Mann und Neben-Mann wissen und sich selbst rangiren kann.«

Fürst Leopold, der ›alte Dessauer‹, war zwar nicht der ›Erfinder des Gleichschritts‹, wie oft kolportiert, führte ihn aber im preußischen Heer mit Nachdruck und Härte ein. Mit durchgestreckten Knien waren 70 bis 75 Schritt in der Minute zu machen, bei einer Schrittlänge von 72 Zentimentern. Leopolds Versessenheit auf den Gleichschritt war weder eine persönliche Sonderbarkeit wie die Vorliebe seines königlichen ›Chefs‹ für große Grenadiere noch eine selbstzweckhafte Fetischisierung der Disziplin. Vielmehr sollte mit dem Gleichschritt in Verbindung mit den detailliert vorgeschriebenen Bewegungsabläufen am Gewehr einschließlich des Ladevorgangs der unvermeidliche Moment in der Schlacht hinausgezögert werden, in dem die Körper der Soldaten das Regiment übernahmen, in dem die Kreatürlichkeit der Leiber mit Todesangst und Seelenfurcht auf die Bedrohung durch den Feind reagierten. In dem gleichfalls von Leopold geprägten Exerzierreglement von 1718 heißt es: »Die Kerls müssen sehr geschwinde, indem das Gewehr flach an die Seite gebracht wird, den Hahn in Ruhe bringen: Hernach sehr geschwinde die Patronen ergreifen, sobald die Patronen ergriffen, müssen die Burschen selbige sehr geschwinde kurtz abbeissen, daß sie Pulver ins Maul bekommen, darauf geschwinde Pulver auf die Pfanne schütten.«

Beißen wir also die Patrone ab und marschieren mit Pulver im Maul gegen den Feind. Noch ist dessen Linie zu weit entfernt, um die unsere mit Schüssen erreichen zu können. Wir marschieren im Gleichschritt nach vorn, und nun fallen die ersten Schüsse. Der Kamerad neben uns stürzt. Wir wissen nicht, ob er über seine Füße gestolpert ist, getroffen wurde oder so tut, als wäre er getroffen. Ein Mann aus der Linie hinter uns rückt auf und füllt die Lücke. Wir marschieren weiter gegen die feindliche Linie. Das Feuer nimmt zu. Wir sollen noch nicht schießen. Patronen sind teuer, Patronen sind schwer. Mancher hat einen Teil davon auf dem Marsch heimlich weggeworfen. Auf dem Schlachtfeld muss man sparsam mit ihnen umgehen. Wenn wir zu früh schießen, verschießen wir buchstäblich unser Pulver. Ohnehin kommt es nicht auf zielgenaues Schießen an, sondern auf das gleichmäßige Abfeuern von Salven nach dem Kommando der Offiziere, musikalisch ausgedrückt: auf das Schießen im Chor. Wir rücken weiter nach vorn. Die Herzen rasen, die Knie zittern. Sie sind nicht mehr durchgedrückt. Wir sind nur noch 800 Schritte von den feindlichen Linien entfernt und haben immer noch keinen Feuerbefehl. Einzelne Kameraden beginnen dennoch zu schießen. Noch ist unsere Linie geschlossen. Wir marschieren gegen den Feind. 700 Meter, 600 Meter, 500 Meter. Erst bei 150 Metern Feinddistanz erreicht die Trefferquote knapp fünfzig Prozent. Aber wenn nicht bald der Befehl kommt, werden sich die Reihen auflösen und die Männer mit Geschrei nach vorne rennen, auf den Feind zu in den Bajonettkampf Mann gegen Mann.

Es ist die Todesangst, die der Exerzierplatzdisziplin ein Ende macht. Sie verwandelt das Einzelrädchen in der großen Kampfmaschine wieder in einen sich selbst fühlenden Körper aus Fleisch und Blut. Diesen Moment auf dem Schlachtfeld zeitlich so weit wie möglich nach vorne zu schieben, während die Linie räumlich so weit wie möglich nach vorne marschiert, ist die Aufgabe des Drills auf den heimischen Exerzierplätzen. Mit diesem Drill schuf der Soldatenkönig eine Armee, mit der sein Sohn die Kriege um Schlesien bestehen konnte. Ihre Disziplin wurde sogar vom Feind bewundert. Nach der Schlacht bei Mollwitz am 10. April 1741, der ersten der Schlesischen Kriege, schrieb ein österreichischer Offizier: »Diese ganze Front schien wie von einer einzigen Triebkraft bewegt. Sie rückte Schritt für Schritt mit überraschender Gleichförmigkeit vor. [...] Sobald sie in richtiger Schussweite war, verstummte ihr Gewehrfeuer keinen Augenblick und glich dem unaufhörlichen Rollen des Donners. Sobald sie in unserem Gesichtskreis Bewegungen machten, führten sie diese mit solcher Schnelligkeit und Genauigkeit aus, daß es eine Freude zu sehen war; sobald ein Mann fiel, trat ein anderer an seine Stelle, kurz, sie haben ihre Sache gut gemacht«.

Nach der Schlacht, von beiden Seiten mit einem Te Deum als Sieg gefeiert, wurden auf preußischer Seite von 23 400 Soldaten 4889 als tot, verwundet oder vermisst gezählt, auf österreichischer Seite war das Verhältnis noch schlimmer: 4551 von 16 600. Friedrich, der auf Drängen seines Feldmarschalls Graf Schwerin das Kampfgebiet während der zunächst verloren geglaubten Schlacht verlassen hatte, schrieb am 2. Mai 1741 aus dem Feldlager an Voltaire: »Ich werde Sie jetzt nicht mit Details behelligen, denn da ist nichts Verfeinertes an der Methode, mit der wir uns abschlachten; das geschieht stets zu meinem großen Kummer; und wenn ich die gehorsame Wut meiner Truppen dirigiere, so immer nur auf Kosten meiner Humanität«.

Der Philosophenkönig reitet in Breslau ein

Ein gutes halbes Jahr vorher, am 26. Oktober 1740, hatte Friedrich aus Rheinsberg geschrieben: »Mein werter Voltaire, das unvorhergesehenste Ereignis der Welt hindert mich, meine Seele wie gewöhnlich der Ihrigen zu öffnen und so zu plaudern, wie ich es möchte. Der Kaiser ist tot.« Nach einem Spottgedicht auf den verblichenen »Bankrotteur« fährt er fort: »Dieser Tod durchkreuzt all meine Friedensgedanken, und ich glaube, ab Juni wird es eher um Schießpulver, Soldaten, Schützengräben als um Actricen, Ballett und Theater gehen; [...] es geht nunmehr um die totale Veränderung des alten politischen Systems«. Am 3. Januar 1741 ritt Friedrich in die kampflos genommene schlesische Hauptstadt Breslau ein. Der Marsch durch die österreichische Provinz hatte im Dezember begonnen und war ohne Widerstand vonstattengegangen. Die meisten Truppen der Habsburger lagen nach Kämpfen mit den Türken in den ungarischen Winterquartieren, in Schlesien standen nur 7000 Mann, und der schlimmste Feind des marschierenden preußischen Heers war der Schlamm bei Tauwetter.

Der Anlass von Friedrichs Überfall auf Schlesien, befohlen gegen den Rat seines für die Außenpolitik zuständigen Ministers Graf von Podewils, waren nicht die zweifelhaften Erbansprüche, die der 28-jährige Friedrich nach dem Tod des Kaisers und der Nachfolge von dessen 24-jähriger Tochter Maria Theresia als Herrscherin in Österreich und Ungarn aus alten Akten hervorholte. Der Annektionsentscheidung lag vielmehr die unsichere europäische Machtkonstellation zugrunde, wie sie sich nach seinem eigenen Machtantritt, dem Tod Kaiser Karls VI. und dem darauffolgenden Anspruch des bayerischen Kurfürsten Karl Albrecht auf die Kaiserkrone* und schließlich dem Tod der Zarin Anna Iwanowna, alles im Jahr 1740, abzeichnete.

Es war dies einer jener historischen Momente, die von den alten Griechen als Kairos bezeichnet wurden. Kairos hat an der Stirn eine Haarlocke und ist am Hinterkopf kahl. Man muss die Gelegenheit beim Schopf packen, bevor sie ungenutzt vorübergeht. »Mein teurer Podewils!«, schrieb Friedrich am 16. Dezember 1740 an seinen Minister, »Ich habe den Rubikon überschritten mit fliegenden Fahnen und unter dem Schlag der Trommeln. [...] Entweder will ich untergehen oder Ehre von diesem Unternehmen haben; [...] ein gewisser Instinkt, dessen Grund uns unbekannt ist, verkündigt mir Glück und Erfolg«. Der Flötenspieler und *Antimachiavell*-Verfasser setzte sich mit Pauken und Trompeten machiavellistisch über die Warnungen seines Vaters im Testament von 1722 hinweg: »Aber mein lieber Nachfolger, ich bitte Euch, keinen ungerechten Krieg anzufangen, denn Gott hat ungerechte Kriege verboten und Ihr müßt immer Rechenschaft ablegen für jeden Menschen, der in einem ungerechten Krieg gefallen ist.« Außerdem kämpfen Soldaten nicht gern in ungerechten Kriegen: »Als der König August seinen ungerechten Krieg angefangen hatte, waren die Soldaten der Sächsischen Armee so furchtsam, dass sie in vielen Schlachten von den Schweden geschlagen worden sind. Ihre Furcht war so groß, dass sie nicht stehenbleiben und fechten wollten.«

Friedrich hatte Erfolg; und er hatte Glück, als er während seiner Flucht vom Mollwitzer Schlachtfeld um Haaresbreite einem Kommando feindlicher Husaren entging. Die ihm zugefallene Beute war riesig: Der Herrschaftsbereich vergrößerte sich um große, wirtschaftlich starke Gebiete, und zu den 2,5 Millionen Einwohnern in den preußischen Ländern kamen 1,4 Millionen neue Untertanen hinzu.

Als Friedrich zu Beginn des ersten schlesischen Krieges in Breslau einrückte, wurde die Bevölkerung zunächst geschont. Der König verzichtete – vorerst – auf die Huldigung durch die Stadtoberen

---

*   Dazu der nächste Abschnitt.

und versprach, die Rechte nicht anzutasten, die von den Breslauern den Behörden in Wien abgetrotzt worden waren. Auch dieses Versprechen hielt er nicht.

In die Breslauer Vorstädte waren 2700 preußische Soldaten eingerückt. Die Bewohner strömen auf die Wälle, um sich das Treiben anzusehen. Es wird Handel getrieben und Bier ausgeschenkt. Am Vormittag des 3. Januar rumpeln des Königs Küchenwagen durch das Schweidnitzer Tor, begleitet von geschmückten Lastpferden mit dem Tafelsilber. In den Gassen drängen sich die Schaulustigen und warten ungeduldig auf den Monarchen. Endlich kündigen Trompeter dessen Einzug an. Dreißig Kürassiere in Brustharnischen reiten mit blankgezogenen Degen durchs Tor. Dann folgt die königliche Kutsche. Aber die Kutsche ist leer. Das zurückgeklappte Verdeck lässt gelbe Samtpolster sehen, auf denen ein blauer, hermelingefütterter Samtmantel drapiert ist. Um 12 Uhr mittags endlich reitet König Friedrich in die Stadt. Er trägt eine blaue Uniform, auf der Brust den Schwarzen Adlerorden: »Suum cuique«*.

Als am Ende des zweiten schlesischen Krieges Friedrich am 28. Dezember 1745 in Berlin einzieht, wird das als traditioneller ›Adventus‹ in großem Stil inszeniert mit Triumphbögen, Illuminationen und Feuerwerken. Hier erscheint zum ersten Mal das ›Fredericus Magnus‹ in Flammenschrift auf Ehrenpforten. Friedrich, der König, erfüllte seine Repräsentationspflichten, der Mensch Friedrich mag sich auf seine Flöte gefreut haben. Im Oktober hatte er geschrieben: »Die flöte von quantz** habe krigt sie ist aber nicht recht guht ich habe quantzen eine in Verwahrung gegeben die ist besser Gib sie mir in Berlin wen ich hinkomme.«

Viele Jahre später, 1763, am Ende des wiederum mit viel Glück und diesmal auch mit viel englischem Geld siegreich überstandenen dritten und letzten Kriegs um Schlesien, entzog sich Friedrich allen Feierlichkeiten und schlich regelrecht zurück in die Stadt.

---

* Zu dieser Devise des Ordens die Passage am Ende des Abschnitts »Friedrich von Brandenburg setzt in Königsberg eine Krone auf« in diesem Kapitel.
** Zu Friedrichs Flötenlehrer siehe im nächsten Kapitel den Abschnitt über Johann Joachim Quantz in Dresden.

Der ›Herr der fünf Kirchen‹ krönt in Frankfurt seinen Bruder zum Kaiser

Große Herren – großes Gefolge: Diese Regel, von der Friedrichs einsame Rückkehr nur eine Ausnahme bildete, wurde besonders prachtvoll bestätigt, als im Januar 1742 Clemens August, der Erzbischof von Köln, in Frankfurt einzog, um mit der Mehrheit der anderen Kurfürsten seinen Bruder, den bayerischen Kurfürsten Karl Albrecht, zum Kaiser zu wählen und ihn am 12. Februar zu krönen. Clemens August, neben seiner Kölner Kurfürstenwürde außerdem Fürstbischof von Regensburg, Münster, Osnabrück, Paderborn und Hildesheim, wurde als ›Herr der fünf Kirchen‹ apostrophiert. Er glich als geistlicher Fürst wie seine weltlichen ›Kollegen‹ die fehlende tatsächliche Macht, die nicht nur ein zeremonielles Hof-, sondern ein funktionierendes Staats- und Militärwesen zur Voraussetzung gehabt hätte, durch nahezu klischeemäßige ›barocke Prachtentfaltung‹ aus. Der Bonner Hofstaat mit ohnehin schon 600 Personen verdoppelte sich im Laufe seiner Herrschaft. Unter den Musikern fällt 1733 Ludwig van Beethoven auf, ein Sänger flämischer Herkunft.

Bei der Krönung in Frankfurt soll die Entourage von Clemens August 1600 Personen umfasst, der Tross aus 750 Pferden bestanden haben (für Friedrichs Tafelsilber in Breslau reichten vier). Als drei Jahre später Franz Stephan von Lothringen, Gemahl Maria Theresias, zur Kaiserkrönung nach Frankfurt reiste, ›begnügte‹ der sich mit 440 Personen, 640 Pferden und 91 Wagen.

Zwei Tage nach der Krönung des Wittelsbachers zum neuen Kaiser besetzten die Truppen der alten kaiserlichen Macht dessen Residenzstadt München. Die Wittelsbacher hatten im Durcheinander der Thronfolge Maria Theresias ihrer uralten Habsburger Konkurrenz nach drei Jahrhunderten die Kaiserkrone weggenommen und darüber das Kurfürstentum Bayern verloren. Die Kaiserkrone wäre ohne Frankreich, das an der Schwächung Habsburgs arbeitete, für die Wittelsbacher unerreichbar gewesen. An der Abhängigkeit von französischen Diplomaten und französischem Geld änderte sich auch nichts während der drei Jahre, in denen Karl den Kaiser spielte. Bis zu seiner Rückkehr nach München im Oktober 1744 lebte er, abgesehen von einem kurzen Intermezzo im Frühsommer 1743, im Frankfurter Exil und verteilte – das heißt: verkaufte – Ehrentitel, etwa den eines eher unwirklichen ›Wirklichen Kaiserlichen Rathes‹ an Johann Caspar Goethe für 300 Gulden.

Als Karl VII. überraschend im Januar 1745 starb, beauftragte der Rat der Stadt Hamburg ihren ›Director Musices‹ Georg Philipp Telemann mit einer Trauermusik, voller Sorge, dass nun neue Auseinandersetzungen das viel geplagte Heilige Römische Reich Deutscher Nation erschüttern und die Hamburger Handelsgeschäfte schädigen würden. »Ich hoffete aufs Licht« heißt Telemanns düsteres Stück, in dem mächtig und bedrohlich auf die Pauke gehauen und klagend »Oh deutsches Reich« gesungen wird, das »durch so viel Angst und Klagen / durch Zittern und durch Zagen / durch Krieg und große Schrecken / die alle Welt bedecken« nicht zur Ruhe kommen will. Gegen Ende folgt die Bitte: »Verbinde, Höchster, nun einmahl / des Teutschen Reichs bisher entzweyte Hüter / zur holden Eintracht der Gemüther / und zu beglückter Kayserwahl.« Die gelang mit der Wahl Franz Stephans von Lothringen. Der Kaiser wohnte wieder in Wien.

3. Städte und Leute

❧

Vivaldi in Wien – Händel in London –
Telemanns Reise nach Paris –
Telemann in Hamburg – Quantz
in Dresden – Die Gebrüder
Graun in Berlin – Bach in Leipzig

Vivaldi in Wien

Man muss nicht alles glauben, was Carlo Goldoni in seinen Memoiren erzählt. Sie erschienen 1787 auf Französisch und geben Szenen wieder, die ein halbes Jahrhundert zurücklagen. Eine dieser köstlichen, halb erinnerten und halb erfundenen (oder eher zu einem Viertel erinnerten und zu drei Vierteln erfundenen) Szenen ist Goldonis Begegnung mit dem »Abbé Vivaldi, wegen seiner Haarfarbe ›il Prete rosso‹ [der ›rote Priester‹] genannt«, in Venedig: »Ich finde ihn von Notenblättern umgeben, das Brevier in der Hand. Er erhebt sich, macht des langen und breiten das Kreuzeszeichen, legt sein Brevier beiseite und begrüßt mich mit den üblichen Höflichkeitsformeln.« Was dann folgt, ist die etwas angeberische Schilderung eines Bravourstücks, mit dem Goldoni den skeptischen Vivaldi davon überzeugt, dass er genau der richtige Librettist für die Überarbeitung von dessen Oper *Griselda* ist. Sie wurde 1735 in Venedig uraufgeführt.

Fünf Jahre später verlässt Vivaldi die Stadt, in der er so viele Jahre als ›Maestro di violino‹ und ›Maestro di concerti‹ am Ospedale della Pietà, einem Waisenhaus für Mädchen, gearbeitet hat. Gefiel dem alternden Musiker die venezianische Fröhlichkeit nicht mehr? »Auf Plätzen und Straßen und Kanälen«, schwärmt Goldoni, »überall wird gesungen: die Kaufleute singen und stellen ihre Waren aus, die Arbeiter singen auf dem Heimweg von der Arbeit, die Gondelführer singen, während sie auf ihre Herrschaften warten.« Oder bangte Vivaldi, dessen große Zeit vorüber war, in Venedig um Aufträge und Einkommen und brach deshalb noch einmal auf? War das Reiseziel von Anfang an die Kaiserstadt an der Donau? Oder wollte er eigentlich nach Prag?

Der ›rote Priester‹, der nach eigener Aussage schon in jungen Jahren das Lesen der Messe aufgab – er war zu schwach auf der

Brust, um lange vor Seitenaltären in kühlen Kirchen zu stehen –, gehörte vor dem Niedergang in seinen letzten Lebensjahren zu den Großmeistern der italienischen Musik mit Ausstrahlung nach ganz Europa. In Deutschland sorgte der Geigenvirtuose und Dresdener Konzertmeister Johann Georg Pisendel für die Verbreitung der Musik Vivaldis. Pisendel hielt sich 1716/17 in Venedig auf und freundete sich mit dem Komponisten an, der ihm etliche Stücke widmete. Bach wiederum schrieb für Pisendel seine Partiten für Violine solo, mit der *Chaconne** in der Partita d-Moll (BWV 1004).

Mit Vivaldi-Konzerten beschäftigte sich Bach schon in den frühen 1710er Jahren während seiner Weimarer Zeit. Die viel gespielten *Vier Jahreszeiten* gehörten allerdings nicht dazu. Sie entstanden (vermutlich) um 1715 und wurden 1725 in Amsterdam gedruckt. 1737 fragte Johann Adolf Scheibe, Herausgeber der Hamburger Zeitschrift *Der Critische Musicus,* aus Überdruss: »Wem sind nicht auch die vier Jahreszeiten eines Vivaldi bekannt?« Die Notendrucke in Amsterdam und später in Paris stellen wie Scheibes genervte Bemerkung Vivaldis europäische Reichweite unter Beweis. Scheibe übrigens zeigte sich 1737 auch von Kompositionen Bachs überbeansprucht. 1729 war seine Bewerbung als Organist der Thomaskirche an Bach gescheitert, doch war seine Kritik sicher mehr als bloß die Retourkutsche eines Gekränkten. Jedenfalls meinte er, es wäre besser, wenn dieser »grosse Mann« seinen Stücken nicht »durch ein schwülstiges und verworrenes Wesen das Natürliche entzöge, und ihre Schönheit durch allzugrosse Kunst verdunkelte.« Bach hat sich über diese Despektierlichkeit des bis 1736 in Leipzig lebenden ›Criticus‹ so geärgert, dass er auf eine Erwiderung nicht verzichten mochte. Er schrieb sie allerdings nicht selbst, sondern schickte einen anderen vor**. Vivaldi wiederum dürfte Scheibes Nörgelei gar nicht zu Ohren gekommen sein.

Wann genau Vivaldi Venedig verlassen hat und wann er in Wien angekommen ist, lässt sich heute nicht mehr sagen. Im Mai 1740 erhielt er noch Zahlungen des Waisenhauses, und im August verkaufte er in Venedig Partituren. Aber im Februar 1741 ist seine Anwesenheit in Wien dokumentiert. Dort ging es nicht so fröhlich zu

---

* Dazu der Abschnitt »Bachs *Chaconne* im Untergrund« im Präludium.
** Dazu der Abschnitt über Bierfiedler etc. im 6. Kapitel.

wie in seiner Heimatstadt. Erstens, weil im Oktober 1740 Kaiser Karl VI. gestorben war und verordnete Trauer herrschte; zweitens, weil die Nachfolge Maria Theresias nicht von allen europäischen Fürsten anerkannt wurde und Österreich auf einen Erbfolgekrieg zutrieb; und drittens, weil Wien ohnehin eine Hui-und-Pfui-Stadt war. Jedenfalls schrieb Abraham a Santa Clara das in seinem 1707 erschienenen *Huy und Pfuy der Welt:* »Zu Wien in der Kayserl. Residenz-Stadt sind unterschiedliche Gassen und Platze, unter anderen heisset eine die Herren-Gassen, massen die mehriste Paläst und Herren-Gebäue darinnen stehen; es ist aber auch ein Ort, welches der Sauwinkel gennenet wird, darum weil er zu End der Stadt entlegen und anbey ziemlich unsauber.«

Der prächtigste der Paläste stand zu Santa Claras Zeiten noch gar nicht: das von 1714 bis 1723 erbaute Belvedere des Prinzen Eugen von Savoyen. Auch das Burgtheater* entstand erst in den 1740ern, als Umbau eines stillgelegten Ballsaals, nicht eines Tanz-, sondern eines Federballsaals im Garten der Hofburg, in dem sich einst die adligen Herren vergnügt hatten. Das Belvedere des Prinzen Eugen wird von dem Reisenden Johann Georg Keyssler der prächtigste der Wiener Paläste genannt: »Es folgen in selbigem eilf Zimmer (die Thürmchen, so an den Ecken stehen, mit gerechnet) in einer Linie«. An anderer Stelle bemerkt er trocken: »Die Straßen in der Stadt sind sehr enge und krumm«, und die »Palläste haben […] den Fehler, dass sie meistens in engen Gassen gleichsam verstecket sind«. Allerdings, fügt Keyssler hinzu, »an Pracht und Größe übertreffen sie die Pariser gar sehr, sonderlich wenn man die in den Vorstädten befindlichen herrlichen Gebäude betrachtet.«

Dem Hui der Paläste entsprach in der schnell wachsenden Stadt mit ihren 150 000 Einwohnern auch bei Vivaldis Ankunft noch das Pfui der Arme-Leute-Viertel und der herumstreunenden Straßenkinder. Am 31. Dezember 1740 kündigte das *Wienerische Diarium* eine Lotterie zur Unterstützung »zum Trost und Behuf derer Armen« an: »Es ist niemand, der nicht mit Wehemuth anstehet, wie viele hier erarmte, preshaft und elende Personen in der äußersten

---

* Der heutige Standort am Universitätsring ist nicht mit dem ursprünglichen am Michaelerplatz identisch.

Bedürfnuß Hülf los herum ziehen, und was Zahl reiche verwaiste Jugend aus Abgang Christlicher Erziehung gleich dem unvernünftigen Viehe in dem Müssiggang und Unwissenheit aufwachse, andurch aber zum nicht geringen Nachteil des gemeinen Wesens an Leib und Seel höchst erbärmlich zu Grunde gehen.«

Ob der Abbé, in Venedig über Jahrzehnte für die musikalische Erziehung von Waisenmädchen zuständig, in Wien eines dieser Lose gekauft hat? Ihm fehlte das Geld dafür. Im Unterschied zu Händel, der ein Vermögen hinterließ und dem Foundling Hospital, einem Londoner Waisenhaus, eine ansehnliche Summe vermachte, war Vivaldi nicht in der Lage, anderen Unterstützung anzubieten. Er hatte sie selbst nötig, ohne Anstellung, ohne Mäzen und ohne öffentliche Konzerte. Die Miete für seine Wohnung in einem Haus am Kärntner Tor, in unmittelbarer Nachbarschaft des nach diesem Tor benannten Theaters, bezahlte er mit dem, was der Verkauf von Partituren einbrachte. Ihm ist nicht gelungen, was Keyssler über alternde Musiker in Wien zu kolportieren weiß: »Indessen sagen dennoch die Italiener: zu Wien wäre nur das Hospital der Virtuosen, weil sie sich erst in alten Tagen hier zur Ruhe begeben«.

War Vivaldis Unterkunft am Kärntner Tor zufällig? Oder hatte sie damit zu tun, dass Vivaldi am benachbarten Theater eine Oper lancieren wollte? Tatsächlich ist dort seine letzte Oper gespielt worden, *L'oracolo in Messenia,* erstmals aufgeführt in Venedig während der Herbstsaison 1738. Doch trägt das Libretto den (im Original italienischen) Vermerk: »Die Musik ist vom verstorbenen Herrn Don Antonio Vivaldi«. Die Aufführung erfolgte während des Karnevals 1742. Vivaldi war am 28. Juli des Vorjahres gestorben. In der »Lista deren verstorbenen zu Wien in und vor der Stadt« für diesen Tag wird im *Wienerischen Diarium* nur knapp erwähnt »Der Wol. Ehrwürd. Hr. Antonius Vivaldi, weltl. Priester/ im Walleris. H. bey dem Kärntner-Thor/ alt 60. J.«

Als Vivaldi starb, arbeitete in Wien der ehemals berühmte Opernkomponist Giovanni Battista Bononcini an einem Te Deum. Es ging ihm materiell nicht viel besser als Vivaldi, und er kam nur dank einer von Maria Theresia ausgesetzten Pension über die Runden. Bononcini hatte seine große Zeit, als er Händel in London Konkurrenz machte. Die Händel-Arie »Ombra mai fù« aus der Oper *Xerxes* ist eigentlich eine Arie von Bononcini aus dessen Oper *Xerxes* – und noch eigentlicher eine von Francesco Cavalli aus dessen Oper *Xerxes*. Das Übernehmen und Bearbeiten von Libretti und Melodien waren üblich und nicht anrüchig, obwohl Händel gelegentlich vorgeworfen wurde, es zu übertreiben. Einer direkten Aneignung fremder Musik machte sich Händel im Unterschied zu Bononcini jedoch nicht schuldig. Der Komponist, bei dem Händel sich eine Arie zur Weiterbearbeitung ausgeliehen hatte, eignete sich seinerseits ein Madrigal von Antonio Lotti an und präsentierte es als eigenes Werk. Als die Sache herauskam, kostete ihn das die musikalische und soziale Existenz in London. Er kam zunächst in Paris unter, dann in Lissabon und schließlich in Wien, wo er 1747 starb. Wir wissen nicht, ob Vivaldi und Bononcini einander in Wien begegnet sind. Aber eine Szene, in der die beiden heruntergekommenen Altmeister nebeneinander von einer Brücke hinunter auf die Donau starren und sich ihr Leid klagen, wäre hervorragend geeignet für ein herzrührendes Duett.

Händel in London

Wien mochte als ›Hauptstadt‹ des Heiligen Römischen Reichs angesehen werden, die ›Hauptstadt der Welt‹ war London, vor allem die Hauptstadt des Welthandels*. Aus Asien kamen Baumwolle, Pfeffer und Tee, von den karibischen Inseln Kaffee, Kakao und Zucker, aus Nordamerika Tabak, Mais und Öl, aus den Ländern um die Ostsee Hanf, Eisen und Leinen.

Als der junge Händel 1712, im Jahr nach dem spektakulären Erfolg seiner Oper *Rinaldo* am Queen's Theatre** am Haymarket, endgültig in die Stadt übersiedelte, hatte sie zwischen 500 000 und 600 000 Einwohner, gegen Händels Lebensende sollen es 650 000 gewesen sein. Wie alle Zahlen dieser Art und aus dieser Zeit han-

---

* Siehe auch den Abschnitt über den ›Südseeschwindel‹ im ersten Kapitel.
** Nach der Inthronisierung Georgs von Hannover 1714 in King's Theatre umbenannt.

delt es sich um spätere Schätzungen. Es gab keine Meldepflicht im modernen Sinn, und wenn es eine gegeben hätte, wären die vielen Menschen, die auf der Suche nach Arbeit, Brot und Glück in große Städte wie London strömten, ihr gewiss nicht nachgekommen. Sie kämpften außerhalb der Stadtmauern in Vorstadtquartieren ums Überleben, in denen es statt der Häuser Bretterbuden gab, über den Buden Nebel und Rauch, zwischen ihnen Feuchtigkeit und Matsch und in ihnen Rachitits, Suff und Gewalt.

In den besseren Straßen stießen die besseren Leute auf herumlungernde Tagediebe, die in Wahrheit Tagelöhner auf der Suche nach Arbeit waren. Und so manche Moll Flanders oder Pamela, verführt oder vergewaltigt von Herren aus gutem Hause, machte Karriere nach unten: vom Hausmädchen erst zur Prostituierten in einem der zahllosen ›Kaffeehäuser‹, von denen viele trotz der Tässchen reichenden Damenhände auf den Ladenschildern in Wahrheit Bordelle waren, und dann zur Gin statt Kaffee schlürfenden Winkelhure. Diese Lebensläufe führten nicht in die bürgerlichen Existenzen, die Daniel Defoe und Samuel Richardson den Heldinnen ihrer Romane an deren Ende gönnen, der eine in *Glück und Unglück der berühmten Moll Flanders* von 1722, der andere in *Pamela oder die belohnte Tugend* von 1740.

In den halbwegs ordentlichen Vierteln Londons waren die Backsteinhäuser schwarz vom Rauch der Öfen, in denen beim Kochen und Heizen die Kohle verbrannte, von Newcastle über die Themse herbeigeschafft. Der Fluss teilte die Stadt, wenn er nicht in besonders kalten Wintern zugefroren war. Es gab Hunderte und Aberhunderte von Fährbooten, aber bis 1750, als die Westminster Bridge eröffnet wurde, nur eine Brücke, die mit Häusern und Läden bebaute London Bridge.

Die Londoner trieben Handel mit der Welt und untereinander. In Leadenhall war großer Fleischmarkt, in Spitalfields Kartoffel- und in Covent Garden Obst- und Gemüsemarkt. In Soho wucherten die Werkstätten eingewanderter Hugenotten, die Luxusgüter für die Wohlhabenden herstellten.

Die Hauptstraßen der inneren Stadt verliefen zwischen großen vierstöckigen Häusern ohne Nummern. Im Hyde Park fuhren Kutschen spazieren (ordinären Fuhrwerken war die Zufahrt verboten), und am frühen Morgen trafen sich dort ehrsüchtige Hitzköpfe, um einander bei ebenfalls verbotenen Duellen totzuschießen.

In den 1732 neu herausgeputzten Vauxhall Gardens gab es Gartenwege, Pavillons und Musik, auch von Händel, und außerdem eine Statue des Meisters als Pantoffelheld – als apollinischer Pantoffelheld. Der Bildhauer hatte dem marmornen Gartenhändel nicht nur legere Hausschuhe an die Füße gesteckt und eine Schlafmütze auf den Kopf gesetzt, sondern ihm auch die Leier Apollos in die Hand gedrückt*. Händel gefiel diese aufsehenerregende, kluge und humorvolle Skulptur des noch nicht lange in London lebenden französischen Bildhauers Louis-François Roubiliac. Nur konnte er zu diesem Zeitpunkt so wenig ahnen wie Roubiliac, dass man noch einmal ›zusammenarbeiten‹ würde, obwohl das vielleicht nicht der richtige Ausdruck ist. Denn es ging dabei um die Gestaltung des Grabmals, das der französische Bildhauer dem deutschen Komponisten in der Londoner Westminster Abbey errichtete – übrigens mit einem falschen Geburtsjahr: »born February XXIII MDCLXXXIV« steht auf dem Sockel, 1684 statt 1685.

Händel starb 1759 in einem Stadthaus in der Lower Brook Street, die auf den Hanover Square mündete. Als er 1724 dort einzog, war die Gegend Teil eines ›Neubaugebiets‹ östlich des Hyde Park, und am Hanover Square war St. George's in Bau. Die Kirche, die Händel in den letzten Lebensjahren regelmäßig besuchte, gibt es immer noch, ebenso wie das Stadthaus, dessen erster Mieter er war und an dem heute die runde blaue Gedenkplakette mit Händels englischem Namen prangt: George Frideric Handel, ohne Pünktchen**.

Zwei Jahre nachdem Händel das Haus bezogen hatte, kam Voltaire nach London, gerade aus der Haft in der Bastille*** freigekommen unter der Bedingung, Frankreich zu verlassen. Es dauerte fast drei Jahre, bis ihm die Rückkehr erlaubt wurde. Auf diese Zeit ging seine Kenntnis der politischen Verhältnisse in England zurück, die in den *Philosophischen Briefen* denjenigen in Frankreich entgegengesetzt sind. Die *Briefe* erschienen 1733 unter dem Titel *Letters*

---

* Das Denkmal steht heute im Victoria and Albert Museum in London – und im Internet, zum Beispiel auf der englischen Website gfhandel.org.
** Eine blaue Plakette hängt auch am Nachbarhaus. Sie ist Jimi Hendrix gewidmet, der 1968/69 dort wohnte.
*** Es war seine zweite Haft. Von Mai 1717 bis April 1718 war er schon einmal dort festgehalten worden.

Concerning the English Nation zuerst in London, bevor sie als *Lettres philosophiques* in Frankreich Furore machten, verbrannt wurden und Voltaire erneut zur Flucht aus Paris zwangen.

Den Meister in der Lower Brook Street hat Voltaire während seines Aufenthaltes nicht besucht, wohl aber den von Gicht geplagten William Congreve, der 1729 bei einem Kutschenunfall ums Leben kommen sollte. Händel hat 1750 während seiner letzten Deutschlandreise in Holland ebenfalls einen solchen Unfall, überlebt jedoch mit leichten Verletzungen. Eine nähere Verbindung zwischen Congreve und Händel besteht darin, dass Händels Oratorium *Semele* von 1743 auf einem Libretto Congreves beruht, der übrigens wie Händel in Westminster Abbey beigesetzt wurde.

Wollte man als Zeitreisender literarische Berühmtheiten sammeln, könnte man sich erkundigen, wann Daniel Defoe (Erfinder von Robinson und Moll Flanders), Jonathan Swift (Erfinder von Gulliver), Samuel Richardson (Erfinder von Pamela) und Henry Fielding (Erfinder von Tom Jones) in der Stadt lebten. Fielding hat neben der Geschichte des Waisenkindes Tom Jones auch eine *Shamela* geschrieben, eine Parodie des sentimentalen Briefromans *Pamela* von Richardson mit dessen verlogener Geschichte eines Dienstmädchens, das seinen Brutalbelästiger erst fromm macht und dann heiratet.

Man könnte sich zum Vergnügen mit schwarzem englischem Humor vorstellen, wie die literarischen Rivalen Fielding und Richardson in einem Londoner Club aufeinandertreffen. Oder wir könnten sämtliche oben genannten Herren in den Kit-Cat Club bitten, den Congreve frequentierte. Swift allerdings dürften wir kaum bewegen können, einen Fuß dort hineinzusetzen. Der Club hing den Whigs an, während sich Swift, jedenfalls seit 1710, zu den Tories zählte, die nach Georgs Krönung die Regierungsmacht verloren – und zu Swifts Lebzeiten nicht wiedererrangen.

Die genannten Berühmtheiten würden es ohnehin nicht lange miteinander aushalten, und so ist es klüger, auf die Simulation einer solchen Versammlung zu verzichten und sich an die historischen Tatsachen zu halten. Eine dieser Tatsachen ist, dass Händel in London eine unvergleichliche Karriere beschieden war, wenn auch eine mit Komplikationen und Rückschlägen wie dem dreimaligen Scheitern als Opern- und Theaterunternehmer mit bedeutenden finanziellen

Verlusten. Zu den Komplikationen gehörten ein 1713 mit der Kasse durchgebrannter Theaterdirektor und ab 1720 der von Händel im Vorjahr in Dresden angeheuerte Kastrat Senesino*, der eine Jahresgage von 2000 Pfund bezog, fünfmal mehr, als Händel von Georg I. an jährlicher Apanage erhielt, und vierzigmal so viel, wie Händel an Jahresmiete für das Haus in der Lower Brook Street bezahlte. Senesino ließ sich trotz dieser Gage 1733 von der Konkurrenz abwerben.

Einen Rückschlag besonderer Art bewirkte die im Januar 1728 uraufgeführte *Beggar's Opera* von John Gay, nebenbei gesagt, ein satirischer Mitstreiter Swifts und auch mit Händel bekannt. Ihr ungeheurer Erfolg erwies sich als geschäftsschädigend für Händels Musikunternehmen. Der gebürtige Berliner John Pepusch, den Händel ebenfalls von früher kannte, hatte die *Bettleroper* mit Dutzenden bereits bekannter und beliebter Melodien ausstaffiert. Einer der Songs parodierte mit offen satirischem (und versteckt sadistischem) Vergnügen ausgerechnet den Marsch der Kreuzfahrer aus Händels *Rinaldo*.

Der gassenhauerische Erfolg dieser ›Balladen-Oper‹ war, jedenfalls von heute aus betrachtet, ein Zeichen des beginnenden Niedergangs der italienischen ›Opera seria‹, mit der Händel, seine Diven und Kastraten seit dem *Rinaldo* von 1711 ihre Triumphe gefeiert hatten. Die Zeitgenossen, auch Händel selbst, brauchten nach dem Durchbruch der *Bettleroper* noch einige Jahre, um die Dauerhaftigkeit des Niedergangs der ›ernsten‹ Oper zu erkennen. Überholt waren die hochtrabenden Stoffe aus der antiken Mythologie oder Geschichte, überholt war auch der routinierte Wechsel zwischen Bravour-Arien und musikalisch reizarmen Rezitativen. Aber was im Nachhinein als unumkehrbare geschichtliche Tendenz vor Augen liegt, erschien im Gewirr der Tageskämpfe als noch unentschiedene Auseinandersetzung. Selbst der spätere Meister der ›Reformoper‹, Christoph Willibald Gluck, brachte 1746 in London noch zwei Opern in gewohnter italienischer Manier auf die Bühne, auch er allerdings mit nur geringem Zuspruch. Händel suchte ihn mit der Bemerkung zu trösten, er habe sich eben »zu viel Mühe gemacht. Hier in England ist das wahre Zeitverschwendung. Was die Engländer

---

* Dazu die Passage im Abschnitt über das Zeithainer Lustlager im 2. Kapitel.

lieben, ist etwas, wozu sie den Takt schlagen können, etwas, was geradewegs mitten ins Trommelfell einschlägt.«

Händel hatte zu diesem Zeitpunkt das Komponieren von Bühnenstücken in italienischer Sprache bereits aufgegeben und sich auf englischsprachige Oratorien verlegt. Die letzte eigene Oper unter seiner Leitung war im Januar 1741 aufgeführt worden. Im Frühjahr des Folgejahres präsentierte er den *Messias,* und zwar nicht zuerst in London, sondern in Dublin. Das Oratorium war nach seinem körperlichen Zusammenbruch im Frühjahr 1737 sein musikalisches ›comeback‹, wie man heute sagen würde*. Der Hallelujah-Chor am Ende des zweiten Teils auf eine Textstelle aus der Offenbarung des Johannes, von Händel aufgeführt mit nicht einmal dreißig Sängern, ist einer der ausdauerndsten Hits der europäischen Barockmusik: Man sang ihn, man singt ihn, und man wird ihn weiter singen: »for ever and ever«.

Telemanns Reise nach Paris

Während Händel sich im September 1737 nach Aachen quälte, um mit einer Bäderkur die Lähmungen infolge seines Zusammenbruchs zu kurieren, machte sich Georg Philipp Telemann voll Freude von Hamburg nach Paris auf. Er hatte die köstliche *Trauer-Music eines kunsterfahrenen Canarien-Vogels* komponiert** und sich von einer tragikomischen Scheidung erholt. Mitleidige Hamburger Bürger hatten sogar Geld gesammelt, um die Spielschulden seiner entlaufenen Ehefrau zu tilgen, und Telemann dankte in Reimen: »So kehrt das Paradies von neuem in mein Haus, / das werte Hamburg hat mir treulich beigestanden / und seine milde Hand voll Großmut aufgetan, / Doch auswärts sind vielleicht noch Gönner mehr vorhanden.« Die hoffte er in der französischen Hauptstadt zu finden und sorgte

---

* Stefan Zweig beschrieb es im Händel-Kapitel seiner *Sternstunden der Menschheit* pathetisch als ›Auferstehung‹.
** Dazu der Telemann-Abschnitt im »Präludium«.

für die Zeit seiner Abwesenheit artig für einen Vertreter. Es handelte sich um den ›critischen Musicus‹ Johann Adolf Scheibe, der im Vorjahr von Leipzig nach Hamburg gezogen war und nun Telemanns Verpflichtungen als Musiklehrer übernehmen konnte*.

Bei Telemanns Ankunft in Paris lag die Epoche des Sonnenkönigs rund ein viertel Jahrhundert zurück. Gleichwohl war dessen Einfluss in Frankreich noch überall zu spüren, und im westlichen Kontinentaleuropa eiferten vor allem kleine Fürsten, die es sich gar nicht leisten konnten, weiter dem Versailler Vorbild nach, wenn es ums Bauen und Repräsentieren ging. Und wenn auf den Opernbühnen Europas einstweilen weiter italienisch gesungen wurde, so sprach man auf den Bühnen der Höfe weiter französisch. Sogar George, dem König von England, wurde nachgesagt, er spreche zwar das in seiner Hannoveraner Kindheit erlernte Französisch, verstehe aber die Sprache seiner englischen Untertanen nicht.

Der höfischen Herrschaft des Französischen widersprach man in bürgerstarken Städten wie Hamburg oder Leipzig mit der Gründung von Gesellschaften zur Pflege (man könnte auch sagen zur Verordentlichung und Vereinheitlichung) der deutschen Sprache. Zu diesen Versammlungen gehörten die 1715 von Barthold Heinrich Brockes mitbegründete *Teutsch-übende Gesellschaft* in Hamburg, Vorläufer der 1723 etablierten *Patriotischen Gesellschaft***, und in Leipzig die *Teutschübende poetische Gesellschaft* ab 1717, die zehn Jahre später von Johann Christoph Gottsched*** in *Deutsche Gesellschaft* umfirmiert wurde. Das Vorbild dieser Sprachvereinigung, deren von Gottsched formulierte Satzung normsetzende Autorität beanspruchte, war – ausgerechnet – die Académie française. Noch die Abwehr der französischen Kultur blieb von ihr inspiriert. Und selbst über die höheren Kochtöpfe herrschte die französische Sprache. Christian Gottlieb Richter ließ in seinen ›Thier-Gesprächen‹ die Fliege klagen, »dass der arme ehrliche teutsche Koch alle Töpffe, Tiegel, Roste und Bratspisse nach der Französischen Mode hat einrichten müssen, alle teutschen Kuchen-Zettel wurden verbannt, und

---

* Zu Scheibe der Abschnitt über Vivaldi in diesem Kapitel.
** Dazu mehr im nächsten Abschnitt.
*** Über Gottsched der Abschnitt im 5. Kapitel.

die Speisen wurden so seltsam genannt, und so wunderbahr zugerichtett, dass niemand mehr hat errathen können, von welchem er genossen hat, weil es alles verkünstelt wurde.«

Trotz des viel wiederholten Vorwurfs der ›Künstlichkeit‹ hielt sich die Dominanz der französischen Kultur in Deutschland bis in die zweite Hälfte des 18. Jahrhunderts. Gleichzeitig nahm die politische und wirtschaftliche Macht Frankreichs ab und diejenige Englands zu*. Auch die Bevölkerung Frankreichs sank seit 1700, und Paris war hinter London als einwohnerreichste europäische Stadt zurückgefallen.

Dennoch kam auf dem Kontinent keine andere Stadt dem prunkenden Paris gleich, weder die Kaiserstadt Wien noch die Freie Reichsstadt Hamburg. Voltaire schrieb in einem Brief, den er im September 1739 an Friedrich ins beschauliche Rheinsberg schickte, von »dieser riesigen Stadt«, in der »Lärmen, Zerstreuung und die unnütze Hast, nie anzutreffende Freunde aufzusuchen, den Takt schlagen«. Dann geht er vom tänzelnden Sarkasmus zur direkten Kritik über und fügt hinzu: »Ich habe den Aufwand der Pariser Feuerwerke gesehen; ich sähe es lieber, wenn man, statt solche Feuerwerke zu verschießen, mit dem Bau eines Rathauses begönne, mit dem Bau schöner Plätze, großer und bequemer Märkte, schöner Brunnen.« Die Stadt sonnte sich in vergangener Größe. Die Place de Louis le Grand (heute Place Vendome) war schon unter dem Sonnenkönig entstanden und ab 1718, zeitweise finanziert vom schottischen Finanzmagier John Law**, mit Häusern umbaut worden. Auch die Place des Vosges gab es schon. Sie war schließlich das Vorbild für den Londoner Covent Garden. Die Place de la Concorde allerdings entstand erst 1763.

Telemann fühlte sich wohl in Paris. Er war in der Rue du Temple im Marais bei Antoine Vater, einem in Hannover aufgewachsenen Cembalobauer, gut untergekommen, und beim Publikum kam er bestens an. Über das Wohlwollen, das er wegen seiner sechs *Pariser Quartette* erfuhr, schrieb er stolz: Sie »machten die Ohren des Hofes und der Stadt ungewöhnlich aufmercksam, und erwarben mir, in kurtzer Zeit, eine fast allgemeine Ehre, welche mit gehäuffter Höf-

---

* Zu dieser Verschiebung des Machtgewichts siehe das 1. Kapitel.
** Über Law der Abschnitt über den ›Südseeschwindel‹ im 2. Kapitel.

lichkeit begleitet war.« Zu den Subskribenten der Quartette zählten Pariser Aristokraten, aber auch Johann Sebastian Bach in Leipzig und der Vivaldi-Verehrer Johann Georg Pisendel in Dresden.

Im März 1738 führte »Sieur Tellement« nach einem Bericht des *Mercure de France* mit schönem Erfolg eine Psalm-Vertonung im ›Schweizersaal‹ der Tuilerien auf. Im Mai kehrte er zufrieden nach Hamburg zurück und blieb dort bis zu seinem Tod im Juni 1767.

Telemann in Hamburg

Der geschmeidige Musiker wusste sich nicht nur für die Kollekte der Hamburger Honoratioren zu bedanken, sondern auch sonst das Lob der Hafenstadt zu singen: »Der Himmel nem' indeß durchs ganze Jahr / Hier diese kleine Welt, das liebste Hamburg, wahr! / Gesegnet müssen seyn die Väter dieser Stadt, / Durch die das Recht im Schwange gehet, / Durch deren Schutz der Bürger Glück bestehet, / Daß jedermann sein Brodt in Ruh zu essen hat! / Gesegnet müssen seyn, die für die Seelen wachen; / Gesegnet, die ums allgemeine Heyl / Sich Müh' und Sorge machen; / Gesegnet Handel, Kunst, Gewerbe, Thun und Lassen, / Und alles kurz zu fassen: / Es neme Groß und Klein hier an dem Segen Theil!«

Telemann war 1721 nach Hamburg gekommen und leitete seit 1722 die Oper am Gänsemarkt, gegründet 1678 und im Jahr seiner Rückkehr aus Paris geschlossen. Es handelte sich um das erste städtisch-bürgerliche Opernhaus in Deutschland und bot zweitausend Zuschauern Platz, wenn das mit dem ›Platz‹ auch nicht so weit genommen werden sollte. Beispielsweise mussten die Herren darum gebeten werden, ihre sperrigen Degen zu Hause zu lassen, und die Damen darum, auf ausladende Reifröcke zu verzichten.

Im Unterschied zu den exklusiven Hofbühnen hatten zur Gänsemarktoper alle Zutritt, die das Eintrittsgeld entrichten konnten und ordentlich gekleidet waren. Die bloß noch finanzielle Exklusivität brachte Nachteile mit sich. Nicht nur wegen der schwadronierend vor dem Orchester auf und ab laufenden Perücken-Kavaliere, wie

Christian Friedrich Hunold alias Menantes* in seinem *Satyrischen Roman* spottete, sondern auch, weil sich an diesem »so vollkommenen honnetten Orte Kupplerinnen und andere unehrbahre Krams-Vögel« einfanden, »die sich inzwischen so propre gekleidet, dass sie mancher vor was rechtschaffenes hielte«.

Überhaupt darf man sich einen damaligen Opernabend nicht so feierlich vorstellen wie einen von heute. Die Turbulenzen im Publikum übertrafen mitunter die auf der Bühne, besonders während der von vielen als langweilig empfundenen Rezitative, und man verstand des Öfteren sein eigenes Wort nicht, geschweige denn das von der Bühne gesungene. Damit diese Worte verständlich waren, wenn man sie einmal doch verstehen konnte, wurde auf Deutsch gesungen.

Der junge Händel brachte hier 1705 seine Opern *Almira* und *Nero* zur Aufführung. Der junge Hunold übrigens verfasste im selben Jahr mit *Der blutige und sterbende Jesus* für Reinhard Keiser, Telemanns Vorgänger an der Gänsemarktoper, das erste Passionsoratorium in deutscher Sprache. Im Jahr darauf musste er wegen der im *Satyrischen Roman* enthaltenen rufschädigenden Angriffe auf eine Operndiva die Stadt verlassen. Die Hamburger wollten sich nicht sagen lassen, »daß schöne und dabey vollkommen keusche Oper-Personen haben wollen fast weiße Raben und schwartze Schwäne in Teutschland suchen heißet.« Später kam Hunold in Halle halbwegs zur Ruhe und gab gegen Ende seines kurzen ›Durcheinanderlebens‹ Gedichtsammlungen heraus, denen Bach Texte für Kantaten entnahm.

Ein Jahrzehnt vor Hunolds satirischer Invektive war *Schelmuffskys warhafftige, curiöse und sehr gefährliche Reisebeschreibung* der literarische Aufreger der Stadt gewesen. Das böse Buch erschien anonym und wird heute Christian Reuter zugeschrieben. Auch dort kommt die Oper vor, und der vornehme, im Jahr 1665 aufgeschüttete Jungfernstieg. Auf die köstliche Schilderung einer Aufführung der Erfolgsoper *Die Verstöhrung Jerusalems*** folgt die eines Spaziergangs mit

---

* Zu Hunold/Menantes auch das Intermezzo über Galanterie.
** Im *Schelmuffsky* sind Komponist und Librettist dieser Oper über die Zerstörung der Stadt im Jahr 70 n. Chr. nicht genannt. Die Musik stammte von Johann Georg Conradi, der Text von Christian Heinrich Postel, auf dessen Libretti auch Reinhard Keiser zurückgriff.

der Geliebten, die der fluchende Grobian Schellmuffsky seine »Charmante« nennt: »Nach dieser geschenen Opera fuhr ich mit meiner Charmante auf den Jungfern Stieg (wie es die Herren Hamburger nennen), denn es ist ein sehr lustiger Ort«, an dem, und das will der Verfasser in der Klammer zu verstehen geben, die Herren Hamburger allen möglichen Damen begegnen, nur keinen jungfräulichen. Auf demselben »Jungfern Stiege war ich mit meiner Liebsten Charmante nun alle Abend da anzutreffen. Denn der Jungfern Stieg und das Opern-Hauß war immer unser bester Zeitvertreib. […] Mit dergleichen Lustigkeit vertrieben ich und mein Charmante damahl täglich unsere Zeit in Hamburg. Was michs aber vor Geld gekostet, das will ich, der Tebel hohlmer, niemand sagen. […] Ja Hamburg, Hamburg! wenn ich noch dran gedencke, hat mir manche Lust gemacht.«

Der *Nero* von Händel hätte Schelmuffsky sicher auch gefallen. Schließlich geht es dort um »durch Blut und Mord erlangete Liebe«, wie das Titelblatt des Librettos verspricht. Die Partitur dazu ist verloren gegangen. Die zu Händels zweitem frühen »Sing-Spiel« *Almira* blieb nur in einer Abschrift Telemanns erhalten, die noch dazu 1732 für eine Wiederaufführung stark überarbeitet wurde. Insgesamt gab es während Telemanns Amtszeit 140 Händel-Aufführungen. Telemann selbst komponierte für sein Haus an die zwanzig Opern.

Hamburg war eine reiche Stadt. Es hatte den Dreißigjährigen Krieg ohne Zerstörung überstanden, und seit ein Hannoveraner in London König war, durfte man sich sowohl vor dänischen als auch vor schwedischen Übergriffen halbwegs sicher fühlen*. Allerdings störten innere Religionsauseinandersetzungen den Stadtfrieden und auch den Frieden im Reich. Der Jubiläumsstolz der Lutheraner – 1717 wurden zweihundert Jahre Thesenanschlag gefeiert – verschärfte das Eifern gegen Reformierte und Pietisten und verärgerte in Berlin den Soldatenkönig. Dabei hatte man im Jahr 1701 an der Gänsemarktoper die Selbstkrönung** von dessen Vater mit einem opulenten Bühnenspektakel gefeiert.

---

* Altona in unmittelbarer Nachbarschaft war damals dänisch. Es wurde 1713 von einer schwedischen Soldateska in Brand gesteckt.
** Zur Selbstkrönung Friedrichs I. in Königsberg der entsprechende Abschnitt im vorhergehenden Kapitel.

Im Herbst 1719 machte dann eine von Predigern aufgehetzte Menge die Kapelle des kaiserlichen, also katholischen Gesandten aus Wien dem Erdboden gleich. Der Kaiser war empört, nicht nur wegen der Entweihung der Kapelle, sondern vor allem wegen der Verletzung seines Besitzrechts und damit der kaiserlichen Macht. 1721 schickte der Rat der Stadt fünf Delegierte, darunter der dichtende Ratsherr Barthold Heinrich Brockes, nach Wien, um eine reichsrechtliche Beschränkung der Hamburgischen Freiheit zu verhindern. Man brachte Hering, Sekt und Poesie mit, Letztere von Brockes, und erreichte die Halbierung der ursprünglichen Entschädigungssumme. Der Abordnung wurde von Prinz Eugen eingeschärft, dass im Reich die katholische, die lutherische und die reformierte Religion erlaubt, mithin geschützt seien und dies auch für Hamburg gelte. Die am ökonomischen Wohl der Stadt orientierten Ratsherren widersprachen dem so wenig, dass der lutherische Hauptpastor Erdmann Neumeister höhnen konnte: »Wenn hier eine Freyheit vor alle Religionen wäre, so würde die Stadt erst empor kommen und das commercium florieren.« Die Sottise des Pastors von St. Jacobi, einer der fünf Hamburger Hauptkirchen, lief auf den Vorwurf hinaus, die Honoratioren würden gute Geschäfte dem wahren Glauben vorziehen. Fehlte nur noch, dass man neben Papisten, Pietisten und Reformierten auch noch die Juden in Ruhe ließ.

Neumeister hatte übrigens im Vorjahr versucht, den damals noch in Köthen dienenden Kapellmeister Johann Sebastian Bach als Organist an seine Kirche zu holen. Im November 1720 reiste Bach von Köthen nach Hamburg, um in St. Katharinen, ebenfalls zu den fünf Hauptkirchen gehörend, ein Orgelkonzert zu geben. Köthen lag an der Poststrecke von Leipzig nach Hamburg, und Bach konnte die dreihundert Kilometer mit der Postkutsche fahren. Was ging dem Meister wohl durch den Kopf, wenn er während der Pferdewechsel an den Stationen auf und ab ging oder in der Wirtsstube eine Kleinigkeit zu sich nahm? Dachte er an die 50-Kilometer-Märsche, die er als sechzehnjähriger Chorschüler in Lüneburg von dort aus nach Hamburg unternommen hatte, um Unterricht bei Johann Adam Reincken zu nehmen, dem berühmten Orgelvirtuosen und Mitbegründer der Oper am Gänsemarkt? Oder ging ihm die Kantate durch den Kopf, die er in St. Katharinen zur Aufführung bringen wollte? Nach einer dreiminütigen »Sinfonia« als Einstimmung hebt der Chor an: »Ich hatte viel Bekümmernis in meinem Herzen, / aber deine Tröstungen erquicken meine Seele.« Dann folgt die erste Arie: »Seufzer, Tränen, Kummer, Not, / ängstlichs Sehnen, Furcht und Tod / nagen mein beklemmtes Herz, / ich empfinde Jammer, Schmerz, / Seufzer, Tränen, Kummer, Not.«

Bach hatte die Kantate auf den Text eines unbekannten Verfassers schon während seiner Weimarer Zeit komponiert, aber während seiner Novemberfahrt nach Hamburg muss sie ihm doch aus der Seele gesprochen haben. Im Juli hatte er seine erst sechsunddreißigjährige Frau Maria Barbara begraben – richtiger: Nicht einmal begraben durfte er sie. Sie war völlig unerwartet gestorben, während er mit anderen Musikern der Köthener Hofkapelle seinen Herzog zu einem Kuraufenthalt ins böhmische Karlsbad begleitet hatte. Als er zurückkam, konnte er nur noch einen Blick ins Sterberegister werfen: »den 7. Jul. ist Herrn Johann Sebastian Bachens HochFürstl. Capellmeisters Eheliebste beygesetzet«.

Bach zog alle Register der großen Orgel von St. Katharinen, führte die fast vierzig Minuten dauernde ›Bekümmernis‹-Kantate auf und improvisierte ein Stück Reinckens. Sein alter Lehrer saß im Publikum, ebenso der damalige Musikdirektor des Hamburger Doms, Johann Mattheson, und Pastor Neumeister, von dem Bach, ebenfalls schon während seiner Weimarer Zeit, Kantatentexte vertont hatte. Neumeister forderte Bach auf, sich um die Stelle an St. Jacobi zu bewerben. Bach reichte tatsächlich seine Bewerbung ein, vielleicht verführt von der prächtigen Schnitger-Orgel*, konnte aber, wieder in Köthen, den für Ende November angesetzten Vorspieltermin nicht einhalten. Als ihm dennoch die Stelle angetragen wurde, sagte er ab. Präferierte Bach das provinzielle Residenzstädtchen mit einem musikfreudigen Herzog, zu dem er direkten Zugang hatte, vor dem weltläufigen Hamburg mit seinen gierigen Kaufleuten und gravitätischen Ratsherren? Dreieinhalb Jahre später trat er ins Leipziger Thomaskantorat. Der Favorit für dieses Kantorat war eigentlich Telemann gewesen, Patenonkel von Bachs Sohn

* Dazu der Abschnitt »Die große Klangmaschine« im 6. Kapitel.

Carl Philipp Emanuel und seit 1721 in Hamburg. Nur zog diesmal Telemann seine Bewerbung zurück, weil er in Hamburg eine Gehaltserhöhung sowie die Erlaubnis erhalten hatte, trotz seines Amtes als Musikdirektor der fünf Hauptkirchen auch das Direktorat der Gänsemarktoper zu übernehmen.

Wie wäre die Musikgeschichte wohl verlaufen, wenn Telemann statt Bach das Thomaskantorat übernommen hätte? Und wie wäre es wohl menschlich-musikalisch ausgegangen, wenn Bach Organist von St. Jacobi, mithin nach der Bestallung Telemanns als Kirchenmusikdirektor dessen Untergebener geworden wäre?

Zum Glück, möchte man heute sagen, war zum Antritt der Jacobi-Stelle ein Gratial von 4000 Mark in einen Fonds zu zahlen. Die Summe entsprach immerhin dem Jahresgehalt eines Hamburger Bürgermeisters und war doppelt so hoch wie das Ratsherrengehalt, das beispielsweise Brockes bezog. Zum Vergleich: Ein Ratsdiener erhielt zwölf Hamburgische Mark im Jahr, Telemann bekam für eine Passionsmusik 36 Mark.

Die Forderung rief bei allen, denen es auf die musikalische Qualifizierung ankam, Unmut hervor. Johann Mattheson erinnerte noch 1728 in seiner Zeitschrift *Der musicalische Patriot* daran, »daß vor einigen Jahren ein gewisser grosser Virtuose, der seitdem, nach Verdienst, zu einem ansehnlichen Cantorat [eben dem der Thomasschule] befördert worden, sich in einer nicht kleinen Stadt [Mattheson meint natürlich Hamburg] zum Organisten angab«, also bewarb. Es »meldete sich aber auch zugleich […] eines wolhabenden Handwercks-Mannes Sohn, der besser mit Thalern, als mit Fingern präludieren kunnte, und demselben fiel der Dienst zu.« Auch Neumeister kanzelte die Unsitte des Ämterkaufs ab. Mattheson berichtet, dass der »beredte Haupt-Prediger« glaube, wenn »einer von den Bethlemitischen Engeln vom Himmel käme, der göttlich spielte, und wollte Organist zu St. J. werden, hätte aber kein Geld, so möge er nur wieder davon fliegen.«

Der Vorgang mag Mattheson an eigene Erfahrungen erinnert haben. Im Hochsommer 1703 war er mit Händel, den er gerade erst in Hamburg kennengelernt hatte, nach Lübeck zum großen Buxtehude ›gewallfahrt‹. Den beiden jungen Leuten ging es neben dem Bewundern auch darum, zu ventilieren, wie es um die Stelle stehe, wenn der betagte Buxtehude einmal – ›abginge‹, wie man zu sagen pflegte. Es stand so darum, dass Buxtehude eine unverheiratete Tochter hatte. Und wer die Stelle haben wollte, musste auch die Tochter nehmen. So war es schon bei Buxtehude selbst gewesen, als er 1668 die Tochter seines Amtsvorgängers geehelicht hatte. Zwei Jahre nach Händel und Mattheson pilgerte auch Bach nach Lübeck, die vierhundert Kilometer vom thüringischen Arnstadt, in dem er damals tätig war, zu Fuß zurücklegend. Ob auch Bach auf die Stelle spekulierte, ist ungewiss. Die Tochter jedenfalls war immer noch frei. Gleichwohl kehrte Bach unverheiratet nach Arnstadt zurück. Als er 1720 für die Hamburger Stelle zwar keine Organistentocher nehmen, aber 4000 Mark geben sollte, war er selbst gerade Witwer geworden.

Die Stadt an der Elbe, obwohl mit 75 000 Einwohnern in ihrer Größenordnung von den Menschenhäfen an der Themse und an der Seine weit entfernt, war nach Wien und Berlin die größte Stadt im Reich. In einem 1736 in Hamburg gedruckten *Schreiben eines Schwaben* heißt es: »Die Lage der Stadt ist prächtig, die Gaßen sind nimmer leer, die Börse zeiget einen Sammelplatz, wo man den Ueberfluß, welchen die Natur einem jeden Lande gegeben, austheilet, und nichts gibt dem Gesichte mehr Vergnügen, als ihre nahe Elbe, die von unzähligen Masten bedeckt ist.« Dass die Gassen und Häuser voll waren, bestätigt Johann Christian Müller in seinen als Pastor in Stralsund abgefassten Memoiren: »Alle Häuser in Hamburg sind nur sehr schmal aber dabei sehr hoch, sie liegen bis oben hinauf voller Menschen [...]. Man nennet daher Hamburg nicht sowol wegen seiner Größe als der Menge der Einwohner mit Recht eine kleine Welt. Die Gaßen sind dabei meist schmal, so daß kaum die Sonne recht darin scheinet [...]. Man hat behutsam darin zu gehen, denn wenn nur ein Wagen fähret, welches sehr häufig, muß man gleich an die Häuser ausweichen.«

Von den Wohlstand signalisierenden Schiffsmasten zeigte sich nicht nur der Schwabe beeindruckt. Der Dichter Friedrich von Hagedorn, Sohn eines für Dänemark arbeitenden Diplomaten in Hamburg, Sekretär einer englischen Handelsgesellschaft und selbst eher vermögenslos, reimte: »Der Elbe Schifffahrt macht uns reicher; / Die Alster lehrt gesellig seyn! / Durch jene füllen sich die Speicher; / Auf dieser schmeckt der fremde Wein.«

Die Geselligkeit, auch die musikalische, gehörte wie das Geschäft zu Hamburg. Und seit Telemann in der Stadt war, spielte man in der Stadt überall Telemann. Beispielsweise im Drillhaus, wo jedes Jahr im August für die Bürgerkapitäne ein Festmahl gegeben wurde mit Musik von Telemann, nicht etwa mit dessen Tafelmusik, sondern mit geistlichen Oratorien. Die Bürgerkapitäne standen den fünf Regimentern der Bürgermiliz vor, ein Regiment aus jeder Kirchengemeinde und jeweils tausend Mann stark. Über die ›Admiralsmusik‹ wiederum gibt 1723 ein Zeitgenosse Auskunft: »Auf dem Nieder-Baum-Hause war der grose Saal schön ausgezieret, eine Taffel wohl angerichtet, für die Vocal- und Instrumental-Musicos eine mit Tapeten behangene Bühne aufgebauet und vor das Haus ein Lieutenant, nebst Unter-Officirern und 40 Granadirern zur Wache gesetzet. Die Admiralitäts-Jagt [Yacht] lag vor dem Baume, und wurden von solcher die Stücken [Bordkanonen] bey den Gesundheits-Trincken abgefeuert. Alle anwesenden Schiffe waren mit Wimpeln und Flaggen aufs beste ausgezieret […] An der Taffel speiseten 37 Personen […] Bey der Taffel wurde von Hr. Telemann eine sehr angenehme Musike […] aufgeführet. Die Lustbarkeit währete biß an den Morgen.«

Auch die Aufführungen von Telemanns mehrfachen Vertonungen der Brockes-Passion *Der für die Sünden der Welt gemarterte und sterbende Jesus* blieben über all die Jahre gut besucht. Nur konnte der Komponist, obwohl geschäftstüchtig wie sein Hamburger Publikum, nicht durchsetzen, dass man, wie bei seiner Passionsaufführung 1716 in Frankfurt, das Textbuch erwerben musste, um eingelassen zu werden. Die Hamburger verkauften einem Musikus für 4000 Mark einen Platz an der Orgel, waren aber nicht bereit, einem Musikus, und sei es Telemann, für einen Platz im Konzertsaal ein gedrucktes Libretto abzukaufen. Schon deshalb nicht, weil dies das Privileg eines ansässigen Buchdruckers verletzt hätte.

Bei den Passionsaufführungen* wird es angemessen würdevoll zugegangen sein, auch wenn Mattheson mit dem Konzertwesen seiner Stadt unzufrieden war: »Das öffentliche weltliche Musici-

---

* Mehr über Passionen im 6. Kapitel.

ren, welches gewiß und wahrhafftig einer großen obrigkeitlichen Aufbesserung bedarff, falls dasselbe gute und tugendhafte Einwohner machen, und nicht vielmehr zu allerhand Aergerniß, Üppigkeit, sündlicher Galanterie und Verschwendung Anlaß sein soll. Unsre Federn sind zu kurtz; die lange Hand muß es thun«, die lange Hand der Stadtherren. Aus den Sätzen des Schriftstellers klingt Erbitterung über die Ohnmacht der Worte. Ein Jahr lang, von Mai 1713 bis Mai 1714, mühte Mattheson sich damit ab, seinen Mitbürgern zweimal die Woche auf vier Druckseiten Moralität beizubringen, eine bürgerliche Moralität. Sie wurde nicht aus Paris importiert, sondern aus London. Der Titel von Matthesons ›moralischer Wochenschrift‹ lautete: *Der Vernünfftler, das ist: Ein teutscher Auszug aus den Engelländischen Moral-Schriften des Tatler und Spectator.* Der Erscheinungsrhythmus: zweimal die Woche vier Seiten. Die im Titel genannten Vorbilder waren der in London erscheinende *Tatler* (»Der Plauderer«, von 1709 bis 1711 dreimal die Woche) und *The Spectator* (»Der Beobachter«, 1711, 1712 und 1714, jeweils täglich).

Mattheson musste sein literarisches Erziehungsprojekt aufgeben, aber ein Jahrzehnt später wurde es mit ungleich größerem Erfolg mit der Wochenzeitschrift *Der Patriot* wiederholt. In dieser Publikation wurde die ›kurze Feder‹ des Literaten durch die ›lange Hand‹ der Obrigkeit ergänzt. Zu den Herausgebern gehörten Geistliche, Kaufleute und Ratsherren, darunter Brockes. Obgleich sie zunächst anonym agierten, konnten sie Belehrung und Tadel aus der sicheren Position von Leuten verbreiten, die von städtischen Autoritäten nichts zu fürchten hatten, weil sie selbst diese Autoritäten waren. Ein solches Modell öffentlicher bürgerlicher Selbsterziehung war nur in wohlhabenden Städten ohne fürstliche Residenzen möglich. Auch Leipzig gehörte zu diesen Städten. Dort war der Kurfürst von Sachsen zwar nicht so weit weg wie für die Hamburger der Kaiser in Wien. Aber im Alltag blieb die bürgerliche Messestadt an der Pleiße von fürstlichen Repräsentationen meistens unbehelligt. Der höfische Prunk entfaltete sich an der Elbe.

Quantz in Dresden

Als der siebzehnjährige Violinist, Oboist und Trompeter Hanß Quantz, wie er damals noch hieß, im Juni 1714 zu Fuß nach Dresden marschierte, um sich dort als Stadtmusiker zu bewerben, zweifelte er vermutlich schon daran, die Stelle wirklich zu bekommen. Aber er ahnte bestimmt nicht, dass ihm trotz seines Scheiterns bei diesem ersten Anlauf eine außergewöhnliche musikalische Karriere bevorstand. Aus dem Sohn eines Hufschmieds sollte der Lehrer eines Königs werden.

Die Lebensweiche zu dieser Karriere war ein Onkel, der als Stadtmusiker in Merseburg lebte und bei dem Quantz nach dem Tod des Vaters eine Lehre begann und nach dem ebenfalls frühen Tod dieses Onkels bei dessen Nachfolger fünf Jahre lang fortsetzte.

Das Werkzeug zu dieser Karriere war die in Deutschland gerade modisch werdende Querflöte. Der Aufstieg dieses Instruments und der Aufstieg des Musikers fielen epochal zusammen. Dabei beherrschte der junge Bläser die Querflöte noch gar nicht, als er im März 1716 mit einem zweiten Anlauf doch eine Stelle in Dresden ergatterte. Etwa drei Jahre später begann seine musikalische Lebensgemeinschaft mit dem Instrument, über das er 1752, nun schon ein gutes Jahrzehnt in Dienst bei Friedrich II. in Potsdam, ein Lehrbuch schrieb: *Versuch einer Anweisung, die Flöte traversière zu spielen.* Quantz spielte die Querflöte, er lehrte sie, er komponierte für sie, er schrieb über sie, er bohrte Löcher in sie und verbesserte sie mit Klappen.

Das Flötenleben von Johann Joachim Quantz begann in Dresden und resultierte aus der Blockierung des jungen Musikers durch ältere Berufskollegen. Die Trompete wollte er nicht blasen, weil Trompeter auf der untersten Stufe der musikalischen Hierarchie standen – mit wenig Aussicht, auch nur eine Stufe hinaufzusteigen. Die Oboe war gerade wenig gefragt. Also spielte Quantz die Violine, erst in der sogenannten polnischen Kapelle von August dem Starken, stets zwischen Dresden und Warschau pendelnd, dann in der kurfürstlichen Hofkapelle. Aber die Konkurrenz war zahlreich, und die alteingesessenen Musiker wussten zu verhindern, dass der jugendliche Neuling ihnen mit seiner Begabung gewissermaßen das Spiel verdarb. »Der Verdruß hierüber«, so erzählt es Quantz in seiner 1754 in Potsdam abgefassten Lebensbeschreibung, »veranlassete mich, die Flöte traversière, worauf ich mich bishero für mich selbst geübet hatte, mit Ernst zur Hand zu nehmen: weil ich hierauf [...] keinen sonderlichen Widerstand zu befürchten hatte«.

Der Professionswechsel zum Flötisten vollzog sich 1719, als der Dresdener Hochzeitsherbst mit seinen wochenlang dauernden Festen alles bisher Dagewesene an Prunk und Pracht übertraf*. »Im Jahre 1719«, erinnert sich Quantz, »bey Gelegenheit des damaligen Churprinzlichen Beylagers, wurden verschiedene italienische Opern, ein Schäferspiel, zwo Serenaten und ein französisch Divertissement aufgeführet. [...] Zu den italienischen Opern waren die berühmtesten Sänger und Sängerinnen, die man nur hatte bekommen können, aus Italien verschrieben worden«.

Eine der Berühmtheiten war der Kastrat Senesino, die andere die Sopranistin Durastanti. Das Opernhaus selbst, es soll zweitausend Zuschauern Platz geboten haben, konnte nur mit knapper Not rechtzeitig fertiggestellt werden. Der ebenfalls 1719 eröffnete Zwinger war nach zehn Jahren Bauzeit noch immer ein Behelfsbau und sollte das auch bleiben, bis Ende der 1720er Jahre die Arbeiten ganz eingestellt wurden. Das Kaiserschloss, für das der Zwinger eine Art Vorhof sein sollte, war nur das Luftschloss eines Fürsten, der Senesino mit 7000 Talern im Jahr bezahlte, während die Maurer des Zwingers, die jeder ein Hunderstel davon verdienten, ihren Lohn nicht erhielten. Der viel geplagte Baumeister Matthäus Daniel Pöppelmann fertigte eine Eingabe nach der anderen aus, um die Bezahlung der Maurer zu erreichen. Johann Michael von Loen, berühmt für seinen Roman *Der redliche Mann am Hofe,* war schlecht informiert (und wollte es wohl auch nicht besser wissen), als er in einem Aufsatz von August dem Starken schwärmte: »Der König scheinet recht darzu gebohren zu seyn, den Menschen Lust und Freude zu machen. Alle seine Lustbarkeiten sind auf eine Art angestellt, daß sein Volck nicht darunter leidet und seine Schätze nicht erschöpfet werden.«

---

* Dazu die Passage im Abschnitt über das Zeithainer Lustlager im vorherigen Kapitel.

Das Volk litt sehr darunter, und der Staatsschatz wurde vollkommen erschöpft. Keyssler meint: »Um nur aus Kleinigkeiten von der Größe der dazu erfoderten Ausgaben zu urtheilen, [...] die Nachtstühle und Nachtgeschirre allein haben bey fünf tausend Thaler gekostet.« Loen seinerseits fährt fort: »Die Stadt Dresden scheinet gleichsam nur ein großes Lustgebäude zu seyn, worinn sich alle Erfindungen der Baukünste angenehm miteinander vermischen«. Und man »kann nicht leicht etwas schöners und prächtigers sehen als den neuen Zwinger oder Schloßgarten. Dieses Gebäude würde etwas vollkommenes seyn, wenn es nach dem Plan des Königs sollte ausgeführet und demselben der neue Schloßbau mit beygefüget werden«.

Würde, könnte, sollte – Barock im Konjunktiv; die Pläne waren zu groß für die Planer, für die Stadt und für das ganze Land. Aber was an diesen Plänen verwirklicht wurde, beeindruckt bis heute. Im Übrigen hatte all das prunkvoll Neue Anfang des 18. Jahrhunderts die Beseitigung des Alten gegen Ende des 17. zur Voraussetzung. Im August 1685, Bach reckte in Eisenach die Fäustchen aus der Wiege, brannte der Altendresden genannte Stadtteil nieder. In den folgenden Jahrzehnten entstand entlang der Königstraße ein Areal, das seit 1732 als ›Neue Stadt bey Dresden‹ bezeichnet wurde.

Zu diesem Zeitpunkt hatte Dresden um die 40 000 Einwohner, und die Frauenkirche war im Bau (wie zwischen 1994 und 2005 noch einmal), der Geiger Johann Georg Pisendel, Verkünder Vivaldis und Förderer von Quantz, war zum Konzertmeister der Hofkapelle aufgestiegen, und Quantz selbst, inzwischen als Querflötist fest etabliert, hatte bereits seinen künftigen Schüler Friedrich kennengelernt.

Johann Adolph Hasse wiederum stand vor seiner Ernennung zum ›Königlich Polnischen und kurfürstlich sächsischen Kapellmeister‹ in der Nachfolge von Johann David Heinichen, der auch Kompositionslehrer von Pisendel und Quantz gewesen war. Hasse hatte als junger Mann an der Hamburger Gänsemarktoper gesungen und später in Neapel bei Alessandro Scarlatti Kompositionsunterricht genommen. Anfang der 1730er war er schon recht bekannt, aber seine über drei Jahrzehnte währende, nahezu unangefochtene Stellung als ›der‹ Vertreter der italienischen opera seria in Deutschland und im Europa nördlich der Alpen beruhte auf seiner Tätigkeit in Dresden, abgesehen von den zahlreichen Konzertreisen, etwa nach Wien, London und auch nach Italien, wo er als ›divino Sassone‹, der ›göttliche Sachse‹ gefeiert wurde.

Im September 1731 leitete Hasse in Dresden die Uraufführung seiner Oper *Cleofide* mit seiner temperamentvollen Gemahlin Faustina in der Titelrolle, über die Quantz bemerkte, »sie ist zum Singen und zur Action gebohren.« Im Publikum saß Johann Sebastian Bach, neben sich seinen ältesten Sohn Wilhelm Friedemann. Dem Großmeister der Kantaten sollen ›die schönen Liederchen‹ gefallen haben.

Rund zehn Jahre nach dieser sensationellen Opernpremiere verließ Quantz das schöne, ewig halb fertige, halb unfertige Dresden. Selbst auf den Veduten Canalettos aus den 1750er Jahren sind Baugerüste zu sehen, obwohl der Maler dazu neigte, unvollendete Gebäude auf seinen Leinwänden zu vollenden. Aber in Berlin und Potsdam wurde ebenfalls gebaut, wenn auch der Grundstein zu Sanssouci noch nicht gelegt war.

Der Unterschied zwischen Dresden und Berlin bestand darin, dass Dresden die Residenzstadt eines absteigenden und Berlin die eines aufsteigenden Fürstentums war. Und für Quantz bestand der Unterschied darin, dass er in Berlin unter dem Nachfolger des sparsamen Soldatenkönigs sehr viel bessere ›Arbeitsbedingungen‹ hatte als in Dresden unter dem Nachfolger des verschwenderischen August des Starken: »Zweytausend Thaler jährliche Besoldung auf Lebenszeit; außerdem eine besondere Bezahlung meiner Composition; hundert Dukaten für jede Flöte, die ich liefern würde; die Freyheit, nicht im Orchester, sondern nur in der Königlichen Kammermusik zu spielen, und von Niemands als des Königs Befehl abzuhangen«.

Die Gebrüder Graun in Berlin

Als Quantz in Berlin ankam, wurde mit aller Kraft an der Hofoper Unter den Linden gebaut. Aber trotz des Drucks, den der junge

König auf den ›dicken Knobelsdorff‹ ausübte, wie er seinen Architekten hinter dessen Rücken in Briefen nannte, war das Haus zu Beginn der Wintersaison 1741/42 noch nicht bespielbar. Die Saisoneröffnung mit Carl Heinrich Grauns Oper *Rodelinda* musste in einen provisorisch umgerüsteten Saal des Berliner Schlosses verlegt werden. Ein Jahr später war es dann so weit.

Die Tageszeitung *Berlinische Nachrichten von Staats- und gelehrten Sachen* meldete am 27. November 1742: »Das hiesige Opern-Haus ist nunmehro, unter der Direction des Freyherrn von Knobelsdorf insoweit fertig, daß [...] die erste Opera darinnen kan vorgestellet werden. [...] Es gleicht einem prächtigen Pallaste, stehet von allen Seiten frey, und hat von aussen so viel Platz um sich herum, dass 1000 Kutschen gemächlich alda halten können. [...] Die Logen sind so räumlich und bequem, daß sie rechten Zimmern gleichen und doch allenthalben eine ungehinderte Aussicht auf das Theater haben. Die Treppen hat man so groß und gemächlich verfertiget, daß man sich bis in den vierdten Rang der Logen mit Porteurs kan tragen lassen.«

Das mit den tausend Kutschen war Angeberei (oder der Artikelschreiber hat übersehen, dass Kutschen Pferde brauchen, so wie die Sänften Träger), aber das Berliner Haus gehörte zu den größten Europas. Die Theaterränge signalisierten den sozialen Rang derer, die sich in ihnen zeigten. Wer sich wo aufhalten durfte, hing nicht wie heute davon ab, was man für seine Eintrittskarte bezahlt hatte. Der Eintritt kostete kein Geld, war aber keineswegs ›frei‹, wie immer wieder kolportiert. Man benötigte ein Billett, konnte es jedoch nicht kaufen, sondern musste es sich von der Intendantur aushändigen lassen. Friedrichs Opernhaus stand zwar nicht nur dem Hof und den Adelskreisen offen, sondern auch anerkannten Bürgern und wohlhabenden Fremden. Aber keineswegs konnte sich jeder, der halbwegs gut gekleidet war, Zutritt verschaffen. Diese nicht am Geld, sondern am Status orientierte Exklusivität unterschied die königliche Oper in Berlin von der bürgerlichen Gänsemarktoper in Hamburg. Ein Schelmuffsky mit seiner ›Charmanten‹ wäre in Berlin nie zu einem Billett gekommen.

Die Stadt zählte 1740 nach Johann Peter Süßmilchs *Der königlichen Residentz Berlin schnelles Wachsthum und Erbauung* von 1752 an die hunderttausend Einwohner*. Die allermeisten von ihnen gehörten zur ›Canaille‹, ob sie nun einen sauberen Rock anhatten oder nicht. Und ›Canaille‹ ließ man im rangbewussten Berlin nicht ins Opernhaus, auch nicht ins Parterre.

Die fürstliche Familie saß in den Logen des 1. Ranges, mit der des Königs in der Mitte. Dabei nahm Friedrich dort selten Platz. Er saß lieber unten beim Orchester. Das kam seinem Kontrollbedürfnis – wer möchte, mag es ›Gestaltungswillen‹ nennen – besser entgegen. Außerdem ließ sich so sein eigener Auftritt wirksamer inszenieren. In den frühen Jahren seiner Herrschaft gehörte es für ihn zu den repräsentativen Pflichten, sich seinen Untertanen als galanter Herr in der Berliner Oper zu zeigen, nicht wie sein Vater als stockschwingender Grobian in den Gassen von Potsdam. Friedrich Wilhelm hatte sofort nach seinem Herrschaftsantritt die Hofkapelle aufgelöst und ohne Bedauern Musiker nach Dresden ziehen lassen. Friedrich verfuhr umgekehrt: Er baute die Hofmusik wieder auf und orientierte sich dabei an Dresden. Wie das ›Machttheater‹ des Königs in seinem Musiktheater vonstattenging, ist aus einem zeitgenössischen Bericht zu erfahren: »In den äußersten Logen des dritten Ranges zunächst der Bühne waren die Trompeter und Pauker der Garde du Corpes [der königlichen Leibwache] und des Regiments Gens d'armes aufgestellt, welche beim Eintritt des Königs und am Ende der Oper Tusch bliesen.« Das Publikum erwartete den König stehend und setzte sich erst, nachdem der König Platz genommen hatte. Dann erklang die Ouvertüre.

Bevor überhaupt mit Opernaufführungen begonnen werden konnte, wurde Carl Heinrich Graun nach Italien geschickt, um ›Singe-Kapaune‹ anzuheuern, wie Friedrich die Kastraten nannte. Einer von ihnen war Felice Salimbeni, der in der zweiten Hälfte der 1740er in einem Dutzend Graun-Opern auftrat, bevor er sich 1750 von Hasse nach Dresden locken ließ.

Carl Heinrich und sein Bruder Johann Gottlieb Graun waren dem König schon seit dessen Kronprinzenzeit musikalisch verbun-

---

* Zu Süßmilch der entsprechende Abschnitt im 5. Kapitel. Moderne Historiker halten seine Zahl für übertrieben und gehen eher von 80 000 bis 90 000 Menschen aus.

den. Die Brüder hatten ihre musikalische Ausbildung in Dresden erfahren. Der ältere, Johann Gottlieb, war Schüler Pisendels gewesen (und Lehrer von Wilhelm Friedemann Bach), der um ein Jahr jüngere Carl Heinrich hatte seit Mitte der 1720er eine Stelle als Opernsänger und Komponist in Wolfenbüttel. Dort lernte ihn Friedrich 1733 kennen, bei den Feiern anlässlich seiner Hochzeit mit der Braunschweigischen Prinzessin Elisabeth Christine*. Beide Grauns waren von Friedrich in die Rheinsberger Kronprinzenkapelle geholt worden und blieben nach dessen Machtantritt lebenslang in seinen Diensten, Johann Gottlieb als Konzertmeister, Carl Heinrich als Opernkomponist mit der nicht ungefährlichen Aufgabe, Libretti seines Herrn zu vertonen.

Ein Gemälde aus der Zeit unmittelbar vor Friedrichs Übersiedlung nach Rheinsberg und der Etablierung des dortigen Orchesters zeigt den 31-jährigen Carl Heinrich mit seiner Gemahlin. Sie sitzt am Cembalo, er steht neben ihr, mit rundem Gesicht und ernstem Blick, aber nicht unvergnügt, die Laute schlagend. Das Bild ist von Antoine Pesne, dem aus Frankreich stammenden Hofmaler dreier Preußenkönige: Friedrich I., Friedrich Wilhelm I. und Friedrich II. Unter Friedrich Wilhelm, der sofort nach seinem Machtantritt 1713 den Hofstaat radikal verkleinert hatte und dabei die Künstler nicht schonte, gab es allerdings nicht viel zu malen und nur noch halbes Gehalt. Dafür durfte Pesne auswärts arbeiten, 1718 etwa für August den Starken und 1723/24 auf einer langen Reise in Hannover, Paris und London.

Bei Friedrich holte sich Pesne ein wenig von dem vorenthaltenen Gehalt zurück und berechnete für ein großformatiges Bild à la Watteau 400 Taler. Das war für preußische Verhältnisse teuer, aber für französische immer noch günstig. Einen echten Watteau, »Das Firmenschild des Kunsthändlers Gersaint«**, bezahlte der König im Jahr 1744 mit einer fünfmal so hohen Summe: 2000 Taler.

Pesne hat nicht nur Herrscher, Prinzen und Prinzessinnen gemalt, darunter den kleinen Friedrich an der Hand von Schwester

---

* Zu Braunschweig-Wolfenbüttel der Abschnitt übers Antichambrieren im 2. Kapitel.
** Heute im Berliner Schloss Charlottenburg zu sehen.

Wilhelmine mit Schirmchen haltendem Mohr* im Hintergrund. Er hat für den großen Friedrich auch den Vorhang des neuen Opernhauses entworfen. Schade, dass er den alten Bach nicht vor den Pinsel bekam. Historisch wäre das möglich gewesen, denn am 7. Mai 1747 wurde Bach am Vorabend eines Orgelkonzerts in der Potsdamer Heiligengeistkirche ins Potsdamer Stadtschloss zu einem der Abendkonzerte gerufen, bei denen Friedrich die Flöte blies und sich von seinen Musikern, darunter seit 1740 auch Bachs Sohn Carl Philipp Emanuel, begleiten ließ. Gespielt wurden Werke von Quantz und von Friedrich selbst. Über die Begegnung zwischen Friedrich und Bach wissen die *Berlinischen Nachrichten* vom 11. Mai zu berichten: »Aus Potsdamm vernimt man, daß daselbst verwichenen Sontag der berühmte Capellmeister aus Leipzig, Herr Bach, eingetroffen ist, in der Absicht, das Vergnügen zu geniessen, die dasige vortrefliche Königl. Music zu hören. Des Abends, gegen die Zeit, da die gewöhnliche Cammer-Music in den Königl. Apartements anzugehen pflegt, ward Sr. Majest. berichtet, daß der Capellmeister Bach in Potsdamm angelanget sey, und daß er sich ietzo in Dero Vor Cammer aufhalte, allwo er Dero allergnädigste Erlaubniß erwarte, der Music zu hören zu dürfen. Höchstdieselben ertheilten sogleich Befehl, ihn hereinkommen zu lassen«. Dann folgt die später immer wieder nacherzählte, dabei immer weiter ausgeschmückte und schließlich sogar verfilmte Geschichte von dem Thema, das der König dem Meister stellte und das Bach aus dem Stegreif in einer Fuge entwickelte, die er, zurück in Leipzig, weiter ausarbeitete, stechen ließ und dem König als *Musikalisches Opfer* widmete.

Ob Friedrich mit seinem der Bach'schen Polyphonie fremden Musikgeschmack in der Lage gewesen ist, das Fugenthema allein auszuhecken, ob Quantz seine Flötistenfinger dabei im Spiel hatte oder gar Carl Philipp Emanuel beteiligt war oder ob das an jenem Potsdamer Abend angeschlagene Thema seine Vertiefung überhaupt erst durch Bachs spätere Bearbeitung erfahren hat, wird nie abschließend zu klären sein. Der König selbst jedenfalls interessierte sich nicht weiter für das, was er mit dem »Thematis Regii« angerichtet oder wohl doch eher ›nur‹ ausgelöst hatte. Er wandte

---

* Zu diesem Sujet Passagen im »Tanz der Kontinente« im 1. Kapitel.

sich wieder den Flötenkonzerten von Quantz, den ›italienischen‹ Opern von Graun und den französischen Versen Voltaires zu. Als Bach 1750 starb, war Voltaire gerade in Berlin angelangt und richtete sich im Stadtschloss ein. Prinz Heinrich, Friedrichs jüngerer Bruder, schrieb an Gottsched in Leipzig: Voltaire »genießt hier bei seinen nun 5000 Reichsthalern jährlichen Gehalts alles Wünschenswerte, des Königs Tafel, Küche, Keller, Kaffee, Schloß, Kutsche, kurz, alles steht zu seinen Diensten.«

An der Thomasschule wurde unterdessen ein Nachfolger gesucht. Auch der Kantor am Dom zu Merseburg reichte seine Bewerbung ein. Es handelte sich um den dritten der Gebrüder Graun, August Friedrich. Er bekam die Stelle nicht. So wenig wie Bachs Schüler, der Orgelvirtuose Johann Ludwig Krebs. Auch Bachs Sohn Carl Philipp Emanuel, der sich in Berlin unter der königlichen Flöten-fuchtel und der kammermusikalischen Diktatur von Quantz immer unwohler fühlte, hat sich vergeblich beworben. Nachdem schon 1755 auch der Nachfolger seines Vaters gestorben war, wiederholte er die Bewerbung. Wiederum erfolglos. Er blieb bei Friedrich in Dienst, bis er 1768 nach Hamburg entrinnen konnte, diesmal als Nachfolger seines im Vorjahr verstorbenen Taufpaten Telemann.

Bach in Leipzig

Kaum hatte Telemann in Hamburg seine Stelle angetreten, wollte er auch schon wieder weg. Jedenfalls tat er so und bewarb sich im August 1722 mit einem Vorspiel um das vakant gewordene Thomas-kantorat in Leipzig. Erfolgreich. Schließlich hatte Telemann An-fang des Jahrhunderts schon einmal in Leipzig Anerkennung ge-funden, damals vor allem mit dem von ihm etablierten Collegium musicum* und durch die Leitung des seit 1693 auf dem Brühl be-

---

* Diese 1702 von Telemann eingerichtete Konzertreihe wurde ab März 1729 von Bach geleitet. Dazu der Abschnitt über die Kaffeehausmusiken im 10. Kapitel.

stehenden Opernhauses*. Die Hamburger Ratsherren realisierten gerade noch rechtzeitig, wie peinlich es für die reiche Hafenstadt gewesen wäre, den längst nicht mehr unbekannten Musiker an die wohlhabende, aber doch nicht ganz so reiche Messestadt zu verlieren. Man bot eine Gehaltserhöhung an, und Telemann zog Anfang November seine Bewerbung zurück. Am 21. Dezember bewarb sich Bach. Auch der Darmstädter Hofkapellmeister und ehemalige Thomasschüler Christoph Graupner bewarb sich – und bekam den Posten. Er konnte ihn nur nicht antreten. Sein Dienstherr gab ihn nicht frei. Immerhin bekam auch er eine Gehaltserhöhung und empfahl statt seiner Bach, »ein Musicus, ebenso starck auf der Orgel, wie erfahren in Kirchensachen und Capell-Stücken.«

Graupner ging es 1722 in Darmstadt, wie es Bach 1717 in Weimar gegangen war, als der fürstliche Herr seinen musikalischen Lakaien nicht losgeben wollte. Erst nach einer vierwöchigen Haftzeit in Weimar hatte man den starrköpfigen Orgelspieler doch nach Köthen entlassen.

Der Abschied von Köthen wiederum vollzog sich freundlich. Im Mai 1723 wurde Bach in die Leipziger Lebensstellung eingeführt, die er nie als solche betrachtete. Wie Telemann rasch wieder aus Hamburg wegwollte, sehnte sich Bach ständig von Leipzig fort. Und wie Telemann, abgesehen von der Pariser Eskapade, bis zu seinem Tod in Hamburg blieb und Graupner bis zu dem seinen in Darmstadt, beide letztlich dann doch recht zufrieden, hielt Bach bis zu seinem Lebensende in Leipzig aus, obgleich ständig unzufrieden, trotz des Hofkapellmeistertitels, den er dem Kurfürsten in Dresden abbitten konnte**.

Bachs Missbehagen lag an musikalischen Differenzen zwischen ihm und seinen Vorgesetzten und an finanziellen Differenzen zwischen ihm und den Stadträten. Hinzu kamen Rangstreitigkeiten und verschiedene Auffassungen über die richtige Amtsführung.

---

* Es musste 1720 geschlossen werden, hatte mithin eine nur gut halb so lange ›Lebensdauer‹ wie die Hamburger Gänsemarktoper. Der Kollaps resultierte aus finanziellen Schwierigkeiten, verschärft durch (selbst schon opernhafte) Familienintrigen.

** Dazu der Beginn des Abschnitts über das Zeithainer Lustlager im 2. Kapitel.

Wenn dann noch die Leichen ausblieben, nahmen die materiellen Sorgen »wegen der exceßiven kostbahren Lebensarth« in Leipzig weiter zu, wie Bach im Oktober 1730 in einem Brief an den Jugendfreund Georg Erdmann schrieb. Ein Begräbnis erforderte Musik, und diese Musik wurde mit besonderen »accidentia« honoriert: »ist aber eine gesunde Lufft«, und die Leute bleiben am Leben, »so fallen hingegen auch solche, wie denn voriges Jahr an ordinairen [üblichen] Leichen accidentia über 100 rthl. [Reichstaler] Einbuße gehabt.« *

Es lag nicht an der ›gesunden Luft‹ in der Stadt an der Pleiße, dass deren Bevölkerung in der ersten Hälfte des 18. Jahrhunderts stark zunahm, sondern am steigenden Wohlstand durch Handel und Gewerbe. Um 1700 hatte Leipzig knapp 20 000, um 1750 über 30 000 Einwohner, etwa so viel wie Frankfurt, die alte Handelskonkurrenz am Main.

Als Bach nach Leipzig kam, gab es dort 44 Fleischer und 41 Bäcker, doch keinen Perückenmacher. Die hatten ihre Werkstätten vermutlich in der Residenzstadt Dresden, obwohl die bürgerlichen Honoratioren sowie die Universitätsprofessoren und deren Studenten ebenfalls Perücken trugen**. Besonders wichtig waren die Laternenanzünder. Die brauchte man für die siebenhundert Öl-Laternen, die Anfang des Jahrhunderts aufgestellt worden waren, auch eine Art ›Aufklärung‹. Zeitgenossen schwärmten, die Straßenbeleuchtung vermindere die Verstöße gegen das fünfte, sechste und siebte Gebot, will sagen: Mord und Totschlag, nächtliche Winkelhurerei und Diebstähle im Dunkeln.

Leipzig, gelegen an der Straße aus dem Rheinland über Erfurt nach Osteuropa und an derjenigen von der Nordsee nach Süden, war in erster Linie Handelsstadt, aber es war auch eine Stadt des Buchdrucks, der Kirchen, der Universität und der Kaffeehäuser. Über den Handel bemerkt 1717 ein Zeitgenosse: »Leipzig pranget mit vielen vortrefflichen schönen Häusern und Gebäuden: Alle

---

* Das jammervolle Schreiben gilt als der einzige erhaltene Privatbrief von Bachs Hand.
** Zu den Perücken der entsprechende Abschnitt im Kapitel »Äußere Erscheinung«.

Kostbarkeiten werden aus fernen Ländern herzu gebracht: Allerley Nationen [...] besuchen seine Messen, daß man sagen möchte,
gantz Indien habe sich mit seinen Seiden- und Würtz-Waren in
Leipzig eingefunden: An Edelsteinen ist Überfluß zu sehen, aber
die schöne und zierliche Sprache*, die in Leipzig geredet wird,
übertrifft alle Edelsteine.«

Zu den ›vortrefflichen Häusern‹ gehörten sowohl öffentliche
Bauten als auch die neu errichteten Stadtpaläste reich gewordener
Kaufleute oder das zwischen 1701 und 1704 errichtete kolossale Ba-
rockgebäude von Franz Conrad Romanus. Der Jurist war 1701 Bür-
germeister geworden, auf ausdrücklichen Wunsch von August dem
Starken und gegen das Widerstreben des Rates, und hatte sogleich
die siebenhundert Laternen aufstellen lassen. Er organisierte den
Fluss der Gelder von Leipzig nach Dresden, auf die August so dringend angewiesen war, und erreichte im Gegenzug für sich und die
Ratsherren kurz hintereinander eine zweimalige Verdoppelung der
Gehälter. Die Ratsherren werden sich gedacht haben: Wir können
die landesherrlichen Forderungen aus Dresden nicht abwehren, also
lassen wir uns individuell für das entschädigen, was die Stadtge-
meinschaft kollektiv aufzubringen hat.

Romanus, nebenbei gesagt der Entdecker Telemanns als musikalisches Talent, verhob sich mit seinem Prunkbau, und das, was bei
den alteingesessenen bürgerlichen Ratsherren sozial konforme Kor-
ruption durch den Fürsten war, glitt bei dem neureichen Protegé des
Fürsten in gewöhnlichen Betrug ab, als er die Finanzierungslücken
seines Privatpalastes mit gefälschten öffentlichen Schuldscheinen zu
schließen suchte. Im Januar 1705 wurde er festgenommen und blieb
bis zum Ende seines Lebens im Jahr 1746 interniert, seit September
1706 in der Festung Königstein, auf der vier Jahre zuvor der ›Goldmacher‹ und spätere Porzellanerfinder Johann Friedrich Böttger
vorübergehend festgehalten worden war**. Ein Strafprozess gegen
Romanus fand nicht statt. Er hätte möglicherweise kurfürstliche
Verwicklungen in die zeitweise spekulativen, stets problematischen

---

* Die Verführung ist groß, eine Anmerkung zum ›schönen und zierlichen‹
   Sächsisch zu machen. Sie sei dennoch unterlassen.
** Dazu der Abschnitt im Fortschrittskapitel.

und erst zum Schluss betrügerischen Aktivitäten des Günstlings zu Tage gefördert. In die von seinen Gläubigern angestrengten Verfahren griff der Kurfürst ein, um der Familie einen Teil des Besitzes, darunter das Romanushaus, zu sichern. Romanus' Tochter Christiana Mariana von Ziegler*, bekannt als Librettistin von Bach-Kantaten, hielt noch in den späten 1720ern und frühen 1730ern dort Salon. Auch der umtriebige Johann Christoph Gottsched gehörte zu ihren Gästen**.

Die allgemeine Entwicklung der Stadt wurde durch dieses merkantile Lehrstück von Hybris und Nemesis nicht beeinträchtigt. Es dürfte schwierig sein, in der gesamten Wirtschaftsgeschichte auch nur eine einzige Boomphase ausfindig zu machen, die frei wäre von derartigen Aufstiegsbiographien und Niedergangsgeschichten. Die Stadt jedenfalls entwickelte ihre Stellung als Handelsplatz weiter. Um 1740 zeigt sich ein Zeitgenosse, der offenbar größere Städte kannte, gleichwohl von Leipzigs ökonomischer Regsamkeit beeindruckt: »Ob gleich die Stadt an sich nicht groß, waren doch die Gassen breit und nach der Schnur. Alle waren mit Fracht- und Marktwagen, die ankamen und abluden, mit Karossen und Menschen von beiderlei Geschlecht, von allerlei Nationen und Stand angefüllt.«

Sogar Bach gab sich einen Ruck zum Lobpreis Leipzigs und dichtete eine Hochzeitskantate um zu einer Kantate zu Ehren des Rats der Stadt: »Und dich, geliebter Handels Plaz / Will ich als einen theuren Schaz / In meiner Seele tragen / Und aller Welt von deinem Ruhme sagen.« Das allerdings singt Mercurius, der Gott des Handels. Der ist kein Kantor und hat allen Grund, sich in Leipzig wohlzufühlen: »Mit Lachen und Scherzen / Mit freudigem Herzen / Verleib ich mein Leipzig der Ewigkeit ein. / Ich habe hier meine Behausung erkoren / Und selber den Göttern geschworen / Hier gerne zu sein«.

Eines der neueren Handelsgüter, deren Markt sich erst zu ent-

---

* Zu ihr die Passage im Abschnitt über Dorothea Erxleben im Fortschrittskapitel.
** Zu dessen Reform des Theaters der Abschnitt über die Vertreibung des Harlekin von der Bühne im Fortschrittskapitel.

falten begann, waren die Bücher. Um die Jahrhundertwende hatte Leipzig diesbezüglich Frankfurt überholt, und seitdem wuchs der Vorsprung Jahr um Jahr, bis heute ablesbar in den Messkatalogen der Zeit. Das lag auch daran, dass die kaiserliche Zensur in der Reichsstadt am Main das protestantische Schrifttum ängstlich beäugte und die Buchhändler, Verleger und Drucker es vorzogen, die Geschäfte ins lutherische Leipzig zu verlagern, statt sich geschäftsschädigenden Querelen mit den Frankfurter Zensoren auszusetzen.

Das rasch wachsende Buchgewerbe und die allmähliche Verschiebung der lateinischen Gelehrtenproduktion zu deutschsprachigen Publikumswerken passten gut zu einer Stadt mit einer renommierten Universität, in der die lateinische Lehre ihr Monopol zugunsten deutscher Vorlesungen verlor, nicht in der Theologie, aber immerhin in der Jurisprudenz und der Medizin. Bach übrigens stand rechtlich unter dem Schutz der Universität. Er war kein Bürger von Leipzig, sondern blieb ein Leben lang Bürger seiner Geburtsstadt Eisenach.

So wie Leipzig eine Stadt des Handels und der bürgerlichen Bildung war, so wurde es von Fremden und Einheimischen als Stadt der Kaffeehäuser* und der Kirchen gerühmt. Man könnte sich einen Scherz daraus machen, die wachsende Zahl der Kaffee- mit der wachsen Zahl der Kirchenhäuser abzugleichen. 1699 wurde die ehemalige Barfüßerkirche als Neukirche wieder geweiht, wenige Jahre später die Petrikirche erweitert, die Georgenkirche erbaut und die Paulinerkirche (die Kirche der Universität) renoviert. Sie erhielt 1717 die größte Orgel Kursachsens, über die Bach, gerade aus der Weimarer Haft entlassen, ein kritisches Gutachten anfertigte. Außerdem gab es noch die Johanniskirche vor dem Grimmaischen Tor. Unter den Kirchen der Stadt wurden als gleichberechtigt auf dem erstem Rang die Nikolai- und die Thomaskirche betrachtet.

Als Kantor war Bach für die Thomasschule zuständig und zugleich als städtischer »Director musices« für beide Kirchen. Hier fanden in wöchentlichem Wechsel die sonntäglichen Hauptgottesdienste statt, und der Rat achtete mit Nachdruck darauf, dass dieses

---

* Dazu und zum Engagement Bachs für die weltliche Musik in der Messestadt der Abschnitt »Kaffeehäuser und Kaffeekantaten« im 10. Kapitel.

Reglement nicht verletzt wurde. Bach bekam das zu spüren, als er 1724 die Aufführung seiner Johannes-Passion* für Karfreitag in der Thomaskirche ankündigte, obwohl die Nikolaikirche an der Reihe gewesen wäre. Der Rat intervenierte, ordnete trotz der knappen Zeit von nur noch vier Tagen bis zur Aufführung die Verlegung in die Nikolaikirche an – in der übrigens im Jahr zuvor auch Bachs Antrittskantate (BWV 75) aufgeführt worden war – und ließ Handzettel verteilen, auf denen die Verlegung angezeigt wurde. Bach revanchierte sich, indem er im Folgejahr an der Thomaskirche, die nun an der Reihe war, wie zum Trotz erneut die Johannes-Passion aufführte, wenn auch in überarbeiteter Fassung.

Die Aufgaben Bachs waren vielfältig und vielfältig ungeliebt. Dem Schuldienst entzog er sich, wo er nur konnte, sowohl was die Frontarbeit vor der Klasse betraf als auch bei administrativen Aufgaben. Ihm kam es auf die Musik an, allein auf die Musik, während die Ratsherren im Kantor einen Schulmann sahen, keinen Künstler. Das Konsistorium wiederum, die geistliche Obrigkeit der Stadt, erblickte im Kantor einen Kirchenmann und ebenfalls keinen Künstler. Der Status eines Musikers war in der ersten Hälfte des 18. Jahrhunderts noch nicht von der Aura frei schöpfender Größe überglänzt wie im Geniekult der zweiten Hälfte. Wenn ein Musiker einen Nimbus hatte, so war es der Nimbus des Handwerkers und perfekten Regelbeherrschers. Und doch machte sich bereits der ästhetische Eigenwert der Musik geltend, die bei Bach als Eigenwilligkeit des Musikers zum Ausdruck kam**.

Die Konflikte zwischen Bach und seiner schulischen, städtischen und geistlichen Obrigkeit waren innerhalb der althergebrachten Ordnung nicht lösbar. Diese Konflikte, bei allen Beteiligten von der Vertretung elementarer Interessen angetrieben und zusätzlich von kleinlicher Rechthaberei vergiftet, wurden von den Gegensätzen zwischen den verschiedenen obrigkeitlichen Instanzen, vor allem zwischen Rat und Konsistorium, weiter verschärft. Dass es personelle Überschneidungen zwischen weltlicher und geistlicher Obrigkeit gab, also ein

* Zu den Passionen allgemein siehe den Abschnitt im 6. Kapitel.
** Näheres zur Stellung der Musiker vom Stadtpfeifer bis zum Konzertmeister im 6. Kapitel.

Rat zugleich Mitglied im Konsistorium sein konnte, machte die Sache noch unüberschaubarer, ganz zu schweigen von den gelegentlichen Einmischungen der fürstlichen Obrigkeit in Dresden in die Belange der städtischen in Leipzig. Bach kam durch seine Erfahrungen an den Höfen von Weimar und Köthen mit fürstlicher Herrschaft aus der Ferne besser klar als mit der dauerpräsenten Alltagsmacht bürgerlicher Vorgesetzter und appellierte wiederholt an Dresdener Instanzen, was ihn in Leipzig nicht beliebter machte.

Vermutlich schätzte der Kapellmeister des Hofs in Köthen das, was ihn als Kantor in Leipzig erwartete, ziemlich falsch ein. Oder er hoffte, es werde sich trotz der ›Stellenbeschreibung‹, die ihm ja durch die Verhandlungen bekannt war, schon ein Weg des musikalischen Einvernehmens finden. Jedenfalls löste er seine lateinischen Lehrverpflichtungen, denen er als Mann ohne Universitätsabschluss sowieso kaum gewachsen war, durch einen Vertreter ab und stürzte sich mit Inbrunst in die Kantatenkomposition. Abgesehen von der vorösterlichen Fastenzeit oder den Zeiten angeordneter Trauer nach einem Todesfall in der kurfürstlichen Familie, wurde jeden Sonn- und Feiertag eine Kantate (»dramma per musica« sagte Bach) aufgeführt.

Wie viele Kantaten Bach tatsächlich komponiert hat, welche wo wann wie oft aufgeführt wurden und welche verloren gegangen sind, ist ungeklärt. Aber schon die sicher überlieferten Mini-Opern, als die wir heute nicht nur die weltlichen, sondern auch die geistlichen Kantaten hören, obwohl Bach dagegen protestieren würde, beeindrucken durch ihre unübertroffene Vielfalt und Fülle, durch freudigen Schwung oder verzagende Trauer, durch heitere Gelassenheit oder schweren Mut, der zu Boden drückt wie Christi Kreuz – alles je nach Anlass und Auftrag. Dabei sind die zugrunde liegenden Texte häufig von minderer Qualität, um das Mindeste zu sagen. Manchmal ist ihr Leidenskitsch für heutige Ohren kaum noch erträglich, dann wieder stößt ihre schmalzige Ergebenheit ab. Das gilt auch für einige Texte der Mariana von Ziegler: »Muß ich sein betrübet, / so mich Jesu liebet, / ist mir aller Schmerz / über Honig süße, / tausend Zuckerküsse / drücket er ans Herz, / wenn die Pein sich stellet ein, / seine Liebe macht zur Freuden / auch das bittre Leiden.« (BWV 87)

Um einen Eindruck von den Alltagsbedingungen zu gewinnen, unter denen Bach seine musikalischen Räume aufschließen und zugleich gegen ebendiese Alltagsbedingungen abschotten musste, braucht man sich nur vor das Modell der Thomasschule (das Gebäude selbst wurde 1902 abgerissen) im Leipziger Bach-Museum zu stellen und die fast andächtige Stille dieses Museums durch den imaginierten Lärm einer Jungenshorde auszufüllen, vielleicht in Erinnerung an die Pausentumulte der eigenen Schulzeit. Im Erdgeschoss des Schulgebäudes befand sich der Speisesaal, dahinter ein Unterrichtsraum und eine Stube, davor das Waschhaus der Bachs. Die Unterrichtsräume waren über den ersten, zweiten und dritten Stock verteilt, die Schlafsäle im vierten und fünften Stock. Im zweiten Stock lagen außerdem eine kleine Bibliothek mit vor allem geistlichem Schrifttum und die Stube des Konrektors. Auch die Kantorenwohnung befand sich im Schulgebäude: im ersten Stock Schlafkammern, Küche und Bachs Komponierstube; im zweiten Stock eine weitere Schlafkammer und eine Stube hinter derjenigen des Konrektors; im dritten Stock noch eine Schlafkammer und noch eine Stube.

Die Schule stand quer zur Thomaskirche am Thomaskirchhof. Dieser ›Kirchhof‹ war kein weihevoll abgeschlossener Raum, sondern ein belebter öffentlicher Platz mit einem ›Wasserkasten‹, wie es auf zeitgenössischen Darstellungen heißt. Es handelte sich dabei nicht um einen mit Grundwasser versorgten Brunnen, sondern um einen durch Röhren gespeisten steinernen Behälter mit Skulpturenaufsatz.

Die dritte Seite des Thomaskirchhofs wurde durch das repräsentative Stadthaus des Gold- und Silberwarenhändlers Georg Heinrich Bose begrenzt, in dem sich das heutige Bach-Museum befindet. Die Boses und die Bachs waren bis 1750 Nachbarn, auch nach Georg Heinrichs Tod 1731, und vor allem die Frauen der beiden Häuser verkehrten freundschaftlich miteinander, wie die Widmung in einem lutherischen Erbauungsbuch zeigt: »Als der HochEdlen, Hoch-Ehr- und Tugendbegabten Jonffer, Jonfer Christiana Sybilla Bosin, meiner besonders hochgeehrtesten Jonfer Gevatterin u. werthesten Herzens Freundin erfreulicher Geburths Tag einfiel; wollte mit diesem kleinen doch wohlgemeinten Andencken sich bestens empfehlen. Anna Magdalena Bachin.«

4. Ausflüge aufs Land

❧

Die Gärten der Familie Bose –
Land-Leben in Ritzebüttel – Die ›Oberkeit‹ –
Warnung vor Lips Tullian

Die Gärten der Familie Bose

Anna Magdalena musste das Erbauungsbüchlein mit ihrer ›barocken‹ Widmung nicht weit tragen. Nur wenige Meter lagen zwischen dem Eingang zur Bach'schen Wohnung im Gebäude der Thomasschule und der Haustür der Boses. Hinter dem Haus befand sich ein rund 600 Quadratmeter großer Stadtgarten, der »figurirte Lust-Beete, Rabatten und Blumen-Stücken« mit einem Springbrunnen in der Mitte zu bieten hatte, ideal für ein wenig Lustwandelei zwischendurch an heißen Tagen, wenn die Zeit fehlte, um hinaus zu dem Garten zu fahren, der jenseits der Stadtmauer lag*. Er hatte die Form eines Handtuchs, rund 200 Meter lang und maximal 50 Meter breit. Es gab Obstbäume und Kräuterbeete, es wurde etwas Wein gezogen und Spargel angebaut. Ein »plaisirliches Lust Hauß« gab es auch. Dennoch konnte sich der Garten von Georg Heinrich Bose nicht mit dem messen, den sein Bruder Caspar von Caspar Bose senior geerbt hatte, so, wie Georg Heinrich seinerseits das Stadthaus am Thomaskirchhof von Caspar senior geerbt hatte.

Der »Großbosische Garten«, seit 1616 in Familienbesitz, war der berühmteste Bürgergarten des Barock in Leizpig. In der Grimmaischen Vorstadt gelegen, handelte es sich dabei weniger um einen Garten als um eine geometrisch angelegte, im Zentrum fächerförmige Parkanlage, verziert mit zahlreichen Statuen und ausgestattet mit Orangerie, Tiergehegen, Volieren und einem Konzertsaal.

Der »Kleinbosische Garten«, im letzten Jahrzehnt des 17. Jahrhunderts von Georg Bose gegründet, dem Onkel der beiden jüngeren Boses, bestand aus einem geometrisch angelegten Lustgarten mit Wasserbassin und einer angrenzenden Streuobstwiese. Einem Zeitgenossen zufolge waren »die Allees mit Tannen-Pyramiden be-

---

* Ungefähr dort, wo sich heute der Augustusplatz befindet.

sezt, und, in den Feldern sind ganze Buscayen [Bosketten, also Heckenbereiche] von Zwerg-Bäumen. Zu Ende der Alleé, auf jenseits des Teichs ist der Halbe Garten mit Hecken geschloßen, und diese Hecken Alleé correspondiret mit der vordern Alleé, und hinten mit Apels Garten, welches einen guten Prospect giebet.«

Der erwähnte Garten des Seidenfabrikanten, Tapetendruckers und Kattunhändlers Andreas Dietrich Apel, ein Günstling Augusts des Starken, war eine seit 1701 entwickelte fächerförmige Anlage, verziert mit Statuen von Balthasar Permoser, dem Bildhauer des Zwinger, und durchzogen von Kanälen, die sich aus abgezweigtem Pleißewasser speisten. August pflegte bei seinen Messebesuchen in Apels Stadthaus zu logieren, und wenn der Fürst geruhte, auch den Garten mit einem Besuch zu beehren, ließ der Fabrikant unter Musikbegleitung Gondeln über die Kanäle fahren, als wäre man in Dresden an der Elbe. Besondere Aufmerksamkeit erregte im Jahr 1723 ein blühender Kaffeebaum, eine botanische Sensation ähnlich derjenigen, die von der Blüte einer amerikanischen Aloe im Großbosischen Garten mehr als zwei Jahrzehnte zuvor ausgelöst worden war. Um 1725 hatte der Kaffeebaum im Portalgiebel des Lokals »Zum Arabischen Coffe Baum« eine steinerne Nachblüte. Unter dem Baum liegt ein schnurrbärtiger Muselmane und nimmt von Amor eine Schale des erregenden Tranks entgegen[*].

Zu den rund dreißig barocken Kunst- und Prunkgärten verschiedener Größen, die in den 1740er Jahren rund um Leipzig blühten, gehörte die in der zweiten Hälfte der 1730er Jahre entstandene Anlage von Johann Zacharias Richter. Er entstammte einer Leipziger Familie, die mit dem Blaufarbenhandel reich geworden war, beruhend auf den erzgebirgischen Abbaugebieten für Kobalt, Grundlage der sogenannten Smalte, gewissermaßen der ›Billigkonkurrenz‹ des kostbaren Ultramarin. Über anderthalb Jahrzehnte leitete er in Hamburg eine Firmenfiliale, kehrte 1727 nach dem Tod seiner ersten

---

[*] Dazu der Abschnitt »Kaffeehäuser und Kaffeekantaten« im 10. Kapitel. Das Restaurant »Coffe Baum« gibt es seit Anfang 2019 nicht mehr. Auf der inzwischen stillgelegten Website coffe-baum.de wurde das Portalrelief auf 1719/20, also vor die Baumblüte in Apels Garten, datiert. Und wie bei so vielem im kurfürstlichen Sachsen soll auch hier wieder August der Starke seinen – Finger im Spiel gehabt haben.

Ehefrau in seine Geburtstadt zurück, heiratete dort ein zweites Mal und, erneut verwitwet, schließlich 1744 in dritter Ehe Anna Magdalenas Nachbarin und ›Herzensfreundin‹ Christiana Sibylla Bose. Im Jahr darauf kaufte er der Erbengemeinschaft Bose, zu der auch seine Frau gehörte, das Haus am Thomaskirchhof ab.

Land-Leben in Ritzebüttel

In der zweiten Hälfte der 1730er Jahre arbeitete Telemann in Hamburg an den *Sechs Cantaten nach verschiedenen Dichtungen,* darunter die Kantate *Die Landlust,* in denen die ›grünen Auen‹ besungen werden, und spätestens seit 1740 prägte sich seine ›Bluhmenliebe‹* aus. Mit Inbrunst blätterte er im *Verzeichnis derer in- und ausländischen Bäume, Stauden und Sommer-Gewächse des Caspar Bosischen Gartens in vier Ordnungen wie solche sich im Jahr 1737 befunden,* zusammengestellt von Johann Ernst Probst, ›Churfürstlicher Hoff-, Kunst- und Lustgärtner im Bosischen Garten vor dem Grimmischen Thor zu Leipzig‹. Probst weist den »geneigten Leser« im deutschen Vorwort ausdrücklich darauf hin, dass es sich wirklich nur um ein lateinisches Verzeichnis handelte, nicht etwa um eine Beschreibung der Pflanzen. Eine solche wäre ohnehin bloß für »Gelehrte, welche von einem Gärtner vielleicht nichts lernen möchten«.

Der Blumenliebhaber Telemann mag sich am Pflanzenverzeichnis sattgelesen haben, wie sich Bibliophile an Buchkatalogen sattlesen können. Und man kann sich leicht vorstellen, wie er selbst sich vorgestellt hat, wie das eine oder andere florale Geschöpf aus dem Verzeichnis wohl in dem Garten wirken würde, den er vor den Toren Hamburgs besaß. Solche mit Landhäusern ausgestattete Gärten gab es in Eimsbüttel, Horn und Hamm**. Auch Brockes besaß eines dieser Landhäuser mit Garten. Es lag vor dem Steintor.

---

* Dazu der Abschnitt im Kapitel über weltliche Freuden.
** Heute gehören Horn und Hamm zum Bezirk Hamburg-Mitte. Eimsbüttel ist ein eigener Bezirk.

In einer Ausgabe der von Brockes mitbegründeten Wochenschrift *Der Patriot* erzählt ein anonymer Verfasser (sicherlich Brockes) von einem Besuch im Garten eines gewissen Belisander
(wiederum Brockes): »Ich fand überhaupt gantz nichts von klein-
städtischen Kostbarkeiten und unnatürlichen Künsteleyen, wie ich
wol auf andern Gärten bemerckt hatte. Alles war ungezwungen,
groß und ansehnlich«. Brockes und seine Compagnons vom *Pa-
trioten* legten Wert auf Distinktion von bloß reichen und nur sta-
tusbewussten Hamburger Kaufmannsseelen, die ihren Familien
Sommerhäuser auf dem Land boten, selbst aber wegen ihrer Bör-
sengeschäfte wochentags in der Stadt blieben. Belisanders Garten ist ›vernünftig‹ und zugleich für einen angenehmen Aufenthalt
und zum Lob der gottgeschaffenen Natur angelegt. Er hält genaue
Balance zwischen Nutzen ohne Gier, Annehmlichkeit ohne Verschwendung, Kunst ohne Künstelei und Natur ohne Wildheit. Er
ist ein frommes Bürgerparadies.

»Ich sahe sehr wenig Holtz-Werck«, fährt der Berichterstatter
fort, »und die gantze Unterhaltung schien nur mittelmäßige, oder
gar geringe Ausgaben jährlich zu erfordern. Er war von außen rund
herum mit einigen hundert der dicksten Linden beschattet [...]
Inwendig hatte man ihn, durch verschiedene Alleen und Bogen-
Gänge, auch gegen die Mittags-Hitze der Sonne, wider die gewöhnliche Anlage der meisten Hamburgischen Gärten, brauchbar gemacht. Beym ersten Eintritte fand sich ein anmuthiger Vorhof oder
Stein-Platz, der auf beiden Seiten mit ein paar niedrigen Häusern
bebauet, rund herum mit Kastanien-Bäumen von gleicher Höhe besetzet, und durch ein hohes eisernes Gitter-Werck von dem Garten
selber abgesondert war.« Hinter dem Garten kommt der Fischteich,
mit Karpfen darin und Kähnen für Lustfahrten darauf. In der Mitte
steht ein Gartenhaus, über zwei Brücken errreichbar und »gäntzlich
bis unters Dach gemauert«, was eigens betont wird, damit man es
nicht für eine Holzbude hält. Um den Teich liegen die Rosenbeete.
Dann folgen Küchengarten und Streuobstwiese. »Endlich bestund
das hinterste und letzte Theil des Gartens in einer bloßen natürlichen Wildniß, wo [...] die gemeinesten Kräuter und Feld-Blumen,
Klee und Gras, Unkraut und Dieseln, Stauden und Bäume in der
größesten Verwirrung beysammen waren«.

Nachdem der fingierte Besucher das alles gesehen und uns gezeigt hat, fragt Belisander: »Was haben doch die meisten von ihren
Gärten [...], welche sie mit so vielen Kosten unterhalten? Sie fahren
hinaus, essen, trincken, spielen in Karten, und kommen so wieder
herein. Des Morgens schlafen sie«, statt gut aufklärerisch den Son-
nenaufgang zu bewundern, »schlurffen einen Thee, und kleiden sich
an. Des Mittags ists ihnen zu heiß: sie müssen speisen, und Mittags-
Ruhe halten. Auf den Nachmittag wird Caffee getrunken [...] Des
Abends währet die Mahlzeit fein lange, und hernach fällt entweder
schon der Thau, oder es ist ihnen bereits zu kalt. Dieses ist auf unsern Gärten der gewöhnliche Lebens-Lauff, den man aber zu Hause
zwischen den vier Wänden eben so gut, wo nicht eben so schlecht,
führen könnte.«

Brockes war von 1735 bis 1741 Amtmann in Ritzebüttel, dem heutigen Cuxhaven, damals von Hamburg aus regiert. Der 1743 erschienene siebte Teil seines monumentalen Gedichtwerks *Irdisches
Vergnügen in Gott** trägt den Titel *Land-Leben in Ritzebüttel*. Im
»Vorbericht« heißt es: »Das Landleben hat seine besonderen Vor-
züge. Es giebt tausend Vorwürfe [Anlässe], die zu einem zärtlichen
und vernünftigen Vergnügen anreizen und die [!] Seele eine gewisse sanfte Ruhe und eine Freystatt verstatten, der sie so oft in der
Stadt und unter dem Gewühl der Menschen entbehren muß. Daher
haben zu allen Zeiten so viele große Männer und Weltweisen das
Stadtleben mit der Lieblichkeit der Wiesen und Stille der Wälder
vertauschet, und an einem rauschenden Bache den Wundern der
Natur nachgedacht.«

Die Landleute, besonders die jungen Männer, strebten in die
Stadt; die Stadtleute, besonders die alten Männer, erholten sich auf
dem Land. Das war in Hamburg so, in Leipzig und in Dresden.
Der dort praktizierende Arzt Johann August Oehme bekannte in
seiner *Medicinischen Fama:* »In der Zeit meines Auffenthalts auf
dem Lande verspüre ich, daß die Seele gantz andere Handlungen in denen Sinnen würcket als in einer volckreichen Stadt, wo
Pracht, Hoffart, Eitelkeiten und Getöse vieler Menschen, das Ge-
rassele der Wagen, Wiehern der Pferde die Gedancken irrig ma-

---

* Dazu der entsprechende Abschnitt im 7. Kapitel: »Innere Frömmigkeit«.

chen, die wunderbare Ordnung der Weisheit Gottes in Betrachtung zu ziehen.«

Bei Brockes verbindet der Schöpfer Mensch, Tier und Natur in ländlicher Ordnung, dass es eine poetische Lust ist für den politischen Repräsentanten aus der Stadt. Gott ist überall. Sogar an der Börse und am Hafenbecken, im Ratssaal und im Kontor, zwischen Ziegen und Schafen wie beim Einbringen der Ernte: »Meine Schafe, meine Ziegen / kann ich ietzo mit Vergnügen / An des Walles grünen Höh'n / Hüpfen, grasen, springen, liegen, / Weiden, klettern, stehen, gehen, / Und mit regem Maul das Gras / Recht geschäftig rupfen sehn.« Und wie fröhlich macht erst die Arbeit – wenn man ihr zuschaut: »Der frohe Fuhrmann jauchzt und singt, / Der kurze Knall der Geissel klingt, / Bis er das Korn zum Scheun-Thor bringt, / Wodurch es sich, mit Mühe, dringt. / Es müssen sich die Garben beugen, / Dieweil das Thor für sie zu klein, / Und sie so hoch geladen seyn, / Drum müssen sie sich zischend neigen.« Dann kommt der »muntre Knecht« mit seiner Gabel und lädt ab. Das freut den frommen Betrachter und bietet erneut Anlass, die Leserschaft zu ermahnen, das Lob des Schöpfers nicht zu vergessen: »Wenn der Landmann, uns zum Besten, / Oben in der Scheune Festen, / Das Getrayd' in Ordnung legt, / Wird ein billigs Herz bewegt, / Bey der Handlung zu bedenken: / Daß nur Dem, Der alle Welt / In so guter Ordnung hält, / Billig ein Gott Lob zu schenken«. Darauf läuft es bei Brockes immer hinaus. Sogar die »Erinnerung einiger Umstände bey einer gefährlichen Wasser-Fahrt von Ritzebüttel nach Hamburg« während eines Sturms, der beinahe das Schiff zermalmt, mündet in Dankbarkeit für Gottes Schutz und ›väterliches Walten‹.

Über der viel besungenen göttlichen Ordnung gerät dem Hamburger Honoratior die weltliche Wahrheit aus dem Blick, ganz ähnlich wie dem unbekannten Textdichter dieser Bachkantate (BWV 187): »Gott hat die Erde zugericht', / läßt's an Nahrung mangeln nicht, / Berg und Tal, die macht er naß, / daß dem Vieh auch wächst das Gras, / aus der Erden Wein und Brot / schaffet Gott und gibt's uns satt, / daß der Mensch sein Leben hat.«

Idyllische Natur, Schäferglück und harmonische Schöpfung sind Wertkategorien, die für zurechtgereimte Federwelten und salbungsvolle Sonntagspredigten passen mögen oder für die Kurzaufenthalte in den raffiniert angelegten Schaugärten der bürgerlichen Stadtelite sowie für die ›Bauernhochzeiten‹ inszenierten Landausflüge der höfischen Entourage und für die ›Bauernwirtschaften‹, wie sie unmittelbar an den Höfen inszeniert wurden, etwa im Juni 1709 durch August den Starken in Dresden. Die Herren spielten Knechte, die Damen Mägde, und alle liefen, fein artig in acht Gruppen mit jeweils zwanzig Personen gegliedert, in Trachten aus dem Erzgebirge, dem Meißischen und Altenburgischen herum.

Über diese höfischen Selbstbeschäftigungsspiele schrieb Bernhard von Rohr in seiner *Cermoniel-Wissenschafft der großen Herren:* »Die besondern Arten der Verkleidungen, da sich Fürstliche Personen gefallen lassen nebst ihrer Hofstatt auf eine Zeitlang in den Habit der Bauern oder auch anderer geringen Leute zu verstecken, ist von unterschiedenen Seculis her nicht allein in Teutschland, sondern auch an allen Europäischen Höfen eingeführet. [...] Diese Lustbarkeiten werden mehrentheils Wirthschafften genennet«. Weiter heißt es: Bei den »Mahlzeiten wird das bäurische Wesen vielmahls nachgeahmt. Die Speisen sind schlecht« – hier lugt die Wirklichkeit des Bauernlebens durch die höfische Maskerade – »die Schüsseln von Thon und die Teller von Holtz, man trinckt aus Bier-Gläsern und höltzernen Schleiffkannen«. Macht die Hofgesellschaft zur Weinlese einen Ausflug aufs Land, werden Bauersleute requiriert, um die Herrschaften zu amüsieren: Junge Knechte »müssen auf ungesattelten Pferden nach einer angebundenen und am Halse mit Baumöhl bestrichenen Gans rennen, um solcher den Hals abzureißen, da sie denn, weil die Pferde offt unter ihnen weglaufen, und die Hände vom Gänse-Halse abgehen, tapffer zur Erde fallen. [...] Die Bauern-Mägde müssen nach einer angezogenen [um eine aufgezogene] Machine lauffen, um solcher den Crantz abzureißen, und wenn sie denselben nicht erhalten, werden sie aus der unter dieser Machine stehenden Fontaine von unten herauf [unter die Röcke] starck bespritzt.«

Die Herren mit bestrumpften Waden und die Damen mit bepuderten Dekolletés lachen auf dem Land in schamloser Schadenfreude über Scherze, deren Plumpheit von den ›Directeurs des Plaisirs‹ angeordnet ist und zugleich bäuerlicher Derbheit zugeschrieben werden kann. Ohne Umschweife gesagt: Die eigene Primitivität wird fern vom Hof ausgelebt, indem man in wohlbedachter Inszenierung so tut, als käme man der Primitivität der Bauern auf dem Lande nahe.

Verglichen damit ging es bei einem Jagdausflug, den im Jahr 1696 Kurfürst Friedrich von Brandenburg, nachmalig König in Preußen, für August den Starken, Kurfürst von Sachsen und nachmalig König in Polen, hat ausrichten lassen, repräsentativ ›gesetzt‹ zu, jedenfalls in der Schilderung David Fassmanns: »Nach aufgehobener Tafel sahe man über hundert Bauer-Knechte und Mägde, welche gelbe, blaue, rothe und grüne Band-Schleiffen auf ihren Hüten und Mützen hatten, und nach ihrer Art auf das beste angekleidet waren, nach Bock-Pfeiffer und Bier-Fiedler-Music mit Tantzen und Springen sich lustig machen«, also sich zu amüsieren – zum ›Plaisir‹ des fürstlichen Zuschauers: »Über solchen Anstalten des Herrn Ober-Jägermeisters [...] hat die allergnädigste Herrschaft ein gantz besonderes Vergnügen bezeuget«.

Die ›Oberkeit‹

Dem tatsächlichen Alltag auf dem Land entsprachen solche ›Divertissements‹ nicht. Im wirklichen Leben ging es nicht um Zeitvertreib, sondern ums Arbeiten und ums Essen und darum, wie viel das eine für das andere abwarf. Das galt auch für diejenigen, die vom Altar lebten wie der Dorfpfarrer, dem Johann Michael von Loen bei einem Landausflug begegnete: »Er verstund aber den Ackerbau sehr wohl. Er zog vortrefliche Schweine und machte auch, wie man sagte, die besten Käse im gantzen Lande. Ich meynte hier die Unschuld des Land-Lebens und der alten Schäfer-Sitten anzutreffen, womit die Poeten meine Einbildung angefüllet hatten. Allein, die ehrlichen Leute wussten von dergleichen Grillen nichts; Ihre gantze Neigung gieng, sich zu mästen und gütlich zu thun.« Im Dorf indessen »war alles schmutzig, unsauber, fett und natürlich. Der Zwang und die Reinlichkeit beunruhigte niemand. Dem Gesind hiengen die Lumpen vom Leibe; theils hatten [sie] zerrissene Schuhe, theils gar keine, dann es waren weder Schneider noch Schumacher im Ort.«

In den Dörfern rund um Leipzig scheint es besser zugegangen zu sein, jedenfalls wenn man Heinrich Engelbert Schwarz glauben darf, Pfarrer in Großzschocher: »Das weltberühmte, nette und prächtige Leipzig, das vor ein rechtes irdisches Paradies und einen wahrhafften Sammel-Platz und Innbegriff aller Vortrefflichkeiten, Schönheiten und Raritäten […] von Einheimischen sowohl als Ausländern gehalten wird, ist unter andern auch darum merckwürdig, weil um dasselbe herum eine ungemeine Anzahl lustig angelegter, wohlgebaueter und nahrhafter Flecken und Dörfer anzutreffen.«

Der Herr von Kleinzschocher, einem anderen ›nahrhaften Fleck‹ bei Leipzig, durfte sich im Hochsommer 1742 darüber freuen, dass bei den Festlichkeiten zur Ankunft auf seinem Rittergut eine Kantate von Bach aufgeführt wurde, die sogenannte ›Bauernkantate‹ *Mehr hahn en neue Oberkeet* (BWV 212). Ihr süffiger Text stammt von Picander, unter seinem bürgerlichen Namen Henrici Steuereinnehmer in der Region und in dieser Rolle dem Dresdener Kammerherrn Carl Heinrich von Dieskau unterstellt, der neuen ›Oberkeit‹ von Kleinzschocher. Wie immer, wenn sich Städter und Höflinge über das Bauernleben und -lieben auslassen, geht es derb und drastisch zu: »Ach, es schmeckt doch gar zu gut, / wenn ein Paar recht freundlich tut, / ei, da braust es in dem Ranzen, / als wenn eitel Flöh und Wanzen / und ein tolles Wespenheer / miteinander zänkisch wär.« Das Bauernweib Mieke und der von ihr lachend als Bärenhäuter vom Leib gehaltene Bauer treiben zum Vergnügen des herrschaftlichen Publikums ihr Spiel miteinander, wie es auch die Musikinstrumente tun. Die Frivolität, wenn man es denn so sagen will, bleibt allerdings den Instrumenten vorbehalten, die Bauersleute wären dazu gar nicht fähig. So wenig, wie auf tatsächlichen Bauernfesten die höfische Traversflöte zu hören war, die Bach in einer Arie der Mieke erklingen lässt, als tanze die Bäuerin ein höfisches Menuett.

Picanders sinnlicher Text bietet weder Frivolitäten noch fein gesponnene Ironie, dafür jedoch offenen Sarkasmus. Das unterscheidet ihn von der gravitätischen Dichtkunst eines Brockes. Bei Picander bricht die Wirklichkeit ins Lied, wenn auch nur als poltrige Spaßmacherei, nicht etwa als ›Sozialkritik‹. So bittet der Bärenhäuter-Bass den Schösser, den bauernbedrückenden Bösewicht im Figurenbestand der Kantate: »Ach, Herr Schösser, geht nicht gar zu schlimm / mit uns armen Bauersleuten üm, / schont nur unsrer Haut, / freßt ihr gleich das Kraut / wie die Raupen bis zum kahlen Strunk, / habt nur genung.« Die Sopran-Mieke setzt ihm den ›lieben Kammerherrn‹ entgegen, denn der »ist ein kumpabler Mann«. Und beide sind sich einig: »Er hilft uns allen, alt und jung, / und dir ins Ohr gesprochen, / ist unser Dorf nicht gut genung / letzt bei der Werbung durchgekrochen? / Ich weiß wohl noch ein besser Spiel, / der Herr gilt bei der Steuer viel.« Will sagen, er kann die Dörfler vor übermäßiger Behelligung durch Steuereinnehmer und Soldatenwerber schützen, zwei der Hauptsorgen des ›Landmannes‹ und seiner Frau im Verhältnis zur Obrigkeit.

Herr von Dieskau bekleidete in der Residenz Dresden verschiedene Ämter, darunter zeitweilig das des ›Directors der Königl. Capell- und Cammer-Musik‹ und das des ›Directeurs des Plaisirs‹. Ob er wirklich so ein »kumpabler Mann« war, wie Picander es der Mieke in den Mund legte, könnte man nur von den wirklichen Untertanen erfahren. Die aber galten als störrisch und wenig auskunftsbereit, besonders wenn es darum ging, alte Rechte zu verteidigen. Der »Bauer ist so hartnäckig und heimtückisch«, heißt es in einem anonymen Bericht von 1711, »dass, wenn er von seiner Herrschaft gefragt wird, wie es vormahls in diesem und jenem gehalten worden, nichts aus ihm zu bringen ist, sondern verschweiget alles aus Eigennutz [...]. Weil aber ein einzelner nicht viel ausrichten kann, so hängen sie sich aneinander, wie Krötengeröcke, oder wie die Schweine wider den Wolf«.

Der bäuerliche Interessenkampf war seit Jahrhunderten fast immer defensiv orientiert. Selbst wenn zu den Waffen gegriffen wurde und Dorfrebellionen sich zu regionalen Aufständen entwickelten wie 1705 in Bayern, 1717 im Kreis Cottbus, 1720 im preußischen Minden und in Brandenburg oder in den 1720er und 1730er Jahren im Schwarzwald, ging es um die Verteidigung alter Rechte oder um die Wiederherstellung idealer Zustände, die es in der geschichtlichen Wirklichkeit nie gegeben hatte. Das bäuerliche Utopia lag stets in der Vergangenheit.

Die Berufung aufs Herkommen bildete die gewohnheitsrechtliche Barriere gegen neu eingeforderte Dienste für die Herrschaft sowie gegen steigende Abgaben an diese Herrschaft. Das weiß auch der anonyme Berichterstatter, trotz seiner unverhüllten Verachtung: »Über dem alten Herkommen, es mag recht oder unrecht seyn, viel oder wenig anbetreffen, halten sie steiffer als über Glaubens-Artickeln.« Die stadtbürgerlichen Aufklärer indessen wollten die Situation auf dem Land verbessern, ohne sie zu verändern. Mit ihren Zeitschriftenaufsätzen, didaktischen Romanen und lehrhaften Gedichten strebten sie danach, die Gewalt in den Machtbeziehungen durch eine Milderung des Führungsstils der Machthaber zurückzudrängen. Leutseligkeit aufseiten der Herrschaft sollte die Gehorsamsbereitschaft der Untertanen befördern. In der von Gottsched herausgegebenen Zeitschrift *Der Biedermann* beispielsweise wird über einen gutsbesitzenden Freund des fingierten Herausgebers Ernst Wahrlieb (!) Biedermann gesagt: »Seine Knechte fürchteten ihn aus Liebe und lassen sich durch einen sauren Blick besser regieren, als wenn er allezeit mit Schlägen hinter ihnen her wäre.« So stellten aufklärerische Professoren und Publizisten sich das vor – beziehungsweise: So hätten sie es gern gehabt. Auch der Graf in Christian Fürchtegott Gellerts Roman *Leben der schwedischen Gräfin von G*** wird als ein Mann geschildert, für den sich Knechte und Bediente aus lauter Liebe die Beine ausreißen.

Es sind dies Wunschträume bürgerlicher Städter. Die adligen Rittergutsbesitzer, die tatsächlich auf dem Land lebten, wussten aus Generationen währender Herrenerfahrung, dass es mehr Eindruck macht, mit der Reitpeitsche an die Stiefelschäfte zu schlagen – oder auf die Rücken der Bauern, wenn es nicht anders ging. Und auch ihr eigenes Tun verlief keineswegs so, wie von Gellert phantasiert: Der Graf »arbeitete, sobald er sich geschickt zur Arbeit fühlete, und arbeitete so lange fort, als er sich in dieser Verfassung merkte. Allein er ließ auch von seinen Verrichtungen nach, sobald er keine Lust mehr dazu verspürete. Daher war er stets munter, weil er sich niemals zu sehr ermüdete, und hatte stets Zeit zu den Vergnügungen übrig, weil er die Zeit niemals mit vergebnen Bemühungen zu arbeiten, verschwendete.« Von seinen Verrichtungen abzulassen, sobald man keine Lust mehr dazu verspürt, ist unter den Bedingungen aristokratischer Herrschafts- wie bürgerlicher Erwerbsarbeit nur in Romanen möglich.

In der Literatur war der ›Landmann‹ seit jeher eine Projektionsfigur städtischer Bedürfnisse, auf den Gütern der Wirklichkeit lebte er wie eine Art höheres Arbeitstier, leibeigen und ›an die Scholle gebunden‹. Und selbst diese ›Scholle‹ wurde ihm buchstäblich unter den Füßen weggezogen. Seit den Tagen des Bundschuh im ersten Viertel des 16. Jahrhunderts hatte das Bauernlegen nicht aufgehört, die zähe und ausdauernde Aneignung bäuerlichen Landes, um es herrschaftlichen Gütern zuzuschlagen und den enteigneten Besteller dieses Landes als nun völlig rechtlosen Knecht gleich mit.

In Preußen wurde dieses Bauernlegen seit 1709 mit königlichen Kabinettsverordnungen bekämpft, nicht zuletzt deshalb, weil der Aufbau der militärischen Infrastruktur auf geordnete Rekrutierung unter den Bauern und auf Sach- und Transportleistungen durch Bauern auf eigenem Boden angewiesen war. Die Politik aus dem Kabinett heraus hatte nur teilweise Erfolg, denn die Güter waren weit und des Königs Arm war kurz. Und wenn er gelegentlich doch weit genug reichte, verhinderte der Aufbau der militärischen Infrastruktur, der die Maßnahme erforderlich machte, zugleich deren konsequente Umsetzung. Wie man die Bauern und ihre Söhne für die Mannschaften brauchte, so brauchte man die adligen Gutsbesitzer und ihre Söhne für das Offizierskorps. Allzu empfindlich durften die Behörden des nach Zentralisierung strebenden Königsstaats die Interessen der Adelselite nicht verletzen.

Das Bauernlegen vergrößerte das Land des Gutsbesitzers, was wiederum den Frondruck zur Bewirtschaftung dieses Landes erhöhte. Kein Wunder, dass die Gutsbesitzer versuchten, die Arbeitsleistungen ihrer Untertanen zu steigern; und ebenfalls kein Wunder, dass die Untertanen versuchten, diese Steigerung irgendwie ›rechtlich‹ zu verhindern oder sich ihr in kalter Subversion zu entziehen. Dies war der soziale Grund für die berüchtigte bäuerische Störrischkeit. Und diese wiederum wurde zum ökonomischen Grund für die Tendenz, die Fronarbeit durch Tagelöhnerei zu ersetzen und den immerhin auch noch für sich selbst arbeitenden Kleinbauern zum völlig besitzlosen Arbeiter auf dem Gut des Herrn zu machen. Der Elementarkonflikt zwischen dem Interesse des Edelmannes an der

Bewirtschaftung seines Landes und dem der Bauern an der Bewirtschaftung des ihren wurde beseitigt, indem der bäuerliche Besitz beseitigt und der Bauer selbst in einen Landarbeiter verwandelt wurde.

Ebenso verbissen wie der Kampf um Grund und Boden wurde der Kampf um die Leute geführt. Der Soldatenkönig versuchte schon in den ersten Jahren seiner Herrschaft, die Leibeigenschaft zurückzudrängen und nach und nach ganz abzuschaffen, jedenfalls auf den Domänen, den Gütern der Krone. Die Krongüter machten nur ein Drittel des landwirtschaftlich bewirtschafteten Bodens aus. Aber selbst dort fand die ›Abschaffung der Leibeigenschaft‹ mehr auf dem Papier als auf dem Acker statt. Die Leibeigenschaft und die Erbuntertänigkeit als deren gemilderte Form hielten sich in ganz Europa bis weit ins späte 18. Jahrhundert, mitunter bis zur Mitte des 19. Jahrhunderts*.

Warnung vor Lips Tullian

In einer der gereimten Fabeln, mit denen sich Christian Fürchtegott Gellert beim Lesepublikum so beliebt machte, geht es um einen am Fieber sterbenden Wachhund. Die erste Strophe: »Phylax, der so manche Nacht / Haus und Hof getreu bewacht, / Und oft ganzen Diebesbanden / Durch sein Bellen widerstanden; / Phylax, dem Lips Tullian, / Der doch gut zu stehlen wußte, / Selber zweimal weichen musste; / Diesen fiel ein Fieber an.«

Räuberhauptmann Lips Tullian war schon zu Lebzeiten sprichwörtlich und so legendär, dass man außer Legenden nicht viel über ihn wusste, nicht einmal, ob der Name Philipp Mengstein, den er sich in der Festungshaft zulegte, sein richtiger war. Die Haft, die Verhöre, sein Schuldeingeständnis und seine Enthauptung in Dresden, ein Spektakel in Anwesenheit Augusts des Starken, sind allerdings in einem anonym erschienenen, fünfhundert Seiten star-

---

* In Russland als europäischem ›Spätentwickler‹ wurde sie erst 1861 gesetzlich beendet.

ken Buch gut dokumentiert. Es muss zeitnah von jemandem mit Aktenzugang verfasst worden sein: *Des bekannten Diebes/ Mörders und Räubers Lips Tullians und seiner Complizen Leben und Übelthaten. Dabey Gottes sonderbahre Schickung erhellet, als vor der Königl. Comission Neun Personen ohne Tortur, ihre begangenen Missethaten gütlich bekannt haben, ohnerachtet ihrer Viere davon zu anderen Zeiten die Tortur zu 3. und 4. mahlen ausgestanden und die Wahrheit halßstarriger Weise verhalten. Und von solchen Fünffe am 8. Mart. 1715 durch das Schwerd vom Leben zum Tode gestraffet, und ihre Cörper auf 5. Räder geflochten worden; [...] Alles aus denen Judicial-Actis mit Fleiß extrahiret.* Darin heißt es: Da »dem lieben Sachsen-Lande« um die Wende vom 17. zum 18. Jahrhundert »Pestilenz, Krieg, Mißwachs und Theuerung, grosse Feuer-Wind-Wetter- und Wasser-Schaden ausstehen, auch sonsten grosse Auflagen ertragen müssen, ist auch vor eine fatalität mitgerechnet worden, daß sich viele böse Leute, theils einheimische, theils frembde gefunden, welche die armen Einwohner mit Rauben, Stehlen, so wohl bey Tages- als Nachts-Zeit, vielfältig beunruhiget, betrübet und um das Ihrige gebracht haben.«

Die Banden rekrutierten sich zum großen Teil aus städtischen Armen und Tagelöhnern sowie aus ›abgedankten‹ oder desertierten Soldaten wie Lips Tullian, fahrenden Gesellen ohne Familienbindung und entlaufenen jungen Bauern, die mit ihren Herren in Konflikt geraten waren oder der Einziehung zur Armee ausweichen wollten. Diese Banden waren – soziologisch gesprochen – ›Sozialverbände‹, allerdings solche von fragiler Struktur, mit hoher Fluktuation und dauernd wechselnder Rangordnung. Berühmt und zugleich besonders gefürchtet wurden diejenigen, die es unter der Führung einer kleinen Gruppe um ein ›charismatisches‹ Oberhaupt zu einer gewissen inneren Stabilität brachten. Voraussetzungen dafür waren die Zähmung der Konkurrenz zwischen den Unterhauptleuten, das Herausbilden von stabilen Loyalitätsbeziehungen und überhaupt das Entwickeln einer Binnenethik. Diese Binnenethik musste anschlussfähig sein an die Gerechtigkeitsgefühle und Moralvorstellungen von Menschen in der Region, in der die jeweilige Bande ihr Wesen und Unwesen trieb. Die ›Anschlussfähigkeit‹ wiederum hatte viel zu tun mit Familienbeziehungen, kleinteiligen Interessen und Einzelvorteilen, jedoch wenig, das heißt in den meisten

Fällen überhaupt nichts mit Sozialrebellentum. Robin-Hood-Legenden, denen zufolge den Reichen genommen wird, um den Armen zu geben, gehören hübsch erzählten Sagenwelten an, nicht der schmutzigen Wirklichkeit.

Gleichwohl konnte eine Bande ohne halbwegs verlässliche Verbindungen zu nicht oder gerade noch nicht kriminellen Leuten im unmittelbaren Aktionsradius auf Dauer nicht bestehen. Und auch mit diesen Kontakten waren sogar schon solche Banden selten, die zwei, drei Jahre halbwegs stabil blieben. Wichtige Verbindungen in die legale Welt waren diejenigen zu den Hehlern und zu den Gastwirten. Diebes- und Raubgut, das nicht verkauft werden kann, ist wertlos und lohnt das Risiko der Delinquenz nicht. Diebe und Räuber, die sich nicht versammeln können, etwa in den Wirtshäusern an den Poststraßen, sind unfähig zu geplanten Beutezügen.

Geordnete Raubgemeinschaften bedeuteten für die Bürger in den Städten, für die besitzenden Bauern auf dem Land und für den Adel auf den Gütern eine viel größere Gefahr als individuelle Einzeltäter oder Kleingruppen, die sich nur für einen Beutezug zusammentaten. Für die Fürstenstaaten, ohnehin um Festigkeit, Dauer, Sicherheit und Ordnung kämpfend, waren sie eine elementare, die Grundfesten dieser Staaten erschütternde Bedrohung. Indem die organisierte Straßenräuberei einzelne Reisende angriff oder ganze Kaufmannszüge aufbrachte, gefährdeten sie zugleich in grundsätzlicher Weise die Sicherheit der Handelswege und damit die Infrastruktur einer Region. Dieser Gefährdung Herr zu werden war eine Überlebensnotwendigkeit der Territorialstaaten. »Die hohen Collegia«, heißt es zur Zeit der Raubtaten von Tullians Bande, waren »gar sehr besorget, und um alle zulängliche Anstalt wider dieses […] Unheil bemühet. Der gemeine Mann in der Stadt und auff dem Lande trug sich damit und waren ihre Worte: Was will daraus werden? Wenn in Friedens-Zeiten dergleichen Dinge in der Residentz-Vestungs-Stadt und Vor-Stadt geschehen, was kan zu unruhigen Zeiten und auff dem Lande man sich erst vor grösseres Unglücks promittiren?«.

Lips Tullian wurde nach seiner Festnahme der geregelten Verhörfolter unterzogen und nach einem mutmaßlichen Versuch, aus der Festungshaft zu fliehen, wurden ihm »auf besonderen allergnädigsten Befehl [also von August dem Starken] die Hände auf den Rücken geschlossen [...] und derselbe gantzer 26 Tage also geschlossen liegen und zugleich die schwere Bau-Fessel an Halß, Hand und Füssen erdulden müssen, darüber ihm [...] die Arme gantz verschwollen und endlich aufgesprungen, daß eine gelblichte Materie Tropffenweise heraus gequollen«.

Als ein Vierteljahrhundert nach der Hinrichtung Lips Tullians in Sachsen in Brandenburg-Preußen der Philosophenkönig die Herrschaft erbte und mit einer seiner ersten Kabinettsverordnungen die Tortur in den preußischen Staaten zu reformieren suchte, nahm er die bandenmäßig organisierten Straßenräuber explizit vom Schutz vor der Folter aus. In diesen Fällen, in denen es darum ging, die Namen von Komplizen ›herauszubringen‹, wollte auch der junge Friedrich das ›rechtliche Zwangsmittel‹* den Untersuchungsrichtern und Henkersknechten nicht aus der Hand nehmen, trotz seiner von den Aufklärern bewunderten fürstlichen Neigung zur Humanität. Erst Mitte der 1750er Jahre ordnete der König an, die Tortur auch bei diesen Inquisiten zu vermeiden und überführte Raubmörder notfalls ohne Geständnis hinzurichten. Erst der Verzicht auf das Geständnis als conditio sine qua non der Abstrafung machte das Zurückdrängen der traditionellen Folter im Strafprozess möglich. Dieser Verzicht wiederum hatte zur Voraussetzung die Entkoppelung von irdischer Strafe und jenseitiger Verdammung. Das Geständnis des Verbrechers im Diesseits wurde nicht länger als Voraussetzung für das Erlangen von dessen Seelenheil im Jenseits betrachtet.

Das Zurückdrängen der Tortur bedeutete nicht ihre ›Abschaffung‹. Hartnäckig leugnenden Tatverdächtigen und solchen, die ihre Komplizen verhehlten, wurde bei scharfen Verhören mit der ›Lügenstrafe‹ gedroht, de facto eine Folterung durch Prügel, auch wenn sie nicht mehr als solche bezeichnet wurde.

Wenn die Gefährdung übergroß ist (oder so erscheint), führt das immer und ausnahmslos zur Relativierung ethischer Maßstäbe. Daran hat auch die seit dem späten 18. Jahrhundert entwickelte Kultur der Menschenrechte nichts geändert, wie bis in unsere Gegenwart

---

* Zur frühaufklärerischen Kritik an diesem ›rechtlichen Zwangsmittel‹ der Abschnitt über Christian Thomasius im nächsten Kapitel.

jedes Mal neu zu erfahren ist, wenn besonders schlimme Anschläge bewältigt werden müssen.

Für die Obrigkeit auf dem Land verschärfte sich die Sicherheitslage dadurch, dass nicht immer klar zwischen Bettlern und Straßenräubern unterschieden werden konnte. Paul Jacob Maperger in *Wohlmeynende Gedancken über die Versorgung der Armen* von 1733: Es sei »von einigen solcher Bettler, die es mit Räuber-Banden gehalten, auch denenselben [...] Kundschafft zu gebracht, viel böses ausgerichtet worden, dem Lande auch, wo viel solcher Strassen-Bettler liegen, wenig Ehre dadurch zuwächst. [...] Nebst diesen findet sich hernach noch eine andere Art öffentlicher Land-Strassen-Bettler, welche frisch und gesund, zu Fuß oder Pferd, auch wohl mit Gewehr versehen, von denen Vorbeyreisenden eine so genannte Reuter-Zehrung (anfänglich etwas mit guten und wann solche nicht nach ihrem Willen gegeben wird, mit Ungestümm, auch wohl, wo sie Meister über die Passagier seyn, mit Gewalt) fordern, wo sie ihnen anders nicht gar alles, was sie bey sich haben, abnehmen und rauben.«

Wo geraubt und gemordet wird, muss auch gestraft und hingerichtet werden. Frühaufklärer wie Christian Wolff teilten mit Universitätsjuristen und Richtern die Vorstellung, dass Abschreckung durch unmittelbare Anschauung am besten wirke. In § 352 der *Vernünfftigen Gedancken Von dem Gesellschafftlichen Leben der Menschen** betont Wolff, es sei »nötig, daß das Gerichte [der Richtplatz] an einer öffentlichen Land-Straße lieget, und zwar an derjenigen, wo die meisten Reisenden passieren, damit desto mehr Gelegenheit ist an die Strafen zu gedenken, welche auf die Übeltaten gesetzet werden. Hierzu kommt ferner noch dieses, daß die Leichname der Übeltäter, welche über der Erde bleiben, mit der Zeit eine sehr häßliche Gestalt gewinnen und dadurch denen Vorüberreisenden einen entsetzlichen Anblick machen, wodurch die Furcht vor dergleichen Strafe und folgends der Haß gegen die Laster, darauf sie gesetzt sind, vergrößert wird.«

›Criminalpolitik‹ kann Sozialpolitik nicht ersetzen, auch wenn das in der Konsolidierungsphase des frühmodernen Staates in na-

---

* Mehr dazu im Abschnitt über Wolff im nächsten Kapitel.

hezu allen Landesherrlichkeiten versucht wurde. Massendelinquenz lässt sich nicht einhegen oder gar auflösen, indem die Zahl der Abstrafungen und die Intensität der Abschreckung ins Maßlose gesteigert werden. Ein ›Schlitzohr‹, dem der Henker eine Kerbe in die Ohrmuschel geschnitten oder ein Brandmal auf die Wange gedrückt hat, mag andere Leute erschrecken, aber gerade weil er die Leute erschreckt, ist eine Rückkehr ins normale Leben nicht mehr möglich. Der mit der Strafe körperlich verletzte und symbolisch Gezeichnete bleibt in der Delinquenz gebannt. Da helfen weder die Eskalation der Abschreckung durch immer schärfere Strafen noch das Predigen und Ermahnen in immer schärferem Ton.

Knappheit erzeugt Knappheit, und Not bringt noch mehr Not hervor. Verarmte und Unversorgte bedrücken mit ihrer Armut und Unversorgtheit diejenigen, die nur um ein weniges mehr haben als sie selbst. Vor allem in den beiden Kriegs- und Krisenjahrzehnten zu Anfang des Jahrhunderts fühlten sich die Menschen auf dem Land von vagierenden Hilfesuchenden bedrängt. Bei Marperger wird das an der Schilderung sogenannter ›Krüppelfuhren‹ deutlich: »Nicht allein aber seynd die Städte mit […] Krüppel-Volck beschweret, sondern das Land- und Bauer-Volck und die Dörffer empfinden auch das Ihrige, indem solche gebrechliche Landstreicher mit eigener Fuhr, in einem Pferd und Karre bestehend, oder von andern auf Schubkarren geführet, von einem Dorff zum andern ziehen und Allmosens Contribution dem Bauren (der offt selbst nicht viel Brodt im Hauß hat) abfordern«. Marperger erwähnt auch die »Land-Strassen-Bettler […] die an öffentlichen Wegen und Land-Strassen, auch wohl in Wäldern, wo solche Strassen durchgehen, sitzen, kleine Hütten von Holtz-Reisig und Leimen aufschlagen, in welchen sie sich vor den Regen verbergen können, da sie immittelst in denen nechsten Dörffern zu Hauß gehören und nur ihre Bettel-Stellen des Tages über, auf offenen Heer-Strassen aufgeschlagen, ihre Netze daselbst auszuwerfen, ob sie von denen vorbey Reisenden etliche Groschen zu ihrem Unterhalt fischen möchten«.

5. Fortschritte

∞

Thomasius greift die Folter an –
Leibniz rechnet – Wolff macht sich
Vernünfftige Gedancken über Gott
und die Welt – Ein Zeitsprung –
Böttger muss das Porzellan erfinden –
Zedler verlegt ein Lexikon –
Ehrenrettung für Gottsched oder
Der aussichtslose Kampf gegen Hans Wurst –
Süßmilch treibt Statistik –
Haller seziert Leichen –
Dorothea Erxleben darf promovieren

Thomasius greift die Folter an

Die Tortur macht Hexen, und je mehr gefoltert wird, desto verbreiteter ist die Zauberei. 1694 schrieb Leibniz in einem Brief an Kurfürstin Sophie über das zu Ende gehende Jahrhundert: »Man wurde für einen Hexer gehalten, wenn man die Berichte, die über Hexerei ausgesprengt wurden, nicht glaubte. Und das genügte, um einen Menschen der Folter zu unterwerfen. Gott sei Dank fängt die Welt an, klüger zu werden. Es ist an der Zeit, da sie schon so alt ist.« Aber die Welt musste noch älter werden, bis sie den Hexenglauben völlig überwand. Die Zauberbesen schwirrten noch während des gesamten Jahrhunderts der Aufklärung durch die vom Gedanken an die Teufelsbuhlschaft erhitzten Gehirne der Zeitgenossen. Im Jahr 1701 wurde in der Uckermark ein fünfzehnjähriges Mädchen wegen Unzucht mit dem Leibhaftigen enthauptet, im Jahr 1793 verbrannten in Posen zwei alte Mütterchen auf dem Scheiterhaufen. In der Mitte des Jahrhunderts, im vorletzten Lebensjahr Bachs, geriet die siebzigjährige Ordensschwester Maria Renata Singer von Mossau im Hochstift Würzburg in den Verdacht der Teufelsbuhlerei, Hexerei, Zauberei und Mäusemacherei. Eines der Lehrbücher des renommierten Rechtswissenschaftlers Johann Gottlieb Heineccius, der Professuren an den Universitäten in Halle und Frankfurt an der Oder innehatte, fasst die Rechtslage zusammen: »Zauberer, die durch Gemurmel und Zauberformeln Schaden angerichtet haben, werden mit dem Schwerte hingerichtet, diejenigen aber, die ausdrücklich ein Bündnis mit dem Teufel eingegangen sind, werden lebendig verbrannt.«

Die arme Maria Renata, krank, gebrochen und geständig, wurde nach geltendem Recht und herrschender Regel zum Tod auf dem Scheiterhaufen verurteilt, das Urteil jedoch zur Enthauptung abgewandelt. Am 21. Juni 1749 trug man die alte, verwirrte Frau in einem hölzernen Stuhl auf den Richtplatz, schlug ihr den Kopf ab und verbrannte den Leichnam.

Die ehemalige Superiorin ihres Klosters war mit auslaugenden Verhören zum Geständnis gebracht worden, nicht durch die Folter. Die blieb ihr als Aristokratin erspart. In Zedlers *Universal Lexicon* heißt es, »weil die Tortur an sich selbst ein ehrenloses Wesen ist, dessentwegen ist der Herren-, der Ritter- und Adel-Stand [...] davon befreyet.« Das gilt auch für »Doctores und Licentiaten«.

Wer über die Tortur promoviert hat, kann ihr nicht unterworfen werden. Eine dieser Doktorarbeiten trägt den Titel *Disputatio Inauguralis Juridica De Tortura Ex Foris Christianorum Proscribenda* (sinngemäß: *Über die Verbannung der Folter aus der christlichen Justiz*), wurde 1705 in Halle gedruckt und auf dem Titelblatt mit dem Namen Christian Thomasius verziert. Der viel bewunderte und viel befehdete Rechts- und Moralphilosoph war jedoch nicht der Verfasser, sondern saß der Prüfung als ›Präses‹ vor, hatte also die Funktion eines ›Doktorvaters‹. Die in der Schrift entwickelten Thesen gaben jedoch im Großen und Ganzen seine Lehrmeinung wieder. Das betrifft vor allem die Unterscheidung zwischen Religion und Recht: Die staatliche Gesetzgebung hat unabhängig von religiösen Glaubenssätzen zu erfolgen. Diese Lehre ist aber deshalb noch lange nicht ›unchristlich‹. Das musste betont werden. Der Vorwurf der ›Unchristlichkeit‹ oder gar des ›Atheismus‹ war gefährlich, ein Totschlagargument im Wortsinn, das zu Anklagen durch die geistlichen Aufsichtsbehörden und zur Strafverfolgung durch die staatlichen Gerichte führen konnte.

Thomasius hat die denunziatorische ›Atheistenmacherey‹ immer wieder beklagt. Noch zwei Jahrzehnte nach der *Disputatio* lugt eine diesbezügliche Sorge aus dem Titel seiner Schrift *Vernünfftige und Christliche, aber nicht Scheinheilige Thomasische Gedancken und Erinnerungen über allerhand Gemischte Philosophische und Juristische Händel*. Es war dies der fünfte Teil einer Schriftenserie, die als *Ernsthaffte aber doch Muntere und Vernünfftige Gedancken über allerhand Auserlesene und Juristische Händel* firmierte. Auf die Titeländerung weist Thomasius in der Vorrede eigens hin, um »den Unterschied zwischen einer vernünfftigen und Christlichen Frömmigkeit und einer unvernünfftigen Scheinheiligkeit« zu betonen. Gegen Ende der

Vorrede schließlich spricht er davon, »wie brutal der gemeine [ge-wöhnliche] Hexen-Process sey« und wie man durch »unerträgliche Pein und Marter die Inquisiten dahin gebracht, solche Thaten zu be-kennen, die nimmermehr geschehen, auch nach gesunder Vernunfft nicht geschehen können.«

Eben deshalb ist die Folter als Instrument der Wahrheitsfindung ungeeignet. Der Schmerz kann Unschuldigen Geständnisse abpres-sen, Schuldige jedoch, die ihm widerstehen, können sich der ver-dienten Strafe entziehen. Dieser Einwand gegen die Effektivität, das Hauptargument der Foltergegner, war seit Langem geläufig, auch unter den Befürwortern der Tortur. Die Gegner führten weitere Ar-gumente, darunter auch ethische, für die Abschaffung ins Feld. Die Befürworter schlugen Vollzugsregeln vor, die den Missbrauch der Folter einschränken und ihre Effektivität erweitern sollten.

Zedlers *Universal Lexicon* steht auf der Seite der Befürwor-ter: Die Tortur sei »eine dem gemeinen Besten sehr nützliche, ja nothwendige Sache: Denn wenn die Bösewichter wissen sollten, daß sie im Fall nicht zu erlangender Ueberweisung [Überführung], welche vielmahl gar schwerlich zu erhalten, anderer Gestalt zu Er-haltung der Wahrheit nicht gepeiniget werden könnten, sondern als unschuldig entlassen werden müßten, würde die Welt mit unzähl-baren Bösewichtern und Uebelthätern, dem gemeinen Besten zum höchsten Nachtheil angefüllet werden.« Und weiter: »Der Nutzen, so aus dem bisherigen Gebrauch der Tortur dem gemeinen Wesen erwachsen, bedarf keines schweren Beweises, weil derselbe bloß zu dem Ende bei uns angenommen worden, damit der Verbrecher zum Bekenntnis gebracht und zur Strafe gezogen, folglich die Republik von unnützen Mitgliedern gesäubert werde. Da nun dieser End-zweck durch gütliche Mittel nicht allemal erhalten werden kann, gleichwohl noch zur Zeit kein besseres Mittel ausfündig gemacht worden: So entstehet hieraus zugleich die Notwendigkeit dieses dem gemeinen Wesen so heilsamen Mittels der Tortur.«

Gleichwohl hätten bei und besonders vor der Anwendung der Folter Bedacht und Augenmaß zu walten. Ein Inquisit solle nur für Taten peinlich befragt werden, für die es Zeugen oder Indizien oder ausreichende Verdachtsmomente gebe, was immer das ›ausrei-chend‹ in der Praxis bedeuten mochte. Doch wird selbst das noch eingeschränkt, »es wären denn verleumdte übel beschryene ärgerliche und landkündige [stadt- und landbekannte] Mörder, Banditen, Strassen-Räuber, so sich an solchen Orten aufgehalten, alwo verschiedene Uebelthaten begangen worden. Denn dergleichen Leute sind aus Bekenntnis einer Strassenräuberey, auch wegen anderer an solchen Orten vorgegangenen Todschläge und Raubereyen bezüchtiget, also daß man sich zu ihnen mehrerer geschehener Mordthaten wohl versehen kan.«

Dieser Lexikonartikel wurde Jahrzehnte nach dem rechtsreformerischen Engagement des Thomasius verfasst, der im Übrigen nicht der Einzige war, der sich mit juristischen, psychologischen und ethischen Argumenten für die Abschaffung der Folter einsetzte. Die soziale Seite wiederum blieb von der aufklärerischen Kritik eigenartig unbeleuchtet. Die Tortur als ›rechtliches Zwangsmittel‹, das Wahrheitswerkzeug der Justiz sein will, nicht Instrument sadistischer Willkür, benötigt Institutionen, Ämter, Orte und Handlanger. Ihre Anwendung setzt eine Art ›Kultur der Folter‹ voraus, ganz ähnlich, wie die Todesstrafe eine ›Kultur der Todesstrafe‹ voraussetzt, die wiederum Ausstrahlung hat auf die ethische Gesamtverfassung einer Gesellschaft. Deshalb greift das bloß instrumentell motivierte Zurückdrängen der Folter ethisch zu kurz. Die *Criminal-Ordnung vor die Chur- und Neumarck* von 1717 beispielsweise schränkte die Folter ein, indem sie das Geständnis als Voraussetzung der Strafe entwertete*: Bei zwei Zeugen und einem Corpus delicti konnte ihr zufolge der Delinquent auch ohne Geständnis als überführt gelten. Diese Einschränkung, obgleich ein Schritt hin auf spätere Reformen, war weit entfernt von dem menschenrechtlichen Grundsatz: ›Im Zweifel für den Angeklagten‹.

Der ›Frühaufklärer‹ Thomasius hat die Reformunwilligkeit und Reformunfähigkeit der Justiz seiner Zeit mit Schärfe angeprangert. In der Schrift *Vernünfftige und Christliche, aber nicht Scheinheilige Thomasische Gedancken* geht es ihm auch darum, »denen, die sich annoch feste bereden, daß das höchstverderbte Justiz-Wesen

---

* Über die Funktion des Geständnisses im Strafprozess die Passage über die ›Abschaffung‹ der Folter durch Friedrich den Großen im Jahr 1740 im Abschnitt »Warnung vor Lips Tullian« im 4. Kapitel.

gar leichte zu heben sey, etwan die Augen [zu] eröffnen«. Es ist im Rechts- wie im gesamten Gemeinwesen: Die Beharrungskräfte sind so stark, dass es der Krisen bedarf, um sie zu schwächen. Die ›Vorurteile‹ be- und verhindern das Nachdenken, und es fehlt an der ›Einbildungskraft‹, sich andere, neuere, bessere Verhältnisse vorzustellen. ›Vorurteil‹ und ›Einbildungskraft‹ sind Wortprägungen von Thomasius. Er verwendete sie in seinen deutschen Universitätsvorlesungen, deren erste er 1687 zum Verdruss seiner lateinisch dozierenden Kollegen ankündigte: »Christian Thomasius eröffnet der Studirenden Jugend zu Leipzig in einem Discours, welcher Gestalt man denen Frantzosen im gemeinen Leben und Wandel nachahmen solle«. Der Legende nach erfolgte der Anschlag am Schwarzen Brett der Leipziger Universität am 31. Oktober, in Erinnerung an Luthers ebenfalls legendenhaften Anschlag an einer Wittenberger Kirchentür auf den Tag genau 170 Jahre zuvor.

Nach der Gründung der Universität Halle 1694 durch Kurfürst Friedrich von Brandenburg, den späteren König in Preußen, an der Thomasius beteiligt war, hielt er Rechtsvorlesungen in deutscher Sprache. Der Professor fiel ziemlich aus dem Rahmen, sehr absichtlich mit viel Vergnügen, und zwar sowohl was seinen wissenschaftlichen Habitus als auch was sein wissenschaftliches Habit betraf. Er zeigte sich lieber in bestickten Westen als im Talar und verbarg nicht, dass hinter seiner Stirn keine Lehrsätze gravitätisch einherschritten, sondern die Gedanken tanzten. Auf viele ältere Professoren wirkte er abstoßend, auf viele junge Studenten anziehend. Er lockte sie im Dutzend von der Traditionsuniversität Leipzig nach Halle. Im Jahr 1700 hat der zwanzigjährige Hamburger Barthold Heinrich Brockes Vorlesungen bei ihm besucht, und im Februar 1702 immatrikulierte sich der noch nicht ganz siebzehnjährige Hallenser Händel an der Universität seiner Vaterstadt, bevor er wenige Wochen später als Organist der Domkirche bestallt wurde.

Die neue Universität konnte ihre Stellung bis in die 1730er Jahre ausbauen, als an die 1200 Studenten dort eingeschrieben waren. Erst die hannoversche Gründung in Göttingen 1737 ließ ihren Ruf verblassen. Bis dahin lag Halle nur einen Buchstaben entfernt von der Hölle, jedenfalls für die orthodoxen Lutheraner, derzufolge

Studenten, die nach Halle gingen, als Pietisten oder Atheisten zurückkamen*.

Das waren Vorurteile, aber erfahrungsgesättigte. Die Orthodoxie spürte, was dort heranreifte, auch wenn nicht jeder thomasische Gedanke in jedem Studentenkopf Früchte trug. Allein schon die Absicht des streitlustigen Denkers, der so gar nicht dem gewohnten professoralen Rollenmodell entsprach, das Licht der Vernunft nicht länger unter den Scheffel der Tradition zu stellen, reizte die Vertreter des geistigen Herkommens zu Widerspruch und sogar zur Denunziation. Zu diesen Vertretern gehörten die Theologen, aber auch etliche Philosophen, die den respektlosen Umgang des Thomasius mit der jahrhundertelang unangefochtenen Autorität des Aristoteles für eine akademische Nichtswürdigkeit hielten.

Thomasius nahm nicht länger fraglos hin, was Aristoteles und seine Ausdeuter lehrten. Aufs Selbsturteilen sollte es nun ankommen, nicht auf das von Autoritäten überlieferte Wissen oder auf Urteile, die bereits feststanden, bevor eigene Gedanken sich überhaupt in Bewegung setzen konnten. Konsequenterweise handelt das erste »Hauptstück« seiner Schrift über die *Ausübung der Vernunfft-Lehre* »Von der Geschicklichkeit, die Wahrheit durch eigenes Nachdencken zu erlangen«. Der vollständige Titel der Schrift selbst fasst das Aufklärungsprogramm bereits zusammen: *Ausübung der Vernunfft-Lehre oder Kurtze, deutliche und wohlgegründete Handgriffe, wie man in seinem Kopffe aufräumen und sich zur Erforschung der Wahrheit geschickt machen; die erkante Wahrheit andern beybringen; andere verstehen und auslegen, von anderer Meynungen urtheilen und die Irrthümer geschicklich widerlegen solle.* In der einleitenden Widmungsschrift schärft Thomasius der Leserschaft erneut ein, man solle den Gemeinplätzen und Überlieferungen nicht ohne Prüfung folgen, seien es die Lehren der Eltern oder diejenigen in gelehrten Büchern. Man dürfe »nichts als seinen eigenen Verstand als eine Gabe Gottes gebrauchen und anwenden«. Mithin könne »auch ein unstudirter Mann, er möge nun ein Soldate, Kauffmann, Haußwirth, ja gar ein Handwercks-Mann oder Bauer, oder eine Wei-

---

* Zu August Hermann Francke und dem Halle'schen Pietismus siehe den entsprechenden Abschnitt im Kapitel »Innere Frömmigkeit«.

bes-Person seyn«, viel mehr »in Vortragung der Weisheit« tun als die Buchgelehrten. Nicht auszudenken: Handwerksleute! Bauern!! Und sogar die Weiber!!!

Leibniz rechnet

»Hier habe ich einen gewaltigen Fortschritt gemacht«, schrieb Leibniz über einen seiner zahllosen Texte, die erst lange nach seinem Tod veröffentlicht wurden. Bis heute sind die Niederschriften nicht vollständig erschlossen, und sein Denken wird in seiner außergewöhnlichen Vielfalt auch künftig für Einzelne unüberschaubar bleiben.

1646 in Leipzig geboren, also noch im Dreißigjährigen Krieg, gilt er als überragende Gestalt des nach der Verheerung sich konsolidierenden philosophischen Denkens in Deutschland. Seinen Namen umgibt ein Nimbus, der nur demjenigen Kants vergleichbar ist. Doch anders als Kant hat Leibniz sich auf dermaßen vielfältigen Wissensgebieten bewegt, man könnte auch sagen: herumgetrieben, dass er in heutigen Lexika als letztes ›Universalgenie‹ apostrophiert wird, als letzte Geistesgröße, die noch in der Lage war, das gesamte Wissen ihrer Zeit zu überblicken. Der Erfolg seines Handelns jedoch entsprach nicht immer der Reichweite seines Denkens:

– Er war mit Ideen und Anregungen beteiligt am Park von Schloss Herrenhausen bei Hannover, dem ersten großen deutschen Barockgarten im französischen Stil. 1696 schlug er vor, die Leine aufzustauen und mittels eines Wasserhebewerks den Garten mit einer 35 Meter in die Höhe schießenden Fontäne zu verschönern, eine Idee, die – auf andere Weise – erst zwei Jahrzehnte später von einem englischen Ingenieur verwirklicht werden konnte.
– Er leitete die Bibliothek in Hannover und bat 1680 Ernst August in einem Promemoria um die Bewilligung eines geregelten Etats für die Anschaffung von Büchern. Vergeblich.
– Er forschte Jahr um Jahr zur Familiengeschichte der Welfen, um

deren Anspruch auf die Kurwürde historisch zu begründen, ohne dieses Werk je fertig zu stellen. Die Kurwürde indessen konnte das Haus Hannover erlangen, ebenso wie später die Königswürde in England, für die Leibniz sich ebenfalls eingesetzt hatte*. Dennoch durfte er seinem neuköniglichen Dienstherrn nicht nach London folgen.

– Er versuchte sich – manchmal ohne Auftrag und meistens erfolglos – in diplomatischen Missionen, strebte – ebenfalls erfolglos – nach einer politischen Überwindung der konfessionellen Spaltung, rechtfertigte die Jesuiten angesichts ihrer Missionstätigkeit in China und den guten Schöpfergott angesichts der Übel in der Welt: Alles ist von Beginn an rational aufeinander bezogen, die menschliche Freiheit eingeschlossen, auch wenn die menschliche Vernunft diese ›prästabilierte Harmonie‹ nicht vollständig erfassen kann: »Man muss sich nicht wundern, wenn ich diese Dinge durch Vergleiche mit der reinen Mathematik aufzuklären suche, in der alles ordnungsgemäß verläuft«, denn man »kann eine Folge oder Serie von Zahlen annehmen, die augenscheinlich ganz unregelmäßig ist und in der die Zahlen ganz verschieden zu- und abnehmen, ohne dass sich darin irgendeine Ordnung zeigt; und trotzdem wird derjenige, welcher den Schlüssel zu dem Rätsel besitzt und den Ursprung und Aufbau dieser Zahlenreihe kennt, eine Regel angeben können, die richtig aufgefasst die Serie als sehr wohl regelmäßig und sogar wohlproportioniert zeigt.«

– Er verfasste neben der *Theodizee* und deren Kurzfassung in der *Monadologie* Memoranden zu militärischen Fragen und forderte ein von kaiserlichen Generälen kommandiertes stehendes Reichsheer – zu dem es nie gekommen ist.

– Er stieg in Harzer Höhlen hinab, studierte Versteinerungen und zeichnete das Skelett eines Einhorns – das es nie gegeben hat.

– Er tüftelte vergeblich an einer Universalsprache herum.

– Er brillierte mit der Infinitesimalrechnung, über die er mit Helmut Newton in einen hässlichen Prioritätenstreit geriet.

– Er regte wissenschaftliche Sozietäten an (die späteren Akade-

---

* Zu beidem der Abschnitt »Ein ›Hannoveraner‹ auf dem englischen Thron« im 2. Kapitel.

Feuerwerke waren nahezu unverzichtbar bei den höfischen Festen des Barock. Das galt auch für den kurfürstlichen Hof in Dresden. Die Gouache von 1709 zeigt ein Wasserfeuerwerk auf der Elbe.

Friedrich der Große, als er noch klein war, und seine Schwester Wilhelmine auf einem Gemälde des preußischen Hofmalers Antoine Pesne von 1714. Im Hintergrunddunkel posiert ein Kammermohr.

Oben: Ein Maskenball in Halle um 1750. Bei dieser »geschlossenen Veranstaltung« blieb das Bürgertum unter sich, für die Tanzmusik sorgten die städtischen Musiker.

Unten: Ein junges Mühlhausener Paar im Rokoko-Outfit um 1750, die Dame im Reifrock, der Herr bestrumpft und bezopft.

Der Stich gibt stilisiert das Tabakskollegium des Soldatenkönigs wieder. Rauchen war in dieser Herrenrunde Adelspflicht, Schwadronieren und Biertrinken auch.

Vermutlich einer der größten Backöfen, die jemals in Betrieb gingen: In Pöppelmanns Bauwerk wurde der Riesenstollen während des Zeithainer Lustlagers gebacken.

Aus dem Riesenhumpen, zusammengesetzt aus Münzen, ließ der Soldatenkönig im Jagdschloss Wusterhausen das Bier für die Krüge seiner Zechkumpane zapfen.

1. Die St. Thomas Kirche. 2. Die Thomas Schule.
3. Der Steinerne Waſſer=Kaſten.

Auf diesem Stich von Johann Gottfried Krügner aus dem Jahr 1723 ist das unmittelbare Lebensumfeld des Thomaskantors zu sehen. Wie oft mag Bach den Platz überquert haben, Musik im Kopf und Groll gegen die Stadtobrigkeit im Herzen?

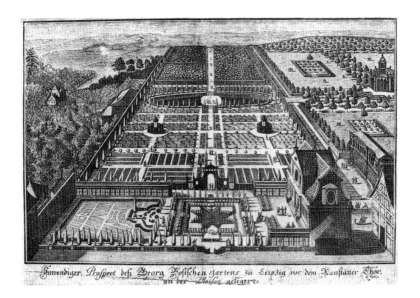

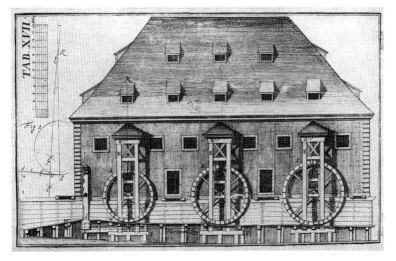

Oben: Auch in der bürgerlichen Gartenkunst dominierte um 1700 die geometrische Naturbeherrschung. Der sogenannte »Kleinbosische Garten«, angelegt von Georg Bose in Leipzig vor dem Ranstädter Tor.

Unten: Wie kommt das Wasser in den Brunnen auf dem Thomaskirchplatz? Durch Röhren, gespeist von Wasser, das Schöpfwerke aus der Pleiße hoben. Es war nicht ratsam, dieses Wasser unabgekocht zu trinken.

Händel als Pantoffelheld, aber genial wie Apoll mit der Leier. Das humorvolle Denkmal mit dem Steinpantoffel am Fuß des übergeschlagenen Beins wurde 1738 im Londoner Vergnügungspark Vauxhall Gardens aufgestellt.

mien), von denen die in Berlin, mit Intrigen und Rangstreitigkeiten belastet, nur schwerfällig und die in Petersburg erst nach
seinem Tod zu arbeiten begannen. Wenigstens wurde er 1712 von
Zar Peter zum ›Geheimen Justizrat‹ ernannt. Die Aufgaben der
Sozietäten sollten darin bestehen, »theoriam cum praxi zu verei-
nigen, und nicht allein die Künste und Wissenschaften, sondern
auch Land und Leute, Feldbau, Manufacturen und Commercien,
und mit einem Wort die Nahrungsmittel zu verbessern«.
– Er versuchte sich, wiederum erfolglos, persönlich an einer dieser Verbesserungen, dem Silberbergbau im Harz. Dessen Effizi-
enz wurde durch eindringendes Grubenwasser beeinträchtigt, das
mühsam in Kübeln nach oben geschafft werden musste. Leibniz ließ Wasser- und Windmühlen konstruieren, deren Herstel-
lungskosten er zu niedrig und deren Stabilität er zu hoch ein-
schätzte. Die Kosten wuchsen, die Flügel brachen. Und doch hat
er mit seinen schlecht funktionierenden horizontal gelagerten
Windmühlen die Idee der Turbine vorweggenommen.

In der Geschichte der Technik unbedeutend, jedoch wohltuend für
die Wirbel des Gelehrten war der auf langen Fahrten* in schlecht
gefederten Kutschen zum Einsatz kommende zusammmenklapp-
bare lederbezogene Reisestuhl. Ein etwas aufwendiger konzipierter
Poststuhl kam über das Entwurfstadium nicht hinaus, so wenig wie
ein Vorschlag zur Verbesserung der Federung von Kutschen. Auch
seine Erfindung des Dübels verschwand unter den Papierbergen des
Nachlasses: »Damit Nägel sich nicht leicht aus Holz ziehen, kan
man solche in gestalt einer auswerts gespitzen säge formiren, in dem
man einwerts hinein feilet, wie wohl nicht gar tieff, so gehen sie zwar
leicht in das Holz, aber weilen das Holz […] zwischen die sägen-
spizen hineintritt, und also rückwärts widerstehet, kan der Nagel
schwehrlich wieder heraus.«
    Für den Keks allerdings dürfen wir Leibniz nicht verantwortlich
machen. Er hatte 1714 lediglich eine Gedenkschrift darüber verfasst,
wie ein marschierendes Heer besser zu verpflegen sei, und dafür

---

* Man hat ausgerechnet, dass Leibniz während seines Lebens ungefähr
  20 000 Kilometer in Kutschen zurückgelegt hat.

›Kraft-Compositiones‹ empfohlen, bestehend aus fettarmem gemahlenem und gezuckertem Fleisch und mit dem Dampftopf haltbar gemacht, den der hugenottische Physiker Denis Papin 1681 in Paris hatte patentieren lassen, was dem in ganz Europa über Briefwechsel gut ›vernetzten‹ Leibniz nicht entgangen war*. 1891 brachte Hermann Bahlsen in Hannover ein Buttergebäck nach Londoner Vorbild auf den Markt, dem er die Power einer Marschverpflegung und den Namen des großen ›Hannoveraners‹ Leibniz zuschrieb: Leibniz Cakes. Die Kundschaft konnte die Cakes essen, aber nicht schreiben, aus Cakes wurde Keks, und mit ihm war Leibniz in aller Munde, im Wortsinn.

Leibniz war ein Anfänger – ein Anfänger insofern, als er nur weniges von dem vielen, das er begonnen hatte, auch zu Ende brachte; und des Weiteren ein Anfänger im epochalen Sinn, indem er zu Beginn einer allgemeinen technologischen Entwicklung stand, die im Besonderen zu jener Rechenmaschine führte, die wir heute ›Computer‹ nennen. Schon im *Philosophischen Bücher-Saal* von 1741 hieß es: »Man hält insgemein den Herrn von Leibnitz vor dem Urheber der Rechnungsart mit 0 und 1, welche man die Dyadic oder Arithmeticam binariam nennet.« Dass seine eigene ›Machina arithmetica dyadica‹ von 1679, der erste binär organisierte Zahlenapparat, nur in der Theorie funktionierte, nicht in der Praxis, lag an der Praxis, nicht an der Theorie. Der Bau einer solchen ›Machina‹ wurde technisch erst im Lauf des 19. Jahrhunderts möglich. »Eine Büchse«, schrieb Leibniz, »soll so mit Löchern versehen sein, dass diese geöffnet und geschlossen werden können. Sie sei offen an den Stellen, die jeweils 1 entsprechen, und bleibe geschlossen an denen, die 0 entsprechen.«

Die Apparate, die Leibniz auf seine Kosten nach dem herkömmlichen Dezimalsystem bauen ließ, blieben ebenfalls hinter seinen Ansprüchen zurück. Die erforderliche Laufpräzision der Zahnräder und Walzen dieser Automaten, von denen in vier Jahrzehnten

---

* Der in der Gottfried Wilhelm Leibniz Bibliothek Hannover aufbewahrte Briefwechsel umfasst rund 15 000 Briefe mit 1100 Korrespondenzpartnerinnen und -partnern und gehört seit 2007 zum Weltdokumentenerbe der UNESCO.

vermutlich vier Typen hergestellt wurden, war mit den feinmechanischen Fertigkeiten der Zeit unerreichbar. Die in Paris nach seinen Anweisungen gefertigte ›lebendige Rechenbank‹, die der nicht einmal Siebenundzwanzigjährige im Februar 1673 der Londoner Royal Society als Holzmodell vorführte und die addieren, subtrahieren, multiplizieren und dividieren sollte, explodierte zwar nicht wie Papins Dampfkochtopf bei dessen Vorführung sechs Jahre später, rechnete aber auf eher unberechenbare Weise, je nachdem, wie genau Sprossenrad und Zahnräder ineinandergriffen. Papin löste das Überdruckproblem seines Topfs mit einem Ventil und kam so zur Pariser Patentierung. Leibniz konnte das Präzisionsproblem seiner Rechenbank auch mit dem 1685 (Bachs Geburtsjahr) gebauten ersten Prototyp aus Metall nicht lösen.

An der einzigen erhaltenen Maschine haben mehrere Uhrmacher und Büchsenmacher jahrelang herumgebastelt und sie doch nie zum einwandfreien Funktionieren gebracht. Sie besteht aus Messing und Eisen in einem Kasten aus Eichenholz, hat zwei Metallkurbeln mit Holzgriffen und statt der Sprossenräder eigens von Leibniz erfundene Staffelwalzen. Mit Kasten und Kurbeln ist die Maschine 86 Zentimeter breit, 35 Zentimeter tief und 31 Zentimeter hoch. Sie wiegt 14 Kilo*.

Leibniz machte Gott und die Welt berechenbar, indem er sich beide ihrerseits rechnend vorstellte: »Indem Gott rechnet und seinen Gedanken ausführt, entsteht die Welt.« Und da »alles mathematisch […] zugehe in der ganzen weiten Welt«, ließe sich aus der Gegenwart die Zukunft errechnen, wenn man nur »eine gnugsame Insicht in die innren Theile der Dinge haben könnte, und dabey Gedächtniß und Verstand gnug hätte, umb alle Umbstände vorzunehmen und in Rechnung zu bringen«.

Ebenso ist es (logisch) möglich, »die Lehren, die im praktischen Leben zumeist gebraucht werden, d. h. die Sätze der Moral und der Metaphysik, nach einem unfehlbaren Rechenverfahren zu be-

---

* Wie das Rechnen im Einzelnen vor sich geht, zeigt eine Animation auf der Website dokumente.leibnizcentral.de. Abbildungen der verschiedenen Maschinen bzw. ihrer Nachbauten auf uni-hannover.de/de/universitaet/profil/leibniz/leibnizausstellung.

herrschen«. Um den Fürsten effizientes Herrschen zu ermöglichen, schlägt er eine Art Logarithmentafel der Macht vor: »Ich nenne Staats-Tafeln eine schrifftliche kurze verfaßung des Kerns aller zu der Landes-Regierung gehörigen Nachrichtungen, so ein gewißes Land insonderheit betreffen, mit solchem Vortheil eingerichtet, daß der Hohe Landes-Herr alles darinn leicht finden [...] und sich deßen als eines der bequämsten instrumenten zu seiner löblichen selbst-regierung bedienen könne«.

Überall wird gerechnet, alles ist zählbar. Selbst die »Musik ist die versteckte arithmetische Tätigkeit der Seele, die sich nicht dessen bewußt ist, daß sie rechnet.« Entsprechendes gilt für die Sprache. Steckt nicht schon im Wort er-zählen das Rechnen? Alles in allem ist alles so gut geordnet, dass es (logisch) besser gar nicht sein könnte. Wegen dieser vernünftig be- und gegründeten Ordnung der Schöpfung konnte Leibniz in einem Brief an Christian Wolff, den Systematisierer und Popularisator seines Denkens, versichern, dass »das für uns Gute, das für die Allgemeinheit Gute und der Ruhm Gottes nicht wie Mittel und Zwecke unterschieden werden dürfen, sondern wie Teil und Ganzes, und dass es eins ist, unser wahres Gut zu suchen und der Allgemeinheit und Gott zu dienen.«

Wolff macht sich *Vernünfftige Gedancken* über Gott und die Welt

Wenn Leibniz der universale Anfänger im Denken war, so kann Christian Wolff als dessen schulmäßiger Vollender gelten. Er selbst macht diesen systematischen Anspruch bereits im Titel seines Werks *Vernünfftige Gedancken von Gott, der Welt und der Seele des Menschen, auch allen Dingen überhaupt* geltend, das in 1089 Paragraphen von der Konstatierung des menschlichen Selbst-Bewusstseins im Ersten bis zum vollendeten Sein Gottes im Letzten sein Begriffswesen treibt. Wolff hat die Philosophie akademisch in Form gebracht und so für die Praktiker der Aufklärung erst handhabbar gemacht. Die Begriffe wurden zu Henkeln, mit denen man Vorurteile packen und aus dem Weg räumen konnte – so sahen es seine Anhänger, deren es viele gab in der ersten Hälfte des 18. Jahrhunderts. Die Begriffe konnten aber auch zu Hindernissen werden, die Denkwege versperrten – so sahen es seine Gegner, deren es immer mehr wurden in der zweiten Hälfte des 18. Jahrhunderts. Kein deutscher Philosoph hatte Zeit seines Lebens einen so unmittelbaren Einfluss wie Wolff, und wenige deutsche Philosophen gerieten nach ihrem Tod dermaßen in Misskredit.

Im Jahr 1736 wurde in Leipzig und Berlin die Gesellschaft der Alethophilen, der Liebhaber oder Freunde der Wahrheit, gegründet. Ihre Mitglieder erhielten eine Gedenkmünze, die eine Büste der Athene zeigte, auf deren Helm wiederum Porträts von Leibniz und Wolff zu sehen waren. Außerdem wurde der Münze (und damit zugleich ihren Besitzern) der von Horaz herrührende Leitspruch eingeprägt: »Sapere aude« – »Habe Mut zu wissen«.*

Zu den Alethophilen gehörte auch Gottsched in Leipzig, dem beim Studieren der Schriften Wolffs die Welt endlich überschaubar geworden war, nicht in dem Sinne, dass er tatsächlich alles verstand, sondern in demjenigen, dass alles grundsätzlich verstehbar war. Nun musste er nicht mehr fürchten, im Sturm der widerstreitenden Meinungen unterzugehen: »Hier gieng mirs nun wie einem, der aus einem wilden Meere wiederwärtiger Meynungen in einen sichern Hafen einläuft und nach vielem Wallen und Schweben endlich auf ein festes Land zu stehen kommt.«

Die Alethophilen kämpften auf lange Sicht für die allgemeine Durchsetzung der Leibniz-Wolffischen Philosophie, auf mittlere für die Schulung des Kronprinzen Friedrich im Geist dieser Philosophie und auf kurze Sicht für die Rückkehr des Philosophen an die preußische Universität Halle, von der Wolff im November 1723 vertrieben worden war.

Die Theologen hatten Wolff, wie sie es schon bei Thomasius versuchten, Atheismus vorgeworfen. »Ich habe das nit wuhst«, notierte der Soldatenkönig, »das der Wolf so gottlose ist«. Wolffs pietisti-

---

* Ein spätes, aber gewaltiges Echo hatte das Motto in Kants *Beantwortung der Frage: Was ist Aufklärung?* von 1783: »Sapere aude! Habe Mut, dich deines *eigenen* Verstandes zu bedienen!«

sche Gegner, darunter August Hermann Francke, Dekan der theologischen Fakultät sowie Gründer und Leiter der Gottesstadt* in Glaucha bei Halle, redeten dem Soldatenkönig ein, der seit 1706 auf Empfehlung von Leibniz in Halle lehrende Professor leugne die Willensfreiheit. Francke war es außerdem gelungen, dem Haudegen von einem König zu vermitteln, dass diese Frage nicht nur in Seminarstuben, sondern auch auf Exerzierplätzen Bedeutung hatte. Denn wie ließe sich rechtfertigen, eingefangene Deserteure durch Gassen prügelnder Männer zu schicken, wenn es keinen freien Willen gäbe, eine Desertion dem Deserteur mithin gar nicht als persönliche Schuld angelastet werden könnte? Die (angebliche) philosophische Leugnung der Willensfreiheit in der Theorie hätte praktisch die Schwächung der militärischen Disziplin zur Folge, weshalb der Soldatenkönig befahl, dass der Philosoph »binnen 48 Stunden nach Empfang dieser Ordre die Stadt Halle und alle unsere übrige Königl. Lande bey Strafe des Stranges räumen solle«. Wolff flüchtete über Nacht auf kursächsisches Territorium. Er wusste, dass es nun nichts mehr zu diskutieren und zu philosophieren gab, hatte er doch selbst geschrieben, dass die Obrigkeit das Recht hat, »denen Unterthanen zu befehlen, was sie tun und lassen sollen, und die Unterthanen müssen der Obrigkeit gehorchen«.

Die Affäre rief Dutzende und Aberdutzende von Streitschriften pro und contra Wolff hervor. So unbequem und belastend die Geschichte für die Person Wolffs war, so schuf diese öffentliche Auseinandersetzung zugleich für seine Philosophie einen Resonanzraum außerhalb der Universität. Und nachdem der von den Alethophilen geschulte Friedrich 1740 an die Macht gekommen war, wurde Wolff von seinem Exil-Lehrstuhl in Marburg nach Halle zurückgerufen und lehrte dort bis zu seinem Tod 1754.

Sein Einfluss begann aber schon zu Lebzeiten zu schwinden, trotz des monumentalen Eintrages im 1748 erschienenen 58. Band von Zedlers *Universal Lexicon,* der ein eigenes Buch hätte abgeben können. Schon 1740 hatte der Philosophenkönig die Wolffianischen Eierschalen seiner Kronprinzenzeit abgestreift, so, wie er zugunsten seiner Macht- und Kriegspolitik die antimachiavellisti-

---

* Dazu der entsprechende Abschnitt im Kapitel »Innere Frömmigkeit«.

schen Überzeugungen hinter sich gelassen hatte. Als eine Preisfrage der Berliner Akademie der Wissenschaften 1745 dazu aufforderte, die Kerngedanken der Philosophien von Leibniz und Wolff darzustellen und zu beurteilen, führte dies erneut zu einer heftigen Kontroverse zwischen Anhängern und Gegnern Wolffs. Der 1741 an die Akademie berufene Physiker und Mathematiker Leonhard Euler entschied schließlich, dass der Preis an eine kritische Abhandlung zu vergeben sei. Sie war von dem jungen, noch gänzlich unbekannten Staatswissenschaftler Johann Heinrich Gottlob Justi eingereicht worden. Diese Entscheidung des immerhin von Friedrich an die Akademie geholten Euler deuteten schon die Zeitgenossen als offiziöse Beendigung der Dominanz des Wolff'schen Rationalismus in Preußen.

Ein Zeitsprung

Wann hat Bachs Epoche begonnen? Vielleicht am 23. März 1685. Unter diesem Datum wurde der zwei Tage zuvor auf die Welt gekommene Johann Sebastian ins Taufregister eingetragen. In den evangelischen Gebieten Deutschlands galt der julianische Kalender*. Dessen Jahr dauert 365 Tage und 6 Stunden, das katholische, genauer gesagt gregorianische Jahr dauert 365 Tage, 5 Stunden, 49 Minuten und 12 Sekunden. Dieser 1582 durch eine Bulle von Papst Gregor XIII. eingeführte Kalender ist ein bisschen genauer als der auf Julius Cäsar zurückgehende. Aber dieses bisschen wurde im Lauf der Jahrhunderte immer mehr und schließlich zu viel. Am 23. September 1699 (julianisch) beziehungsweise 3. Oktober 1699 (gregorianisch) beschlossen die evangelischen Reichsstände für das neue Jahrhundert die Angleichung der auf ihren Gebieten geltenden Kalenderzeit an diejenige im übrigen Reich. Auf Sonntag, den 18. Februar 1700 folgte Montag, der 1. März.

---

* Die heutige Angabe des Geburtstages mit 31. März folgt dem gregorianischen Kalender.

In der Berechnung des Osterfestes blieben die Unterschiede einstweilen bestehen, sodass beispielsweise 1724 und 1744 das evangelische und das katholische Ostern auseinanderfielen. Erst 1775 übernahmen die evangelischen Reichsstände auch die Osterberechnung des gregorianischen Kalenders, der aber nicht so heißen durfte, sondern konfessionsneutral als »Verbesserter Reichskalender« bezeichnet wurde.

Der Streit darüber, ob der Kalender eine kirchliche oder politische Angelegenheit sei, dauerte schon so lange wie die Reformbemühungen selbst. Ein heute nicht mehr namhafter evangelischer Zeitgenosse plädierte nachdrücklich für eine eigenständige Reform der Protestanten anstelle der Übernahme des ›papistischen‹ Kalenders, denn sonst »würden ja die Herren Protestirende nothwendig entweder dem Papst künfftig das Directorium überlassen, oder, da sie solches vermeiden wollen, sich mit dem […] Gregorianischen Calender immer begnügen lassen. Wollen die Herren Catholici jetzt von ihren Instituto nicht weichen, was sollten dann die Herren Protestirende sich eine beständige Hoffnung machen können, daß es in Zukunfft geschehen werde?«

Die Katholischen hatten lange behauptet, es handle sich um eine rein politische Angelegenheit, nicht um eine konfessionelle. Als es jedoch bei den Verhandlungen in der zweiten Hälfte des 17. Jahrhunderts darum ging, den gregorianischen Kalender zu modifizieren, um zu einer gemeinsamen Reform zu kommen, meinten nun auch sie, dass Reform und Titulierung doch nicht bloß politisch, sondern auch kirchlich von Belang seien.

Schon in den Jahren unmittelbar vor dem Beschluss der evangelischen Reichsstände hatte es Bestrebungen gegeben, in ›julianischen Gebieten‹ die ›gregorianische Zeit‹ einzuführen. Im mainfränkischen Marktbreit beispielsweise war es darüber bereits in den 1680er Jahren zu erbitterten Auseinandersetzungen gekommen mit renitenten Bürgern, inhaftierten Bürgermeistern und aufgebrachten Fürsten. Hinter der Kalenderfrage lauerten Machtfragen, und die Zeit heilte keineswegs alte Wunden, sondern ließ sie neu aufbrechen.

Außerdem ging es ums Geschäft. Wer hatte das Privileg, Kalender herzustellen und zu vertreiben? Und wer hatte in welchen Territorien das Recht, solche Privilegien zu vergeben? Und wie konnte dafür gesorgt werden, dass das Recht, Kalenderprivilegien zu vergeben, und auch die Druck- und Herstellungsprivilegien selbst eingehalten wurden? In Berlin etwa wurde 1700 auf Vorschlag Leibnizens ein Edikt erlassen, das der zu gründenden wissenschaftlichen Sozietät, der nachmaligen Akademie der Wissenschaften, Produktion und Alleinvertrieb von Kalendern in Brandenburg zusagte, um damit die neue Institution zu finanzieren – was nicht gelang.

Wann übrigens endete Händels Epoche? In England wurde der julianische Kalender mit dem 2. September 1752 außer Kraft gesetzt. Auf diesen Tag folgte, nun nach dem gregorianischen Kalender, der 14. September. Für Händels Biographie bedeutet das: Seine Geburt in Halle und seine ersten anderthalb Lebensjahrzehnte wären wie die Bachs zu datieren nach dem julianischen Kalender, die Ereignisse ab Februar 1700 nach dem gregorianischen, die Geschehnisse ab seiner Übersiedlung nach London 1712 nach dem julianischen und die letzten Jahre bis zu seinem Tod im April 1759 wiederum nach dem gregorianischen Kalender.

Aber ganz gleich, wie man zählt: »Die Zeit verzehrt die eignen Kinder« – so beginnt eine der »moralischen Kantaten« Telemanns – »viel geschwinder / als sie die selbigen / zur Welt geboren hat. / Jahr, Monat, Wochen, Tag und Stunden / sind, wenn sie sind, verschwunden«. Das Rezitativ mahnt: »Der Anfang lieget stets beim Ende« und »braucht den Tag! / Die Nacht folgt bald, und das gewiss.« Also: »Fahrt, reitet, spielt Karten, / trinkt Koffee, raucht Knaster, / sucht Scherz und Vergnügen, / singt, tanzet und lacht! / Macht euch lustig, aber wisset, / dass ihr einst von eurer Lust / Red und Antwort geben müsset!« Wann genau der Tag des Jüngsten Gerichts zu erwarten war, versuchte Johann Albrecht Bengel, das Haupt des württembergischen Pietismus, zu bestimmen, ausgehend von der seit der Erschaffung der Welt vergangenen Zeit. In seinem *Ordo Temporum* von 1741 datierte er Gottes Ruhetag nach der Schöpfung auf Sonntag, den 10. Oktober 3943 vor Christus.

Böttger muss das Porzellan erfinden

Mit dem Wort ›Porzellan‹ verhält es sich so ähnlich wie mit ›Barock‹, das auf ›schräge Perlen‹ zurückgeht*. Das italienische ›porcellana‹ bezeichnete eine Kaurischnecke und wurde im 15. Jahrhundert auf die von Marco Polo beschriebene und vermutlich bei seiner Rückkehr 1295 nach Venedig mitgebrachte Ware übertragen. Man glaubte, das Geschirr sei aus den zu Pulver zermahlenen, schimmernd weißen Teilen der Schneckenschalen hergestellt.

Jahrhundertelang blieb das weiße Porzellan ein chinesisches Monopol. Die kostbaren Stücke gelangten vor allem über niederländische Häfen an die deutschen Fürstenhöfe, wo sie zur Schau gestellt, seltener tatsächlich benutzt wurden. Es war undenkbar, etwa eine ›Kaapsche Schotel‹, eine schwere Porzellanschüssel, die um das Kap der Guten Hoffnung nach Europa verschifft worden war, den Händen einer Küchenmagd oder eines servierenden Pagen anzuvertrauen.

Auch das ›Delftish Guth‹ kam aus den Niederlanden. Bei diesem ›holländischen porcellain‹ handelte es sich in Wahrheit um Fayencen. Die ersten deutschen Manufakturen entstanden 1661 in Hanau und 1666 in Frankfurt am Main. Steinzeug wiederum wurde sowohl aus China importiert als auch seit dem Mittelalter in rheinländischen Manufakturen hergestellt. So, wie die Jahrhunderte während Entwicklungsgeschichte des chinesischen Porzellans eng mit derjenigen des Steinzeugs verbunden war, so ging die Erfindung des europäischen Hartporzellans durch Johann Friedrich Böttger mit der Produktion von Steinzeug einher. 1710 wurden auf der Leipziger Ostermesse sowohl Geschirre aus diesem roten eisenhaltigen Material verkauft als auch Muster von weißem Porzellan aus der sich in Gründung befindenden Königlich-Polnischen und Kurfürstlich-Sächsischen Manufaktur präsentiert.

Das Böttgersteinzeug bestand aus einem als ›Nürnberger Erde‹ bezeichneten Ton, fein geschlämmt und mit Lehm versetzt, dann geformt, gebrannt, geschliffen und poliert. Die Rotfärbung hing von der Brenntemperatur ab, die zunächst nicht exakt geregelt werden

---

* Dazu der einleitende Abschnitt »Die Zeit der schrägen Perle.«

konnte. Zu den Objekten gehörten Kaffeekannen mit von böhmischen Glasschleifern eingearbeiteten floralen Ornamenten, zweihenkelige Schokoladenbecher oder als Koppchen bezeichnete henkellose Teeschalen mit floralen Goldbemalungen. Die Kostbarkeit der Steinzeuggefäße entsprach wie die der späteren Porzellangefäße der Kostbarkeit der ›exotischen‹ Getränke, die aus ihnen genossen wurden. Eben dies veranlasste Jonathan Swift, das Porzellan in einem Atem- oder besser Schriftzug mit Kaffee, Kakao und Tee als »abscheuliche Extravaganzen« zu bezeichnen.

Obwohl das Böttgersteinzeug teuer war, hatte es jedoch weder den schimmernden Glanz noch den repräsentativen Nimbus des weißen Prozellans. Die Produktion nahm deshalb mit der Verbesserung der Brenn- und Glasurtechniken bei der Porzellanherstellung ab.

Böttgers Lebenslauf als Erfinder muss auf seine Zeitgenossen wie ein opulent erfundener Abenteuerroman gewirkt haben. Seine ›wissenschaftliche Karriere‹, wie wir heute sagen würden, war untrennbar verbunden mit dem mündlich überlieferten Geheimwissen der Alchemisten, mit dem Glauben an den Lapis philosophorum, den Stein der Weisen, und mit dem halb naiven, halb hochstaplerischen Versprechen, mithilfe eben dieses Steins Kupfer und Silber in Gold verwandeln zu können.

Im Herbst 1696 begann Böttger eine Lehre bei einem alteingesessenen Berliner Apotheker, dessen ›chymisches‹ Labor er für Versuche nutzen durfte, obwohl der Lehrherr der Alchemie eher skeptisch gegenüberstand. Eben deshalb ließ sich der frischgebackene Geselle im Oktober 1701 drängen, endlich den Beweis seiner Fähigkeiten anzutreten. Das Aufsehen erregende Experiment sprach sich herum. Am 8. November schrieb Leibniz, der sich in Berlin aufhielt, an Kurfürstin Sophie in Herrenhausen: »Ein junger Apothekergeselle hatte angefangen, alchemistisch zu arbeiten, trotz der Mahnungen und Ratschläge seines Meisters, des Apothekers Zorn, der hier gut bekannt ist. [...] Eines Tages war bei dem Apotheker eine muntere Gesellschaft zusammen [...]; sie bedrängten den Gesellen wegen der Vergeblichkeit seiner Arbeiten; dieser wurde schließlich der unaufhörlichen Auseinandersetzungen und des Kummers seines Meisters überdrüssig, und er beschloss, sie durch einen Versuch zu überzeugen. Er erklärte daher, er werde ihnen eine Probe von dem vorführen, was sie in Abrede stellten. Man tat 13 Münzen [...] in einen Schmelztiegel, und der Geselle schüttete (als das alles miteinander verschmolzen war) etwas von der Tinktur (denn so heißt der Stein der Weisen auch) hinein, so viel wie der Kopf einer Nadel, und alles wurde plötzlich in gutes Gold verwandelt, das zu einem Barren gegossen wurde und seither bei allen Prüfungen für gut befunden worden ist.«

Leibniz traut allerdings der Sache nicht und fährt fort, »es fällt mir schwer, dem Glauben zu schenken, und doch wage ich nicht, mich in Gegensatz zu so vielen Zeugen zu stellen, da ich keine triftigen Gründe finde, um deren Zeugnis anzufechten.« Die Zeugen glaubten an das, was sie bezeugten, und die genauen Umstände des Experiments sind bis heute nicht geklärt. Sicher ist nur, dass Böttger ›getrickst‹ hat, um es freundlich zu sagen, möglicherweise mit einer Mixtur aus Goldstaub und Quecksilber, bei deren Erhitzen das Quecksilber vollständig verdampft und ein Goldklümpchen zurückbleibt.

Böttger lebte in geldgieriger Zeit, und wenn sich einwenden lässt, dass alle Zeiten geldgierig sind, so ist doch an die besondere Goldgier der Fürsten zu erinnern, die für die innere und äußere Konsolidierung ihrer Macht, für ihre Kronen und Kriege ungeheure Summen aufbringen mussten. Dass Böttgers 1701 stattfindender Goldmacherversuch die Aufmerksamkeit des in ebendiesem Jahr zum König in Preußen erhobenen Kurfürsten Friedrich von Brandenburg erregte, dürfte nicht überraschen. Vor dem Zugriff dieser Aufmerksamkeit setzte sich Böttger Ende Oktober ins sächsische Wittenberg ab, wo es ihm gelang, den Schutz des ebenfalls notorisch überschuldeten August des Starken zu erlangen. Ende November wurde er nach Dresden gebracht und der Aufsicht des Metallurgen Gottfried Pabst von Ohain unterstellt. Der um seinen Alchemisten gebrachte König Friedrich versuchte vier Jahre später sein Goldmacherglück mit dem neapolitanischen Adepten Domenico Manuel Caetano, der eine Weile als Nachfolger Böttgers in Berlin reüssieren konnte, bevor er auf der Festung Küstrin eingesperrt wurde, damit er dort sein Versprechen erfülle. Nachdem er geflohen, wieder gefangen genommen und erneut auf die Festung gebracht worden war und auch nach einem Ultimatum kein Gold zustande brachte, wurde er 1709 in Küstrin gehängt.

Ein ähnliches Schicksal hätte leicht auch Böttger ereilen können, und er wusste das. Immerhin war er selbst zeitweise auf der kursächsischen Festung Königstein gefangen. Man fürchtete sowohl seine Entführung zurück nach Berlin, falls er Gold machen konnte, als auch seine Flucht, falls er es nicht zuwege brachte. Tatsächlich floh Böttger im Juni 1703, zu diesem Zeitpunkt nicht mehr auf der Festung, sondern in Luxushaft in der Dresdener Residenz, nach Österreich. Wie Caetano wurde auch er wieder gefasst und an seine ›Wirkungsstätte‹ zurückgebracht. Im Unterschied zum Hochstapler Caetano allerdings verfügte Böttger tatsächlich über Kenntnisse, und er hatte das Glück, dass der Physiker Ehrenfried Walther von Tschirnhaus das erkannte.

Tschirnhaus gelang 1704 die Herstellung von Hartporzellan. Er lud Böttger ein, an der weiteren Entwicklung mitzuarbeiten. Ab 1705 forschten Böttger in Meißen, Tschirnhaus im sogenannten Goldhaus nahe der Residenz in Dresden und Papst von Ohain, der ehemalige Aufseher Böttgers, in Freiberg. Dort ging es um die Verbesserung der Leistung und Temperaturgenauigkeit der Brennöfen, eine wesentliche Voraussetzung für die im Winter 1707/1708 erreichten Herstellungserfolge. Noch vor Tschirnhaus' Tod im Oktober 1708 wurde Böttger die Verantwortung für die serienmäßige Produktion von Porzellan übertragen, und im März 1709 konnte er endlich Fortschritte bei der Glasur melden. In seinem Memorandum regte er mit aufgefrischtem Selbstbewusstsein die Einsetzung einer Kommission zur Überprüfung seiner Leistungen an: »Ob der achtjährige Verlust meiner Freyheit so Beschaffen gewesen, daß ich als Mensch niemahls Uhrsache gehabt hatte Betrübt zu seyn, überlaße ich dem höchsterleuchtenden Nachdencken von Ew. Königl. Mayst. und einer stillen und unpartheyischen Beurtheilung der ganzen Welt. [...] Denn es sind einige Personen welche mich ohne weiteres nachdencken unter die Zahl solcher Leuthe setzen, deren Künste nur in unnüzbaren Subtilitaeten, nicht aber in Reellen Wissenschafften zu Bestehen pflegen. [...] Damit aber die vergangene Zeit durch die izige möge in etwas wieder melioriret werden: So erkühne ich mich hiermit in Allerunterthänigkeit Ew. Mayst. Demüthigst zu Bitten, eine Verpflichtete Commißion niedersezen zu laßen, welche meine vorstellende Wissenschafften gründlich untersuchen möge, ob nehmlich dieselben Dero Landen nüzlich und nöthig oder aber schädlich und inpracticabel zu halten seyn.«

Böttger drang mit seiner Eingabe durch und wurde im Juni 1710 zum technischen Leiter der nun in Meißen etablierten Porzellanmanufaktur ernannt. Allerdings war dies gewissermaßen eine Fernfunktion, denn aus Sorge, der Geheimnisträger könnte sich erneut aus dem Staub machen, wurde er weiter in Dresden unter Aufsicht gehalten. Und noch immer mochte August von der Hoffnung auf Gold aus dem Tiegel nicht lassen, und Böttger wagte trotz seiner Porzellanerfolge nicht zu gestehen, dass er weder über den Stein der Weisen noch über das ›chymische‹ Verwandlungswissen verfügte. Im März 1713 kam es sogar noch einmal zu einem Schauexperiment, bei dem Böttger es schaffte, auf welche Weise auch immer, im Beisein von August ein Goldklümpchen aus dem Ärmel oder Tiegel zu zaubern. Ein Jahr später war er ein freier Mann, halbwegs, denn das Kurfürstentum durfte er nicht verlassen. Ende 1715 beendete August den Zufluss weiterer finanzieller Mittel mit der Anordnung, die Manufaktur habe sich künftig selbst zu tragen. Die folgenden finanziellen Schwierigkeiten hingen sicher mit dem mangelnden kaufmännischen Geschick Böttgers zusammen, außerdem mit noch ungelösten technischen Schwierigkeiten. Beispielsweise blieb es in der Farbgebung bis zum Tod des inzwischen schwer kranken Porzellanerfinders 1719 bei der nachträglichen kalten Lackbemalung. Und »je schöner die Farben, die zierliche Arbeit, der Glantz und das durchsichtige Wesen des Porzellans, je desto mehreren Werth und Hochachtung verdienet es«. So steht es im bedeutendsten und umfangreichsten Lexikon der Zeit. Von Böttger weiß dieses Lexikon nichts.

Zedler verlegt ein Lexikon

Obleich ein Artikel über Böttger fehlt, übrigens auch über Tschirnhaus und über Papst von Ohain, nicht jedoch über Porzellan, waren Anspruch und Umfang des Werkes so riesig wie sein Titel, der hier auszugsweise (zu zwei Dritteln!) wiedergegeben sei: *Grosses vollständiges Universal Lexicon Aller Wissenschafften und Künste, Welche bißhero durch menschlichen Verstand und Witz erfunden und verbessert worden, Darinnen so wohl die Geographisch-Politische Beschreibung des Erd-Kreyses, nach allen Monarchien, Kayserthümern, Königreichen, Fürstenthümern [...], Ländern, Städten, See-Häfen, Vestungen, Schlössern, Aemtern, Klöstern, Gebürgen, Pässen, Wäldern, Meeren [...]; samt der natürlichen Abhandlung von dem Reich der Natur, nach allen himmlischen, lufftigen, feurigen, wässerigen und irdischen Cörpern, und allen hierinnen befindlichen Gestirnen, Planeten, Thieren, Pflantzen [...]. Als auch eine ausführliche Historisch-Genealogische Nachricht von den Durchlauchten und berühmtesten Geschlechtern der Welt [...]. Ingleichen von allen Staats-Kriegs-Rechts-Policey und Haußhaltungs-Geschäfften des Adelichen und bürgerlichen Standes, der Kauffmannschaft, Handthierungen, Künste und Gewerbe [...]. Wie nicht weniger die völlige Vorstellung aller in den Kirchen-Geschichten berühmten Alt-Väter, Propheten, Apostel, Päbste, Cardinäle [...] wie auch Concilien, Synoden, Orden, Wallfahrten, Verfolgungen der Kirchen, Märtyrer, Heiligen, Sectirer und Ketzer aller Zeiten und Länder. Endlich auch ein vollkommener Inbegriff der allergelehrtesten Männer [...] und der von ihnen gemachten Entdeckungen, ferner der Mythologie, Alterthümer, Müntz-Wissenschafft, Philosophie, Mathematic, Theologie, Jurisprudenz und Medicin, wie auch aller freyen und mechanischen Künste, samt der Erklärung aller darinnen vorkommenden Kunst-Wörter u. s. f. enthalten ist.*

Ein Lexikon mit derart universalem Wissensversprechen war ein frontaler Angriff gegen die Leipziger Buchhändlerverleger, die seit Jahren gutes Geld mit Kompendien und Kompilationen aller Art verdienten. Sie fürchteten, und wohl nicht zu Unrecht, dass Zedlers Mitarbeiter vieles aus bereits vorliegenden Werken übernehmen, paraphrasieren oder einfach abschreiben würden. Das wollten sich die eingesessenen Buchkaufmannsfamilien nicht bieten lassen, schon gar nicht von einem Mittzwanziger, noch dazu einem dahergelaufenen ohne Leipziger Verbindungen. Und auch deshalb nicht, weil dieser Dahergelaufene seine den geschlossenen Leipziger Markt aufbrechende Geschäftüchtigkeit schon durch den Start einer deutschen Lutherausgabe in 22 Bänden bewiesen hatte.

Das Zahlungsmodell, mit dem Zedler die 1729 begonnene Lutherausgabe finanzierte und das auch bei dem im März 1730 angekündigten *Universal Lexicon* zum Tragen kommen sollte, war die Pränumeration. Im Unterschied zur Subskription bestellten dabei die Abnehmer nicht nur verbindlich im Voraus die einzelnen Bände, sondern bezahlten sie gleich. Zedler ging zunächst von 16, dann von 24 Bänden aus. Schließlich wurden es bis zum Abschluss im Jahr 1754 insgesamt 68 Foliobände mit über 62 000 Seiten. Das lag auch daran, dass etliche Artikel die für ein Nachschlagewerk angemessenen Formate sprengten und dass einzelne Artikel gar keine mehr waren, sondern sich zu Abhandlungen dick wie Bücher auswuchsen, etwa der 349 Spalten umfassende Beitrag über die Wolff'sche Philosophie, der dem Verfasser noch dazu so ›knapp‹ vorkam, dass er weitere 128 Spalten mit einer Biographie des Philosophen folgen ließ.

Die eigentlichen Schwierigkeiten, mit denen Zedler und sein Unternehmen zu kämpfen hatten, waren jedoch pekuniärer Art, was wiederum mit der administrativen Verhinderungspolitik der Leipziger Konkurrenzverleger zusammenhing. Vor allem Caspar Fritsch, der von 1730 an die dritte Auflage des 1709 von seinem Vater lancierten *Allgemeinen Historischen Lexicons* vermarkten wollte, suchte Zedlers Werk zu verhindern. Er hatte damit insofern Erfolg, als Zedler das von ihm beantragte Privileg für Druck und Vertrieb von den kurfürstlichen Behörden verweigert und 1731 der erste Band auf der Leipziger Messe sogar beschlagnahmt wurde. Zedler gelang es indessen, ein Privileg des Soldatenkönigs zu erwirken. Er verlegte den Verlag (wenn der Kalauer gestattet ist) ins damals brandenburgische Halle und erreichte, vermutlich durch Fürsprache des Kanzlers der dortigen Universität, dass die Druckerei der Franckeschen Anstalten in Glaucha die Herstellung des Lexikons übernahm. Der Name des Kanzlers war Johann Peter von Ludewig, und mit diesem Titel und Namen war die Vorrede zum ersten Band unterzeichnet. Sie beginnt folgendermaßen: »Es unternimmet der Verleger dieses Universal-Lexici ein Werck, daran noch kein anderer, weder in Teutschland, noch ausserhalb in andern Reichen und Staaten, sich wagen dürfen. Dahero ihme, als Anfänger und Urheber desselben, die Ehre und der Vorzug davon auch billig gebühret. Und wie er den Anfang in dem ersten Folianten, innerhalb Jahres Frist, nach überwundenen unsäglichen Hindernissen, die abgönstige und eigennützige Leute ihme gemachet, ans Licht gestellet: so hat man um so viel weniger zu zweiffeln, daß nun, unter dessen unermüdetem Fleiß und milder Aufwendung aller Kosten, er [...] um so viel leichter zum Stande und einem gesegnetem Ende kommen werde. Dann nunmehro ist das gantze Werck, zur Ehre und Nutzen der Teutschen, mit Kayserl. und Königl. allergnädigstem Schutz, als einer vesten Burg, bewahret; daß sich niemand weiter unterfangen mag, weder die Arbeit, noch den Druck, noch auch den Verkauff davon aus irgend einem Vorwand zu hindern.«

Mitte der 1730er geriet Zedler in finanzielle Schwierigkeiten, bis 1737 ein Leipziger Investor das Unternehmen rettete. Im selben Jahr wurde das von Ludewig erwähnte Kaiserliche Schutzprivileg zurückgenommen, was jedoch durch das Engagement des Leipziger Kaufmanns ausgeglichen wurde, einmal durch den Zufluss neuer Geldmittel sowie durch den nunmehr wieder möglichen Zugang zum Leipziger Markt. Der Preis, den Zedler persönlich für die Fortsetzung seines monumentalen Vorhabens bezahlen musste, bestand im geschäflichen wie geistigen Rückzug. Der ›Zedler‹ umschreibt das im Artikel über Zedler in Band 61 vorsichtig so: »Uebrigens hat er noch verschiedene grosse Wercke, die zum Theil bereits unter der Presse sind, theils noch in Zukunfft heraus kommen sollen, projectiret. Denn ob er wohl [...] sich bereits einer geraumen Zeit her denen Handlungs-Geschäfften entzogen und die meiste Zeit des Sommers auf seinem Land-Gute zu Wolfshayn sich aufhält, so hat er doch noch nicht unterlassen, durch nützliche Erfindungen denen Gelehrten und durch kluge Rathschläge der Buchhandlung nützlich zu seyn.«

Obwohl der jugendliche Initiator des *Universal Lexicons* nach den intrigenreichen Kämpfen des Anfangs mehr und mehr aus dem Unternehmen hinausgedrängt worden war, blieb es doch bis heute mit seinem Namen verbunden. In der ersten Hälfte des 18. Jahrhunderts nahmen die alphabetisch statt wie bisher systematisch ordnenden Kompendien einen ungeheuren Aufschwung. Wie immer in solchen Fällen zog ein gelungenes Projekt das nächste nach sich, und der Erfolg zeugte den Erfolg, zumal das Wissen selbst, einmal befreit von den Fesseln der Tradition, sich Jahr über Jahr in einer Geschwindigkeit vermehrte, die immer neue Nachschlagewerke und immer neue Supplemente zur Ergänzung der älteren nötig machte.

Die alphabetische Pyramide des ›Zedler‹ wurde mit Wissen errichtet, das in Büchern niedergeschrieben bereitlag. Zu diesen Büchern gehörten Lehrwerke und die jeweils einschlägige Fachliteratur, aber auch Kompendien und Lexika. Im Falle des Lexikons aus dem Hause Fritsch vermied man direkte Übernahmen, aber aus Marpergers *Küch- und Keller-Dictionarium* (erstmals 1716) oder aus Johann Georg Walchs *Philosophischem Lexicon* (erstmals 1726) wanderten ganze Artikel in den ›Zedler‹ ein. Gleiches galt für Johann Gottfried Walthers *Musicalisches Lexicon* (erstmals 1732). Johann Sebastian Bach allerdings, der von Walther gewürdigt wurde, schaffte es nicht in den ›Zedler‹. Dort hielt man sich an Johann Christoph Bach, einen von Johann Sebastians Großonkeln, der in der zweiten Hälfte des 17. Jahrhunderts lange 38 Jahre als Organist in Eisenach wirkte. Händel wiederum bleibt sowohl von Walther als auch im ›Zedler‹ unerwähnt, während Telemann bei beiden mit ausführlichen Darstellungen gewürdigt wird.

Als namensgebender ›Klassiker‹ der lexikalischen Gattung kann Johann Hübners *Reales Staats- und Zeitungs-Lexicon* gelten, das 1704 in Leipzig auf den Markt kam und sich seit 1708 im Titel als »Conversations-Lexicon« bezeichnete. Es prägte damit das Selbstverständnis der Publikumslexika bis weit ins 20. Jahrhundert. Als Ergänzung zu diesem Werk gab Hübner zusammen mit dem auf dem Titelblatt ungenannt bleibenden Marperger 1712 ebenfalls in Leipzig ein *Curieuses und Reales Natur-, Berg-, Gewerck- und Handlungs-Lexicon* heraus. Etwas überraschend wird darin auch Musikalisches berücksichtigt. In der Vorrede zur zweiten Auflage von 1714 liefert Hübner dafür die Begründung: »Weil auch die Music und die Poesie viel Kunst-Wörter bey sich führen, davon man ohne Schande kein Ignorante seyn kan, so sind auch dieselben an gehörigem Orte nicht vergessen worden.«

Erwähnenswert aus dem vielgestaltigen Wörterzoo barocker Lexika ist ein 1715 unter dem Pseudonym Amaranthes in Leipzig herausgebrachtes *Nutzbares, galantes und curiöses Frauenzimmer-Lexi-*

con. Das von Gottlieb Siegmund Corvinus verfasste Werk wurde von den Zeitgenossen eher als Kuriosität wahrgenommen, gilt heutigen Historikern jedoch als sozialgeschichtliche Quelle ersten Ranges. Es breitet in tausendseitiger Ausdauer Sachverhalte aus, die den Zeitgenossen als selbstverständlich vorgekommen sein müssen, aber uns die Welt dieser Zeitgenossen überhaupt erst im Detail erfahrbar machen. Schon auf dem Titelblatt ist das Werk ausdrücklich dem »weiblichen Geschlechte insgesamt zu sonderbaren Nutzen, Nachricht und Ergötzlichkeit« gewidmet. Und es hält sein Versprechen – bis zum heutigen Tag. Der Artikel »Mensch« beispielsweise beginnt mit der immer noch lebendigen vulgären Bedeutung des Wortes als »Weibes-Bild von gemeinem und schlechten Stande«. Nach dieser Worterklärung konnte sich die lesende Dame zu Amaranthes' Zeiten vergewissern – ob zu ihrem ›sonderbaren Nutzen‹ oder mehr zum ›Ergötzen‹ –, dass sie tatsächlich zum Menschengeschlecht gezählt wurde: »Der alberne Streit, ob die Weiber auch Menschen seynd, ist längstens beygeleget worden.«

Was wird wohl die gescheite Luise Adelgunde Gottsched gedacht haben bei der Lektüre des *Frauenzimmer-Lexicons?* Aber vermutlich hatte sie für die Fleißarbeit des wohlmeinenden Corvinus gar keine Zeit, war sie doch mit einem ungleich größeren Werk beschäftigt: *Herrn Peter Baylens, weyland Professors der Philosophie und Historie zu Rotterdam, Historisches und Critisches Wörterbuch, nach der neuesten Auflage von 1740 ins Deutsche übersetzt.* Unter diesem Titel brachte Johann Christoph Gottsched von 1741 bis 1744 das erstmals von 1695 bis 1697 erschienene *Dictionaire historique et critique* des hugenottischen Aufklärers heraus. Dieses Wörterbuch war der Beginn einer Entwicklung, die schließlich zur *Encyclopédie* Diderots führte, deren erster Band 1751 erschien, also nur zehn Jahre nachdem Gottsched die von ihm und seiner Frau angefertigte deutsche Fassung von Bayles Wörterbuch publiziert hatte, und drei Jahre vor Abschluss von Zedlers *Universal Lexicon.* Und so, wie Mitarbeiter des ›Zedler‹ auf andere Lexika zurückgriffen, so griffen Mitarbeiter der *Encyclopédie* auf den ›Zedler‹ zurück.

Ehrenrettung für Gottsched
oder
Der aussichtslose Kampf gegen Hans Wurst

Gottsched war ein großer Mann – so groß jedenfalls, dass er 1724 aus Angst vor den preußischen Werbern, die im Auftrag des Soldatenkönigs nach ›langen Kerlen‹ suchten, aus Königsberg nach Leipzig floh. In dieser bürgerlichen Handelsstadt machte er Karriere: mit Fleiß, geistigem Ordnungssinn und einer gehörigen Portion Pedanterie, wie ihm, ähnlich seinem philosophischen Lehrmeister Christian Wolff, von den Zeitgenossen und mehr noch von den intellektuellen Leitfiguren späterer Generationen vorgeworfen wurde. Er gehörte zu jenem Typus des Aufklärers, der im Rahmen des Bestehenden verbessern wollte. Dies wurde durch die moralische Erziehung der Untertanen angestrebt, nicht durch die Reform obrigkeitlicher Institutionen. Mit der ›Moralisierung‹ ging unvermeidlich eine ›Pädagogisierung‹ einher, und im gesellschaftlich gewandten Aufklärer wuchs ein gelehrter Schulmeister heran, der mit zunehmendem Einfluss immer starrsinniger und mit zunehmendem Starrsinn immer lächerlicher wurde, bis sich dieser Einfluss schließlich verflüchtigte, so, wie sich Wolffs Einfluss verflüchtigt hatte. Lessing beispielsweise konnte sich noch zu Lebzeiten Gottscheds in einem seiner Literaturbriefe über dessen theaterpolitisches Engagement lustig machen, indem er behauptete, die Vertreibung des Harlekins von der Bühne sei selbst eine Harlekinade gewesen. Die Geschichte wird von den Siegern geschrieben, sagt man, und weil Harlekins und seine Hanswurstsippschaft unbesiegbar sind, hatten sie das letzte Wort. Und es spricht nicht für Lessing, dass es aus seinem Mund kam.

Die vagierenden Gaukler machten überall ihre Sprünge*, aber Hans Wurst wurde in Wien zur Legende, seit Joseph Anton Stranitzky 1711 das Theater am Kärntnertor gepachtet hatte, eben jenes Theater, in dessen unmittelbarer Nachbarschaft Vivaldi drei-

---

* Dazu der Abschnitt über »Volksbelustigung« im 10. Kapitel.

ßig Jahre später seine letzten Monate erlebte*. Stranitzky verlieh der seit dem Mittelalter durch Jahrmarktsbuden und über Theaterbühnen stolpernden Figur gewissermaßen den letzten Schliff. Was nicht heißt, dass er dem Hans den Feinsinn des Harlekins der italienischen Commedia dell'arte beibrachte. Wurst war ein Grobian in Salzburger Bauerntracht mit grünem Hut und aufgenähtem Herz auf der kurzen Jacke. Ob er das Herz auf dem rechten Fleck trug, sei dahingestellt, denn bei aller Sympathie, die man im Nachhinein seinen Respektlosigkeiten entgegenbringen mag, beruhte sein Erfolg auf den niederen Instinkten des Publikums, auf Schadenfreude zum Beispiel, jenem schenkelklopferischen Nichtmitgefühl, zu dem unter allen Tieren nur die Menschen fähig sind – und unter denen auch die ›Hohen Tiere‹, sei hinzugefügt. Im Dezember 1702 beklagte sich Kurfürstin Sophie von Hannover aus in einem Brief an Leibniz über einen als ›Pickelhering‹ bezeichneten Spaßmacher, der »überhaupt nichts taugt. Der Kurfürst hätte gerne einen besseren, falls die Truppe in Berlin, von der Sie sprechen, einen besseren hat«.

Hans Wurst erwies sich als so unausrottbar wie die Schadenfreude selbst. Und der große – oder doch nur lange? – Gottsched musste erleben, wie sein Kampf gegen den Bühnenklamauk selbst im Klamauk auf der Bühne endete. Im Oktober 1737 ließ er in einem eigens für diesen Zweck geschriebenen Stück Hans Wurst den Prozess machen und von der Bühne verstoßen, unter tätiger Mithilfe der Theaterprinzipalin Friederike Carolin Neuber. Die genauen Umstände dieser Farce gegen die Farce auf der Neuber'schen Theaterbude nahe dem Bosischen Garten am Grimmaischen Tor sind nicht mehr rekonstruierbar. Aber verbrannt, wie später kolportiert, wurde Harlekin wohl nicht. Vier Jahre nach dem Spektakel wurde Gottsched selbst von der Neuberin in der Rolle des närrischen »Tadlers« (eine Anspielung auf seine Zeitschrift *Die vernünfftigen Tadlerinnen*) auf den Brettern bloßgestellt. In einem ihrer Theatervorspiele führte die Prinzipalin den Aufklärer in riesenhafter Gestalt mit Fledermausflügeln und mit einer Blendlaterne in der Hand als Heimleuchter vor. Das war für den stets auf seine bürgerliche Würde bedachten Gelehrten um so kränkender, als die rachsüchtige

---

* Dazu der Abschnitt »Vivaldi in Wien« im 3. Kapitel.

Neuberin vor der Aufführung das Gerücht hatte streuen lassen, der Herr Professor würde sich selbst spielen.

Mit *Der allerkostbarste Schatz* – so nannte die Neuberin ihr Vorspiel – war das allerunterste Niveau der Auseinandersetzung zwischen ihr und dem ehemaligen Gefährten im Kampf für eine Reform des Schauspielwesens erreicht. Sie hatten sich gemeinsam dafür eingesetzt, die Bühne von den Hanswurstiaden zu reinigen und in eine Art ›moralische Anstalt‹ zu verwandeln, lange bevor Schiller dies als Programm ästhetisch ausformulierte. Zehn Jahre vor der Bloßstellung Gottscheds als dubioses Nachtgeschöpf mit Blendlaterne hatte die Neuberin dessen Stück *Sterbender Cato* aufgeführt. Es war Bürgermeister Gottfried Lange gewidmet, seit 1719 Vorsteher der Thomaskirche und, nebenbei gesagt, einer der Förderer Bachs im Rat der Stadt Leipzig. Diesem Rat versicherte die Neuberin schriftlich: »Unsere Bemühung ist überhaupt iederzeit dahin gegangen, in unseren Vorstellungen die strengste Moral beizubehalten, alle leeren Possen und unerbare Zweydeutigkeiten zu vermeiden«.

Die Versicherung, von der Neuberin mehrmals wiederholt, war angesichts der Zustände auf den deutschen Opern- und Theaterbühnen keineswegs überflüssig. Gottsched schalt die Oper für die »Beförderung der Wollust und Verderberin guter Sitten. Die zärtlichsten Töne, die geilesten Poesien und die unzüchtigsten Bewegungen der Opernhelden und ihrer verliebten Göttinnen bezaubern die unvorsichtigen Gemüther«. Und in der Vorrede zum *Cato* klagte er: »Lauter schwülstige und mit Harlekins Lustbarkeiten untermengte Haupt- und Staatsaktionen, lauter unnatürliche Romanstreiche und Liebeswirrungen, lauter pöbelhafte Fratzen und Zoten waren dasjenige, so man daselbst zu sehen bekam.« Worum es sich bei den ›Haupt- und Staatsaktionen‹ handelte, lässt sich den Anpreisungen eines Berliner Komödienzettels aus der ersten Hälfte des Jahrhunderts entnehmen: »Mit gnädigster Bewilligung einer hohen Obrigkeit wird heute […] aufgeführet werden eine mit lächerlichen Scenen, ausgesuchter Lustbarkeit, lustigen Arien und Verkleidungen wohl versehene, dabei aber mit ganz neuen Maschinen und Decorationen artig eingerichtete, auch mit verschiedenen Flugwerken ausgezierete, und mit Scherz, Lustbarkeit und Moral vermischte, durch und durch auf lustige Personen eingerichtete, gewis sehenswürdige grosse Maschinskomödie, unter dem Titel: Hanswursts Reise in die Hölle und wieder zurück«.

Carolin Neubers Kampf gegen die Possen auf der Bühne ging einher mit dem gegen die Possen hinter den Kulissen. Das fahrende Schauspielvolk galt – und sicher nicht immer zu Unrecht – den städtischen Obrigkeiten als zwielichtig, und die niedergelassenen Truppen hatten gleichfalls keinen guten Ruf: die Männer den von unehrenhaften Hallodris, die Frauen den von halbkäuflichen Capricen. Der Neuberin war es bei ihrem Feldzug gegen Hans Wurst also auch darum zu tun, mit dem Publikum zugleich die Darsteller zu erziehen und die Schauspielerei in einen seriösen bürgerlichen Beruf zu verwandeln.

Dies war die soziale Seite der Auseinandersetzung, in der es eben nicht nur um bühnenästhetische Fragen ging. Und diese Seite ist dem arrivierten Professor Gottsched wenn nicht entgangen, so doch als nachrangig erschienen. Er war ganz und gar auf die Durchsetzung seiner Regelpoetik fixiert. Dass es zwischen dem im Leipziger Bürgertum gut verankerten Gelehrten und der von ebendiesem Bürgertum beargwöhnten Mutter einer Schauspielkompanie zu Problemen kommen musste, wird nicht überraschen. Wie häufig, wenn sich Menschen mit sehr unterschiedlichem Sozialstatus und konträrem persönlichem Temperament um einer großen Sache willen zusammentun, genügen – im Nachhinein betrachtet – Kleinigkeiten, der gemeinsamen Sache ein Ende zu machen. Die Kleinigkeiten in diesem Fall waren der Streit um die Kostümierung der Schauspieler bei historischen Stücken und derjenige um ein von der Gottschedin übersetztes und von der Neuberin zurückgewiesenes Stück. Sollen bei historischen Stücken die Schauspieler in historisch korrekten Kostümen auftreten, wie Gottsched aus prinzipiellen Gründen verlangte, oder in solchen, die das Publikum gewohnt ist, worauf die Neuberin aus praktischen Gründen beharrte? Sollte sich eine Übersetzung durch gelehrte Korrektheit auszeichnen (die Gottschedin) oder (die Neuberin) durch mitreißende Gefälligkeit?

Gottsched geriet bei der Auseinandersetzung mit der leidenschaftlichen Theaterfrau in die Rolle des rationalistischen Besserwissers und konnte sich aus dieser Rolle nicht mehr befreien. Außerdem packten im Verlauf dieses öffentlich ausgetragenen Konflikts Leute die Gelegenheit beim Schopf, aus der Anonymität heraus dem eitlen und selbstgerechten Gottsched Nebenscharmützel zu liefern, die es bis dahin nicht gewagt hatten, mit offener Kritik aus der Deckung zu kommen.

Sehr wohl aus der Deckung gekommen war schon Jahre zuvor Christian Friedrich Henrici* alias Picander, einer von Bachs Kantatendichtern und späterer Librettist der Matthäus-Passion. Gottsched hatte ihn wegen einiger saftiger Bühnenstücke – wenig geistreich – als ›Schmierander‹ beschimpft und 1728 in der ersten Auflage des *Versuchs einer Critischen Dichtkunst* gereimt: »Denn was macht nicht der liebe Wind? / Daß Stümper Ämter kriegen« – Henrici hatte 1727 durch ein Widmungsgedicht an August den Starken eine Stelle beim Leipziger Oberpostamt ergattert – »Daß feige Memmen siegen, / Daß Ignoranten steigen, / Daß Fiedler künstlich geigen.«

Die Neuberin hatte Gottsched in ihrem Vorspiel Fledermausflügel wachsen lassen und ihm eine Blendlaterne in die Hand gedrückt, Henrici ließ ihm in einer Kantate Eselsohren wachsen und setzte ihm eine Narrenkappe auf: »Aufgeblasne Hitze, / aber wenig Grütze / kriegt die Schellenmütze / endlich aufgesetzt.« Die Reime entstammen der Bach-Kantate *Streit zwischen Phöbus und Pan* (BWV 201), die vom ersten Auftritt des Chors an viel Wind macht: »Geschwinde / ihr wirbelnden Winde, / auf einmal zusammen zur Höhle hinein.« Und in der Sopran-Arie: »Patron, das macht der Wind / [...] / dass die Toren weise sind, / dass das Glücke selber blind, / Patron, das macht der Wind.« Nun blies Gottscheds ›lieber Wind‹ ihm selbst ins Gesicht. Beim Flötenwettstreit zwischen Phöbus und Pan schlägt sich der Kunstrichter Midas, in dem informierte zeitgenössische Hörer Gottsched erkennen konnten, auf die Seite Pans. Das ist etwas überraschend, denn eigentlich steht der ungezügelte, ewig brünstige Pan doch eher Harlekin nahe – und Gottsched mithin dem regelkonform leiernden Phöbus/Apoll. Aber Picander hält sich an die in Ovids *Metamorphosen* vorgegebene Rollenverteilung, wo der Gott mit der Leier den bocksfüßigen Flöter überwindet und nach dem Wettkampf sein Verteidiger Midas, der König von Phrygien, mit Eselsohren bestraft wird. Bachs Musik tut das ihre. Pans

---

* Zu Henrici der Abschnitt »Die ›Oberkeit‹« im 4. Kapitel.

Bass-Arie »Zu Tanze, zu Sprunge, / so wackelt das Herz« erklingt als französisches Tanzlied, ganz Gottsched gemäß, der sich in seiner Poetik am französischen Theater orientierte. Nach Tanz, Sprung und Herzwackeln muss Pan zugeben: »Wenn der Ton zu mühsam klingt / und der Mund gebunden singt, / so erweckt es keinen Scherz.«

Das köstliche und überdurchschnittlich lange Stück wurde mit dem Collegium musicum aufgeführt, das auch die Kaffee-Kantate präsentierte, deren Text ebenfalls von Picander stammt*. Hätten wir im Publikum gesessen, wären uns womöglich beide, Pan und Phöbus, als musikalische Angeber erschienen, wobei die Angebereien Pans in die Beine gehen und die des Phöbus klischeekorrekt zu Kopf steigen. Und vielleicht hätte uns die kontrafaktische Zumutung amüsiert, zu hören, wie Picander und Bach den rationalistischen Professor in der Midas-Rolle dazu verdonnern, dem zügellosen Pan ein Loblied zu singen.

Übrigens hat auch Gottsched für Bach geschrieben, aber nur selten und nur auf Wunsch von Auftraggebern wie bei der Trauerkantate *Laß Fürstin, laß noch einen Strahl* (BWV 198). Das war vor dem Pan-Phöbus-Streich und veranlasst durch eine Gedächtnisfeier für die verstorbene Kurfürstin im Oktober 1727. Sie wurde von der Universität initiiert, der sowohl Gottsched als auch Bach verbunden waren, weshalb sie sich der Bitte um Zusammenarbeit schwerlich entziehen konnten. Abgesehen davon gingen die beiden einander aus dem Weg. Zu unvereinbar waren die musikästhetischen Vorstellungen, zumal Gottsched nie einen Zweifel daran gelassen hatte, dass die Musik dem Wort zu dienen hatte, während Bach sich nicht scheute, der Musik zuliebe in die Versgebilde seiner Kantatendichter einzugreifen.

Was Stranitzky in Wien war, das war in Leipzig seit 1722 Joseph Ferdinand Müller. Er machte der Neuberin als Prinzipal geschäftlich Konkurrenz, indem er ihr als Harlekin komödiantisch auf der Nase herumtanzte. Diese über viele Jahre sich hinziehenden Schwierigkeiten haben zur Eskalation des Konflikts mit dem alten Verbündeten Gottsched beigetragen. Die Neuberin führte den Kampf an zwei Fronten, und bei diesem Kampf ging es nicht nur um die Poetik

---

* Dazu der entsprechende Abschnitt im Kapitel »Weltliche Freuden«.

des Schauspiels, sondern zugleich um die Existenz der Schauspieler. Die faszierende Frau hat den Kampf um ihre Idee vom Theater ausdauernd und mit theatralischer Leidenschaft geführt. Im letzten Akt ihres wahrhaft abenteuerlichen Lebens musste sie sich geschlagen geben. Doch historisch hat sich das Theater als bürgerliche Institution durchgesetzt, und die Schauspieler haben sich von Vaganten, die außerhalb der Friedhofsmauern bestattet wurden, in umschwärmte Stars verwandelt.

Aber auch Harlekin wurde zum Star. Sein Erscheinungsbild wandelte sich, vom Wiener Kasper als direkter Nachfahre des Hans Wurst bis zu seinen heutigen Wiedergängern in ›den Medien‹. Einer davon ist der Österreicher Thomas Neuwirth, der als Conchita Wurst prominent wurde. In Zeiten, in denen Bildungsbürger versichern zu müssen glauben, dass zwischen U und E (Unterhaltungs- und ›ernster‹ Kultur) nicht mehr zu unterscheiden sei, muss man sich nicht wundern, wenn die Wiener Philharmoniker mit Conchita gemeinsam Musik machen. Wer ist Phöbus, wer ist Pan? Und wer trägt die Eselsohren? Immer nur Gottsched?

Selbst wenn Harlekin zur Hölle fährt, wie auf dem zitierten Komödienzettel angekündigt, kommt er wieder zurück. Als der in Wien geborene Franz Schuch in den 1750er Jahren in Berlin den Hans Wurst nach zeitweiliger Verbannung erneut auf die Bühne brachte und sich damit den Tadel von Probst Süßmilch zuzog, soll er geantwortet haben, ein Bühnenstück ohne Hans Wurst wäre wie eine Kanzelpredigt ohne Teufel.

Süßmilch treibt Statistik

Johann Peter Süßmilch hat seinen Schäfchen nicht nur gepredigt, er hat sie auch gezählt: *Die göttliche Ordnung in denen Veränderungen des menschlichen Geschlechts. Das ist, Gründlicher Beweiß der göttlichen Vorsehung und Vorsorge für das menschliche Geschlecht aus der Vergleichung der gebohrnen und sterbenden, der verheiratheten und gebohrnen, wie auch insonderheit aus der beständigen Verhältniß der gebohrnen*

Knaben und Mädgens, Wobey Accurate und vieljährige Listen der ge-
bohrnen und gestorbenen in allen Königl. Preußischen Ländern, in Lon-
don, Amsterdam, Paris, Wien, Berlin, Breßlau etc daraus der Wachsthum
und die Anzahl der Einwohner in selbigen Ländern und Städten be-
stimmet wird, Nebst Einem Versuch, die Verhältnis der sterbenden nach
dem Alter und nach denen Kranckheiten zu bestimmen. Das neunte Kapitel des zuerst 1741 und dann schon 1742 erweitert herausgebrach-
ten Werks heißt »Von guter Einrichtung der Kirchen-Bücher«. Das
rührt nicht daher, dass Süßmilch ein Kirchenmann war, sondern hat
seinen weltlichen Grund darin, dass die von Gemeindepfarrern geführten Tauf- und Sterberegister die wichtigste, mitunter die einzige
Quelle für ›statistische Erhebungen‹ waren. Unter den zahlreichen
im Anhang des Werks präsentierten Tabellen findet sich zum Beispiel eine »Liste der Gebohrnen, Gestorbenen und Verheyratheten
in allen Königl. Preußischen und Chur-Brandenburgis. Landen«.
Über der Geburtenspalte der Tabelle steht freilich »Getaufte«, denn
nur sie waren in den Registern dokumentiert. Die vor der Taufe gestorbenen oder totgeborenen Kinder blieben unerfasst. Wenn »genaue Listen verfertiget werden«, bemerkt Süßmilch in seiner Vorrede, »so wird sich die Verhältniß der Kranckheiten untereinander
und ihre Grösse genauer bestimmen lassen«. Eben darauf kam es
Süßmilch an: auf lange Listen und genaue Berechnungen. Mögliche Fehler entschuldigt er damit, dass »die vielen und weitläuftigen
Rechnungen mir oft den Kopf sehr warm gemacht«, betont aber zugleich das Gewicht der großen Zahl. Einzelbeispiele oder niedrige
Zahlen könnten seine Schlussfolgerungen nicht widerlegen – aus
statistischer Perspektive selbst ein unwiderlegliches Argument.

Der Begriff ›Statistik‹ war damals nicht geläufig. Er setzte sich,
von der Universität Göttingen ausgehend, erst in der zweiten Hälfte
des Jahrhunderts durch. Gleichwohl hatten die Zahlen, Listen und
Tafeln, die Süßmilch fleißig zusammenstellte, und die Schlussfolgerungen, die er aus den aufbereiteten Daten zog, größte staatspo-
litische Bedeutung. Der Begriff ›Statistik‹ mochte noch keine Rolle
spielen, der Terminus ›Peuplierung‹ fehlte in keiner Abhandlung,
die sich mit dem inneren Staatsaufbau befasste. Das Wiederbevöl-
kern der nach dem Dreißigjährigen Krieg verödeten Regionen und
die Erstbesiedlung von neu gewonnenen Gebieten (etwa durch Tro-

ckenlegung von Sümpfen und Flußtälern) waren eine der großen Souveränitätsaufgaben der Fürsten*. Ohne Steuern kein Staat und ohne Bewohner keine Steuern; des Weiteren kein stehendes Heer, kein ertragreiches Bebauen der Äcker, kein florierendes städtisches Handwerk. Die traditionelle ›Pflege‹ der Bevölkerung musste in eine geordnete ›Bewirtschaftung‹ übergehen, eine rationale Bewirtschaftung verlangte nach qualifizierender Quantifizierung, und zu deren Instrument wurde schließlich die Statistik im Anschluss an die Aufbauarbeit von Süßmilch.

In der Sorge um ein gesundes Bevölkerungswachstum berechnete der Lutheraner sogar, welche Folgen die Ehelosigkeit der Priester, Mönche und Nonnen in den katholischen Gebieten hatte. Er geht von 650 000 möglichen Ehen aus, die dadurch an »rechtmäßiger Zeugung der Kinder verhindert werden. [...] Wir wollen jeder Ehe nur 4 Kinder geben, und setzen, daß jedes Geschlecht 33 Jahre daure: so fallen 2 Millionen und 650tausend Menschen hinweg, die bloß in dem Papistischen Theile von Europa alle 33 Jahre noch hätten können und sollen gebohren werden.«

Der evangelische Pastor sah die ›göttliche Ordnung‹ durch die katholische Irrlehre gestört. Das Rechnen und Berechnen sollten dazu dienen, die vernünftige Ordnung wieder herzustellen. Über dem Zahlenwerk waltete die Überzeugung, alles in allem sei die Welt von Gott bestmöglich eingerichtet, wonach sich der Mensch in seinem Verhalten zu richten habe. Es war kein Zufall, dass Christian Wolff für das Werk ein Vorwort schrieb, und nur ein Schabernack der Geschichte, dass Süßmilch vor seiner Studienzeit bei dem später von den Pietisten aus Halle nach Jena vertriebenen Wolff** in Glaucha bei Halle eine Schule des pietistischen Oberhaupts August Hermann Francke besuchte. Auf diesen Schulbesuch geht wohl Süßmilchs Entscheidung für ein Theologie-Studium zurück, und auf die Begegnung mit Wolff sein Interesse an der berechenbaren, was bedeutet nachrechenbaren göttlichen Ordnung.

Süßmilch war ein vielseitiger Mann, der sich nicht leicht etwas

---

*   Dazu die entsprechenden Passagen im ersten Abschnitt des Kapitels »Die Fürsten machen Staat«.
** Dazu der Wolff-Abschnitt in diesem Kapitel.

vormachen ließ und auf allen möglichen Gebieten Verbesserungs-
vorschläge machte, etwa im Jahr 1747 die – erst später erfolgte – Einrichtung einer Schule für Hebammen*, um mit deren besserer Ausbildung die Mütter- und Kindersterblichkeit zu senken. Er hat es
sich auch nicht nehmen lassen, im Berliner Theatrum anatomicum
öffentlichen Sektionen beizuwohnen.

Haller seziert Leichen

Das ›Anatomische Theater‹ war wirklich eines. Folgerichtig gab es
auch ›Theaterzettel‹: »Solchemnach lade [ich] hiemit alle Liebhaber
der Anatomie zu [...] nützlichen Besichtigungen und darüber vorfallenden Auslegungen ein, als welche Morgen gegen 5 Uhr auf dem
Königlichen Theatro Anatomico [...] seinen Anfang nehmen wird.
Die gantze Anatomie wird aus 12 bis 16 Demonstrationibus bestehen, nach dem der Cörper sich konserviren lassen möchte, welche
Demonstrationes jedweder auf einem besondern Blat [...] zu seiner
Nachricht bekommen kann.« Um zur Veranstaltung im November
1713 in der neu etablierten chirurgischen Schaubühne eingelassen zu
werden brauchte man eine Marke, die im Hause des Veranstalters,
des preußischen »Hoff- und Garnisons Medicus« Christian Maximilian Spener ausgegeben wurde.

Die Einrichtung eines anatomischen Theaters in Berlin war zwei
Jahre zuvor durch den Arzt und Apotheker Friedrich Hoffmann**
während einer Sitzung der auf Leibniz zurückgehenden Societät der
Wissenschaften angeregt worden. Hoffmann versprach, »er wolle
mit Hülfe einiger Cadaver dann Anatomie vortragen«.

Die Eröffnung mit Speners ›Demonstrationes‹ erfolgte, nachdem
der Soldatenkönig mit dem Argument überzeugt werden konnte, die
Anatomie sei für die ›Regiments-Feldscheerer‹ wichtig. Regimenter

---

* Dazu der Abschnitt über die ›Hof-Wehmutter‹ Justine Siegemund im
  9. Kapitel.
** Zu Hoffmanns Tropfen der entsprechende Abschnitt im 11. Kapitel.

bestehen aus Männern, und Männer in Regimentern sind vor allem Material, kostbares Material, das im Frieden für den Kampf gedrillt und im Krieg nach Verwundungen gepflegt werden muss.

Bei der öffentlichen ›Zergliederung‹ kamen in der Regel Prosektoren zum Einsatz. Die Medizinprofessoren legten nicht selbst Hand an, sondern erläuterten die Vorgänge und stellten, wie von Spener eigens hervorgehoben, zusätzlich Erläuterungsblätter zur Verfügung. Die Leichen kamen von den Galgenplätzen, aus Zucht- und Armenhäusern. Die Hinterbliebenen der Verstorbenen aus dem Bürgertum oder gar aus dem Adel hätten einer anatomischen ›Zerfleischung‹, wie es hieß, niemals zugestimmt. Als der auf Leibnizens Vorschlag der wissenschaftlichen Societät angehörende Spener wenige Monate nach seiner Darbietung überschuldet starb, wurde dem König die Übernahme der Kosten für die Bestattung abgebettelt. Schließlich sollte der Anatom nicht selbst als ›Cadaver‹ auf dem Seziertisch landen wie irgendein Stadtarmer.

Widerstand gegen die Sektionen gab es nicht nur bei medizinischen Laien und theologischen Profis, sondern auch innerhalb der Ärzteschaft: Die Anatomie rühre von einer selbstzweckhaften Neugier her, sie befriedige bloß eine morbide Schaulust und trage zur Heilung der Kranken nichts bei. Der Großteil der Bevölkerung lehnte die Sektionen ebenfalls ab oder fürchtete sich gar vor ihnen. Für die gewöhnlichen Leute waren Leib und Seele untrennbar miteinander verbunden, der cartesische Dualismus mit der Körpermaschine und dem Seelensitz in der Zirbeldrüse wäre ihnen als Riss durch die Schöpfung unerträglich gewesen. Wie sollte man denn mit Leib und Seele aus dem Grab steigen am Tag des Jüngsten Gerichts, wenn man gleich nach seinem Tod von Anatomen zerschnippelt wurde? Als Spener im Sterben lag, ging das Gerücht um, er habe im Delirium mit den von ihm sezierten Leichen gesprochen.

Ganz unglaubhaft ist das nicht. Der Fortschritt mag sich Bahn brechen, wie es heißt, aber diejenigen, die auf dieser Bahn fortschreiten, lassen nicht alles Frühere zurück. Auch die ganz dem Neuen verfallen sind, schleppen Altes mit sich, Aufklärer tappen öfter im Dunkeln, und viele, die an der wissenschaftlichen Selbstermächtigung des Menschen arbeiten oder sie fördernd unterstützen, wollen doch vom Glauben an den Schöpfergott nicht lassen. Für den wissensfreudigen Hamburger Ratsherrn Brockes beispielsweise mündet jede neue Erkenntnis in ein neues Lob Gottes. So auch in dem Gedicht *Die wächserne Anatomie* aus dem Zyklus *Irdisches Vergnügen in Gott**: »Viel hundert tausend Kleinigkeiten, / Woraus der Leib besteht, die ungezählte Menge / Der gantz mit Blut gefüllt, fast unsichtbaren Gänge / Verwirrten meinen Geist, erfüllten meine Brust / Mit einer frohen Angst, mit einer bangen Lust. // Ich sprach mit recht gerührter Seelen: / Der Lungen luftigs Fleisch, des Magens scharfe Kraft, / Des Hertzens Feur und Druck, der Leber Eigenschaft, / Haut, Nägel, Fleisch, und Bein, / Der Nerven unsichtbare Hölen, / Die voller Geistigkeit, und nicht zu zählen, / Nicht zu begreifen seyn, / Beweisen ein allmächtig Wunder-Wesen.« Die frohe Angst und bange Lust, die Brockes beim Anblick einer anatomischen Darstellung aus Wachs empfunden hat, dürfte den Zuschauern im anatomischen Theater nicht fremd gewesen sein, so wenig wie Spener selbst.

Die folgende Anekdote über einen anderen bedeutenden Anatomen der Zeit, den Schweizer Arzt und Dichter Albrecht von Haller, ist wie das Gerücht um Speners Leichengespräche so nah am Vorstellbaren, dass es fast nicht mehr darauf ankommt, ob sie tatsächlich zutrifft oder gut erfunden wurde. Haller soll an das Bett eines Todkranken getreten sein und gefragt haben: »Was soll ich Ihm geben, daß ich Ihn kriege, wenn er tot ist?«** Der Kranke fing daraufhin zu beten an, weil er den Arzt für den Teufel hielt. Ganz falsch lag er damit nicht. Ungehemmter Forscherdrang kann für diejenigen, die es nicht wagen, sich über Hemmnisse hinwegzusetzen, diabolische Züge annehmen.

Haller präparierte vierhundert Leichen und suchte in zweihundert Hunden vergeblich nach Seele, indem er ihnen gezielte Hirnverletzungen zufügte und dabei »mir selbst verhaßte Grausamkeiten ausgeübet« hat, »die aber doch der Nutzen für das menschliche Ge-

---

* Dazu der entsprechende Abschnitt im 7. Kapitel.
** Immerhin hat Haller noch gefragt. Heute wird unter dem Terminus ›Widerspruchslösung‹ diskutiert, ob allen, die zu Lebzeiten nicht ausdrücklich einer Organspende widersprochen haben, nach ihrem Tod Organe entnommen werden dürfen, um so dem Mangel an Spenderorganen abzuhelfen.

schlecht und die Notwendigkeit entschuldigen werden«. Dies ist bis zum heutigen Tag die pragmatische Antwort der Experimentatoren auf die ethische Fragwürdigkeit ihrer Experimente.

Im Jahr 1736 wurde Haller als Professor an die neu gegründete Universität in Göttingen gerufen. Gründungsrektor war der Kurfürst von Braunschweig-Lüneburg, zugleich als Georg II. König von England. 1738 eröffnete Haller ein anatomisches Theater, im Jahr darauf einen botanischen Garten. Die Göttinger Universität löste rasch die ebenfalls noch junge Universität Halle als modernste Lehr- und Forschungsstätte in Deutschland ab. Ihre Attraktivität rührte auch daher, dass das akademische Leben in Göttingen von theologischer Bevormundung freier war, als das im pietistischen Halle möglich gewesen wäre. Was den gebürtigen Schweizer und idyllischen Bedichter der Alpen angeht, ließe sich sagen, dass Albrecht von Haller mit seinen seriell angelegten Lebendversuchen für die experimentelle Physiologie in Deutschland das wurde, was der nur um ein Jahr ältere Süßmilch mit seinen systematisch gesammelten Daten für die Statistik gewesen ist: ›Gründungsvater‹ einer wissenschaftlichen Teildisziplin. ›Gründungsmütter‹ konnte es damals nicht geben. Allenfalls akademisch gekrönte Dichterinnen und seltene Pflanzen.

Dorothea Erxleben darf promovieren

Christiana Mariana von Ziegler, Sidonia Hedwig Zäunemann und Magdalena Sibylla Rieger wurden 1733, 1738 und 1743 an der Universität in Wittenberg (die Ziegler) beziehungsweise an der in Göttingen (die beiden anderen) zu ›Kayserlich gecrönten Poetinnen‹ erhoben. Aber die seltenste Pflanze war die Quedlinburgerin Dorothea Erxleben, geborene Leporin, selten und seltsam, jedenfalls demzufolge, was das – von einem Mann verfasste – *Frauenzimmer-Lexicon* zu sagen weiß: Mit »Weibes-Personen«, die sich »in der Mathematic, Philosophia Scientifica, Staats-Kunst, Critic, Philologie, Poesie, Sprachen, der höhern Theologie, Jurisprudenz und Medicin allzu sehr vertiefft haben, wird wohl niemandem viel gedienet seyn. Kommt ein dergleichen Gewächse in den gelehrten Gefildern zum Vorschein, so muß man es wie eine rare ausländische Pflantze bewundern, keineswegs aber zur Nachahmung vorzeigen.«

Die als junges Mädchen lange kränkelnde Dorothea wurde zusammen mit ihrem Bruder vom Vater unterrichtet, einem gelehrten Arzt, der sie zu Krankenbesuchen mitnahm und dessen Praxis sie später übernehmen sollte. 1741 erreichte sie durch eine Eingabe bei Friedrich II. von Preußen dessen Anweisung an die medizinische Fakultät in Halle, Dorothea ein Medizinstudium zu ermöglichen. Allerdings trat sie das Studium nicht an, sondern kümmerte sich um die fünf Kleinkinder ihrer verstorbenen Cousine. Im Folgejahr heiratete sie: »Ob ich gleich durch die Erfahrung überzeuget wurde, daß der Ehestand das Studiren des Frauenzimmers nicht aufhebe, sondern daß es sich in der Gesellschaft eines vernünftigen Ehegatten noch vergnügter studiren lasse, wurde dennoch die vorgehabte Promotion durch meine Heyrath vorerst verzögert«.

Die Verzögerung währte bis 1754, als sie in Halle ihre lateinische Doktorschrift vorlegen und erfolgreich verteidigen konnte. Zu diesem Zeitpunkt praktizierte sie bereits in Quedlinburg, zunächst beargwöhnt und dann bekämpft von drei anderen Ärzten der Stadt. Deren 1753 eingereichtes Gesuch an die Obrigkeit, Dorothea das ›ungebührliche curiren‹ zu verbieten, erzwang die nachholende Promotion als Qualifizierungsnachweis. Wegen ihrer Schwangerschaft verzögerte sich die akademische Prüfung bis zur Niederkunft, was ihre Gegner zu der Bemerkung veranlasste, »aus dem Wochen Bette unter den Doctor Huth kriechen, ist ja wohl ein paradoxon«. Aber die tapfere Dorothea ist ›unter den Doktorhut gekrochen‹, und wie: »Sie hat allein zwey ganze Stunden hindurch die an sie gethane Fragen mit einer bewunderungswürdigen Bescheidenheit und Fertigkeit angenommen, gründlich und deutlich darauf geantwortet und die vorgelegten Zweifel mit der grösten Richtigkeit aufgelöset. [...] Eben so geschickt und geschwind zeigte sie ihre zusammenhangende und gründliche Erkenntniß in der Lehre von der Gesundheit des Cörpers, in der Wissenschaft von den Krankheiten desselben und ihrer Heilung; so war ihr auch gleichfalls die Materia medica und die Art, Recepte zu verschreiben, nicht unbekant.«

Die beeindruckte und noch heute beeindruckende Schilderung stammt von ihrem Doktorvater. Das Zeugnis ist Dorothea nicht zu Kopf gestiegen, wird ihr aber zu Herzen gegangen sein. Immerhin wurde seit Jahrzehnten darüber gestritten, ob die weibliche Physis eine wissenschaftliche Beschäftigung überhaupt aushalte und ob das ›Räsonieren‹ dem Frauenzimmer nicht die Anmut nähme. Wenn eine Dame denken konnte, wurde sie von den Böswilligen als unweiblich getadelt und von den Gutwilligen für ihren ›männlichen Geist‹ gelobt, was nicht viel besser war. »Bey uns ist der Verstand im Mutterleib erfrohren«, schrieb sarkastisch und frustriert Magdalena Sibylla Rieger, seit 1743 ›poeta laureata‹ der Universität Göttingen. Dabei hatte Thomasius schon 1707 den *Vorschlag einer Jungfer-Academie* gemacht, und Christiana Mariana von Ziegler war 1739 in ihrer *Abhandlung, ob es dem Frauenzimmer erlaubet sey, sich nach Wissenschaften zu bestreben* den männlichen Vorurteilen über den weiblichen Verstand entgegengetreten. Sie beschwerte sich über die Schmähungen, die denkende und schreibende Frauen von Männern zu erdulden hatten. Und so, wie klugen und gescheiten Frauen ein ›männlicher Geist‹ attestiert wurde, wirft nun die schlaue Mariana den über die Bildung der Frauen keifenden Männern ›weibisches Gewäsche‹ vor.

Wenigstens war die Diskussion über die Studierfähigkeit des ›schönen Geschlechts‹ durch Hohn allein nicht mehr abzuwürgen, auch nicht durch den des Sperontes, jene mitunter mehr plärrende als »singende Muse an der Pleisse«, als die er seine Lieder unter die Leute brachte: »Ihr Schönen, höret an, / erwählet das Studieren, / kommt her, / ich will euch führen zu der gelehrten Bahn, / ihr Schönen höret an: / [...] / Geht zum Pro-Rector hin, / laßt euch examieren / und immatriculieren, / küßt ihn vor den gewinn, / geht zum Pro-Rector hin. / [...] / Continuiert drei Jahr, / dann könnt ihr promovieren, / und andere dozieren. / O schöne Musen-Schar, / continuiert drei Jahr. / Ich sterbe vor Vergnügen, / wenn ihr anstatt der Wiegen, / euch den Catheder wählt, / statt Kinder Bücher zählt. / Ich küßt euch Rock und Hände, / wenn man euch Doctor nennte, / drum Schönste fangt doch an, / kommt zur Gelehrten Bahn.« Das war 1736, ein halbes Jahrzehnt vor der erlaubten und fast zwei Jahrzehnte vor der schließlich erfolgten Promotion der Dorothea Erxleben.

1742, im Jahr ihrer Heirat, veröffentlichte Dorothea unter ihrem Mädchennamen Leporin die *Gründliche Untersuchung der Ursachen, die das weibliche Geschlecht vom Studiren abhalten, darin deren Unerheblichkeit gezeiget, und wie möglich, nöthig und nützlich es sey, dass dieses Geschlecht der Gelahrheit sich befleisse.* Das Werk, von einem ausführlichen Vorwort ihres Vaters gewissermaßen eskortiert, handelt in 410 Paragraphen das Thema ab, systematisch – und ein wenig umständlich. Dieser Kritik freilich bricht die raffinierte Autorin in Paragraph 409 mit Spott die Spitze ab. Die »Herren u. Mannes Personen«, schreibt sie, »pflegen gerne zu sehen, wenn unser Geschlecht seine Vorträge kurtz faßt«, während die Männer, so ist wohl das Unausgesprochene zu ergänzen, mit ihren superklugen Ausführungen nie ein Ende finden.

Mit ihrer Schrift reklamiert Dorothea Rechte, revoltiert aber nicht gegen die Zustände, nicht im Haushalt, nicht in der Ehe. Beharrlich wiederholt sie, Haushalt und Studium, Ehe und Gelehrsamkeit würden einander nicht ausschließen. Das geschieht nicht aus Taktik, sondern aus Überzeugung. Auch macht sie keinen Hehl daraus, dass die bürgerliche Frau, die sich selbst bilden und nicht bloß Magd des Mannes sein will, eine solche nötig hat: »Ich räume demnach gerne ein, daß gewisse Menschen hierauf«, auf die niederen, harten Hausarbeiten, »alle ihre Zeit wenden müssen, folglich nicht studiren können.«

Dorothea erzog Kinder, eigene und fremde, führte eine Ehe, einen Haushalt und eine Arztpraxis. Sie hat gearbeitet. Das hatte Christiana Mariana von Ziegler nicht nötig. Die Tochter eines reichen Kaufmanns, wenn auch eines bankrottierten*, wurde auf Empfehlung Gottscheds im Jahr 1733 an der Wittenberger Universität zur ›gekrönten Poetin‹ ernannt. Das entsprach irgendwie einem akademischen Grad, wenn auch nicht klar ist – und schon damals nicht recht klar war – welchem eigentlich. Jedenfalls wurde ihr mit der Urkunde der besondere Rechtsstatus der Universitätsangehörigen zuerkannt, und Gottsched konnte reimen: »Ein jedes Alter und Geschlecht / Hat gleichen Lohn, und gleiches Recht.«

Ganz so war es jedoch nicht. Seine *Vernünfftigen Tadlerinnen*

---

* Zu ihm die Passage im Abschnitt »Bach in Leipzig« im 3. Kapitel.

sprachen gezielt das weibliche Publikum an, wurden jedoch zum großen Teil von Männern geschrieben, auch wenn er die Zieglerin in das Zeitschriftenprojekt einbezog. Die Anerkennung der Dichterin galt im Leipziger Bürgertum als comme il faut, fraglos war sie dennoch nicht. Das zeigt ein anonymes, vermutlich aus studentischen Kreisen stammendes Spottgedicht: »Poeten! werfft die Feder hin, / Und laßt euch Stricke-Nadeln reichen, / Denn eine tolle Dichterin / Mißbraucht iezt eurer Mannheit Zeichen.«

Mit der ›Mannheit Zeichen‹ ist neben der Feder der Degen gemeint, den die Studenten zu tragen berechtigt waren. Mit dem lief Christiana Mariana, Bachs fromme Kantatendichterin, nicht herum. Das hätte eher zu Sidonia Hedwig Zäunemann gepasst, die gern in Männerkleidung ausritt. 1738 wurde die erst Vierundzwanzigjährige von der Universität Göttingen »zu einer Kayserlich gecrönten Poetin erkläret«, wie Zedlers Lexikon berichtet. Es gab eine Feierstunde mit Lorbeerkranz und Diplom. Sidonia wohnte der Zeremonie allerdings nicht bei. Kranz und Diplom wurden ihr später von einem gräflichen Studenten in ihrer Heimatstadt Erfurt überbracht. Die vielversprechende junge Dichterin kam im Dezember 1740 bei einem Ritt in Männerkleidung über einen von Hochwasser weggerissenen Steg ums Leben – so wurde und wird es erzählt, weil es so schön passt zur tapferen Sidonia. Den unmittelbar nach ihrem Tod erschienenen Zeitungsmeldungen und Nachrufen zufolge war sie zu Fuß und nicht in Männerkleidern. Vielmehr trug sie einen dicken, wärmenden Rock und darüber einen Pelz. Johann Christian Müller wiederum berichtet in seinen Erinnerungen, sie sei bei Sturm vor einer Brücke über die Elbe aus der Kutsche gestiegen, um dem schwankenden Fahrzeug hinterherzugehen. Der Wind habe in ihren Reifrock gefasst und sie in den reißenden Strom geworfen, »ohne Rettung, die schlechterdings unmöglich gewesen«.

Was die geistige Regsamkeit der jungen Dichterin betrifft, resümierte das *Universal Lexicon* unter dem Stichwort »Zäunemännin« in der bei ›Frauenfragen‹ zeittypischen Mischung aus generellem Tadel und speziellem Lob: »da sonst das Frauenzimmer sich die Zeit insgemein mit Eitelkeiten vertreibet, so fand hingegen unsere Sidonia ihr Vergnügen an guten Büchern«.

6. Musik, Macht, Religion

∝

Wie kommen die Noten aufs Papier? –
Wie kommt der Klang ins Ohr? –
Pauken und Trompeten – Stadtpfeifer,
Bierfiedler, musikalische Lakaien,
Konzertmeister – Kastraten und Diven –
Soli Deo Gloria – Die große Klangmaschine –
Wer sitzt wo in der Kirche –
Der Gottesdienst als Erbauung und
Strapaze – Die Kirchenbuße –
Schafottpredigten – Passionen

Wie kommen die Noten aufs Papier?

Die Noten kommen aufs Papier, indem man sie spielt. Das Notensetzklavier von Johann Friedrich Unger zeichnet sie dann auf. Bach allerdings hätte es nicht mehr geholfen. Er war schon zwei Jahre tot, als Unger sich anschickte, der Berliner Akademie der Wissenschaften, Leibnizens vormaliger Societät, den *Entwurf einer Maschine, wodurch alles, was auf dem Clavier gespielet wird, sich von selber in Noten setzt* zu präsentieren. Jedoch ging es Unger mit seiner Notensetzmaschine ähnlich wie Leibniz mit dessen Rechenmaschine: Zu Lebzeiten kam wegen der feinmechanischen Probleme beim Herstellen der Stifte und Walzen kein einwandfrei funktionierender Prototyp zustande. Der Sprung vom Gänsekiel zur Setzmaschine wäre wohl ohnehin zu groß gewesen, sogar die Stahlfeder war erst 1748 erfunden worden. Bach schrieb sein riesiges Lebenswerk mit Federkielen nieder. Ohne Gänse keine Matthäus-Passion. Und ohne Gänse auch kein Cembalo. Dessen Saiten werden nicht wie beim Klavier mit Hämmerchen angeschlagen, sondern mit Zupfdornen angerissen, die gleichfalls aus Gänse- und Ganterfedern gefertigt wurden.

Bach tauchte seine Feder in Eisengallustinte, der Hauptgrund dafür, weshalb seine Autographen mit viel modernem Aufwand vom Tintenfraß gerettet werden mussten – oder nicht mehr gerettet werden konnten. Das prächtigste Werk, das von Bachs eigener Hand überliefert ist, und zwar in einer Reinschrift von opulenter kalligraphischer Schönheit, ist die h-Moll-Messe, bestehend aus rund 190 Seiten, die Zwischentitelblätter eingerechnet[*].

Der wichtigste Bestandteil der von Bach verwendeten Tinte

---

[*] Das Manuskript gehört zum Weltkulturerbe. Es ist online zu besichtigen unter bach-digital.de. Auch die vom Tintenfraß beschädigten Stellen sind deutlich erkennbar.

stammt von der Eichengallwespe, richtiger: Er wird von ihr hervorgerufen. Wenn sie an der Unterseite der Eichenblätter ihre Eier ablegt, bilden die Blätter als Abwehrreaktion die Galläpfel aus, deren Gerbsäure wesentlich ist für die Herstellung von Tinte. Weitere Bestandteile sind Eisenvitriol, Gummi arabicum sowie als Katalysator Salz und als Lösungsmittel Wasser, Wein oder Essig. Wenigstens musste Bach seine Tinte vermutlich nicht selbst mischen, sondern hat sie, wie damals üblich, in der Apotheke gekauft.

Die Notenlinien indessen hat er oder einer seiner Kopisten selbst gezogen. Das geschah in der Regel mithilfe einer Doppelrastale, eines gabelartigen Gebildes, das aus einem Haltegriff und zwei jeweils fünfblättrigen Aufsätzen mit speziell bearbeiteten Federn bestand. Auf diese Weise konnten gleichzeitig zwei Notenzeilen aus jeweils fünf Linien gezogen werden. Erst in den 1740er Jahren benutzte Bach gedrucktes Notenpapier.

Der Druck fertiger Partituren wiederum war ein diffiziler und aufwendiger Vorgang mit nur teilweise zufriedenstellenden Ergebnissen. Erst 1754 gelang es dem Musikverleger Johann Gottlob Immanuel Breitkopf durch die Fragmentierung der Typen auch Akkorde zu drucken. Die meisten Notendrucke, auch diejenigen Bachs, erfolgten mit Radierungen als Vorlage. Nur wenig übertreibend ließe sich sagen, es wurden Notenbilder als Druckvorlage gestochen. Die Notenbilder der *Kunst der Fuge* (BWV 1079) beispielsweise stellte Johann Georg Schübler her, ein Graveur von Gewehrschäften und zugleich Organist, auf dessen Kupferstichen auch der Druck einer Sammlung von Choralbearbeitungen für die Orgel (die »Schüblerchoräle«, BWV 645–650) und der Druck des *Musikalischen Opfers* (BWV 1079) beruhen.

Die Veröffentlichung der *Kunst der Fuge* erfolgte kurz nach Bachs Tod. Es verkauften sich jedoch nur wenige Exemplare, keine drei Dutzend sollen es gewesen sein, und weil bei solchem Minimalabsatz ein Nachdruck unwahrscheinlich war, wurden die schweren, teuren Druckplatten wieder eingeschmolzen.

Zur Vervielfältigung der Notensätze für den unmittelbaren Probe- und Aufführungsbetrieb beschäftigte Bach zwei von der Thomasschule bezahlte Kopisten, außerdem Schüler, Familienmitglieder und gelegentlich sogar die Gemahlin. Die Thomaskopisten durften allerdings nicht zum Abschreiben von Stücken herangezogen werden, die Bach privat gegen Gebühr an Interessenten verlieh. Dass dieses Verbot in der turbulenten und stets unter Hervorbringungsdruck stehenden Kompositions- und Kopierwerkstatt des Meisters mit fehlerloser Korrektheit eingehalten wurde, ist nicht anzunehmen. Auch kam es beim Abschreiben selbst immer wieder zu Fehlern. Sogar Carl Philipp Emanuel vertat sich dabei und übersah einmal eine ganze Zeile. Immerhin bemerkte er das Missgeschick und trug die Zeile am Ende der Seite nach.

Wäre Ungers Setzapparat zu Bachs Lebzeiten zum Funktionieren gebracht worden, hätte das die Arbeit in der Notenmeisterei der Thomasschule kaum beeinflusst. Die Maschine war nicht als Hilfe bei der Vervielfältigung konzipiert, sondern als Kompositionshilfe, und die hatte Bach nicht nötig: »Der Componist«, schreibt Unger, »sitzet beym Clavier, er dichtet, und indem er die Feder ergreift, so hat er beym vierten Tact schon das beste wiederum vergessen. […] Sehr oft hat der Componist zwar Lust zu spielen, aber die Begierde zu schreiben ist desto matter.«

Wie kommt der Klang ins Ohr?

»Die Ohren sind artige Behältnisse des Schalles«, heißt es in Hannß Friedrich von Flemings kriegswissenschaftlichem Buch *Der vollkommene Teutsche Soldat*. Aber wie kommt der Schall in diese ›artigen Behältnisse‹ hinein? Auf Luftwellen. Das erkannte um 1690 der Medizinprofessor Günther Christoph Schellhammer, Gatte der Kochbuchautorin Maria Sophie Schellhammer*. Und wie funktioniert das? Ernst Anton Nicolai erklärt es in *Die Verbindung der Musik mit der Artzneygelahrtheit* von 1745 so: Es »bestehet die Bewegung der Luft bey dem Schalle in einer wechselweisen Zusammendrückung und Ausdehnung der Lufttheilgen«, die wir heute ›Moleküle‹

---

* Zu ihr der Absatz über die »wohl-unterwiesene Köchinn« im Kapitel »Familienleben«.

nennen würden. »Sollen wir den Schall hören, so muß die [...] Bewegung der Luft einen gewissen Grad der Stärcke haben, welcher verursachet, daß sie bis in unsere Ohren gelangen und daselbst eine merckliche Veränderung hervorbringen kann.« Und was macht aus der ›mercklichen Veränderung‹ Musik? Unser Gehirn. Der Musikkritiker Johann Adolph Scheibe wies zu Recht darauf hin, »daß das Gehör nur gleichsam der Canal ist, wodurch der Verstand die Music empfindet, die er hernach beurtheilet und richtet.«

Nicolai zufolge geschieht das gewissermaßen von selbst: »Vernehme ich in der Kirche eine feyerliche Symphonie, so überfält mich ein andächtiger Schauder; arbeitet ein starckes Instrumenten Chor in die Mette, so emfinde [!] ich eine hohe Verwunderung; fängt das Orgelwerck starck an zu brausen und zu donnern, so entsteht eine göttliche Furcht in mir; schließt sich denn alles mit einem freudigen Hallelujah, so springt mir das Hertz im Leibe; wenn ich auch gleich weder die Bedeutung dieses Worts wissen, noch sonst ein anderes der Entfernung halber verstehen sollte«. Die Wirkung der Musik hängt nicht vom Sinn der Worte ab. Darüber waren die Zeitgenossen miteinander einig, sogar die Musiker mit den Dichtern, wenn sie sich auch, wie etwa Bach und Gottsched, nicht darüber einig waren, wer wem zu dienen hatte. Uneinigkeit herrschte des Weiteren darüber, ob der Klang die Seele unmittelbar ›affiziere‹ oder nur dann, wenn die Hörer mit dessen symbolischer Bedeutung vertraut waren, also die Regeln kannten, nach denen man zu empfinden hatte, wie Gottsched oder Scheibe es hätten ausdrücken können.

Ein anderer Streit flammte darüber auf, ob die Musik fürs Auge oder fürs Ohr zu komponieren sei. Scheibe warf Bach vor, Augenmusik zu schreiben, deren Überkompliziertheit man zwar auf der Partitur studieren, nicht aber in der Kirche oder im Konzert mit den Ohren hören könne.

Bach dürfte – unabhängig von den musikästhetischen Debatten seiner Zeit – davon überzeugt gewesen sein, dass seine Musik allgemein verständlich war, obwohl seine Leipziger Vorgesetzten das nicht immer – verstanden. Seine Messe in h-Moll allerdings, von der es zu seinen Lebzeiten keine vollständige Aufführung gab, hat er nie gehört, nicht mit den Ohren, wohl aber mit den Augen, im Kopf und mit Herz und Seele.

Pauken und Trompeten

Am Sonntag, den 1. August 1723 hörte Bach zusammen mit der Gemeinde einen Vorklang seiner h-Moll-Messe. Aufgeführt wurde die bedrohliche Kantate *Schauet doch und sehet, ob irgendein Schmerz sei* (BWV 46) – »ob irgendein Schmerz sei wie mein Schmerz, der mich troffen hat; denn der Herr hat mich voll Jammers gemacht am Tage seines grimmigen Zorns.« Den Anfang mit der Blockflötenklage bearbeitete Bach später für das »Qui tollis peccata mundi« (»Der auf sich nahm die Sünden der Welt«) des Glorias seiner *Missa* von 1733, das dann in die h-Moll-Messe einging.

In der Kantate von 1723 folgen nach dem Eröffnungschor mit den beiden Blockflöten ein wiederum von Blockflöten begleitetes Tenor-Rezitativ und danach eine Bass-Arie über ein aufziehendes Strafgewitter mit Racheblitzen. Die klagenden Blockflöten werden durch die drohende Trompete ersetzt, Instrument der Gewalt und Herrlichkeit.

Obwohl der Klang der ventillosen Barocktrompete leiser war als der heutiger Instrumente, galt sie den Zeitgenossen doch als eine Art Schalltrichter der Macht. Die Tromba der Hofmusiker hatte, anders als die Tromba da tirarsi der Stadtpfeifer, keinen Zug. Die Hoftrompeter bestanden in ihrem Handwerksstolz lange darauf, ohne dieses Hilfsmittel auszukommen. Dem zünftigen Selbstbewusstsein schlug allerdings von den übrigen Musikern künstlerische Herablassung entgegen, weil – so erklärt es der Flötenvirtuose Quantz* – die Trompete zwar viel zur fürstlichen Repräsentation, aber wenig zur musikalischen Ästhetik beitrug. Außerdem macht Blasen krank und hässlich – meint Hannß Friedrich von Fleming in *Der vollkommene Teutsche Soldat*: »Die Trompeten, Hautbois und andere dergleichen, die einen allzu großen Allarm machen, sind dem Kopf und der Gesundheit nicht allzu zuträglich, sie nehmen die Lunge mit und machen das Gesicht ungestalt, die Backen und die Augen werden aufgeblasen; Eine Fleute douce, eine Violine, Laute, Guitarr, Viole d'Amour, Viole de Gamba und dergleichen sind besser«.

---

* Dazu der Abschnitt »Quantz in Dresden« im 3. Kapitel.

Die Trommler und Pauker wurden nicht gerade zu den Feingeistern gezählt. Sie waren die Faustkämpfer der Musik. Bei Militärparaden und beim Marschieren in die Schlacht machten sie gemeinsam mit den Hautboisten durch Getöse den Soldaten Mut. »Lermen wird geblasen«, heißt es in Bannormens *Haußhaltungs-Magazin* von 1730, »bey Einbrechung oder Avancierung des Feindes oder sich sonst begebenden Unglück.« Die »Heer-Paucker« waren gefordert, »wenn eine Compagnie in Bataille stehet und getrennet worden«. Bei festlichen Umzügen hauten sie mit Holzschlegeln auf dickfellig bespannte Pauken, die ein Vordermann auf dem Rücken vor ihnen hertrug. Auf dezidiert musikalische Einsätze im Konzert und in der Kirche mussten sie mitunter lange warten, was vielleicht kompensiert wurde durch das Spektakel, das sie machen durften, wenn sie an der Reihe waren, etwa in Händels Halleluja, dieser überwältigenden Machtverherrlichung zur Ehre Gottes und des englischen Königs: »The kingdom of this world is become the kingdom of our Lord and of his Christ; and He shall reign for ever and ever. King of Kings, and Lord of Lords.«

Auch Bach ließ auf Pauken hauen und in Trompeten blasen, wenn es galt, den Herrscher zu feiern. Anfang Oktober 1734 kündigte Friedrich August II. aus Dresden seinen Besuch der Leipziger Messe an, und weil sich am 5. Oktober seine Krönung zum König in Polen zum ersten Mal jährte, komponierte Bach das Dramma per Musica *Preise dein Glücke, gesegnetes Sachsen* (BWV 215). Ein Zeitgenosse berichtet: »Gegen 9 Uhr Abends brachten Ihro Majestät die allhiesigen Studirenden eine allerunterthänigste Abend Music mit Trompeten und Paucken, so Hr. Capell-Meister Joh. Sebastian Bach Cant. zu St. Thom. Componiret. Wobey 600 Studenten lauter Wachs-Fackeln trugen, und 4 Grafen als Marrschälle die Music aufführeten.« In einer Geburtstagskantate für die Kurfürstin im Jahr zuvor, *Tönet ihr Pauken! Erschallet Trompeten!* (BWV 214), fasst der Anfangschor jubelnd in Worte, was die Instrumente ohnehin gerade tun.

Macht ist schöpferisch und zerstörerisch, sie bringt hervor und vernichtet. Das trifft auf die von Gott eingesetzten irdischen Herren zu und ebenso auf den Herrscher im Himmel. Im Tenor-Rezitativ der Kantate *Schauet doch und sehet* geht es nach der Stelle »der Herr hat mich voll Jammers gemacht am Tage seines grimmigen Zorns«

weiter mit: »So klage, du zerstörte Gottesstadt, du armer Stein- und Aschenhaufen.« Mit der Gottesstadt war 1723 das zerstörte Jerusalem gemeint. Aber als gut drei Jahrzehnte später Lissabon von einem Erdbeben vernichtet wurde, erzitterten die Theologen vor der Allmacht Gottes, und die Aufklärer verzweifelten an der Ohnmacht der menschlichen Vernunft. Der geschmeidige Telemann ließ sich von der Katastrophe zur *Donnerode* inspirieren. An deren Anfang und Ende besingt der Chor aus voller Kehle, aber mehr furchterfüllt als voller Freude, den allmächtigen Gott, während man als Zuhörer von den Trompeten niedergebrüllt und von den Pauken förmlich zusammengeschlagen wird. Die Allmacht lässt es krachen, möchte man sagen, und die Ohnmächtigen sitzen mit eingezogenen Köpfen und dröhnenden Ohren in den Kirchenbänken.

Auf Erden sind es die Königskrönungen und gewonnenen Schlachten, die Fürstenhochzeiten, Geburtstage und Paraden, die zum Anlass genommen werden, die Untertanen und das ganze Land mit dem Klang der Macht zu überwölben. »Die Glocken werden geläutet, die Stücken gelöset [die Kanonen abgefeuert]«, schreibt Julius Bernhard von Rohr in seiner *Cermoniel-Wissenschafft der großen Herren*, »die Chöre der Trompeter und Paucker nebst anderer Music wird [!] allenthalben gehöret.«

Als August der Starke, der Vater Augusts II., im Jahr 1719 die Vermählung seines Sohnes mit einer Habsburger Prinzessin feierte*, ließ er einen opulenten Einzug nach Dresden arrangieren, dessen Ordnung von David Fassmann beschrieben wurde: In der 6. Abteilung des Festzuges liefen »2 Trompeter, auf ihren Trompeten blasend, in gelber Kleidung mit schwartzsammeten Borden und kleinen goldenen Tressen.« Es folgten 48 »Turnier-Knechte zu Pferde«, danach wieder vier Trompeter, ausstaffiert wie die vorhergehenden, und »1 Paucker in selbiger Montur«. Nach weiteren Gruppen folgten erneut vier Trompeter und ein Pauker und schließlich noch einmal zwei Trompeter. Dann reihten sich Karossen, Herolde, Handpferde, Stallmeister und noch einmal »12 Königl. Trompeter und 1 Paucker, die sich zusammen tapffer hören ließen. Trompeten und Paucken

---

* Dazu und zum Zeithainer Lustlager der entsprechende Abschnitt im 2. Kapitel.

waren von Silber« und mit gestickten »Königl. Pohln. und Chur-
fürstlich-Sächsische[n] Wappen« verziert. Nach Abteilungen mit
königlichen Pagen, deren Hofmeistern und weiteren Handpferden
marschierten wieder zwölf Trompeter und ein Pauker, denen weiter
hinten »12 Pohlnische Trompeter zu Pferde« folgten.

Über das Zeithainer Lager von 1730 weiß Fassmann von einer
»Illumination zu Wasser« zu berichten, bei der »alle Fregatten, Bri-
gantinen, Chalouppen und Gondeln [...] mit unzählbaren gläser-
nen Lampen garniret« waren, »wobey alle Trompeten und Paucken
ingleichen alle übrige Music von der gantzen Armee, so gar auch die
Königliche Hof-Capelle sich gantz unvergleichlich zu Wasser hören
ließen, welches alles hinter einander die Elbe herunter und vor die
Königlichen Herrschafften vorbey schiffete«. Im Unterschied zur
Aufführung von Händels Wassermusik 1717 in London* befand sich
die Majestät selbst nicht auf einem Schiff, sondern an Land.

An den Fürstenhöfen war die Musik entweder Herold oder Magd.
Auch überall sonst wurde Musik nicht um ihrer selbst willen gespielt: In der Kirche hatte sie das Wort Gottes zu verkünden und die
Gläubigen zu erbauen, bei Ratswahlen die städtische Obrigkeit zu
feiern, auf der Bauerntenne den Tanzenden Beine zu machen. Erst
im entstehenden bürgerlichen Konzertwesen reifte die Musik zum
schönen Selbstzweck. Dorthin begibt sich zahlendes Publikum, um
Musik zu hören, nur um Musik zu hören – oder wenigstens, um so
zu tun. Denn schließlich wurde in den Opernhäusern und Konzert-
sälen geäugelt und geklatscht, in den Wirtshäusern geklatscht und
Kaffee getrunken, bei Landkonzerten Kaffee getrunken und nach
käuflichen Mädchen Ausschau gehalten. Nur in der Schule musste
man brav sitzen bleiben und dem Kantor gehorchen. Aber sogar das
war nicht immer leicht durchzusetzen. Bach wusste davon ein Lied
zu singen. Und selbst wenn es der Musik (und den Musikern) gelang, zur Hauptsache zu werden, setzten diejenigen, die sie in Stadt
und Land durch Privilegien und Erlaubnisse möglich machten, auf
ihre ›polizierende‹, auf ihre zivilisierende und – wie wir heute sagen
würden – sozialisierende Wirkung. Der 1717 in Frankfurt am Main
anonym publizierte *Entwurff Einer wohl-eingerichteten Policey* etwa

---

* Auch dazu der Abschnitt über das Zeithainer Lustlager im 2. Kapitel.

zeigt sich überzeugt, »zur Ergetzung und gleichsam einer neuen Belebung der Gesundheit sind Comoedien, Operen, Ballen, Masqueraden, Wirthschafften, Promenaden, Spatzier-Fahrten, Assembléen, Societaeten, Musiquen, Serenaden zulaessige Spiel-Arten«. Damit aber nicht allerlei zwielichtiges Gesindel an den Hof und in die Stadt gezogen werde, sei eine »eigene Bande von Commoedianten und Operisten zu besolden; auch mit geschickten Acteurs und Saengerinnen zu besetzen; doch daß sie von einem sittsamen und ehrlichen Lebens-Wandel seyn moegen«.

Stadtpfeifer, Bierfiedler, musikalische Lakaien, Konzertmeister

Was einer ist und was einer kann, passt nicht immer zusammen. Ein zünftiger Stadtpfeifer gehörte zwar nicht gerade zu den Honoratioren, hatte aber als Ratsmusiker ein respektables Amt inne und wusste die Würde des Amtes zu verteidigen (und die damit verbundenen Einnahmen). Allerdings mussten viele dieser Stadtpfeifer zunächst eine entwürdigende Ausbildung durchlaufen, wie Johann Mattheson 1713 in *Das neu-eröffnete Orchestre* wortreich beklagte: Was soll dabei herauskommen, »wenn ein Knabe, der die so genannte Pfeiffer-Kunst erlernen soll, in einer schweren schändlichen Dienstbarkeit gewisse Jahre aushalten, Mägde-Arbeit, ja davor sich Mägde schämen, verrichten, mit Prügeln und Ohrfeigen, mit Injurien von Morgen biß in den Abend an statt Essen und Trinckens vorlieb nehmen muß […], ob nicht ein solcher […] nothwendig verderben muß; eine viehische Lebens-Art an sich nimmt, grob, tölpisch und unbescheiden wird, und am Ende seiner Lehr-Jahre, die er in der größten Pönitenz zugebracht, eben so ein Idiote bleibt wie er im Anfange gewesen? […] Wenn nun aber die Zeit um, so freuet sich ein solcher Bursche noch als einer, der aus dem Kercker entwischet, steckt seinen Degen an die Seite und geht davon; Das soll nu ein Musicante seyn, den man auf Hochzeiten gebrauchet.«

Die herumziehenden Bierfiedler spielten ebenfalls bei Bürgerhochzeiten auf, nicht nur in Wirtshäusern, Ersteres jedoch nur, wenn kein Ratsmusiker zur Verfügung war, dem das Musizieren zunftrechtlich zustand (und die damit verbundene Einnahme). In der unübersichtlichen Alltagswirklichkeit dürfte diese Regel nicht strikt befolgt worden sein, zumal es unter den Bierfiedlern wahre Virtuosen gab, während so mancher Ratsmusiker bloß routiniert herunterspielte. Telemann jedenfalls wusste den Einfallsreichtum der viel verhöhnten zunftlosen Musikanten zu schätzen: »Man sollte kaum glauben, was dergleichen Bockpfeiffer oder Geiger für wunderbare Einfälle haben, wenn sie, so offt die Tantzenden ruhen, fantaisiren. Ein Aufmerckender könnte von ihnen, in 8. Tagen, Gedancken für ein gantzes Leben erschnappen. Gnug, in dieser Musik steckt überaus viel gutes; wenn behörig [!] damit umgegangen wird. Ich habe, nach der Zeit, verschiedene große Concerte und Trii in dieser Art geschrieben, die ich in einen italiänischen Rock, mit abgewechselten Adagi und Allegri, eingekleidet.«

Nicht nur die Ausdrücke ›Bierfiedler‹ und ›Bockpfeifer‹ waren aus der Sicht bestallter Musiker beleidigend, sondern auch das Wort ›Musikant‹ selbst. Als der ›Hof-Compositeur‹ und ›Capell-Meister‹ Bach im Jahr 1737 von Johann Adolph Scheibe wegen der Komplexität seiner Werke gescholten und zugleich als bedeutender ›Musicant‹ anerkannt wurde, ärgerte sich Bach dermaßen, dass er den Leipziger Juristen und Rhetoriker Johann Abraham Birnbaum zu ausführlichem Widerspruch motivierte – oder soll man sagen: anheuerte? »Der Herr Hof-Compositeur«, replizierte Birnbaum, »wird der vornehmste unter den Musicanten in Leipzig genennet. Dieser ausdruck fällt allzustarck in das niedrige [...]. Musicanten nennet man insgemein diejenigen, deren hauptwerck eine art von musicalischer praxi ist. Sie sind dazu bestellt, [...] die von andern gesetzte stücken vermittelst musicalischer instrumenten dem gehör mitzutheilen. [... Die] geringsten und schlechtesten führen meistentheils diesen nahmen; so daß unter Musicanten und bierfiedlern fast kein unterscheid ist. [...] Nun urtheile der vernünfftige leser selbst, ob es wohl dem Herrn Hof-Compositeur zu einem ihm gebührenden vollkommenen lobe gereichen könne, wenn man ihn den vornehmsten unter den Musicanten betitelt.« Obwohl damit die Sache eigentlich klargestellt war, setzte Birnbaum noch einmal nach, so sehr fühlte sich Bach, dem auch der Kantorentitel nicht behagte, durch den Ausdruck verletzt: »Der Herr Hof-Compositeur ist ein grosser Componist, ein meister der Music, ein virtuos auf der orgel und dem clavier, der seines gleichen nicht hat, aber keineswegs ein musicant.«

Bei der gesellschaftlichen Wertschätzung der Musiker ging es nicht bloß um ein Wort, sondern um den Ruf – um den schlimmen. Telemann erzählte, wie Verwandte und Bekannte auf seine Mutter eindrangen, ihn vom Musikerwunsch abzubringen: »Ich würde ein Gauckler, Seiltäntzer, Spielmann, Murmelthierführer etc. werden, wenn mir die Musik nicht entzogen würde.« Murmeltiere hat Telemann nicht geführt, aber die Kasse des Kaiserlichen Palais der Hochadligen Gesellschaft Frauenstein während seiner Zeit als städtischer Musikdirektor in Frankfurt. Und er war stolz darauf, das Budget belief sich schließlich auf 100 000 Mark.

Etwa zur gleichen Zeit wurde dem Organisten Nicolaus Ephraim Bach von Elisabeth von Sachsen-Meiningen, Äbtissin des evangelischen Reichsstifts zu Gandersheim, »die Aufsicht über Unsere Mahlereyen und Statuen-Gallerie aufgetragen, – wobey er dann in der Musik und vorfallenden Compositionen sich gebrauchen laßen soll«. Zum ausbezahlten Salär kamen eine doppelte Livrée, Reiseröcke und Winterstrümpfe. Einige Jahre später wurde der Musiker auch Mundschenk und Kellermeister und schließlich Rechnungsführer der Äbtissin. Immerhin war er – das verbot sich wegen seines Geschlechts – nicht ihr Kammerdiener, was Musikern mit männlichen Herrschaften an Miniaturhöfen passieren konnte.

Es gab nicht nur Musikdirektoren, die hochadlige Budgets, oder Organisten, die Klosterkeller verwalteten. Manche Musiker traten Sonntags die Orgel und fungierten an den Werktagen als Küchenschreiber, wie in Arnstadt. Am Hof zu Köthen war ein Trompeter zugleich Kammerdiener, ein Oboist lehrte das Fechten. Und Johann Sebastian wurde 1703 während seiner ersten Weimarer Stelle in den herzoglichen Rechnungsbüchern keineswegs als ›Hoff-Musicus‹ geführt, wie er sich selbst nannte, sondern als »Laquey Baach«. Bei seinem zweiten Aufenthalt in Weimar, nach den Stellen in Arnstadt und Mühlhausen, wurde er zwar nicht mehr als ›Laquey‹ geführt, aber so behandelt und im November 1717 sogar eingesperrt, weil er gegen den Willen seines herzoglichen Chefs nach Köthen abwandern wollte. Der Stellenwechsel wurde ihm erst gewährt, und zwar höchst ›ungnädig‹, nachdem vom Herzog verdeutlicht worden war, wer die Macht und wer nur die Noten hatte.

In der traditionsreichen Musikerfamilie Bach wären solche Zwischenfälle kein Grund gewesen, dem talentierten Nachwuchs einen anderen Berufswunsch nahezulegen, wie das bei Telemanns Mutter der Fall war. Oder bei Händels Vater. Der Leibchirurg eines Herzogs hätte den Sohn lieber auf einer auskömmlichen Juristenstelle gesehen, starb jedoch zu früh ›– Händel war noch nicht ganz zwölf Jahre alt –, um Schlimmeres zu verhüten. Dass dieses ›Schlimmere‹ in einem unvergleichlichen musikalischen Aufstieg bestehen würde, konnte der bürgerlich besorgte Vater nicht ahnen.

Außerdem stand selbst ein musikalischer Koloss wie Händel ohne höheren Beistand geschäftsmäßig auf tönernen Füßen. Das galt nicht nur für die Finanzierung des Spielbetriebs, sondern auch für den Vertriebserlös durch Notendrucke. Ohne Urheberrecht war Händel wie alle seine komponierenden und schreibenden Zeitgenossen auf den Schutz durch herrschaftliche Privilegien angewiesen und darauf, dass diese Privilegien auch respektiert wurden. Am 14. Juni 1720 erhielt der Komponist von Georg I. »das alleinige Recht zum Druck und zur Veröffentlichung [...] für den Zeitraum von vierzehn Jahren, gerechnet vom heutigen Datum, indem wir allen unseren treuen Untertanen in unserem Königreich und in den Kolonien verbieten, diese nachzudrucken [...] oder während des genannten Zeitraums [...] jenseits des Meeres gedruckte Kopien davon einzuführen, zu kaufen, zu verkaufen, in Umlauf zu setzen oder zu verbreiten ohne die Zustimmung oder die Genehmigung des genannten George Frederick Handel [...] Hiervon sollen die Commissioners und andern Zollbeamten, die Masters, Hafenmeister und die Buchhändlerkorporationen Kenntnis nehmen, damit unserem hierin bekundeten Verlangen der angemessene Gehorsam geschuldet werde.«

Die Abhängigkeiten der Musiker waren vielfältig und oft, oder eigentlich immer, von unmittelbar persönlicher Natur, ob es sich um das Wohlwollen eines regierenden Fürsten handelte, um das eines privat mäzenatisch agierenden Aristokraten, um das eines Bürgermeisters, eines wichtigen Stadtrats oder eines nicht minder wichtigen Mitglieds des Konsistoriums, wie etwa in Leipzig. Diese Bindungsbeziehungen glichen mitunter sozialen und künstlerischen Fesselungen. Das Eingebunden- und Eingezwängtsein wurden noch dadurch verkompliziert, dass die weltliche Obrigkeit in Gestalt der städtischen Räte und die kirchliche Obrigkeit in Gestalt der Mitglieder des Konsistoriums miteinander konkurrierten und, stark ausgeprägt wiederum in Leipzig, eifersüchtig über ihre Zuständigkeiten wachten.

In den *Musicalischen Discursen* von 1719 hieß es: »Viele fürstliche Musiker sehnen sich nach den Städten, weil der Dienst an den Höfen unsicher ist und er den Wanderstab ergreifen muß, sobald man aus der Gunst der Herren fällt oder die Musik am Hofe eingeschränkt wird«. Bach hat das erlebt. Zwar musste er nicht den ›Wanderstab‹ ergreifen, sich aber von Hof zu Hof und von städtischer Stelle zu städtischer Stelle bis zu jener in Leipzig durchkämpfen, auf der er bis zum Ende seines Lebens ausharrte und ausharren musste, weil ihm nichts anderes übrig blieb. Das ›Sehnen‹, von dem in den *Discursen* die Rede ist, verwandelte sich im Lauf der Jahre in halb resigniertes Durchhalten. Immerhin konnte er ein wenig von dem Ärger, der mit seinen Aufgaben verbunden war, im Collegium musicum abschütteln, dessen Leitung er 1729 für einige Jahre übernahm und das 1702 von Telemann während dessen Studentenzeit gegründet worden war*. Dieser nur halb professionelle Beginn des bürgerlichen Konzertwesens war weit entfernt vom Starsystem der höfischen Opernbühnen.

Kastraten und Diven

Wollten wir eine Zeitreise nach London machen, um Farinelli zu hören, dürften wir nicht in Händels *Rinaldo* gehen, sondern müssten eine Opernaufführung der Händelgegner besuchen, denn dort hat Farinelli seine Bravour-Arien gesungen, anders als in dem fas-

---

* Zu den Aufführungen der Abschnitt »Kaffeehäuser und Kaffeekantaten« im Kapitel »Weltliche Freuden«.

zinierenden, aber historisch unzuverlässigen Kostümfilm aus dem Jahr 1994 gezeigt*. Bei Händel hätten wir in Rinaldos Rolle Nicolini bewundern können, den ersten in London auftretenden Kastraten überhaupt. Wie sehr Händels Aufführungen unter der Anziehungskraft des für die Konkurrenz singenden Farinelli litten, hat Abbé Prévost überliefert: »Die anderen Sänger waren beliebt, dieser Mann jedoch wird vergöttert.« Händel hingegen »wird bewundert, doch aus der Ferne, denn er ist oft allein; wie durch einen Bann zieht es die Menge zu Farinelli.«

Wenn wir bei unserem Besuch im Theater von Händels Konkurrenten Pech haben, kommen wir neben John Gay zu sitzen, dem Librettisten der *Bettleroper,* und müssen hören, wie er seinem Freund Jonathan Swift zuraunt: »Niemand darf sagen: ›Ich singe‹, es sei denn, er ist ein Eunuch oder eine Italienerin. Jedermann ist jetzt ein […] großer Musikexperte […] und Leute, die eine Melodie nicht von einer anderen unterscheiden konnten, diskutieren nun täglich über die verschiedenen Stile […]; in London und Westminster wird in allen Salon-Gesprächen täglich Senesino zum größten Mann erhoben, der je gelebt hat.«

Senesino war neben Farinelli und Nicolini ein weiterer europäischer Star unter den allesamt aus Italien stammenden Kastraten. Der Flötenvirtuose Johann Joachim Quantz erinnerte sich in seiner Lebensbeschreibung, wie er 1719 dessen Gesang erlebte: »Senesino hatte eine durchdringende, helle, egale [gleichmäßige], und angenehme tiefe Sopranstimme [in Wahrheit eine Altstimme wie Nicolini, Farinelli war ein Sopran], eine reine Intonation, und schönen Trillo. […] Seine Art zu singen war meisterhaft, und sein Vortrag vollständig. Das Adagio überhäufte er eben nicht zu viel mit willkürlichen Auszierungen: Dagegen brachte er die wesentlichen Manieren mit der größten Feinigkeit heraus. Das Allegro sang er mit vielem Feuer, und er wußte die laufenden Passagien [Koloraturen] mit der Brust in einer ziemlichen Geschwindigkeit auf eine ange-

---

* Heute werden die Kastratenrollen der Barockoper gewöhnlich von Countertenören gesungen. Die Filmstimme Farinellis indessen ist eine digitale Abmischung von Passagen, die von einem Countertenor gesungen wurden, und solchen, die aus der Kehle einer Sopranistin kamen.

nehme Art heraus zu stoßen. Seine Gestalt war für das Theater sehr vortheilhaft und die Action natürlich. Die Rolle eines Helden kleidete ihn besser als die von einem Liebhaber.«

Senesino wird auf Karikaturen der Zeit hochaufgeschossen dargestellt, mit sehr langen Armen und Beinen. Das ist keine Verzeichnung, allenfalls eine Übertreibung. Manche Kastraten bildeten als Folge des Eingriffs übergroße Oberkörper und verlängerte Extremitäten aus. Mitunter kam es auch zur Fettleibigkeit. Aber dafür musste man kein Kastrat sein, das konnte auch einem Komponisten passieren, wie der esslustige alternde Händel bewiesen hat. John Gays Eunuchen-Bemerkung übrigens ist irreführend. Unter einem Eunuchen ist ein Mensch männlichen Geschlechts zu verstehen, dem Hoden und Penis entfernt wurden. Das war bei den Kastraten gerade nicht der Fall. Welche Eingriffe sie jeweils ertragen mussten, ist selten genau rekonstruierbar. Manchmal wird es sich um eine Vasektomie (vulgo ›Sterilisation‹) gehandelt haben, bei der die Samenleiter durchtrennt wurden. Das durfte nicht vor dem siebten Lebensjahr, musste jedoch vor Beginn der Pubertät geschehen. Bei einem derartigen Eingriff vor Beginn der Pubertät (anders als danach) verkümmern die Hoden. In anderen Fällen scheinen die Hoden selbst zerquetscht worden sein.

In jedem Fall waren die Eingriffe äußerst schmerzhaft, wegen der Infektionsgefahr höchst riskant und nur selten erfolgreich. Es war keineswegs ausgemacht, dass aus einem stimmbegabten Knaben ein kunstfertiger Kastrat wurde. In jedem Fall blieb der Stimmbruch* aus, was schließlich der Zweck der Verstümmelung war, außerdem entwickelten sich Brustkorb und Zwerchfell stärker als gewöhnlich. Eben darauf ist das Lungenvolumen zurückzuführen, mit dem Farinelli die Zuhörer zu erstaunen (und zu schockieren) wusste: Wegen des »Baus seiner Lunge und seines kunstfertig sparsamen Atmens war er in der Lage, Töne so lange anzuhalten, dass selbst jene, die ihn hörten, es nicht glauben konnten«. Ein anderer Zeitgenosse meinte süffisant, »man ist so besessen von Farinello [wie Broschi sich mitunter selbst nannte], daß man, stünden plötzlich die Türken im Golf

---

* Der Stimmbruch erfolgte wegen der Ernährung später als heute, bei Bach wohl erst mit Beginn des sechzehnten Lebensjahres.

[von Venedig], diese seelenruhig landen ließe, um nicht zwei Arietten zu verpassen. Heutzutage ist es ebenso gefährlich, schlecht von Farinello zu sprechen, wie früher in Paris, sich abfällig über das neue System von Monsieur Law zu äußern.«[*]

Farinellis Ruhm hatte auch damit zu tun, dass er eine attraktive Erscheinung gewesen ist, was für die meisten Kastraten wegen ihrer körperlichen Disproportionalität nicht zutraf. Seine atemberaubende Stimme war in einer androgynen und zugleich stattlichen Erscheinung bewahrt. Seine Persönlichkeit, weniger exaltiert und divohaft als bei Kastratenstars verbreitet, machte ihn für verwöhnte und selbst exaltierte Damen der höheren Gesellschaft auch dann noch begehrenswert, wenn er von der Bühne herabgestiegen war. Von den Affären, die den zwar zeugungs-, aber nicht sexuell unfähigen Kastraten gern nachgesagt wurden, ist in seinem Fall jedoch nichts überliefert. Dass die Kastraten lieben, aber nicht zeugen konnten, machte sie umso anziehender für Damen in ›festen Händen‹. Den Sängern wiederum wurde von der römischen Kirche die Eheschließung verweigert, weil sie zur Erfüllung des von der Kirche gelehrten Fortpflanzungszwecks der Ehe nicht fähig waren. Dabei hatte der Kirchenstaat das Kastratenwesen überhaupt erst in Gang gesetzt mit dem Verbot des Frauengesangs in den Kirchen und Theatern seines Territoriums, das damals nicht auf einen römischen Stadtteil beschränkt war, sondern etliche Fürstentümer und Städte umfasste.

Als die Sopranistin Margherita Durastanti bei der Uraufführung des Oratoriums *La Resurrezione* (*Die Auferstehung*) des dreiundzwanzigjährigen Händel am Ostersonntag 1708 in Rom die Rolle der Maria Magdalena sang, führte das zu einer sofortigen Intervention des Papstes. Spielleiter Arcangelo Corelli sah sich genötigt, die Durastanti bei der Wiederholung der Aufführung am Ostermontag durch einen Kastraten zu ersetzen, zumal dem Oratorium ohnehin vorgeworfen wurde, trotz des religiösen Stoffs eine verkappte Oper zu sein, mithin jener musikalischen Gattung anzugehören, die von Papst Clemens als sittenlos beargwöhnt wurde. Der Ton macht die

---

[*]   Zu Laws Spekulationssystem der Abschnitt über den ›Südseeschwindel‹ im ersten Kapitel.

Musik, und der war in den Ohren von Clemens umso verführerischer, wenn er aus einer Weiberkehle kam. Der Rückgriff auf einen der Kastraten, deren Stimmen schließlich auch die Sixtinische Kapelle erfüllten, war das defensive Mittel, um ein offensives Vorgehen des Papstes zu verhindern und die Ostermontagsaufführung des Oratoriums zu retten.

Die verstümmelnden Gewalttaten, mit denen der Natur ›Engelsgesänge‹ abgepresst wurden, fanden ausschließlich in ›Welschland‹ statt, obwohl die Kastraten in ganz Europa mit Ausnahme von Frankreich überaus geschätzt wurden. Im späten 18. Jahrhundert begann die Kirche, die Kastration zu problematisieren, die Kastraten allerdings brachte sie weiter in der Sixtinischen Kapelle zum Einsatz. Das geschah bis ins 19. Jahrhundert hinein. Der letzte Kastrat, Alessandro Moreschi, starb 1922*.

Was in Venedig die unter Vivaldi musizierenden Waisenmädchen waren**, das waren in Neapel zu Beginn des 18. Jahrhunderts die Gesangsschulen, Konservatorien genannt, an denen hunderte von Knaben ausgebildet und die jungen Kastraten in besonderen Soprani- und Contralti-Klassen zusammengefasst wurden. Farinelli allerdings ging direkt bei seinem lebenslangen Meister Nicolò Porpora in die Schule, der selbst ein neapolitanisches Conservatorio durchlaufen hatte, und wohnte auch bei ihm. Porpora leitete übrigens später die Londoner ›Adelsoper‹, die Händel das Leben schwer machte.

Ob das, was heute unter professionellen Stimmbildnern als ›Farinelli-Übung‹ kursiert, auf Porpora zurückgeht, ist zweifelhaft. Die Bezeichnung kann gleichwohl als Nachklang des exorbitanten Ruhms dieses Kastraten gelten. Keine der Diven seiner Zeit hat sich einen solchen Nachruhm ersungen, obwohl sie gefeiert und gefürchtet wurden wie launische Göttinnen.

Zu diesen Göttinnen gehörten neben der Durastanti, die Hän-

---

* Eine frühe Walzenaufnahme des ›Ultimo Castrati‹ ist auf Youtube zu hören: https://www.youtube.com/watch?v=lmI_C-SoAbg. Er singt das *Ave Maria*, mit dem Charles Gounod das erste Präludium von Bachs *Wohltemperiertem Klavier* katholisiert hatte.
** Dazu der Beginn des Abschnitts »Vivaldi in Wien« im 3. Kapitel.

del rund zwölf Jahre nach ihrem römischen Ostersonntagsauftritt in der *Auferstehung* nun aus Dresden nach London lockte, die Diven Faustina Bordoni aus Venedig und Francesca Cuzzoni aus Parma. Die Cuzzoni trat drei Jahre nach der Durastanti in London auf und geriet sofort in Konkurrenz mit der Durastanti. Und wie es sich für eine echte Primadonna gehört, machte sie auch dem Komponisten allerhand Schwierigkeiten. Ob Händel sie in einer der leidenschaftlichen und selbst opernhaften Auseinandersetzungen um zu singende oder nicht zu singende Arien tatsächlich um die – nicht ganz schlanke – Hüfte gefasst und gedroht hat, sie kopfüber aus dem Fenster zu werfen, ist umstritten, so gern und oft diese Geschichte wieder- und weitererzählt wurde. Gesichert hingegen ist, dass die Cuzzoni in der Spielzeit 1734/35 zusammen mit Farinelli in der mit Händels Opernunternehmen konkurrierenden Londoner ›Adelsoper‹ auftrat.

Ebenfalls gesichert ist ihr legendärer Kampf mit Faustina, die im Mai 1726 nach London kam. In dieser Spielzeit sang Faustina mit Francesca Cuzzoni und dem Kastraten Senesino in Händels *Alessandro*. Die halb natürliche und halb geschürte Konkurrenz zwischen den Diven machte auf Dauer eine friedliche Koexistenz unmöglich, mochten die ihnen zugeschriebenen Arien auch mit sorgsamer Komponistenvorsicht gleich verteilt sein. Jedenfalls gerieten sich im Juni des Folgejahres die beiden Sopranistinnen auf offener Bühne in die Haare. Dieses turbulente Ereignis während der Aufführung einer Oper von Bononcini gehörte zu den halb gefürchteten, halb ersehnten Skandalen, die das Publikum mehr beschäftigten als das Operngeschehen selbst. Außerdem fand der Divenstreit ein musikalisches Echo in John Gays *Bettleroper* von 1728. In einer Gefängnisszene des zweiten Akts gehen Lucy und Polly wegen des eingesperrten Ganoven Macheath aufeinander los. Es waren Szenen wie diese, die dem Stück jenen Erfolg verschafften, den Gay so dringend nötig hatte, nachdem er einen Großteil seines Vermögens im ›Südseeschwindel‹* verloren hatte.

Geld und Kult gehörten schon damals zusammen, und Ruhm und Rang der Diven und Kastraten bemaßen sich daran, wie viel

---

* Dazu der entsprechende Abschnitt im ersten Kapitel.

Gage sie verlangen konnten. Das Gefälle zwischen europäischen Stars wie Faustina und ihrem Ehemann Johann Adolph Hasse auf der einen Seite und einer Provinzgröße wie Johann Sebastian Bach auf der anderen war eklatant: Faustina und ihr Mann verdienten zusammen während ihrer Dresdener Zeit sechzehnmal so viel wie Bach in Leipzig. Dabei hielten sich die Stars ihrer vielen Engagements wegen nicht einmal durchgehend in Dresden auf, während der Kantor in Leipzig tagtäglich seine Pflicht zu erfüllen hatte. Um Gotteslohn allein kann man nicht komponieren, auch wenn alles Komponieren dem Ruhm Gottes dient.

Soli Deo Gloria

Unter Wölfen muss man mit den Wölfen und in der Hölle mit dem Teufel heulen: »In Summa unser gantzes Leben und Christenthum stehet in einer Temperatur, ist die wohl eingerichtet und gestimmet, so gefället sie GOtt und frommen Menschen, wo nicht, so ist es ein Zeichen, daß ein solcher unreiner Mensch, der an solchem faulen Geheule einen Gefallen hat, mit dem Teuffel ewig heulen werde«. Die Stelle stammt aus Andreas Werckmeisters 1707 posthum erschienenem Werk *Musicalische Paradoxal-Discourse*. Darin wird – wie schon in früheren Schriften seit den 1680er Jahren – eine Art mystisch-mathemisch-musikalische Harmonielehre entwickelt, deren zentraler Begriff die ›Temperatur‹ ist. Werckmeister denkt über den Einklang von Schöpfer und Geschöpf nach, eben darüber, »wie alle fromme und wohltemperierte Menschen mit Gott in stets währender gleicher und ewiger Harmonia leben und jubilieren werden.«

Der Titel des von Bach im Jahr 1722 in Reinschrift gebrachten *Wohltemperierten Klaviers* geht auf Werckmeister zurück, und in Bachs von fremder Hand überlieferten Generalbass-Lehre treibt wie bei Werckmeister der Teufel sein Spiel: »Der General Bass ist das vollkommste Fundament der Music, welcher mit beyden Händen gespielet wird, dergestalt, dass die lincke Hand die vorgeschriebenen Noten spielet, die rechte aber Con- und Dissonantien darzu greift, damit dieses eine wohlklingende Harmonie gebe zur Ehre Gottes und zulässiger Ergötzung des Gemüths, und soll wie alle Music […] als nur zu Gottes Ehre und Recreation des Gemüths seyn. Wo dieses nicht in Acht genommen wird, da ists keine eigentliche Music, sondern ein Teuflisches Geplerr und Geleyer.« Der Teufel plärrte Bach aus der von ihm benutzten Generalbass-Schule von Friedrich Erhard Niedt entgegen: »Endlich soll auch der Finis oder End=Ursache aller Music und also auch des General-Basses seyn, nichts als nur GOttes Ehre und Recreation des Gemüths, wo dieses nicht in acht genommen wird, da ist auch keine recht eigentliche Music, und diejenigen, welche diese edle und göttliche Kunst missbrauchen zum Zunder der Wollust und fleischlicher Begierden, die sind Teuffels-Musicanten, denn der Satan hat seine Lust, solch schändlich Ding zu hören, ihm ist solche Music aber gut gnug, aber in den Ohren GOttes ist es ein schändliches Geplärr.«

Es kommt also darauf an, Musik für Menschen zu machen, ohne dass Gott sich die Ohren zuhalten muss. Eben dazu hatte sich Bach vor Antritt seines Kantorenamtes vertraglich zu verpflichten: »Zu Beybehaltung guter Ordnung in denen Kirchen die Music dergestalt einrichten, daß sie nicht zulang währen, auch also beschaffen seyn möge, damit sie nicht opernhafftig herauskommen, sondern die Zuhörer vielmehr zur Andacht aufmuntere.« Die Leipziger Ratsherren wollten das Opernhafte der Ordnung und Andacht halber unterbinden, ein Berliner Kirchenmann fürchtete sie als Teufelszeug und schimpfte über Komponisten, »denen der Teufel was ins Poeten-Kästchen gethan, daß sie allen Welschen Opern-Quarck in Kirchen-Stücke hinein schütten«.

Nicht alle hielten die italienische Oper für Quark. Gottfried Ephraim Scheibel etwa verteidigte 1721 in seinen *Zufälligen Gedancken von der Kirchen-Music, wie sie heutiges Tages beschaffen ist* das Opernhafte als nützlich für das religiöse Gefühl: »Der Thon, der mich in einer Opern vergnügt, der kann auch solches in der Kirchen thun, nur daß er ein anderes Objectum hat.« Und wenn die Kirchenmusik »lebhafftiger und freyer« und »mehr theatralisch wäre, sie würde mehr Nutzen schaffen als die gezwungene Composition, der man sich in der Kirchen ordinair [gewöhnlich] bedienet.«

Weil die Inbrunst des religiösen Gefühls den religiösen Gedan-

ken übersteigt, ist Musik, auch theatralische, dem Glauben förder-
lich, nicht hinderlich. Außerdem schwingen mit ihr die Seelen der
Gläubigen ineinander im gemeinsamen Gotteslob. Im zweiten *Buch
der Chronik* des Alten Testaments heißt es in der Übersetzung Luthers: »Und die Leviten […] sungen mit Cymbaln, Psaltern und
Harffen und stunden gegen morgen des Altars, und bey jnen hundert und zwenzig Priester, die mit Drometen bliesen. Und es war, als
were es einer, der drometet und sünge, als höret man eine stimme zu
loben und dancken dem HERRN.« An den Rand dieser Stelle notierte Bach in einer von ihm benutzten Bibel: »Bey einer andächtigen Musique ist allezeit Gott mit seiner Gnaden Gegenwart.«

Bachs innige lutherische Frömmigkeit steht außer Frage, und
seine musikalische Haltung war immer zugleich eine religiöse. Aber
auch weltlichere Komponisten wie Händel pflegten Partituren mit
S. D. G. zu ›besiegeln‹: Soli Deo Gloria, Gott allein zum Ruhm.
Im Übrigen lebt der gläubige Mensch ohnehin in allem für seinen
Gott, von der Kirche bis zur Küche. Paul Jacob Marperger mahnt
im *Küch- und Keller-Dictionarium:* »Ihr esset nun oder trincket, oder
was ihr thut, so thut es alles zu Gottes Ehre.« Der letzte Eintrag des
Werks ist der Zwiebel gewidmet. Darunter prangt in einer Vignette:
SOLI DEO GLORIA.

Die große Klangmaschine

SOLI DEO GLORIA steht in großen Goldbuchstaben oben an
der Vorderseite so mancher Orgelempore. Und »Dem Höchsten
Gott allein zu Ehren, dem Nechsten, draus sich zu belehren«, schrieb
Bach unten auf das Titelblatt seines *Orgelbüchleins,* nachdem er den
Zweck des Werks definiert hatte: »Worinne einem anfahenden Organisten Anleitung gegeben wird, auff allerhand Arth einen Choral
durchzuführen, dabey auch sich im Pedal studio zu habilitiren, indem in solchen darinne befindlichen Choralen das Pedal ganz obli-
gat tractiret wird.« Dabei ist das Spielen ganz leicht, man muss nur
die richtigen Tasten zur rechten Zeit treffen. So jedenfalls soll Bach

es ausgedrückt haben mit jener ihn manchmal anwandelnden Über-
bescheidenheit, die von Arroganz schwer zu unterscheiden ist. Andere Organisten nannten das Spielen eine ›rossmäßige Arbeit‹, und
die Kalkanten, die Balgtreter, werden ihre eigene Meinung dazu gehabt haben, zumal es sich bei ihnen meist um Schuljungen handelte,
die bei der Anstrengung, den Pfeifen Luft zu schaffen, selbst außer
Atem kamen. Im Winter sah man den Atem vor den Mündern stehen auf den eiskalten Emporen, und viele Organisten machten es
sich zur Gewohnheit, Fußbänkchen mit heißen Kohlen aufzustellen.

Bach war der größte Orgelkönner, -kenner und -komponist seiner Generation und wurde auch später nie übertroffen. Selbst die älteren Meister Johann Pachelbel aus Nürnberg, dessen Schüler Bachs
älterer Bruder Johann Christoph drei Jahre lang gewesen war, und
Dietrich Buxtehude in Lübeck, den Bach bewunderte und verehrte,
gelten heute nicht als gleichrangig. Sein Werk für Orgel ist riesig*,
seine Gutachten über Orgeln waren legendär, und seine Virtuosi-
tät an der Orgel muss hinreißend gewesen sein. Ein Zeitgenosse
schildert, wie Bach »jenes Grund-Instrument« zu traktieren wusste,
»dessen zahllose Pfeifen von Bälgen angeblasen werden, wie er hier
mit beiden Händen, dort mit schnellen Füßen über die Tasten eilt
und allein gleichsam Heere von ganz verschiedenen, aber doch zuei-
nander passenden Tönen hervorbringt«.

Bach ist ohne Orgel nicht vorstellbar, und die Orgel nicht ohne
Bach. Ihren Höhepunkt erlebte die große Klangmaschine im Barock und innerhalb des Barock während der Zeit Bachs, auch wenn
die UNESCO die Gesamtgeschichte des Instrumentes würdigte, als
sie im Dezember 2017 den Orgelbau und die Orgelmusik zum »immateriellen Kulturerbe« der Menschheit ernannte. In Deutschland
soll es rund 50 000 Orgeln geben. 31 von ihnen stammen von Gottfried Silbermann, der insgesamt an die fünfzig Instrumente gebaut
haben dürfte und damit die mitteldeutsche Orgelkultur prägte wie
kein anderer. An Einfluss und Nachruhm ist ihm nur Arp Schnit-
ger überlegen, der in der Generation zuvor den Orgelbau in Nord-
deutschland dominierte.

---

* Gleichwohl werden die berühmte Toccata und Fuge in d-Moll (BWV 565)
von manchen (darunter Peter Williams) als Werk Bachs infrage gestellt.

Die Schnitger-Orgeln waren Bach lieber als diejenigen Silbermanns, und der überaus geschäftstüchtige Silbermann hatte seine Gründe, warum er Bach als Gutachter von seinen Orgeln fernzuhalten suchte. Die einzige belegte Zusammenarbeit zwischen beiden war die Abnahme der neuen, von einem Silbermannschüler gebauten Orgel in der Naumburger Wenzelskirche 1746. Allerdings hat Bach drei Jahre später während der Ostermesse in Leipzig als Kommissionär eines der Fortepianos verkauft, die Silbermann entwickelt, wenn auch nicht erfunden hatte, wie Zedlers Lexikon behauptet. Eines dieser auch ›Hammerklavier‹ genannten Instrumente war um 1730 von Bach geprüft, gelobt und getadelt worden. Silbermann zeigte sich über den Tadel – verstimmt, arbeitete jedoch an Verbesserungen. König Friedrich kaufte im Dezember 1746 und im Mai 1747 je eines dieser gereiften Silbermann-Fortepianos. Das erste trägt die Inschrift: »Dieß instrument: Piano et Forte genannt, ist von den Königl. Pohlnischen, und Churfl. Sächs. Hof und Landt Orgel, und Instrument macher […] Gottfried / Silbermann, verfertiget worden […] den 11. Junij / Anno Christi 1746«. Es ist sehr wahrscheinlich, dass Bach, als er im Mai 1747 im Potsdamer Stadtschloss von Friedrich empfangen und mit dem Thema des späteren *Musikalischen Opfers** konfrontiert wurde, auf diesem ›Piano et Forte‹ improvisierte.

Die Orgelprüfung in Naumburg war eine der letzten, die Bach vorgenommen hat. Mit der ersten wurde er 1703 in Arnstadt beauftragt. Er war 18 Jahre alt, konnte spielen wie der Teufel (wenn der Vergleich ihm auch sehr missfallen hätte), hatte ein Ohr für den Klang der Orgel wie für die Akustik des Kirchenraums, in dem sie aufgestellt war, und kannte sich mit der Technik der Klangmaschinen aus, mit Winddruck und Windlade, mit Pfeifenmensuren, Schreiwerk, Schwellwerk, Bälgen und Registern, mit Pedal und Manual. Seine Kenntnisse, sein Gespür und sein Gehör wurden von den Kirchenoberen gesucht und von den Orgelbauern gefürchtet. Zwischen seiner ersten Orgelprüfung im Juli 1703 und der letzten dokumentierten im Jahr 1748 wurde Bach neunzehnmal mit der Be-

---

* Zu Bachs Besuch bei König Friedrich in Postdam siehe die Passage im Abschnitt »Die Gebrüder Graun in Berlin« im 3. Kapitel.

gutachtung einer um- oder neu gebauten Orgel beauftragt. Die Honorare waren ansehnlich, oft waren die Prüfungen mit einem Festkonzert und hinterher mit einem Festessen verbunden wie im Mai 1716 in Halle, als man dem Meister nach der Begutachtung der neuen Orgel in der Marktkirche Rinderschmorbraten, Hecht, geräucherten Schinken und Spritzkuchen servierte.

An der kleinen, aus dem 17. Jahrhundert stammenden Orgel dieser Kirche hat möglicherweise Händel Unterricht genommen. Sicher ist, dass Händel im März 1702 als Organist an die Domkirche in Halle berufen wurde. Die Anstellung erfolgte »auff ein Jahr zur probe« und beinhaltete, »daß Er solch Ihm anvertrautes Ambt mit aller treue undt fleissigen auffmerksamkeit wohl und wie es Einem rechtschaffenen Organisten eignet und gebühret, versehen, so wohl zu Sonn- Bet- undt andern Festtage, alß auch wann es ausser diesen künfftig extraordinarie erfordert wird, bey dem Gottesdienst die Orgel gebührend schlagen, deßhalb vorhero die vorgeschriebene Psalmen und Geistliche Lieder richtig anstimmen und was weiter zu erhaltung einer Schönen harmonie nöthig seyn möchte, in obacht nehmen, zu dem ende iedesmahl zeitig und ehe Mann mit dem läuten auffgehöret, in der Kirche seyn, wie nicht weniger auff die Conversation der Orgel und was derselben angehörig gute Acht haben, und wo was daran schadhafft gefunden werden sollte, solches fordersamst anzeigen undt alßdann bey der reparatur mit guten rath beystehen solle.« Er habe seinen Vorgesetzten gehorsam zu sein, den »übrigen Kirchenbedienten aber friedlich« zu begegnen »undt im Ubrigen Ein christliches undt erbauliches Leben« zu führen.

Bis zu seinem Wechsel ins Orchester der Oper am Gänsemarkt in Hamburg 1704 scheint Händel den ›übrigen Kirchenbedienten‹ tatsächlich friedlich begegnet zu sein. Mit den übrigen Opernmitgliedern in Hamburg verhielt es sich nicht so. Am 5. Dezember 1704 gab es ein Degenduell zwischen Händel und Johann Mattheson, nachdem die beiden eine Auseinandersetzung darüber hatten, wer während der Aufführung einer Oper von Mattheson am Cembalo sitzen durfte.

Fast auf den Tag genau acht Monate später schlug Bach sich in Arnstadt auf nächtlicher Straße mit einem ›Zippelfagottisten‹ herum. So hatte er einen Schüler beleidigt, der nicht viel jünger war als er selbst und der nun Genugtuung forderte. Körperlich bedrängt zog Bach den Degen, um sich zur Wehr zu setzen.

Die vier Hitzköpfe (und alle Liebhaber der Musik Händels und Bachs) hatten Glück: Sie kamen unverletzt auseinander. Ob Händel später manchmal an den gefährlichen Hamburger Jungmännerstreich zurückdachte, wenn er in den Zwischenpausen seiner Oratorienaufführungen in London ganz unangefochten die Orgel spielte? Ob Bach bei all dem Ärger, den er als Thomaskantor in Leipzig mit seinen Schülern hatte, manchmal die Arnstädter Rauferei in den Sinn kam?

Die Stelle in Arnstadt hatte er wenige Wochen nach seiner Premiere als Orgelgutachter angetreten. Es war das erste ›richtige‹ Amt nach dem halben Jahr als musikalischer ›Laquey‹ in Weimar. Im Oktober 1705 ließ er sich vier Wochen beurlauben, um den Organisten Dietrich Buxtehude in Lübeck zu besuchen. Man kann sicher sein, dass er dem alten Meister beim Spielen genau auf die Finger sah und dass er bei Buxtehudes Abendmusiken anwesend war, die außerhalb der Gottesdienste in den Kirchen stattfanden. Jedenfalls kehrte Bach nicht nach vier Wochen zu seinen Arnstädter Pflichten zurück, die er unterdessen von einem Vetter erfüllen ließ, sondern nach mehreren Monaten. Das brachte ihm, wie schon die Auseinandersetzung mit dem ›Zippelfagottisten‹, eine Rüge der Vorgesetzten ein, die überhaupt mit seiner Amtsführung nicht recht zufrieden waren. Aber welcher Ratsherr, dem mehr an ordnungsgemäßem Dienst denn an im Wortsinn unerhörter Musik gelegen war, hätte schon mit Bach zufrieden sein können? Konflikte mit den Vorgesetzten durchziehen Bachs gesamte Laufbahn, von Arnstadt (1703–1707), über Mühlhausen (1707–1708), Weimar (1708–1717) und Köthen (1717–1723) bis Leipzig (ab 1723). Nur in Köthen scheint es während der ersten Jahre halbwegs unbeschwert zugegangen zu sein.

Drei Jahrzehnte nach Antritt seiner ersten Stelle verfasste er wieder einmal eine Bewerbung. Aber diesmal für Sohn Friedemann. Es ging um den Platz an der Orgel der Sophienkirche in Dresden, frei geworden durch das ›Absterben‹ des Vorgängers: Es »ergehet an Eu: Magnificence und HochEdelgebohrne Herrligkeiten meine unterthänige Bitte, daß Dieselben gnädig geruhen wol-

223

len bey dieser vacance meine Wenigkeit in hohe consideration zu ziehen, und nebst andern competenten mich zur probe gnädig zu admittiren. Vor diese hohe Gnade verharre Zeit Lebens in devotesten respect gantz unterthänig gehorsamster Diener Wilhelm Friedemann Bach.« Johann Sebastians eigenhändiges Bewerbungsschreiben hatte Erfolg. Friedemann wurde zum Vorspielen eingeladen und bekam die Stelle.

Wer sitzt wo in der Kirche

Hat man Gott im Herzen, ist es nicht so wichtig, ob sich die große Klangmaschine im Rücken oder vor den Augen befindet. In der katholischen Hofkirche zu Dresden war sie im hinteren Teil des Schiffes, in der evangelischen Frauenkirche vor und über der Gemeinde. Von beiden Plätzen aus kann der Organist Gotteshaus wie Menschenseele mit dem Atem der Andacht erfüllen.

Wichtiger als der Platz der Orgel war für die Gläubigen ihr eigener. Vor dem Tod mochten alle Leute gleich sein, vor dem lieben Gott im Himmel und vor dem Altar in der Kirche nicht. Je höher der soziale Status, desto näher am Altar oder an der Kanzel wollte man sein. Die Herrschaften ganz vorn, das Gesinde ganz hinten, dazwischen nach Besitz gestaffelt die Bauern, dann die Knechte und Tagelöhner in den Dorfkirchen, die Kaufleute, Handwerker und Dienstboten in den Stadtkirchen, die Männer meistens rechts, denn das war die wichtigere Seite, links die Frauen, oder bei gestaffelten Emporen oben die Männer, unten die Frauen. Außerdem kam es darauf an, wo, neben wem und hinter wem man seinen festen Platz in der Bank zugewiesen bekommen hatte. Besonders begehrt war der Innenplatz am Mittelgang. Bachs erste Gattin, Maria Barbara, saß dem Kirchenstuhlregister der Weimarer Hofkirche von 1708 zufolge als »Bachin, Hof-Organistin« auf Platz 3 rechts (!) in Reihe 8, schräg hinter der Gemahlin des Hofkapellmeisters.

Es gab allerdings auch Kirchen mit freier Sitzplatzwahl, in Leipzig zum Beispiel die 1712 mit einer Predigt von Adam Bernd wiedereröffnete alte Peterskirche*. Die Gottesdienste in dieser Kirche wurden von der einfachen Stadtbevölkerung besucht. Dort fand, anders als in der Thomas- und der Nikolaikirche, die von den Familien der mittleren und oberen Schichten frequentiert (und dominiert) wurden, keine geregelte Kirchenmusik statt. Die Thomaskirche mit ihren zyklischen Aufführungen von Bachs Kantaten bot nahezu zweieinhalbtausend Gläubigen Platz: Sitzplätze! Hinzu kamen rund fünfhundert Stehplätze. Ähnliche Zahlen gelten für die Nikolaikirche. Die Neue Kirche, an der 1704 Telemann erster Organist wurde, bevor er im Folgejahr als Kapellmeister nach Sorau ging, bot weiteren 1200 Menschen Platz. Von 1710 an war außerdem die Universitätskirche mit dreihundert Plätzen für die Stadtbürger geöffnet. Dennoch waren an den Sonntagen die Leipziger Kirchen überfüllt, was vornehme Damen nicht daran hinderte, betont zu spät zu kommen, nämlich gerade noch rechtzeitig zur Predigt, um zu zeigen, wer sie waren und was sie sich erlauben konnten.

In vielen Stadt-, aber auch in den Dorfkirchen verfügten die bürgerlichen Honoratioren- und die Adelsfamilien über eigenes Gestühl, das sie gemietet, gepachtet, gekauft oder geerbt hatten. In erblichem Besitz der Herrschaft befanden sich die Patronats- und Grafenlogen, verglast, beheizbar, auf geschnitzen Säulen über den Gemeindebänken aufgestelzt, höher als die Kanzel, prunkvoller als der Altar und häufig mit separaten Treppenaufgängen von außen, damit der Abstand zum Untertan gewahrt blieb und man keinen Fuß auf den Boden setzen musste, und sei es der Kirchenboden, auf dem die gemeinen Leute herumliefen.

Aber zu wem gehört die Loge? Zum Gut oder zum Herrn? Hat ein bürgerlicher Landwirt einem Junker das Gut abgekauft, ist die Patronatsloge inbegriffen oder nicht? Darüber konnte es zum Streit kommen, denn wenn vor dem Geld alle gleich sind, dann deshalb noch lange nicht vor dem Altar, wie eine Aristokratenbeschwerde bei einem Kirchstuhlzwist in Wusterhausen gegen einen bürgerlichen Käufer einwandte und verlangte, »daß eine alte Adeliche Familie

---

* Ihr Standort entsprach nicht dem der heutigen Peterskirche. Zu Adam Bernd die Passagen über den »Kult der Selbsterforschung« im nächsten Kapitel.

hoffentlich so viel consideration meritiren wird, daß sie nicht dürffe einem plebejo, den man sonst gerne in seinen würden läßt, in öffentlicher gemeine die oberhand laßen«.

Der ›Plebejo‹ wiederum beharrte einerseits darauf, dass ihm vom örtlichen Adel das Gutsgestühl nicht verweigert wurde, und andererseits, dass ihm von den anderen bürgerlichen Honoratioren keiner zu nahe kam bei seinem exklusiven Platz in der Kirche, von der ›Canaille‹, dem einfachen Volk, gar nicht zu reden. Diese Statusbehauptung durch demonstrierte Distanzierung wird in Gottscheds Zeitschrift *Die vernünfftigen Tadlerinnen* 1725 aufs Korn genommen, wo eine Kirchgängerin über die andere sagt: »Ja, ich zweifele, ob sie in die Kirche gehen würde, wenn sie nicht eine besondere Capelle [wie die Logen auch genannt wurden] hätte, darinn sie sich durch Vorziehung der Fenster vor denen Canailleussen Ausdünstungen gemeiner Leute verschantzen kan.«

Alle Beteiligten, von den Ärmsten und Rechtlosen in den hinteren Winkeln und an den Kirchentüren abgesehen, kämpften mit weltlicher Energie um Ort und Stellung im sakralen Raum. In Greifswald beispielsweise wurde Klage darüber geführt, es sei »fast kein Stand mehr in der Kirchen, darüber nicht unter denen Possessoren Krieg und Streitt erregett werde«. Bürgerliche Dorfhonoratioren konkurrierten mit dem Landadel, reiche Bauern mit armen Kossäten, die armen Kossäten mit Tagelöhnern. In den Stadtkirchen gerieten alte Ratsherrengeschlechter mit neureichen Kaufmannsfamilien aneinander, die mittleren Gewerbe- und Handwerksschichten beargwöhnten sich wechselseitig, und die unteren Schichten mit bescheidenem Besitz verteidigten selbstbewusst und unbescheiden ihre Plätze gegen das Gesinde, dem mancherorts immerhin erlaubt war, Schemel und Klappstühle mitzubringen, damit es die langen, überlangen Gottesdienste – überstand.

Auch an den abschließenden Seitenwänden der Kirchenbänke, mitunter sogar an den gemieteten oder gekauften Gestühlen waren häufig Klappbretter befestigt, was – wie bei den Tischlern von Wolgast – zu Beschwerden führen konnte, weil »der Zierath an ihrem Gestühle, der mit vieler Mühe und Kosten daran gemacht, von den Klappen und vorgeschobenen Bancken bedecket würde, da doch Selbiger zum Anschauen gemacht und der gantzen Kirchen ein Ansehen geben sollte.« Um dem abzuhelfen, kam jemand auf die Idee, die Gestühle mit Klappbänken zu erhöhen, damit die unten angebrachten Klappsitze die Schnitzereien nicht verdeckten. Dagegen wurde eingewandt, dass in diesem Fall nicht nur die Stühle mit Klappbänken, sondern alle Stühle erhöht werden müssten, damit alle gleich hoch blieben. Dem Beharren auf klare Unterschiede zu niedrigeren Gemeindemitgliedern entsprach das eifersüchtige Bedachtsein auf Gleichheit untereinander. Die Binnenmoral und die Moral nach außen folgten (und folgen) unterschiedlichen Regeln.

Die Kirchstuhlkonflikte arteten manchmal in regelrechte Tumulte aus, vor allem, wenn die Bedienten einer Herrschaft, die sich im Herrschaftsgestühl aufhalten durften, mit den Bedienten einer konkurrierenden Herrschaft zusammenstießen. Dann wollte niemand sich etwas vergeben, die Mägde ließen die Mägde nicht vorbei, die Diener machten breite Schultern und stießen einander an. Darüber führten dann wieder die Familienoberhäupter Beschwerde, denn nur wer seine Leute draußen zu verteidigen weiß, bleibt Herr im eigenen Haus.

Die Pfarrer indessen hatten im Gotteshaus nicht immer das Sagen, vor allem nicht auf den Dörfern, wenn sie vom Wohlwollen des Gutsadels abhängig waren. Im Übrigen standen sie keineswegs über den Statuskämpfen, mochten sie während der Kanzelpredigt auch von oben auf die Gemeindemitglieder herabsehen, von den Logengläubigen abgesehen. Die Gottesmänner waren an den typisch menschlichen Auseinandersetzungen beteiligt, entweder weil sie Partei nahmen oder Partei waren. Schließlich hatten sie in der Regel Familien, und wer Familie hat, der hat auch eine Ehre, die verteidigt werden muss. Dafür sorgten schon die Frauen. Jedenfalls schrieb das Bernhard von Rohr in seiner *Einleitung zur Ceremoniel-Wissenschafft der Privat-Personen:* »Es begiebt sich nicht selten, daß die gemeinen Weiber in den Kirch-Stühlen sich um den Rang nicht vertragen können, fahren wohl gar an der heiligen Stätte aneinander unter dem Gottesdienst mit bittern Worten an, auch so gar mit stoßen und Hauben abreißen«. Dorfschulzenfrauen konnten sich in den Kirchenbänken rauflustig erweisen wie Operndiven auf den Bühnenbrettern. Es kam leicht vor, dass »ein Wortwechsel wird unterm singen«. Die eine drängt an der anderen vorbei und droht:

»Weichet oder ich steige Euch über den Leib«. Die andere gibt zurück: »Wie die Weiber da liegen als Sauen«. So geschehen und aktenmäßig dokumentiert 1722 in Mecklenburg.

Der Gottesdienst als Erbauung und Strapaze

Wer zuerst in die Kirchenbank hineinkommt, ist eine Statusfrage. Und wer zuerst herauskommt desgleichen. Die Leute gingen in der Rang- und Reihenfolge ihrer sozialen Bedeutung zum Abendmahl. Und wieder stellte sich die Frage nach der Position des Gesindes. Das Gesinde der adligen Herrschaften kam vor den Bauern dran, auch vor den vermögenden unter ihnen, das herrenlose Gesindel ganz zuletzt. Wenn an Sonn- und Feiertagen zweihundert, manchmal dreihundert Gläubige das Abendmahl einnahmen, wie für die Thomaskirche bezeugt, machte die Reihenfolge schon einen Unterschied.

Es war nicht üblich, jeden Sonntag am Abendmahl teilzunehmen, Bach beispielsweise tat das zweimal im Jahr. Wer am Sonntag zum Abendmahl ging, war gehalten, samstags um 14 Uhr an einem Beichtgottesdienst teilzunehmen und danach die Privatbeichte* abzulegen, während auf der Orgelempore die Probe für die Sonntagsmusik stattfand.

Je mehr Gemeindemitglieder zum Abendmahl gingen, desto länger dauerte der Gottesdienst. Viele Gläubige kamen später und gingen früher, es kam ihnen nur auf die Predigt und die Kantate an. Andere verkürzten sich die Zeit mit einem Nickerchen in der Bank oder mit dem Nachbarn plauschend. Dabei wurde auch den Höhepunkten des Gottesdienstes, eben der Predigt und der Kantate, nicht immer genug Respekt entgegengebracht. Ein Leipziger Ratgeber von 1728 mahnte: »Wenn sie doch vor das Haus Gottes so viel äußerliche Ehren-Bezeugungen hätten, als vor ein Opern- und Comoedien-Haus, und vor eine Predigt als vor einer Oper!«

---

* Zur Beichtpraxis der folgende Abschnitt über die Kirchenbuße.

Ohne Vorwarnung in einen dieser Gottesdienste versetzt, wären wir bestürzt darüber, dass die Aufführung einer Bach-Kantate während eines Gottesdienstes in der Thomaskirche sehr viel weniger weihevoll vonstattenging, als wir von einer Kantatenaufführung in einem Konzertsaal unserer Tage erwarten. Würden wir in den Frühgottesdienst am ersten Adventssonntag 1723 versetzt, bekämen wir die Kantate *Nun kommt der Heiden Heiland* (BWV 61) zu hören. Über den Ablauf instruiert uns ein persönlicher Eintrag Bachs auf der Partitur der Kantate: »1. Praeludieret. 2. Motetta. 3. Praeludieret auf das Kyrie, so gantz musiciret wird. 4. Intoniret vor dem Altar. 5. Epistola verlesen. 6. Wird die Litaney gesungen. 7. Praelud: auf den Choral. 8. Evangelium verlesen. 9. Praelud. auf die Haupt-Music. 10. Der Glaube gesungen [das Glaubensbekenntnis]. 11. Die Predigt. 12. Nach der Predigt, wie gewöhnlich einige Verse aus einem Liede gesungen. 13. Verba Institutionis [die Einsetzungsworte ›dies ist mein Leib, dies ist mein Blut‹]. 14. Praelud. auf die Music. Und nach selbiger wechselweise praelud. u Choräle gesungen, biß die Communion zu Ende«.

Bach konzentrierte sich auf die musikalische Linie. Den Gesamtablauf der gewöhnlichen Sonntagsgottesdienste hat man sich in etwa so vorzustellen: Die Stadttore blieben geschlossen, und der innerstädtische Verkehr ruhte, bis auf die Kutschen, mit denen die Honoratioren zu den Kirchen fuhren, selbst wenn sie es nicht weit hatten, und die Tausende von Fußgängern, die durch die Straßen den Kirchen zustrebten, selbst wenn die für sie nicht so nah waren. Um halb sechs begann die Frühmette in der Nikolaikirche. Gegen sieben läuteten ihre Glocken und die der Thomaskirche zum Hauptgottesdienst. Er fing mit einem Orgelpräludium an, danach folgte eine lateinische Motette, dann der Introitus und das Kyrie (in den beiden Kirchen abwechselnd versetzt auf Lateinisch und Deutsch). Danach betete der am Altar kniende Pfarrer das Vaterunser, während der Küster den Abendmahlskelch auf dem Altar bereitstellte. Die Gemeinde sang »Allein Gott in der Höh' sei Ehr«, bis heute das Lutherlied schlechthin und auch von Bach mehrmals für die Orgel bearbeitet. Schließlich sprach der Geistliche: »Dominus vobiscum« (»Der Herr sei mit euch«), und der Chor antwortete: »Et cum spiritu tuo« (»Und mit deinem Geiste«). Daraufhin erfolgte die Lesung während der Kollekte. Des Weiteren wurde eine Epistel vom Pult gesungen, danach sang erneut die Gemeinde. Es folgte das Absingen des Evangeliums vom Pult, danach vom Pfarrer vor dem Altar das Glaubensbekenntnis auf Latein (»Credo in unum Deum«). Nach dem Glaubensbekenntnis spielte der Organist ein Präludium zur Hauptmusik und die Hauptmusik selbst, etwa eine Kantate. Danach sang die Gemeinde »Wir glauben all an einen Gott«, und es folgte endlich die Predigt, die von 8 bis 9 Uhr dauerte. Auf dem Orgelchor war eine Sanduhr angebracht, damit der Pfarrer von der Kanzel aus die Zeit im Auge behalten konnte. Während der Pfarrer nach der Predigt von der Kanzel stieg, sang erneut die Gemeinde. Manchmal wurde die Predigt von zweiteiligen Kantaten eingerahmt. Die Kommunion fand unter Absingen deutscher Abendmahlslieder statt. Dann sprach der Pfarrer den Segen: »Gott sei uns gnädig und barmherzig und gebe uns seinen göttlichen Segen.« Alles zusammen dauerte an die vier Stunden.

Der deutlich einfacher gehaltene Mittagsgottesdienst mit einer von Gemeindegesang umrahmten Predigt begann um 11 Uhr 45, nachdem sich die Kirche gerade von den Besuchern des Hauptgottesdienstes geleert hatte. Der Vesper-Gottesdienst dauerte von 13 Uhr 15 bis gegen 15 Uhr. Dort wurde, im Wechsel zwischen Thomas- und Nikolaikirche, die vormittags zur Aufführung gebrachte Kantate wiederholt.

Gottesdienste fanden jeden Tag statt, nicht nur sonntags, in der Thomaskirche werktäglich ab 6 Uhr 45 unter Beteiligung des Thomanerchors. Kantaten kamen dabei nicht zur Aufführung, es sang die Gemeinde. Das Gemeindesingen war Freude und Qual in einem, Freude für diejenigen, die sich gottseelig Tränen in die Augen sangen, eine Qual für die Organisten, die den Leuten zuliebe entweder die Noten dehnen oder sich damit abfinden mussten, dass die musikalischen Laienstimmen nicht hinterherkamen. Mit Gesangbüchern hoffte man, dem abzuhelfen. 1736 erschien Georg Christian Schemellis *Musicalisches Gesang-Buch, Darinnen 954 geistreiche, sowohl alte als neue Lieder und Arien, mit wohlgesetzten Melodien, in Discant und Bass, befindlich sind.* Von den 954 Liedern sind nur knapp siebzig mit Noten versehen, und von den ›wohlgesetzten Melodien‹ stammen die wenigsten von Bach (darunter »Komm, süßer Tod«, BWV 478), obwohl der »Hochfürstl. Sächß. Capellmeister und Directore Chor. Musici in Leipzig« in der Vorrede ausdrücklich gewürdigt wird. In dieser Vorrede, sie stammt nicht von Schemelli, sondern von einem Zeitzer Superintendenten, wird der Buchkäufer als »Liebhaber der Gottseeligkeit« in direkter Anrede aufgefordert: »Nimm dis [...] zu deiner Warnung und Erweckung an. Wie du so viel schöne auserlesene Geistreiche Lieder in solchem antriffst, also singe sie auch, singe sie öffentlich in der Gemeinde, aber auch zu Hause in deiner Privat-Andacht«.

Besonders verbreitet war *Das privilegirte Vollständige und vermehrte Leipziger Gesang-Buch, Darinnen die auserlesensten Lieder, wie solche in hießigen und andern Kirchen gebräuchlich, an der Zahl 1015* des Leipziger Predigers Carl Gottlob Hofmann, erstmals 1734 erschienen und immer wieder erweitert, bis es in der Ausgabe von 1747 mit »der Zahl 1015« auf dem Titelblatt prunken konnte. Diese Sammlung von Kirchenliedern war ein reines Textbuch.

So wichtig das Singen im lutherischen Gottesdienst war, als sein Mittelpunkt hat die Predigt zu gelten. Manche Prediger, etwa Adam Bernd* in der Peterskirche, verfügten über Pathos und Ausstrahlung, andere predigten pathetisch, aber langweilig, und wieder andere strapazierten mit trockenem Theologentiefsinn die Geduld der Laien oder breiteten eifrig und eifernd Kontroversen aus, die von gewöhnlichen Gläubigen weder verstanden wurden noch überhaupt von Interesse für sie waren. Wie ausufernd das werden konnte, zeigt eine Verordnung des Soldatenkönigs, der es 1714 für notwendig hielt, die Dauer der Predigt auf höchstens eine Stunde zu beschränken. Und in einer Instruktion an Sohn Friedrich, den »lieben Successor«, legte er in seinem polternden Feldwebeldeutsch fest: »An alle Consistorien in euere Prowincen müßet Ihr scharf anbefehlen, das die Reformirte und Lutterahner auf den Kancellen keine Contrawersen tracktieren [...] und Keine Zenckereyen anfangen. [...] Mein lieber Successor mus die Prediger in beyden Religionen nicht laßen sich in weldtliche afferen mischen«. Der letzte Punkt ist besonders wichtig. Die Prediger sollten zwar neben dem Wort Gottes auch Verordnungen der weltlichen Obrigkeit verkünden, besonders auf dem

---

* Zu Adam Bernd der Abschnitt »Windstille« im nächsten Kapitel.

Land, doch eigenes ›Räsonieren‹ (will sagen: Politisieren) war unerwünscht. Das machte die einfachen Leute nur kopfscheu und führte zu Unruhe und Renitenz.

Die Kirchenbuße

Zu Renitenz und Unruhe in der Honoratiorenschaft konnte es kommen, wenn die Prediger ihre religiöse Autorität allzu nachdrücklich gegen die weltliche geltend machten. Die städtische Oberschicht wollte sich beispielsweise nicht vorschreiben lassen, wann und wie oft sie zum Abendmahl zu gehen und ob und welche Beichte sie davor abzulegen hatte. Die Privatbeichte war keine Ohrenbeichte mit Aufzählung einzelner Sünden wie bei den Katholiken, aber sie war eben doch eine Beichte. Dass sie von Luther und der frühen lutherischen Orthodoxie abgelehnt worden sei, ist eine historische Rückprojektion aus dem 19. Jahrhundert, als es dem protestantischen Bürgertum gelang, Beichte und Lossprechung zu desavouieren. Immer war der Kampf um die Beichte ein Teil des Kampfes darum, wer in den Gemeinden das letzte Wort, also das Sagen, hatte. Luther hatte die Beichte verteidigt, und in Artikel 25 des Augsburger Bekenntnisses von 1530 wird ausdrücklich festgehalten, dass die Beichte nicht abgeschafft sei. Im ganzen 17. und bis weit ins 18. Jahrhundert wurden Beichtstühle in die lutherischen Kirchen gestellt, wenn sie auch nicht so heimlich unheimlich von Sündengeheimnissen durchweht waren wie die in den katholischen Kirchen. Dennoch wehrten sich die einflussreicheren Gemeindemitglieder dagegen, von ihren Pfarrern zur Teilnahme an den öffentlichen Beicht- und Reinigungsritualen ermahnt oder gar gezwungen zu werden.

Bei der öffentlichen Kirchenbuße verschärfte sich die Auseinandersetzung, galt sie doch selbst unter ›gemeinen Leuten‹ als entehrend. Die brandenburg-preußischen Verordnungen dazu oszillieren über Jahre und Jahrzehnte rat- und rastlos um die Aufrechterhaltung der Kirchenbuße bei gleichzeitiger Versicherung, sie sei nicht als ehrlos machend zu verstehen. Schon in der Verordnung von 1716, mit der Friedrich Wilhelm die Kirchenbuße vorschrieb, heißt es, dass »diejenige sehr irren, ja sich schwer versündigen, welche solche Kirchen-Buße für eine Schande, Strafe oder Brandmahl halten«. Den Bloßgestellten war diese Versicherung wenig wert, verständlicherweise, wenn man sich den Ablauf des Rituals vergegenwärtigt. Es wird darauf gedrungen, dass sich die sündige Person »bei dem Prediger, der des Vormittags predigt, denselben Samstag frühe einfinden muß und demselben nach und zur Kirche folget, auch sich in derselben an ihrem gewöhnlichen Orte und Sitz, so selbige vor dem Prediger und einem Teil der Gemeinde gesehen werden kann, sonsten aber in einem derselben anzuweisenden und in der Prediger und der Gemeinde Gesicht gelegenen Stuhl stellet, und höret daselbst mit gebührender Andacht die Predigt an, bewegt auch ohne Heuchelei oder Affektation mit ihren Gebärden ihre wahre Reue und Buße über ihre Sünden, und stehet sofort nach geendigter Predigt und Gebet, welches sie kniend zu tun hat, auf, bleibet auch die ganze Zeit über, da der Prediger die Gemeinde und die Person selber anredet, aufgerichtet stehen«. Diese Anrede besteht in einer Reihe von rituell formulierten Beschuldigungen (der ›Fleischeslust‹ zum Beispiel oder des Ehebruchs), die der Sünder, die Sünderin jeweils ostentativ (aber ›ohne Heuchelei und Affektation‹) zu bejahen hat. Danach folgt die ›Lossprechung‹ durch den Prediger: »Hierauf nehme ich dich (Euch) nun wiederum, als ein ordentlicher Diener Gottes, hiermit auf in den Schoß dieser Gemeinde und zur Gemeinschaft und Freiheit des Heil. Abendmahls, zur Stärkung deines Glaubens und Versiegelung deiner Hoffnung, zu gebrauchen, im Namen Gottes des Vaters und des Sohnes und des Heil. Geistes, Amen.«

Wer sollte sich nach solcher Prozedur nicht erniedrigt fühlen, und zwar umso erniedrigter, je höher der soziale Status ist? Die abschließende Ermahnung der Gemeinde ist da kein schwacher Trost, sondern gar keiner. »Vermahnen wir euch, daß ihr diesen Bußfertigen und mit Gott und der Christlichen Gemeinde versöhneten Mit-Bruder (Mit-Schwester) seines Falles halber nicht verachten« sollt. Wenn »aber, dem ohngeachtet, jemand so lieblos sein und sich durch Vorwurf an dieser Person vergehen sollte, der soll wissen, daß er wider Gottes Wort gröblich handelt und in der weltlichen Obrigkeit

Strafe verfallen ist.« Die weltliche Obrigkeit bedient sich des Gottesdieners zur Sanktionierung missfälligen Verhaltens, und nachdem der Gottesdiener seines religiösen Amtes gewaltet hat, droht wiederum er mit der Obrigkeit, sollte die in einem weltlich angeordneten religiösen Ritual vollzogene Versöhnung des Sünders mit Gott von der Gemeinde nicht anerkannt werden. Man braucht wenig Phantasie, um einzusehen, dass sich ein Landjunker vom Dorfpfarrer etwas Derartiges nie und nimmer bieten ließ, so wenig wie die städtische Oberschicht von ihren Predigern.

Der Stralsunder Pfarrer Johann Christian Müller war als Student in Jena Augenzeuge einer Kirchenbuße. Eine junge Aufwärterin, die den Studenten die Betten machte, war schwanger geworden: »Wie es bekannt wurde, muste sie öffentliche Kirchen Buße thun, in der Stadt Kirche, während der Predigt, im Chor auf den Knieen auf den grünen Bäncken liegen, die sonst für die Communicanten sind. Nach geendigter Predigt trat der Prediger im Altar, zeigte der Gemeine, die häufig [zahlreich] ins Chor getreten war, an, daß dieses verlorne Schaaf sich wieder zur Gemeine gefunden, ihre Sünden und Vergehungen bekannt, die ihr denn auch an Gottes statt von ihm vergeben worden. Er erinnerte sie [die Gemeinde] dieselbe nunmehro auch wiederum unter sich liebreich und ohne Aufrückung ihres Fehltritts aufzunehmen, wie sie von Gott aufgenommen worden. Hirauf verreichte er ihr das Abendmahl, dabei gesungen wurde: Erbarm dich meiner o Herre«. Der spätere Pastor scheut und schämt sich nicht, dem Mädchen trotz der Ermahnung des Predigers auch nach der ›Wiederaufnahme‹ in die Gemeinde Vorhaltungen zu machen, während sie ihm in seiner Studentenküche Kaffee kocht. Konsterniert notiert er, wie sie reagierte: »Ob sie gleich die gantze Zeit über in der Kirchen in Trähnen gefloßen, antwortete sie mir jetzt gantz lustig: wenn dis nur erst vorbei ist, so bin ich wieder Jungfer Sophie vor als nach.«

Viele Jahre zuvor waren ein Diener von Leibniz und seine vor der Eheschließung gebärende Braut ohne Kirchenbuße davongekommen. Unzufrieden berichtet der Philosoph an seine kurfürstliche Briefpartnerin, der junge Mann habe über die vorzeitige Niederkunft gelacht: »Aber er würde nicht lachen, wenn er Kirchenbuße leisten müßte, und er hat Glück gehabt, dass hier nicht die Pietisten herrschen. Immerhin ist er von allen Predigtkanzeln in Hannover herunter heftig gescholten worden.«

Auf die preußische Verordnung von 1716 folgte eine weitere, die festlegte, die Kirchenbuße solle nicht erzwungenermaßen, sondern freiwillig geschehen. Der Prediger habe den Sünder allerdings von ihrer Notwendigkeit zu überzeugen. Habe das nicht den gewünschten Erfolg, sei der Betreffende vom Abendmahl auszuschließen. Hilft auch das nicht, wird er »als ein offenbarer Verächter Gottes und seiner heiligen Sakramente der weltlichen Obrigkeit überlassen, welche alsdenn dieserhalb das nötige weiter zu verfügen wissen wird.« Erneut zerfließt die Grenze zwischen kirchlicher und staatlicher Macht. Es handelte sich um eine Grenze, die aller protestantischen Theologie und aller staatsrechtlichen Theorie zum Trotz in der Alltagswirklichkeit erst langsam wirksam wurde. Die Abschaffung der Kirchenbuße in Preußen im Jahr 1746 war dazu ein wichtiger Schritt[*].

Schafottpredigten

Bei kleinen Sünden arbeiteten kirchliche und staatliche Machtinstanzen Hand in Hand, bei großen Verbrechen auch. Die Geistlichen waren zugleich Tröster und Bedränger der Delinquenten, sie halfen ihnen, die furchtbaren Leibes- und Lebensstrafen zu ertragen, und bemühten sich – fast immer mit Erfolg – zugleich darum, die zu Strafenden im Interesse von deren Seelenheil zu bußfertiger Einwilligung in die öffentlichen Exekutionsrituale zu bewegen. Die ohne Aufsässigkeit hingenommene irdische Abstrafung galt als Voraussetzung des göttlichen Erbarmens im Jenseits. Ein verstockter oder gar revoltierender Angeklagter war des Teufels und gehörte zu den »stinckenden und stössigten Böcken«, wie es in einer Abhandlung von 1719 hieß, ein reuiger Sünder wurde unter die »folgbaren Schafe« des göttlichen Hirten aufgenommen.

---

[*] Herder übrigens hat sie in seiner Schrift *Über Kirchenzucht* für Weimar noch 1777 verteidigt.

Die Geistlichen begleiteten die Malefikanten auf dem Weg hinaus zu den Galgenplätzen vor den Stadttoren und predigten nach der Hinrichtung vom Schafott herab den Zuschauern. Die Exekutionen waren tumultuarische Spektakel, bei denen man kaum das eigene Wort verstand. Der Prediger wurde allenfalls von den zunächst Stehenden gehört, und von denen hatten die wenigsten ein Ohr für den Galgensermon, weil sie auf eine Gelegenheit lauerten, ein Schnupftuch ins wunderheilende Delinquentenblut zu tauchen, oder weil sie mit offenen Mündern halb hingerissen, halb entsetzt auf die nächste Szene des Schreckenstheaters warteten.

Damit die Predigtworte nicht umsonst in den Tumult gesprochen wurden, gingen die kirchlichen Behörden dazu über, diese ›Chavot-Reden‹ mit zusätzlichen moralisch theologischen Erläuterungen und erweitert um allerlei Anekdoten drucken zu lassen. Die Titel dieser Schriften geben das, wovon sie handeln, ausführlich wieder, so etwa ein *Wahrhaffter theologischer Bericht von der Bekehrung und Ende des Welt-beruffenen [berühmten] Maleficanten Valentin Runcks, gewesenen Castellans auf dem Königlichen Schloß zu Berlin. Welcher Wegen begangenen abscheulichen Diebstals in den Königlichen Gemächern und Schatz-Cammer, den 8. Juni 1718. Zur wohl-verdienten Straffe gezogen worden. Zur Verherrlichung der Gnade GOTTes an armen Sündern, wie auch zur Steur der Wahrheit und Erbauung frommer Seelen beschrieben und zum Druck gegeben von dem Reformirten Ministerio der Dom- und Parochial-Kirchen in Cölln und Berlin.*

Die Schrift erzählt in pseudodialogischer Form, wie »Prediger« und »Delinquent« miteinander sprechen und der Verbrecher nach und nach auf sein fürchterliches irdisches Ende und auf die anschließend zu erhoffende ewige Seligkeit eingestimmt wird. Der Prediger, es handelte sich um Dietrich Siegfried Claessen von der Domkirche, hatte dabei seine eigenen Sorgen: »Sehet an mein lieber Runck, bey eurem schweren Fall, müßt nicht allein ihr, sondern auch unsere unschuldige Kirche und Religion sehr viel leiden: Dann es gehet ein Gerüchte durch die Stadt, bey Hohen und bey Niedrigen, daß ihr zu gewissen Personen solt gesprochen haben: Ich bin Reformirt, und nach der Reformirten Lehre glaube ich auch, daß ich zum Stehlen und zum Galgen praedestiniret sey, ob ich aber zum Himmel oder zur Hölle praedestiniret sey, das weiß ich noch nicht.«

Runck dementierte zur Erleichterung des reformierten Dompredigers, der wegen seiner eigenen (und eigenwilligen) Prädestinationslehre den Vorgesetzten suspekt war. In Halle schwelte der Streit um Professor Wolff, dem vorgeworfen wurde, die Willensfreiheit zu leugnen*, und Claessen fürchtete zu Recht, auch seine Lehre von der Vorherbestimmung könnte vom König als Ablehnung der Willensfreiheit missverstanden werden. Wie sollte man Deserteure bestrafen, wenn sie für ihre Desertion nicht verantwortlich waren? Wie sollte man den Schlossdieb mit glühenden Zangen reißen und ihm mit dem Rad die Knochen im Leib zerstoßen dürfen, wenn er für seine Verbrechen nichts konnte? Dem Domprediger Claessen hat das dem Exkastellan Runck in den Mund gelegte Dementi nichts geholfen. 1720 wurde er nach Frankfurt an der Oder strafversetzt, drei Jahre vor der Vertreibung Wolffs aus Halle.

Der *Wahrhaffte theologische Bericht* über Runckens Fall und Bekehrung klingt aus mit der »Anrede an das Volck, auf dem Chavot gehalten von dem Dom-Prediger D. S. Claessen«: »Ihr Zuschauer, die ihr billich, mit so bethränten Augen und Hertzen, allhie zu stehen schuldig seyd, wie wir, durch Seel und Geist, durch Mark und Bein gerührete Gesandten und Dienst-Bothen Jesu Christi, ihr Zuschauer, sage ich, was seyd ihr hinausgegangen [zum Richtplatz vor dem Stadttor] zu sehen? Wolt ihr zerbrechliche Rohr-Stäbe sehen, welche vom Wind hin und her getrieben werden? sehet euch selbsten an: Wolt ihr GottesLästerer, Sabbath Schänder, Hurer, Ehebrecher, Diebe, Geitzige, Trunckenbolde, ja, wolt ihr Sodoms-Sünden [Homosexualität] und die Greuel von Gomorrha sehen? Sehet euch zum Theil selbsten an, sehet an die Stadt Berlin, welche davon wimmelt: Und solten alle diejenige, welche nach den Göttlichen Gesetzen das Leben verwürcket haben, mit Rad und Galgen gestraffet werden, warlich es dörffe vielleicht an Galgen und Rädern ermangeln.« Es folgen weitere drohende Ermahnungen, bevor die Schafottpredigt in der Anrufung kulminiert: »Gott lasse hinführo Friede, Wahrheit, Treue, Keuschheit, Gerechtigkeit und Gottseligkeit auf der Erden, in diesem Lande, und fürnemlich in unserer Stadt Berlin blühen und wachsen! Gott lasse diß klägliche Spectacul keinen

* Dazu der Abschnitt über Wolff im Kapitel »Fortschritte«.

betrübten Vorboten größerer Zorn- und Rach-Gerichte über Land und Leute sein! Gott wende doch nunmehro in Gnaden ab alle mit unsern Sünden wohlverdiente Straffen! Er raffe unsere Seelen nicht mit den Gottlosen dahin durch einen schnellen und bösen Tod, sondern Gott lasse uns und unsere Kinder, zu seiner Zeit, sterben eines sanften und seligen Todes! Er lasse uns, wie dorten Christus, unsere Seelen befehlen in die Hände unsers himmlischen Vaters, Er lasse uns, mit unserm sterbenden Heilande, getrost und freudigst an unserm Ende ausrufen: Es ist vollbracht, Amen.«

Passionen

Im Evangelium nach Matthäus ist nichts ›vollbracht‹. Jesus schreit: »MEIN GOTT, MEIN GOTT, WARUMB HASTU MICH VERLASSEN?«. So steht es – in GROSSBUCHSTABEN – in Luthers Übersetzung. Dann schreit er noch einmal und stirbt. Bei Matthäus schreit Jesus, bei Johannes ›spricht‹ er: »ES IST VOLN-BRACHT. Und neiget das Heubt und verschied.«

Die Johannes-Passion erklang zum ersten Mal während des Vespergottesdienstes in der Nikolaikirche am Karfreitag 1724. Es war Bachs erste Leipziger Passionswoche, und es kam gleich zum Eklat. Drei Jahre zuvor hatte sein Amtsvorgänger Johann Kuhnau seine Markus-Passion* in der Thomaskirche zur Aufführung gebracht, was wiederum 1717 in der Neuen Kirche vorbereitet worden war durch die erfolgreiche Darbietung von Telemanns Vertonung der weithin berühmten Passion des Hamburger Ratsherrendichters Brockes**. Telemann selbst hatte sie im Vorjahr in Frankfurt am Main uraufgeführt, im selben Jahr, in dem auch Händel das Werk vertonte. Mit

---

* Bachs Markus-Passion von 1731 ist verschollen, nur der Text ist erhalten, während die Lukas-Passion mit hoher Wahrscheinlichkeit nicht von Bach stammt.
** Zu Brockes der erste Abschnitt im nächsten Kapitel und der Abschnitt über Ritzebüttel im 4. Kapitel.

der gelungenen Aufführung der Brockes-Passion in der Neuen Kirche und dem Anschlusserfolg von Kuhnaus eigener Passion in St. Thomas konnten die Bedenken der Leipziger Kirchenherren gegen das ›Opernhafte‹ und ›Theatralische‹ überwunden werden. Man beschloss, den Gläubigen nunmehr jährlich eine Passion zu bieten, abwechselnd in der Nikolai- und in der Thomaskirche. Für 1724 war die Nikolaikirche festgelegt, aber Bach hatte seine Johannes-Passion für die Thomaskirche geplant und die Texthefte entsprechend drucken lassen. Der Rat beharrte auf dem ursprünglich vorgesehenen Aufführungsort und setzte auch den Neudruck der Programme durch, auf Bachs Kosten. Für die Aufführung im Folgejahr in der Thomaskirche überarbeitete Bach die Johannes-Passion, von der insgesamt fünf Fassungen überliefert sind, wobei die letzte im Jahr 1749 annähernd zur ursprünglichen Gestalt zurückkehrte.

Die Matthäus-Passion wurde in einer ersten Fassung* am Karfreitag, den 11. April 1727 aufgeführt. Zwei Monate vorher, am 13. Februar, hatte vor den Toren der Stadt Leipzig eine öffentliche Hinrichtung stattgefunden. Für die Menschen, die am 13. Februar der Hinrichtung und am 11. April der Passion beiwohnten, hörte sie sich ganz anders an als für heutige Konzertbesucher. Draußen vor den Toren gingen die Schreie des Delinquenten im Tumult der Zuschauer unter, drinnen in der Kirche hallten sie in den Seelen der Zuhörer nach. Das Rezitativ des Tenors, der den Evangelisten Matthäus gibt, lautet: »Aber Jesus schriee abermal laut und verschied.« Das ›laut‹ wird vom Tenor geschrieen, das ›verschied‹ gehaucht. Dann folgt eine lange Pause – doch so erschütternd ungetröstet kann man eine Gemeinde nicht nach Hause gehen lassen, auch nicht an Karfreitag. Es folgt der Chor: »Wenn ich einmal soll scheiden, / so scheide nicht von mir, / wenn ich den Tod soll leiden, / so tritt du denn herfür, / wenn mir am allerbängsten / wird um das Herze sein, / so reiß mich aus den Ängsten / kraft deiner Angst und Pein.« Danach wird erzählt, wie der Vorhang im Tempel zerreißt und die Erde bebt, wie Jesus vom Kreuz genommen und ins Grab

---

* Bachs schöne Reinschrift der Partitur entstand zur Aufführung von 1736. Die letzte nachweisbare Aufführung zu Bachs Lebzeiten fand an Karfreitag 1742 statt.

gelegt wird. Die Passion endet mit dem Chor: »Wir setzen uns mit Tränen nieder / und rufen dir im Grabe zu, ruhe sanfte, sanfte ruh. / Ruht, ihr ausgesognen Glieder, / euer Grab und Leichenstein / soll dem ängstlichen Gewissen / ein bequemes Ruhekissen / und der Seelen Ruhstatt sein, / höchst vergnügt schlummern da die Augen ein.« Dieser Sterbekitsch ist von Picander, nicht von Matthäus. Das Evangelium klingt damit aus, dass Jesus den elf Jüngern (ohne Judas, versteht sich) erscheint und sie anweist, hinaus in alle Welt zu ziehen, zu lehren und zu taufen.

Die Matthäus-Passion dauerte zwischen dreieinhalb und vier Stunden, in zwei Teilen um die einstündige Predigt herum gruppiert. Die Kirchenmusik, einst schmückendes Beiwerk zwischen dem Gebet der Gemeinde im Schiff, den Handlungen am Altar und der Predigt von der Kanzel, dominierte nun den Gottesdienst und wurde zum eigentlichen Karfreitagsereignis. Das gewaltige Werk verlangte gewaltige Anstrengungen der Musizierenden und gewaltige Anstrengungen der Zuhörenden. Dem zeigten sich nicht immer alle zu jeder Zeit gewachsen. Das ist auch heute noch so.

7. Innere Frömmigkeit

❧

Irdisches Vergnügen in Gott –
Franckes Gottesstadt bei Halle –
Graf Zinzendorf und
die Herrnhuter – Windstille oder
Der Kult der Selbsterforschung –
Die Pietisterey im Fischbein-Rocke

Irdisches Vergnügen in Gott

Old-boys-connections wurzeln häufig in Studentenbuden. So war es auch bei Brockes, Händel und Telemann. Händel lernte den fünf Jahre älteren Hamburger Kaufmannssohn Barthold Heinrich Brockes im Frühjahr 1702 in Halle kennen. Beide waren an der Universität eingeschrieben, beide – wenn das auch für Händel nicht ganz gesichert ist – für ein Jura-Studium. Händel ließ nach der Übernahme der Dom-Organistenstelle im März 1702 das Studium liegen, nahm jedoch an den vom musikbegeisterten Brockes improvisierten Stubenkonzerten teil. Zu diesen musikalischen Privatvergnügungen erschien gelegentlich auch Telemann, der in Leipzig studierte, und zwar ebenfalls Jura.

Ein Jahrzehnt nach diesen Treffen veröffentlichte Brockes seine Passion, die später beide Freunde aus den Studententagen vertonten. Die Uraufführung 1712 mit der Vertonung des Hamburger Operndirektors Reinhard Keiser arrangierte Brockes privat in seinem Hamburger Bürgerhaus, so, wie er schon die Halle'schen Stubenkonzerte privat arrangiert hatte. Allerdings hatten sich die Dimensionen geändert, es kamen fünfhundert Gäste.

Nahezu ein weiteres Jahrzehnt später, 1721, ließ Brockes den ersten Band einer insgesamt neun Bände mit 5000 Seiten umfassenden Sammlung erscheinen: *Irdisches Vergnügen in Gott, bestehend in verschiedenen, aus der Natur und Sitten-Lehre hergenommen Gedichten.* Daraus wählte Händel wiederum neun Stücke aus, die er zwischen 1724 und 1727 zu Arien für Sopran vertonte, selbst jedoch nicht drucken ließ*. Der Meister des Repräsentativen und mitunter Pompösen lässt sich hier mit zarten Melodien über besinnli-

---

* Die heute gängige Bezeichnung »Neun deutsche Arien« geht auf die Erstpublikation 1921 zurück.

chen Texten hören: »Meine Seele hört im Sehen / Meine Seele hört im Sehen, / Wie, den Schöpfer zu erhöhen, / Alles jauchzet, alles lacht.« Die Schöpfung jubelt dem Schöpfer zu, und wenn sich »beblühmet« auf »gerühmet« reimt, kam das dem damaligen Publikum nicht komisch vor. »Singe Seele, Gott zum Preise, / Singe Seele, Gott zum Preise, / Der auf solche weise Weise / Alle Welt so herrlich schmückt. // Der uns durchs Gehör erquickt, Der uns durchs Gesicht entzückt, / Wenn er Bäum' und Feld beblühmet, / Sei gepreiset, sei gerühmet.«

Brockes versuchte, empirische Naturbeobachtung, überliefertes Wissen, Dogmenkorrektheit, Schriftgläubigkeit und Alltagsfrömmigkeit so in Reime zu bringen, dass die tendenziell auseinandertreibenden Denk- und Glaubensüberzeugungen in poetischer Form noch einmal gebunden wurden zu hübschen Weisheitssträußen. Das Lehrhafte und zugleich Sentimentale dieser Dichtung kamen den Sonntagsbedürfnissen einer bürgerlichen Schicht entgegen, die sich diese Bedürfnisse nur leisten konnte, weil sie werktags eben nicht besinnlich, sondern geschäftstüchtig war. Diese Art innerer Frömmigkeit hat stets etwas Bigottes, ähnlich, wie die Verachtung für den ›Mammon‹ scheinheilig ist, wenn sie den verachteten Mammon zugleich in ererbter Selbstverständlichkeit zur Voraussetzung hat. Außerdem sind die Verse des *Irdischen Vergnügens* vom bürgerlichen Nützlichkeitsdenken durchtränkt, als ob Größe und Würde göttlicher Schöpfung tatsächlich davon abhingen, ob sie dem menschlichen Geschöpf von Nutzen sind. Diese Denk- und Glaubensdichtung muss sich bei allem eine vernünftige Brauchbarkeit zurechtreimen. Gottsched*, der Vernünftigmacher des Theaters in Deutschland, hat das zu schätzen gewusst. Und auch in der bewegteren und weiter ausgreifenden Lyrik des Schweizers Albrecht von Haller** herrscht dieser Gestus vor, etwa im Lehrgedicht *Die Alpen* von 1732: »Der Berge wachsend Eis, / der Felsen steile Wände / sind selbst zum Nutzen da und tränken das Gelände.«

---

* Zu Gottsched der Abschnitt über den Kampf gegen Hans Wurst im Kapitel »Fortschritte«.
** Zu Haller der Abschnitt über seine Leichensektionen im Kapitel »Fortschritte«.

Franckes Gottesstadt bei Halle

Es fing mit frommen Wünschen an: *Pia desideria* von Philipp Jakob Spener, erschienen 1676 mit dem Untertitel »Hertzliches Verlangen nach Gottgefälliger Besserung der wahren Evangelischen Kirchen sampt einigen dahin einfältig abzweckenden Christlichen Vorschlägen«. Die Bewegung zur Reform der Reformation wurde sowohl von der lutherischen Orthodoxie als auch von der Aufklärung bekämpft. ›Pietist‹ war zunächst ein Schimpfwort der Orthodoxen, wurde von den Erweckten im Lauf ihres Erstarkens zur Selbstbezeichnung veredelt und kam ihnen dann von den Aufklärern, darunter die Gottschedin*, erneut als Spottvokabel entgegen. Ein lutherisch orthodoxes Pamphlet von 1693 schäumt: »Mit der heillosen Pietisterey ist es nunmehro so weit gekommen, daß, nachdem sie D. Philipp Jakob Spener durch seine Kreaturen überal [...] gepflanzet und fleißig warten und begiessen lassen, sich [...] ihre [...] schädliche Früchte beginnen herfürzuthun. Hat jemals der Teufel seine tausendkünstigen Räncke in Ausbreitung verderblicher Irrthümer, Ketzereyen, Rotten und Secten gebrauchet, so hat ers ietzt erwiesen, indem kein Evangelischer Ort fast übrig, an welchem dieses Pietistische Geschmeiß und Ungeziefer nicht umbherkrieche.«

Auch in Halle und Glaucha kroch das Ungeziefer herum, allerdings das wirkliche. Die Stadt Halle mit ihren viertausend Einwohnern war überschuldet, das Amtsstädtchen Glaucha mit siebenhundert Bewohnern heruntergekommen. Bettler und Straßenkinder streunten durch die Gassen und lungerten vor den Stadttoren herum. Anfang der 1680er hatte die Pest viele Kinder elternlos gemacht. Zwei Stadtbrände legten die – im Wortsinn: lausigen – Häuser in Asche; in den stehen gebliebenen wurde Branntwein gebrannt und nach Halle verkauft oder – noch schlimmer – gleich selbst getrunken. Überall herrschten Not, Verwahrlosung, Zügellosigkeit.

In dieser Situation hatte, wenige Monate vor dem Erscheinen der antipietistischen Hass-Schrift, August Hermann Francke sein Predigeramt in Glaucha angetreten, gegen den Wunsch der Stadt-

---

* Dazu der letzte Abschnitt dieses Kapitels.

obrigkeit in Halle und unwillkommen in der eigenen Gemeinde. Aber gerade dieser Boden der Hoffnungslosigkeit wurde zum Baugrund von Franckes Gottesstadt, denn die politische Konstellation war günstig. Halle und Magdeburg gehörten erst seit 1680 zum Kurfürstentum Brandenburg, und die Obrigkeit in Berlin war darauf bedacht, den Eigensinn der städtischen und landständischen Vertreter zurückzudrängen. Die Etablierung der neuen Universität in Halle 1694 war Teil der fürstenstaatlichen Zentralisierungspolitik. Die Entwicklung der Universität in und die der Anstalten vor Halle erfolgten nicht nur zeitlich nebeneinander, sondern institutionell wie personell miteinander. Arme Studenten wurden in Glaucha untergebracht und verpflegt und hatten im Gegenzug Unterricht zu erteilen. Francke selbst war Professor an der Universität, 1716 übernahm er sogar das Amt des Prorektors in tätiger Ausfüllung des formal vom Landesherrn gehaltenen Rektorenamts.

Die Anstalten waren von Anfang an mit kurfürstlichen, seit 1701 mit königlichen Privilegien ausgestattet, darunter weitgehende Steuerfreiheit. Diese Privilegien waren Voraussetzung für den wirtschaftlichen Erfolg der Anstalten, der wiederum Voraussetzung für den Fortbestand des religiösen Projektes gewesen ist. Den Protagonisten dieses Projektes, allen voran Francke selbst, aber auch den meisten seiner Mitarbeiter, kam es darauf an, die Übereinstimmung von Lebensnützlichkeit und Hingabe an Gott tätig unter Beweis zu stellen. Fromme Innerlichkeit und gottgefällige Werktätigkeit galten nicht als Widerspruch, sondern sollten einander entsprechen. In den Augen Franckes und seiner Leute gab der Erfolg ihnen recht, weil Gott ihnen recht gab.

In Wirklichkeit hing der Erfolg mehr vom Wohlwollen der Behörden in Berlin ab. Franckes Konzept passte in seiner religiösen, pädagogischen und ökonomischen Ausrichtung besser zu einer sich konsolidierenden absolutistischen Staatsmacht als die lutherische Orthodoxie mit ihrer Orientierung auf die städtischen und regionalen Autoritäten. Den Lutheranern in Halle waren zudem Hof und Herrscher in Berlin als reformiert suspekt.

Die Interessenverbindung zwischen dem brandenburgisch-preußischen Zentralstaat und Franckes Gottesstadt, er selbst sprach gern vom ›neuen Jerusalem‹, drückte sich in der Einrichtung des Pädago-

gium regium aus, in dem höhere Söhne eine pietistische Charakter-
schulung im Sinne dessen erfuhren, was später ›preußische Tugenden‹ genannt wurde. In den Worten Franckes handelte es sich dabei
um »Liebe zur Wahrheit, Gehorsam und Fleiß. Da denn die entge-
gengesetzten Laster zugleich mit ebenso großem Ernst werden vermieden werden, nämlich Lügen, Eigenwille und Müßiggang.« Der
›Eigenwille‹ ist besonders schädlich, weil er das Individuum verführt, sich neben oder gar über Gott zu stellen, statt sich dem Schöpfer (und seinen Sachwaltern auf Erden) unterzuordnen. »Durch die
Liebe zur Wahrheit wird das Herz aufrichtig und redlich, auch frei
und offen gegen jedermann, und schämt sich, mit heimlichen und
falschen Tücken umzugehen. Durch den herzlichen Gehorsam wird
die Herrschaft des eigenen Willens und Fürwitzes niedergelegt, und
das Herz immer mehr und mehr erniedrigt und demütig gemacht,
auch zu einer ungeheuchelten Bescheidenheit und Freundlichkeit
angewiesen. Durch den Fleiß wird eine Beständigkeit in allen Dingen, und eine Dauerhaftigkeit erlangt, und das Gemüt frühzeitig
aus der groben Unwissenheit und Unerfahrenheit herausgerissen.«
Um die Rekrutierung von Personal für die Funktionelite in Ost-
preußen zu forcieren, gab es seit 1728 im Speisesaal einen eigenen
›Königlich Preußischen Provinzialtisch‹, an dem ostpreußische Studenten saßen, die in Halle Theologie studierten, um dann nach Königsberg geschickt zu werden. Das dortige Collegium Fridericianum
wiederum war konzipiert nach Halle'schem Vorbild. Der achtjährige Immanuel Kant trat 1732 dort ein. Der Tageslauf von Montag
bis Samstag war so streng wie der in Halle: Unterricht von 7 Uhr bis
16 Uhr, schweigendes Mittagessen im Speisesaal von 11 bis 12, während aus Erbauungsschriften vorgelesen wurde, danach eine Stunde
Hofgang. Ähnlich ging es zu Bachs Zeiten an der Thomasschule in
Leipzig zu: Aufstehen um 5 Uhr im Sommer (eine Stunde später im
Winter), schweigendes Mittagessen unter Vorlesen aus der Bibel ab
11, Abendessen um 6, Nachtruhe ab 9 Uhr.
Über den großen Speisesaal in Glaucha schrieb Francke 1717:
Durch ihn »ist mittelwege in der Länge ein Gang, an welchem zu
beyden Seiten Tafeln stehen: und zu diesem Mittelgange führen
drey Thüren durch drey kleinere Gänge vom Hofe her, durch deren
beyde letzten die Studenten, durch die erste aber die Schüler und

Waysen-Knaben, iede zu den ihnen angewiesenen Tafeln eingehen, auch nach dem Essen ieder Theil durch seine Thür in guter Ordnung weg gehen. Durch den Mittelgang aber, der bis in die Küch-Stube gehet, wird die vorzusetzende Speise in einem grossen Gefässe auf einem dazu eingerichteten Wagen, der zugleich die Schüsseln mit-führet, zwischen den Tafeln entlang fortgezogen, und von etlichen dazu bestelleten Personen in die Schüsseln geschöpfet, und also eine Tafel nach der andern mit der Speise besetzet, wie gleicherweise nach dem Essen das Zinn-Geschirr, so viele Centner ausmachet, auf gedachtem Wagen zum Aufwaschen in die Küche gezogen […] wird.« Während der schweigend einzunehmenden Mahlzeit wird aus der Bibel vorgelesen.

Damit die beeindruckende Speisung von Interessenten beobach-tet werden kann, gibt es an einem Ende des Saales zwei Fenster, »durch welche die Fremden, so das Waysenhaus besehen [der Solda-tenkönig höchstselbst war zu Besuch], auch dem Speisen dieser aus der Hand Gottes lebenden Anzahl Menschen zuzuschauen pflegen und durch diesen Anblick gemeiniglich am meisten afficiret wer-den.«

Bach hat wohl nicht an diesem Fenster gestanden, obgleich er sich gelegentlich in Halle und in Glaucha aufgehalten hat. In Halle beispielsweise, als er sich im Dezember 1713 um die Nachfolge des Organisten Friedrich Wilhelm Zachow, dem ehemaligen Lehrer Händels, beworben hat. Die Stelle wurde ihm zugesagt, er trat sie je-doch nicht an*. 1740 besuchte er in Glaucha den Organisten Johann Georg Hille. Hille versah das Amt an der Georgenkirche, an der ein knappes halbes Jahrhundert zuvor der inzwischen verstorbene Fran-cke seine Pastorenlaufbahn begonnen hatte.

Bachs Besuch ist wegen Hilles Hänfling überliefert. Der Käfig-vogel war musikalisch so gelehrig, dass der mit seinen Schülern no-torisch unzufriedene Thomaskantor ganz entzückt war. Sein Sekre-tär Johann Elias Bach schrieb an Hille, Bach habe, als er »von Halle zurücke kam, unter dem vielen Guten seiner Frau Liebste auch die-ses referirt, daß Ew. WohlEdlen einen Hänfling besäßen, welcher

---

* 33 Jahre später bekam man in Halle doch noch einen Bach: Wilhelm Friede-mann übernahm 1746 die Nachfolge des Nachfolgers von Zachow.

durch die geschickte Anweisung seines LehrMeisters [Hille] sich besonders im Singen hören ließe; Weil nun meine Fr. Muhme [Elias' Tante Anna Magdalena] eine große Freundin von dergleichen Vögeln sind, so habe [ich] mich hierdurch [im Auftrag Bachs] erkundigen sollen, ob Ew. WohlEdlen diesen Sänger gegen billige Bezahlung an Sie zu überlaßen […] möchten gesonnen seyn.« Es gehört zu jenen kleinen Geheimnissen aus Bachs Leben, die zu lüften der Forschung bislang versagt geblieben ist, ob der Hänfling aus Halle die Stelle in Leipzig angetreten hat.

Als die Besucher in Franckes ›neues Jerusalem‹ vor den Toren pilgerten, hatte die räumlich wie geschäftlich immer weiter ausgreifende Institution ihre Anfänge hinter sich gelassen. Über diese Anfänge schrieb der Gründer im Rückblick: Die »Zahl der zwölf Waysen-Kinder, welche Anno 1696 in ein neben der Glauchischen Pfarr-Wohnung gelegenes Bürger-Haus zuerst einlogiret, und die Zahl der vier und zwanzig Studenten, welche bald darauf auch zur Speisung angenommen […] hat in kurtzer Zeit also zugenommen, daß in dem ietzt gemeldten Haus der Raum zu enge ward, und die Studenten samt den Kindern Anno 1698 schon einen Saal in dem damals für diese Anstalten gekaufen Wirths-Hause zum güldenen Adler anfülleten. […] In diesem speiseten sie so lange, bis in dem vor diesem Wirths-Hause aufgerichteten neuen Gebäude das zum Speise-Saale verordnetet Gemach […] um Ostern 1700 so weit zubereitet war, daß man die Tische darin setzen konte, da denn bey zwey hundert Personen an Studenten, Waysen-Knaben und Haus-Bedienten in demselben zu speisen anfingen: denn die Waysen-Mägdlein assen, wie zuvor, also auch ferner, in einer besondern Stube des mehr gedachten Wirths-Hauses.«

Die Waisenproblematik war keine mitteldeutsche Besonderheit, sondern eine Herausforderung für alle Städte, selbst für reiche Handelsstädte wie Hamburg oder Weltstädte wie London, wo sich Händel über Jahre als Wohltäter einer solchen Einrichtung engagierte. In Hamburg montierte man 1709 eine Drehlade am Waisenhaus – und baute sie fünf Jahre später wieder ab. Man war der Zahl der dort abgelegten Säuglinge – sie ging in die Hunderte – nicht gewachsen.

Seit der Glauchaer Gründung 1695/96 bis zum Todesjahr Franckes 1727 wurden in der näheren und weiteren Umgebung über vierzig Grundstücke hinzugekauft, und auf dem Gelände war ständig etwas im Bau. Beispielsweise wurde 1709 das ›Mägdeleinhaus‹ errichtet, 1711 der Singesaal eingeweiht und der darunter gelegene große Speisesaal, an dessen Tafeln bei der Eröffnung 336 Leute speisten. 1713 folgte ein imposanter sechsgeschossiger Fachwerkbau von über einhundert Metern Länge. 1717 gingen die Wasserleitungen in Betrieb, ein wahrer Segen, denn bis dahin musste das Wasser für die vielen Menschen von den Waisenmädchen in Eimern aus der Saale herangeschleppt oder aus einem Reservoir geschöpft werden. Es kamen ein Brauhaus, ein Backhaus und ein Schlachthaus hinzu.

Zu den wirtschaftlichen Betätigungsfeldern gehörten eine Apotheke und ein sehr erfolgreicher Medikamentenvertrieb*, eine ebenfalls sehr erfolgreiche Buchhandlung mit Buchdruckerei, deren Kerngeschäft die Schriften und Predigten Franckes und die Bibel waren. Die Buchhandlung richtete Filialen in Berlin, Frankfurt am Main und Leipzig ein. Die Druckerei konnte die Bibeln durch die Bereithaltung eines stehenden Satzes überaus kostengünstig herstellen. Das Neue Testament wurde zum Groschenpreis in Zehntausenderauflagen gedruckt. Hier trat die Gewinnerzielungsabsicht hinter den Gedanken der Heimatmission zurück. Übrigens wurden auch Missionen in Indien oder Amerika mit Bibeln beschickt. 1725 konnte eine Papiermühle bei Halle erworben werden, was die Gesamterträge aus Buchdruck und Buchhandel weiter erhöhte. Es schien, dass alles, was der umtriebige Francke und seine ergebenen und zugleich kompetenten Mitarbeiter anfassten, wenn nicht zu Gold, so doch zu gutem Geld wurde. Nur aus dem geplanten Waisenhausschiff wurde nichts, zu stark war der Widerstand der bereits mit dem Transport auf der Saale privilegierten Schiffer.

1727, im Todesjahr Franckes, unterrichteten an den deutschen Schulen der Anstalt 106 Lehrer 1725 Kinder, an den lateinischen 35 Lehrer rund 400 Schüler und am Pädagogium regium noch einmal 28 Lehrer 82 Zöglinge. In den Waisenhäusern lebten 100 Jungen und 34 Mädchen mit insgesamt 10 Erziehern – und es ist hervorzuheben, dass jedes der Kinder ein eigenes Bett hatte, was nicht ein-

---

* Dazu die Passage im Abschnitt über Carls *Armen-Apothecke* im Kapitel »Irdisches Leid«.

mal in ärmeren Privathaushalten eine Selbstverständlichkeit war. Es gab 255 Freitische für Studenten und 150 für Schüler. Zusammen mit den Bediensteten und den übrigen Angestellten hatten Francke und seine Leitungspersönlichkeiten an die 3000 Leute unter ihrem Regiment. Die »Auffsicht und Administration des gantzen Werckes«, schrieb Francke, beruhten »auff einer Conferenz, welche täglich von mir dem Directore mit denen jenigen gehalten wird, die zur Aufsicht [...] bestellet sind, als über die Oeconomie, über die Schulen, über den Buchladen, über die Apothecke und Krancken-Pflege, über die Studiosos im Waysen-Hause. Und zwar habe ich [...] Conferenz des Abends nach der Mahlzeit von 8. biß 9. Uhr angesetzet [...] dieweil ein jeglicher des Tages über seine Hände voll zu thun findet«.

Als der Gründer und – so könnte man es nennen – die innere Unruhe dieses Uhrwerks von einer Wohlfahrtsorganisation starb, war die Bestürzung groß. Seine Nachfolger verwalteten sein Werk und bauten es weiter aus. Aber die Aura, die das Unternehmen umgab, schwächte sich ab. In einem der *Klag-und Trost-Carmina*, die anlässlich seines Todes gedruckt wurden, heißt es betrübt: »Komm Waysenhaus, und Glauch, und Hall und / Herzogthum / Komm teutsches Land und wein, Europa komm und traure«.

Graf Zinzendorf und die Herrnhuter

Das Todesjahr Franckes war zugleich das Jahr der offiziellen Gründung der ›Herrnhuter Brüdergemeine‹. Seit Anfang der 1720er hatten sich böhmische und mährische Glaubensflüchtlinge auf einem Gut des Grafen Zinzendorf in der Oberlausitz angesiedelt. Der Graf war von 1710 bis 1715, von seinem zehnten bis fünfzehnten Lebensjahr, durch die Schule Franckes gegangen und etablierte nun eine eigene Gemeinde. Am Rand von Berthelsdorf unter dem Hutberg wurde Herrnhut gegründet. Der Name bezieht sich einerseits auf den Berg, drückt aber zugleich die Zuversicht aus, unter der Obhut des Herrn zu stehen, womit nicht, oder höchstens ein klein wenig, der Graf gemeint war, sondern der Herrgott. Die Gemeinde florierte, und Zinzendorf baute, bis er den kursächsischen Behörden – er hatte bis 1732 immerhin den Rang eines Hofrats inne – zu umtriebig wurde. Die lutherische Landeskirche fürchtete das Heranwachsen einer weiteren pietistischen Sekte und erreichte 1736 die Ausweisung des Grafen. Die Gemeinde in Herrnhut wurde jedoch nicht aufgelöst und besteht bis heute. Allerdings übersiedelten einige Familien in das Umland von Berlin, wo der Soldatenkönig bereits anderen Exilanten aus Böhmen Grundbesitz und Glaubensfreiheit geboten hatte. Zinzendorf selbst kam auf der Ronneburg in der hessischen Wetterau unter und gründete dort weitere Gemeinden, während sich die Ansiedlung bei Berlin zu Rixdorf entwickelte, dem ›böhmischen Dorf‹ im heutigen Neukölln.

Zinzendorf und seine Gefolgsleute verstanden sich weder als Konkurrenz zu den Pietisten hallescher Prägung noch zur lutherischen Orthodoxie. So konnte nach seinem Tod 1760 in Herrnhut, er hatte inzwischen zurückkehren dürfen, die Anerkennung durch die Landeskirche erreicht werden.

Die Herrnhuter teilten mit den Lutheranern die Schriftbezogenheit und trieben sie insofern auf die Spitze, als täglich Losungen aus der Bibel ausgegeben wurden (und werden). Die erste dieser biblischen Parolen formulierte Zinzendorf in der abendlichen Andacht am 3. Mai 1728. Von nun an gingen täglich Botschafter durch die Häuser der kleinen Gemeinschaft, überbrachten die Parolen, diskutierten und kontrollierten. Seit 1731 wurden (und werden) die 365 Tageslosungen gedruckt und den Gläubigen vor Jahresbeginn zur Verfügung gestellt. Jeder Tag, jedes Jahr und das ganze Menschenleben stehen unter der Obhut biblischer Leittexte. Christian David, ›Gründungsvater‹ der Gemeinde, berichtet 1735 in *Beschreibung und Zuverläßige Nachricht von Herrnhut in der Ober-Lausitz*: »Wir suchen auch einander täglich durch die Brüderliche Losung kennen zu lernen, weß Geistes Kinder wir seyn, damit wir wissen, ob einer Freund oder Feind ist, ob er unsers Sinnes ist oder nicht, ob einer mit uns ist, und regelmäßig kämpfet, oder wider uns«. – »Wir nehmen entweder einen Spruch aus der Bibel oder einen Vers aus einem Liede, der sich auf unsern Zustand und auf unsere Führung am besten schicket; dieser Spruch oder Vers wird [...] alle Abend entweder von dem Herrn Grafen selbsten oder von einem andern Bruder nach der Singe-Stunde erkläret.« – »In dieser Sing-Stunde machen wir auch uns die den Tag über empfangene Wohlthaten einander bekant, und was wir sonst anders woher gutes zu unserer Erweckung erfahren haben«.

Einige der gesungenen Lieder stammten von Christian David und viele von Zinzendorf. In der Vorrede von *Teutsche Gedichte* erklärte er umstandslos: »Meine Poesie ist ungekünstelt: wie mir ist, so schreibe ich.« Das klingt dann so: »Ich lege mich getrost zu deinen [Jesu] Füssen nieder, / Und höre meine Pflicht aus deinem Munde an: / Du singest in der Nacht die allerschönsten Lieder, / Ja einen Lobgesang, eh man dich abgethan. / Und ich soll in der Noth nur Klage-Lieder heulen, / Ich soll bis in den Tod betrübt zu sehen seyn: / Das überlasse ich der Welt und ihren Eulen, / Ich dringe mit Gedult in deinen Willen ein.«

Windstille
oder
Der Kult der Selbsterforschung

In einer der Szenen des Johannesevangeliums, in denen Jesus den Fangfragen der Pharisäer ausgesetzt ist, gibt er – ein wenig unwirsch – zur Antwort: »Las dichs nicht wundern, das ich dir gesagt habe, Jr müsset von neuem geborn werden. Der Wind bleset wo er wil, und du horest sein sausen wol. Aber du weist nicht von wannen er kompt und wo hin er feret.« Und was ist, wenn der Wind nicht bläst? Was ist, wenn sich die Wiedergeburt nicht einstellen will? Was ist, wenn der Zweifel den Glauben aushöhlt und den Zweifelnden auch in Verzweiflung stürzt? Und wie lässt sich die Gottferne der Seele von körperlicher Krankheit unterscheiden? Darüber hat der Theologe Adam Bernd nachgegrübelt in einer Autobiographie, die religiöse Selbsterforschung und psychologische Selbstbeobachtung in einem ist: »Aber die heutige philosophische, naturalistische, und irreligionistische Welt kan vor dem verstopfften Miltze, und der hitzigen schwartzen Galle schier keine Goettlichen, noch teufelischen Anfechtungen mehr finden; und, wenn sie nur von einem sagen hoeret, daß er in schweren Anfechtungen stecke, so krieget sie schon einen veraechtlichen Begriff von ihm, als von einem miltzsuechtigen, oder gallsuechtigen Menschen, der an Einbildung kranck liegt, der nicht mehr gut transpiriret, und Gespenster siehet, wo keine zu finden, und macht sich wohl gar in Gesellschafften auf seine Unkosten noch darueber lustig. Glauben aber andere ja noch dergleichen hohe Seelen-Plagen, die man geistliche Anfechtungen nennet: und sehen sie ja dieselben in abstracto, und an und vor sich selbst, als eine große, wichtige, und ruehmens-wuerdige Sache an; so muß doch der wohl ihr sehr guter Freund, oder ihrer Parthey zugethan seyn, wo sie ihn nicht als einen ruhmraethigen Menschen, der große Dinge aus sich selbsten machen will, von Stund an ausschreyen sollen; insonderheit wenn sie selbst in solchen Dingen noch keine Erfahrung haben. Jch habe also es nicht wagen duerffen, meine Truebsaalen in diesem Tractate Goettliche Anfechtungen, oder teufelische Versuchungen zu nennen, sondern habe sie nur vor Leibes- und Gemueths-Plagen ausgeben muessen«.

Die Erfahrung einer religiösen Krise war elementar für den irdischen Weg der Gläubigen hin zu Gott, nicht nur bei Adam Bernd, sondern bei allen evangelischen Christen, die ihren Glauben zwischen den alten Institutionen der römischen Kirche und den neuen Erkenntnissen der Wissenschaft bewahren mussten. Im Pietismus wurde die Krisenerfahrung zum Lebenselexier der gesamten Bewegung und jedes Einzelnen. Sogar ein Leben ohne Krise konnte zur Lebenskrise führen. Eine Wiedergeburt kann nur erleben, wer vorher zusammengebrochen und gestorben ist, wenn auch beides nur im übertragenen Sinne.

Die Exaltationen, die diese Art innerer Frömmigkeit hervortrieb, waren den orthodoxen Lutheranern suspekt. Sie zogen den ruhigen Pragmatismus der Etablierten dem religiösen Hyperventilieren der Reformbewegung vor. Der pietistische Gefühlsglaube wiederum schaffte mit dem Durchgrübeln des eigenen Seelenlebens erst jenes Vakuum, das eine wissenschaftlich orientierte Psychologie zu ihrer Entfaltung brauchte. Von Seelennot getrieben suchte der pietistische Zweifler im Bußkampf nach Gott und fand sich selbst. Dieses

Selbst musste dann erneut zergliedert und aus schlechtem Gewissen verkleinert werden, um zur Demut vor Gott zurückzufinden. Das Sündenbewusstsein, nicht immer deutlich vom Sündenstolz zu unterscheiden, brachte ein Interesse am Ich und den Regungen der Seele hervor, das Gott, den Schöpfer, in den Schatten stellte, in den Schatten menschlicher Sorge. Und da auch dies wieder als Sünde empfunden wurde, begannen die Zweifel und mit ihnen die Suche von vorn. Es gab keinen Ausweg – und es konnte keinen geben.

Die Melancholie ist dabei wie ein Ohrwurm: »Wie einem etwan, der ein Lied, oder ein musicalisches Stücke gehöret, hernach ehe er sichs versiehet, ohne Vorsatz und Entschluss daran wieder zu gedenken, ihm doch solches wider seinen Willen wieder einfällt«. Doch eben weil sich Adam Bernd dem Seelen- und dem Sündenleid ausgeliefert fühlte, konnte er in der Leipziger Kirche St. Peter den einfachen Leuten, die sich selbst nicht auszudrücken wussten, mit viel Widerhall predigen. Jedenfalls erklärte er selbst auf diese Weise seine Erfolge: »Ich hatte in diesen Jahren […] selbst schon dem Tode, der Sünde, dem Teufel und der Höllen im Rachen gesteckt, und konnte von diesen Dingen viel besser, als ein anderer, aus der Erfahrung lehren und predigen.«

Dann allerdings machte die lutherische Obrigkeit dem Treiben ein Ende. Zedlers *Universal Lexicon* erzählt die Geschichte so: »Im Jahr 1728 gab er den Tractat: Einfluß der göttlichen Wahrheiten in den Willen und in das Leben der Menschen, unter dem Namen Christian Melodii heraus; weil er aber darinne eine unordentliche Neigung zur römischen Kirche zeigte, das Lehrgebäude derselben von der Rechtfertigung dem Lehrgebäude seiner Kirche vorzog, auch andere Irrthümer vortrug: So wurde er noch im gedachten Jahre suspendiret […] behielt eine jährliche Pension«, nachdem er widerrufen hatte, »und brachte seine Zeit mit Bücherschreiben zu.« Herauswinden aus seinem Temperament konnte sich der ehemalige Prediger auch mit dem Bücherschreiben nicht, zumal das einsame Stubendasein die Schwermut schon immer eher verstärkt als gemildert hat.

Im Jahr von Bernds Suspendierung erschien von dem lutherischen Theologen Johann Friedrich Stark als pietistische Erbauungsschrift ein *Tägliches Handbuch in guten wie in bösen Tagen, enthaltend*

Aufmunterungen, Gebete und Gesänge für Gesunde, Betrübte, Kranke und Sterbende. Das Werk wurde bis weit ins 19. Jahrhundert in zahlreichen Auflagen immer wieder neu aufgelegt. Falls Adam Bernd es gelesen hat, so hat es ihm nicht geholfen.

Die Pietisterey im Fischbein-Rocke

Dürfen Pietisten singen? Sie müssen! Aus vollem Herzen, aus so übervollem Herzen, dass jeder »die Lieder nicht als fremde, sondern als hätte er sie selbst abgefasset, als sein eigen Gebet mit tieffer Empfindung des Hertzens hervorbringet«. So verlangt es ein pietistisches Gesangbuch von 1733. Und wehe, jemandem steht diese Inbrunst auf Abruf nicht zur Verfügung. Dann führen die Scham vor der Gemeinde und die Sorge um sich selbst geradewegs in die Heuchelei. Der Vorwurf des äußeren Frommtuns ohne inneres Frommsein gehört zum Standardrepertoire antipietistischer Kritik durch die Aufklärer, und der Zweifel, sich selbst etwas vorzumachen mit seiner Frömmigkeit, zur Standardangst der in Glaubenskrisen geratenen Pietisten. Ihre Erbauungsschriften sind besessen von diesem Thema. In der von August Hermann Francke herausgegebenen Sammlung *Eines zehen-jährigen Knabens Christlieb Leberecht von Exter aus Zerbst Christlich geführter Lebens-Lauff, Nebst dessen angefangenen Tractätlein vom Wahren Christenthum* handelt das zwölfte und letzte Kapitel des unabgeschlossenen Kinderwerks davon, »Wie man allen Heuchelschein soll meiden«.

Weil der kindlichen Frömmigkeit noch kein ›Heuchelschein‹ zugetraut wurde, war sie für pietistische Gläubige vorbildhaft. Aus der Unschuld des Herzens wiedergeboren, nicht erweckt aus Verstandeseinsicht, sollten die von nächtlichen Zweifeln und Alltagshader geplagten Erwachsenen in ihrem Glauben ›werden wie die Kindlein‹. So hatte es schon Jesus gefordert. Aber das war Theorie, nicht einmal Theologie. In der Praxis führte diese Wendung ins Infantile nicht aus den Seelenqualen heraus, sondern tiefer in die fromme Simulation hinein. Und weil auch das vom Selbst nicht unbeobachtet blieb, zugleich aber von diesem Selbst ferngehalten werden musste, trieb diese Bewegung die Gläubigen dazu an, das Theaterspielen vor sich selbst so weit zu perfektionieren, dass es auch von ihnen nicht mehr als solches erkannt wurde. Erst dann trat die ersehnte Gemütsruhe ein, erst dann kehrte mit dem Verschwinden der Zweifel die Heilsgewissheit zurück.

Scheinheiligkeit ist jedoch keine pietistische Verhaltensspezialität. Und ›Magister Scheinfromm‹ treibt sein Unwesen nicht nur in Königsberg wie in *Die Pietisterey im Fischbein-Rocke*, einer Typenkomödie der Gottschedin aus dem Jahr 1736. Auch ›Betschwestern‹ gibt es überall, wo innere Überzeugung durch äußeren Druck abgefordert wird. *Die Betschwester* heißt ein Lustspiel von Christian Fürchtegott Gellert von 1745, das von der Neuberin aufgeführt wurde. Es handelt sich um ein Heiratstheater im Wortsinn, das am Ende gut ausgeht, und zwar insofern, als der reiche Bräutigam dann doch nicht die arme Haus-, sondern die ebenfalls begüterte wirkliche Tochter einer betenden Geizhälsin bekommt. Diese Betschwester wird als Personifizierung der Doppelmoral über die Bühne oder – da es sich eher um eine Lesestück handelt – über die Seiten gezerrt. Gellerts Entlarvung von Doppelmoral und Scheinheiligkeit ist jedoch selber zwielichtig. Er wollte seinem bürgerlichen Publikum nicht zumuten, dass das Stück tatsächlich in eine glückliche Verbindung zwischen Reich und Arm mündet, auf die es eine Zeit lang zutreibt. Das arme Lorchen ist die überragende Gestalt des Lustspiels, doch stieß die Belohnung der moralischen Heldin dort an Grenzen, wo die Gefahr bestand, dass ›mannbare‹ Töchter und freiende Söhne sich durch das Stück veranlasst fühlten, beim Heiraten im wirklichen Leben die Vermögensschranken zu ignorieren.

Die Witwe, in deren Haushalt Lorchen lebt und deren Tochter verheiratet werden soll, wird gleich zu Anfang charakterisiert: »Wenn sie nicht beten will: so singt sie. Und wenn sie nicht mehr Lust zum Singen hat: so betet sie. Und wenn sie weder beten noch singen will: so redet sie doch vom Beten und Singen.« Lorchen wirft der Hausherrin weiterhin vor, sie sei aus Geiz sogar altmodisch: »Alle Schnitte von Kleidern und Hauben, wie sie vor funfzig Jahren gebräuchlich gewesen sind, behält sie standhaft bei. Und ehe sie den kleinen Fischbeinrock, den langen Pelz und die niedrigen Absätze fahren ließe: ehe bestätigte sie die Unschuld dieser Sitten mit ihrem Tode.« Das Schlimmste, was wiederum die Hausherrin dem Lorchen an den Kopf werfen kann, ist deren »Lebensart«, denn die, »ich wills Ihr kurz sagen, ist unwiedergeboren«.

Die ›Frau Glaubeleichtin‹ im Lesestück der Gottschedin dagegen ist dermaßen ›wiedergeboren‹, dass Magister Scheinfromm leichtes Spiel mit seiner Heiratsintrige hat – die selbstverständlich am Ende dennoch durchkreuzt wird. Bei Aufklärern siegt schließlich immer die Vernunft. Im Leben ging die Sache weniger gut aus, das Stück wurde in Preußen verboten.

Und was ist überhaupt unter Wiedergeburt zu verstehen? Frau Glaubeleichtin, Frau Zanckenheimin und Frau Seuffzerin verabreden, ihre frommen Disputationen in Buchform herauszugeben und dabei das zu tun, was die Autorin des anonym veröffentlichten Stücks vermieden hat: Sie wollen ihre Namen unter dem Werktitel lesen. Allerdings kommt dieses Werk gar nicht zustande, weil sich die Damen über der Wiedergeburt zerstreiten. Die Glaubeleichtin: »ich halte sie für das süße Quell-Wasser des Hertzens«. Die Zanckenheimin: »Nach meiner Meynung ists: Die Erbohrenwerdung [!] der himmlischen Wesenheit, aus der Selbstheit der animalischen Seele«. Die Seuffzerin: »Nach meiner Meynung ist die Wiedergeburth die Urständung des wahren Bildnisses der edlen Perle, die aus dem magischen Seelenfeuer gebohren«.

Die Gottschedin legt jeder von ihnen unverstandene theologische Bruchstücke in den Mund, der einen von Francke, der anderen von Spener und der dritten von Jacob Böhme. Wie die drei Graien* der griechischen Mythologie, die sich ein Auge teilen müssen, ist die eine wild, die andere launisch und die dritte schaurig. Sie steigern sich dermaßen in ihren Zwist, dass selbst der als Schlichter eingesetzte Magister Scheinfromm keinen Rat mehr weiß und das theologisierende Raunen im Zerwürfnis endet.

---

* Nicht etwa Grazien, von denen hat jede eigene Augen.

8. Äußere Erscheinung

∽

Etwas über die »Schönheit des Frauenzimmers« –
»Abbildung eines vollkommenen Mannes« –
»Kleider machen Leute« – Der weit ausgespannte
Unterrock – Der hohe Haupt-Schmuck –
Verschiedene schwache Stäblein –
Schminck-Pflästergen – Der Berliner Perückenkrieg –
Samthosen und Seidenstrümpfe –
Das Justaucorps – Der Dreispitz –
Die Bauernkluft – Maskeraden

Etwas über die »Schönheit des Frauenzimmers«

»Die Schönheit des Frauenzimmers ist eine äusserliche wohlgefäl-
lige Gestalt und höchstangenehme Disposition des weiblichen Leibes«, erklärt Zedlers Lexikon. Sie hänge von Zahl, Größe, Proportion und Farbe der Glieder ab, die dem weiblichen Geschlecht von
Gott und der Natur »mitgetheilet, auch durch eigene Politur und
angewendete künstliche Verbesserung immer mehr und mehr er-
höhet wird.« Unterstützt wird die Schönheit von Haarlocken, und
»ein guter Geruch von allerhand Specereyen, Gewürzen und andern niedlich ruechenden Delicatessen« tut ein Übriges. Zu meiden
sind dagegen Pfeffer, denn der »machet geel, geil und garstig. Honig,
Pfefferkuchen und Milch machen Flecken, zumahl zur Monatszeit
genossen. Der Tranck vermag viel in Verwandlung der Farbe«, man
»siehet leichtlich, was eine Wein- und Bierschwester und Brannte-
weins-Base ist«.

Die »Mutter der Schönheit« ist die Gesundheit, während »Melancholie, Sorgen, Unruhe, Mißvergnügen, Grämen und Traurig-
keit« schädlich sind. Auch »Hunger und Kummer, Schlaflosigkeit,
Verstopffungen, ungesunde und schlimme Luft helfen die Schönheit balde stürtzen.« Dergleichen Misshelligkeiten sind zu vermeiden.

Die gesunde, gottgegebene und durch weibliche Künste maßvoll nachgebesserte natürliche Schönheit findet ihre Vollendung
in anmutiger Sittlichkeit und standesgemäßer Bildung. So kann
etwa »manches Hertze durch liebliches Singen, Instrumentalmu-
sik, sonderlich Clavier« bezwungen werden. Das Wichtigste aber
ist die innere Schönheit: Gottesfurcht, Keuschheit, Bescheidenheit und Unterordnung, besonders die Unterordnung dem Manne
gegenüber.

Auf den Artikel über die »Schönheit des Frauenzimmers« lässt

Zedler den über »Die Schönheit des menschlichen Leibes« folgen. Dort findet sich der wohlproportionierte Hinweis: »Wenn der Mensch seine Arme ausstreckt, so ist er ebenso breit als lang.« Man nehme ein Maßband …

»Abbildung eines vollkommenen Mannes«

Diesen Titel trägt ein Aufsatz von Johann Michael von Loen. Auch hier bringen Gott, Natur und menschliche Tugend die Vollkommenheit hervor. Der Melintes genannte Herr ist kein Ab-, sondern ein Idealbild, dem feurig und strahlend »die Tugend und der Verstand aus den Augen leuchten«. »Alle seine Gliedmaßen sind gegeneinander in einer vollkommenen [!] Verhältnis. Er ist schlank von Leibe, stark, gelenksam« und treibt Sport. Zu den inneren Werten: »Sein Verstand macht ihn nicht allein das Gute erkennen, sondern sein Hertz lässet ihn wircklich auch solches empfinden. Die Tugend ist bey ihm ihre selbsteigne Belohnung«. Dank seiner Ländereien ist Melintes wohl gestellt, auch wenn er selbstverständlich nicht am Reichtum hängt. Während ein Aristokrat dem Klischee zufolge, allerdings einem realitätsbewährten Klischee, seinen Reichtum prunkend genießt und verzehrt, hat der bürgerliche Idealbesitzer ein tätiges, arbeitsames Verhältnis zu seinen Gütern. Er ist weder verschwenderisch noch geizig, weder nachlässig noch gierig. »Sein Hausgeräth, seine Kleider, seine Kunstsachen, seine Kutschen und Pferde, seine Art, Tafel zu halten: Alles hat ein gewisses Wesen, das gefällt, das rühret und das nicht sowohl prächtig als reitzend und schön ist.« Im Übrigen trägt er durch seine Ausgaben dazu bei, dass »die Armen Mittel finden, sich zu nähren«. Die Armen werden von ihm nicht dadurch unterstützt, dass er ihnen Almosen, sondern Arbeit gibt. Allerdings darf diese Arbeit den Armen nicht reich machen, denn das wäre schlecht für die Moral.

Melintes »ist demüthig, liebreich, mildthätig, aufrichtig, mässig; liebet Recht und Wahrheit, und GOtt in allem was gut ist.« Er ist seelenvoll, und sein »Gehirn ist gleichsam eine Schatzkammer aller nur möglichen Vorstellungen und Bilder, welche nie durch unordentliche Bewegungen der Nervengeister, oder durch allzuhefftige Leidenschaften, verwirret werden.« Hinzu kommen Mäßigkeit und Gelassenheit. Ein großer Menschenkenner ist er auch und dabei selbst so aufrichtig, dass er »keine politische Klugheit sich zu verstellen« braucht.

Nachdem Loen dieses Bild von einem Mann gezeichnet hat, meint er: »Noch eines: Melintes verheyrathet sich nicht. Soll ich davon die Ursache angeben? Vielleicht siehet er voraus, daß die Sorgen einer weitläufftigen Haushaltung, die Mühe, Kinder zu erziehen, und die Eigensinnigkeiten eines Weibes, ihn aus dem Stand der Ruhe versetzen würden, deren er jetzo geniesset«.

»Kleider machen Leute«

In den Erläuterungen seiner Bienenfabel schrieb Bernard Mandeville: »Kleider machen Leute, und wenn man einen Menschen nicht kennt, ehrt man ihn gewöhnlich gemäß seiner Kleidung und sonstiger Dinge, die er bei sich führt: nach deren Eleganz beurteilt man seine Geldverhältnisse, aus der Art, wie er sie trägt, schließt man auf seinen Verstand. Dieser Umstand veranlasst jeden, der sich seines geringen Wertes bewusst ist, sich wenn irgend möglich besser zu kleiden, als seinem Stande entspricht, besonders in großen, volksreichen Städten«.

Der in der Weltstadt London lebende Mandeville* beschreibt hier eigentlich ein Symptom der Krise des überlieferten sozialen Zeichensystems. Wenn sich das Geld von der Macht trennen kann, wenn Reichtum auch von ›niedrig Geborenen‹ erreichbar ist, hören die Kleider auf, untrügliche Zeichen des sozialen Ranges zu sein. Die Gattin eines vermögenden Handelsherrn trägt Samt und Seide und putzt sich heraus wie eine Fürstin. Die Ehefrau eines gut situierten Ratsherrn läuft herum, als hätte ihr Mann ein Vermögen verdient.

---

* Dazu der Abschnitt »Händel in London« im Kapitel »Städte und Leute«.

Die gewöhnliche Kaufmannsfrau präsentiert sich wie vormals die Ehefrau des Ratsherrn. Die Magd trägt sich wie eine Kaufmannsfrau.

Die obrigkeitlichen Kleiderordnungen suchten über Generationen die Stabilität des Zeichensystems trotz des Wandels der Moden und der Distinktionsbedürfnisse zu garantieren. Das gelang nicht immer zuverlässig und selten ohne Konflikte. Nach 1700 jedoch geriet die Methode, die soziale Skala durch Verordnen zu ordnen, in eine langwierige Krise. Die Kleiderordnungen wurden nur noch halbherzig befolgt, dann ganz ignoriert und schließlich völlig abgeschafft. 1704 erließ ein fürstbischöfliches »Kleyder-Mandat« in Würzburg ein Verbot von Samtborten und golddurchwirkten Zierschnüren für alle ›Weiberhauben‹, ausgenommen diejenigen der Frauen von Adelsherren, Stadträten, Oberamtmännern auf dem Land, Doktoren der Rechte und der Medizin, Vikariats- und Konsistoriatsleiter sowie des Universitätsrektors und des Leiters des Juliusspitals. Diese Ordnung erfolgte im Geist der alten Zeit, die bischöfliche Behörde konnte sie in der neuen aber nicht durchsetzen, weder bei den Frauen noch bei deren Männern noch bei den Stadtbütteln, die sich gegen das Durchführen der Kontrollen wehrten, weil sie ihnen als zu gefährlich erschienen. Selbst als Denunziationsgelder in Aussicht gestellt und Beuteanteile an den beschlagnahmten Kostbarkeiten versprochen wurden, blieb die Mitwirkung der ›unteren Kontrollorgane‹ so widerwillig, dass kaum angezeigt und so gut wie nicht beschlagnahmt wurde. Als durch die allgemeine Renitenz ermutigt auch die Bortenwirker in Bewegung gerieten und gegen die geschäftsschädigenden Auswirkungen des »Kleyder-Mandats« protestierten, setzte man es zwar nicht außer Kraft, aber auch nicht mehr durch. Damit waren die Frauen zufrieden, bis auf diejenigen der Adelsherren, Stadträte, Oberamtmänner auf dem Land, Doktoren der Rechte und der Medizin, Vikariats- und Konsistoriatsleiter sowie des Universitätsrektors und des Leiters des Juliusspitals.

Ähnlich wie im fürstbischöflichen Würzburg ging es auch in anderen Städten und Landesteilen zu. In Frankfurt wurde die letzte Kleiderordnung 1731 erlassen. Im selben Jahr erließ in Berlin der Soldatenkönig ein *Edict, daß Nach Verlauf sechs Monathe Die Dienst-Mägde Und gantz gemeinen Weibes-Leute, Sowohl Christen als Juden, Keine Seidene Röcke, Kamisöler und Lätze ferner tragen sollen.* Erfolg war auch diesem Edikt nur bei denen beschieden, die sich seidene Röcke sowieso nicht leisten konnten. In Augsburg wurde 1735 die alte Ordnung von 1683 ein letztes Mal erneuert, und nach der Mitte des Jahrhunderts kam es in den Städten kaum noch zu entsprechenden Erlassen. Was nicht bedeutet, die Menschen hätten nun aufgehört, sich innig um ihr Äußeres zu kümmern. Es gab (und gibt) weiterhin Leute, die, so spottet Julius Bernhard von Rohr in seiner *Einleitung zur Ceremoniel-Wissenschafft der Privat-Personen* stets »etwas an sich zu thun finden, bald den Hut, bald die Peruque, bald die Schuhe, bald die Manchetten, bald die Krause, bald die Strümpfe accomodiren«.

Der weit ausgespannte Unterrock

Der Wal hat keine Zähne. »Fischbein«, definiert ein *Nutzbares, galantes und curiöses Frauenzimmer-Lexicon*, ist »der Kiefer des Wall-fisches, so ihm statt der Zähne, weil er keine hat, dienet, in Stäbe gespalten u. zertheilet, durch welche das Frauenzimmer sich ihre Schnür-Leiber, Brust-Stücken, Mieder, Lätze, Camisöhler, Coursette, Reiffen-Röcke und andere Sachen aussteiffen läßt.« Und zum »Reiffen-Rock« heißt es: »Ist ein insgemein von roher Leinwand mit Stricken oder Fisch-Bein-Reiffen weit ausgespannter und aus-gedehnter kurtzer Unter-Rock, den das Frauenzimmer nach ietzi-ger Mode, um ihrer Taille dadurch ein Ansehen zu machen, unter die anderen Röcke zu ziehen pfleget.« Auch der »Unterziehlatz«, der »allererste Überzug, den das Weibervolck auf den Leib ziehet«, wird »manchmahl mit etlichen Stücken Fischbein untersteiffet.«

Wer sich die biegsamen und beim Gehen hübsch schwingen-den Streben aus den Barten des Wals nicht leisten konnte, ließ vom Schneider Untergestelle aus Stroh und Bast herstellen. Im einen wie im anderen Fall brachten die ausladenden Formen Platzpro-bleme mit sich, sowohl bei der Aufbewahrung, trotz der Einfüh-rung von klappbaren Modellen, als auch beim Kirchgang oder in der Theaterloge. Zugleich signalisierte die Raumnahme durch die Röcke den Rang ihrer Trägerinnen. Je ausladender eine daherkam, desto wichtiger kam sie den anderen vor. Ein Hamburg bereisender Zeitgenosse spottet: »Das Frauenzimmer trägt unten sehr weit abstehende Röcke, als wenn ein Tonnen-Band darinnen wäre; wenn daher ein paar Weiber einander in einer engen Straße begegnen, so macht es ihnen so viel Verwirrung, als wenn zwey Wagen mit Heu gegeneinander führen.« Um der wechselseitigen Überbietung Einhalt zu gebieten, machte der Hamburger *Patriot* 1724 im »Gesetze einer bloß für Frauenzimmer anzurichtenden Academie« den Vorschlag: »Fischbeinene Röcke sollen nicht breiter getragen werden, als sie lang sind.« Das entsprach jener Wohlproportioniertheit, die Zedler als Maßgabe der »Schönheit des menschlichen Leibes« referiert hatte.* Dass der Vorschlag parodistische Züge hatte, zeigt sich an einer weiteren Anordnung: »Wenn sechs Frauens-Personen beysammen sind, sollen ja nicht mehr als fünff davon zu einer Zeit sprechen, und die sechste soll verpflichtet seyn, den übrigen Gehör zu geben.«

Der jeweils ›angesagte‹ Durchmesser der Reifröcke spielt auch in Bachs Kaffeekantate** eine Rolle, und zwar in einer der Drohungen, die der ›alte Schlendrian‹ seiner Tochter ›Liesgen‹ entgegenschleudert, damit sie endlich den Kaffee lässt: »Ich will dir keinen Fischbeinrock / nach itzger Weite schaffen.« Liesgen reagiert unbeeindruckt: »Ich kann mich leicht dazu verstehn.« Was ist der ausladendste Fischbeinrock schon gegen ein Tässchen Kaffee?

Der hohe Haupt-Schmuck

Die Fontanges war ein ›dummes Tierchen‹. So jedenfalls soll sie nach ihrem Tod von Liselotte von der Pfalz bezeichnet worden sein. Das arme Ding wurde nur zwanzig und starb nach einer kurzen, sehr verschwenderischen Episode als Mätresse Ludwigs XIV. und nach einer Totgeburt vermutlich an Brustfellentzündung, obwohl

---

* Siehe »Schönheit des Frauenzimmers« in diesem Kapitel.
** Dazu der Abschnitt im Kapitel »Weltliche Freuden«.

das Gerücht ging, sie sei mit imprägnierten Handschuhen vergiftet worden.

Sie und ihre Familie wollten hoch hinaus, die Familie, indem sie das schöne Mädchen mit siebzehn dem König zuführen ließ, sie selbst, indem sie ihre rote Lockenpracht äußerst kunstvoll auf dem Kopf zu türmen und obendrauf noch mit Spitzen und Häubchen und Spitzhäubchen zu krönen wusste. Und die höheren Damen halb Europas taten es ihr jahrelang nach. Im Januar 1702 teilte Leibniz der Kurfürstin Sophie in Hannover mit, was man in Berlin über den Zarenhof in Moskau kolportierte: »Jetzt müssen alle Damen Fontangen tragen.« Nur Eudoxia, die erste Gemahlin Peters des Großen, scheint sie nicht gemocht zu haben: »Der Zarin hat es Unglück gebracht, dass sie die, welche er ihr geschenkt hat, mit Füßen getreten hat. Und weil er auch sonst mit ihr unzufrieden war, ist sie in ein Kloster gebracht worden.«

Die Fontange wurde von dem pseudonym unter Sperander veröffentlichten Wörterbuch *A la Mode-Sprach der Teutschen* von 1728 etwas allgemein definiert als »der hohe Haupt-Schmuck eines Frauenzimmers«. Zedlers *Universal Lexicon* wusste es genauer: »Fontange, oder Aufsatz, ist ein von weißem Flor oder Spitzen über einen absonderlich dazu gebogenen und umwundenen Drat in die Höhe gethürmte und Falten-weis über einander gesteckte Haube, 2, 3, oder 4fach hintereinander aufgezogen, um die Ohren herum abgeschlagen, gefältelt, und mit geknüpfften Band-Schleiffen von allerhand Couleur und Sorten, sowohl von forne als hinten gezieret und bestecket; die gehörigen Theile dazu […] sind der Hauben-Drat, die Commode, das Nest von Drat, der Keller darüber, die Pavilore und das Band. Die Fontangen haben ihren Namen von der Madame Fontanges in Franckreich erhalten, welche mit dem König auf der Jagd gewesen, und sich wegen allzu großer Hitze einen dergleichen hohen Aufsatz von grünen Laub und Blättern gemacht«. Im darauf folgenden Artikel gibt das Lexikon einen kurzen biographischen Abriss und merkt dabei an: »Sie besaß eine vollkommene Schönheit, ausser daß die Farbe ihres Haares etwas zu roth war«.

Zum Zeitpunkt des Lexikoneintrages war das ›dumme Tierchen‹ vergessen und das nach ihr benannte Ungetüm, das in den beiden Jahrzehnten um 1700 die Häupter der Hofdamen beherrschte, aus der Mode gekommen. Die Prediger mussten nicht mehr wie etwa 1689 wider zu hohen Haaraufbau und zu tiefen Brustausschnitt eifern: *Gedoppelte Blas-Balg Der Üppigen Wollust, Nemlich Die Erhöhete Fontange und Die Blosse Brust, Mit welchen das Klamodische und die Eitelkeit liebende Frauenzimmer in ihren eigenen und vieler unvorsichtigen Manns-Persohnen sich darin vergaffenden Hertzen ein Feuer der verbothenen Liebes-Brunst anzündet.*

Verschiedene schwache Stäblein

Sucht man im *Universal Lexicon* nach ›Fächer‹, stößt man auf die »von Holtze, worein die Waaren ordentlich sortiret« werden. Man muss bei ›Fecher‹ nachsehen: Das »ist dasjenige, das man [...] gebrauchet [...], sich eine kühle Lufft in warmem Wetter zuzuwehen, aber auch sonst Wind damit zu machen pfleget.« Über die Machart heißt es, »gemeiniglich bestehet er aus verschiedenen schwachen Stäblein, die sich an dem einen Ende um einen Stifft bewegen, auch aus- und über einander schieben lassen, mit dem andern schmahlen und spitzigen Theile hergegen werden sie zwischen die gebrochenen doppelten Falten, von Papir, Taffent, Atlas und dergleichen gestecket und feste geleimet«.

Das *Frauenzimmer-Lexicon* erwähnt unter dem Stichwort ›Fecher, Föcher‹ noch die Bemalung und ergänzt, »insgemein wird eine goldene, silberne oder auch mit Seide durchmengte Quaste und Drottel in die Fecher geschlungen, zuweilen aber auch Band darein geknüpfet«. Dieses Lexikon kennt außerdem noch ein ›Fächlein‹: »Ist eine gewisse Art eines Schleyers von weisser Leinwand geschnitten und in eine gantz besondere Form gebracht; es stehet von denen Ohren breit und weit abgeschlagen, und wird von denen Weibern in Ulm, so zur Hochzeit gehen, getragen.«

Julius Bernhard von Rohr wiederum weiß nicht nur über die ›Weiber in Ulm‹ Bescheid, sondern generell über die Damen: Die »machen mit ihren Eventails hunderterley Exercitia, da sie solche bald ausbreiten, bald wieder zusammen legen, sich bald hurtig fecheln, bald wieder mit der größten Langsamkeit. […] Sind sie auf etwas sehr erbittert, oder über etwas frölich und vergnügt, so fecheln sie sich hurtig; sind sie gelassenen Gemüths, so sind sie auch gantz moderat in ihrem Fecheln; sind sie in Gedancken und speculiren auf etwas, so spielen sie entweder nur mit dem Eventail und fecheln sich gar nicht oder doch sehr langsam.« Viel mehr ist über die ›Fächersprache‹ nicht zu sagen, auch nicht über eine ›geheime‹. Dass die Hofdamen ihren Liebhabern oder potenziellen Galanen codierte Botschaften zufächelten ist unwahrscheinlich, weil es unlogisch ist: Eine Sprache, die geheim ist, versteht keiner – und eine Sprache, die jeder versteht, ist nicht geheim. Die Liebenden müssen sich schon selbst einen Code ausdenken, wollen sie sich verständigen, ohne dass andere sie verstehen. In Johann Gottfried Schnabels galantem Roman *Der im Irrgarten der Liebe herumtaumelnde Kavalier* wird das vorgemacht, und Kavalier Elbenstein vereinbart mit seiner Gräfin Theresia ein wechselseitiges Signalement: »Dieses Zeichen bestand darin, daß Theresia ein Bukett Blumen an ihrer Brust, Elbenstein aber, nach damaliger Bändermode, in seinen Ärmeln oder Manschetten rosenfarbene Bänder tragen wollte. Theresia pflegte demnach oftmals den Blumenstrauß, als ob sie daran riechen wollte, an den Mund zu drücken, und Elbenstein im Gegenteil stellte sich zum öfteren, als ob ihm diese Manschettenbänder zu lose worden wären, befestigte sie deswegen mit Hilfe des Mundes und küßte zugleich das Band, welches der Theresia Leibfarbe war.«

Schminck-Pflästergen

Fischbeinröcke, Fontangen und Fächer waren Frauensache, nicht so Puder und Schönheitspflaster. Auch die Herren klebten sich Herzchen, Mündchen, Sternchen auf Stirn, Wangen, Kinn (und anderswohin). Man führte die gummierten Zierpflaster bedarfsgerecht und gebrauchsfertig in Perlmuttdosen mit sich und bezeichnete sie vornehm so, wie die Franzosen die Fliegen nannten: ›mouches‹. Sprach man weniger gut französisch, schrieb man die Fliegen auch

›Muschen‹. Das Wörterbuch *A la Mode-Sprach der Teutschen* führt beide Bezeichnungen, klebt sie aber nur Frauen an: »Schminck-Pflästergen sind schwartze Taffet-Flecken, auf mancherley Art aufgeschnitten, welche das Frauenzimer ins Gesichte klebet, u. damit eitele Hoffart zu treiben pfleget.«

Sogar in Reuters *Schelmuffsky*** wird geklebt, vor allem sinnbildlich: Da hat eine »Wirthin auch ein paar Töchter, die führeten sich der Tebel hohl mer galant und propre in Kleidung auff, nur Schade war es umb dieselben Menschen [eigentlich meint er abfällig ›Menscher‹], daß sie so hochmüthig waren und allen Leuten ein Klebe-Fleckchen wussten anzuhängen«.

Klebt man selbst, macht man sich vornehm; kleben die andern, hat man Fliegendreck im Gesicht und auf der ›weißen Weste‹.

In Hamburg hat sich nicht nur der polternde Reuter Sorgen über die Gesichtspflästerchen gemacht, sondern auch *Der Patriot* im »Gesetze einer bloß für Frauenzimmer anzurichtenden Academie«: »Niemand unterstehe sich, bey Straffe der Narren-Kappe, sich zu schmincken oder Schönflecken zu legen.« Und des »Gebrauchs von schwartzem Puder soll sich niemand unternehmen.«

Aber wieso reibt man sich überhaupt Schwärze ins Gesicht? Damit die Haut drumherum desto weißer aussieht. Schließlich will man nicht aussehen, als käme man frisch vom Acker oder aus dem Stall. Auf diese Weise erklärt es Julius Bernhard von Rohr: »Manche bilden sich ein, ein blasses Angesicht sey bey der jetzigen Zeit unter dem vornehmen Frauenzimmer Mode; da hingegen die rothe Farbe den gemeinen Bürger-Töchtern und Bauer-Mädgen anständiger wäre. Da bemühen sich auch einige durch mancherley medicamenta, die rothe Farbe der Wangen bey ihnen zu mindern.« Wer da nicht achtgibt, muss sich – wie die Münchener Hofdamen vom Reisenden Johann Georg Keyssler – sagen lassen: Sie »können sich der schönsten Gesichts-Farben nicht viel rühmen, weil sie nebst der Churfürstin in der größten Hitze und Kälte, bey Regen, Wind und Sonnenschein an allen Spazier-Fahrten und Jagden des Churfürsten Theil nehmen.« Bei so viel Natur hilft auch weißer Puder nichts.

*   Dazu der Abschnitt über »Telemann in Hamburg« im Kapitel »Städte und Leute«.

Der Berliner Perückenkrieg

Der Hamburger Musikkritiker Johann Mattheson versuchte sich auch als Kritiker der Mode: »Unsre große und kleine Perüken, ja selbst die greulichen Haarbeutel mit ihren unmäßgen Bändern, sind keinem anstößig; sie werden vielmehr für artig gehalten; ob sie gleich das natürliche, auf dem Haupte gewachsene Haar, mit sehr vielen Zusätzen, weit übertreffen.« Mattheson stellte das in Zusammenhang mit Überlegungen zur Mimesis fest, genauer gesagt, zum ästhetischen Prinzip der Naturnachahmung. Bei Männerköpfen könnte man vermuten, die Lockenpracht aus fremdem Menschen- oder auch aus Tierhaar ahme die verlorene eigene nach. Aber was ist mit Männern, die das Eigenhaar extra abscheren, um Perücke tragen zu können? Und sie trugen alle Perücke: Vivaldi in Wien, Händel in London, Telemann und Brockes in Hamburg, Quantz in Dresden und Potsdam, die Brüder Graun in Berlin, Bach in Leipzig; auch Leibniz in Hannover, Thomasius, Francke und Wolff in Halle, Voltaire in Paris und Potsdam – nur Lips Tullian nicht bei seinen Überfällen auf den Landstraßen oder Hans Wurst bei seinen Harlekinaden auf den Bühen. Und wenn einem vom ›Coffeetrincken‹ der Kopf heiß wurde, zog man sie ab, weshalb das *Haußhaltungs-Magazin* von Bannormen unter den für vornehme Kaffeetafeln nötigen Gerätschaften auch »Mützen bey Ablegung der Perruquen« nennt. Wer Perücke trägt, braucht außerdem eine »blecherne lange Perruquen-Schachtel mit Löchern auf der Seite«, eine »Büchse mit Pomade«, ein »Glaß in Futeral mit Jasmin-Oehl«, eine Puderbüchse, Kämme, »Locken-Holtz« und Bindfäden.

Die Perücken waren lang oder kurz; schwarz, braun oder weiß; aus teurem echtem Menschen- oder billigerem, doch ebenfalls echtem Tierhaar. Die von Leibniz war eine Allonge-Perücke. Das lässt der Bericht vermuten, den der reisende Frankfurter Patrizier Zacharias Conrad von Uffenbach über einen Besuch bei Leibniz in Hannover im Januar 1710 verfasste: »Ob er wohl über sechzig Jahr alt ist und mit seinen Pelzstrümpfen und Nachtrock mit Pelz gefüttert, wie auch mit seinen grossen Socken von grauem Filz anstatt der Pantoffeln und einer sonderbaren langen Perücke ein wunderliches

Aussehen hat, so ist er dannoch ein sehr leutseliger Mann.« Allerdings nicht so leutselig, dass er bereit gewesen wäre, dem fanatischen Büchersammler Uffenbach einen Blick in der herzogliche Bibliothek zu gönnen.

Über Händels Perücke erzählt der englische Musikschriftsteller Charles Burney, der als junger Mann Mitte der 1740er Jahre in dessen Orchester Violine spielte: »Händel trug eine sehr große weiße Perücke; und, wenn in den Oratorien alles gut ging, hatte dieselbe allemal eine gewisse Bewegung, einen gewissen Schwung, woraus man sah, daß er zufrieden war. War das nicht, so wußten genaue Beobachter schon gewiss, dass er böse war.«

Bachs Perücke, jedenfalls diejenige, die auf den beiden Porträtgemälden von Elias Gottlob Haußmann aus den Jahren 1746 und 1748 zu sehen ist, nimmt sich dagegen bescheiden aus: nicht auf die Schulter wallend, sondern eng anliegend in strengen Locken.

Die Perücke von Telemann ist – wie seine Musik? – ein Mittelding zwischen der von Bach und jener von Händel.

Weil alle Perücke trugen – ›Hohe‹ und ›Niedrige‹, Vornehme und ›Gemeine‹, Herren und Subalterne –, kam gegen Ende des 17. Jahrhunderts jemand in Berlin auf die Idee, der Kasse des brandenburgischen Kurfürsten und werdenden Königs in Preußen mit einer Steuer auf Kutschen und Perücken neuen Zufluss zu beschaffen. Das wurde ein Fiasko:

– 20. März 1698, *Edict wegen Einführung der Wagen- und Peruquen-Steuer:* »Von denenjenigen, so Peruquen tragen, soll folgendermassen gesteuret werden: 1. Alle Churfürstl. Civil- und Militair-Bediente, von dem Höchsten bis zu den Secretarien […] soll ein jeglicher jährlich geben 1. Thl. 2. Die übrigen Churfürstl. Bedienten, Magistrats Personen, Secretarien, Cammer-Diener und Schreiber bey einem Herrn, Kauffleute, Bürger und dergleichen, ein jeder jährlich 16. Gr. 3. Laquayen, Handwercks-Gesellen, und übrige geringe Leute, ein jeder jährlich 12. Gr.«

– 3. April 1700, *Anderweitiges Edict von der Wagen- und Peruquen-Steuer:* Weil »von diesen Steuern in den verflossenen zwey ersten Jahren viel Reste zurück geblieben, und angezeiget worden, daß verschiedene Bediente […] sich davon gäntzlich eximiren, und in Güte nichts beytragen wollen, so verordnen Seine Churfürstl. Durchl. hiermit gnädigst, daß dieselben Reste [...] nach der ersten Taxa mit abgegeben, oder im nachbleibenden Fall [...] die Peruquen-Steuer aber in duplo gezahlet, und solche durch militärische Execution [...] beygetrieben werden solle«.

- 22. April 1701, *Patent, die Wagen- und Peruquen-Steuer sub poena dupli abzutragen:* Nachdem »Seine Königliche Majestät in Preussen [...] höchst-missfällig vernommen, welchergestalt [...] die Peruquen-Steuer, bey Dero Residentz-Städten fast von den meisten nicht abgetragen worden [...] Seine Königliche Majestät [...] von den Säumigen sothane Reste durch Militarische Execution beygebracht wissen wollen«.

- 29. Juli 1701, *Edict, wegen Peruquen-Steuer-Verpachtung:* Es sollen »alle Peruquen, so hinführo von denen Peruquen-Machern in hiesigen Residentz-Städten verfertiget werden, oder bereits in deren Boutiquen fertig vorhanden seyn, auf die Stempel-Cammer [...] gebracht, daselbsten ihrem Werth nach taxiret«, mit einem Lacksiegel des frisch installierten Steuerpächters versehen und »denen Peruquen-Machern zum Verkauff hinwiederum zurücke gegeben werden«.

- 4. April 1702, *Edict, wegen Aufhebung der vorhin von der Carossen-Chaisen- und Peruquen-Steuer ergangenen Mandaten, und wie es nummehro damit zu halten:* Nachdem bemerkt wurde, dass »was die Peruquen-Steur betrifft, mit einem solchen Succeß, als man wol Anfangs vermuthet, nicht von statten gehen wollen, massen die dabey vorgegangene mancherley Unterschleiffe und Intriguen abzustellen und der Gebühr nach zu bestraffen, mehr Wunder und Weitläufftigkeit causiret, als die Sache an sich fast importiret, zugeschweigen der vielen Klagen, welche die Peruquen-Machers darüber geführet«, wird die Verpachtung der Steuer an den Einnehmer rückgängig gemacht, desgleichen die Vorversteuerung durch die Hersteller. Es soll »vielmehr ein jeder, der Peruquen träget, denjenigen Impost jährlich selber dafür entrichten«.

- 18. September 1705, *Mandat, wegen derer, so von solcher Steuer eximirt, und von der poena dupli derer Restanten:* Weil »Seine Königliche Majestät in Preussen [...] höchst missfällig vernommen, welchergestalt Dero vielfältig ergangenen und publicirten Patenten zuwider, die [...] Peruquen-Steuern biß daher nicht richtig abgetragen worden, sondern daß von denen Jahren 1698, 1699, 1700, 1701, 1702, 1703 & 1704 noch viele Reste ausstehen sollen«, will der König »die noch ausstehenden Reste ohne weiteres Nachsehen beygebracht wissen«.

– 15. September 1708, *Edict vorigen Innhalts:* Weil »Seine Königliche Majestät in Preussen [...] missfällig vernommen haben, daß die Reste der [...] Peruquen-Steuer je länger je mehr anwachsen«, so »befehlen Sie ein vor allemahl hiermit allergnädigst und ernstlich«, dass »was jedweder bishero restiret, binnen 14 Tagen, von dato an, unweigerlich bezahlen« soll.

– 6. November 1717, *Patent, wegen Aufhebung des Imposts, so auf die Peruquen und Carossen in hiesigen Residentzien geleget worden:* Wegen der vielen Klagen und Beschwerden wird »allergnädigst resolviret, daß vorerwehnte Carossen- und Peruquen-Steuer weiter nicht als biß zu Ablauff dieses 1717. Jahres ausgeschrieben und gefordert, sodann aber [...] mit dem 1. Januarii 1718 gäntzlich cassiret und aboliret seyn soll.«

Und so ging der zwei Jahrzehnte während Perückensteuerkrieg des Herrschers gegen die Untertanen mit seiner vollständigen Niederlage zu Ende.

Samthosen und Seidenstrümpfe

Am 11. November 1740 schrieb Voltaire aus Herford, unterwegs zu seinem königlichen Brieffreund: »ich besteige in Samthosen, Seidenstrümpfen und Pantoffeln einen widerborstigen Gaul«. Das ist nicht wörtlich zu nehmen, jedenfalls das mit den Pantoffeln nicht. Wie sollte man damit, auch wenn sie vorne spitz und hinten versteift sind, einem störrischen Pferd ›die Sporen geben‹?

Mit der Samthose ist eine mit Kniebund gemeint, die seit den 1670ern modische Culotte, in der wadenstolze, bestrumpfte Kavaliere einherzutänzeln pflegten. Voltaire, dem mangelnde Eitelkeit sonst nicht vorzuwerfen war, machte sich über sein Äußeres lustig und erzählte in seinem launigen Brief an Friedrich, er habe, am Herforder Stadttor nach seinem Namen gefragt, zur Antwort gegeben, er heiße Don Quichotte, »und damit durfte ich dann hinein.«

Bleibt die Frage, ob er die Strümpfe über oder unter der Hose getragen hat. Bis 1740 wurden sie meistens über die Hosenenden gezogen und von einem Band mit Schlaufe gehalten, danach endeten die Strumpfbeine unter den Hosenbeinen und wurden von Schnallen gehalten. Auch Knöpfe kamen am Kniebund zum Einsatz – oder eben nicht, wie bei Roubiliacs Händel-Statue* in den Londoner Vauxhall Gardens. Bei ihr signalisieren die nicht zugeknöpften Kniehosenbünde zusammen mit der Schlafmütze auf dem Kopf und den Pantoffeln an den Füßen eine legere Häuslichkeit des Komponisten in humorvollem Kontrast zur repräsentativen Wucht seiner Kompositionen.

Monsieur Arouet hätte sich eine solch verschmitzte Art der Verehrung sicher verbeten. Wenn sich einer über ihn lustig machen durfte, dann allenfalls er selbst. Und mit Sicherheit waren seine Strümpfe nicht halbseiden, obwohl das zu seiner Herkunft als Spross einer adeligen Mutter und eines bürgerlichen Vaters gepasst hätte. Halbseidenes, also mit Kettfäden aus Seide und Schussfäden aus Wolle, Baumwolle oder Leinen, wurde in späten Kleiderordnungen** den Bürgern, vermögenden Bauern und vor allem ihren Frauen zugestanden, während Samt und Seide der Aristokratie vorbehalten blieben.

Was die Farbe von Voltaires Strümpfen betrifft – schwarz oder weiß –, so gibt darüber sein Brief keine Auskunft, ebenso wenig wie über den Justaucorps genannten langen Rock, der über die samtenen Hosen reichte und dessen Schöße links und rechts am Pferderücken heruntergebaumelt haben müssen, als Voltaire seiner Rosinante die Pantoffelsporen gab.

---

* Dazu der Abschnitt »Händel in London« im Kapitel »Städte und Leute«.
** Siehe die im Abschnitt über die Bauernkluft zitierte sächsische Kleiderordnung.

Das Justaucorps

Beim Justaucorps handelt es sich um einen eng anliegenden, taillierten, knielangen Überrock mit weiten, dreiviertellangen Ärmeln, überdimensionierten Aufschlägen und einer dichten Reihe von Prunkknöpfen, die jedoch nicht geschlossen wurden, besonders dann nicht, wenn statt mageren Aufklärern übergewichtige Fürsten wie August der Starke darin steckten. Unter dem Rock trug man einen Wams oder eine Weste aus Brokat, deren Ärmel eher schmal waren. Die mehr oder weniger abstehenden Schöße waren häufig versteift, ebenso die reversartig umgeschlagenen Seiten, die das farbige Innenfutter sehen ließen.

Das Justaucorps hielt sich vergleichsweise lange und veränderte über die Jahrzehnte sein Erscheinungsbild. Im letzten Drittel des 18. Jahrhunderts wurde es auch von gewöhnlichen Bürgern und sogar auf dem Land getragen, dann nicht aus Samt (außen) und Seide (innen), sondern aus Barchent und Wolle. Der Degen hing nicht mehr am Bandelier unter, sondern über dem Rock und wurde durch einen eigens eingenähten Degenschlitz an der linken Seite geführt, denn die Degenhand war die rechte, die zum Ziehen quer über den Leib nach links griff. Aber das war Theorie oder Symbolik, denn im Justaucorps schlug man sich nicht, man demonstrierte nur, dass man satisfaktionsfähig war.

Der Dreispitz

Wie der Degen links hängen musste, so hatte die Vorderspitze dieses Hutes über dem linken Auge zu sitzen. Das hatte keinen praktischen Grund, auch keinen theoretischen oder symbolischen, sondern war einfach zufällig, wie seit jeher vieles in der Mode zufällig oder tautologisch ist: »Mein Hut, der hat drei Ecken, / drei Ecken hat mein Hut, / und hätt er nicht drei Ecken, / so wär's auch nicht mein Hut.« Das Lied entstand gegen Ende des 19. Jahrhunderts. Da war der Dreispitz schon drei Generationen aus der Mode. Die militärische Kopfbedeckung wird gern mit dem Zopf assoziiert, aber der Dreispitz kam vor dem Zopf auf, um 1690, während der Zopf erst unter dem Soldatenkönig obligatorisch wurde, und zwar zunächst für die ›gemeinen‹ Soldaten, die das lang gewachsene Eigenhaar zusammenzudrehen und mit einem Band zu umwickeln hatten.

Zu Beginn seiner erstaunlich lang währenden ›Karriere‹ hieß der Dreispitz noch nicht so. Die Bezeichnung setzte sich erst in der zweiten Hälfte des 18. Jahrhunderts durch, als die drei Seiten gleichmäßig nach oben gekrempt wurden. Anfangs war die hintere Seite deutlich größer, wie bei der hochgeklappten Hinterseite eines Schlapphutes. Modehistoriker vermuten daher, der Dreispitz sei evolutionär aus dem Schlapphut hervorgegangen. Eindeutiger belegt ist die militärische Wertschätzung akkuraten Haars unter akkuraten Hüten. Sie begegnet in Exerzierreglements, Parade- und Parolenbüchern, etwa in Berlin am 20. Juli 1751: »Morgen geht ein Commando nach Potsdam […] und sollen Leute von 8–10 Zoll sein, gut aussehend und alle ihre neue Montierungsstücke anhabend, auch den besten Hut auf, und der soll gut troussiret [wohl geformt] sein, auch soll das Lederzeug gut angestrichen und die Haare sehr weiß gepudert sein, müssen auch Puder mitnehmen, damit sie sich vor Potsdam von neuem pudern können.«

Ikonisch wurde der Dreispitz auf dem – gepuderten – Kopf Friedrichs des Großen und dann noch einmal auf dem Napoleons. Bei Piraten war er beliebt wie Holzbein und Augenklappe, jedenfalls in der Vorstellung, die sich Bildermaler und Bücherschreiber von Piraten machten. Die Ersatzbezeichnung ›Dreimaster‹ für den Dreispitz hat damit aber nichts zu tun.

Um 1720 veröffentlichte Johann Christoph Weigel sein *Musicalisches Theatrum: auf welchen alle zu dieser edlen Kunst gehörige Instrumenta in anmuthigen Posituren lebhafft gezeiget und allen Music Liebhabern zu gefälliger belustigung vorgestellet werden*. Die Tafeln präsentieren einen Trommler, einen Violinisten, Lauten-, Harfen- und Flötenspieler, allesamt im Justaucorps und mit Dreispitz auf der Perücke.

Die Leipziger Studenten indessen pflegten die Hüte unterm Arm zu tragen. Das sah fesch aus und passte gut zu den weißen

Schleifchen am Degengriff, mit denen die Stutzer signalisierten, dass die Waffe als Rangzeichen und nicht zum Totstechen gedacht war*. Wenn es regnete, setzte man den Hut trotzdem nicht auf, sondern hielt ihn über die hochtoupierten Perücken.

Gegen 1740 ließ sich der Dreispitz sogar auf Damenlocken nieder, zu sehen auf Gemälden von Antoine Pesne. Das wirkt besonders neckisch, wie noch immer jedes Jahr zu Karneval bei den Gardemariechen zu beobachten.

Etwa zur gleichen Zeit, als Pesne Prinzessinnen unter den Hut brachte, glitt der Dreispitz zu den niederen Volksschichten hinab, sogar auf dem Land. Die jungen Männer brachten ihn vom Militärdienst mit nach Hause und renommierten sonntags beim Kirchgang damit. Das konnten die Ungedienten nicht auf sich sitzen lassen mit ihren Bauernmützen und baten Mütter und Schwestern, die Dreieckshüte nachzubasteln. Und so griff der Filz immer weiter um sich, bis ihn der letzte Kutscher in Berlin auf dem Kopf hatte.

Die Bauernkluft

Knöpfe sind kostbar, Bänder teuer. Auf zeitgenössischen Darstellungen gehen die Bauern das ganze 18. Jahrhundert in Lumpen. Und doch gab es in der zeitgenössischen Wirklichkeit welche, die vermögend genug waren, sich Samt und Seide leisten zu können. Darauf reagierte 1750 eine der letzten sächsischen Kleiderordnungen. Mit ihr »wird dem Bauern-Stande in genere der Gebrauch des Goldes und Silbers, auch gantz seidener Waaren hiermit völlig verbothen, und hat dieser Stand sich zwar mit inländischen, höchstens halbseidenen auch Wollen- und Leinen-Waaren allein zu begnügen, dennoch bleibet dem Frauen-Volck desselben zur Zeit annoch nachgelassen, zu ihren sogenannten Mieder, Mützen,

---

* Dazu auch der Abschnitt »Wie lustig ist das Studentenleben?« im 10. Kapitel.

Kopff-Putz und Leib-Gürtel, sich einigen im Lande fabrizierten Goldes und Silbers, auch respective gantz seidenen Landzeugs zu gebrauchen.«

Bei den land- und besitzlosen Knechten und Mägden erübrigten sich die Verbote. Was man auf dem Leib trug, war oft schon das ganze Eigentum. Jede Hose, jeder Kittel waren wertvoll. Die Hosen fingen über den Knöcheln an, wurden weit nach oben, am besten bis fast unter die Achsel gezogen und mit Stricken befestigt, entweder rund um den Bauch oder quer über die Schultern laufend, im ersten Fall veknotet, im zweiten auf dem Rücken (manchmal auf der Brust) mit einer Spange verbunden, um das Herunterrutschen beim Arbeiten zu verhindern. Damit der Hosenboden beim Bücken nicht spannte, war das Hinterteil ausgeschnitten. Den Kittel definiert das galante *Frauenzimmer-Lexicon* so: »Heisset denen Bauern-Weibern und Mägden so viel als der Rock: ist insgemein von schwartzer Leinwand, starck gefältelt und mit einem Schurtzband unterbunden und aufgeschürtzet.«

Was an den Füßen unter der Hose oder unter dem Rock getragen wurde, ist aus einer der ›Gei-Predigten‹* Christoph Selhamers zu erfahren: nichts. Der katholische Polterer dürfte seinem bäuerlichen Publikum aus der Seele gesprochen haben, wenn er meinte, mit der »Kleiderpracht habt ihr auf dem Gei gar nichts zu schaffen; die meiste Zeit geht ihr gut Capucinerisch barfuß daher, weil man euch offt so vil nit lassen will, dass ihr euch recht kuntet beschuehen.«

Von ›Mode‹ kann unter solchen Umständen nicht gesprochen werden. Die Bauernkluft blieb über Generationen unverändert. Es gab einfach nichts, was hätte variiert werden können. Auch die regionalen Trachten der besseren Bauern, die Magd und Knecht sich ebenfalls nicht leisten konnten (und ohnehin nicht tragen durften), waren, gemessen an der Kleidung in den Städten und Schlössern, nur in Nebensächlichkeiten dem Wandel ausgesetzt. Entsprechend stabil blieben die Vorstellungen, die man sich in den Residenzen bei festlichen Anlässen vom Landleben machte.

---

* ›Gei‹ bezeichnete im Oberbayerischen und Salzburgischen einen Landstrich in Wortverwandtschaft zum ›Gau‹ oder ›Gäu‹.

Maskeraden

Mitunter liefen Herren herum wie Knechte und Damen wie Mägde. Aber nur zum Spaß. Diese ›Wirtschaften‹ wurden manchmal mit und manchmal ohne Maske aufgeführt. Sie simulierten Jahrmärkte oder Bauernhochzeiten. Bei diesen Festen, lehrt von Rohrs *Cermoniel-Wissenschafft der großen Herren,* »muß auch der Habit gantz accurat mit der Kleidung derer, die man nachahmt, übereinkommen. Gemeiniglich wird die äußerliche Facon der Kleidung nur beybehalten, der Zeug aber nach dem höhern Stand der Personen, die sich dergleichen Habit gefallen lassen, mit etwas kostbaren verwechselt«. Die Musik muss ebenfalls passen: »Bey einem Bauern-Aufzuge hört man Spielleute mit Geigen, Schallmeyen, Dudelsäcke«.

Nicht alle fanden an den höfischen ›Bauern-Wirthschaften‹ und den inszenierten Jahrmärkten im Schlosshof Gefallen. Der zwölfjährige brandenburgische Kurprinz Friedrich Wilhelm lief davon, als ihm anlässlich einer derartigen Aufführung in Charlottenburg das Los die Rolle eines Taschenspielers zuteilte. Seine Mutter, Kurfürstin Sophie Charlotte, stellte bei dieser Gelegenheit eine Quacksalberin dar. Leibniz berichtete darüber im Juli 1700 in einem Brief: »Dargestellt wurde also der Markt in einem Dorf oder einer kleinen Stadt, auf dem Buden mit Aushängeschildern standen, in denen umsonst Schinken, Würste, Rinderzungen, Wein und Zitronenlimonade, Tee, Kaffee, Schokolade und ähnliche Dinge verkauft wurden.« Durchlauchtigste Grafen betrieben die Stände, Hofdamen mimten wahrsagende Zigeunerinnen, Akrobaten und Harlekine sprangen herum. »Man sah auch einen Astrologen mit dem Fernrohr oder Teleskop in der Hand auftreten. Das hätte meine Rolle sein sollen«, aber ein Graf war so »barmherzig«, ihm die Rolle abzunehmen. Es war eine Barmherzigkeit aus Ehrgeiz, denn der astrologische Graf »prophezeite Seiner Durchlaucht dem Kurfürsten, der aus der nächsten Loge zusah, günstige Dinge.«

Dergleichen Divertissements konnten recht anstrengend sein. Über eines in Wien notierte der Reisebeschreiber Keyssler trocken: »Unter die Ergötzungen, welche sich der kaiserliche Hof machet, ist die Wirthschaft, so in der Carnavalszeit gehalten wird, zu rechnen, ob es gleich wegen des strengen Ceremoniels so lustig dabei nicht zugeht«. Im Kapitel »Von dem Carneval und Masqueraden« bei von Rohr wiederum heißt es: »Bey den Masqueraden wird entweder eine gewisse Invention durchgeführet, darnach sich ein iedweder bey seiner Verkleidung zu richten hat [...], oder es wird einem iedweden die Freyheit verstattet, sich nach eigenem Gefallen zu kleiden, wie es einer am besten inventiren oder nach seinem Beutel ausführen kan«. Die Klugheit gebiete aber, nicht in einem ›Habit‹ zu gehen, das man am Vortag bei einem großen Herrn oder gar beim Fürsten gesehen hat. Was den Grad der Öffentlichkeit angeht, so wird bei manchen Maskenfesten »niemand von dem Pöbel eingelassen, und die Wachen [sind] auf das schärffste beordert, keinen als Standes-Personen nebst Cavaliers und Dames den Eintritt zu verstatten. Zu manchen Zeiten aber bekommt ein iedweder Erlaubniß, wenn er nur masquirt ist, einen Mitspieler oder Zuschauer dabei abzugeben.« Doch stets werden die »Plätze, wo sich die hohe Landes-Herrschafft nebst der Noblesse befinden« durch »gewisse Schrancken, entweder durch einige Erhöhung von etlichen Staffeln oder auf andere Art abgesondert.« Und wieder gehört Musik dazu: »Man höret darbey zu Vergnügung der Ohren mancherley Concerte von Violinen, Waldhörnern, Hautbois und andern Instrumenten, welche stets Menuets, Teutsche, Englische, auch wohl Polnische und Ungarische Täntze aufstreichen.«

Bei Verkleidungsfesten durften auch Damen herrisch auftreten. »Im Falle eine Frau bei einer Lustbarkeit Mannskleider anzieht«, schreibt Mandeville in den Erläuterungen seiner *Bienenfabel,* »gilt das unter Freunden als Ulk, und wer es bedenklich findet, wird für einen kleinlichen Menschen gehalten. Auf der Bühne geschieht es unbeanstandet, und die vornehmsten Damen werden es sich bei einer Schauspielerin gefallen lassen, obgleich ihre Beine vollständig zu sehen sind; wenn dasselbe Weib aber, sobald sie wieder Frauenkleider anhat, einem Manne ihr Bein bis zum Knie hinauf zeigen wollte, so wäre das etwas sehr Anstößiges, und jeder würde sie schamlos nennen.« Der Strumpf am Männerbein war modisch, der am Damenbein verrucht. Deshalb musste sich die Frau als Mann verkleiden, wollte sie sich knieabwärts sehen lassen, oder eben schamlos den Saum des Reifrocks heben wie auf Karikaturen zum beliebten Thema ›Koketterie‹.

Umgekehrt nutzten junge Herrchen bei Maskeraden die Gelegenheit, sich einmal recht ungeniert als Frauenzimmer zu fühlen. Johann Christian Müller erzählt aus seiner Jenaer Studentenzeit von einer »Winter Belustigung« mit Schlitten: »Ich setzte ein Kopftuch auf, zog ein langes […] weißes Kleid an, legte einige Muschen [Schönheitspflaster] im Gesichte […] entblößte Halß und Brust, nahm einen Fecher«. Er glaubt, wegen der schwarzen Pflästerchen nicht erkannt zu werden, aber als er »genötiget war meinen Reifrock aufzufaßen und aus dem Schlitten zu springen, schrieen die Mädgens: O sie hat Hosen an, und lachten aus vollem Halse.«

Ob die Maske bei den ›Masqueraden‹ die Freiheit zur Freizügigkeit dehnte, ist fraglich – jedenfalls was den nicht nur in Wien eher zeremoniösen Ablauf der höfischen Veranstaltungen betrifft. Aber wie immer, wenn Männliches und Weibliches einander suchen, wird es hinter den Kulissen Gelegenheit gegeben haben, einander zu finden. Mit diesen Möglichkeiten wird im galanten Roman und in der Malerei gespielt. Wir sehen schaukelnde Damen mit fliegenden Röcken, und wenn wir genau hinsehen, erblicken wir im Gebüsch den Kavalier, der seinerseits unter diese Röcke blickt. Oder wir begegnen jungen Schönheiten, die Maske tragen – nicht im Gesicht, sondern in der Hand. Antoine Pesnes »Dame in schwarzem Kostüm«, entstanden um 1745, ist solch ein Bild. Die Maske in der Hand der Dame trägt ihrerseits Maske. Die erste Maske ahmt ein Gesicht nach mit reizender Nasenspitze, roten Lippen und einem schwarzen Schönheitspflästerchen am Mundwinkel, während Stirn, Augen und Nasenrücken des Maskengesichts ihrerseits von einer schwarzen Maske bedeckt sind.

Aus der gleichen Zeit stammt ein Gemälde, auf dem wir in den Spiegel schauen. Er steht schräg auf einem Bett und präsentiert das üppige Hinterteil einer auf der Seite liegenden gänzlich nackten Hübschen, der gerade ein vollständig bekleidetes Kavalierchen an den Busen greift. An der Seitenwand lehnt ein zweiter Spiegel, in dem der Schemen von jemandem erscheint, der die Szene betrachtet. So ist der Voyeur zugleich innerhalb und außerhalb des Bildes. Vielleicht wird auf diese Weise dem Betrachter des Gemäldes der Spiegel vorgehalten? Oder es wird wenigstens andeutungsweise so getan, um die für Pesne ungewöhnlich drastische Erotik dieses Gemäldes mit dem Titel »Galante Szene« zu dämpfen.

Intermezzo
Die Galanterie greift um sich

Antoine Pesne hat die eine oder andere ›galante Szene‹ gemalt, Jean-Antoine Watteau schwelgte in ›Fêtes galantes‹. Auf seinen Bildern versammeln sich in sogenannter ›freier Natur‹ höchst künstlich ausstaffierte Damen und Herren, um Party zu machen, »Party in the Open Air«, wie eines dieser Stücke auf Englisch heißt, das man auf Deutsch »Fest im Freien« nennt. Ein anderes wird als »Fest der Liebe« bezeichnet.

Auf diesen Bildern machen junge Leute einander Komplimente oder schlagen sich gleich in die Büsche. Das berühmteste dieser Gemälde, »Die Einschiffung nach Kythera«*, ist allerdings etwas rätselhaft. Die Zentralfigur, eine Dame im gelben Kleid, lässt sich nur widerstrebend von ihrem Kavalier in Richtung Schiff bugsieren und wirft einen sehnsüchtigen Blick zurück. Vielleicht ist sie nicht reif für die Insel der Venus, als die Kythera, das heutige Zypern, gegolten hat. Oder sie befindet sich bereits dort, und das Schiff soll, anders als der Titel suggeriert, die Leute nicht dorthin bringen, sondern wieder weg. Oder es kommt darauf überhaupt nicht an, weil es dem Maler nur darum zu tun war, ein zauberhaftes Bild über eine verzaubernde Idee zu malen, um damit endlich in die Pariser Académie Royale de Peinture aufgenommen zu werden – was ihm gelungen ist.

In Deutschland dominierte seit dem Ende des Dreißigjährigen Krieges nicht nur in der Malerei das Französische. Leibniz schreibt in *Unvorgreiffliche Gedancken, betreffend die Ausübung und Verbes-*

---

* Davon gibt es mehrere Fassungen, eine davon hängt im Berliner Schloss Charlottenburg, wo auch die erwähnten Pesne-Bilder hängen. Die ›Party‹ hängt in der Berliner Gemäldegalerie, »Das Fest der Liebe« in der Dresdener Gemäldegalerie. Die Bilder entstanden zwischen 1717 und 1720.

serung der Teutschen Sprache, »nach dem Münsterschen und Pyrenäischen Frieden hat sowohl die Frantzösische Macht als Sprache bey uns überhand genommen. Man hat Franckreich gleichsam zum Muster aller Zierlichkeit auffgeworffen, und unsere junge Leute, auch wohl junge Herren selbst, so ihre eigene Heimath nicht gekennet, und desswegen alles bey den Frantzosen bewundert; haben ihr Vaterland nicht nur bey den Fremden in Verachtung gesetzet, sondern auch selbst verachten helffen, und einen Eckel der Teutschen Sprach und Sitten aus Ohnerfahrenheit angenommen«.

Über das Französischtun beim Courmachen mokiert sich 1689 das anonyme Pamphlet *Der Teutsch-französische Moden-Geist:* »Will ein Junggesell heut zu Tage bey einem Frauenzimmer gefallen, so muß er mit französischen Hütigen, Westen, galanten Strümpfen angestochen kommen. Wenn dieses ist, mag er gleich sonst eine krumme Habichts-Nase, Kalbs-Augen, Buckel, Raffzähne, krumme Beine und dergleichen haben, so fragt man nichts darnach; genug, daß er sich nach langen lernen à la mode frans stellen kann. Man hält ihn für einen recht geschickten Kerl, ob er gleich sonst nicht für einer Fledermaus erudition im Kopf und anstatt des Gehirns Heckerling hat.«

Wenn französische Sitte und Mode die Sitte und Mode in Deutschland beherrschen, selbst aber von der Idee des ›Galanten‹ beherrscht werden, so greift deren Herrschaft ebenfalls nach Deutschland über. »Aber ad propos, was ist galant und ein galanter Mensch?« Die Frage stellte Christian Thomasius 1687 in Leipzig in einem ›Discours‹ darüber, wie man sich als Student, jedoch nicht nur als solcher, zu benehmen habe. Speranders *A la Mode-Sprach der Teutschen* definierte gut dreißig Jahre später: »Galant, höfflich, geschickt, ein Galan, Buhler, Liebhaber eines Frauenzimmers, welcher sich demselben auf alle Weise gefällig zu machen suchet.« Kurzweg: »Galant homme, ein wackerer, braver Mensch.« Thomasius selbst erklärte, die Galanterie bestehe »aus der manier zu leben so am Hofe gebräuchlich ist, aus Verstand, Gelehrsamkeit, [...] Höfflichkeit und Freudigkeit«, wobei dem »aller Zwang, affectation und unanständige Plumpheit zu wider sey.«

Thomasius lehrte Weltläufigkeit, sein anfänglicher Mitstreiter gegen die Orthodoxie und späterer Widerpart August Hermann Francke predigte Gottesfurcht. Aber beide wandten sich gegen den Schein, der eine gegen affektierte Weltlichkeit, der andere gegen vorgespielte Heiligkeit. Beide verlangten Authentizität, ohne zu bedenken, dass abgeforderte Authentizität genau wie bestellte Spontaneität selbstwidersprüchlich ist und eben jene Affektiertheit und Scheinheiligkeit hervortreibt, die eigentlich verhindert werden sollten. Die geforderte Anstelligkeit im Umgang mit Gott und den Mitmenschen und die Verstellung gehen ununterscheidbar ineinander über. Das Gesicht wird zur Maske und die Maske zum Gesicht. Manieren werden zur Manier, und den Moden folgt man, weil es eben modisch ist, sogar dann noch, wenn genau das kritisiert wird. Julius Bernhard von Rohr eröffnete die Vorrede zu seiner *Ceremoniel-Wissenschafft der Privat-Personen* mit der selbst schon wieder modisch gewordenen Beschwerde, dass sich »die Galanterien, die Moden und Welt-Manieren bey der heutigen Welt fast über die göttlichen und natürlichen Rechte erheben wollen«.

Dennoch wurde weiterhin versucht, zwischen Wahrhaftigkeit und Galanterie zu unterscheiden, etwa von Benjamin Neukirch 1709 in seiner *Anweisung zu Teutschen Briefen:* »Von wahrhafftig-verliebten briefen sind die galanten darinnen unterschieden, Erstlich: daß man diese öffentlich und ohne scheu, so wol an verheyrathetes als unverheyrathetes frauenzimmer: jene aber nur an solche schreibet, welche nicht allein frey seyn, sondern welche wir auch selbst zu ehlichen in willen haben. Zum andern: daß die galanten alles nur schertzend fürbringen, was man hingegen in jenen von hertzen saget.«

Bei der Galanterie soll man »sich bloß in die klugen erfindungen, nicht aber in die person selbst verlieben«. Alles ist Spiel, Spiel zur Erholung vom Ernst des Lebens. Dass dieses Spiel dann doch in Ernst, beinahe tödlichen Ernst ausarten kann, demonstrierte 1746 weitläufig *Der im Irrgarten der Liebe herumtaumelnde Kavalier* von Johann Gottfried Schnabel. Der aufgeklärt predigende Roman lebt von jener Unaufrichtigkeit, die Aufklärer und Prediger bekämpften, die aber moralisch nötig war zum Verdecken des lesenden Voyeurismus, eines sehr durchsichtigen Verdeckens noch dazu. Die lebensgefährlichen Liebesabenteuer des Helden sollen »allen Wollüstigen zum Beyspiel und wohlmeinender Warnung« sein, aber diese literarische Abschreckungsästhetik, den fingierten Druckort ›Warnungsstadt‹ eingeschlossen, ist nur ein Vorwand, und zwar einer, von dem jeder Leser und Käufer (und jede Käuferin und Leserin) wusste, dass es einer war.

Eine literaturkritische Grenzziehung zwischen erotischen und pornographischen Büchern ist schwierig, zumal in den Übergangsbereichen, und eigentlich auch nicht zielführend. Denn worin sollte dieses Ziel bestehen? Im Verbot? Der Erfinder des taumelnden Kavaliers wünscht in seiner Vorrede »allen Wollüstigen vor dem vergifteten Lasterkonfekt einen so starken Abscheu, als den Vernünftigen und Tugendhaften eine christliche Compassion mit den Schwachen und Ausschweifenden« und verspricht gleich danach, »noch andere parat liegende curieuse Geschichten vollends auszuarbeiten und zu publizieren.«

Die schon publizierten ›curieusen Geschichten‹ sind so detailliert ausgearbeitet, dass wir sogar hererzählt bekommen, was sich alles in einer Kleiderkiste befand, die eine geheimnisvolle Maskenschönheit ihrem Galan, den sie im Übrigen zuvor aus Eifersucht hat foltern lassen, zur Verfügung stellt: »ein rotscharlachenes Kleid, stark mit Gold, desgleichen ein blaues mit Silber bordiert, zwei Hüte, einer mit einer goldenen, der andere mit einer silbernen Espagne und kostbaren Agraffen, zwei Dutzend Handschuhe, ein Dutzend seidene Strümpfe von allerhand Couleuren, zwei Dutzend baumwollene Strümpfe, sonst auch von weißer Wäsche, als Ober- und Unterhemden und allem anderen, was ein Kavalier vonnöten hat, zwei Dutzend Stück oder Paar von jeder Sorte. Über all diesem lag noch ein Degen dabei, mit einem silbernen, stark vergoldeten Gefäß, und ein Stock mit einem ganz goldenen Knopf, der mit verschiedenen Edelgesteinen besetzt war.« Nur Perücken fehlen, »allein selbige brauchte er nicht, weil er blondes eigenes Haar trug, welches sich von Natur in zierliche Locken legte.«

Der lange ungeläuterte Held schlägt ›schöne Gelegenheiten‹ nicht aus und bringt »die müßigen Stunden bloß mit eifrigem Nachsinnen zu, wie er […] seine Venus recht à la mode bedienen wollte«, und der Erzähler merkt an: »›Wer gern tanzt, dem ist leicht gepfiffen‹, pflegt man in gemeinem Sprichwort zu reden.« Das galt auch für die Leserschaft der damaligen Zeit – und für uns gilt es immer noch*.

Hingegen überzeugt das Lesen als Lebensschule heute nicht mehr. 1708 konnte Erdmann Neumeister die viel verteufelte Gattung des Romans noch damit verteidigen, dass die Lektüre den Lesern beibringen könne, wie sie »mit iedweder Art Leute klüglich conversiren, mit einer galanten Maniere reden, alle überflüßige Complimenten meiden […], vor allen andern aber die alberne singularité und lächerliche Bauernschamhafftigkeit meiden«.

Im Vorjahr war der erste galante deutsche Originalroman erschienen, zu Hause erfunden und nicht aus dem Französischen importiert, übersetzt, bearbeitet. Das Werk stammte von Christian Friedrich Hunold und trug den Titel *Die Verliebte und Galante Welt in vielen annehmlichen und wahrhaftigen Liebes-Geschichten, welche sich in etlichen Jahren her in Teutschland zugetragen*. Sein fünf Jahre zuvor erschienener Roman *Die liebenswürdige Adalie*, verfasst der »Galanten Welt zu vergönneter Gemühts-Ergetzung«, hatte noch auf französischer Vorlage beruht. Hunold ist ein rührendes – oder deprimierendes? – Beispiel dafür, wie aus einem ›homme galant‹ ein frommer, genügsamer Mann wird: »Ich bin in mir vergnügt, ein andrer mache Grillen« und »Was meine Wollust ist, ist meine Lust zu zwingen«. Diese Hunold-Zeilen von 1713 begegnen 1726/27 bei den wöchentlichen Konzerten des Collegium musicum in einer jener weltlichen Kantaten Bachs (BWV 204), die trotz, nicht wegen ihrer Textvorlage musikalisch überzeugen. In Köthen hatten die beiden in Zusammenhang mit Glückwunschkantaten für Fürst Leopold miteinander zu tun.

Das Modewort ›galant‹ bezog sich nicht nur auf die Mode, sondern auf die gesamte Lebensart. *Die Galante Ethica* (1720) von Johann Christian Barth beispielsweise stellt im Register zusammen, was »ein galanter Homme hauptsächlich vor Tugenden lieben soll«, als da wären Demut, Dienstwilligkeit, Verschwiegenheit, Mäßigkeit, Herzlichkeit, Schamhaftigkeit, Freigiebigkeit, Dankbarkeit und

---

* Zum Tanz als galante Fertigkeit im Dienst des eigenen Fortkommens die Passagen im Abschnitt »Singen und Tanzen« des 10. Kapitels.

Aufrichtigkeit. Händels Hamburger Freund Mattheson präsentierte 1713 *Das Neu-Eröffnete Orchestre, Oder Universelle und gründliche Anleitung, Wie ein Galant Homme einen vollkommnen Begriff von der Hoheit und Würde der edlen Music erlangen [...] möge.* Nach stürmisch geschriebener Einleitung »Vom Verfall der Music und dessen Ursachen« soll das Werk dem ›galanten‹ Herrn die wichtigsten musikalischen Kenntnisse vermitteln.

Speziell für die weltgewandte Dame herausgegeben war Gottlieb Siegmund Corvinus' *Nutzbares, galantes und curiöses Frauenzimmer-Lexicon* (1715), während der pseudonyme Clisander eine *Einleitung zu der Welt-Weißheit oder Philosophie eines galanten Frauenzimmers* (1720) bot. Die Vorrede dieses Buchs für Frauen richtet sich an Männer, um denen zu erklären, warum es sich an Frauen wendet: weil »nun in dem heutigen Seculo ausser dem Mannes-Volcke auch bey dem galanten Frauenzimmer eine gantz besondere und eyfrige Begierde zu der Philosophie oder Weltweißheit iederzeit vermercket worden ist«.

Carl Ludwig von Pöllnitz wiederum, spöttelnder und selbst verspotteter Teilnehmer des Tabakskollegiums um den Soldatenkönig, wird eher an ein männliches Publikum gedacht haben – und vom weiblichen vielleicht gerade deshalb gelesen worden sein. Jedenfalls war *Das galante Sachsen*, die deutsche Ausgabe der ursprünglich französisch abgefassten Schmonzette *La Saxe galante* (1734), ein großer Markterfolg, handelte das Buch doch vom Liebesleben und »Von den natürlichen Kindern Königs Augusti II.«

Aus dem höfischen ›galant‹ wurde in den besseren Bürgerkreisen zunächst ein höfliches, bevor es zum Allerweltswörtlein verkam. Was war nicht alles ›galant‹! Die *Vernünfftigen Tadlerinnen* Gottscheds spotteten Mitte der 1720er: »Man hört unter uns nicht nur von galanten Mannspersonen und galanten Frauenzimmern; sondern von galanten Hunden, Pferden, Katzen und Affen. Ein galantes paar Stiefeln ist unseren jungen Herren nichts neues. In der Küche und Wirthschaft höret man oft von einem galanten Ragout, Fricasse, Hammel- und Kälberbraten.« Nur »fraget sich, was ist denn eigentlich ein wahrer galant homme? Und was für Eigenschaften gehören zu einem recht artigen Menschen?« Die Antwort gibt es am Beispiel Seladons, »eines reichen Kaufmanns zärtlich erzogener

Sohn«, und dessen Tageslauf: »Des Morgens schläft er ordentlich bis acht oder halb neun Uhr. Dann trinkt er bisweilen in, bisweilen außer dem Bette seinen Caffee; er stehet auf und zieht seinen seidenen Schlafrock an.« Um zehn kommt der Klavierlehrer. Nach dem Klavierunterricht stellt er sich ein wenig ans Fenster, um zu lesen – und um dabei gesehen zu werden. »Er nimmt sein Zahnpulver und spület sich den Mund aus. Sein Peruckierer kommt, er setzet sich und lässt sich das Haar fast täglich nach einer andern Art kräuseln. Er greift nach der Taschenuhr und sieht, dass es bald zwölf Uhr sey: darum kleidet er sich an. Die Schuhe sind ihm auch auf einfach seidenen Strümpfen so enge, dass er sie kaum mit Hülfe seines Dieners anziehen kann.« Er tritt vor den Spiegel und »neiget sich mit der größten Artigkeit etliche male vor sich selbst«. Dann zieht er »mit einer ungezwungenen Art die goldene Tabacksdose hervor, und nimmt, gleichsam als in Gedanken, doch mit zierlicher Bewegung der Finger, etwas heraus. Die Nase wird ihm zwar ziemlich gelb davon; allein das soll so seyn. Dann steckt er den silbernen französischen Degen an, nimmt sein Rohr mit dem goldenen Knopfe und geht zu Tische.«

Nach den *Vernünfftigen Tadlerinnen* schickte Gottsched den nicht weniger vernünftigen *Biedermann* auf den Marktplatz der sich gerade erst herausbildenden öffentlichen Meinung. Das ›Galante‹ der von Gottsched fingierten Tadlerinnen tritt in dem als Junggeselle in mittleren Jahren fingierten Biedermann zugunsten der ›Gelehrsamkeit‹ zurück. Entsprechend werden die Motti der Blätter nun wieder in Latein gegeben, was man den Leserinnen der *Tadlerinnen* weder zutrauen noch zumuten wollte. Das Wort ›bieder‹ bedeute »seiner eigentlichen Bedeutung nach so viel als ehrlich, redlich, gerecht und billig seyn«. Und obwohl der Biedermannton deutlich gesetzter ist als der leicht tändelnde Zungenschlag der *Tadlerinnen,* wird launig eine Verknüpfung mit dem Namen des Helden des gerade in London erscheinenden Romans von Jonathan Swift hergestellt. Gulliver bedeute so viel wie Biedermann, wird ein ungenannter ›Gelehrter‹ referiert, denn »a good liver hiesse bey den Engelländern ein Mann, der wohl aber exemplarisch [vorbildlich] lebete. Wenn man nun dieses Wort geschwinde aussspräche, so würde jedermann [...] hören, daß a good liver und Gulliver, eben sowohl als Gulliver und Biedermann, einerley seyn müste.«*

Das Späßchen beiseite gesetzt signalisierte die Titulatur des Biedermanns ein Gegenkonzept zum höfischen ›gentilhomme‹. Nun wird nach Anstand und Würde aus Vernunftgründen gestrebt und die höfisch konnotierte ›Galanterie‹ durch bürgerliche Artigkeit verdrängt, die auch das Renommee der körperlichen Schönheit übersteigt. In Gellerts *Leben der schwedischen Gräfin* Ende der 1740er Jahre wird das dann schon als selbstverständlich hingestellt: »Und wenn man die Wahl hat, ob man ein schönes Frauenzimmer, das nicht artig ist, oder ein artiges, das nicht schön ist, lieben soll: so wird man sich leicht für das letzte entschließen.«

---

* Zu Swifts Roman die Passage im Abschnitt *Singende Geographie* im ersten Kapitel.

9. Familienleben

∞

Die Jungfern-Lotterie – »Große Hochzeit,
große Freuden« – Bettelhochzeiten –
Mätressen und Ehen ›linker Hand‹ –
»Leg ewig Uhr und Uhr zusammen« –
Der ›gedoppelte Handgriff‹ der
›Hof-Wehmutter‹ Justine Siegemund –
Kinder, Kinder – Schulmeisterkantate
oder Wie gelingt Erziehung? –
Die wol unterwiesene Köchinn –
Hausrat oder »Specificatio
der Verlassenschafft des […]
Herrn Johann Sebastian Bachs«

Die Jungfern-Lotterie

Warum Ehen nicht auslosen? In den Leipziger *Tadlerinnen* wird das vorgeschlagen. Es ist ein ironischer Vorschlag, obwohl die Zurückweisung des Einwandes, solche »Lotterieehen« würden nicht glücken, wenig spaßig ist: »Geht es nach der bisher gebräuchlichen Art zu heirathen wohl besser zu? Wenn unter hundert Paar Eheleuten nur zehne sind, die sich aus ihrem Stande einen Himmel auf Erden zu machen wissen: so wird es überaus viel seyn. Alle übrige werden nicht besser aussehen, als ob es Lotterieehen wären.«

Der »Plan der neuen recht extrafavorablen Jungferlotterie« umfasst sechs Punkte: 1. Die Teilnehmerinnen »müssen ihren Stand, ihr Vermögen, ihre Leibes- und Gemüthsbeschaffenheiten auf das genaueste« angeben, um »daraus den rechten Werth einer ieden bestimmen« zu können. 2. Es darf keine unter vierzehn und keine über fünfzig Jahre teilnehmen. 3. Es wird zugesagt, dass die »einlegenden Mannspersonen« entweder Junggesellen oder Witwer und »keine Krüppel«, außerdem mindestens vierundzwanzig, höchstens neunundfünfzig Jahre alt sind. 4. Die Männer müssen von ihren Ämtern und Einkünften eine Frau »oder doch zum wenigsten sich selber ernähren können«. 5. Die von den Ausrichtern festzulegenden Einlagen der Männer richten sich nach deren Lebensumständen. 6. Mit dem Gewinn der Lotterie wird ein »Altjungfer- und Altjunggesellenhaus« errichtet.

Die Lose selbst sind in dreizehn Kategorien unterteilt: Von der ersten Kategorie »Tugendhafte, verständige, reiche, schöne, junge« gibt es nur ein Los, von der zweiten Kategorie »Tugendhafte, verständige, reiche, schöne, aber nicht allzujunge« zehn Lose, von der dritten Kategorie »Tugendhafte, verständige, reiche, junge, aber nicht allzu schöne« zwanzig Lose. Von der vierten Kategorie »Tugendhafte, verständige, schöne, junge, aber nicht allzureiche« gibt es dann schon fünfzig Lose. Es folgen diejenigen mit allen genannten Eigenschaften, »doch ohne großen Verstand« (100 Lose), diejenigen mit den genannten Eigenschaften, »aber nicht allzu tugendhafte« (400 Lose) – die drittgrößte Tranche. Die zweitgrößte kommt der zwölften Kategorie zu: 489 Lose mit Jungfern von »mittelmäßiger Extraction«; und die größte der letzten Kategorie: 2525 Lose mit Jungfern von »gemeiner Extraction«.

Die ›Extraction‹, das familiäre Herkommen, ist besonders wichtig, jedenfalls für junge Männer auf Freiersfüßen, die selbst eine vorzuweisen haben. Der Scherz mit der Jungfern-Lotterie zeigt unverhüllt den sozialen Lebensernst beim Heiraten. Je weiter es heruntergeht im Ständesystem, desto größer werden die Zahlen, umgekehrt sind die besten Partien so selten, dass man sie an zwei Händen abzählen kann. Es ist wie bei den Privilegien: Sie wären keine, wenn alle sie hätten. Entsprechend wird »jungen teutschen Cavalieren« von einem Leipziger Zeitgenossen eingeschärft, die Finger von Schauspielerinnen und Sängerinnen zu lassen: »Fügt es sich, daß man mit dem Frauenzimmer aus der Comoedie oder Opera zu sprechen kommt, so erzeige man ihnen alle Höflichkeit; jedoch lasse man sich nicht so weit mit ihnen ein, daß man ein Liebes-Commerce mit ihnen aufrichte, man kan sich durch solche unzeitige Liebe allerley Händel über den Hals ziehen«.

Gleichwohl verbreitete sich das Heiraten ›nach unten‹ (gesehen aus der Perspektive der Bräutigamsfamilien), und vermögenslose Adelssöhne ließen sich dazu herab, eine mit reicher Mitgift ausgestattete Bürgerliche zur Gattin zu nehmen. Diese ›Mesalliancen‹ griffen dermaßen um sich, dass der Soldatenkönig die soziale Konsistenz der Aristokratie in Gefahr sah. 1739 bekräftigte er einen schon älteren Erlass für sein gesamtes Herrschaftsgebiet, der festlegte, »daß keiner von Adel […] befuget seyn solle, ausser seinem Stande geringer Bürger und Bauer Töchter oder Wittiben« zu heiraten. Es wurde sogar mit dem Verlust von Lehnsgütern gedroht. Zu den verbotenen Bräuten gehörten neben Bürger- und Bauerntöchtern auch die von Kaufleuten, Künstlern und Handwerkern sowie die der Inhaber von »Wein-, Bier-, Caffée-Schencken«. Auch Komödiantinnen wurden den Herren von Adel ausdrücklich untersagt.

Die Verpflichtung auf eine exklusive, die übrigen Stände ausschließende Ehepolitik der Adelsfamilien lag für die preußischen Herrscher im Staatsinteresse. Die aufstrebenden bürgerlichen Familien wiederum hatten ein Interesse daran, die Standesschranken nach oben zu überwinden und zugleich nach unten zu befestigen. »Jedenfalls ist es das Interesse der Gesellschaft«, meint Mandeville in der *Bienenfabel,* »dass Anstand und Sittlichkeit gewahrt bleiben. Lieber soll ein Weib schmachten, vergehen und sterben als sich auf unerlaubtem Wege eine Erleichterung verschaffen; und bei dem vornehmern Teil der Menschheit, den Leuten von Geburt und Vermögen, wird erwartet, dass eine Ehe nie ohne ängstliche Rücksicht auf Familie, Versorgung und Ruf eingegangen, die natürliche Neigung aber am wenigsten dabei beachtet werde.«

Das Überschreiten der Grenzen nach oben und das Ignorieren derjenigen nach unten sind immer wieder kritisiert und karikiert worden. Der Bürger als Edelmann galt als komische Figur, und ebenso der reiche Alte, der eine junge Hübsche ohne Stand durch Heirat emporhebt und sie zu seiner Gattin, sich selbst aber zum Narren macht. Von dieser Sozialkomik leben die Duette in Telemanns *Die ungleiche Heirath oder das herrsch-süchtige Cammer-Mägden,* aufgeführt 1725 als Intermezzo zu Händels *Tamerlan* an der Hamburger Gänsemarktoper, und nach dem männlichen Protagonisten auch als *Pimpinone* bezeichnet. Der verliebte Herr wirbt die schlaue Vespetta erst als Dienerin an, um ihr dann die Heirat anzutragen. Vespetta: »Wer will mich? Ich bin ein Cammer-Mädchen, ich thue alles, ich verstehe auch alles genau, was darzu gehöret.« Das sagt und singt sie Pimpinone ins Gesicht, doch hinter seinem Rücken singt und sagt sie: »Er ist zwar nicht von edlem Blut, / Doch reich und dumm. Es wär ein guter Herr für mich.«

Bevor Pimpinone sie ehelicht, vergewissert er sich, dass sie nicht gern am Fenster steht wie die eitlen Weiber, außerdem Opern und Maskeraden nicht mag, nicht spielt und keine Romane liest. In einem dieser Romane heißt es: »Ist also, allerschönstes Fräulein von P. noch kein anderer Kavalier in dero Herz eingeschlossen, so bitte ich fußfälligst, mir, Dero gehorsamsten und getreu verliebten Knecht, dieses himmlische Quartier zu gönnen, widrigenfalls mir mein äußerst gequältes Herz von den Flammen der Liebe vollends in Asche verwandelt werden.« Schnabels Kavalier »im Irrgarten der Liebe« drückt sich galanter und eben romanhafter aus als Pimpinone in Telemanns Intermezzo, aber wie der reiche Bürger dort geht der adelige Kavalier hier über das Materielle hinweg: »Überdies verlange ich außer Dero allerschönsten Person, wie sie allhier gehen und stehen, weder Geld, Güter noch andere Kostbarkeiten, indem ich gesonnen bin, bloß nach meinem Vergnügen zu heiraten, weil mir meine frühzeitig verstorbenen Eltern als ihrem einzigen hinterlassenen Sohn zugleich auch drei einträgliche Rittergüter nebst einem guten Vorrat von Barschaft und Möbeln hinterlassen.«

Vespetta verspricht Pimpinone alles, was er will, und erhält dafür einen Brautschatz von 10 000 Talern sowie den Status als Ehefrau. Nach der Heirat tritt sie erwartungsgemäß anders auf: Sie will am Fenster stehn, in Opern und zum Tanzen gehen. Pimpinone erinnert sie an ihr Versprechen, und Vespetta antwortet: »Als ich dir dieses zugesagt, / War ich noch deine Magd, / Jetzt bin ich deine Frau … Drum zieh' die Pfeiffe ein!« Als er damit droht, es gleichfalls bunt zu treiben und das Geld zum Fenster hinauszuwerfen, protestiert sie: »Mod' und Galanterie gehören nimmer, / Für andere, als für das Frauenzimmer.« Der Zwist geht dem Genre gemäß in offenen Zweikampf über. Vespetta gewinnt.

Telemanns eigene Ehen waren wenig glücklich. Seine erste Frau starb im Kindbett, von der zweiten wurde er nach einem Vierteljahrhundert geschieden, zehn Jahre nach dem letztgeborenen der insgesamt neun gemeinsamen Kinder, als herauskam, dass die Gemahlin hohe Spielschulden und eine Affäre hatte. Sie kehrte von Hamburg in ihre Heimatstadt Frankfurt zurück, Telemann fand seinen Seelenfrieden in Paris wieder*.

Die Leipziger Jungfern-Lotterie hat nie stattgefunden, jedenfalls nicht im Wortsinn. Die Familien wussten ihre Verbindungen unter sich zu regeln. Allerdings könnte, nicht nur im Fall Telemann, das Heiraten als allgemeines Gesellschaftsspiel betrachtet werden, bei dem sich erst im Lauf der Zeit und des Lebens herausstellt, wer

---

* Dazu der entsprechende Abschnitt im Kapitel »Städte und Leute«.

gewonnen hat. Von einer Lotterie spricht auch Julius Bernhard von Rohr in einem sehr besorgten *Tractat von dem Betrug bey den Heyrathen:* »Die dümmsten und einfältigsten, die elendesten Krüppel, […] die ältesten, heßlichsten […] und an Leib und Seele unglückseligsten gehen bey der Ehestand-Lotterie nicht leer aus, sondern ein jeder von ihnen ziehet seinen Gewinst.«

In den Kolonien waren wegen des Frauenmangels Lotterien nicht nur sinnbildlich denkbar, obwohl es eher keine ›Jungfern‹ waren, die dort verlost wurden. In *Manon Lescaut*, einem französischen Roman, aber einem an den sozialen Tatsachen orientierten, lässt Prévost den Erzähler von dreißig Mädchen berichten, die auf einem Schiff nach ›Neu-Orléans‹ gebracht und nach der Landung vom Gouverneur gemustert wurden. Als er »sie lange angeschaut hatte, ließ er verschiedene junge Leute aus der Stadt kommen, die geradezu krank waren vom Warten auf eine Gattin. Die Hübschesten gab er den Angesehensten, und der Rest wurde verlost.«

In Leipzig machte man sich seinen eigenen Reim, hin- und hergerissen zwischen Heiratsangst und Heiratslust. Philander in *Scherzhaffte Gedichte:* »Man sage, was man will, es sieht ums Weiber nehmen / Jetzt so gefährlich aus, daß man sich möchte schämen, / Wenn man zur Trauung geht, weil mancher Freyher offt / Der Noth am nächsten ist, wenn er Vergnügung hofft.« Aber auch: »Da reimet man stets auf die Eh / Ein Jammer volles Ach und Weh: / Da weiß man ihre Plagen, / So wenig und gering sie seyn, / Als eine rechte Folter-Pein / Den Leuten fürzutragen.«

Sperontes lässt 1736 seine *Muse an der Pleisse* singen: »Nimmer kan ich mich bequemen, / Mir ein Weib an Hals zu nehmen: / Denn ich weis es zum voraus, / Es entsteht nichts gutes draus. / Lieben hat ein streng Gesetze / Und ein unzertrennlich Band; / Eh ich dies und das verletze, / Meid ich gar den Ehestand.« Sperontes war ein Pseudonym und das ›Meiden‹ bloß Poesie. Im wirklichen Leben hieß der Dichter Johann Sigismud Scholze, und 1729 war er vom Leipziger Konsistorium dazu verpflichtet worden, eine von ihm geschwängerte Witwe zu heiraten.

»Große Hochzeit, große Freuden«

»Eine recht zufriedne Ehe bleibt, nach allen Ansprüchen der Vernunft, die größte Glückseligkeit des gesellschaftlichen Lebens.« So steht es in Gellerts *Leben der schwedischen Gräfin*. Immerhin kann man etwas dafür tun. Der Hamburger *Patriot* zum Beispiel schwärmt von einem – erst noch zu gründenden – Erziehungsinstitut für mittlere und höhere Töchter. Die Mädchen sollen im zehnten Lebensjahr aufgenommen werden und mit fünfzehn »schon geschickt seyn, ein eigenes Hauß-Wesen zu führen, und folglich sich zu verheyrahten.« Die Kenntnisse werden ihnen nicht etwa beigebracht, »um selbst nohtwendig Hand darin anzulegen, sondern vielmehr um genaue Kenntniß davon, und darauf acht zu haben«. Man muss sich nicht selbst die Finger schmutzig machen, um das Heft in der Hand zu behalten, aber man muss Bescheid wissen, um vom Gesinde nicht übertölpelt zu werden.

In eher allgemein-moralischer Hinsicht können die Pfarrer in die Ehe einstimmen, wie sich einer evangelischen Anweisung aus den 1740ern entnehmen lässt: »Weil der Ehestand eine Ordnung Gottes ist, nach welcher Gott will, daß das menschliche Geschlecht auf eine geziemende Weise fortgepflanzt werde: So befehlen wir allen Unseren Predigern, keine jungen Leuth Ehlich einzuseegnen, Sie seyen dann Zuvor in der Religion unterwiesen und deß Ehestands halben berichtet. Zu diesem Ende soll ihnen der Prediger vorstellen, wer den Ehestand eingesetzt, was er auf sich trage, wie sie sich wollen und sollen ernähren.«

Und dann gibt es ja noch die Ehemänner. So sie reif genug sind und ein Händchen dafür haben, können sie sich eine junge Gemahlin schon ziehen, wie sie sein soll. Das Kammermädchen in Gellerts *Betschwester** weiß darüber Bescheid und lobt die sechzehnjährige Tochter des Hauses: »Sie hat [...] die Fähigkeit, die beste Frau von der Welt zu werden, wenn ihr Mann die Geduld hat, sie dazu zu machen.« Vor allem hat eine solche ›beste Frau von der Welt‹ zu ver-

---

* Dazu der Abschnitt *Die Pietisterey im Fischbein-Rocke* im Frömmigkeitskapitel.

stehen, was Mann gemeinhin unter Familie versteht, etwa in Zedlers Lexikon: »Familia, ist eine Anzahl Personen, welche der Macht und Gewalt eines Haus-Vaters, entweder von Natur oder rechtlicher Disposition unterworfen sind«.

›Familia‹ hat mit dem Wort ›famulus‹ zu tun, und das bedeutet ›Diener‹. ›Familia‹ bezeichnete die Gesamtheit der Dienerschaft und des Hauswesens. So referiert noch Zedlers Lexikon. Das Wort verbreitete sich in Deutschland, aus Frankreich kommend, in der zweiten Hälfte des 17. Jahrhunderts im Zuge des Aufstiegs wohlhabender, französisch sprechender bürgerlicher Familien in den Städten*. Entsprechend repräsentativ feierte man die Verpaarungen, die – jedenfalls bis zu Romantik – in erster Linie nicht als eine Verbindung liebender Individuen, sondern als die von sozialen Interessen aufgefasst wurden.

Auf dem Land und in den Kleinstädten, bei Bauern- und Handwerkshochzeiten konnte es, wenn die finanzielle Lage es erlaubte, gleichfalls opulent zugehen. Und offenbar recht deftig, wenn man an das Hochzeitsquodlibet (BWV 524) aus Bachs Mühlhausener Zeit denkt: »Große Hochzeit, große Freuden, / Große Degen große Scheiden; / […] Große Jungfern, große Kränze, / Große Esel, große Schwänze«.

Bach hat das Stück mit eigener Hand kopiert, ob er es komponiert hat, ist ungesichert**. Doch scheint es bei manchen Familienfesten hoch hergegangen zu sein. Wie man weiß, konnte Johann Sebastian aber auch anständig, beispielsweise in der gesetzt fröhlichen Kantate *Weichet nur, betrübte Schatten* (BWV 202), die den Frühling im Herzen und in der Natur in einem Atemzug besingt: »Sehet in Zufriedenheit / tausend helle Wohlfahrtstage, / daß bald bei der Folgezeit / eure Liebe Blumen trage.«

In frommer Freude erwartete August Hermann Franckes künftige Frau Hochzeit und Ehe: »Quedlinburg, den 10. Mai 1694. Der

---

* Grimms Wörterbuch datiert die Durchsetzung des Wortes auf die erste Hälfte des 18. Jahrhunderts und weist darauf hin, dass beispielsweise Gellert das Wort noch vermieden und lieber von ›Haus‹ gesprochen habe.

** Das Fragment wurde in den 1930er Jahren aufgefunden. Als Urheber der Textvorlage gilt der Arnstädter Schulrektor Johann Friedrich Treiber.

liebreiche süße Heiland, der unserer Herzen durch die Liebe also vereiniget, daß wir ein einig Herz sind, lasse dieses Band der Liebe ewiglich verknüpfet bleiben.« Es hielt ein Leben lang, das Band, auch wenn es zeitweilig bis zum Zerreißen gespannt war, nachdem die Eheleute – ausgerechnet – über die Verheiratung ihrer Tochter uneins geworden waren.

Vier Jahrzehnte nach dem Liebesbrief aus Quedlingburg schickte das aufgeweckte und aufgeklärte Fräulein Kulmus, die nachmalige Gottschedin, ihrem Verlobten aus Danzig einen Ring: »Bey gutdenkenden Seelen ist alles dieses überflüssig. Aber es ist der Gebrauch; und um in den Augen der Welt recht heilig verbunden zu seyn, muß man sich solcher äußerlicher Zeichen bedienen. [...] Lassen sie nur der Welt durch unser Beyspiel zeigen, daß die wahre Glückseligkeit nicht auf zeitliche Güter beruhet. Wie zufrieden werde ich im mittelmäßigen Stande mit meinem Freunde leben und sterben als Seine ganz eigene Kulmus.«

Bettelhochzeiten

Im *Tractat von dem Betrug bey den Heyrathen* unterscheidet von Rohr den einfachen und den vielfachen Betrug: »Dergleichen wäre, wenn eine Weibs-Person, die ihr Bräutigam für einen schöne, züchtige und tugendhaffte Jungfer angesehen, ihme zum Heyraths-Guth nicht allein ein geschmincktes Angesicht, sondern auch eine grobverletzte Jungferschafft, einen mit venerischer Seuche angesteckten Körper, und eine lasterhaffte Seele zubrächte.« Einfacher Betrug liegt vor, »wenn sich ein Freyer für reich ausgegeben, der aber nach der Trauung ein Bettler ist.« Dann gibt es statt der Hochzeitstorte eine »Bettelmans-Suppe«: »Reibet klar Roggenbrot und bratet es in Butter fein braun, aber nicht brandig, thut es in einen Topf, gebet halb Wein und halb Breyhan [ein Weißbier] darzu, bindet gestoßnen Kümmel in ein Tuch, werffet von einer Zitrone die Schale fein klein geschnitten dazu, laßet es kochen, daß es eben dikke wird, und nach der Zitrone und Kümmel schmekket, denn thue ein gut theil kleine Rosinen, Zukker und Zimmet darzu, richtet es an: Es muß so dikke sein, daß man kein Brod darein schneiden darf.« Das Rezept stammt aus *Die wol unterwiesene Köchinn** der Maria Sophia Schellhammer. Wo die Bettler für die ›Bettelmans-Suppe‹ Zitronen, Rosinen und Zimt herbekommen sollen, erschließt sich dabei nicht. Das liegt wohl daran, dass die Suppe gar nicht für Bettler gedacht war, sondern bloß so hieß.

Bei den Heiraten wurden nicht die betrügerischen als ›Bettelhochzeiten‹ verhöhnt, sondern solche, bei denen von vornherein allen Beteiligten klar war, dass keiner vom andern etwas holen oder kriegen konnte, dass der Bräutigam keinen Besitz, die Braut keine Mitgift hatte und weder der eine noch die andere ein Erbteil. In solchen Ehen lebten die Leute von der Hand in den Mund. Andere Leute, die von der Hand in den Mund lebten, konnten erst gar nicht heiraten. »Jedes Dorf hat seine abgemessene Flur und eine gewisse Anzahl Ackerhöfe«, merkte Johann Peter Süßmilch** an, »wozu denn noch eine proportionierliche Zahl Tagelöhner und Handwerker gehören. Hat jedes Dorf soviel Menschen und Familien, als es braucht, so erlangt das Heyrathen einen Stillstand.« Und: »Wer sich zum Heyrathen entschließet, der übernimmt auch zugleich Pflichten, die ihn zum Unterhalt seiner Familie verbinden. Wenn es an Gelegenheit zum Unterhalt fehlet, so wird der Entschluß gehemmet.«

Entsprechend berichtet Paul Jacob Marperger in *Wohlmeynende Gedancken über die Versorgung der Armen* von Hochzeit-Bettlern: »Dann nicht selten lauffen den vornehmen Leuten mündliche und schrifftliche Betteleyen ein, daß dieser oder jener seine Tochter gern verheyrathen wolte, und auch könte, wann es ihme nur nicht an Mitteln die Hochzeit auszurichten, und denen Braut-Leuten mit etwas Geld zu ihrem Anfang des Haushaltens, der Nahrung und des Meisterwerdens auszuhelffen fehlte.«

Ganz unten und ganz oben zeigt sich die Ehe am unverhülltesten als soziale Institution, unten als Zweck- und Ernährungsgemeinschaft, oben als Macht- und Erbfolgeverband, und in beiden

---

* Mehr dazu im gleichnamigen Abschnitt in diesem Kapitel.
** Zu Süßmilch der entsprechende Abschnitt im Fortschrittskapitel.

Fällen mit dem, was seit der Romantik ›Liebe‹ genannt wird, eher zufällig verknüpft.

Mätressen und Ehen ›linker Hand‹

Wenn die ›romantische Liebe‹ eine Idee (und ein Klischee) der Jahre um 1800 war, heißt das nicht, dass die Menschen in den Jahren um 1700 ohne Liebe durchs Leben gingen. Die Ehe als Sozialkalkül schließt wechselseitige Zuneigung nicht aus. Auch die Bewertung des Mätressenwesens und die Behandlung der Mätressen selbst haben stets damit zu tun, wie es um den Hof und um den Staat, um die Macht und um die Machthaber und um die Gefühlslage der agierenden Personen bestellt ist. Wilhelmine von Bayreuth beispielsweise beobachtete eine relationale Gefühlsverlagerung zwischen Mätresse und Gemahlin: »Ein Mann, der Mätressen hat, schließt sich an diese an; und in dem Maße verringert sich in ihm die Liebe für die rechtmäßige Gemahlin.«

Die Mätresse wurde im Unterschied zur ›rechtmäßigen Gemahlin‹ immer geliebt, wenigstens am Anfang. Warum hätte der Fürst sie sich sonst – im Wortsinn – beilegen oder, auch das kam vor, beilegen lassen sollen. Mandeville erklärt in seiner umstandslosen Art: Wenn »seine Liebe vorüber ist und er vermutet, daß sie ihn betrügt, so läßt er sie laufen und zerbricht sich nicht weiter den Kopf über sie; während es selbst für einen verständigen Mann die denkbar größte Schwierigkeit ist, eine Mätresse aufzugeben, solange er sie noch liebt, was sie sich nun auch mag haben zuschulden kommen lassen.« Die Mätresse musste die Zeit, während derer sie in Gunst stand, für sich und ihre Familie zu nutzen wissen. Das erforderte menschliche Geschicklichkeit, Beweglichkeit im höfischen Machtgeflecht und eine gewisse charmante Heimtücke. Im beziehungsintensiven Chargenwesen waren Verwandte und Freunde zu platzieren, die sich dann ihrerseits mit Gefälligkeiten revanchieren konnten.

Solange eine Mätresse geliebt wurde, war sie Herrin. Doch tat sie gut daran, ihre Macht nicht zu überdehnen. Am Hof gab es genug

Konkurrentinnen, die sie von ihrem Platz verdrängen wollten und für dieses Ziel mit machiavellistischer Inbrunst Intrigen spannen. Im Volk rief die Mätressenwirtschaft Unmut hervor, weil der Mätresse – nicht immer zu Recht, aber auch nicht immer zu Unrecht – die höfische Verschwendung zur Last gelegt wurde, deren materielle Möglichkeit das Volk zu erwirtschaften hatte. Eine wuchernde Mätressenwirtschaft und wachsender Steuerdruck konnten den Unmut steigern bis zur Aufstandsbereitschaft.

Für den Soldatenkönig waren Mätressen fast so schlimm wie Minister. Der Fürst sollte selbst regieren und sich weder von einem Minister führen noch von einer Mätresse nasführen lassen. Seinen Nachfolger, der gerade diesen Rat am allerwenigsten nötig hatte, warnte er davor, den Staat von Ministern regieren zu lassen und »sich mit Mettressen und Sardanapalische fleis Lüste« zu »occupiren«.

Allerdings scheint es selbst für große Herren nicht immer leicht gewesen zu sein, die ›fleis Lüste‹ rechtmäßig bei und mit der Gemahlin zu befriedigen. Von Rohr jedenfalls weiß über hochherrschaftliches Eheleben in seiner *Ceremoniel-Wissenschafft der großen Herren* zu berichten: »Einige Hoch-Fürstliche Ehegatten schlafen in einem Gemach und in einem Zimmer, andere aber sind, den Betten und Schlaf-Gemächern nach, gantz voneinander abgesondert, und die Hoch-Fürstliche Ehe-Männer müssen mit vielen Ceremonien die Erlaubnis suchen, ihren Gemahlinnen in der Nacht Gesellschafft zu leisten.«

Die Abneigung des Soldatenkönigs gegen die ›Mätressenwirtschaft‹ hatte den absolutistischen Herrschaftsanspruch zum Machtkern, doch dürften familiengeschichtliche Hintergründe diese Abneigung forciert haben. Immerhin hatte seine Schwiegermutter Sophie Dorothea 1694 im Mittelpunkt eines der großen aristokratischen Familienskandale gestanden. Sie war die Tochter eines Welfenherzogs und dessen Mätresse, die der Herzog zehn Jahre nach Sophie Dorotheas Geburt geheiratet hatte. Sie selbst wurde in einer macht- und erbpolitisch motivierten Heirat zur Gemahlin von Prinz Georg Ludwig, dem späteren Haupt von Kurhannover und noch späteren englischen König. Georg Ludwig wiederum wandte sich seinerseits einer Mätresse zu und zeugte mit ihr Kinder. 1694 scheiterte Sophie Dorothea mit aufsehenerregenden Fluchtversuchen, wurde im Dezember des Jahres geschieden und als ›Prinzessin von Ahlden‹ bis zum Ende ihres Lebens 1726 auf Schloss Ahlden unter Hausarrest gehalten.

Der ›Fluchthelfer‹ Sophie Dorotheas war ihr heimlicher Geliebter Graf Königsmarck gewesen, der Fluchtplan durch die Mätresse von Georg Ludwigs Vater verraten worden. Sie rächte sich damit an dem schneidigen Kavalier, der sich geweigert hatte, ihre illegitime Tochter zu heiraten. Im Juli 1694 verschwand Königsmarck in Hannover. Vermutlich hat ihn Georg Ludwig ermorden lassen, doch wurde der Leichnam nie gefunden*. Auch Maria Aurora von Königsmarck, die Schwester des Verschwundenen und spätere Mätresse Augusts des Starken, konnte bei ihren von August vorsichtig unterstützten Nachforschungen kein Licht ins Dunkel bringen.

Die ganze hochdramatische Geschichte, die so gar nicht nach dem Geschmack des Soldatenkönigs gewesen sein dürfte, wurde einige Jahrzehnte nach den Ereignissen und einige Jahre nach dem Tod der ›Prinzessin von Ahlden‹ von Carl Ludwig von Pöllnitz noch einmal aufgewärmt als *Geheime Geschichte der Hertzogin von Hanovre, in welchen [!] das unglückliche Schicksal dieser Printzeßin deren auf dem Schlosse Ahlen biß an ihr Ende ausgestandene Gefängnis [...] ausführlich enthalten.* Dort heißt es über die Residenz Hannover: »Niemand wurde an diesem Hofe müßig gefunden, und jederman bemühete sich mit Liebes-Affairen oder Staats-Intriquen seine Zeit vernügt zu passiren. Wie denn auch dieser Hof vor den galantesten in Teutschland gerühmet wurde.«

Eine Möglichkeit, die politischen Liebesverwicklungen in geordnetere Bahnen zu lenken und sowohl den Volkszorn als auch die Palastintrigen einzudämmen, bestand in den sogenannten ›Ehen linker Hand‹. Diese Arrangements verliehen der Beziehung etwas Offiziöses, und der Rechtsstatus der Frau war besser als im Mätressenwesen. Es gab zwar keine Trauung, das ließ sich mit dem Bigamie-Verbot nicht vereinbaren, aber so etwas wie einen Ehevertrag.

---

* Bei Bauarbeiten am ehemaligen Schloss an der Leine, heute Sitz des niedersächsischen Landtages, werden mit erstaunlicher Häufigkeit Skelettreste gefunden, zuletzt geschehen im Jahr 2016. Wie jedes Mal lag auch bei diesem Fund die Vermutung nahe, es handele sich um sterbliche Überreste des vermissten Grafen Königsmarck; und wie jedes Mal erwies sich die Vermutung als falsch.

Darin verpflichtete sich der Mann, die Frau standesgemäß zu versorgen – nach ihrem Stand, denn die Frau wurde nicht wie bei einer Heirat in den des Mannes erhoben. Die Kinder aus der Verbindung blieben ebenfalls im Stand der Mutter, trugen ihren Namen und waren erbrechtlich den legitimen Kindern aus der Ehe des Mannes nicht gleichgestellt.

Auch solche Vereinbarungen konnten allerdings zu Komplikationen führen, wie Aufstieg und Fall der Anna Constantia von Cosel wiederum auf höchst dramatische Weise zeigten. Sie war die ausdauerndste Mätresse von August dem Starken und zwang ihm 1705 ein schriftliches, aber geheim gehaltenes ehevertragsähnliches Dokument ab: »Wir Friedrich August von Gottes Gnaden König von Pohlen etc. Urkunden hiermit [...] Uns dieselbe nach Art der Könige in Frankreich und Dänemark, auch anderen Souverainen in Europa als Unsere legitime épouse beylegen lassen, derogestalt, daß Wir in Kraft eines ehelichen Eydes versprechen und halten wollen, dieselbe herzlich zu lieben und beständig treu zu verbleiben [was ›dem Starken‹ nicht gelang und auch nicht gelingen wollte], dahero wollen Wir solches hiermit vor Unserm Geheimen Rath declarieren und die mit Unserer geliebten Gräfin von Cosel künftig erzeugenden Kinder männlichen und weiblichen Geschlechts vor Unsere rechte natürliche Kinder kraft dieses erkennen«.

Als die Cosel 1713 in Ungnade fiel, wollte sie das Dokument nicht herausrücken. Eine Flucht nach Preußen endete mit ihrer Rückführung nach Sachsen (August lieferte im Gegenzug dem Soldatenkönig preußische Deserteure aus), und die Cosel wurde 1716 auf die Festung Stolpen gebracht, wo sie nahezu ein halbes Jahrhundert lebte – und August gut drei Jahrzehnte überlebte.

»Leg ewig Uhr und Uhr zusammen«

Wer nicht zeugen kann, soll auch nicht heiraten. »Etwas unerhörtes, davor sich jeder Leser entsetzen wird, ist im Monat Aprilis 1741 einem hießigen [aus dem Leipziger Umland stammenden] armen

Schaf-Knechte [...] begegnet«. Er wird von zwei Herumtreibern, die er für wandernde Müllerburschen gehalten hatte, von seiner Herde weggelockt, auf den Boden geworfen, geknebelt und kastriert. Halb tot aufgefunden, überlebt er mithilfe der Verarztung durch einen ehemaligen Feldscher. »Bey diesem Casu ist noch zu gedencken«, fährt der Chronist fort, »daß gedachtem verunglückten Menschen Ao 1742 Heyraths-Gedancken eingekommen, und er eine Wittwe, die noch in ihren besten Jahren gewesen, ehelichen wollen, solches auch dem Herrn Pastori bereits gemeldet, mit der Versicherung, jene wisse seinen Zustand und wollte mit ihm zufrieden seyn. Alldieweil aber der Haupt-Endzweck des Ehestandes nicht wäre zu erlangen gewesen, hat der Hr. Pfarr die Sache ans hochlöbliche Konsistorium gelangen lassen müssen, welches dann die Interessenten vorbeschieden und sie auf andere Gedancken gebracht hat.«

Dem armen Hirten ging es mit den lutherischen Kirchenleuten wie den italienischen Kastraten mit den römischen Kardinälen, die ihnen das Heiraten untersagten*. Die christlichen Theologen definierten die Ehe nicht als eine Institution eigenen Rechts, sondern als soziale Form einer biologischen Funktion. Der poetische Arzt Daniel Wilhelm Triller reimte in seinem Lehrgedicht über *Die Erzeugung und Geburt eines Menschen:* »Leg ewig Uhr und Uhr zusammen, / Sie brennen nie in Liebesflammen, / Noch stellt von dem vereinten Paar / Sich mit der Zeit was junges dar.«

Nur das Lebendige vermehrt sich, nicht das Mechanische. Aber Leib und Liebe müssen ein moralisches Verhältnis miteinander haben, damit die Lust nicht ins ›Viehische‹ abgleitet. In der Abhandlung *Von der Kunst, Vernünftig und Tugendhaft zu lieben, Als dem eintzigen Mittel zu einem glückseeligen, galanten und vergnügten Leben zu gelangen* schreibt Christian Thomasius: »bey einer unvernünfftigen Liebe liebt man sich, weil man die Leiber miteinander vermischet. Bey einer vernünfftigen Liebe aber kann man wohl zuweilen die Vermischung der Leiber verlangen, weil man einander liebet.« Zuweilen! Schließlich bleibt auch die legitimierte eheliche Lust gefährlich, wie der Jurist Johann Jodocus Beck in seinem Traktat *Von Leistung der ehelichen Pflicht* betont, denn »die allzu viele eheliche

---

* Dazu der Abschnitt über »Kastraten und Diven« im 6. Kapitel.

Beywohnung erschöpfft 40mal mehrers die Spiritus und Kräfften des Leibes als eine Aderlaß [...], absonderlich aber wird das Gehirn [...] gar sehr laedirt«. Man habe bei einem in Paris »in ipso Actu« gestorbenen jungen Mann »bey Eröffnung der Hirnschaln befunden [...], daß gar kein Gehirn darinnen gewesen.«

Vermehrung muss trotzdem sein. Der rationalistische Theologe Johann Lorenz Schmidt drückte das 1735 in seiner heute als ›Wertheimer Bibel‹ bekannten Übersetzung so aus: »Vermehret euch, sagte er [Gott], daß eurer viel werden, und breitet euch auf der Erde aus«. Und in einer der den gesamten Text begleitenden Anmerkungen heißt es: »Sie merkten beyderseits bey sich eine Reizung zum Beyschlaf: und weil dieses zur Unzeit geschah, und also diese Reizung der Vernunft entgegen war, so erkannten sie solche an sich als eine Unvollkommenheit.« Fortpflanzung ist eine von Gott den Menschen zugemessene (oder zugemutete?) Aufgabe. Aber damit die ›Reizung‹ dazu nicht ›zur Unzeit‹ geschieht, wurde die Ehe erfunden, gewissermaßen als Regelvollzug von Zeugung und Geburt.

Der ›gedoppelte Handgriff‹ der ›Hof-Wehmutter‹ Justine Siegemund

In den galanten Zeiten scheint es Leser gegeben zu haben, denen die doch nur wenig verhüllte Sprache von Romanen wie *Der im Irrgarten der Liebe herumtaumelnde Kavalier* immer noch nicht unverhüllt genug war und die es nach leiblicher Direktheit ohne rhetorisch-erotische Vorhänge verlangte. Über diese ›Wollüstigen‹ höhnt Clisander in der *Einleitung zu der Welt-Weißheit:* »Wo sie nur ein Weh-Mutter-Buch erhaschen können, da sind sie wie die Schieß-Vögel drauf, indem sie gern hinter die Heimlichkeiten der Natur kommen wollen, welche ihnen sonst untersagt werden.« Sie laufen sogar in die Anatomie, wenn »ein todtes Frauenzimmer aufgeschnitten oder sonst eine Delinquentin anatomiret wird.«

Das berühmteste dieser Wehmutter-Bücher stammte von Justine Siegemund: *Die Chur-Brandenburgische Hoff-Wehe-Mutter Das*

ist: Ein höchst-nöthiger Unterricht Von schweren und unrecht-stehen-
den Geburthen In einem Gespräch vorgestellet Wie nehmlich durch Gött-
lichen Beystand eine wohl-unterrichtete und geübte Wehe-Mutter Mit
Verstand und geschickter Hand dergleichen verhüten oder wanns Noth
ist, das Kind wenden könne. Die Siegemundin, wie sie selbst sich den
Konventionen der Zeit folgend nach ihrem Ehenamen nannte, hatte
über ein Jahrzehnt bei schweren Geburten der Bauernweiber in einem schlesischen Landstrich Erfahrungen gesammelt und diese Erfahrungen dann auch an höhergestellten Damen hilfebringend eingesetzt, bevor sie zur bestallten Hebamme in der Stadt Liegnitz und
schließlich zur brandenburgischen Hofhebamme wurde. Auch bei
der Geburt des einzigen legitimen Sohnes von August dem Starken
1696 war sie anwesend. Über ihr 1690 zum ersten Mal erschienenes
Werk schreibt sie in der als »Nöthiger Vorbericht« etikettierten Einleitung: »Solchergestalt ist dieses Buch, das lange wie in einer Geburt gestecket, ans Liecht gekommen, und sol, weil ich keine Kinder
zur Welt gebohren, das seyn, was ich der Welt hinterlasse«.

Die Einleitung war wirklich nötig, denn zeitweise wurde ihr das
Leben von den Ärzten recht schwer gemacht. Ausgerechnet diese
männlichen Ärzte erhoben den Einwand, »daß eine, die selbst nie
das Kreissen ausgestanden, von schweren Geburten und gefährli-
chem Kreissen nicht gründlich schreiben könne«. Sie hält dem entgegen, das wäre, wie wenn ein ›Chirurgo‹ keinen Beinbruch heilen
könne, wenn er nicht selbst ein Bein gebrochen hätte.

Justine Siegemund war mit einer Situation konfrontiert, die nahezu drei Generationen später Dorothea Erxleben* noch immer zu
schaffen machte: Die akademisch ausgebildeten männlichen Ärzte
suchten sich die Konkurrenz vom Leibe zu halten, indem sie die Kon-
kurrentin wegen ihres Geschlechts desavouierten. Bei der Siegemund
war das insofern besonders unlauter, weil man ihr zwei Vorwürfe zugleich machte: ein Weib und doch kein richtiges Weib zu sein; ein
Weib, das keine Bücher schreiben sollte, und ein unvollkommenes
Weib, das nicht geboren hatte. Allerdings fanden sich auch Universi-
tätsmediziner, die den Text lasen, für hilfreich hielten und ihn für den
Druck mit empfehlenden Vor- und Beiworten ausstatteten.

---

* Zu ihr der entsprechende Abschnitt im Fortschrittskapitel.

Der Text ist in der seit der Antike bewährten Dialogform abgefasst, als Gespräch zwischen der lernbegierigen Christina und der lehrenden Justina: »Christ. Liebe Schwester, sage mir doch, ob es wahr und gut ist, bey harter Geburt, daß man der Frauen Leib ausdehne [...]? Just. Wenn die Geburt hart ist, und keine andere Ursache der harten Geburt vorhanden als die Enge- und Strengigkeit des Leibes, nemlich der vorderen Schoß, so mußt du der Frauen Zeit lassen und ja nichts durch deine Finger ausdehnen oder auseinander spannen, wie der allgemeine Irrthum ist, denn dieses scharffe ausdehnen macht der Frauen Leib wund«.

Die Stelle verdeutlicht den eklatanten Unterschied zwischen dem, was man die ›Schulmedizin‹ der Zeit nennen könnte, und dem Erfahrungsschatz der Frauen, der gebärenden wie der helfenden. Statt eines exklusiven und im Wortsinn erlesenen Bücherwissens, bei dessen Erwerb die Finger nur zum Umblättern gebraucht werden, ging es nun um erfühlte Kompetenz, tastend und gegebenenfalls mit der ganzen Hand eingreifend. Der ›gedoppelte Handgriff‹ machte die Wehmutter berühmt, obwohl sie ihn nicht erfunden, sondern verbreitet hat, und obwohl mit der Verbreitung des Griffs die Leistung der Schrift auf die Darlegung einer manuellen Fertigkeit reduziert wurde. In Wahrheit besteht das Verdienst von Justine Siegemund darin, die wichtigsten Aspekte des Geburtsvorganges und der möglichen Komplikationen im Zusammenhang dargestellt zu haben, und zwar für medizinische Laien und vor allem für die Frauen selbst. Dazu trugen auch die zahlreichen, genau erläuterten Kupferstiche bei.

Beim Handgriff selbst kam es darauf an, eine dünne, reißfeste Schnur um den Fuß des Kindes zu schlingen und das andere Ende um Daumen und Zeigefinger der freien Hand, um damit den ungünstig gelegenen Körper nach unten zu ziehen. In den Worten der Lehrerin: Wenn »die Füsse des Kindes zum Ausziehen nicht nahe beysammen liegen, so mußt du den ersten Fuß, den du findest, schlingen [wie in einem Kupferstich dargestellt] und mit der lincken Hand die Schnure oder das Band fassen, damit du das angefassete Füßlein anhaltest, daß es sich durch das andere zu suchen nicht verschieben lasse. Wenn du nun das andere hast, so schlinge es auch an, alsdann kanstu helffen, [folgt der Verweis auf einen weiteren Stich], da du mit deiner rechten Hand des Kindes Arm oder dessen

Hand fassest, dieselbe zurück bringest und dem Kinde dadurch in die Höhe hilffst. Alsdann fasse die Schnur mit deiner lincken Hand und zeuch also nach und nach die Füsse unter sich, so wirst du es gar leicht so weit bringen, daß du die Füsse in die Geburt bekommst«.

Die Siegemundin hat selbst geschrieben, die Widenmannin schreiben lassen. Die ›geschworene Hebamme‹ von Augsburg veröffentlichte 1738 eine *Kurtze, Jedoch hinlängliche und gründliche Anweisung Christlicher Hebammen, Wie sie So wohl bey ordentlichen, als allen ausserordentlichen schwehren Geburten denen kreissenden Frauen Hülffe leisten, den Handgriff gewiß und sicher verrichten, die unrecht zur Geburt stehende Kinder ohne und mit Instrumenten in ihre gebührende Stellung bringen, und durch GOttes Gnade unschadhafft zur Geburt befördern.* In der Vorrede erklärt Barbara Widenmann ›ihren liebsten Schwestern‹, dass ihr Mann, ein Wundarzt, das Buch an ihrer Statt niedergeschrieben hat. Vielleicht war es wirklich so, vielleicht aber hat sich die Widenmann, auf dem Titelblatt immerhin als Autorin genannt, nur die Anfeindungen ersparen wollen, denen die ›gelehrten Weiber‹ ausgesetzt waren.

Auch dieses Werk hebt hervor, wie elementar der »Hand- oder Angriff« ist, denn eine Hebamme, die das »nicht gründlich verstehet und also nutzlich zu verrichten weiß oder hierum sich nicht verlanget weisen zu lassen, nicht werth ist eine Hebamme genennt zu werden. Dann ohne Hand- oder Angriff ist keine sichere Hülffe: Und ohne sichere Hülffe ist niemand eine rechte Hebamme zu nennen.«

In vielen Kapiteln wird Gottes Gnade angerufen, und das gesamte Werk endet mit einem SDG*: »Alles allein zur Ehre GOttes«. Wie die Seele ins Kindlein kommt, ist allerdings nicht zu erfahren. Entstand sie bei der Zeugung, wie die Lutheraner, oder erst am 40. Tag der Schwangerschaft, wie die Calvinisten glaubten? Oder waren – auch das wurde gelehrt – alle Seelen am sechsten Schöpfungstag geschaffen worden, um sich über die ganze Menschheitsgeschichte zu verteilen?

Die Widenmann hielt es mit eher bodenständiger Frömmigkeit, im Text zuweilen ein wenig formelhaft klingend. Die praktischen Handreichungen sind ihr wichtiger, Rezepturen eingeschlos-

---

* Zum Soli Deo Gloria der entsprechende Abschnitt im 6. Kapitel.

sen. Wollten wir uns nach dem Studium des Werks einer Prüfung unterziehen, sähen wir uns mit 24 Fragen konfrontiert, »welche einer Fraue, die da eine Hebamme zu werden gedenckt, unvermeidlich vorgehalten und hinwiederum von ihr gründlich und vernünfftig sollen und müssen beantwortet werden«:

1. »Was ist die Gebähr-Mutter vor ein Theil des Leibes? Wie siht sie aus? Und wo liegt sie im Leibe?«

2. »Was ist die Mutter-Scheide vor ein Theil des Leibes? Wie siht diese aus? Und wo liegt sie im Leibe?«

3. »Was hat eine Hebamme sonderlich zu beobachten an denen äusserlichen Theilen des Geburts-Leibes einer Fraue?«

4. »Was hat eine Hebamme sonderlich zu wissen nöthig von denen Beinen des untern Leibes einer Fraue, so sonsten Pelvis oder Becken genannt werden?«

5. »Was ist der innere Mutter-Mund? Wie siht solcher aus? Und wo hat dieser seinen Sitz an der Gebähr-Mutter?«

6. »Was ist das erste, das eine Hebamme, die nicht von schneller Geburt übereilet wird, zu thun hat, wann sie zu einer kreissenden Fraue beruffen wird?«

7. »Wie oder auf was Weise kan, soll und muß eine Hebamme den innern Mutter-Mund befühlen?«

8. »Was gibt aber die Befühlung des innern Mutter-Mundes der Hebammen zu erkennen?«

9. »Wie erkennet ihr die so genannte wilde Wehen von denen rechten und wahren Geburts-Wehen?«

10. »Welches nennet man rechte und natürliche oder aber unrechte und aussernatürliche Geburten? Und wie vielerley seynd Gattungen dieser beederley Geburten?«

11. »Was hat eine Hebamme bey einer rechten und natürlichen Geburt zu thun und zu beobachten? Und worinn bestehet hauptsächlich einer rechtschaffenen Hebamme Hülffe-Leistung hierbey?«

12. »Was hat aber hingegen eine Hebamme bey einer unrechten oder aussernatürlichen Geburt zu thun und zu beobachten? Und worinn bestehet hauptsächlich einer rechtschaffenen Hebamme Hülffe-Leistung hierbey?«

13. »Was hat eine Hebamme so wohl nach natür- als aussernatür-
licher Geburt sonderlich zu beobachten? Und welcher Gestalten solle sie nutzlich das Kind lösen und die Nabel-Schnur versorgen?«

14. »Wie und welcher Gestalten kan die Hebamme eine kreissende
Frau sicher von der Nachgeburt entledigen?«

15. »Wann, wie und welcher Gestalten kan, soll und muß die Hebamme das Wasser sprengen?«

16. »Wie vielerley Köpffleins-Geburten giebet es? Und welcher Gestalten kan und soll eine geübte Hebamme denen verzögerenden
Köpffleins-Geburten zu Hülffe kommen?«

17. »Wie vielerley Händleins-Geburten giebt es? Und welcher
Gestalten kan und solle eine wohl-geübte Hebamme hierinn
helffen?«

18. »Wie vielerley seynd die Füßleins-Geburten? Und was für Hülffe
kan und soll hierinn eine geübte Hebamme leisten?«

19. »Wann sich vor dem Kind die Nabel-Schnur hervor geben will
oder sich schon würcklich hervor gethan hat: Was kan und soll
hierinn eine wohl-geübte Hebamme für Hülffe leisten?«

20. »Wann ein Kind mit dem s. g. Hinderlein in die Geburt eindrin-
get: Was kan und solle hierinnen eine wohl-geübte Hebamme
für Hülffe leisten?«

21. »Was kan und solle eine geübte Hebamme, da Zwillinge oder
mehr Kinder sollen gebohren werden, hierinnen für Hülffe
leisten?«

22. »Wann aber eine kreissende Frau mit dem Blut-Fluß anfängt zu
kreissen und wohl gar (wie öfters zu geschehen pfleget) die Nachgeburt sich ablediget und vor dem Kinde liegt: Was kan und solle
hierinn eine wohl-geübte Hebamme für Hülffe leisten?«

23. »Welcher Gestalten und wie weit hat die Hebamme ein neuge-
bohrnes Kind zu verpflegen?«

24. »Welcher Gestalten und wie weit hat die Hebamme eine Kindbetterin zu verpflegen und solcher in ihren Zufällen zu rathen?«

Unter jeder dieser Fragen steht: »Antwort«. Doch folgen darauf bloß
vier Striche. Denn sonst, so wird uns beschieden, würde manche an-
gehende Hebamme »sich mehr befleissen, die Antworten auswen-

dig zu lernen, als die Sache selbst sich begreifflich und werckstellig zu machen.«

Der Widenmann ist wie der Siegemund wichtig, dass am Leben gelernt wird, nicht nur aus Büchern. Bleibt allerdings das Problem, wie das ohne geregelte Ausbildung geschehen soll? Um das wissenschaftlich nicht überprüfte Erfahrungswissen zu institutionalisieren, wurde um die Jahrhundertmitte die Einrichtung von Hebammenschulen gefordert, in Berlin etwa von Johann Peter Süßmilch*. Sie wurde 1751 in Berlin eingerichtet. Im selben Jahr eröffnete an der Universität Göttingen die erste Entbindungsanstalt. Sie wurde von der Bevölkerung schlecht angenommen, schon gar nicht von den besseren Kreisen. Die bürgerlichen Frauen fürchteten sich, zu Anschauungsobjekten angehender Mediziner zu werden. Es kamen zunächst Stadtarme und unehelich Schwangere in die Anstalt, was den bürgerlichen Normalbetrieb nahezu unmöglich machte.

Ähnlich war die Situation an der jungen Berliner Charité. Von den 6111 Frauen, die dort zwischen 1731 und 1752 Kinder zur Welt brachten, waren 3581 unverheiratet und weitere 1079 Witwen. Nur in der Not suchten die Frauen Zuflucht im Krankenhaus. Die Berliner Hebammenschule wiederum war anatomisch orientiert. Gelernt wurde an Frauenleichen, und ihr Leiter war ein Anatomieprofessor, dem nachgesagt wurde, er habe nie einer lebenden Frau Geburtshilfe geleistet.

Im Unterschied zur Siegemund brachte Barbara Widenmann auch eigene Kinder zur Welt, fünfzehn nach einer Selbstauskunft, fast so viele wie Maria Theresia, die nahezu zwei Jahrzehnte lang schwanger war und von 1737 bis 1756 sechzehn Kinder geboren hat. Deren Schwangerschaften wurden nicht als menschlich weibliche Angelegenheit behandelt, sondern wie immer bei Fürstinnen als Politikum von dynastischem Interesse. »So bald die Hoch-Fürstlichen Gemahlinnen ihre Schwangerschaft antreten«, heißt es in Rohrs *Ceremoniel-Wissenschafft der Grossen Herren*, »wird es allenthalben public gemacht, und gemeldet, wie sie von Monath zu Monath in ihrer Schwangerschafft avanciren.«

---

* Zu Süßmilch der entsprechende Abschnitt im Fortschrittskapitel.

Kinder, Kinder

Bach zeugte mit zwei Ehefrauen zwanzig Kinder, mit Maria Barbara in knapp dreizehn Jahren Ehe sieben, mit Anna Magdalena in knapp neunundzwanzig Jahren Ehe dreizehn. Die sieben Kinder Maria Barbaras kamen im Verlauf von zehn Jahren zur Welt: 1708 Catharina Dorothea (gest. 1774), 1710 Wilhelm Friedemann (gest. 1784), 1713 Johann Christoph und Maria Sophie (der Junge starb bei der Geburt, das Mädchen drei Wochen später), 1714 Carl Philipp Emanuel (gest. 1788), 1715 Johann Gottfried Bernhard (gest. 1739), 1718 Leopold Augustus (gest. 1719).

Die dreizehn Kinder Anna Magdalenas kamen im Verlauf von neunzehn Jahren zur Welt: 1723 Christiane Sophie Henriette (gest. 1726), 1724 Gottfried Heinrich (gest. 1763), 1725 Christian Gottlieb (gest. 1728), 1726 Elisabeth Juliana Friederica, genannt Lieschen (gest. 1781), 1727 Ernestus Andreas (gest. wenige Tage nach der Geburt), 1728 Regina Johanna (gest. 1733), Ende Dezember 1729 Christiane Benedicta (gest. am 4. Januar 1730), 1731 Christiane Dorothea (gest. 1732), 1732 Johann Christoph Friedrich (gest. 1795), 1733 Johann August Abraham (gest. wenige Tage nach der Geburt), 1735 Johann Christian (gest. 1782), 1737 Johanna Carolina (gest. 1781) und schließlich 1742 als Nachkömmling Regina Susanna (gest. 1809)*.

Der ›Kindersegen‹ war kein Armutsphänomen. Bei denen, die gerade so über die Runden kamen, wurden viele Kinder eher als Fluch erlebt. Das traf noch für den verarmten Adel zu. In Schnabels *Der im Irrgarten der Liebe herumtaumelnde Kavalier* klagt einer dieser Aristokraten, »mein einziges Glück ist, daß ich mit meiner Gemahlin keine Kinder habe, sonst würde ich noch weit miserabler leben müssen.«

Süßmilch hat für die brandenburgisch-preußischen Gebiete 1742 einen statistischen Durchschnitt bei der Familiengröße von 4,5 Personen errechnet. Er wies auch darauf hin, dass die Landfrauen das Abstillen lange hinauszögerten, um neue Schwangerschaften zu ver-

---

* Die nur hier aufgezählten, sonst nicht mehr erwähnten Kinder fehlen im Personenregister.

hindern. Er findet das »sehr gewöhnliche [weit verbreitete] lange Säugen der Kinder« für die »Stärke des Körpers sehr zuträglich«, es dürfe aber nicht übertrieben werden. »Unterdessen giebt es doch viele auf dem Lande, die es 2 ja 3 Jahre fortsetzen. Es haben mir Prediger vom Lande versichert, daß es bloß aus Furcht vor neuer Gefahr und vor vielen Kindern geschehe.« Die Methode ist nicht absolut zuverlässig, doch senkt das Stillen wegen der Laktationsamenorrhöe, wie die moderne Gynäkologie es nennt, die Empfängnisfähigkeit.

Das Stillen ist nicht allein für die ›Stärke des Körpers zuträglich‹, sondern auch für die Gesundheit der Seele. Adam Bernd klagte als reifer, von Schwermut geplagter Mann: »Weil ich auch nicht habe an der Mutter trinken wollen, so hat man mich mit Küh-Milch kümmerlich ernähren müssen; welches ich jederzeit mit als eine Ursache meiner schwachen Leibes-Constitution angesehen, indem mich die Erfahrung nur allzu oft an andern gelehret, daß die Kinder, so nicht mit Menschen-Milch getränket werden, schwache und elende Kreaturen am Leibe und am Gemüte werden«.

Wenn man richtig stillt, das heißt gläubig oder noch genauer: abergläubisch, kann man ihnen das Zahnen erleichtern. Im galanten *Frauenzimmer-Lexicon* heißt es unter »Kind anhauchen«: »Ist eine lächerliche und abergläubische Meynung etlicher stillender Mütter oder Ammen, die drey Sonntage nach einander stillschweigend aus der Kirche gehen und ihr stillendes Kind gleich anhauchen, damit ihm die Zähngen leichte ankommen.«

Die Mütter sind den Kindern nah, zu nah – das wurde jedenfalls von Vätern geargwöhnt. Ist die Intimität zu groß, kommen sich Liebe und Gehorsam ins Gehege. Der Philosoph Christian Wolff: »Es geschiehet nämlich oft, daß Kinder auf die Mütter nicht so viel geben, als auf die Väter, weil sie [die Mütter] aus großer Liebe die Schärffe, wo es nöthig ist, aus den Augen setzen, auch sich unterweilen mit ihnen gar zu gemein machen«.

Die Züricher Zeitschrift *Die Discourse der Mahlern,* Anfang der 1720er von den späteren Gottschedgegnern Johann Jakob Bodmer und Johann Jakob Breitinger herausgegeben, war noch deutlicher: »Zwischen Vätern und Kindern kann die Freundschafft nicht statthaben. Der Respect, welchen diese den Eltern schuldig sind, ist eine Gattung Furcht und wird […] gar wol Ehrfurcht genannt; nun kann ich keine vollkommene Vertraulichkeit mit dem haben, den ich fürchten muß.«

Ungefähr zur gleichen Zeit sorgte man sich im vornehmen Hamburg, dass die Kinder der Herrschaft mit dem Gesinde gemein gemacht werden. »Wie viele Häuser kenne ich hier in Hamburg«, hieß es im *Patriot,* »wo die Kinder, so wohl Söhne als Töchter, bis ins neundte, zehnde Jahr unter dem Gesinde stecken müssen, und kaum jede Woche einmahl das Glück haben, vor ihre Eltern gelassen zu werden?« Schon 1704 hatte ein *Sächsisches Land- und Hauß-Wirthschafts-Buch* gemahnt: Die Kinder »sollen ihren Eltern nichts abzwacken und es dem Gesinde heimlich zustossen.« Für Knechte und Mägde konnte es lukrativ sein, von den Söhnen und Töchtern des Hauses gemocht zu werden. So ließen sich gelegentlich ein Zuckerstück, ein Kerzenstummel, ein Holzscheit beiseiteschaffen. Und für die Kinder brachte dieses Einvernehmen den Vorteil mit sich, dass es Liebkosungen hervorrief, die sie bei den Eltern vergeblich suchten.

Wolff, der in den 1720ern begann, das neu eingeführte Wort ›Landes-Vater‹ zu verwenden, unterschied zwischen kindlicher und knechtischer Furcht: Die erste wird von der Liebe eingehegt, die zweite ist ungeschützte Furcht vor Strafe. So klar lässt sich die Trennung jedoch nicht ziehen. Wenn beim Erziehen Bestrafung angedroht und vollzogen wird, dringt mit der Strafe auch die knechtische Furcht in das Verhältnis von Erzieher und Erzogenem ein.

Schulmeisterkantate
oder
Wie gelingt Erziehung?

Die kindliche Liebe darf nicht durch väterliche Maßlosigkeit beim Strafen erstickt werden, auch dann nicht, wenn an die Stelle der Väter die Lehrer treten wie im Waisenhaus von Glaucha. Francke tadelt Pädagogen, die beim Erziehen die Berrschung verlieren, also selbst nicht ausreichend erzogen sind. Manche »geben Ohrfeigen, schlagen auf den Kopf oder ins Gesicht: Item schlagen mit dem

Stock so unverständig, daß der Rücken braun und blau wird. Sind also ihres Muths nicht Herr«. In der 1713 erlassenen, recht ausführlichen *Instruktion für die Lehrer, nach welchen Grundsätzen gestraft werden soll* erläutert Francke, was unter ›verständigen Strafen‹ zu verstehen ist: »Ein Präzeptor soll kein Kind aus fleischlichem Affekt, wie auch frischer Tat, ehe es erinnert und über sein Verbrechen zur Rede gesetzt worden, schlagen, weil solches insgemein sehr schädlich ist, und nicht nur den Kindern, die also geschlagen werden, sondern auch dem Präzeptor selbst, der im fleischlichen Zorn straft, viel Schaden bringt«.

Wie Anfang der 1730er in der Thomasschule gestraft wurde, überliefert ein Schüler in einem anerkennenden Bericht über Johann Matthias Gesner, den damaligen Rektor: »Er richtete sich bei der Disciplin sehr genau nach den damals erneuerten Schulgesetzen, strafte mit vieler Vorsicht und, um nicht zu streng zu verfahren, immer ein paar Tage nach einer begangenen Untat. Dann erschien er Abends nach dem Gebete, wenn die Motette gesungen war, im Zirkel der Schüler, ließ den Verbrecher hervortreten, schilderte mit Ernst und Nachdruck das Unerlaubte und Strafwürdige der begangenen Tat und bestimmte dann, den übrigen zur Warnung, die beschlossene Strafe. Diese Straferteilung wirkte unglaublich viel, und um desto mehr, da er in allgemeiner Achtung stand.«

Beim religiösen wie beim pädagogischen Reformer soll kaltblütig, gesetzmäßig und öffentlich gestraft werden, zur Besserung des Übeltäters und zur Abschreckung aller anderen. Francke verlangt gar, nach der Abstrafung solle der Präzeptor »sich von dem Kind die Hände geben, für die väterliche Züchtigung und mit Verleihung göttlicher Hilfe Besserung geloben lassen.« Die erzwungene Versöhnung – das erwähnt Francke allerdings nicht – ähnelt der symbolischen Praxis im staatlichen Strafvollzug, bei der ein Inquisit Urfehde schwören und damit vor Gott und den Menschen auf Rache verzichten musste.

Johann Gottlob Krüger, der als Junge in Franckes Anstalt zur Schule ging, zieht die Parallele zwischen der Erziehung der Kinder und der Herrschaft über die Untertanen in seinen *Gedanken von Erziehung der Kinder* von 1752: »Wenn euer Sohn nichts lernen will, weil ihr es haben wollt, wenn er in Absicht weint, um euch zu trotzen, wenn er Schaden tut, um euch zu kränken, kurz, wenn er seinen Kopf aufsetzt: Dann prügelt ihn, dann laßt ihn schrein: / Nein, nein, Papa, nein, nein! Denn ein solcher Ungehorsam ist ebensogut als eine Kriegserklärung gegen eure Person. Euer Sohn will euch die Herrschaft rauben, und ihr seid befugt, Gewalt mit Gewalt zu vertreiben, um euer Ansehen zu befestigen, ohne welches bei ihm keine Erziehung stattfindet. Dieses Schlagen muß kein bloßes Spielwerk sein, sondern ihn überzeugen, daß ihr sein Herr seid.«

Wer seiner Kinder nicht Herr zu werden vermochte, konnte sie der Obrigkeit überantworten, jedenfalls bot das eine brandenburg-preußische Verordnung von 1703 an: »Wann Eltern ihre ungehorsamen Kinder wollen züchtigen lassen, können sie dieselbigen zur Zucht ins Armenhaus übergeben, welche dann auf ihre Unkosten zu erhalten und nach befundenen Umständen und Begehren entweder à part in der Stille gehalten oder an einen Klotz geschlossen werden, mit welchem sie bei denen anderen Waisen in die Schule, zur Arbeit und zum Essen gehen müssen.« ›Schwererziehbare‹*, wie man noch vor gar nicht langer Zeit gesagt hat, werden in dieser Verordnung behandelt wie Schwerverbrecher. Gemessen daran war Franckes *Instruktion für die Lehrer* beinahe antiautoritär.

Wie immer auch erzogen wird, Erziehung kann scheitern. Vater Bach hat das schmerzvoll erlebt. Am 24. Mai 1738 schrieb er in einem Brief über den ›ungeratenen‹ Sohn aus erster Ehe, Johann Gottfried Bernhard: »Ich muß aber mit äußerster Bestürtzung abermahligst vernehmen, daß er wieder hie und aufgeborget [Schulden gemacht], seine LebensArth nicht im geringsten geändert, sondern sich gar absentiret [vor seinen Gläubigern versteckt] und mir nicht den geringsten part seines Aufenthalts biß dato wißend gemacht. Waß soll ich mehr sagen oder thun? Da keine Vermahnung, ja keine liebreiche Vorsorge und assistence mehr zureichen will, so muß [ich] mein Creütz in gedult tragen, meinen ungerathenen Sohn aber le-

---

* Heute spricht die Psychologie von ›herausforderndem Verhalten‹ und von ›Erziehungsschwierigkeit‹. Durch das Umstellen im Wort soll ein Umstellen in der Wertung angezeigt und Stigmatisierung vermieden werden. Wie immer in solchen Fällen besteht die Gefahr, mit freundlicheren Begriffen das Begreifen der unfreundlichen Wirklichkeit eher zu erschweren als zu erleichtern.

»Das Schokoladenmädchen« von J. E. Liotard trägt auf dem Tablett vorsichtig die exotische Kostbarkeit, als die 1745 die Schokolade noch einzustufen war. Der Kaffee hingegen galt schon als Allerweltsgetränk.

Feierliche Zepter-Übergabe zwischen dem alten und dem neuen Prorektor an der Universität Halle. Rektor der Hochschule war formal der Landesherr, zum Zeitpunkt der Darstellung der Soldatenkönig.

Tanzen war Körperkunst und zählte zu den Grundfertigkeiten des galanten Auftretens bei Damen und Herren. Der Kupferstich ist dem Anleitungsbuch des in Leipzig berühmten Tanzmeisters Samuel Rudolph Behr von 1703 entnommen.

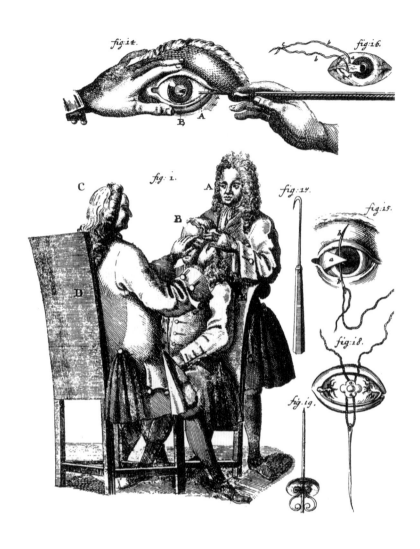

So wird der Star gestochen. Die Anleitung entstammt dem chirurgischen Handbuch von Lorenz Heister. Der Erfolg eines solchen Eingriffs hing mehr vom Zufall ab als vom Können des Operateurs.

Mit dem »gedoppelten Handgriff« nach Anweisung der Hebamme Justine Siegemund sollte das Kind im Mutterleib gedreht werden, um es mit dem Köpfchen zuerst auf die Welt zu bringen.

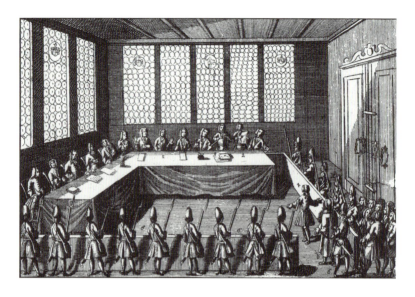

Im Jahr 1738 wurde in Stuttgart über »Jud Süß« der Stab gebrochen. Mit der im Straf-
prozess damals üblichen Zeremonie wurde der Justizmord an dem gestürzten »Hofjuden«
bekräftigt.

*Matthias Buchinger, der »Rumpfmensch von Regensburg«, auf einem Flugblatt von 1712.
Der schwerbehinderte Mann stellte sich auf Jahrmärkten zur Schau und führte Kunst-
stücke vor.*

iten. (die Priester
n aber andere Sa-
.)
König Salomo/
e Israel zu ihm
den/ opfferten
so viel das nie-
ten kunt. (in sehr

hten die Priester
s HErrn an ihre
auses/in das Al-
flügel der Cheru-

Cherubim ihre
er die Stete der
ngen von oben

gen oben waren
Knäuffe sahe von
r: Aber haussen
und sie war da-
ig. (der zerstreuung
eissel/mit in der Zer-

ar nichts in der
eln/ die Mose in
tte/ da der HErr
mit den Kindern
pten zogen.

zur heiligen Einweihung: sie hatten sonst ihre ordentliche Woche: zu dieser Einführung der La-
den des HErrn hatten alle sich geheiliget/ und
waren also alle enfrig darauff/ daß sie sich gleich
ohne Ordnung darzu drungen.)

v. 12. Und die Leviten mit al-
len/ die unter Assaph/ Heman/ Jedi-
thun/ und ihren Kindern und Brüdern
waren angezogen mit Leinwand/ sungen mit Cymbaln/Psaltern und Harf-
fen/ und stunden gegen Morgen des
Altars/ und bey ihnen hundert und
zwantzig Priester/ die mit Drommeten
bliesen.

v. 13. Und es war/ als wäre es
einer/ der drommetet/ und sunge/ als
höret man eine Stimme zu loben und
zu dancken dem HErrn. Und da die
Stimme sich erhub von den Dromme-
ten/ Cymbaln und andern Seitenspie-
len/ und von dem (würcklichen) loben des
HErrn/ daß er gütig ist/ und seine
Barmhertzigkeit ewig wäret/ (Psalm.
CXXXVI,1. folg.) da ward das Hauß
des HErrn erfüllet mit einem Nebel.

v. 14. Daß die Priester nicht
stehen kundten zu dienen für dem Nebel/
denn die Herrligkeit des HErrn erfüllet
das Hauß GOttes. (2.Chron. VII,1.
S. auch 2.Mos. XL.34. 4.Mos. IX.15. 1.Kön.
IIX,10.)

Das Sechste Capitel.

Salomo an die Gemeine/des erbaueten Tempels halben.
schönes Gebet wegen des Tempels v. 31. (III.) Gebet we-
und für die/ so zwar von GOtt abgefallen/ sich aber be-

Theil.

emeine/ we=
npels.

v. 1. DA sprach Salomo: Der HErr
hat geredt zu wonen im dun-
ckeln. (1.Kön. IIX. 12.)

v. 2. Ich hab zwar ein Hauß
gebauet

Das viel zitierte »Nota Bene«, das Bach an den Rand einer Bibelstelle schrieb: »Bey einer andächtigen Musique ist allezeit Gott mit seiner Gnaden Gegenwart.«

diglich Göttlicher Barmherzigkeit überlaßen«. Fast auf den Tag ein Jahr nach diesem verweifelten Vaterbrief, am 27. Mai 1739, stirbt der unglückliche junge Mann in Jena an einem Fieber, gut zwei Wochen nach seinem vierundzwanzigsten Geburtstag.

In der *Kaffeekantate** singt Vater Schlendrian: »Hat man nicht mit seinen Kindern hunderttausend Hudelei« und fährt dann Tochter Liesgen an: »Du böses Kind, du loses Mädgen«. Dabei geht es nur um drei »Schälgen Coffee«, nicht um dauerndes Schuldenmachen. Entsprechend beschwingt, geradezu tänzelnd, kommt mit Schlendrians Bass die Musik daher.

In der nicht ganz so meisterlichen Schulmeisterkantate, lange Telemann zugeschrieben und heute meist als Werk des Dresdener Organisten Christoph Ludwig Fehre angesehen, müht sich der Lehrer in der Singestunde mit seinen Schülern ab: »Fürwahr, ich zittre schon, ich kann vor Zorn den Takt kaum geben!« Zum Glück geht die als Burleske aufgeführte Unterrichtsstunde des überforderten und von den eigenen Gefühlen übermannten Lehrers mit der heiteren Moral zu Ende: »Wer die Musik nicht liebt und ehret, wer diese Kunst nicht gerne höret, der ist und bleibt ein Asinus, i-a, i-a, ein Asinus.« Wie recht er hat, der alte Esel. Und Latein kann er auch. Dass der Unterricht in der Kantate so pädakomisch ist, um es mit einem Kalauer zu sagen, liegt am Genre. Und doch hat diese musikalische Komik der schulischen Tragik mancher Regionen entsprochen. Aus Pommern ist das Protokoll einer Prüfung der Bewerber auf eine Dorfschullehrerstelle im Jahr 1729 überliefert. Ein Schuster, ein Weber, ein Schneider, ein Kesselflicker und ein Unteroffizier konkurrierten um die Stelle. Der Weber bekam sie: »Hat gesungen: a) O Mensch, beweine dein ...; b) Zeuch ein zu deinen Thoren ...; c) Wer nur den lieben Gott läßt ...; doch Melodie ging ab in viele andere Lieder; Stimme sollte stärker sein, quekte mehrmalen, so doch nicht sein muß.« Außerdem las der Weber eine Bibelpassage – »mit 10 Lesefehlern« – und überstand ein Diktat: »fünf Fehler«; folgt der Zusatz, »des Rechnens auch nicht kundig.«

Selbst in reichen Bürgerstädten war die regelmäßige ›Beschulung‹ der Kinder aus den unteren Schichten, geschweige diejenige

---

* Dazu ein Abschnitt im nächsten Kapitel.

der Armeleutekinder nicht gewährleistet. In Leipzig gab es neben der Thomas-, der Nikolai- und der Waisenhausschule etwa vierzig sogenannte ›Winkelschulen‹, in denen von der Stadt konzessionierte Schulmeister ihren Schutzbefohlenen Lesen, Schreiben, Rechnen und ein gottgefälliges Leben beibrachten oder eher beibringen sollten. Viele Kinder kamen nur zum Unterricht, wenn sie nicht von den Eltern für Arbeiten herangezogen, stellvertretend für Erwachsene auf Botengänge oder gleich zum Betteln geschickt wurden. Die Lehrer erschienen mitunter auch nicht zum Unterrichten, weil sie einen Rausch ausschlafen mussten oder sonst keine Lust hatten. Etliche dieser Lehrer konnten nicht einmal die erforderliche Lehrbefugnis vorweisen und gingen ihrem ›Handwerk‹, falls man das so nennen kann, tatsächlich in irgendwelchen Winkeln nach.

In Hamburg zeigte sich die Oberschicht über die miserable Qualifizierung von aus der Unterschicht stammenden Lehrern besorgt: »Was findet sich für eine Menge von nichtswürdigen Lehr-Meistern und Meisterinnen«, klagt der *Patriot,* »die, bey den gröbesten Lastern, in der tieffsten Unwissenheit stecken, und doch auch feiner bemittelter Leute Kinder zur Gottesfurcht, Geschicklichkeit, Tugend und Wissenschaft zu führen haben? Wer sollte es glauben, daß auch in grossen Städten verdorbene Schmiede-Knechte, Schneider- und Rademacher-Gesellen, ja blosse Folge-Diener sich zu Schulhaltern aufgeworffen«. Die Empörung entspricht der über die Leichtsinnigkeit, den Kindern zu erlauben, sich beim Gesinde herumzutreiben.

Ganz ähnliche Vorbehalte hat Julius Bernhard von Rohr, wenn er sich mit dem Verhältnis der nachwachsenden Herrschaften zu ihren künftigen Untertanen beschäftigt: Man solle niemandem Zugang zu den jungen Herrn gewähren, mit Ausnahme der Hofmeister, der Informatoren (Fachlehrer) und »von Räthen oder andern vornehmen Leuten; auch das Gesinde, Pagen und andere Leute, die ihn mancherley böse Sentimens beybringen könten, nicht in das Gemach lassen«. Überhaupt ist »sehr wohl gethan, wenn es die Hoch-Fürstlichen Eltern nicht allein auf die Sorgfalt ihrer Informatorum und Hofmeister ankommen lassen, sondern sich selbst angelegen seyn lassen, die Auferziehung ihrer Fürstlichen Jugend zu besorgen und deren Ober-Aufseher zu seyn, sie auch von Kindes-Beinen an zu aller Furcht, Ehrerbietung und Gehorsam gegen sie anzuhalten.«

Besser als in den Winkelschulen ging es in den Lateinschulen zu, doch sicher nicht so idyllisch wie in einem schönfärberischen Bericht aus dem Jahr 1708 über die Lateinschule in Eisenach: Man »siehet beysammen sitzen eine Menge junger Kinder, Arme und Reiche, Knäblein und Mägdlein, die alle ihre gewisse Lection für sich haben, das eine lallet das A. B. C., das ander buchstabirt, das dritte lieset, das vierte bethet, das fünffte sagt ein schönes Sprüchlein, das sechste spricht sein Glaubens Bekäntniß, und diese alle lassen sich von einem Lehrmeister regieren«.

Bach übrigens, der sich als Kapell- und nicht als Schulmeister verstand und als Leipziger Thomaskantor seinen außermusikalischen Lehrverpflichtungen recht unwillig (oder gar nicht) nachkam, belegte im Jahr 1693 in der Quinta der Eisenacher Lateinschule Rang 47, vielleicht wegen der vielen Fehlstunden, es waren 96. Im Folgejahr fehlte er nur noch 59 Stunden und nahm Rang 14 ein. 1695, im Todesjahr des Vaters, waren es wieder 103 Fehlstunden, Rang 23. Nach der Übersiedlung zu seinem großen Bruder Johann Christoph nach Ohrdruf wurde er 1696 im dortigen Lyceum Vierter, 1697 sogar Erster, 1698 Fünfter und 1699 Zweiter.

Die Volksbildung in den Städten und auf dem Land setzte den Aufbau einer schulischen Infrastruktur voraus. Ein brandenburgisch-preußisches Edikt ordnete 1717 an, dass die Kinder im Winter täglich und im Sommer ein- oder zweimal wöchentlich in die Schule zu gehen hatten. Aber dafür musste überhaupt erst einmal eine Schule vorhanden sein (und hoffentlich eine mit besseren Lehrern als dem singenden Weber in Pommern), und die Eltern, die ihre Kinder auf dem Feld mitarbeiten ließen, mussten bereit sein, im Sommer an einem Tag oder an zwei Tagen auf diese Hilfe zu verzichten. Immerhin zeigte das Edikt, dass eine elementare Befähigung zum Lesen (der Bibel), Schreiben (des Namens) und Rechnen (im Einmaleins) auch staatlicherseits für notwendig gehalten wurde. Dagegen lehnte Mandeville das Beschulen des Volks rundweg ab, denn Bildungsfragen sind Machtfragen, und »Kenntnisse vergrößern und vervielfachen unsere Bedürfnisse«. Auch das bis heute wiederholte ›Begabungsargument‹ gegen die höhere Schulbildung niedriger Volksschichten bringt er in Stellung: »Nur wenige Kinder bringen es in der Schule zu etwas, könnten aber währenddessen in irgendeiner Weise beschäftigt werden, so daß jede Stunde, die von den Kindern armer Leute bei den Büchern zugebracht wird, ebensoviel für die Gesellschaft verlorene Zeit bedeutet. Zur Schule gehen ist im Vergleich zum Arbeiten Müßiggang, und je länger die Jungen ein derart bequemes Leben führen, desto ungeeigneter werden sie als Erwachsene zu ordenlicher Arbeit«. Macht braucht Respekt, und Respekt ohne Hochachtung vor der (tatsächlichen oder bloß eingebildeten) Überlegenheit des Befehlenden ist schwer vorstellbar: »Ein Diener kann keinen ungeheuchelten Respekt mehr vor seinem Herrn haben, sobald er gescheit genug ist, um zu merken, dass er einem Narren dient.«

Die wol unterwiesene Köchinn

Wohlerzogene Kinder packen im Haushalt mit an. Daran erinnert das sächsische *Land- und Hauß-Wirthschafts-Buch*, denn sie sind »ihren eltern in der haushaltung allerley gefällige dienste schuldig, daß sie alles, worinn sie wissen, daß sie denselben einigen gefallen und angenehme dienste erweisen können, von selbsten gerne mit allem guten willen thun«. Aber kochen und einkaufen müssen sie nicht. Das machen die Mütter. Oder die Mägde. Wenn die Mägde die Küche besorgen, müssen die Mütter die Aufsicht führen. Sie tun also gut daran, sich kundig zu machen, zum Beispiel indem sie Koch- und Hauswirtschaftsbücher konsultieren. Das heute bekannteste dieser Bücher ist *Die wol unterwiesene Köchinn* der Maria Sophia Schellhammer, erstmals 1692 erschienen. Doch ist es weder das erste noch das erste deutsche noch das erste von einer Frau geschriebene Kochbuch, wie manchmal zu lesen, denn bereits ein Jahr zuvor war Susanna Maria Endters sogenanntes ›Nürnberger Kochbuch‹ erschienen. Es enthält zahlreiche Rezepte und als »Zugab« einen »Unterricht, zu welcher Zeit deß Jahrs [...] die in diesem Kochbuch befindliche Speisen am besten zubekommen«, gegliedert nach den zwölf Monaten, um der Hausfrau (oder der Magd) beim Marktgang das erfolglose, weil unzeitige Suchen nach Zutaten zu ersparen. Das

Werk beschreibt außerdem eine Reihe von ›Mahlzeiten‹ – heute würde man ›Menüs‹ sagen – für die Weihnachtszeit oder die Fastenzeit, außerdem für gewöhnliche eintägige und vornehme zweitägige Hochzeiten sowie, mit Kupferstichen verdeutlicht, »wie beedes ein Rind oder Ochs, und dann auch ein Kalb allhier zu Nürnberg aufgehauen und zertheilet werden.«

Das Kochbuch der Schellhammer annoncierte auf dem Titelblatt der erweiterten Ausgabe von 1697 Rezepte für »alle Speisen, so nur in Teutschland bekant seyn mögen«. In ihrer »Voransprache« wendet sich die Autorin an die »tugendhaften und häuslichen Frauen-Zimmer« in der Annahme, »daß ihr diese meine Arbeit am meisten lesen werdet«, und fügt hinzu, »was haben wir mit den Männern zu thun, die, in dem sie ihren Geschäften nachgehen oder ein gutes Gespräch auch wol etwas weniger löbliches verfolgen, uns die Haussorge überlassen«. Auch meint sie im Unterschied zu mancher Vornehmen und weniger Vornehmen, die Haus und Küche »ihren Bedienten überlassen«, daß »etwas wissen allemahl löblich sey, und eine Frau, wie fürnehme sie auch sey, wenigstens die Küche und die Taffel müße anzuordenen« wissen. In einem späteren Kapitel bleibt der »Galanten Haus-Ehre […], die lieber ihr zartes Gesichte denen fürbeispatzirenden am Fenster weiset […] und ihre Zeit in ihrer Jungfernschaft mehr in angenehmer Conversation als in der Küchen zugebracht« nur Hohn. Am Ende der »Voransprache« selbst kündigt sie noch »ein gleichmäßiges Werklein von allerhand schönen Getränkken, Confekten und eingemachten Kandirten Sachen und Zukkerwerk« an. Das Werk erschien drei Jahre später als *Der wohl unterwiesenen Köchinn Zufälliger Confect-Tisch. Bestehend In Zubereitung allerhand Confecten, zugerichten Früchten, Säfften, Weinen, Aqvaviten, Brandteweinen, Bieren, Eßigen und dergleichen.*

In beiden Büchern geht es der Autorin nicht nur um die Darbietung von Rezepten, obwohl in der ersten *Köchinn* sage und schreibe allein 112 für Suppen hintereinandergereiht sind, sondern um eine Einführung ins Küchenwesen überhaupt. Selbst auf die Baulichkeiten geht sie ein: Die Küche soll halb im Keller liegen, dennoch hell sein, damit das »Küchengesinde mehr Lust zum kochen und arbeiten« hat, und keine Winkel haben, weil die Leute sie »mit allerlei Wust sehr zierlich anzufüllen wissen, auch wol oft zu Diebes-

Löchern machen und allerlei, so sie weg partieren, dahin verstekken«. An späterer Stelle warnt sie allerdings auch davor, dass die Hausfrau »ihrem Gesinde das Essen entziehet, da sie sich doch den größesten Schaden damit thut, indem das Gesinde dadurch schwürig wird und endlich gedenket, wie du mich speisest, so arbeite ich dir, und findet sich zuletzt in solchen Häusern nichts als Lumpen-Gesinde, welches sonst nirgends bleiben kan.«

Eine gute Küche muss unbedingt mit »Anricht-Tischen« an beiden Seiten des Herdes versehen sein und über den Anrichten mit Gitterschränken, »da man das Zinn und die saubern irdenen Geschirr, so man auf dem Tisch gebrauchet, einschließet«. Neben der Beschaffenheit der Küche geht es der Köchin um diejenige: »Es ist aber noch nicht genug, wenn man gleich die beste Küche mit dem schönesten Geräthe von der Welt gespikket und alles übrige, was zu guten Speisen gebraucht wird, in vorrath hat, wenn nicht eine verständige Köchin darzu kömt [...]. Man kan aber durch die Köchin zweierlei verstehen, nemlich diejenige, so selbst hand anschläget, und denn die Vorsteherinn der Küche [...], von welcher aber nicht eben erfordert wird, daß sie selber in der Küchen liege [die Mägde schliefen dort auch], alle Arbeit mit angreiffe und die Sudelschürtze vorbinde, sondern das gehöret eigendlich für die jenige, die als eine gemietete Köchin ihren Lohn verdienen muß.«

Eine solche war Susanna Eger, »aus Leipzig, ein in der Koch-Kunst wohl-erfahrnes und geschicktes Weib«, wie sie im *Frauenzimmer-Lexicon* gerühmt wird, denn sie wusste besonders »mit dem Eingemachten sehr wohl umzugehen und selbiges in Zucker zu sieden, massen sich die Vornehmsten in der Stadt bey denen angestellten Gastereyen und andern Solennitaeten ihrer schmackbahren und wohlzubereiteten Sachen meistentheils zu bedienen pflegten.« In der zweiten Auflage von 1712 trägt ihr Werk den Titel *Leipziger Koch-Buch, welches lehret, was man auf seinen täglichen Tisch, bey Gastereyen und Hochzeiten, gutes und delicates auftragen, auch Tische und Tafeln mit Speisen zierlich besetzen könne. Dem beygefüget XXX. Curieuse Tisch-Fragen, mit kurtzer doch gründlicher Antwort, sowohl für Gesunde als Krancke wie auch Tisch- und Speise-Lexicon, in welchem die Victualien, so ein jeder Mensch Jahr aus Jahr ein geniesset, ob und wie weit selbige gesund oder nicht gesund seyn, enthalten. Dann letztens zum Anhange die*

auf dem Marckt zum Einkauf gehende allzeit fertig-Rechnende Köchin.
In ihrer für die damalige Zeit unerhört kurzen, nur zweiseitigen Vorrede erwähnt sie, dass die ursprüngliche Ausgabe mit 900 Rezepten nun durch ein »Tisch- und Speise-Lexicon nebst der allzeitfertigrechnenden Köchin« und durch ein Kücheninventar ergänzt worden sei. Das Rechnen, niemand wusste das besser als sie, ist wichtig, wenn man zum Markt geht, aber die eigene Haut nicht zu Markte tragen will, weder auf dem vor dem Alten Rathaus, wo Getreide und Brot verkauft wurden und sich auch die Fleischbänke befanden, noch auf dem Naschmarkt mit Früchten und Beeren.

Auf dem Markt musste die Hausfrau den Händlern auf die Finger sehen, zu Hause dem eigenen Gesinde. Sie selbst wiederum hatte sich vor dem Hausherrn zu verantworten. Die pietistische Dichterin Magdalena Sibylla Rieger reimte: »Es wird uns kaum noch oft der Schlüssel anvertraut, / Die Küche, Herd und Tisch und Keller zu verwalten, / wir müssen jederzeit genaue Rechnung halten / vor Erbsen, Linsen, Obst, Brod, Mehl, Holtz, Butter, Kraut.«

Die Egerin hingegen arbeitete seit ihrer Verwitwung auf eigene Rechnung, ohne einen kontrollierenden Ehemann im Rücken. Sie ließ sich von Bürgerfamilien tageweise anheuern, wenn die Frauen des Hauses nicht in der Lage waren, größere Feste, einschließlich der dann anhängigen Tafelungen selbst vorzubereiten oder auch nur zu beaufsichtigen. Die Kochbuchautorin zehrte von der praktischen Erfahrung als Mietköchin, und die Mietköchin profitierte vom Renommee der Kochbuchautorin.

Hausrat oder »Specificatio der Verlassenschafft des Herrn Johann Sebastian Bachs«

Am 29. Mai 1723 brachte der *Holsteinische unpartheyische Correspondent* in Hamburg eine Meldung aus Leipzig, deren musikhistorische Tragweite weder für den *Correspondent* noch für seine Leser erkennbar war: »Am vergangenen Sonnabend zu Mittage kamen 4 Wagen mit Haus-Raht beladen von Cöthen allhier an, so dem gewesenen dasigen Fürstl. Capell-Meister, als nach Leipzig vocirten Cantori Figurali, zugehöreten; Um 2 Uhr kam er selbst nebst seiner Familie auf 2 Kutschen an und bezog die in der Thomas-Schule neu renovierte Wohnung.«

Die Stuben waren über das Erdgeschoss und die drei darüberliegenden Stockwerke verteilt, hinzu kam eine zusätzliche Schlafkammer unter dem Dach. Es gab vergleichsweise viel Platz und doch immer viel zu wenig für den kinderreichen Haushalt. Immerhin waren Wandschränke vorhanden, in denen ein Teil des Hausrates verstaut werden konnte, der auf den vier plus zwei Kutschen heranrollte und zudem im Lauf der folgenden 27 Jahre weiterwuchs. In der »Specificatio der Verlassenschafft des am 28. July 1750 seelig verstorbenen Herrn Johann Sebastian Bachs, weyland Cantoris an der Schule zu St. Thomas in Leipzig« sind neben Gold-, Silber- und Schaumünzen, »Kleidern und was darzu gehöret«, Büchern und 19 Musikinstrumenten weiterhin aufgeführt: An »Silber-Geräthe« Leuchter, Becher und Pokale, eine »große Coffee Kanne«, sowie eine kleine und ein »Coffee Teller«, eine »große Thee Kanne«, eine »Zucker Schaale mit Löffeln«, zwei Tabatieren, eine davon aus Achat in Gold gefasst. Außerdem »Meßer, Gabeln und Löffel im Futteral«. Aus Zinn diverse große und kleine Schüsseln, ein Waschbecken, zwei Dutzend Teller und vier mit Zinn beschlagene Krüge; aus »Kupffer und Meßing« Leuchter, Kessel und noch einmal drei Kaffeekannen verschiedener Größe*. »An Hauß-Geräthe 1 Putz Schranck / 1 Wäsch Schranck / 1 Kleider Schranck / 1 Dutzend schwartze lederne Stühle«, ein weiteres halbes Dutzend Stühle, »1 Schreibe Tisch«, weitere Tische und »7 höltzerne Betten«. Offenbar hatte nicht jeder ein eigenes. In diesem Punkt blieb die Familie Bach sogar hinter dem Standard von Franckes Waisenhaus zurück, wo man stolz darauf war, dass jedes Kind ein Bett hatte.

Was Francke selbst 1692 in dem von ihm bezogenen Pfarrhaus in Glaucha vorgefunden hat, ist im Hauptbuch von St. Georgen festgehalten: »Ein großer grüner Kleiderschrank [...]. Ein küpfergen

---

* Bachs Tochter Lieschen, Namensgeberin des ›losen Liesgen‹ in der *Kaffeekantate*, stand demnach alles Nötige zur Verfügung.

Pfängen in der Badstube. Ein küpfern Pfängen oder Pfanne in der großen Unterstube. Ein grüner Zinschranck in der Speißcammer. Ein Ahorntisch in der großen Stube. Eine lange Tafel, so zerbrochen im Hause stehend. Ein runder Tisch auf 4 gedreyheten Stühlen [...] auf die Studierstube stehend. [...] Ein Winckel Schranck unter der Stube an der Thüre«. Aufgezählt werden ferner sechs »lederne Feuer Eymer« und zwei »Feuer Handsprützen«, eine »Feuer Zange«, eine Ofengabel, ein eisernes Bratrost, ein »grün Tischlein«, noch ein »grühn Tischlein« (diesmal mit h in der Farbe), drei »weiße Lehnbäncke, darunter zwey weiche und eine harte seyen«, also wohl zwei gepolsterte und eine ungepolsterte und schließlich zwei »auf Holz mit rähmen gemahlte undt eingefaßete Bilder [...], darunter ein Weibesstück gemahlet mit 5 Kindern, soll die Liebe sein«.

Francke stand also wenigstens im Bild vor Augen, was das *Hauß-haltungs-Magazin* für ein ordentliches Leben für nötig hält: »Ein frommes und Tugendsames Weib« und »fromme und gerathene Kinder«, während »getreues und williges Gesinde« Francke zu diesem Zeitpunkt noch fehlte. Wichtig sind außerdem »Gesundheit und Gedult«, »Geld nach Nothdurfft / Vorrat nach Bedarf / Ein gute Küche / frischer Keller /gutes Bette / reinliches und geschmacktes Essen / reinliche Kleidung und ordentliche Wäsche« und schließlich »Gottes Seegen und Beystand«.

10. Weltliche Freuden

∞

Ruhestat der Liebe – »Lüsterne Brunsten« –
Singen und Tanzen – Tabakskollegien
und Tabakskantaten – Kaffeehäuser und
Kaffeekantaten – Die Lerchen der Leipziger –
Bach und Bier – Händels Tafel –
Telemanns Blumenliebe – Münchhausens
Ananas – Wie lustig ist das
Studentenleben? – Volksbelustigung oder
Der Rumpfmensch von Regensburg –
Bänkelsänger

Ruhestat der Liebe

In der Hitze eines Sommermittags, zu jener Tageszeit, in der bei den ›alten Griechen‹ Pan sein Unwesen trieb, schläft Chloris auf einer Wiese ein. Sie ist leicht bekleidet, und der Wind lüftet ihr Gewand. Der verliebte Celadon erblickt, was zum Vorschein kommt, und macht sich mit der Hand daran zu schaffen. Darüber erwacht Chloris und springt erzürnt auf die Beine. Celadon beginnt seine Verteidigungsrede: »Das liebste das man kennt, und doch sich scheut zu nennen / Weil auch das bloße Wort uns schon vermag zu brennen« – »Es ist ja deine Schooß der Auszug aller Zierde / Der enge Sammel-Platz der schmeichlenden Begierde / Der Rund, wo die Natur zusammen hat gedrängt / Was sich nur reitzendes den Gliedern eingemengt / Hier ist der kleine Schatz, der deinen Reichthum zeiget / Der lebendige Thron, der alle Zepter beuget« – »Daß alles, was nur lebt, was nur die Liebe zwingt / Nothwendig zu der Schooß als seiner Ruhstat dringt.«

Dank seiner Wortgewandtheit wird Celadon schließlich ›erhört‹. Das ist die Geschichte, falls man es so nennen kann, in *Ruhestat der Liebe oder Schooß der Geliebten* von Johann von Besser, veröffentlicht ohne Erlaubnis des Verfassers. Das vermutet jedenfalls Nicolaus Hieronymus Gundling, Bruder des unglücklichen gelehrten Säufers im Tabakskollegium* des Soldatenkönigs, und meint, dass Besser das Gedicht »keinesweges werde haben wollen gedruckt wissen. Kein kluger und unpartheyischer Mensch, dem sonst die honeteté des Herrn von Besser bekannt ist, wird es ihm verübeln, daß er in seiner Jugend, welche selten ohne Flammen ist, bei der ihm zugestoßenen aventure also poetisiret«. Gundlings Empörung ist rechtshistorisch interessant, denn er gehörte zu jenen Juristen, die den Be-

---

* Dazu der entsprechende Abschnitt in diesem Kapitel.

griff des ›geistigen Eigentums‹ einführten. Konsequenterweise stritt er auch gegen das ungenehmigte Nachdrucken von Schriften, ob es darin um Schöße ging oder nicht.

»Lüsterne Brunsten«

Schnabels im Irrgarten der Liebe herumtaumelnder Kavalier erklärt an einer Stelle des Romans, »ein gutes Buch kann mir die Zeit besser passieren als das schönste Frauenzimmer«. Er lügt. Gute Bücher können schöne Frauen niemals ersetzen, nicht einmal in guten Büchern, und auch nicht in solchen, die von ›lüsternen Brunsten‹ handeln und selbst lüstern und brünstig sind.

Folgt man Gotthard Heideggers Kampfschrift *Von den so benanten Romans* aus dem Jahr 1698, geht es in diesen suspekten Büchern um »Schönheiten, Lüsterne Brunsten, Sehnungen, Eifersuchten, Rivalitaeten […], Samthoffnungen, Liebes-Liste, Nacht- und Hinder-Thür oder Fenster-Visiten, Küsse, Umarmungen, Liebes-Ohnmachten, Butzwerk, Hahnreyen, Buhler-Träume, Gärten, Palläst, Lust-Wälder, Schildereyen, Götzen-Tempel, Musicen, Däntze, Schau- und Ritter-Spiele, Entführungen, Irr-reisen, Verzweiflungen, begonnene oder vollbrachte Selbstmörd, Zweykämpff, See-Stürm, Gefangenschaften, Kriege, Blutbäder, Verkleidungen, Helden, Heldinnen, Wahrsagereyen, Beylager, Krönungen, Feste, Triumphe«. Auf dergleichen war (und ist) die Leserschaft versessen: »Wann ein Quartal verstreicht, da nicht einer oder mehr Romans auß und in die Catalogos kommet, ist es so seltsam als eine große Gesellschaft, da einer nicht Hans hiesse. Manchem ermanglet nicht an einem Wandgestell voller Romans, aber wol an Bibel und Betbuch. Mann- und Frauwen-Volck sitzt darüber als über Eyern Tag und Nacht hinein.«

Zwei Jahrzehnte nach Heidegger bekräftigt Clisanders *Einleitung zu der Welt-Weissheit* im Kapitel über die ›Wollüstigen‹: »Sie lesen auch gerne in Oper-Büchern, Historien und so genannten Romainen [!], damit sie ie mehr und mehr Erkänntniß von artigen und wohl lautenden Sachen und Affairen bekommen, und sich nachgehends selbst in ihrem Leben und Umgange darnach richten mögen.«

Noch einmal ein knappes Jahrzehnt später wird immer noch aus ›Wollust‹ gelesen. Gottsched tadelt in seinem *Versuch einer Critischen Dichtkunst* die Romanschreiber, die »einen verliebten Labyrinth in den andern bauen und eitel Torheiten durcheinanderflechten, ihre wollüstigen Leser noch üppiger zu machen und die Unschuldigen zu verführen.« Könnten die Leute nicht vernünftig lesen? Warum »sollen sie eben lauter historische Bücher und Romanen lesen«, fragt Gottsched in einer weiteren Schrift, warum »sollen sie lauter Postillen und Gebethbücher in Händen haben? Man braucht auch in weltlichen Dingen, in Sachen, die von der Haushaltung, von dem Gebrauche der Vernunft, von einem klugen Umgange mit Leuten, von der bürgerlichen Klugheit, von allerley Pflichten des menschlichen Lebens, von der Erkenntnis der Natur, vom Ackerbaue und ganzen Landleben, von Künsten und Handwerken, von der Kaufmannschaft u. d. g. [und dergleichen] zuweilen eine Nachricht.« Gottsched in seinem Vernunftfuror nahm die tatsächlichen Marktverhältnisse verzerrt wahr. Zur Leipziger Ostermesse 1740 erschienen 755 neue Bücher, darunter nur 20 Romane, allerdings 291 religiöse Titel, darunter »Gebethbücher«*. Bände mit Gedichten erschienen zehn.

Singen und Tanzen

Die neueste Lyrik wurde dem Publikum auf den Messen präsentiert. Aber wie ist es seit alters her überhaupt zur Poesie gekommen? Auch darauf gibt Gottsched eine Antwort: »Wenn ein munter Kopf von gutem Naturelle sich bei der Mahlzeit oder einem starken Trunke das Geblüt erhitzet und die Lebens-Geister rege gemacht hatte, hub er etwa an, vor Freuden zu singen und sein Ver-

---

* Erst am Ende des Jahrhunderts verlor die religiöse Literatur mit dem Schwinden der Meinungs- auch die Mengendominanz.

gnügen auch durch dabei ausgesprochene Worte zu bezeigen.« Und ein »verliebter Schäfer, dem bei der langen Weile auf dem Felde, wo er seine Herde weidete, die Gegenwart einer angenehmen Schäferin das Herz rührete und das Geblüt in Wallung setzte, bemühte sich, nach dem Muster der Vögel ihr was vorzusingen und bei einer lieblichen Melodie zugleich seine Liebe zu erklären«, um dem »Auszug aller Zierde« näher zu kommen wie Celadon in der *Ruhestat der Liebe.*

In einer Ode von Friedrich von Hagedorn, 1741 von Telemann mit »leichten und fast für alle Hälse bequemhen Melodien« vertont, wird der Erfolg der Schäfer-Strategie bezweifelt und der Wein zu Hilfe gerufen: »Die Mäßigkeit der ersten Schäferinnen / Verdoppelten der Schäfer Müh; / Wir trinken Wein, befeuern unsre Sinnen, / Und küssen kräftiger als sie.« Deshalb »Ihr Freunde! Zecht bey freudenvollen Chören! / Auf! stimmt ein freyes Scherzlied an. / Trink ich zu viel, so trink ich Euch zu Ehren, / und daß ich heller singen kann.«[*]

Im wirklichen Leben ging es anders zu. Sowohl die Liebesleute zu Zeiten Gottscheds, Hagedorns und Telemanns wie auch vor Urzeiten die verliebten Schäfer dürften nach starkem Trinken eher gegrölt als gesungen haben. Andererseits kann man mit etwas gutem Willen jedes Lärmen mit Instrumenten als Musizieren bezeichnen. Der Flötist Quantz führte auf notenloses Fiedeln seine Neigung zur Musik zurück: »Allein weil ich schon von meinem achten Jahre an meinen ältesten Bruder, der bisweilen bey den Freudenfesten der Bauern die Stelle eines Dorfmusikanten vertrat, bey diesen Gelegenheiten, mit der deutschen Baßgeige, doch ohne eine Note zu kennen, hatte begleiten müssen; so hatte diese Musik, so schlecht sie auch war, dennoch sich meiner Neigungen dergestalt bemeistert, daß ich nichts anders als ein Musikus werden wollte.« Trotz dieser Erinnerungsverbeugung vor den musikalischen Dorferfahrungen seiner Kindheit konnte Quantz sich ziemlich abfällig äußern über »das gemeine Volck […], welches aus allerley schlechten Leuten und Gesinde besteht. Dieses höret mit Vergnügen einem Knittelliede zu und besucht die Opern nicht.«

---

[*] Hagedorn veröffentlichte die Ode erst im Jahr nach Telemanns Publikation.

Für Gottsched ist der Gesang die Grundlage des Dichtens, für Telemann die des Musizierens: »Singen ist das Fundament zur Music in allen Dingen. / Wer die Composition ergreifft / muß in seinen Sätzen singen. / Wer auf Instrumenten spielt / muß des Singens kündig seyn. / Also präge man das Singen jungen Leuten fleißig ein.«

Poesie und Musik haben ihren Ursprung im Gesang, und der Gesang hat seinen Ursprung in der Liebe. Neben der erotischen Liebe ist es die Liebe zum Herrn, die den Menschen Jubeltöne atmen lässt. »Singet dem Herrn ein neues Lied«, heißt es im *Psalter* nach Luther, und: »Alles was Odem hat, lobe den Herrn, Haleluia.« *Singet dem Herrn ein neues Lied* heißt auch die Kantate, die Bach für das Neujahrsfest 1724 komponierte, sein erstes in Leipzig (BWV 190). Sechs Jahre später nimmt er die Vorlage noch einmal auf für eine Kantate anlässlich des zweihundertsten Jahrestages des Augsburger Bekenntnisses von 1530 (BWV 190a)*. Zeitlich in der Mitte zwischen beiden Kantatenereignissen entstand noch eine Motette mit dem gleichen Titel (BWV 225). Je mehr sich die Stimmen zum Lobpreis des Schöpfers erheben, desto mehr erheben sich die Herzen der Hörer. Der Jubel greift über, die Körper schwingen im Klang, die Seelen scheinen zu schweben.

Die von der Musik ausgelöste leibliche Erfahrung von ›Transzendenz‹ hat allerdings Voraussetzungen, Voraussetzungen ganz diesseitiger Art. Zum Beispiel sollte es in der Kirche nicht zu kalt sein. Auf der Straße auch nicht. Aber dort kam es für die Ausübenden ohnehin weniger darauf an, sich zu erheben, als sich den Unterhalt mit Unterhaltung zu verdienen. Ein »musicalischer Gassen-Chor«, schreibt Telemann am Beispiel Hamburgs, sei zu »größerem Behuf der Schule« durch die Straßen zu schicken: »Denn wegen der Vielheit der hiesigen Einwohner, und des Ihnen von Gott verliehenen Segens an Gütern, könnte hier eine weit größere Anzahl, als irgend wo, von solchen Choristen unterhalten und zu künftigen Kirchen- und Policey-Diensten erzogen werden.« Nur auf den Verkehr muss man achtgeben: »Wider die Aufrichtung eines solchen

---

* Die Musik zu BWV 190 ist unvollständig, die zu BWV 190a gar nicht erhalten.

Chores könnte zwar eingeworfen werden, daß, weil hier das Gefahre von Kutschen und Wagen starck, die Gassen aber mehrentheils enge wären, so könnte selbiger nicht Raum finden, sich in gehörige Ordnung zu stellen; dagegen wäre zu erwidern, daß, weil in den Früh-Stunden und Mittages zwischen den Mahlzeiten, wenig gefahren wird, so müsste man sich solcher Zeit bedienen; da auch die Choristen verschiedene Motetten und Arien im Voraus auswendig zu lernen hätten, so würden sie also nicht gestöhret, wenn sie auch schon den Kutschen Platz machen müssten.«

Die Kinderchöre sangen auf den Gassen, an den Gräbern, in den Kirchen. In Leipzig an der Thomas-, der Nikolai, der Peters- und der Neuen Kirche und an hohen Feiertagen auch in der Kapelle des Johannishospitals. Die sonntäglichen Kantaten wurden abwechselnd in der Thomas- und in der Nikolaikirche aufgeführt*.

Das lateinische ›cantare‹ heißt ›singen‹, und der Kantor ist derjenige, der dafür zu sorgen hat, dass »des Gesanges Lieblichkeit nicht in ein wildes Geheul verwandelt werde«. Auf diese derbe Weise drückt es Christoff Weigel in seiner *Abbildung Der Gemein-Nützlichen Haupt-Stände* aus, deren Abschnitt über den Kantor recht einladend beginnt: »Singen, und zwar zierlich singen, ist eine Kunst, so das menschliche Gemüht [!] wundersam, nachdem die Stimme moderiret und geführet wird, beweget: Ein anmuthiges Gesang mildert die Sorgen, hemmet die Furcht, mässiget den Zorn, stillet die Ungeduld, vermehret die Andacht und erhebet das Lob Gottes«. Der brummige Schulmeister in der gleichnamigen Kantate** singt das so: »Ein schönes Lied von rechten Meistern, kann Herze, Leib und Seel' begeistern.«

Damit ein ›anmuthiges Gesang‹ und kein ›wildes Geheul‹ zustande kam, waren nach Weigel »gewisse Cantores und Sing-Meister angeordnet, die Gesänge unnd deren Absätze richtig anzufangen, die Stimm zu führen und die Jugend zu unterweisen«. Genau darin bestand Bachs Hauptaufgabe an der Thomasschule. Gleichwohl konnte er es nicht ausstehen, als Kantor bezeichnet und behandelt zu werden, und nannte sich lieber ›Director musices‹ oder,

*   Zu den Gottesdiensten der entsprechende Abschnitt im 6. Kapitel.
** Dazu der Abschnitt im vorhergehenden Kapitel.

mit entsprechender Hoftitulatur ausgestattet, Kapellmeister*. Auch von Kantaten sprach er ungern und zog, jedenfalls bei den weltlichen Werken, den Gattungsbegriff ›Dramma per musica‹ vor. Wie viel – pardon – Kantaten Bach im Laufe seines ungeheuren Musikerlebens komponiert und parodiert, gekürzt und erweitert, verworfen und recycelt hat, ist schwer abzuschätzen. Die ersten 216 Nummern des Bachwerkeverzeichnisses beziffern die gut, wenn auch nicht immer vollständig überlieferten geistlichen und weltlichen Kantaten, von *Wie schön leuchtet der Morgenstern* (BWV 1) bis *Vergnügte Pleißenstadt* (BWV 216), wobei das eine und andere Stück ins Verzeichnis geraten ist, das gar nicht von Johann Sebastian stammt, sondern zum Beispiel von Telemann (BWV 141, 160). Insgesamt allerdings dürfte die Zahl der von Bach komponierten Werke dieser Gattung weit über der BWV-Zählung gelegen haben, sind doch ganze Kantatenjahrgänge verschollen.

Das Musizieren als weltliches Vergnügen ist Thema des Dramma per musica *Geschwinde, ihr wirbelnden Winde* (BWV 201), in dem der bocksbeinige Pan mit seiner Hirtenflöte gegen die Leier des Apoll antritt – und verliert, verlieren muss, denn das verlangen die Hierarchie der Götter und die ihrer Instrumente. Da kann Pan noch so schön blasen »Zu Tanze, zu Sprunge, so wackelt das Herz.« Bach hat mit dem panischen Tanz den galanten Stil karikiert, ausgerechnet, hätte der doch dem vornehm gravitätischen Apoll besser gestanden.

Heidnisches Herzwackeln gehörte sich nicht in christlichen Kirchen, ein Pan und ein Pietist tanzen nach verschiedenen Pfeifen. Entsprechend nachdrücklich fällt die Warnung August Hermann Franckes aus: »Wenn man Spielen oder kurzweilige Actiones, Tanzen, Springen usw. anfänget, so bedenke man zuvor, weil bei diesen Dingen viel unanständiges und wüstes Wesen vorgeht, gemeiniglich auch unzüchtige Gebärden und Reden nicht ausbleiben, darauf andere größere Sünden folgen, ob dir nicht ratsamer sei, dich davon zu machen«.

Der Lübecker Kantor Caspar Ruetz, der um die Jahrhundertmitte drei Bücher zur Verteidigung der Musik im Gottesdienst

---

* Dazu der entsprechende Abschnitt im 6. Kapitel.

schrieb, war anderer Meinung: »Wenn wir nicht das geringste, was zum Tantzen gehört, in die Kirche bringen sollen, müsten wir Füsse und Hände, ja den gantzen Leib zu Hause lassen.« Es sei völlig in Ordnung, wenn die Musik »das Hüpfen und Springen aufrichtiger Christen Hertzen« bewirke.

Aber wehe, wenn der ganze Christ hüpft, noch dazu im Wirtshaus, und selbst nachts auf der Straße nicht damit aufhören kann, wie Clisander in seiner *Einleitung zu der Welt-Weissheit* den Wollüstigen vorwirft: Obwohl »die Nacht mit solchem Springen und Hüpffen fast mehr als über die Helffte verstrichen [...], so lässet er doch denen Musicanten, wenn auch schon alle Anwesende nach Hause und in ihre Schlaff-Kammern gegangen, keine Ruhe und Friede, sondern schleppet sie so zu sagen durch alle Gassen von Haus zu Haus herum, wo er nur vermeynet, daß ein hübsches Frauenzimmer darinnen logiret, und machet daselbst sein devoir durch die so genannten Ständtgen. Er forciret die Herren Musicanten dermassen zu streichen und aufzublasen, als ob er völlig willens wäre, die Lufft darmit zu zerspalten.«

Das ordentliche, das galante Tanzen dagegen ist eine Sozial- und eine Sozialisierungstechnik. Der junge Mensch trainiert mit der Körperbeherrschung zugleich die Selbstdisziplin und stellt in hoher und höchster Gesellschaft mit seiner geschulten Beweglichkeit unter Beweis, dass er mit Recht dazugehört. Valentin Trichters *Curioses Reit- Jagd- Fecht- Tantz oder Ritter-Exercitien-Lexicon* definiert »Tantzkunst« als »die erste unter den Ritterlichen Exercitiis, welche den übrigen die Thür auf- und zuschließt, und durch deren wohlgeordnete Ausübung der menschliche Leib zu allen Verrichtungen agil und geschickt gemacht, das Gemüth recreiret und gestärcket, die Lebens-Geister ermuntert, und zu allen wichtigen Geschäfften gleichsam auf das neue beseelet werden.«

Der vollkommene Teutsche Soldat des Hannß Friedrich von Fleming teilt diese Auffassung: »Das Tantzen, ob es gleich von den meisten heutiges gemißbrauchet wird, ist dennoch nicht zu verabsäumen, es macht die Glieder geschickt, daß man hernach bey einer guten Stellung des Leibes mancherley Handlungen eine bessere Grace geben kan. Ein Tantzmeister muss bey einem jungen Menschen sonderlich dahin sehn, damit er lerne die Beine auswerts setzen, gerade gehen, die Brust auswerts tragen und geschickte Reverences machen. Bey den Tantzen muß man [...] sich der Sittsamkeit befleißigen, denn die mancherley Capriolen und Lufft-Sprünge stehn nicht allen Leuten an. Es würde mancher zierlicher tantzen, wenn er nicht mit den Kopf und Händen so viel wunderliche und unnöthige Bewegungen und so viel krumme Sprünge machte.«

Das Disziplinarische betont auch der Leipziger Ballettmeister Samuel Rudolph Behr 1709 in seiner Lehrschrift *Wohlgegründete Tantz-Kunst, So er Auff Begehren seiner Herren Scholaren [...] heraus gegeben*. In dem vorangestellten Widmungsgedicht eines Freundes heißt es: »Soll unter andern ich der Künste Lob erheben / Muß ich der Tantz-Kunst wohl Ruhm, Preis und Ehre geben: / In ihren Wesen trifft man was à partes an, / Daß ein galanter Mensch galanter werden kan.« Behr hatte die Profession des Tanzmeisters noch zu rechtfertigen, wie auch der Tanz generell rechtfertigungsbedürftig war und blieb. Behr erinnert zur Sicherheit daran, dass Jesus auf einer Hochzeit gewesen und dass dort getanzt worden sei. Jesus habe sich darüber offenbar nicht geärgert, sonst hätte er kaum Wasser in Wein verwandelt.

Während des ersten Drittels des Jahrhunderts etablierte sich das aus Frankreich kommende Tanzmeisterwesen in Deutschland, nicht nur in Residenzstädten wie Dresden, sondern auch in wohlhabenden Handelsbürgerstädten wie Leipzig. Dass Leipzig eine Buchstadt war, erleichterte den Meistern die Publikation ihrer reich bebilderten und mit Bewegungsschemata ausgestatteten Werke, die dann wiederum ihr Renommee beförderten, was ihnen neue Schüler zuführte und sie neue Erfahrungen machen ließ, die wiederum in erweiterten Neuauflagen ihren Niederschlag fanden.

Auch der spätere Nürnberger Astronom Johann Leonhard Rost veröffentlichte seine Verteidigung des Tanzes unter dem Pseudonym Meletaon in Leipzig (allerdings auch in Frankfurt): *Von der Nutzbarkeit des Tantzens. Wie viel selbiges zu einer Galanten und wohlanständigen Conduite bey einem jungen Menschen und Frauenzimmer beytrage; Auch wie man dadurch sowol die Kinder als erwachsene Leute von beederley Geschlechte zur Höflichkeit, Artigkeit und Freymüthigkeit anweisen solle.* Im Unterschied zu Behr hatte er zu erklären, warum er über das Tanzen schrieb, obwohl er kein Tanzmeister war. Diese Erklärung bestand darin, dass es ihm nicht um das Tanzen an und für sich ginge, sondern um eine Abhandlung mit allgemein erzieherischer Absicht: »Ein junger Mensch kan sich bey der galanten und vernünfftigen Welt nicht wenig beliebt machen, wenn er nebst den Wissenschafften und Sprachen auch die Exercitia verstehet«, wozu neben dem Tanzen auch das Reiten und Ringen, Fechten und Schwimmen gehören, wie schon aus dem Titel von Trichters Lexikon zu ersehen war.

Der bedeutendste unter den Leipziger Tanzmeistern der Zeit war Gottfried Taubert. Auch er musste 1717 in seiner Schrift *Rechtschaffener Tantzmeister* das Tanzen noch in Schutz nehmen und versicherte, es habe »seinen Ursprung von GOTT dem Schöpffer aller Dinge, und nicht, wie einige vorgeben, von dem leidigen Teuffel«, denn es sei das »Tantzen und Hüpfen ein natürliches Wesen [...] aus dem Triebe der von GOTT anerschaffenen guten, und nicht, wie sich einige Singularisten träumen lassen, gefallenen Natur«. Damit war jedoch nicht gemeint, die Leute sollten draufloshüpfen, wenn ihnen gerade danach zumute war (vielleicht wie Gottscheds verliebtem Schäfer das Singen): Was »ist wol heut zu Tage bey uns in Teutschland [...] gemeiner als das üppige und recht thörichte Tantzen? Springet man nicht in allen Städten, Flecken, Dörffern, Hochzeit-, Bier- und Schenck-Häusern (ja wol öfters, wenn man etliche Gläser Wein oder Bier ausgeleeret hat, bey denen vornehmen Hochzeiten, wobey es doch allezeit honet und adroit zugehen solte), fast ohne Unterscheid der Zeit und Gelegenheit, wie das thumme Haupt-Vieh unter einander lauffend, in den Tag hinein?«

Wie Singende den Kantor brauchen, damit der Gesang nicht zum Geheul wird, brauchen Tanzende den Tanzmeister. Er war der Garant für konfigurierte Bewegungsfreude, eine Art sozialer Funktionslust, die gerade nicht natürlich-triebhaft, sondern als gesellschaftliche Kunstfertigkeit eingeübt war. An diesem disziplinierten, um nicht gleich zu sagen exerziermäßigen Tanzen hatte sogar der Soldatenkönig seine Freude. Nur kosten durfte es ihn nichts. Von einem ausgedehnten Besuch bei August dem Starken im Januar 1728 schrieb er: »Ich bin in Dresden und springe und tanze, ich bin mehr fatigiret [ermüdet] als wenn ich alle Tage zwei Hirsche tot hetze.« Man kann sich ausmalen, wie er nach der Rückkehr in Königs Wusterhausen sarkastisch mit seinen Dresdener Tänzen renommierte, in der einen Hand den Bierhumpen, in der anderen die Tabakspfeife.

Tabakskollegien und Tabakskantaten

Wusterhausen war seit 1682 im Besitz der brandenburgischen Herrscher. Der Soldatenkönig ließ nach seinem Machtanritt 1713 das Domizil zu einem Jagdschloss ausbauen, anlässlich von dessen Einweihung 1718 wurde das Dorf von Wendisch Wusterhausen in Königs Wusterhausen umbenannt, und 1719 wurde im Saal des Tabakskollegiums die riesige zweihenkelige, aus 625 Münzen zusammengesetzte Kanne mit Hahn aufgestellt, aus der bei den abendlichen Zechrunden das Duckstener in die Krüge lief. Das Weizenbier aus Königslutter im Braunschweigischen war weithin beliebt und gehörte zu den Köstlichkeiten, für die der Leipziger Ratskeller bei den Messebesuchern berühmt war*. Während in der Handelsstadt auf Geschäfte angestoßen wurde, krachten die Krüge in Königs Wusterhausen bloß zum Spaß. Im Berliner und im Potsdamer Schloss trat die Runde auf Befehl Friedrich Wilhelms ebenfalls zusammen, aber bei den ›Kollegien‹ während der Jagdsaison ging es besonders hoch her – oder besonders niedrig, wenn damit das menschliche Niveau bezeichnet sein soll, mit dem dort der Machthaber und seine mit Orden behangene Entourage die teilnehmenden akademischen Narren und närrischen Akademiker quälten, darunter der alkoholkranke Historiker Jacob Paul Gundling und sein ewiger Kontrahent David Fassmann. Als republikanischen Zeitreisenden wandeln mich bei den widerlichen Szenen, die aus dem Tabakskollegium überliefert sind, jakobinische Gefühle

---

* Mehr über Bier im Abschnitt »Bach und Bier« in diesem Kapitel.

an, obwohl das anachronistisch ist, denn für solche Gefühle war es im ersten Drittel des 18. Jahrhunderts zu früh. Gleichwohl soll hier keine der viel kolportierten Geschichten aus Königs Wusterhausen noch einmal erzählt werden.

Nur die Legende, beim Biertrinken und Pfeiferauchen im Tabakskollegium hätten sich vorübergehend die ›Standesschranken‹ gehoben, sei korrigiert. Die gelehrten Narren und die Stammgäste durften in der Runde manches sagen, was außerhalb oder gar öffentlich geäußert riskant gewesen wäre. Diese im Zechkreis erlaubte Offenherzigkeit brachte dem bauernschlauen König Meinungen zu Ohren und Sichtweisen vor Augen, vor denen er im Herrschaftsalltag Augen und Ohren verschloss und verschließen musste, wollte er nicht wie andere Autokraten von Räten und Einflüsterern hin- und hergeschubst werden. Das Tabakskollegium bot einen relevanzfreien Gedankenraum, der beim eigentlichen Regierungshandeln unter den Bedingungen absolutistisch konzipierter Selbstherrschaft bei bestem Willen nicht hätte offengehalten werden können, weder im königlichen Kabinett noch in den nachgeordneten Gremien und Behörden. Mit ›gehobenen Standesschranken‹ wie später im bürgerlichen Salon (und auch da eher der Idee als der Wirklichkeit nach) ist der schmauchende Trinkkreis um den König jedenfalls irreführend charakterisiert.

Der Effekt einer vom sonstigen Hofzeremoniell wenig belasteten Geselligkeit war schon unter Friedrich I. wirksam. Nicht der derbe Soldatenkönig gründete das Kollegium, sondern bereits 1709 sein zeremoniöser Vater. Zu dessen Runde in einem Paradezimmer des Berliner Stadtschlosses hatte seine dritte Ehefrau Sophie Luise Zutritt. Sie ist auf einem Gemälde von Carl Paul Leygebe zu sehen[*]. Allerdings raucht sie nicht selbst, das wäre dann doch wenig comme il faut gewesen, sondern zündet im zurückgesetzten Zentrum des Bildes mit einem Fidibus dem Gemahl die Pfeife an. Die Geste betont ihre Vorrangstellung, denn der Kammermohr im Vordergrund des Gemäldes darf nicht direkt an die Pfeife. Er zündet mit einer Kerze nur den Fidibus an, mit dem sich der herrschaftliche Raucher dann selbst Feuer gibt.

[*] Das Bild hängt heute im Berliner Schloss Charlottenburg.

Während Sophie Luise auf dem Bild vom Paradezimmer des Berliner Schlosses nur als Anzünderin erscheint, rauchten die Damen im Gastzimmer eines Hamburger Bürgerhauses selbst, wie Johann Christian Müller entsetzt beobachtete. Er sah »zweene Thee Tische, auf den einen große lange Pfeiffen, [...] auf den anderen lange Pfeiffen mit kleinen Köpfen und gelinden gelben Toback besetzt [...]. Es dauerte nicht lange, so kamen 3 oder 4 lange Frauenzimmer mit ihren Regenmänteln und großen Reifröcken ins Zimmer getreten, ihnen folgten bald die Männer. Das Frauenzimmer setzte sich zu den kleinen Pfeiffen. Sie ergriffen auch sogleich eine, die schon gestopft, rauchten und spuckten dabei aus, trotz denen Männern, und discurirten mit ihnen um die Wette. Ich erschrack bei dem Anblick dieser männlichen Frauen, weil ich ihr Geschlecht bis hirher niemals rauchen gesehen«.

Behaglicher als im repräsentativen Zirkel Friedrichs, besinnlicher als in der Haudegen-Clique Friedrich Wilhelms und weniger ›erschröcklich‹ als im Hamburger Gastzimmer geht es im zweiten Noten-Büchlein der Anna Magdalena Bach von 1725 zu. Hier raucht der Bürger ungestört seine Pfeife allein für sich und sinniert über die Vergänglichkeit des Daseins: »So oft ich meine Tobackspfeife, / mit gutem Knaster angefüllt, / zur Lust und Zeitvertreib ergreife, / so gibt sie mir ein Trauerbild / und füget diese Lehre bei, / daß ich derselben ähnlich sei. / Die Pfeife stammt von Ton und Erde, / auch ich bin gleichfalls draus gemacht. / Auch ich muß einst zur Erde werden / sie fällt und bricht, ehe Ihr's gedacht, / mir oftmals in der Hand entzwei, / mein Schicksal ist auch einerlei. // Die Pfeife pflegt man nicht zu färben, / sie bleibt weiß. Also der Schluß, / daß ich auch dermaleins im Sterben / dem Leibe nach erblassen muß. / Im Grabe wird der Körper auch so Schwarz, / wie sie nach langem Brauch. / Wenn nur die Pfeife angezündet, / so sieht man, wie im Augenblick / der Rauch in freier Luft verschwindet, / nichts als die Asche bleibt zurück. / So wird des Menschen Ruhm verzehrt / und dessen Leib in Staub verkehrt. // Wie oft geschieht's nicht bei dem Rauchen / daß, wenn der Stopfer nicht zur Hand, / man pflegt die Finger zu gebrauchen. / Dann denk ich, wenn ich mich verbrannt: / O, macht die Kohle solche Pein, / wie heiß mag erst die Hölle sein? / Ich kann bei so gestalten Sachen / mir bei dem Toback jederzeit /

erbauliche Gedanken machen. / Drum schmauch ich voll Zufriedenheit / zu Land, zu Wasser und zu Haus / mein Pfeifchen stets in Andacht aus.«

Wenn der Bürger zugleich Musiker ist, oder gar Musikdirektor, tut er gut daran, nach dem Schmauchen die Kleider zu lüften, bevor er den Leuten, vor allem den vornehmen, unter die Augen beziehungsweise vor die Nasen tritt: »Was soll ich von dem Toback-Parfum viel sagen«, fragt Musikkritiker Johann Mattheson in *Der brauchbare Virtuoso:* »Wer des Dinges gewohnet ist, wird es doch nicht lassen. Zwar raucht mancher feiner und honetter Mann wohl bißweilen seiner Gesundheit, auch Lust halber, ein Pfeifgen Toback; aber wenn er doch unter hübsche Leute gehen will, wird er sich sauber machen und den Geruch so viel müglich corrigiren. Ich kenne viele vornehme Personen, denen mancher Virtuose darüber unbrauchbar und zuwieder geworden, daß er so unerträglich starck von Toback gestuncken.«

Matthesons Warnung hielt Gottfried Heinrich Stölzel nicht davon ab, in einer Kantate ein Loblied singen zu lassen auf den *Tobak, du edle Panacée vor heldenmütge Seelen*. Der Hofkapellmeister in Gera und Gotha gehörte zu jenen Musikern, deren regionales Renommee zu Lebzeiten dasjenige Bachs zeitweise übertraf, deren Können aber später von dessen Ruhmesschatten verdunkelt wurde. Stölzel steht neben Händel und Telemann in der Reihe bedeutender Komponisten, die Brockes' Passion vertont hatten, und Bach selbst führte 1735/36 in Leipzig einen ganzen Kantatenjahrgang Stölzels auf. Außerdem stammt die anrührende Arie *Bist du bei mir* (BWV 508) aus Anna Magdalenas Notenbüchlein eben nicht von Bach, sondern von Stölzel*.

Tabak wurde geraucht oder geschnupft, und was dem »Mannsvolck« dessen »niedlich stehende Pfeiffen« sind, das ist dem »Frauenzimmer« ihr »liebstes Dösgen«. Darum wird in der *Singenden Muse* des Sperontes sechs schlüpfrige Strophen lang herumgesungen, bis endlich das »Dösgen voller Schnupf-Taback« benannt wird, nachdem niemand, wirklich niemand mehr überhören konnte, wovon eigentlich die ganze Zeit der Gesang war.

---

* Das gilt erst seit einem Manuskriptfund im Jahr 1999 als gesichert.

Die Auswahl an Pfeifen- und Schnupftabaken war beeindruckend. In einer Liste von Bannormens *Haußhaltungs-Magazin* stehen »Leichter Englischer Taback«, »Verginischer Taback«, »Brasilischer Taback«, dann »Hanauer-, Hessischer-, Nürnbergischer-, Ammersforter-, Pommerischer-, Magdeburgischer-, Neu-, und Ucker-Märckischer« sowie »Mohren-, Zottel-, Cavalliers-Taback« und schließlich »Kanaster oder Korb-Taback«. Worum es sich dabei handelte, erklärte der Arzt Johann Gottlob Krüger in seinen *Gedancken Vom Caffee, Thee und Toback* so: »Knaster ist eigentlich americanischer Toback, und hat seinen Nahmen von dem Italiänischen oder Spanischen Worte* Canastro bekommen, welches einen Korb bedeutet, weil uns dieser Toback in gewissen von Rohr geflochtenen Körben überschickt wird.« Er habe von allen Sorten »den angenehmsten Geruch und Geschmack«, werde aber oft um des Gewinns Willen verfälscht.

Krüger vermied die Verteufelung des Krauts, hielt es jedoch zugleich für Unsinn, den Tabak im medizinischen Sinn eine Panazee zu nennen, ein Allesheilkraut. Er lobte die den Hunger dämpfende Wirkung, was im Feld stehenden Soldaten das Durchhalten erleichtere, und versicherte, »daß er Oefnung des Leibes macht«. Bei Verstopfung empfehle sich, morgens eine Tasse Tee zu trinken und sich danach mit einer Pfeife auf den ›Nachtstuhl‹ zu setzen. Das sei jeden Morgen zu wiederholen, um den Körper an ordnungsgemäße Entleerung zu gewöhnen. Alles in allem war es für Krüger beim Tabak ähnlich wie beim Kaffee, und die Leser würden »sich nicht verwundern, wenn ich ihnen sage, daß einige den Caffee für ungemein gesund, andre aber für höchst schädlich halten. Denn dieses ist die rechte Galanterie der Gelehrten, daß sie einander beständig widersprechen.« Den Pfeifenmädchen in den Kaffeehäusern wird das eine wie das andere recht gewesen sein. Sie hatten andere Sorgen, wenn sie den Gästen gestopfte Pfeifen, Feuer und manchmal sich selber anboten.

* In Wahrheit Portugiesisch.

Kaffeehäuser und Kaffeekantaten

In Marpergers *Küch- und Keller-Dictionarium* heißt es: »In unsern Caffé-Häusern [...] wird eben wie in Persien zugleich eine Pfeiffe Toback dabey gerauchet«. Wo im Zitat eckige Klammern stehen, finden sich bei Marperger runde mit der Warnung: »(deren viele heutigen Tages nicht eine allzugute Renommée haben, indem unterschiedliche darunter zu offenbahren Huren-Häusern worden)«. Das *Frauenzimmer-Lexicon* des Amaranthes gibt ähnliche Auskunft: »Caffe-Menscher heißen nach heutiger Art zu reden, diejenigen verdächtigen und liederlichen Weibes-Bilder, so in denen Caffe-Häusern das anwesende Mannsvolck bedienen und ihm alle willigen Dienste bezeugen.« Dem versuchte in Leipzig 1716 eine obrigkeitliche Verordnung ein Ende zu machen, vergeblich wie stets in solchen Fällen: »Aller Aufenthalt und Bedienung von Weibs-Personen in Caffee-Häusern, so wohl bey Zurichtung des Getränckes und dessen Auftragen, als auch sonst unter was Vorwand es geschehen möchte« sollten ebenso wie das besonders für Studenten ruinöse Würfelspiel um Geld »gäntzlich verboten seyn«, ebenso das Kartenspiel. Nur das Wandern zwischen Kaffee- und Billardtischen blieb erlaubt, damit die stößigen jungen Herren sich mit Stöcken an Kugeln austoben konnten.

Das erste Kaffeehaus in Leipzig hatte, wie das erste in Wien, bereits 1685 eröffnet, in Bachs Geburtsjahr. Die allerersten Häuser in Deutschland waren die in den Hafenstädten Bremen (1673) und Hamburg (1677). Ein legendärer Leipziger Kaffee-Ausschank trägt den Namen »Zum arabischen Coffe Baum«*. Als der Besitzer des Hauses, Adam Heinrich Schütze, 1711 das Privileg erhielt, Kaffee auszuschenken, trug das Haus den berühmten Namen noch nicht. Schützes Tochter und Erbin Johanna Elisabeth heiratete 1716 den

---

* Aus dieser Zeit stammt das Relief mit ›osmanischer‹ Szene unter einem blühenden Kaffeebaum im Giebel über dem Eingang. Es ist immer noch zu sehen. Der Café-Betrieb indessen wurde zum Jahresende 2018 eingestellt. Welche Rolle August der Starke bei der jungen Witwe Lehmann gespielt hat, ist – zum Glück für die anekdotische Phantasie – ungeklärt.

›Hof-Chocolatier‹ Augusts des Starken, Johann Lehmann, der das in die Ehe gebrachte Haus umbauen ließ. Er starb 1719, noch während der Arbeiten. Im Jahr darauf eröffnete die erst zwanzigjährige Johanna als ›Wittwe Lehmann‹ den »Coffe Baum« und bestand gegen die wachsende Konkurrenz. Mitte der 1720er gab es in Leipzig acht privilegierte, also mit obrigkeitlichen Konzessionen ausgestattete Kaffeehäuser. Hinzu kamen Winkelstuben, die beargwöhnt, aber stillschweigend geduldet wurden, zumal sie meistens bloß zur Neujahrsmesse im Januar, zur Ostermesse und zur Michaelismesse im Herbst geöffnet waren.

Während Johanna Elisabeth in Leipzig ihr Kaffeehaus etablierte, brach in Paris das Bankhaus John Laws zusammen*. Viele Aktienbesitzer, die sich bei Law in der Rue Quincampoix reich spekulieren wollten, besaßen nach dem Platzen der Blase statt Geld nur noch wertloses Papier. Ähnlich war es in Amsterdam. Das Kaffeehaus Quinquanpoix, der Name bezog sich – nicht ganz buchstabengetreu – auf Laws Pariser Wohn- und Geschäftsadresse, hatte sich als Treffpunkt der Aktienhändler etabliert und wurde im Oktober 1720 nach der rasanten Entwertung der Law'schen Papiere vom Mob geplündert. Am nächsten Tag verbot die Stadt Amsterdam den Aktienhandel.

Beim Notenspielen in den Kaffeehäusern ging es risikoärmer zu als beim Börsenpoker, wenn auch nicht völlig reibungslos. Das Musizieren vor Publikum folgte geschäftlichen Interessen, obwohl die Zuhörer keinen Eintritt bezahlen mussten. Nur die gedruckten Programmhefte sollten sie kaufen, und natürlich Kaffee, Tabak, Wein, Gebäck konsumieren. Einem zeitgenössischen Bericht zufolge wurden die Konzerte des 1702 von Telemann gegründeten und von März 1729 bis März 1737 sowie vom Oktober 1739 bis Anfang der 1740er** von Bach geleiteteten Collegium musicum »ausser der Messe alle Wochen einmahl auf dem Zimmermannischen Caffe-Hauß in der Cather[= Catharinen]-Strasse Freytags Abends von 8 biß 10 Uhr, in der Messe aber die Woche zweymahl, Dienstags und Freytags zu

---

* Über Laws Spekulationssystem der Abschnitt zum ›Südseeschwindel‹ im ersten Kapitel.
** Das genaue Ende der zweiten Leitungsphase ist ungesichert.

eben der Zeit gehalten«. In den Sommermonaten gab es mittwochs von 16 bis 18 Uhr in dem vor der Stadtmauer gelegenen Kaffeegarten Gottfried Zimmermanns musikalische Aufführungen.

Eine zweite Konzertreihe, von Johann Friedrich Fasch 1708 gegründet, fand die Woche »einmahl auf dem Schellhaferischen Saal in der Closter-Gasse, Donnerstags Abends von 8 biß 10 Uhr, in der Messe aber die Woche zweymahl, nemlich Montags und Donnerstags« statt, ebenfalls von 20 bis 22 Uhr. Diese Reihe wurde zu Bachs Zeiten geleitet von Johann Gottlieb Görner, dem Organisten der Thomaskirche. Die versetzten Aufführungszeiten lassen vermuten, dass man eine direkte Konkurrenz vermeiden wollte. In beiden Collegia musica spielten vor allem Studenten.

Bachs Kaffeekantate ist vermutlich um den Jahreswechsel 1734/35 entstanden, um in Zimmermanns Etablissement aufgeführt zu werden. Die Zuschauer wussten damals nicht, was an der Kantate von Picander stammte und was von Bach hinzugefügt wurde, und es dürfte sie auch wenig interessiert haben.

Es war voll bei den Aufführungen von Bachs Collegium, und wenn man unter den hundertfünfzig Besuchern endlich einen Platz gefunden und es sich mit dem Programmheft auf dem Schoß bequem gemacht hatte, sofern bei der Bestuhlung von Bequemlichkeit überhaupt die Rede sein konnte (allenfalls im Vergleich mit den Kirchenbänken beim Kantatenhören), wenn also der Beginn der Aufführung bevorstand, so war mit dem Geruckel und Gerede noch immer kein Ende. Deshalb muss das köstliche Stück mit einer Ermahnung des Publikums beginnen: »Schweigt stille, plaudert nicht / und höret, was itzund geschicht«. Dann treten sie auf, der wie ein »Zeidelbär«* brummende Bass Schlendrian und sein allerliebstes flatterhaftes Soprantöchterlein Liesgen. Auch Bach hatte ein Liesgen, die 1726 geborene Elisabeth Juliana Friederica. Sie dürfte aber zur Entstehungszeit der Komposition noch keinen Kaffee getrunken haben.

Schlendrian will seiner Tochter mit allerhand Verboten die Coffé-Sucht austreiben: Sie soll nicht mehr auf Hochzeiten, nicht

---

* Im satirischen Roman *Der Musicalische Quack-Salber* von Bachs Leipziger Vorgänger Johann Kuhnau heißt ein Bass »Herr Zeidelbär«.

einmal mehr spazieren gehen; keinen Fischbeinrock nach neuester Mode und keine Schmuckbänder für ihre Haube bekommen. Es fruchtet alles nichts: »Du loses Liesgen du, / so gibst du mir denn alles zu?« Nie hat sich väterliche Hilflosigkeit beim Mädchenerziehen komischer und zugleich rührender in einem Stoßseufzer Luft gemacht. Dann fällt Schlendrian die ultimative Drohung ein: »Wohlan, so mußt du dich bequemen, / auch niemals einen Mann zu nehmen.« Augenblicklich gibt Liesgen nach. Von Flöten umzwitschert schmachtet sie »ach, ein Mann, ach, ach, ein Mann«. Für die gewöhnlich männlichen zeitgenössischen Zuhörer muss das besonders komisch geklungen haben, denn während wir im Sopran die Liebes- und Triebessehnsucht einer ›mannbaren‹ (um es im Vokabular der Zeit auszudrücken) jungen Frau zu erkennen meinen, hörten die Herren bei Zimmermann einen falsettierenden Studenten das Liesgen geben, weil Frauen das Singen im Kaffeehaus untersagt war. Zum Schluss, und der stammt nicht von Picander, sondern wohl von Bach, geht Schlendrian auf die Suche nach einem Bräutigam, während das lose Liesgen listig wird und hinter seinem Rücken verbreitet, sie werde nur einen heiraten, der ihr ehevertraglich zusichert, »den Coffee, wenn ich will, zu kochen.« Die Moral von der Kantate: »Die Katze lässt das Mausen nicht, / die Jungfern bleiben Coffeeschwestern. / Die Mutter liebt den Coffeebrauch, / die Großmama trank solchen auch, / wer will nun auf die Töchter lästern.«

Der Tabak ist Männerfreude und -fluch, der Kaffee Frauenlust und -laster. Allerdings gab es auch Kantaten, zum Beispiel in den *Poetischen Blumen* von Johann Gottfried Krause aus dem Jahr 1716, in denen beide Drogen kombiniert werden, »ein Köpgen Coffee« und ein »Pfeiffgen Toback«.

Die weibliche Verfallenheit an den schwarzen Trank reizte Picander bereits vor der Kaffeekantate zum Spott. In einem Gedichtband reimte er seiner – wohl ebenfalls weiblichen – Leserschaft satirische ›Zeitungen‹ aus Frankreich zusammen, etwa über ein Verbot des Kaffeetrinkens durch königliches Mandat: »Drauf hörte man daselbst ein immerwährend Heulen; ach! schrie das Weibesvolk, ach nehmt uns lieber Brod, denn ohne den Caffee ist unser Leben todt.« Aber der König bleibt hart und es »starb das Volk als wie die Fliegen hin. Man trug, gleichwie zur Pest, so haufenweis zu Grabe und pur das Weibesvolk nahm so erschrecklich abe, bis da man das Mandat zerrissen und zerstört, so hat das Sterben auch in Frankreich aufgehört.«

In Leipzig indessen drohte es wegen des Kaffeetrinkens anzufangen, wenn man dem Dresdener Arzt Johann August Oehme glauben will. Er rechnet den Kaffee zu »denen Reitzungen, welche die Zunge delectiren, den Gaumen befriedigen, die Sehnsucht stillen, und das Leben auf eine unvermerckte Art verkürtzen«. Beweis: »Zwei Leipziger Frauenzimmer, ledigen Standes, welche (wiewohl in allen Ehren gesprochen) ein paar rechte Coffee-Schwestern seyn mochten, hatten sich, nach ihrem eigenen Geständniß, durch diese üble Gewohnheit des täglichen Coffee-Trinckens, dermaßen übel zugerichtet, daß sie biß aufs Gerippe verzehret waren.«

Etliche Jahre zuvor hatte Kurfürstin Sophie an Leibniz geschrieben, sie »nehme nur Schokolade, denn ich habe Angst vor einem Kloß im Gehirn«, nachdem ihr jemand »erzählt hat, es sei einer im Gehirn von jemandem gefunden worden, der an Kaffee gestorben war«.

Marpergers *Küch- und Keller-Dictionarium* legt dagegen ein gutes Wort für Türkentrank und Teufelssud ein, denn es »hat der Caffé diesen Nutzen, daß er stattliche Hülffe thut in der Aufsteigung [...] des Geblüts, wider die Winde, Wassersucht, Uberfluß der Gallen, Scharbock, Dürre, Melancholey, Stein, Sand, Podagram, Fäulung des Geblüts, Kopf-Weh«.

Der Patriot in Hamburg wiederum weiß ein Gegenmittel. In einer fingierten Hausordnung eines ebenfalls fingierten Erziehungsinstituts für Bürgertöchter wird vorgeschrieben: »Niemahls soll Thee, Caffee oder Chocolate getruncken weren, ohne was Gutes dabey zu lesen« – zum Beispiel am Donnerstag, dem Erscheinungstag der Zeitschrift, den *Patriot*. Der Schnupftabak hingegen soll verboten bleiben, auch mit Lektüre.

Bannormen zählte in seinem *Haußhaltungs-Magazin* mit einem gewissen Übereifer viele Sorten Tabak auf. Krüger unterschied beim Kaffee nur drei: »Wir bekommen Caffee-Bohnen aus Arabien, welches ihr rechtes Vaterland ist, und dieses werden Levantische Caffee-Bohnen genennt. Wir bekommen dergleichen aus Ost-Indien, welcher den Nahmen des Javanischen Caffees führet. Endlich so liefert uns auch America oder West-Indien dergleichen, und dieser ist unter dem Nahmen des Surinamischen Caffees bekant.« Dessen Produktion und Export nach Europa wurden seit 1718 durch die Holländer betrieben.

Der Genuss des kostbaren Globalprodukts zieht nicht nur ordinäre Gebrauchs-, sondern ebenfalls kostbare Renommiergegenstände nach sich: Kaffeetassen und -tässchen, filigrane Copgen mit Goldrand, bemalte Teller, Zuckerdöschen, Kaffeebretter, Kaffeetische und seit Ende der 1730er opulente, mit Watteau-Szenen geschmückte Meißner Service. Das unübertroffen verschwenderische Meisterwerk unter den Prunkgeschirren ist das ›Pretiosen Coffe Zeug‹ von Johann Melchior Dinglinger, angefertigt um die Wende vom 17. zum 18. Jahrhundert für August den Starken. Es besteht aus 45 pyramidenförmig angeordneten Gefäßen und soll so viel gekostet haben (50 000 Taler), dass August davon hätte ein Schloss bauen können. Steht man als Jetztreisender vor diesem im Dresdener Grünen Gewölbe aufgebauten Ungetüm, weiß man nicht, worüber man sich mehr wundern soll: über Dinglingers Kunstfertigkeit oder über die barock auswuchernde Geschmacklosigkeit des Potentaten, der sie dienen musste und sicher auch gern gedient hat.

In den Jahrzehnten nach Fertigstellung dieses repräsentativen Schauobjekts von einem Service verbreiteten sich mit dem Kaffeegenuss die Kaffeegeschirre auch in den bürgerlichen Haushalten. Eine Inventarliste des beschlagnahmten Besitzes von Süß Oppenheimer* nennt unter verschiedenen »thee potgen« und Schokoladenkannen auch sechs »paar braune Caffee geschirr«, eine »Messingerne Caffee kanne«, einen »Caffee Kessel«, einen »Caffeetisch mit Wachstuch« und vier »leinene Caffee tücher«. Die Nachlassliste des Bachhaushaltes** erwähnt etliche Kaffeekannen in verschiedenen Größen, darunter welche aus Messing, des Weiteren einen Kaf-

---

* Zu Oppenheimer der entsprechende Abschnitt im Kapitel »Die Fürsten machen Staat«.

** Zu dieser Liste, der »Specificatio der Verlassenschaft des […] Herrn Johann Sebastian Bachs«, den entsprechenden Abschnitt im vorhergehenden Kapitel.

feeteller und eine Zuckerschale mit Löffeln. Man kann sich vorstellen, wie das erwachsen gewordene Liesgen am Coffe-Tisch sitzt und den Zucker umrührt, während Papa Bach erzählt, wie er bei Zimmermann die Kaffeekantate aufführte, als sie noch ein kleines Mädchen war.

Die Lerchen der Leipziger

Amsel, Drossel, Fink und Star gehören für uns nicht tot auf den Teller. Warum eigentlich? Weil sie so schön singen? In Marpergers Küchenwörterbuch ist das kein Grund, die Drossel nicht zu den Speisevögeln zu zählen, das gilt für die »Ziep-Drosseln […]: Diese haben auf beyden Seiten unter den Flügeln gelbe Federn und singen wohl«, und für die »Wein-Drosseln, welche bräunliche und röthliche Federn haben und nicht so wohl singen«. Gegen das Essen von Amseln ließe sich allenfalls einwenden, dass »sie von Würmern und Heuschrecken sich nähreten« und deshalb ihr Fleisch schwer zu verdauen sei und melancholisch mache. Stare wiederum »werden, so lange sie jung seyn, von dem gemeinen Mann gegessen, die alten aber kommen wegen ihres widerlichen Beyschmacks auf keine vornehme Tafeln«.

Das Drosselfleisch schmeckt um Allerheiligen am besten. Und am allerbesten schmecken die Lerchen*, besonders wenn sie aus der Leipziger Gegend kommen, denn die ist »angenehm und mit fruchtbaren Feldern bebauet«, schwärmt Johann Georg Keyssler in seinen Reisebriefen, »daher sich eine so große Menge Lerchen dahin zieht, daß die Leipziger Lerchen durch ganz Deutschland wegen ihres guten Geschmackes und ihrer Fettigkeit berühmt sind.

---

* Das Fangen der Vögel wurde in Leipzig in den 1870ern verboten. Ein findiger Bäcker tröstete die Leipziger mit einem runden Törtchen, gefüllt mit Marzipan und Marmelade und verziert mit gekreuzten Teigstreifen. Die Teigstreifen sollen an die Kreuzbänder erinnern, mit denen einst die gebratenen und gefüllten Vögel zugebunden waren.

Die Accise von diesen Vögeln bringt in Leipzig allein jährlich bey sechstausend Thaler, und werden sie doch nicht nur hier, sondern auch in der Gegend um Naumburg, Merseburg und Halle ebenso häufig gefangen.«

Marperger schreibt, dass »sonderlich die Hällische und Leipziger Lerchen [...] berühmt seyn und jährlich um Michaeli in grosser Quantität sauber gepflücket und Stück vor Stück im Papier eingewickelt in reinen Schachteln weit und breit verschicket und offt theuer genug bezahlet werden«. Will man sie selbst essen, entfernt man Magen und Eingeweide, brät sie im Ganzen und genießt sie pur ohne »viel daran künstlen« zu wollen, wie Marperger empfiehlt. Die Eingeweide kann man – ungesäubert – fein hacken, kräftig würzen und als Paste auf geröstete Weißbrotscheiben streichen, ähnlich dem ›Schnepfendreck‹ aus deren mit Kräutern, Ei und Knoblauch verfeinerten Innereien. Das *Frauenzimmer-Lexicon* nennt weitere Zubereitungsarten: »Lerchen zu braten am Spieß«, »Lerchen zu braten anders«, »Lerchen mit Aepffeln«, »Lerchen mit Zwiebeln«, »Lerchen mit Wein-Beeren«, »Lerchen in einer Pastete«. Die Vorbereitung ist überall die gleiche: »Rupffet so viel Lerchen als euch beliebet, schneidet selben die Flügel herunter und den Kopff [...] entzwey und senget sie abe.« Zum Braten stecke man ein groschengroßes Stück Speck auf den Spieß, dann eine Lerche, dann wieder ein Stück Speck und wieder eine Lerche. Bei den »Lerchen mit Aepffeln« soll man so verfahren wie bei den »Fincken mit Aepffeln«: die Vögel ausnehmen, auswaschen und austrocknen, mit Butter erst in der Pfanne anbraten und dann mit geschälten und gewürfelten Äpfeln sowie gerösteten Semmelbröseln in einen Tiegel geben, Wein, Brühe, Zucker, Zimt und Rosinen hinzufügen. Übrigens: »Alle andere kleine Vögel können auf solche Art zugerichtet werden.«

In Sachsen wurden nicht nur die Lerchen fett, sondern auch Rinder, Schafe und Schweine, wie Marperger in seinem Lexikon-Eintrag über »Sachsens Victualien« zu rühmen weiß. Desgleichen lobt er die Gartenfrüchte, den Weizen, das Weizenmehl und das Bier, »das Eulenburgische, Wurtzische, Naumburgische und Torgauische, welches sonderlich gut Geblüht [!] machet und mit seinen würtzhafften Geschmack das Hertz stärcket«. Außerdem werde

zum Beispiel im Leipziger Ratskeller auch gutes fremdes Bier ausgeschenkt, wie das Zerbster oder Ducksteiner. »Hingegen ist der
Leipziger Kastrum, der Jenische Dorff-Teufel, der Wittenbergische
Kuckuck denen oberzehlten nachzusetzen: Wiewohl auch manche
durstige Seele bey heisser Sommers-Zeit ihre Erquickung daran
findet.«

Bach und Bier

Als ›Dorfteufel‹ bezeichnete man in Jena die in den Dörfern um die
Stadt gebrauten, teilweise sehr starken Biere, während das Jenaer
Stadtbier Klatsch geheißen wurde. Der Stralsunder Pfarrer Johann
Christian Müller erinnert sich in Aufzeichnungen über seine Jenaer
Studentenzeit an »lustige Dörfer, woselbst das Bier wunderliche
Namen hatte, als Menschen Fett, Pferd Schwantz. Zwischen den
Gebürgen lag Lichtenhahn, wo das Bier von Vaß so starck war, daß
schon ein Glaß voll davon berauschte.«
   Über die Qualität des deutschen Biers wird in der rabiat über-
spannten »Reisebeschreibung zu Wasser und Lande« von Christian Reuter der satirische Held Schelmuffsky ausgefragt. Er versichert, dass »in Teutschland überaus gut Bier gebrauet würde und
absonderlich an dem Orte, wo ich zu Hause wäre, da braueten die
Leute Bier, welches sie nur Klebe-Bier nenneten, und zwar aus der
Ursachen, weil es so maltzreich wäre, daß es einen gantz zwischen
die Finger klebete und schmeckte auch wie lauter Zucker so süsse,
daß, wer von demselben Biere nur ein Nössel [etwa ein halber Li-
ter] getruncken hätte, derselbe hernachmahls flugs darnach predigen könte.«
   Der Schelmuffsky im Roman ist – wenig originell – in Schelmerode zu Hause, doch hatte sein Erfinder Reuter in Merseburg
das Domgymnasium besucht, und zwar mit zwanzig Jahren immer
noch. Da wird er das Merseburger Bier zu schätzen gewusst haben – falls er es sich leisten konnte. In Zedlers Lexikon heißt es
darüber in einem Artikel über die Stadt: »Heutiges Tages bestehet

die beste Nahrung [d. h. das Einkommen] der Bürger in dem guten Biere, welches daselbst gebrauet und weit und breit ausgeführet wird.« Ein Klebe-Bier war das Merseburger freilich nicht, es schmeckte eher bitter. Vielleicht meinte Schelmuffsky, der sich auch in Hamburg herumtrieb, das dort gebraute Bier, von dem wiederum Weigel erzählt, es sei so ›lieblich‹, dass die benachbarten Holsteiner nicht vermöchten, ohne es zu leben. In *Abbildung Der Gemein-Nützlichen Haupt-Stände* leitet Weigel den Abschnitt über den Bierbrauer folgendermaßen ein: »Das Bier ist nechst dem Wein das beste Getränck, und ist die Kunst, dasselbe zu bräuen von Gott den Menschen aus sonderbarer Güte und Gnade geoffenbaret, und ist darumb kein Zweiffel, das Bierbrauen sey eine ehrliche, nützliche und nöthige Handthierung.«

Die Resultate der ›nöthigen Handthierung‹ wurden in Stadt und Land, an Bürger-, Handwerker- und Wirtshaustischen mit großen Schlucken aus großen Krügen gewürdigt. Das rief Gesänge (und des Öfteren Gegröle) hervor, aber auch ein Genre, das als ›Bieroper‹ geschätzt (und manchmal verachtet) wurde. Ein solches Stück mit dem Titel *Die Klugheit der Obrigkeit in Anordnung des Bierbrauens* wurde beispielsweise 1705 vom Arnstädter Stadt- und Landschulrektor Johann Friedrich Treiber mit seinen Schülern im örtlichen Rathaussaal aufgeführt*. Der zwanzigjährige Bach war damals Organist an der Neuen Kirche in dem für sein Weißbier berühmten Arnstadt und der Brauhof »Güldene Henne« der Schauplatz eines der auch nicht gerade trockenen Bachischen Familientreffen. Von diesen Brauhöfen gab es damals in der Stadt mehr als einhundert. Sie waren an Haus- und Landbesitz gebunden, denn es durfte nur selbst angebaute Braugerste verwendet und das Bier nur im eigenen Haus verkauft werden. Der Ausschank fremder Biere war dem Rat der Stadt vorbehalten. Bachs Besoldung wiederum erfolgte zum Teil aus der arnstädtischen Biersteuer. Später in Weimar stand ihm als Hoforganist tranksteuerfreies Bier aus dem Schlossbrauhaus zu,

---

* Eben jener Treiber, der heute als Urheber der Textvorlage des in Bachs Handschrift überlieferten Hochzeitsquodlibet gilt. Dazu die Passage im Abschnitt »Große Hochzeit, große Freuden« im Kapitel über das Familienleben.

und auch nach mancher Orgelprüfung gab es Bier, wie Anfang der 1740er das gute Merseburger für ein Gutachten über die Reparatur der Orgel in der Naumburger Wenzelskirche.

Die Arnstädter Allgegenwart des Biers führte später zu dem hübschen historischen Gerücht, die Musik zur Treiber'schen Bieroper stamme von Bach. Allerdings gibt es tatsächlich eine Schenkenburleske von Bach – von Johann Nikolaus. Dieser Sohn des Sohns eines Bruders von Bachs Großvater war Organist in der Universitätsstadt Jena, verrufen wegen ihrer sauf- und rauflustigen Studenten*. *Der Jenaische Wein und Bierrufer,* so der Titel des Singspiels, irgendwann zwischen 1720 und 1745 entstanden, schildert in derb humoristischer Weise einen Studentenulk.

Johann Sebastian Bach trank Bier, liebte den Wein und schätzte den Most. Nachdem sein Vetter Johann Elias Bach im November 1748 ein Fässlein geschickt hatte, dem unterwegs etliche Tropfen im Wortsinn entronnen waren, bedauerte er in einem launigen Dankesbrief, »dass das Fäßlein entweder durch die Erschütterung im FuhrWerck, oder sonst Noth gelitten; […] es ist fast auf den 3ten Theil leer […] und also schade, daß von dieser edlen Gabe Gottes das geringste Tröpfflein hat sollen verschüttet werden.«

Wein erhielt Bach eimerweise, wobei ein Eimer mit rund siebzig Litern zu bemessen ist. Anlässlich seiner Hochzeit mit Anna Magdalena im Dezember 1721 in Köthen ließ er vom dortigen Ratskeller mehr als vier Eimer Rheinwein liefern. Später erhielt er einen Teil seiner Honorare fürs Musizieren bei Hochzeiten in Wein. Es ist zu hoffen, dass es guter Wein war, so gut wie jener, den Jesus auf der Hochzeit zu Kana den Gästen, wie soll man schreiben: hingezaubert hatte. In Leipzig erhielt Bach zu Ostern, Pfingsten und Weihnachten Zuwendungen für den Weinkauf aus der Kirchenkasse von St. Thomas. Besoffen hat er sich damit wohl nicht – wenn darunter mit Marperger zu verstehen ist: »im Überfluß das Getränck in sich schütten« –, obwohl Johann Mattheson in *Der brauchbare Virtuoso* behauptete: »Sauffen ist leider gleichsam das Proprium quarti modi etlicher Virtuosen, so wie das Lachen dem Menschen allein eigen ist, und kan mit keiner Feder beschrieben werden, was dieses Las-

---

* Dazu der Abschnitt »Wie lustig ist das Studentenleben?« in diesem Kapitel.

ter der Music durchgehends für Schmach, Schimpf und Nachtheil bringet, ja wie es nur gar zu offt die besten Künstler und geschicktesten Köpffe unbrauchbar macht«.

Händels Tafel

Matthesons Freund Händel hat gesoffen und gefressen. Jedenfalls wurde ihm das von übel gesinnten Zeitgenossen nachgeredet und auf den Leib gezeichnet. Eine Karikatur zeigte ihn von der Seite mit fetten Schenkeln auf einem Weinfass reitend, unter wallender Lockenperücke ragt ein Schweinerüssel hervor. Die Darstellung ist gehässig, aber treffend. Ein Asket ist Händel nicht gewesen, am wenigsten im letzten Lebensjahrzehnt. Das Nachlassverzeichnis nennt folgende Küchenutensilien: Tropfpfanne mit Eisengestell, Schmorpfannen mit Deckel, Bratpfannen, Soßenpfannen, Bratenwender, zwei Bratspießhalter und drei Spieße, ein Bratrost, Fleisch- und Fischkessel, eiserne Tellerwärmer, zwei Kaffeekannen, eine Kaffeemühle, einen Teekessel, eine kupferne Trinkkanne, Pfefferstreuer, Schöpflöffel, Schaumlöffel, Fettlöffel. Und damit ist die opulente Liste noch nicht komplett.

Was würde Mandeville, der in London lebende holländische Arzt, über Händels kulinarische Orgien gedacht haben, wenn er ihr Zeuge hätte sein können – oder müssen? »Die raffinierten Tafelfreuden feingebildeter Menschen«, meinte er in der *Bienenfabel,* »sind nur selten ihrer Gesundheit abträglich, und viele von den großen Epikureern pflegen nicht mehr zu essen oder zu trinken, als ihr Kopf oder Magen vertragen kann. Ein Genussmensch kann so vorsichtig leben wie nur irgendeiner, und die Missgriffe des liederlichsten Verschwenders bestehen nicht sowohl in der häufigen Wiederholung seiner Ausschweifungen und seinem unmäßigen Essen und Trinken [...] als vielmehr in den umständlichen Vorkehrungen, den übertrieben kostbaren und eleganten Einrichtungen, mit denen er sich umgibt«. An einer weiteren Stelle wird der verschwenderische und »ehrgeizige Genussmensch« getadelt, dem es vor allem darum gehe, andere bei allen Lebensäußerungen zu übertrumpfen, nicht des Genusses wegen, sondern aus Angeberei: Bei »Tafel verlangt er, sich mit recht vielen Gerichten bedient zu finden, deren jedes eine aparte Auswahl nicht leicht zu schaffender Leckerbissen und außerdem einen deutlichen Beweis feiner und gediegener Kochkunst darbieten muss, während edle Musik und wohlverhüllte Schmeichelei sein Ohr abwechselnd ergötzen.«

Vom repräsentativen Speisen, »Von dem Tafel-Ceremoniel« der Fürsten, weiß Bernhard von Rohr zu berichten: »Heutiges Tages werden bey grossen Solennitäten auf die Fürstlichen Tafeln wohl 80, 90, 100, ja über hundert Speisen aufgesetzt. [...] So offt als ein neuer Gang aufgesetzet wird, werden gar offters die Tafeltücher und die Services verändert, und bey dem letzten Aufsatz der Confituren gemeiniglich Teller von dem schönsten Porcelain herum gelegt.« Musik darf ebenfalls nicht fehlen: »Unter der Tafel werden bey Solennitäten schöne Musiquen gehört, bißweilen bestehen sie nur in Trompeten und Paucken, zuweilen aber auch in der schönsten Vocal- und Instrumental-Music«. Genauso triumphal kündigt Händels Belsazar im gleichnamigen Oratorium, uraufgeführt 1745 im King's Theatre, sein Festgelage an. Der Ausgang der biblischen Geschichte ist bekannt. Entsetzt erblickt der schwelgende Fürst das Menetekel, und noch in derselben Nacht verliert er sein Leben.

Mit Essen und Trinken als Demonstration von Macht und Reichtum hatte sich Köchin Schellhammer* nicht befasst. Für sie gab es nur zweierlei »Endzwekk des kochens«: Erstens diene es der Ernährung und der gesunden Verdauung des Menschen, zweitens habe es, »den Geschmakk zu vergnügen und der lekkernden Zunge ein Genüge zu thun«. Der ›Endzweck‹ des Verköstigens muss mitunter dem des Verdienens weichen. So verschob sich während Händels Londoner Jahrzehnte die übliche Dinner-Zeit von der Spanne zwischen zwölf und eins bis um drei Uhr in den Nachmittag hinein. Das lag an den sich ausweitenden Börsengeschäften. Die bürgerlichen Handelsleute gingen erst zur Börse und dann zu Tisch. Geschäfte hatten Vorrang.

Händels Tafelgewohnheiten bewegten sich zwischen all diesen

---

* Zu ihr der Abschnitt über *Die Wol unterwiesene Köchinn* in Kapitel 9.

Bestimmungen, nur liederlich und verdienstlos wie Mandevilles Schlemmer war er nicht. Und was die Musik betrifft, von der bei Mandeville die Rede ist, so hatte er seine eigene im Kopf und gelegentlich Telemanns Tafelmusik im Ohr. *Musique de table* war der Originaltitel des 1733 veröffentlichten Werks, zu dessen zweihundert Subskribenten Händel neben Pisendel und Quantz gehörte. Gelegentlich entlieh er daraus ein paar Takte für eines seiner eigenen Werke. Telemann aber schickte er Blumen: »Wenn die Liebhaberei für exotische Pflanzen und Dergleichen Ihre Tage verlängern und die Ihnen eigene Lebhaftigkeit verjüngen könnte, so biete ich Ihnen mit aufrichtiger Freude an, etwas dazu beizutragen. Ich mache Ihnen dann ein Geschenk und sende Ihnen eine Kiste mit Blumen, von denen mir Kenner dieser Pflanzen versichern, sie seien auserlesen und von bezaubernder Seltenheit«.

Telemanns Blumenliebe

Händels Pflanzensendung vom Dezember 1750 ist nie bei Telemann angekommen. Der Überbringer hielt den Empfänger für tot und teilte dem Absender die falsche Nachricht mit. Vier Jahre später, das Missverständnis war inzwischen aufgeklärt, schickte Telemann eine Wunschliste, und der schon fast erblindete Händel diktierte am 20. September 1754: »Ich ergreife diese Gelegenheit mit vielem Vergnügen und habe Sorge getragen, diese Pflanzen zu finden: Und Sie selbst werden sie fast alle bekommen.«

Telemanns »Bluhmen-Liebe«, wie er selbst es in einem Brief nannte, geht auf die Zeit um 1740 zurück und ist in einem 1742 erstellten Verzeichnis der in seinem Garten vor den Toren Hamburgs wachsenden Pflanzen akkurat dokumentiert. An Blumen genannt werden dort – in alphabetischer Reihenfolge der lateinischen Namen – neben anderen: »Anemone«, »Bellis« (Gänseblümchen), »Calendula« (Ringelblume), »Crocus«, »Hyazinthus«, »Iris«, »Lilium convallium« (Maiglöckchen), »Narcissus«, »Paeonia« (Pfingstrose), »Primula« (Schlüsselblume), »Viola« (Veilchen).

Übrigens setzte sich Carl von Linnés systematische lateinische Nomenklatur erst in der zweiten Hälfte des 18. Jahrhunderts durch. Telemann hatte ohnehin keinen Kontakt zu dem schwedischen Naturforscher, wohl aber zu einem schweizerischen, dem Arzt und Botaniker Albrecht von Haller*, der in der zweiten Hälfte der 1730er für die neu gegründete Universität in Göttingen, das zu Kurhannnover gehörte, einen botanischen Garten aufbaute. Der auch nach der Etablierung des Gartens vielbeschäftigte Haller fand die Zeit, dem musikalischen Laienbotaniker seltene Samen zukommen zu lassen.

Telemann konsultierte außerdem die umfangreichen Versandkataloge, die Johann Ernst Probst nach der Übernahme der Leitung des Großbosischen Gartens in Leipzig 1737 anlegte, etwa den *Catalogus Einiger zum Verkauf vorräthigen Kräuter und Sommergewächs und Blumen-Saamen* von 1745. Und von dem Violinvirtuosen Johann Georg Pisendel ließ er sich aus Dresden Kakteen und Aloen schicken.

Mit Johann Gottlieb Gleditsch hatte Telemann ebenfalls Kontakt. Gleditsch war wie Haller zugleich Arzt und Botaniker. In einem seiner lateinisch abgefassten Briefe an Linné beklagte er im März 1739, dass es unter Leipziger Universitätsmedizinern als unfein galt, auf der Suche nach Kräutern und Heilpflanzen in Wiesen und Wäldern herumzulaufen, und machte sich darüber lustig, dass sie wohl Angst hätten, dabei ihre glänzend geputzten Schuhe zu ruinieren und den Puder auf den Perücken aufzuwirbeln.

In der zweiten Hälfte der 1740er kümmerte sich Gleditsch um den botanischen Garten in Berlin und veranschaulichte mit einem vieldiskutierten Experiment die zweigeschlechtliche Vermehrung bei Pflanzen. Eine in Berlin vereinsamte weibliche Dattelpalme, die noch nie Frucht getragen hatte, wurde mithilfe der Blüten eines aus Leipzig herbeigeholten Zweigs eines Palmenmannes bestäubt. Bald reiften Datteln an der Berliner Pflanze.

In den 1730ern hatte Gleditsch einen Adelsgarten in Trebnitz betreut und über dessen Bestand 1737 in Leipzig einen *Catalogus plantuarum* herausgegeben. Darin wird neben anderen exotischen Gewächsen auch die Ananas erwähnt.

* Über ihn der entsprechende Abschnitt im Kapitel über »Fortschritte«.

Münchhausens Ananas

Die erste Ananas auf deutschem Boden, falls das irgend von Belang ist, wuchs jedoch nicht in Trebnitz, sondern in Münchhausens Gewächshaus in Schwöbber bei Hameln. Die Geschichte ist wahr. Beim Besitzer dieses Gartens handelte es sich nicht um den Lügenbaron, sondern um ein anderes Mitglied der weit verzweigten Familie: Otto I. von Münchhausen. Ihm gelang um 1700 die Aufzucht, später schickte er Zeichnungen der Frucht an den Nürnberger Botaniker Johann Christoph Volckamer, der 1714 in der Fortsetzung seines opulenten Werks *Nürnbergische Hesperides* von 1708 einen Grundriss des Schwöbberschen Gartens zeigte. Im Jahr darauf besichtigte Zar Peter I. das Gelände und die Orangerie mit den Ananaspflanzen*. Auch nach Ottos Tod 1717 blieb das Anwesen mit seinen Pflanzensammlungen und Gewächshäusern berühmt, wie ein Eintrag in Zedlers Lexikon über den »curiösen Münchhausischen Garten« dokumentiert, »woselbst man die schönste und rareste ausländische Gewächse […] zu sonderbarer Ergötzung […] beschauen kan«, darunter Caffee-Bäume und »die unvergleichliche Frucht Ananas«. 1750 wurde der Garten in einen englischen Landschaftsgarten umgewandelt, einen der ersten auf dem europäischen Festland.

Beim Ananasziehen ist zu berücksichtigen: Das Bodenmilieu soll 25 bis 30 Grad warm sein. Wenn man Pferdemist in Kästen schichtet und bewässert, kommt er zur Gärung. Dabei gibt er Wärme an eine darüber liegende Substratmischung ab, in der die Pflanze wurzelt. Eine bessere Methode der Wärmezufuhr besteht darin, die Pflanzentöpfe in eine Schicht aus zerkleinerter Eichenrinde zu setzen. Die Wärmeabgabe ist kontinuierlicher und länger andauernd, nicht bloß ein paar Tage oder ein, zwei Wochen wie beim Pferdemist. Volckamer hat das in Nürnberg nicht selbst ausprobiert, aber im ersten *Hesperides*-Band von 1708 findet sich ein schönes Lob des Gärtners: »Wann wir den Stand der Gärtner betrachten, so ist er in Warheit vor andern glückseelig«, denn er ist »der älteste unter allen

---

* An den Besuch erinnert heute ein ›Ananas-Denkmal‹.

Ständen« und von Gott so gesegnet, »daß man mit Recht von ihme rühmen und sagen kan, er lebe von dem Thau des Himmels und von der Fettigkeit der Erden«, allerdings nicht unbeschwert wie der erste Mensch im Paradies vor dem Sündenfall, sondern mit »Fleiß und Schweiß mit Mühe und Arbeit«. Deshalb »gehöret kein tummer Kopf und fauler Tropf zu einem Gärtner«, er muss sich mit Grund und Boden und dessen Verbesserung durch Düngen auskennen, über die Gewächse und deren Eigenschaften Bescheid wissen, überhaupt »klug und nachdenklich«, »fleissig und unverdrossen« sowie »geübt und wol erfahren seyn«.

Mit dem Gärtner ist aber nicht etwa der Besitzer und Herr gemeint, sondern ein bezahlter Mitarbeiter, der hoffentlich mehr als einer dieser »Augen-Diener« ist, die »in des Garten-Herrn Gegenwart die Allerarbeitsamste sind, so bald aber dieser den Rucken wendet von ihrem Fleiß ablassen«.

Was den Verzehr der Frucht angeht, kann man bei Marperger nachschlagen: »wann sie zeitig [reif] seyn, werden sie Scheiben-weis von einander geschnitten und eine Viertel Stunde in frisches Brunnen-Wasser geleget, damit sich ihre hitzige Crudität heraus ziehe, hernach begießt man sie mit Wein und Zucker, so sind sie so gut als unsere Erdbeere.« Im surinamischen Insektenbuch der Maria Sibylla Merian* von 1705 wird erklärt: »Wenn man sie essen will, wird sie geschält. Die Schale ist einen Daumen dick. Wenn sie zu dünn geschält wird, bleiben scharfe Härchen daran sitzen, die beim Essen in die Zunge eindringen und viele Schmerzen verursachen. Der Geschmack dieser Frucht ist, als ob man Trauben, Aprikosen, Johannisbeeren, Äpfel und Birnen miteinander vermengt hätte, die man alle gleichzeitig darin schmeckt. Ihr Geruch ist lieblich und stark. Wenn man sie aufschneidet, so riecht das ganze Zimmer danach. […] Man ißt sie roh und gekocht, man kann auch Wein daraus pressen und Branntwein daraus brennen.«

---

* Über die Merian siehe die Passage im Abschnitt »Tanz der Kontinente« im 1. Kapitel.

Wie lustig ist das Studentenleben?

»Studenten seind sehr fröhlich, wie ihr alle wisst, / Solang ein blutiger Heller im Beutel übrig ist.« So reimt sich das Bachische Hochzeitsquodlibet die wichtigste aller Studentenweisheiten zusammen. Das Leben in den 28 Universitätsstädten war nicht überall gleich teuer, aber nirgends billig. Vielleicht abgesehen von Heidelberg, wo die Anwesenheit von Studenten nicht preistreibend wirken konnte: Es waren nicht einmal hundert. Die meisten Immatrikulationen gab es in Halle, gefolgt von Jena, Leipzig und (seit den 1730ern) der Neugründung Göttingen. Die zahlenmäßige, zeitweise auch geistige und religiöse Dominanz der Universität Halle rührte daher, dass jeder, der in Brandenburg-Preußen ein Pfarramt anstrebte, mindestens zwei Jahre in Halle Theologie studiert haben musste. Von dieser Regel waren ab 1737 nur die Königsberger Studenten ausgenommen.*

Trotz der besonderen Förderung durch die Berliner Obrigkeit fürchtete man in Halle, Studenten an die neue Konkurrenz in Göttingen zu verlieren, während umgekehrt die hannoverische Gründung in dem 4000-Einwohner-Städtchen – es war die erste Universität im noch jungen Kurfürstentum** – auch den Zweck verfolgte, die Studenten (und ihr Geld) im Lande zu halten. Entsprechend setzte man sich gegen die aus Halle lancierten Berichte über das teure Leben in Göttingen mit der Werbung zur Wehr, hier sei ein halbes Studienjahr so viel wie anderswo ein ganzes, denn alle »Ferien ausser den Sonn- und Festtagen, die die Kirche feiert, sind schlechterdings verbannt.« Außerdem kämen unentwegt lernende Studenten nicht so schnell auf dumme Gedanken wie die mit vielen Ferien.

Studenten brachten Geld in die Städte, aber auch Misshelligkeiten. Sie zogen grölend durch nächtliche Gassen, krakeelten an

---

* Zu den akademischen Beziehungen zwischen Königsberg und Halle siehe den Abschnitt über Francke im 7. Kapitel.
** Dazu der Abschnitt »Ein ›Hannoveraner‹ auf dem englischen Thron« im 2. Kapitel.

verschlossenen Stadttoren, beleidigten die Wächter, prügelten sich, hielten viel auf ihre äußere Ehre und schonten die der Bürgermädchen nicht. »Da die Leute, sonderlich Frauenzimmer und Studenten«, weiß ein Leipziger Beobachter, »überhaupt diejenigen, so in der ersten Blüte ihrer Jahre sind, zuweilen auf Dinge fallen, wann sie sich divertiren wollen, welche mit lauter Unruhe verbunden, und lauter Verdruß nach sich ziehen, so wird man sie davon abzuziehen suchen, und andere Ergötzlichkeiten ihnen fürlegen.« Dem entspricht, was Johann Gottfried Schnabel in dem Roman *Der im Irrgarten der Liebe herumtaumelnde Kavalier* eine seiner Figuren über das Leipziger Studentenleben erzählen lässt: »Ich hielt mich etwas über drei Jahre daselbst auf, brachte meine Zeit nicht eben allzuübel zu, sondern besuchte die Kollegs fleißig und profitierte doch so viel, daß man schon mit mir zufrieden sein konnte, außerdem [war ich] aber auch eben kein Melancholicus, sondern machte mich mit anderen Kavalieren und anderen braven Burschen zum öfteren lustig, ließ mich auch bald mit diesem, bald mit jenem Frauenzimmer in eine verliebte Vertraulichkeit ein, welches aber niemals lange Bestand hatte, indem ich im öftern Wechseln mein größtes Vergnügen suchte, auch nicht selten fand.«

Sogar die Studenten in Halle, die vielen als augenverdrehende Frömmler galten und als ›Mucker‹ beschimpft wurden, hatten offenbar Ermahnungen nötig. Eine von Franckes Vorlesungen war eine solche akademische Standpauke. Der Titel ihrer posthumen Veröffentlichung 1730 bedarf keiner Erläuterung: *Oeffentliche Ansprachen An die Sudiosos auf der Universität zu Halle [...] In welchen dieselben zur gründlichen Hertzens-Bekehrung und zum Christlichen und exemplarischen Wandel [vorbildlichem Benehmen], auch zu einer ordentlichen und weislichen Art zu studiren angewiesen, erwecket, ermahnet und aufgemuntert sind.*

Neben den Herrchen mit der Bibel in der Hand gab es auch die mit den Fingern am Degengriff. Für sie war es schon ehrenrührig, den Leuten auszuweichen, die ihnen auf den Trittsteinen in den Straßen entgegenkamen. »Es entstehen oft Händel deswegen«, schreibt Johann Christian Müller, »der Student geht darauf und weichet so wenig einem Soldaten als andern Menschen. Selbst die Studenten untereinander machen sich eine Ehre hirin streitig, sie weichen nicht und geben sich dabei solchen Schupp, daß sie nieder fallen möchten, da es denn an ein Heraus fordern gehet«, was leicht in einem Duell enden konnte, obwohl auf tödlich ausgehende Duelle schwerste Strafen standen.

Besonders berüchtigt für ihre Rauf- und Sauflust waren die Jenaer Studenten. In der 1752 niedergeschriebenen Selbstbiographie von Johann Christian Edelmann ist nachzulesen, wie es »über die massen wild und ungezogen unter den lieben Musen-Söhnen zugieng. Man hätte sie eher Bachus-, Martis- und Veneris-Söhne, als Kinder der Weisheit und Tugend nennen können. Absonderlich war das unvernünftige Rauffen und Schlagen dergestalt unter den armen Leuten eingerissen, daß sie einander am hellen lichten Tage, auf öffentlichem Marckte, vor den Augen aller Menschen massacrirten, und kein Bedencken trugen, sich vor den Häusern ihrer Seelsorger zu duelliren, zum offenbahren Merckmal, daß man diese Universität eher einen Sammelplatz der Laster, als eine Schule der Tugend hätte nennen können. Ich habe allein Eilf dergleichen unglückliche Exempel, Zeit meines Daseyns erlebet, und zwar von lauter Erzfechtern oder sogenannten Renomisten, die alle von weit ungeübtern über den Haufen gestochen, und des sonst so lieben Lebens, oft um der allerlüderlichsten Ursache willen beraubet wurden. Wenn es also nach dem Sprüchwort gehet: Wer von Jena kommt ungeschlagen, der hat von Glück zu sagen, so habe ich, in Ansehung meines cholerischen Temperaments, das sonst blutwenig vertragen konnte, wirklich von Glück zu sagen.«

In Halle dominierten die ›Mucker‹, in Jena die Renommisten, in Leipzig die Stutzer. In Justus Zachariaes »scherzhaftem Heldengedicht« *Der Renommist* muss ein rauflustiger Angeber vor seinen Gläubigern aus Jena nach Leipzig fliehen: »O! wie beseufz ich nicht mein widriges Geschick, / Denk ich, mein Jena, noch an deine Luft zurück!« In Leipzig hat man nach Lavendel statt nach Tabak zu riechen und galant aufzutreten: »Den weißen Hals umgab ein schwarzes seidnes Band, / Das sich bey feinem Kinn in eine Schleife wand; / Ein neuer Modesammt, aus aschenfarbger Seide, / Voll Laubwerk schön gewebt, dient ihm zum Oberkleide. / […] Ein schwarzer Atlas war der Hüften enges Kleid; / Das Uhrband schimmerte mit goldner Herrlichkeit. / Um seinen Degen war ein weißes Band geschlagen, / Zum Zeichen, nie damit ein Blutduell zu wagen.«

Zachariae bezog die Leipziger Universität mit siebzehn, mit achtzehn schrieb er den *Renommist,* nach vier Jahren in Leipzig wechselte er an die Universität Göttingen. In Leipzig gehörte er zeitweise dem Kreis um Gottsched an und hätte gut den späteren Memoirenschreiber Johann Christian Müller auf dessen Studentenbude besuchen können. Diese ›Bude‹ bestand aus mehreren Zimmern, was sich nur junge Leute leisten konnten, deren Eltern finanziell gutgestellt und außerdem willens waren, ihren Söhnen genug Unterhalt für ein lustiges Studentenleben zu zahlen. »Was nun meine Gelegenheit anbetrift«, schreibt Müller über seine Wohnung, »so stieg ich […] eine breite Treppe herauf. Zu Ende derselben öfnete ich eine Thür, die nach einer artigen forder Diele führte, worauf nach forne heraus zur linken Hand die Thüre nach meiner […] Stube ging. Zur linken von meiner Stube hatte ich eine artige Holtz Kammer, zur rechten war eine große Küche. […] Bei dieser Küche war eine Thüre, die auf eine Gallerie […] nach dem Hofe ging, daraus man etwas ausgießen oder sich umsehen konte.« Der Wohnraum hatte zwei große, nach innen zu öffnende Fenster, die Vorsprünge draußen waren breit genug, »um Kraut Töpfe davor zu setzen.« Zwischen den Fenstern hing ein runder Spiegel, unter dem »Spiegel stunde ein kleiner 4eckter Tisch, oben mit Wachstuch beschlagen«, an den ein zweiter Tisch gleicher Art herangerückt werden konnte. »Uberdem hatte ich einen artigen, mit Wachstuch überzogenen Thee Tisch.« Geheizt wird mit einem gelben Kachelofen, dessen »zierlicher Camien […] war schön gegipset und zu Porcellain Aufsätzen eingerichtet.« Das Bett stand in einem mit verglasten Türflügeln abschließbaren Alkoven. Der Schrank war zugleich Kleider- und Bücherschrank. Zwischen Alkoven und Kamin »stunde ein großer Lehn Stuhl und ein paar ordinare [gewöhnliche] Stühle, deren ich ein halbdutzend mit hellgrünen Laken beschlagen hatte.« Die sechs Stühle brauchte er für die Bewirtung von Kommilitonen. Die Reinigung besorgte eine Aufwärterin, die auch das Bett machte, das Frühstück servierte und die gestopfte Tabakpfeife bereitlegte.

Während Müller in Leipzig bei seinen bürgerlichen Vermie-

tern recht behaglich wohnte, musste sich etwa zur gleichen Zeit der
junge Kant in Königsberg wirklich mit einer ›Bude‹ behelfen, die er
mit einem anderen Studenten teilte. Kaffee und Weißbrot, die Müller von der Aufwärterin wie selbstverständlich auf den Tisch gestellt
wurden, verdiente Kant durch Nachhilfe. Ein Kommilitone berichtete später: »Kant behalf sich sehr sparsam, ganzer Mangel traf ihn
nie, obgleich bisweilen, wenn er notwendig auszugehen hatte, seine
Kleidungs Stücke bei denen Handwerkern sich zu Reparaturen
befanden, alsdann blieb einer der Schüler den Tag über in seinem
Quartier, und Kant ging mit einem gelehnten Rock, Beinkleidern
oder Stiefeln aus.«

Volksbelustigung
oder
Der Rumpfmensch von Regensburg

Nachdem wir uns bei Müller zu Hause in Leipzig umgeschaut haben, lassen wir uns von ihm noch auf ein Landfest vor Jena führen: »Man findet hir viele Buden, worin um Meßingerne, Zinnerne
und Silberne Sachen von aller Art gespielet wurde. Dis Geschrei derer Ausrufer konte man schon von weitem hören. Die Schönen aus
Jena spatzierten da herum in dem reitzendsten Aufzuge«. Müller
geht mit seinem Begleiter in eine Würfelbude, »worin man Caffe,
Chocolade, Wein und Confitüren [kandierte Früchte] haben konte.
[…] Ich forderte gleich Caffe und Pfeiffen mit Cnaster gefüllet.«*
Sie schauen den Vorübergehenden zu, und er lässt »nach dem Caffe
die Pfeiffen wieder füllen und eine Bouteille rothen Wein bringen.«
Weil er merkt, dass sein weniger gut betuchter Begleiter unruhig
wird, macht er »unvermerkt die Rechnung richtig.«
    Die ganze Geschichte ist, wie alles bei Müller, gesetzt und maß-
voll, so maßvoll und gesetzt, dass es nie und nimmer mit dieser Ar-

---

* Zum ›Cnaster‹ oder Kanaster der Abschnitt über »Tabakskollegien und Tabakskantaten« in diesem Kapitel.

tigkeit zugegangen sein kann, wenn das Volk auf die Märkte strömte, um etwas zu verkaufen, etwas einzuhandeln und sich zwischendurch etwas zu vergnügen, und sei es nur damit, die Hand an die Backe gedrückt dabei zuzusehen, wie einem anderen ein Zahn gezogen wurde. Dabei darf man sich das Treiben durchaus nicht ›burlesk‹ vorstellen, sondern laut, schmutzig und brutal. Und wie bei den Auftritten Hans Wursts und seiner krakeelenden Kasperlverwandtschaft war die größte Freude die Schadenfreude.

Andererseits muss man es mit der Kritik an den ›niederen‹ Lustbarkeiten nicht übertreiben und mit Paul Jakob Marperger verlangen, »daß das unnütze Gesindel, welches sich auf solchen öffentlichen Messen und Jahrmärckten gemeiniglich einzufinden pfleget, abgeschaffet oder doch ihr sündliches ärgerliches Thun einiger massen coerciret und eingeschrenckt werde, als da seynd Comoedianten, Seiltäntzer, Glücks-Töpffer, Marionetten-Spieler, Quacksalber, Spiel-Tischler, Leute, die verbotene, ärgerliche und verdächtige Dinge vor Geld sehen lassen, als Mißgeburten, schändliche Leibs-Gestalten, künstliche Pferde und dergleichen.«

An Marpergers *Beschreibung der Messen und Jahrmärckte* fällt die Genüsslichkeit auf, mit der seit jeher die Polterer und Eiferer die Gebrechen der Welt auf die Prangerbühne des Tadels stellen, um sich daran zu laben. Gehen wir also trotz des Tadels auf den Markt, treten mit Christian Reuters schwadronierendem Schelmuffsky an einen der von Marperger gescholtenen ›Glücks-Töpffer‹ heran und kaufen ein Los für einen Dukaten: »Als ich nun in den Glücks-Topff hinein griff, O sapperment! was waren da vor Zeddel [...]. Indem ich nun in den Glücks-Topff mit beyden Händen hinein fühlte, so that ich auch einen solchen Griff, daß ich die Zeddel bald alle auff einmahl mit beyden Fäusten heraus griffe. Da dieses der Glücks-Töpffer sahe, O sapperment! wie klopffte er mich auff die Finger, daß ich so viel Zeddel heraus geschlept brachte, welche ich aber mit einander flugs wieder hinein schmeissen muste und hernach [...] nur einen eintzigen hinaus nehmen«. Er zieht die Nummer 11 und glaubt wunders, was für ein Gewinnlos das sei, erhält aber nur »ein Bart-Bürstgen vor 6 Pfeng. O sapperment!« Schelmuffsky könnte aber nicht Schellmuffsky sein, wenn sein Erfinder Reuter der Sache keine Wendung gegeben hätte. Er lässt seinen Helden ein weiteres Los ziehen, und diesmal ist es der Hauptgewinn: »ein Pferd vor 500 Rthlr [Reichsthaler] und des Glücksbudners seine Frau, welche auff 1000 Ducaten stund«, die er aber nicht annimmt, die Frau, er will lieber das Geld.

In Marpergers Liste des ›sündlichen ärgerlichen‹ Jahrmarktsgeschehens wird die Zurschaustellung ›schändlicher Leibesgestalt‹ erwähnt. Als eine davon zeigte sich der sogenannte ›Rumpfmensch von Regensburg‹ dem Publikum. Er hieß Matthias Buchinger, tourte durch halb Europa und war so bekannt, dass wir ihn noch heute auf einem Regensburger Flugblatt betrachten können. Er trägt einen reich verzierten, bis über die Hüfte reichenden Rock mit breiten Aufschlägen und einen Dreispitz auf dem Kopf. Nur Beine hat er keine, und aus den Ärmeln lugen statt der Hände Stümpfe mit dreigeteilten Wülsten hervor, mit denen er gleichwohl Fäden durch Nadelöhre führen, musizieren und gravieren konnte. Er war nach zeitgenössischen Berichten nur 74 Zentimeter groß. Seine körperliche Beschaffenheit rührte von einem seltenen Gendefekt her, der heute als Tetraamelie bezeichnet wird. In manchen Städten wurde seiner Jahrmarktsschau mit Auftrittsverboten begegnet, wie etwa 1708 in Nürnberg. Andererseits durfte er sich und seine Fertigkeiten vor Fürsten und Königen präsentieren, nicht jedoch 1717 vor König Georg I. in England.

Gewissermaßen das physische Gegenteil Buchingers war der ›starke Mann‹ Johann Carl von Eckenberg. Als ›Herkules Harzmann‹ oder ›unüberwindlicher Samson‹ zog er über die Jahrmärkte, stemmte (angeblich) Kanonenrohre, zerriss Ankerketten oder verdrehte Nägel. Nur im Rechnen war der starke Mann schwach. Oder würden Sie einen Pfennighandel wie diesen abschließen: Für ein Pferd bezahlen Sie innerhalb von 24 Stunden in der ersten Stunde einen Pfennig, in der zweiten zwei Pfennige, in der dritten vier, in der vierten acht und immer so weiter, jede Stunde die doppelte Anzahl. Eckenberg soll einen derartigen Handel in Leipzig abgeschlossen, mit einem Wechsel verbrieft und jahrelang Querelen deswegen gehabt haben. Ob der märchenhafte Handel in Wahrheit ein Märchen war, sei dahingestellt. Ebenso, wie es sich in Wirklichkeit mit seinen Darbietungen verhalten hat. Gesichert ist, dass er auch andere Schulden als die aus dem Pferdekauf nicht begleichen konnte.

Des Weiteren, dass der starke Mann ein großer Possenreißer war, mit seiner Theatertruppe weit herumkam und vor August dem Starken in Dresden und dem Soldatenkönig in Berlin auftrat.

Bänkelsänger

So wie Marperger über die Jahrmärkte schimpfte, regte sich Johann Mattheson über Bänkelsänger auf. Ihre Darbietungen seien »allerhand Schand-Worte mit Melodien versehen«. Davor darf die Obrigkeit die Ohren nicht verschließen, denn »es betrifft das gemeine Wesen, wenn, statt tugendreicher Vorstellungen, Marcktschreier-Zotten öffentlich und musicalisch behandelt werden«.

Der musikalische Tugendwächter will das Publikum vor dessen schlechtem Geschmack und die Musik vor lärmendem Missbrauch schützen. Das wirkt von heute aus betrachtet komisch, so wie Gottscheds Kampf gegen die Hanswurstiaden mitunter selbst wie eine wirkt. Andererseits ist Mattheson wie Gottsched in Schutz zu nehmen vor schnellfertiger Kritik*. Der Herablassung im historischen Nachhinein haftet etwas von jener Besserwisserei an, die Gottsched und den Regelpoetikern seiner Zeit gern vorgeworfen wird. Dabei hat er in seinem *Versuch einer Critischen Dichtkunst* den von ihm erfundenen Ausdruck ›Bänkelsänger‹ zwar als Schimpfwort gemeint, die Sache selbst jedoch insofern veredelt, als er sie auf eine uralte Menschheitsgewohnheit zurückführte, ähnlich wie die Lyrik auf den ursprünglichen Gesang verliebter Sänger**: »Nichts war dazu bei der einfältigen Welt geschickter als kleine Historien oder Fabeln, die etwas Wunderbares und Ungemeines in sich enthielten. […] Das bezauberte nun gleichsam die sonst ungezogenen Gemüter. Die wildesten Leute verließen ihre Wälder« und liefen den Sängern nach, »welche ihnen nicht nur auf ihren Leiern was vorspielten, sondern auch allerlei Fabeln von Göttern und Helden vorsungen:

---

* Dazu die Ehrenrettung Gottscheds im Fortschrittskapitel.
** Dazu der Abschnitt »Singen und Tanzen« in diesem Kapitel.

nicht viel besser als etwa itzo auf Messen und Jahrmärkten die Bänkelsänger mit ihren Liedern von Wunder-Geschichten den Pöbel
einzunehmen pflegen.«

Ein Bänkelsänger konnte im Unterschied zu Eckenberg und Buchinger, die mit Requisiten prunkten, das, was sie brauchten, auf
dem Rücken von Jahrmarkt zu Jahrmarkt tragen: eine Tafel mit Bildern von schauerlichen Untaten und deren Bestrafung; einen Stock
zum Zeigen; eine Bank, auf die er zum Zeigen steigen konnten;
eine laute Stimme und ein wenig Moral am Schluss, um die Ent-
setzenslust des Publikums ins Erbauliche zu wenden. Das konnte
auf Landmärkten und Stadtplätzen geschehen, aber auch in einem
Wirtshaussaal. In einem solchen Saal wurde Müller zufolge »eine
Banck aufgestellt, worauf 2 als ein alter Kerl und als ein alt Weib
verkleidete Studenten stunden, die eine Mordgeschichte absungen
und dabei ganz ängstiglich jedesmal auf einen an der Wand auf-
gehangenen, großen, papiernen, in Fächern, wie gewöhnlich, abge-
theilten Gemälde wiesen.«

Die Geschichten, die gezeigt, die ›Zeitungen‹, die auf diese Weise
verbreitet, und die illustrierten Blätter, die hinterher verkauft wurden, waren robust, wenn man es freundlich, sie waren grob und primitiv, wenn man es unfreundlich sagen will. Und stand man als Besitzer eines Münzbeutels in der Menge, tat man gut daran, die Hand
nicht gerührt aufs Herz oder staunend über den Mund zu legen,
sondern schön vorsichtig an den Beutel. So mancher, der sich der
Jahrmarktsfreude leichtsinnig überließ, fand am Ende zu seinem
Leidwesen den Beutel abgeschnitten.

11. Irdisches Leid

✎

Wetterberichte – Die letzte große Pest –
Wer war Doktor Eisenbarth? –
Carls Armen-Apothecke – Stahls Pillen
und Hoffmanns Tropfen –
Fahrenheit misst Fieber – Schlaflos in Dresden –
Brockes wird ein Zahn gezogen –
»Weiberkranckheiten« – Den Star stechen

Wetterberichte

Wenn man aus dem Fenster spuckt und unten auf dem Pflaster zerspringt die Spucke in Stücke, dann ist es wirklich kalt. Im Januar 1709 war es in Stockholm so eisig, dass »eines vom sechsten Stockwerk herunterspeienden Menschen Speichel auf einem harten Stein in der Strassen in Stücken fallen« würde, wie ein Zeitgenosse vermeldet. In Augsburg, Frankfurt am Main, Halle und Berlin war schon in der zweiten Oktoberhälfte 1708 Schnee gefallen, in Berlin wurden im Oktober 13 Frosttage gezählt und im März 1709 immer noch 26. An der Mosel herrschte im Juli Nachtfrost. Im Dezember begann die Ostsee zuzufrieren. Man konnte mit Lastschlitten übers Meer nach Kopenhagen fahren. In Venedig gingen die Leute auf den Kanälen spazieren, im Januar 1709 fror die Lagune zu. Auch der Bodensee überzog sich mit Eis, wie Anfang 1684 schon einmal, sowie der Zürichsee. Es gefror die Themse in London, wie bereits 1695 und erneut im Jahr 1740, als Händel etliche Aufführungen absagen muss, weil die Spielstätten nicht warm zu kriegen sind. 1709 gefroren der Rhein bei Basel und sogar bei Schaffhausen, die Rhône, die Elbe in Hamburg und bei Dresden und die Seine in Paris. Die Zufahrt zum Danziger Hafen war noch im Mai durch Eisschollen versperrt.

In »Paris hat mancher, aus Mangel des Holtzes und der Kohlen crepiren müssen. Die Menschen erfrohren zum theil in denen Betten«, wie Johann Rudolph Marcus in einem eigentlich dem Winter 1740 gewidmeten Bericht kolportiert. Anfang 1709 »verdarb die grimmige Kälte auch die Thiere in den Wäldern und Feldern, so daß die Vögel todt aus der Luft herab fielen, und die Wölffe die Leute angiengen.« Sogar »das warme Bad zu Achen« stand im Frost.

In Versailles soll auf der königlichen Tafel das Wasser gefroren sein, in den Städten gefroren der Wein in den Kellern und die Tinte auf den Pulten. Trotzdem gelang es in Berlin dem Astronomen Gottfried Kirch und seiner Frau Maria Margaretha, Wetterdaten aufzuschreiben. In der ersten Januarwoche 1709 stürzte die Temperatur innerhalb eines Tages von ohnehin recht ›frischen‹ 11 Grad (minus!) auf -21 Grad, in Jena betrug der Temperatursturz buchstäblich atemberaubende 13,4 Grad von +1,2 auf -12,2 Grad. Am 10. Januar schrieb Maria Margaretha in ihr Wettertagebuch: »Sehr grausamer Frost. [...] Also haben wir es niemals gehabt. Diese Nacht ist uns 1 Henne erfrohren und dem Hahne war der Bart und Kamm erfrohren.« Es war der kälteste Tag des Winters mit einer Höchsttemperatur von -19 und einer Tiefsttemperatur von -30 Grad Celsius. Es folgte Tauwetter mit Überschwemmungen wegen der Schneeschmelze, dann gab es neue Kältewellen bis in den März hinein mit Temperaturen von bis zu -20 Grad. Am 21. März notierte die Kirch: »Gar ein lieblicher Tag, mit Wolcken und Sonnenschein. Es hat gar fein getaut, doch liegt noch Schnee und Eiß genug.« Am 30. April blühten die Bäume.

Zwei Jahrzehnte später kam es wieder zu extremer Kälte. Über den Winter 1729 berichtet Imhofs *Historischer Bilder-Saal* in einer seiner Geschichten aus der Weltgeschichte, es herrschte »zu Wien eine bey Menschen Gedencken nicht leicht erlebete große Kälte, so daß auch die Donau [...] überfroren. Noch größer war aber nachmals der Schaden, als es aufthauete, indem die ganze Gegend, insonderheit bey dem Prater und der Leopold-Stadt überschwemmet wurde, ja, [...] das Gewässer gar bis an das Stadt-Thor von Wien kam«.

Der Winter 1740 war ebenfalls extrem, wie schon der Titel der Wetterschrift des Pfarrers Johann Rudolph Marcus annonciert: *Curiöse und historische Nachricht von dem im ietzigen 1740ten Jahre eingefallenen ausserordentlich strengen und Langen Winter.* Marcus erinnert an frühere Winter, darunter den von 1709, um dann zur Schilderung desjenigen von 1740 überzugehen. Er erwähnt die vielen Feste auf den zugefrorenen Flüssen. Die Bäcker in Heidelberg sollen auf dem Neckar sogar einen Backofen errichtet und Brot gebacken haben. Allerdings ließ sich das Eis nicht überall mit Füßen treten. In Frankreich ertranken die Gäste einer Bauernhochzeit, weil das Eis unter ihren Tänzen brach. Ungerührt kommentiert der Pfarrer in einer Fußnote: »Man saget im Sprüchwort: Wenn dem Esel zu wohl ist, so gehet er aufs Eis und bricht ein Bein.« Mit mehr Wohlgefallen erzählt er, man »verfertigte zu Lübeck bey diesem Froste vor dem Holsten Thore im Febr. einen Löwen 7 Fuß [gut zwei Meter] lang so künstlich aus Eis, daß ihn kein Bildhauer in Holtz besser machen können.«

In Lübeck reichte die Kälte für einen Löwen aus Eis, in St. Petersburg, wo es 40 Grad kalt war, baute man einen Eispalast, im Auftrag der »Kayserlichen Academie der Wissenschafften« dokumentiert von dem deutschen Physiker Georg Wolfgang Krafft: *Wahrhaffte und umständliche Beschreibung und Abbildung des im Monath Januarius 1740 in St. Petersburg aufgerichteten merckwürdigen Hauses von Eiss, mit dem in demselben befindlich gewesenen Hausgeräthe: nebst einigen nützlichen Anmerckungen von der Kälte überhaupt, und derjenigen insonderheit, welche in gedachtem Jahre durch gantz Europa verspühret worden.*

Auch der Arzt Johann Gottlob Krüger, später bekannt geworden durch seine Schrift über Tabak und Kaffee*, machte sich *Gedancken Von dem Kalten Winter des Jahres 1740*. Er fragte nach den Ursachen der von Jahr zu Jahr stark schwankenden Wetterverhältnisse, kommt jedoch seiner wissenschaftlichen Rhetorik zum Trotz kaum über die Beobachtung hinaus: »Wir haben warmes Wetter, wenn die Lufft warm, und kaltes, wenn sie nicht so warm ist.« Ihm ist von uns nicht vorzuwerfen, wie wenig er über Wetterursachen, Klimaveränderungen und ›Kleine Eiszeiten‹** wusste, allenfalls, dass er vor seiner Leserschaft so tat, als kenne er sich bestens aus. Immerhin schrieb er auch eine *Geschichte der Erde in den allerältesten Zeiten*.

Die gemessen an einem Menschenleben ungeheuer langen Klima-Epochen, die erdgeschichtlich gleichwohl eher Minuten entsprechen, geben auch uns Rätsel von historischen Dimensionen auf, die wir nicht wirklich zu lösen vermögen, obwohl das im Interesse künftiger Generationen nötig wäre. Wir debattieren darüber,

---

* Dazu die Passage am Ende des Abschnitts »Tabakskollegien und Tabakskantaten« im 10. Kapitel.
** Der Begriff stammt aus den 1930er Jahren und meint die Zeit vom 13. bis 18. Jahrhundert mit letzten Temperaturtiefpunkten in den Jahrzehnten um 1700.

was an klimatischen Veränderungen menschengemacht ist, zu Krügers Zeiten ging der Streit darum, was daran von Gottes Zorn über menschliche Sünden herrührt. Der am Wolff'schen Rationalismus geschulte Verfasser gehörte dabei zu denjenigen, die Erklärungen für ungewöhnlich kalte Winter und ungewöhnlich heiße Sommer in Naturgesetzen suchten, nicht im göttlichen Willen.

Während Krüger in Halle im Winter 1740 die Hände beim Schreiben an der Kerze wärmte und sich über die zugefrorene Saale wunderte, nutzten Soldaten der dort stationierten preußischen Regimenter die Gelegenheit zur Desertion über den stehenden Fluss, bis von Berlin das Freischlagen einer Sperrrinne angeordnet wurde. Ob der Soldatenkönig davon wusste? Er saß schon sterbenskrank im Rollstuhl. Bei seinem Tod am 31. Mai 1740 floss die Saale längst wieder eisfrei.

Schwerwiegender als das Weglaufen von ein paar Soldaten war die Winternot der Bevölkerung. Aber nicht nur eisige Winter, auch dürre Sommer führten zu Problemen vor allem für ärmere Leute. Auf schlechte Ernten folgten Preissteigerungen, die Spekulationen begünstigten, die Aufkäufe nach sich zogen, von denen die Preise weiter hochgetrieben wurden. So kam bei vollen Speichern der Hunger ins Land. David Fassmann hat das in seinem Lebensbild Augusts des Starken geschildert: »War man aber zu Dresden lustig, und gieng daselbst alles prächtig und herrlich zu; so ist es freylich nicht allenthalben in dem gantzen Churfürstenthum eben so bewandt gewesen. Au contraire: es ereignete sich, wegen des heissen und trockenen Sommers, eine schlechte Erndte, der Mangel und Bedürffnis des Getreydes aber zog eine gewaltige Theurung nach sich, [...] eine grosse Noth entstand, welche sich mit dem einbrechenden Winter vermehret«. Es sei Getreide aufgekauft und verbilligt oder umsonst an die Bevölkerung verteilt worden, fährt Fassmann fort, aber »weil die Sache durch Juden-Hände gegangen; so ist die Frage: Ob der Preiß des Getreydes der Armuth zustatten gekommen«. Die Juden sind an allem schuld*, am Wetter, an der Teuerung und an der Pest.

---

* Mehr im Abschnitt über Süß Oppenheimer im 2. Kapitel.

Die letzte große Pest

Nach einer Nürnberger Verordnung von 1708 durften Reisende aus von der Pest betroffenen Regionen ohne Gesundheitspass nicht nach Franken kommen – Juden auch mit Gesundheitspass nicht: Es solle »kein frembder unbekannter Jud unter Leib- und Lebens-Straff mehr in Krais gelassen« werden. Auch ein Edikt Friedrichs I. von Preußen schärfte 1712 den Wächtern an den Landesgrenzen und Stadttoren ein, dass bei der Kontrolle von Menschen und Waren »ein mercklicher Unterschied zwischen Christen und Juden gemacht« werden müsse.

Die letzte große Pest in Europa wütete während der ersten beiden Jahrzehnte des 18. Jahrhunderts. Von Prag bis Nürnberg, von Mailand bis Marseille, von Wien bis Hamburg waren in den Städten wieder die ›Schnabeldoktoren‹ zu sehen, wie die Pestärzte wegen ihrer grotesken Schutzmäntel mit schnabelförmigen Atemmasken seit dem Mittelalter genannt wurden. Über die Lage in Wien, wohin 1679 schon einmal die Seuche eingeschleppt worden war und sich in den Folgejahren bis nach Leipzig, Dresden und Erfurt ausgebreitet hatte, klagte Abraham a Santa Clara in *Huy und Pfuy der Welt:* »Hier wütet, Ach!, die Pest. Die Lufft, davon wir leben / Schickt, mit erstocktem Gifft, der Lungen ihren Todt. / Die Adern müssen sich der Fieber-Hitz ergeben / Die auffgetriebne Haut ist, wie Karfunckel, roth / Der Freund flieht vor dem Freund, der Vatter vor dem Sohn / Die frömmste Mutter laufft dem liebsten Kind davon.«

Trotz des bis heute gängigen Verbs ›wütet‹ die Seuche aber in Wahrheit nicht, sie schleicht, und schleichend bringt sie die Leute um: in Wien 18 000, in Hamburg 10 000, in der Mark Brandenburg und im Herzogtum Preußen über 200 000. Der Soldatenkönig notierte später in einer Instruktion für den Nachfolger, dass 1713, im Jahr seines Herrschaftsantrittes, »das landt Preußen von der menschen Pest und viehe Pest fast ausgestorben« war.

Sein Vater hatte 1709 beim Auftreten der Pest zunächst die Abhaltung eines »allgemeinen Fast-, Buß- und Bet-Tages für den 16. Oktober und Verbot von allen unzüchtigen Werken aufgrund der sich annähernden Pest« angeordnet. Im November 1709 befahl er den Bau eines Pesthauses vor der Berliner Stadtmauer, im August 1710 erließ er, »weil durch Gottes Verhängnüß die Pest je mehr und mehr überhand nimmt«, eine Verordnung, die das Durchbrechen der Pestsperren mit der Todesstrafe bedrohte. Im Mai 1711 endlich ordnete er ein Dankgebet an, das »wegen der durch Gottes Gnade auffhörende Seuchen der Pestilentz nach der Predigt vorzubeten ist.« Im August 1712 wurden die Einreise von Leuten und die Einfuhr von Waren aus verpesteten Territorien verboten, im August des Folgejahres der Handel mit Hamburg.

Was den Zusammenhang zwischen Menschensünde und Gottesstrafe angeht, erklärte der pietistische Arzt Johann Samuel Carl in seiner *Armen-Apothecke:* Der Pest »Ursachen sind I. Der in dem Menschen über die Sünde entbrannte Zorn GOttes [folgen Bibelstellen als Beleg]. II. Deßwegen sendet GOtt einen Pest-Engel, welcher den Natur-Geist des Menschen durch eine innere Magie schröcket [folgen wiederum Bibelstellen]. III. Dadurch gehet das Geblüt in eine schnelle Fäulung; IV. Aus welcher dann faulende Dünste ausgehen und andere anstecken.«

Nicht nur in Preußen kam es zu Sperrmaßnahmen. Leibniz, der sich 1713 in Wien aufhielt, schrieb im April nach Hannover: »Es würde mich ärgern, wenn ich in Quarantäne gehen müsste, bevor ich in unser Land gelassen werde.« Aber nicht die Pest hielt ihn auf, sondern die Gicht fesselte ihn wochenlang ans Bett. Er kehrte erst 1714 nach Kurhannover zurück. Für die kursächsische Residenzstadt Dresden wiederum, mit ihrer Nachfrage nach französischen Luxuswaren, wurde noch im Oktober 1721 der Handel mit dem ebenfalls pestgeplagten Frankreich untersagt.

In Berlin konnte durch Quarantäne und Stadtverweisungen das Eindringen der Seuche verhindert werden. Nach deren Ende wurde das 1710 fertiggestelle Pesthaus zunächst als Garnisonslazarett, dann als Arbeitshaus für Bettler und Straßenkinder genutzt, bis es 1726 in ein Krankenhaus umgewandelt und auf Anweisung des Soldatenkönigs Charité genannt wurde.

Eine institutionell nachholende Reaktion auf die Pesterfahrung war das 1719 gegründete und dann in der preußischen Medizinalordnung von 1725 verankerte Collegium sanitatis. Die politische, wirtschaftliche und militärische Macht eines Fürsten hing von der Größe der Bevölkerungen in den von ihm beherrschten Territorien ab. Die ›Bewirtschaftung‹ dieser Bevölkerungen war von äußerster Wichtigkeit, und so kam vieles von dem, was wir heute für ›fortschrittlich‹ halten, darunter die preußische Aufnahmebereitschaft für Flüchtlinge und die Entwicklung eines Medizinalsystems, erst dadurch zustande, dass die Könige von der bevölkerungsmehrenden Relevanz dieser Maßnahmen überzeugt werden konnten.

Die Entwicklung einer medizinischen Infrastruktur von der Ärztebildung bis zum Krankenhauswesen zog sich über Jahre und Jahrzehnte hin. Die miserable Versorgungslage kommt noch 1740 in einer Bestandsaufnahme Berliner Ärzte stellvertretend am Beispiel der Soldaten zur Sprache: »Solange ein Soldat heilbar ist, wird er beym Regiment tractirt, wenns da nicht fort will, kommt er erst unter die Hände alter Weiber, Pfuscher und Scharfrichter«, die Zaubermittel wie Delinquentenblut oder unter dem Galgen ausgegrabene Alraune anboten, »und wenn dann auch diese nicht helfen können, wenn Hopfen und Maltz verlohren, und der Kranke dem Regiment zur Last liegt, als denn wird er der Charité gelieffert, mehrentheils in keiner andern Absicht, als dass er darinnen soll zu Tode gefüttert werden. Es geht nicht allein mit denen Soldaten [so], sondern zum Theil mit bürgerlichen Kranken.«

Dabei hatte schon 1693 Leibniz über die Verbesserung der Volksgesundheit geschrieben, »dass man auch im Lande, nicht nur in Pestzeiten, sondern ständig, einen Gesundheitsrat haben sollte, in dem politische Räte mit Ärzten zusammen tätig sein sollten, etwa so wie im Konsistorium Politiker mit Kirchenmännern zur Betreuung der Seelen zusammensitzen. Wie viele arme Leute und andere sterben an den fast jährlich ausbrechenden Epidemien, ehe man diese in den Griff bekommt«. Dann bricht er eine Lanze für die Ärzte, »die man ermutigen sollte, um die Wissenschaft voranzutreiben, die erst noch in ihren Anfängen steht.«

Wer war Doktor Eisenbarth?

Ein Doktor jedenfalls nicht*. Als Wanderarzt – nicht Wunder-
arzt, wie häufig behauptet – bewegte er sich zwischen den Ärzten mit Medizinstudium und Stadtwohnung einer- und den über
die Dörfer ziehenden Quacksalbern mit wenig Kenntnissen und
ohne festen Wohnsitz andererseits. Der Bereich dazwischen, von
den Badern bis zu den Chirurgen, war zünftig geregelt. Manche der
Bruch- und Steinschneider, der Okulisten, Starstecher und Zahnreißer verfügten über landesherrliche ›Privilegien‹ (heute würde
man es Konzessionen nennen), viele wohl eher nicht. Im Idealfall
setzte die Ausstellung dieser Papiere eine Kenntnisprüfung durch
Stadtärzte voraus.

Zu Interessenkonflikten kam es dabei selten, denn die Wanderärzte machten schon deshalb keine Konkurrenz, weil die studierten
Ärzte ohnehin nicht selbst Hand anlegten. Sie diagnostizierten und
verschrieben Medikamente, aber das Versorgen einer Wunde, das
Richten von Knochen, das Operieren eines Bruchs, das Wegschnei-
den eines Geschwürs überließen sie den Chirurgen. Es hätte ihnen
auch das handwerkliche Können für derartige Eingriffe gefehlt. Im
Übrigen mangelte es selbst in großen Städten sowohl an studierten
Ärzten als auch an Chirurgen. Der bedeutende Arzt und Chirurg
Lorenz Heister erinnerte sich an die Wanderheiler während seiner
Kindheit um 1700: »Gleichwie in Frankfurt zu der Zeit, sowohl auf
die Oster- als Herbst-Messe, ordentlich herumreisende Aerzte und
Operateurs, sonderlich Bruchschneiders und Augenärzte, worunter
auch der in diesen Stücken damals sehr berühmte Eisenbarth gewe-
sen, kamen, um Leute, die mit Brüchen, Augen-Staaren, Blasenstei-
nen, Gewächsen, Hasenscharten und dergleichen Uebeln behaftet

---

* Das Spottlied *Ich bin der Doktor Eisenbarth* entstand um 1800 im Göttinger
Studentenmilieu und hat mit den historischen Tatsachen nichts zu tun. Ob
das Kinderlied *Frère Jacques* mit Eisenbarths ärztlichem Zeitgenossen, dem
Pariser Steinoperateur und Dominikanerbruder Jacques Beaulieu, zusam-
menhängt, ist umstritten. Die Melodie wird neuerdings auf Bachs musikalischen Zeitgenossen Rameau zurückgeführt. Sie hat einen trauermarschähn-
lichen Nachklang in Moll in Mahlers erster Sinfonie.

waren, zu schneiden und zu curiren: weil damals in Frankfurt noch fast niemand, weder von Medicis noch Chirurgis, dergleichen Curen daselbst unternahme«.

Der ›sehr berühmte Eisenbarth‹ wurde in den zahlreichen, teilweise gedruckten Privilegien meistens ›Landarzt‹ genannt. Nur in Erfurt durfte er sich, obwohl nicht akademisch ausgebildet, als ›Stadtarzt‹ bezeichnen. Mit großem Tross zog er über die Jahrmärkte und bot seine Kunstfertigkeit vor allem beim Stein- und Bruchschneiden sowie beim Starstechen an, während er die Gebisse seines Publikums einem zum Tross gehörenden Zahnreißer überließ*. Er selbst trat in einem langen scharlachroten Seidenrock auf mit Perücke, Dreispitz, Brokatweste, Kniehose, weißen Strümpfen und Schnallenschuhen.

Welche Klientel sich bei solchen Auftritten versammelte, beschreibt Johann Kuhnau, Bachs Vorgänger im Amt des Thomaskantors, in seinem satirischen Roman *Der Musicalische Quack-Salber* von 1700. Es fängt ein »Oculist, Stein- und Bruchschneider« vor seiner Marktbude »mit seinem Murmel-Thiere an zu schwatzen«, um Leute anzulocken. Es kommen und staunen »2 Bauren mit Hüner- und Gänse-Steigen, 2 Harffenisten oder Träger, eine Wäscherin, 4 Betteljungen, 3 Kärner« sowie eine »Erbsen-Frau« und zwei Äpfel-Höker.

Im selben Jahr wie Kuhnaus Quacksalberroman erschien im *Poetischen Spazierwäldlein* des Schweizer Epigrammatikers Johann Grob posthum ein satirisch-ironisches Lobgedicht auf die Wanderärzte: »Herr Doctor, seit daß du hinweg zu ziehn entschlossen, / Traurt mancher handwerksmann; dan welch ein übler possen / Geschieht der Schreinerzunft, die todtenstarke macht, / Die du durch deinen fleiß hoch in den preis gebracht.« – »Der Priester siehet saur, man hört den Glöckner klagen, / Der Todtengräber will für leide fast verzoagn: / Die Schuhl und ihr Regent zieht Trauerkleider an, / Daß man nicht mehr so oft zu grabe singen kan.«

---

* Zu seinen Augenoperationen die Passagen im Abschnitt »Den Star stechen«, zu den Zähnen der Abschnitt »Brockes wird ein Zahn gezogen«, beide in diesem Kapitel.

Ist der Wanderarzt fort, bleiben die Leute am Leben. Das war in vielen Fällen nur wenig übertrieben. Die Erfolgsquoten bei schwierigen Eingriffen gingen auch bei geschickten Chirurgen mitunter gegen null, weil eben die Erfolgschancen gegen null gingen, allein schon, wenn es darum ging, Infektionen zu vermeiden. Man kann sich vorstellen, welche Schmerzen Leute ausgestanden haben müssen, bevor sie bereit waren, sich in die Hand eines Wanderarztes zu begeben, genauer gesagt: in die vielen Hände seiner Mitarbeiter, denn ohne Anästhesie brauchte es acht Hände, um die vier Glieder eines Patienten festzuhalten.

Das Austrommeln von Heilungsversprechen gehörte zum Geschäftsgebaren der fahrenden Chirurgen. Aber Klappern gehört nicht nur zu diesem Handwerk. In vielen Branchen muss man etwas von sich hermachen, wenn man etwas aus sich machen will. Der auch nicht gerade überbescheidene Gottsched ließ das sein Publikum durch ein Gedicht wissen, in dem er Eisenbarth auftreten und diese Lehre erteilen lässt: »Du mußt von Stadt zu Stadt auf alle Messen reisen, / Auf hohen Bühnen stehn und deine Curen preisen, / Und schreyen: Eilt herzu! Hier steht der Wundermann, / Dem keiner in der Welt das Wasser reichen kan.«

Der wirkliche Eisenbarth war ebenfalls nicht überbescheiden – und konnte es so wenig sein wie Gottsched. Am 9. Juni 1716 ließ er, wie bei unzähligen anderen Gelegenheiten, ein Inserat in die Zeitung setzen, diesmal in die *Stettinische Ordinaire Post-Zeitung:* »Es ist auf Verlangen vieler Patienten allhier angelanget der im gantzen Römischen Reich wohl bekandte Operator Herr Eisenbarth, in Magdeburg wohnhafft«.

1716 war das wichtigste Jahr in Eisenbarths medizinischem Lebenslauf. Auf ausdrückliche Anordnung des Soldatenkönigs wurde er nach Stargard gerufen, um dem Kommandeur eines Infanterieregiments zu helfen, dem bei einem Gefecht eine Kugel von der Seite in den Schädel gedrungen war und ein Auge verletzt hatte. Eisenbarth gelang es, die Kugel zu entfernen, die Sehfähigkeit des unverletzten Auges zu erhalten und den Verletzten nach überstandener Operation zu pflegen. Arzt und Patient hatten Glück. Der Patient wurde wieder gesund, blieb im Dienst und stieg viele Jahre später in Magdeburg – Eisenbarth, der dort 1703 ein Anwesen gekauft hatte, war bereits verstorben – zum Stadtkommandanten auf. Der Arzt wurde vom Soldatenkönig in Anerkennung der Heilung des Offiziers mit dem Titel eines »Königlich Preußischen Hofokulisten und Hofrats« ausgezeichnet, was er seitdem in keinem seiner Zeitungsinserate zu erwähnen vergaß. Auch die *Vossische Zeitung* in Berlin nannte 1724 den Titel, als sie meldete, dass »der Königl. Preuß. Rath Eisenbarth von Magdeburg annoch zum Trost vieler bedrängten Patienten allhier« sei. Er habe »viele Menschen an aller Hand theils gefährlichen Krankheiten rühmlichst curiret«, unter anderem »einem 25-jährigen Menschen mit geschwinder Behändigkeit und in presence vieler Leute, doch ohne grosse Schmerzen dergleichen Stein […] aus der Blase geschnitten.« Der Stein sei zu besichtigen. »Dergleichen wichtige Operationes wird der Rath Eysen-Barth [!] noch mehrere vornehmen. Was an Augen-Curen, Brüchen, Leibs-Gewächsen, Hasenscharten von ihm verrichtet werden, achtet er gering. Hierbey wird dessen unvergleichlicher balsamischer Haubt-Augen- und Gedächtniß-Spiritus de meliori recommendiret [empfohlen], wovon sehr viele Proben erwiesen an denen, so vom Schlag gerühret, Schwindel, Ohrensausen, Kopffwehe und Augentunckelheiten laboriret«.

Die Tinkturen, Augenwasser und Kräutersalben, die Eisenbarth bei seinen Reisen unter die Leute brachte, wurden in seinem mit Brauhaus ausgestatteten Anwesen »Zum goldenen Apfel« in Magdeburg hergestellt. Der Heiler machte sich nicht nur als Operateur, sondern auch als Pharmazeut verdient und verdiente daran, obwohl er im Unterschied zu seinen Wanderarztkonzessionen über kein landesherrliches Apotheker-Privileg verfügte.

Carls *Armen-Apothecke*

Huy und Pfuy über unsere armen Körper mit Abraham a Santa Clara: »Der menschliche Leib ist nichts anders als ein Logiment aller Krankheiten, und sind in einem alten Haus nicht so viel Mäus; In einem Bettler-Kleid nicht so viel Läus, als üble Zuständ bey einem

Menschen: Der menschliche Leib hat so viel Wehe wie viel Fisch der Bodensee; vom Kopf bis auf die Fußsohlen ist kein Gliedmaß, welches nicht gewissen Krankheiten unterworfen: So viel Büchsen, so viel Gläser, so viel Schachtel, so viel Geschirr in der Apotecken sagen nichts anders, als daß viele Krankheiten sich ereignen.« Und weil das so ist, wenden die Leute allerlei fragwürdige Mittel an. Diese bieten »die Marktschreyer, Landfahrer, Zigeuner und alte Weiber, so gar auch die Henker, dero Arzeney und Chur in nichts anderst bestehet als in gewissen Aberglauben und Teufels-Künsten; dergleichen Höllen-Geschmeiß thut absonderlich die einfältige Leut hinder das Liecht führen«.

Um sie von dort wieder hervorzuholen, hat der pietistische Arzt Johann Samuel Carl seine *Armen-Apotheke* verfasst. In der Vorrede meint er zwar, die Armen seien wegen der Arbeit und der einfachen Kost viel kräftiger »und wegen weniger Gemüths-Leidenschafften und Vernunffts-Verwirrungen geschickter, die innere Haushaltung des Leibes und dessen Gesundheit zu erhalten und wieder herzustellen.« Doch Krankheiten gibt es in der kleinsten Hütte. Deshalb ist zu merken: »Keine Artzneyen kan der Arme leichter und wohlfeiler […] bekommen als solche, die der gütige Schöpffer jedem so überflüßig [in Überfülle] vor die Thür pflantzet«. Dazu gehören, in Carls Reihenfolge, neben anderen: Wermuth (gut für Magen und Verdauung), Anis (schleimlösend, gut für Niere und Gebärmutter), »Beyfuß« (»Ist ein Mutterkraut«, »Beförderung der Monath-Zeiten«), »Gänsblümlein« (»gutes Wund-Kraut«, hilft auch gegen Verstopfung), »Ringel-Blume« (herzstärkend, schweißtreibend und nach antiker Lehre vorbeugend gegen die Pest), »Camillen« (schmerzlindernd), Fenchel (urin- und steintreibend, gut gegen Husten), Johanniskraut (»eine gute Nerven-Stärckung«), Majoran (ebenfalls nervenstärkend, gut gegen Schwindel), Steinklee (hilft gegen Entzündungen und Geschwüre), Knoblauch (gegen »ansteckende Kranckheiten, schleimige Verstopfungen der Lungen, Leber, Miltz)[*], »Huflattig« (»ein gutes Brust-Kraut«), Baldrian (blutreini-

---

[*] In Halle an der Saale ist der Knoblauch so gesund, dass jahrhundertelang am Mittwoch nach Pfingsten ein Knoblauchtag begangen wurde. Der Brauch ist in jüngerer Zeit wieder aufgelebt.

gend, fiebersenkend, gut für die Augen und schlecht für »die Würmer in den Ohren«).

Braucht der Landarme nur vor die Tür zu treten, wenn er sich krank fühlt, muss der wohlhabende Stadtbürger Arzt und Apotheker fragen. In Berlin unterhielt seit 1719 der Chemiker Caspar Neumann im Auftrag des Soldatenkönigs »eine der allervornehmsten, ansehnlichsten, ordentlichsten, reinlichsten, wohleingerichteten und wohlbestellten, auch mit Materialien und Medicamenten reichlich versehene Apotheke«. Man könnte meinen, Eisenbarth habe den Lobpreis verfasst.

Aufbau und Unterhalt von Apotheken, Herstellung und Vertrieb von Medikamenten erforderten neben der pharmazeutischen Kompetenz auch organisatorisches Talent. Beides bewies Eisenbarth auf seinem Anwesen bei Magedburg, und beides bewies in noch größerem Maßstab Francke mit seinen Helfern in Glaucha bei Halle. Die Waisenhaus-Apotheke und die Medikamenten-Auslieferung waren neben der Bibeldruckerei viele Jahre lang ein Strahlkern der Reputation der Anstalten und zugleich unverzichtbar für deren ökonomischen Fortbestand. Wenn der junge Waisenhaus-Apotheker Christian Friedrich Richter im übertragenen religiösen Sinn von seiner Einrichtung als »Schatz-Kasten Gottes« sprach, so traf das im Wortsinn auf deren finanzielle Funktion zu: »Unsere Apothek muß nicht anders betrachtet werden, als ein offenbareter Schatz-Kasten Gottes, darinnen Er sich den Elenden und Kranken nach seiner Güte und Barmhertzigkeit will zu empfinden geben, daß wenn sie ihn fühlen und empfinden aus der guten Krafft der Artzneyen, sie ihn mögen lernen kennen und lieben als einen solchen gutthätigen Gott«.

Der Bestseller unter den in Glaucha hergestellten Medikamenten war die ›Essentia Dulcis‹, die überall gegen alles half, wobei das ›überall‹ nahezu weltweit zu verstehen ist. Das Medikament wurde im Zuge der Mission bis nach Indien vertrieben, ganz ähnlich wie die in Glaucha gedruckten Billigbibeln. Die alles heilende ›Gold-Tinctur‹ wurde mit Drucken beworben, wie etwa *Ausführlicher Bericht von der Artzney ESSENTIA DULCIS genannt, Durch welche, Unter dem Segen GOttes, allerley schwere Kranckheiten, Gicht, Epilepsie, Stein, allerley Gebrechen an Augen […] bißher* *curiret worden.* Das Wundermittel war dermaßen erfolgreich, dass Fälschungen in nachgemachten Gläsern kursierten*. Die Fälschungen entsprachen nicht der Ethik des Heilens, allerdings muss das auch vom Original gesagt werden. Die Apotheker in Glaucha wussten, dass es kein Mittel gibt, das alles heilt, aber dieses wurde eben vom Zweck geheiligt. Außerdem hatte Gott ein Auge auf das, was in der Gottesstadt geschah. Wenigstens davon waren Francke und seine Leute aufrichtig überzeugt.

Ohne Gott kein Leben, kein Leid, keine Linderung. Er schickte in ›gerechtem Zorn‹ die Pest, pflanzte Heilkräuter vor die Tür der Armen, stellte Schatzkästen in die Apotheken und nahm die Eide der Apotheker entgegen: »Ich N. N. schwere und gelobe GOTT dem Allmächtigen und Allwissenden, daß ich meiner Pflicht in rechtmäßiger Vorsorge und Obsicht meiner Apotheken treulich wahrnehmen […] und […] nach meinem besten Verstand und Vermögen nachkommen die verschriebene Medicamenta und Recepte, in Nahmen Gewichte Maaß oder sonsten nirgends worin ändern […], aber das Curirens und Besuchens der Patienten mich enthalten, insonderheit ohne der Medicorum Gutbefinden und Vorwissen keine Purgantia [Abführmittel], Vomitoria, starckttreibende Medicamenta oder Opiata, vielweniger Gifft aus meiner Officin verkauffen […] und im übrigen mich also verhalten wolle wie es einem ehrlichen, rechtschaffenden, vorsichtigen und gewissenhafften Apotheker gebühret und wohl ansteht: So wahr mir GOTT helffe durch JEsum Christum.« So lautet (gekürzt zitiert) die Eidesformel im kurbrandenburgischen Medizinal-Edikt von 1693. Es wurde unter Einbeziehung nachfolgender Edikte unter Mitarbeit von Georg Ernst Stahl zur Medizinalordnung von 1725 weiterentwickelt, die für Apotheker eine siebenjährige Lehrzeit verbindlich machte.

---

* Kurioserweise sind nur diese Fälschungen erhalten, keine Originalgläser.

Stahls Pillen und Hoffmanns Tropfen

Georg Ernst Stahl meinte, es gebe zu viele Quacksalber: »Ich habe zum öfftern wahrgenommen, daß alles Schelmen und Huren-Gesindel, Betrüger, Jüden und Hencker, wann sie einmal eigenmächtig sich eingedrungen, hernach sich gleich erkühnet, graduirten Leuten es nachzuthun. Dann man findet bey keiner Station mehr und grössere Freyheiten, um sich schweifende Verwegenheiten, greulichere Leichtglaubigkeiten oder Aberglauben, dicke Finsternisse und öfftere Verwirrungen als eben bey der alleredelsten«, der Medizin. »Mir ist kein Medicament bekannt«, erklärt er weiterhin, »welches mehr thut als diese meine Pillen. Denn wo kan sonst ein Practicus von einem Medicament dieses sagen [...], daß eine eintzige Dosis davon, wenn er sie einer Wöchnerin giebt, in Zeit von [...] nur wenig Minuten gantz gewiß die stärcksten Blutflüsse hemme, nicht stopffe, sondern in Ordnung bringe«.

Friedrich Hoffmann, Medizinprofessor an der Universität Halle, meinte, es gebe zu viele Medikamente. Das komme daher, weil sich bei Ärzten und Apothekern die böse Gewohnheit festgesetzt habe, allerlei Mischungen herzustellen, deren Wirkungsweise unmöglich zu überblicken sei. Er selbst habe sich seit Jahr und Tag auf ein rundes Dutzend Medikamente beschränkt, darunter den »Lebens-Balsam«, der »aus den reinesten und aufrichtigsten Oehlen, welche aus den herrlichsten und kräfftigsten Kräutern« von ihm selbst bereitet werde, worauf es ganz wesentlich auf die Mischung der Ingredienzen ankomme. Der Balsam rieche und schmecke gut und vermöge die »gantze Natur des Menschen mercklich zu stärcken, indem er die balsamischen und spirituesen Theile des Geblüts und des subtilen in dem Gehirn und denen Nerven sich befindenden liquidi, davon alle Lebens-Kräffte des menschlichen Leibes dependiren, vermehret und stärcket«. Man soll »10 Tropffen des Morgens in einem warmen Geträncke, Supfe, Thée oder Coffée, des Abends aber bey Schlaffengehen 20 Tropffen in kaltem Biere oder in einem abgekochten Wasser« einnehmen. Man kann die Tropfen auch äußerlich anwenden: »Bey Haupt-Schmertzen schmieret man die Schläffe damit [...]. Bey Zahn-Schmertzen giesset man etliche Tropffen auff

Baumwolle und stecket solche in den hohlen Zahn [...]. Bey ver-
lohrnem oder schweren Gehör giesset man etliche Tropffen in das
Ohr, und stopffet es mit Baumwolle«.

Woraus Stahls Pillen gedreht und Hoffmanns Tropfen gerührt
sind, ist heute nicht mehr von Belang, obwohl ›Hoffmannstrop-
fen‹ noch immer verkauft werden*. Beide Ärzte waren zeitweise in
Halle und in Berlin tätig, Stahl mit mehr Erfolg in Berlin, Hoffmann mit mehr Erfolg in Halle. Beide waren publizistisch überak-
tiv und in ihrer Zeit sehr einflussreich, obwohl oder vielleicht auch
weil ihre Lehren einander schroff gegenüberstanden. Für Stahl bestand der Körper aus Säften und Fasern, die erst von der ›anima‹
belebt wurden, der unsterblichen Seele, einer immateriellen Kraft,
die beim Sterben dem Körper entwich. Für Hoffmann war der Körper eine Art Maschine, eine hydraulische Maschine, in Gang gehalten von einer ebenfalls materiellen Seele, die nicht vom Körper ge-
trennt zu denken sei. Der pietistisch beeinflusste Stahl wollte Gott
ins menschliche Körpergeschehen hineinnehmen, der materialis-
tisch orientierte Hoffmann wollte Gott damit in Ruhe lassen, ohne
deshalb dessen Existenz infrage zu stellen, was bei einem Universi-
tätsprofessor, noch dazu im pietistischen Halle, der Vernichtung der
eigenen gleichgekommen wäre.

Das Leib-Seele-Problem ist Dauerthema in Religion und Philosophie, seit die Menschen an eine leibhaftige Seele glauben und
über einen beseelten Leib philosophieren. Die zu ihrer Zeit kontroversen Auffassungen Stahls und Hoffmanns haben heute gemeinsam, dass sie als Lösungen des Problems beide überholt sind.
Das Problem selbst ist nicht überholt. Die Musik dazu auch nicht,
nicht im überwältigenden und selbst überwältigten Gotteslob der
Mutter Maria: »Magnificat anima mea Dominum« (BWV 243) und
»Meine Seel erhebt den Herren, / und mein Geist freuet sich Gottes, meines Heilandes« (BWV 10).

---

* Auf der Internetseite eines Versenders steht darüber zu lesen: »Langjährige
  Erfahrung hat gezeigt, dass das Arzneimittel bei bestimmten Beschwerden
  helfen kann. Wie die einzelnen Inhaltsstoffe wirken, konnte bislang in wissenschaftlichen Studien nicht nachgewiesen werden.«

Fahrenheit misst Fieber

»Stabat mater dolorosa / iuxta crucem lacrimosa, / dum pendebat filius; / cuius animam gementem, / contristatam et dolentem / pertransivit gladius.« – »Christi Mutter stand mit Schmerzen / bei dem Kreuz und weint von Herzen, / als ihr lieber Sohn da hing. / Durch die Seele voller Trauer, / schneidend, unter Todesschauer, / jetzt das Schwert des Leidens ging.«* Als Giovanni Pergolesi in einem Kapuzinerkloster in Kampanien nach der uralten Hymne sein *Stabat Mater* komponierte, jagte das Fieber Todesschauer durch seinen Körper. Er starb im März 1736, kurz nach der Vollendung des Werks. Wenige Jahre später, vermutlich zwischen 1739 und 1742, nahm der alternde Bach die Musik des sterbenskranken Mittzwanzigers auf und schuf den katholischen Schmerzensklang unter Verwendung von Psalm 51 in das Flehen der von der eigenen Sündhaftigkeit erschütterten lutherischen Seele um: *Tilge, Höchster, meine Sünden* (BWV 1083). Dem kitschigen deutschen Text unbekannter Herkunft fehlt die Wucht der lateinischen Hymne. Bachs vollendete Musik aber geht bis hin zum zweiminütigen »Amen« wie die des fiebernden Pergolesi durch die Seele wie ein Schwert.

In einer anderen Kantate (*Es ist nichts Gesundes an meinem Leibe*, BWV 25) wird die Welt als eine Art Siechenhaus der Sünden beklagt: »Die ganze Welt ist nur ein Hospital, / wo Menschen von unzählbar großer Zahl / und auch die Kinder in der Wiegen / an Krankheit hart darnieder liegen«, und zwar an der Krankheit der Erbsünde, dem Urgrund aller übrigen Krankheiten, »den einen quälet in der Brust / ein hitzges Fieber böser Lust, / der andre lieget krank / an eigner Ehre häßlichem Gestank, / den dritten zehrt die Geldsucht ab / und stürzt ihn vor der Zeit ins Grab, / der erste [Adams] Fall hat jedermann beflecket / und mit dem Sündenaussatz angestecket.«

Jesus, der Erlöser, ist »Arzt und Helfer aller Kranken«, der sündigen Seelen wie der leidenden Leiber. So denkt und dichtet das auch der reimende Mediziner Daniel Wilhelm Triller in *Das Fieber*:

---

* Die gängige deutsche Variante ist keine wortgetreue Übersetzung.

»Allein, wo sind die Wörter aufzutreiben, / Des Fiebers ungeheure Macht, / Die mich bald um das Leben bracht, / Nach ihrer Größe, zu beschreiben? / Ich zweifle, daß es mir nach Wunsch, von statten geht; / Weil mir davor das Haar annoch zu Berge steht«. Gleichwohl malt er sich und uns sein vier Wochen währendes Fieber mit viel Wortlust aus, bis endlich die überraschende Genesung gemeldet und Gott, dem großen Arzt, gedankt wird.

Ganz ähnlich verfährt Brockes in seinem Fiebergedicht. Zunächst spricht er sich – hermeneutisch korrekt müsste es heißen: spricht sich das ›lyrische Ich‹ – selbst Mut zu: »Auf! auf, mein Geist! das mörderische Fieber, / Das deinen Leib so sehr gefoltert und geplagt, / Das dir so Blut als Herz recht wie ein Wurm genagt, / Ist, durch des Höchsten Huld, vorüber«. Es folgt die Beschreibung der Krankheit: »Mich deucht, ich fülte schon des Lebens Tocht verlodern; / Mich deucht, ich säh mein Fleisch schon schwinden und vermodern. / Bald klemmt ein frostig Eis, und drückt ein bitt'rer Schmerz / Fleisch, Sehnen, Hirn und Mark: bald klopft das bange Herz«. Auf die Beschreibung der Krankheit folgt das Melden der Genesung und schließlich wie bei Triller der Dank an den ›allmächtgen Arzt‹: »GOtt Lob! ich bin gesund! wie wol ist mir anizt, / Da mich kein Schaudern quält, kein Brennen mich erhitzt«.

Die Briefe schreibende Kurfürstin Sophie in Hannover äußerte sich nicht so poetisch affiziert wie der dichtende Mediziner Triller und der dichtende Ratsherr Brockes. Sie ließ Leibniz im März 1703 einfach wissen: »Ich bin auch nicht gut zurecht, ich habe einige Fieberanfälle gehabt, jetzt ist das vorbei, aber ich habe einen heftigen Schnupfen, das macht ganz stumpfsinnig.« Ihr Dank an Gott kommt über die Redensart nicht hinaus. Mehr geholfen als der große Arzt im Himmel und als die irdisch-menschlichen Ärzte an ihrem Bett haben offenbar Schnaps und Feigen: »Gott sei Dank bin ich wieder ganz hergestellt und ohne Hilfe eines Arztes [...]. Schließlich haben mir kandierte und in Schnaps flambierte Feigen aufgeholfen«.

Was ein Fieber überhaupt ist, war so unklar wie die Temperatur und ihre Methoden, sie zu messen. Als die Kurfürstin sich mit Schnapsfeigen kurierte, gab es überhaupt noch keine zuverlässige

Methode der Temperaturmessung, geschweige denn der Messung von Körpertemperatur, obwohl der Londoner Universalgelehrte Robert Hooke bereits 1664 den Gefrierpunkt des Wassers als Nullpunkt einer Temperaturskala definiert hatte. Erst ein halbes Jahrhundert später entwickelte der gebürtige Danziger Daniel Gabriel Fahrenheit in den Niederlanden ein Quecksilberthermometer, von dem er für Professor Wolff zwei Exemplare nach Halle schickte. Fahrenheit legte als Nullpunkt die Temperatur eines von ihm hergestellten Kältegemischs aus Eis und Salz fest (32 Grad Fahrenheit), als oberen Fixpunkt die Siedetemperatur des Wassers (212 Grad) und als mittleren Orientierungspunkt die Körpertemperatur eines gesunden, nicht fiebernden Menschen (96 Grad*).

Der Franzose René-Antoine Réaumur entwickelt um 1730 ein Weingeistthermometer und legte zwischen den Gefrierpunkt des Wassers am unteren und dessen Siedepunkt am oberen Ende eine Skala von 80 Graden.

Der Schwede Anders Celsius ließ 1742 das Wasser bei 100 Grad frieren und bei 0 Grad sieden. Seine 100-Grad-Skala auf Quecksilbersäulen setzte sich in der zweiten Hälfte des Jahrhunderts durch, nachdem Gefrier- und Siedepunkt umgekehrt worden waren und Carl von Linné sich für diese Messmethode ausgesprochen hatte. Die Celsius-Skala ist heute weltweit verbreitet, in Amerika allerdings wird nach Fahrenheit gemessen**. Trotz der Dominanz der Celsius-Skala stammte allerdings das erste halbwegs funktionierende Fieberthermometer nicht von Celsius, sondern von Fahrenheit. Es handelte sich um ein Merkur-Thermometer, nach der damals geläufigen Bezeichnung für Quecksilber, und war über einen halben Meter lang, damit sich auf der Skala die vergleichsweise minimalen Temperaturunterschiede darstellen ließen, die einen gesunden Menschen von einem fiebernden unterscheiden. Unter den Ärzten löste das monströse Gerät zunächst wenig Begeisterung aus. Nicht nur wegen der schwierigen Handhabung,

---

* Nach Fahrenheits Tod zu 98,6 Grad präzisiert.
** Der Titel von Ray Bradburys Roman *Fahrenheit 451* von 1953, in dem die Feuerwehr dafür zuständig ist, Bücher zu verbrennen, leitet sich davon ab, dass Papier sich (angeblich) bei 451 Grad Fahrenheit selbst entzündet.

sondern vor allem, weil das jederman mögliche Messen mit einem Instrument die ärztliche Erfahrung und Intuition zu entwerten schien.

Schlaflos in Dresden

Armer kleiner Goldberg! Hätte der russische Gesandte am kurfürstlichen Hof in Dresden besser geschlafen, wäre dein Name nur sehr wenigen Musikhistorikern bekannt. So aber steht er auf sämtlichen modernen Einspielungen eines unerreichten Meisterwerks deines Lehrers Johann Sebastian Bach. Und nur deshalb sind deine eigenen Musikstücke heute überhaupt noch zu hören, zum Beispiel deine Cembalo-Konzerte auf Youtube. Unter dem Wiedergabefenster steht der Kommentar: »How cool to hear music by the famous Goldberg!«

Goldberg ist dermaßen berühmt, dass die wenigsten seinen Vornamen kennen: Johann Gottlieb. Er war zehn Jahre alt, als sein musikalisches Talent von Hermann Carl von Keyserlingk entdeckt wurde, einem baltendeutschen Grafen im russischen diplomatischen Dienst. Der Graf lebte von 1733 bis 1745 als Gesandter des Zaren in Dresden und unterstützte dort Bachs Bemühungen um den Titel eines Kurfürstlich-Sächsischen und Königlich-Polnischen Hofkomponisten*. Seine Verbindung zur Familie Bach war so ausdauernd, dass er 1748, er war inzwischen russischer Gesandter in Berlin, die Patenschaft für Johann Sebastian übernahm, den jüngsten Sohn Carl Philipp Emanuel Bachs.

Auf Bitten von Keyserlingk wurde Goldberg von Bach weiter ausgebildet. Der überaus geschickt vom Blatt spielende Junge tröstete seinen Entdecker und Herrn über dessen anhaltende Schlaflosigkeit mit Variationen hinweg, zu denen schließlich auch jene Variationen gehörten, die Bach dem Grafen überließ, sicher auch aus Dankbarkeit für dessen Unterstützung beim Anstreben des Titels

---

* Dazu die Passage im Abschnitt über das Zeithainer Lustlager im 2. Kapitel.

eines Hofkomponisten. Keyserlingk soll immer von ›seinen Variationen‹ gesprochen haben, nicht etwa von ›Goldberg-Variationen‹. Auch Bach verwendete diesen Titel nicht, und ein Druck von 1742 spricht von einer *Clavier Übung [...] denen Liebhabern zur Gemüths-Ergetzung verfertiget.* Die heute geläufige Bezeichnung geht auf den biographischen Abriss zurück, den Johann Nicolaus Forkel 1802 als Begleitband für die von ihm betreute erste Bach-Gesamtausgabe verfasste. Dass die Variationen überhaupt erst auf die Bitte Keyserlingks und speziell für dessen Kammercembalisten Goldberg entstanden sind, wie Forkel kolportiert, ist wenig wahrscheinlich. Bei dem, was Bach seinem Gönner überließ, handelte es sich wohl um eine Zusammenstellung bereits komponierter Stücke. Und ob sie tatsächlich zum Einschlafen geeignet sind, steht noch auf einem anderen Blatt. Außerdem ist es für einen Komponisten ein fragwürdiges Kompliment, wenn ihm versichert wird, seine Musik sei zum Einschlafen.

Der junge Goldberg jedenfalls saß in einer Vorkammer zum Schlafzimmer des Grafen am Cembalo und spielte und spielte und spielte – vielleicht, bis ihm selbst vor Erschöpfung die Augen zufielen?

Im Jahr nach Bachs Tod verschlug es Goldberg zu Graf Heinrich von Brühl, in die Kapelle ausgerechnet jenes Mannes, der seinem Lehrmeister das Leben – man könnte auch sagen: das Sterben – schwer gemacht hatte, indem er einen Schützling, Gottlob Harrer, als Nachfolger Bachs im Thomaskantorat installierte, als dieser noch im Amt war. Das virtuose Wunderkind starb 1756 mit gerade einmal 29 Jahren.

Brockes wird ein Zahn gezogen

Der Wanderarzt Eisenbarth zog selbst keine Zähne, hatte aber, wie es in einem Werbeflugblatt heißt, »einen geschickten Chirurgus bey sich in Diensten, der in Zahn-Curen, vor alle schadhaffte Zähne, Scorbut, Bluten des Zahn-Fleisches, übeln Geruch des Mundes,

imgleichen vor Brand und Fäulung derselben, curieuse und erpro-
birte Mittel, auch köstliches […] Zahn-Pulver hat; Insonderheit
weis er alle faule und abgebrochene Zähne geschwinde und mit wenig Schmertzen heraus zu nehmen«.

In Kuhnaus Quack-Salber-Roman schreit eine Zahnbrecherin
auf einem Jahrmarkt ihre Künste aus. Sie trägt »umb die Armen
und den Halß Ketten von angereiheten Zähnen« und preist ein »ro-
thes Zahn-Pulver« an, indem sie den Leuten zuruft, dass »mancher
eher seine Nase in den ärgsten Soldaten-Abtritt bey dem Thore stecken« würde als sich von der »Hunde-Lufft« anwehen zu lassen, »die
aus eurem Halse kömmt.« Und obwohl »viel Docter« meinen, es
»komme solcher garstiger Gestanck aus dem Magen oder Geblü-
the her«, so liege es doch allein an den Zähnen. »Saubert und reini-
get ihr die mit diesem meinen herrlichen Pulver, so wird nicht allein aller Gestanck und Unflat vergehen, sondern es wird auch euer
Athem, wenn ihr redet, umb euch so lieblich riechen, als wenn man
im Frühlinge bey der Abend-Zeit in Nelcken oder Rosen-Garten
stünde«.

Johann Christian Müller berichtet in den Erinnerungen an seine
Studentenzeit: »Kurz nach meiner Ankunft in Leipzig war ich mit
beständigen Zahnschmertzen beschweret; ich befahl also der Köchin, mir einen Barbirer zum Ausziehen zu hohlen. Sie kam endlich
und hinter ihr ging ein langes, wahrhaftes Scelet; eine lange Positur, in der Gestalt eines abgedanckten Officirers mit blauem Kleide
und gelbem Camisole oder Coller, trat hinter ihr herein in meiner
Stube.« Müller fährt die Köchin an, wen sie ihm da »auf den Halse
gebracht«. Doch wird alles gut, wenn auch recht teuer: »Der Zahn
hatte sich getheilet, er zog eine Stift nach der andern aus, und ich
muste für jeder Stifte eine Crone geben.«

Der Hamburger Ratsherr Brockes, der alles, was dem Menschen
im Leben zustößt, in ein Lob des ewigen Arztes zu verwandeln
wusste, reimte in seinem Gedicht *Der Zahn:* »Um grössre Schmerzen zu vermeiden, / Entschloß ich mich, daß mir ein Zahn, / Der
mir bishero weg gethan, / Würd' ausgebrochen, zu erleiden.« Er hat
das Glück, dass die Operation nicht von Eisenbarths Chirurgus oder
von jemandem nach Art der Kuhnauschen Zahnbrecherin und auch
nicht von einem ehemaligen Offizier vorgenommen wird, sondern

von seinem Hausarzt, mit dem er noch dazu befreundet ist. Trotzdem gibt es Komplikationen: »Wir hielten uns im Anfang beyde gut: / Er brach; ich hielte fest, noch fester doch der Zahn. / Er knackt, ich wiche nicht. Doch endlich war mein Muth / Noch eher, als der Zahn gebrochen. / Es riß ein gräßliches Gekrach, / Wodurch des ganzen Hauptes Knochen / Zu spalten schien, ein kurz doch kläglich Ach / Mir aus der Brust. Die feurig wilde Pein, / Der bittre Schmerz, durchdrang so Fleisch als Bein«. Dem Arzt gelingt es endlich, den Zahn zu ziehen: »Daß aus des Kiefers fester Lade / Man Zähne hebet sonder Schade, / Und daß die Wunden, ohn Verweilen / Und fernre Schmerzen, wieder heilen, / Ist auch ein grosses Glück.« Wer wollte dem widersprechen. »Bewundre doch, o Mensch, dieß Wunder! stell es dir / Dem Schöpfer, ders gemacht, zum Ruhm, doch öfters für! / Bey jedem Bissen freu dich seiner Güte«.

Dem Operateur stellt sich alles ungleich nüchterner dar, wie Christoph Heinrich Keils *Chirurgisches Handbüchlein* dokumentiert: »Wenn ein Zahn anfängt zu faulen, soll man ihn mit einem Zahn-Stührer oder Feder-Kiel ausreinigen, hernach 1 Tropffen Nägelein-Oel […] hinein lassen, und endlich die Hohligkeit mit weissem Wachs oder Bley wohl ausfüllen.« Das giftige Blei im hohlen Zahn ist wie die Quecksilbertinktur bei Syphilis: Der Sieg über die Krankheit bringt den Patienten um. Dann doch lieber raus mit dem Zahn: »Man setzt den Patienten, wenn der böse Zahn im untern Kinnbacken, auf einen niedrigen Stuhl oder auf die Erde, wenn er aber im obern Kinnbacken, auf einen hohen Stuhl, fasset den Zahn wohl mit einem dienlichen Instrument, und hebt oder zieht ihn mit einem sonderbaren und geschickten Handgriff heraus. N. B. Die Zähne soll man nicht ausreissen, wenn eine Geschwulst und Entzündung vorhanden, auch denen schwangeren Frauen nicht, weil man leicht allerley Unheil damit anrichten kan.« Und was ist mit den Lücken? »Wie werden künstliche Zähne gemacht und eingesetzt? Das Modell wird von Wachs abgedruckt, nach Proportion der andern Zähne, wenn man nun die Grösse und Länge von Wachs hat, säget man von Wallroß-Zahn oder Helffenbein ein Stück in eben solcher Grösse ab und feilet es mit einer Raspel und Feile just nach dem Abdruck des Wachses in eben der Grösse, daß es die Lucke des verlohrnen accurat ausfülle.«

»Weiberkranckheiten«

Am 9. August 1741 schrieb Johann Elias Bach an seinen Vetter Johann Sebastian, der sich in Berlin aufhielt, einen schlimmen Brief. Er teilte ihm die »zunehmende Schwachheit« Anna Magdalenas mit, wobei sie seit »14 Tagen nicht eine einzige Nacht nur eine Stunde Ruhe gehabt u. weder sizen noch liegen kan, so gar, daß man mich in vergangener Nacht geruffen u. wir nicht anders meynten, wir würden sie zu unserm größten Leidwesen gar verliehren.« Sie war im dritten Monat schwanger und bereits krank, als Johann Sebastian nach Berlin aufbrach. Als er den Brief aus Leipzig erhielt, konnte er nicht wissen, ob seine Frau überhaupt noch lebte. Würde er nach seiner Rückkehr ein frisches Grab vorfinden, wie im Sommer 1720 in Köthen nach dem Tod Maria Barbaras?

Anna Magdalena wurde wieder gesund, obwohl es etliche Wochen dauerte, und brachte Ende Februar 1742 ihr letztes Kind zur Welt. Die ›Zufälle‹ der Frauen waren medizinisch um Monatsregel, Schwangerschaft und Geburt zentriert. Entsprechend trug eine Veröffentlichung von Georg Ernst Stahl den Titel *Ausführliche Abhandlung von den Zufällen und Kranckheiten des Frauenzimmers, deme beygefügt, was zu einer guten Amme erfordert wird, ingleichen eine völlige Beschreibung des mortuus tonici, nebst einer Vorrede von dem weissen Fluß*. Der ›weiße Fluss‹ bezog sich dabei auf die Milch, die sich ihre Bahnen nach unten suchte, wenn die oberen Ausgänge der Brüste verstopft waren. Diese Theorie, falls man es überhaupt so nennen kann, ist physiologisch heute nicht mehr nachvollziehbar, war jedoch gängig unter den Ärzten und Ammen der Zeit, in der beispielsweise der Begriff ›Gynäkologie‹ eben noch nicht gängig war. Verbreitet wurde er vom Dresdener Stadphysikus Martin Schurig mit der 1730 erschienenen *Gynaecologia historico-medica*, die auf seine *Spermatologia historico-medica* von 1720 folgte.

Ende der 1740er, Anfang der 1750er Jahre erschien ein vielbändiges Werk des damaligen Gothaer Stadtarztes Johann Storch, in dem Aberhunderte von Fallgeschichten erzählt werden, vor allem aus der Praxis seiner Eisenacher Zeit in den 1730er Jahren. In separaten Bänden über »Weiberkranckheiten« wurden Fälle, »welche den Jungfernstand betreffen auf theoretische und practische Art abgehandelt«, solche, »welche die Schwangern betreffen«, und solche, »welche Molas oder Muttergewächse und falsche Früchte betreffen«. Ein Band handelt von Aborten, ein weiterer von normal verlaufenden und von schweren Geburten, der nächste beschreibt »solche Zufälle, so die Wöchnerin und Kindbetterin betreffen«, dann geht es um »die stillenden Weiber und Säugammen« und schließlich im letzten Band um »solche Zufälle, Kranckheiten und Gebrechen, so man der weiblichen Mutter zuschreibt und den Weibern außer dem Schwangergehen begegnen«.

Storch war nah an seinen Patientinnen und durfte ihnen doch nicht zu nahekommen. Das blieb zu seinem professionellen Ärger oft, zu oft, Nachbarsfrauen, Kräuterweiblein und Hebammen vorbehalten. Und wenn die Frauen ihre Scheu vor dem männlichen Arzt ablegten, war das auch kein Grund zur Freude, dann wurde es lebensgefährlich, etwa bei den Wöchnerinnen, die »gegen den Medicus ganz frey thun und alle Schamhaftigkeit an die Seite setzen, sie zeigen den Friesel [Ausschlag] ohne daß mans verlanget […]. Sie haben mehr ein Vergnügen darbey, wenn sie entblößet gesehen werden können.« Das »kann man sicherlich vor ein Zeichen bevorstehenden Sterbens halten.«

Den Star stechen

Ende 1739, Anfang 1740 erschien in Leipzig als Privatdruck in sieben Stücken ein *Musikalischer Staarstecher* zur Verbesserung der kompositorischen Praxis. Das hatte Bach nicht nötig. Aber als ein Jahrzehnt später sein Augenlicht dramatisch nachließ und die Erblindung drohte, ließ er sich, wie nach ihm auch Händel, von einem reisenden Okulisten den Star stechen. Es handelte sich um den englischen Augenheiler John Taylor, halb Chirurg, halb Scharlatan und mit starkem Selbstdarstellungsdrang. Er führte Schauoperationen durch, zu der Zeitungsleute eingeladen waren, und seine Kutsche soll über und über mit Augen bemalt gewesen sein. Die Operation an Bach nahm Taylor in den Tagen unmittelbar nach Karfreitag 1750 vor, an dem der Komponist in der Thomaskirche die letzte Fassung seiner Johannes-Passion erlebt hatte. Eine Leipziger Zeitung meldete: »Es ist ein erstaunlicher Zulauf von Leuten bey ihm, welche seine Hülfe suchen. Unter andern hatt er den Herrn Capellmeister Bach [...] operiret, und zwar mit dem erwünschtesten Erfolge, so daß er die völlige Schärfe seines Gesichts wieder bekommen hat«. Eine Zeitungsente. Der Eingriff verlief ohne Ergebnis und wurde wenige Tage später wiederholt, erneut erfolglos. Taylor, der wie die meisten Okulisten zusah, dass er die Stadt verließ, bevor seine Patienten einsahen, dass sie eben nicht mehr würden sehen können, erinnerte sich später an den seiner Meinung nach sehr alten Bach wie an ein seltenes Tier: »Ich habe eine Unmenge von kuriosen Tieren gesehen, als wie Dromedare, Kamele etc., und besonders in Leipsick, wo ein berühmter Meister der Musik, der bereits sein 88. Jahr erreicht hatte, von meiner Hand sein Augenlicht wiedererhielt«. Immerhin gibt er in seinem bizarren Bericht doch noch zu, dass seine Operation scheiterte. Der »Augengrund« sei durch »eine paralytische Erkrankung« zerstört gewesen.

Im Juni 1751, ein knappes Jahr nach Bachs Tod, hatte der Hamburger Händelfreund Mattheson eine Begegnung mit Taylor. Der ertaubte Mattheson schrieb in seinen Memoiren, »der Augenarzt wollte einen Ohrendoctor abgeben und besuchte des Endes M[attheson] am 6. Jun. wegen seines Gehörs; getraute sich aber nicht die operationem nervotomiae in temporibus mit ihm vorzunehmen. Er gähnte nur die gantze Zeit über, in Beyseyn seines so genannten Sekretars, der rothe, uncurirte, böse Augen hatte«.

Im August 1758 vertraute Händel sein Augenlicht der Taylor'schen Nadel an. Vermutlich geschah das in Tunbridge Wells bei London. Der seit 1750 allmählich erblindende Komponist hatte sich durch einen anderen Arzt im November 1752 schon einmal operieren lassen. Wie bei Bach berichtete auch hier eine Zeitung, diesmal der *Cambridge Chronicle,* vom Erfolg des Eingriffs, rückte die Sache aber am 27. Januar 1753 zurecht: »Händel hat nun schließlich, unglücklicherweise, seine Sehkraft völlig verloren. Nachdem ihm vor einiger Zeit der Star gestochen worden war, sah er so gut, daß seine Freunde sich bereits zu der Hoffnung verstiegen, seine Sehkraft sei auf Dauer wiederhergestellt, doch nach nur wenigen Tagen ist ihre Hoffnung gänzlich erloschen.« Auch die Hoffnung, die Händel danach auf Taylor setzte, blieb unerfüllt.

Man darf dem englischen Okulisten zugutehalten, dass er sein Bestes gegeben hat. Dass dieses Beste lange nicht gut genug war, teilte er mit allen seinen Kollegen, auch mit Eisenbarth, der bei der Operation des preußischen Offiziers so viel mehr Glück hatte*. Es steht zu vermuten, dass neun von zehn Eingriffen zur Behebung des Grauen Stars erfolglos blieben, wenn sie nicht alles noch schlimmer machten. Zu den häufigsten Komplikationen zählten Infektionen und Blutungen. Und bei Entzündungen wusste auch der akademisch ausgebildete Arzt Christoph Heinrich Keil im *Chirurgischen Handbüchlein* nicht mehr vorzuschlagen als einen Aderlass und Kompressen aus in Wein gekochtem Fenchel.

Lange glaubte man, beim Grauen Star wachse eine dünne Haut über die Linse. »Wie wird er curirt?«, fragte Keil in seinem *Handbüchlein:* »Manchmahl, aber gar selten, mit Medicamenten, sondern meist durch die Operation mit der Staar-Nadel, dahero diese vortreffliche Operation mehr aus der Praxi als aus den Büchern zu erlernen, und solte billig ein jeder Chirurgus [...] solche lernen. Zumahlen, wie Herr Dr. Heister in seiner Chirurgie meldet, sie eben so schwer nicht ist, als wohl mancher Marcktschreyer oder Oculist vorgibt.«

Die Schilderung der ›nicht eben so schweren‹ Operation bei Lorenz Heister, obgleich auf dem höchsten Stand der damaligen Technik, ist für uns heute kaum erträglich. Wer sie nicht aushält, mag die Augen schließen oder die eingerückte Passage überblättern.

Ein paar Tage vor dem Eingriff wird der Patient zur Ader gelassen, am frühen Morgen des Eingriffs bekommt er noch ein Klistier zum Abführen. Danach soll der Patient in einem hellen Zimmer auf einem Stuhl platznehmen. »Wenn also der Patient so sitzet, und der Kopf [von einem Diener] wohl gehalten ist, muß man [...]

* Dazu der Abschnitt über Eisenbarth in diesem Kapitel.

befehlen, daß er das Aug wohl aufmache und selbiges gegen die Nase wende, damit man das Weisse im Aug bey dem kleinen Augenwinckel wohl sehen könne: alsdann, wo die Operation am lincken Aug zu verrichten, soll der Chirurgus mit seiner lincken Hand mit dem Daumen und Zeig-Finger die Augenlider wohl auseinander halten [...] und zugleich dadurch das Aug trachten still zu halten [...]. Alsdann nimmt er mit der rechten Hand die Staar-Nadel, welche ihm von einem beystehenden präsentiret wird, bey dem fördersten Theil [...] und zwar mit dem Daumen, Zeig- und Mittel-Finger, fast eben so, wie man im Schreiben eine Feder zu halten pfleget. Hernach setzt er die zween andere Finger an den Backen des Patienten an, auf daß die Hand des Chirurgi in der Operation hier gleichsam ruhe, und nicht wancke, und alsdann applicirt er die Spitz der Nadel auf das Weisse vom Aug [...], ungefehr einen Messerrücken breit von der Cornea [Hornhaut], gegen den kleinen Augenwinckel zu, wenn er selbige vorher, um [sie] schlipfferiger zu machen, durch den Mund gezogen, und druckt selbige gerad durch die Häutlein des Augs, bis in den Humorem vitreum [Glaskörper]. Zuweillen empfinden die Patienten in Einstechung der Nadel hefftige Schmertzen [...]; wo dieses geschiehet, soll man die Nadel gleich wieder zurück ziehen, und an einem andern Ort nahe dabey einstechen. Wann der Chirurgus empfindet, daß die Nadel durch die Häute des Augs in die Hohligkeit desselben gekommen [...] muß er dieselbe behutsam gegen die Pupilla zuwenden [...], alsdann den Staar oben anfassen, und, wenn es ein Häutlein ist, dasselbe lind unter die Pupilla abdrücken [...]. Nachdem also die Abdruckung des Staars geschehen, muß er demselben eineweil mit der Nadel suchen untergedruckt zu halten: hernach aber die Nadel ein wenig in die Höhe heben und acht geben, ob der Staar wiederum aufsteigt, welches, wann es nicht geschiehet, soll er die Nadel lind wieder aus dem Aug ziehen, und damit ist die Operation verrichtet.«

Ganz ähnlich dürfte Taylor bei seinen Versuchen vorgegangen sein, die Sehfähigkeit Bachs und Händels wiederherzustellen.

Die letzten Lebensjahre beider Musiker waren im Wortsinn verdunkelt. Anders als Telemann, der noch in einem Alter komponierte, das sie gar nicht erreichten, wurde es ihnen schwerer und schwerer, die eigenen Noten zu lesen, und schließlich unmöglich, sie zu schreiben. Händel brach die Arbeit an *Jephta* beim Chor »How dark, o Lord, are thy decrees« ab, indem er auf Deutsch zwischen die Linien kritzelte: »biß hierher komen, den 13. Febr. 1751 verhindert worden wegen des Gesichts meines linken Auges so relaxt«. Bachs *Kunst der Fuge* blieb unvollendet, nachdem er seinen Namen in Noten gesetzt hatte: B-A-C-H.

Finale
»Der Abschied ist gemacht«

Den Gebrechen des Alters entrinnt man, indem man stirbt. In den Worten von Hannß Friedrich von Fleming: »Das hohe Alter beginnet mit dem sechzigsten Jahre einzutreten, und die Kräfte des Leibes und Gemüthes nehmen nunmehr wieder ab. Die natürliche Hitze ist großentheils verraucht, und zugleich mit derselben mancherley Lüste [...]. Der Magen will nicht mehr recht verdauen, die Beine werden müde, die Augen verdunckeln sich, das Gehöre wird schwächer und der Verstand stumpfer. [...] Haben alle Periodi des Alters ihre Herrschaft ausgeübt, so macht endlich der Tod den völligen Garaus. Da heißt es: Ein Tuch ins Grab, damit schab ab.« Es lässt sich kaum deutlicher sagen, allenfalls noch von Daniel Wilhelm Triller: »Der Leib vergeht in Stank und Schimmel, / Der Geist hingegen stammt vom Himmel«.

Nicht auszudenken, Bach hätte auf diesen Text eine Melodie komponiert, eine weitere seiner vielen Kantaten, die sich mit dem Tod befassen, jede von ihnen Einübung in die Endlichkeit, Hinneigen zum Sterben, Erwartung der Ewigkeit. »Schlummert ein, ihr matten Augen, / fallet sanft und selig zu«, heißt es zu Beginn und am Ende der dritten Arie von Bachs Kantate *Ich habe genung* (BWV 82). Das anschließende Rezitativ mündet in »der Abschied ist gemacht, / Welt, gute Nacht.« Dann ist ein unerhörtes Tänzchen zu hören: »Ich freue mich auf meinen Tod, / ach, hätt er schon sich eingefunden. / Da entkomm ich aller Not, / die mich noch auf der Welt gebunden.«

Man traut seinen Ohren kaum – und sollte auch dem Text nicht trauen. Todesergebenheit ist menschenfern, was schon an der Mühe zu erkennen ist, die sich die Leute mit dem Leben machen, darunter die Komponisten und die Dichter und die Ärzte – und ärztliche Dichter wie Triller: »Noch eins und dies zuletzt: Soll unsre Seele leben, / Wie kömmt es, daß wir so dem Tod entgegen streben [widerstreben]? / Der wär der größte Thor, der, hätt er freye Wahl, / Das Strohhaus lieber nähm, als den geschmückten Saal. / Nun aber wissen wir, daß jenem großen Reiche / Der frohen Ewigkeit, nichts auf der Erden gleiche; / Und gleichwohl will der Mensch nicht gerne von der Welt, / Und suchet alles vor, daß er sich noch erhält: / O! wenn die Seele nicht in einem Zweifel schwebte, / Ob sie auch nach dem Tod, wie hier auf Erden, lebte, / Ich weis, sie würde sich dem Leibe gern entziehn, / Und sich, noch länger hier zu bleiben, nicht bemühn.«

Unaufhörlich wird den Menschen gut zugeredet und schön vorgesungen, damit sie sich freudig in ihre Bestimmung ergeben: »Ach, Herr, lehre uns bedenken, daß wir sterben müssen, auf daß wir klug werden. // Bestelle dein Haus; denn du wirst sterben und nicht lebendig bleiben.« Als Bach den Actus tragicus *Gottes Zeit ist die allerbeste Zeit* (BWV 106) komponierte, war er 22 Jahre alt und im Begriff, Maria Barbara zu heiraten. Die Gründung des eigenen Hausstandes wurde durch die 50 Gulden erleichtert, die ihm nach dem Tod eines Onkels im August 1707 zufielen.

Die seelische Vorbereitung auf den Tod ist das eine, die bürgerliche Nachlassregelung das andere. Beides gehört sich für einen ›Christenmenschen‹, darauf hatte schon Luther hingewiesen. Und handelte nicht sogar Jesus auf Golgatha entsprechend? Man stelle sich die Gläubigen mit ihren seelischen Nöten, menschlichen Bedürfnissen und bürgerlichen Pflichten vor, die am Karfreitag 1724 in der Leipziger Nikolaikirche zum ersten Mal mit Bachs Johannes-Passion konfrontiert wurden: Jesus hängt blutüberströmt am Kreuz, die Schergen würfeln um seinen Rock; da gibt er seine Mutter Maria in die Obhut des Lieblingsjüngers Johannes (»Weib, siehe, das ist dein Sohn.« – »Siehe, das ist deine Mutter.«). Der Chor als großer Kommentator fasst zusammen: »Er nahm alles wohl in acht / in der letzten Stunde, / seine Mutter noch bedacht, / setzt ihr ein Vormunde, / o Mensch, mache Richtigkeit, / Gott und Menschen liebe, / stirb darauf ohn alles Leid, / und dich nicht betrübe.«

Auch der familienlose Händel hat ›alles wohl in acht‹ genommen, sogar besonders ausdauernd und detailliert. Am 1. Juni 1750 machte er sein Testament; am 6. August 1756, am 22. März 1757, am 4. August 1757 und am 11. April 1759 passte er es mit Zusätzen den veränderten Verhältnissen an, etwa als sein Diener, den er in der Erstfassung bedacht hatte, gestorben und durch einen neuen Diener ersetzt worden war, der nun gleichfalls bedacht wurde, wenn als ›Anfänger‹ auch in deutlich geringerem Umfang.

Der Nachlass macht Mühe und das Begräbnis Sorgen, wie in der Kantate *Liebster Gott, wenn wird ich sterben* (BWV 8): »Herrscher über Tod und Leben, / mach einmal mein Ende gut, / lehre mich den Geist aufgeben / mit recht wohl gefaßtem Mut, / hilf, daß ich ein ehrlich Grab / neben frommen Christen hab / und auch endlich in der Erde / nimmermehr zu Schanden werde.«

Wenn Hochgestellte sterben, können die Untertanen schlecht Freudensprünge machen, selbst wenn ihnen danach zumute wäre, und auch nicht unter Berufung auf das, was ständig gepredigt wird von irdischem Jammertal und himmlischem Ergötzen. Fürstliche Trauerfeiern sind Herrschaftsakte und repräsentativ auszugestalten. Nach hochherrschaftlichen Todesfällen wurden landesweite Musikverbote ausgesprochen, und überall läuteten die Glocken, selbst noch in den Traueroden: »Der Glocken bebendes Getön / soll unsrer trüben [betrübten] Seelen Schrecken / durch ihr geschwungnes Erze wecken / und uns durch Mark und Adern gehn«. Die Ode anlässlich der Trauerfeier der Universität Leipzig für die verstorbene Kurfürstin stammt von Gottsched*. Aber er kann nur Worte machen, wenig geglückte noch dazu. In Bachs Vertonung (BWV 198) simulieren an dieser Stelle für fünfzig Sekunden die Streicher, Flöten, Oboen und Lauten das Totengeläut, dass es einem beim Hören noch heute tatsächlich durch ›Mark und Adern‹ geht.

Im Unterschied zu den Prunkbegräbnissen der Fürsten und des hohen Adels versuchten die Behörden vielerorts, den Aufwand beim bürgerlichen Beerdigen einzuschränken – wiederum vielerorts so erfolglos wie bei den Versuchen, die Verschwendung bei Hochzeiten zu unterbinden. In Berlin befahl 1707 eine königliche Verordnung, dass »bey denen Abend-Begräbnissen ferner keine Musique gehalten, […] ingleichen bey selbigen von denen Magistrats-Person[en], Raths-Gliedern und vornehmsten Bürgern mehr nicht dann aufs

* Über die Ode eine Passage im Abschnitt über Gottsched im 5. Kapitel.

höchste zwantzig Fackeln, von denen Handwerckern und andern Geringern aber, nur zehen Fackeln gebrauchet, oder in widrigem für jede Fackel über sothane Zahl einen Reichsthaler zu Behuff der Armen gezahlet werden solle«. Im Jahr darauf wird an einen schon älteren Erlass erinnert: »Stehet den Bürgern und Einwohnern in Berlin frey, vor sich und ihre Kinder Grab-Stellen in der Stadt zu nehmen, das Gesinde aber soll außer der Stadt auf dem Neuen Kirchhofe begraben werden.«

In manchen Städten, wie beispielsweise in Königsberg, ließ die Obrigkeit reichen Kaufleuten untersagen, in Kutschen auf den Friedhof zu fahren, nicht etwa, weil das die Totenruhe, sondern weil es den Adel störte, der dies als Vorrecht beanspruchte.

In Leipzig gehörte es zu den Aufgaben des Kantors, die Schuljungen zu beaufsichtigen, die singend den Särgen hinterhertrotteten durch Gassen und Straßen zum Friedhof. Punkt 13 des ›Arbeitsvertrags‹, den Bach vor dem Antritt der Stelle als Thomaskantor unterschrieb, lautete: »In LeichBegängnüßen iederzeit, wie gebräuchlich, so viel möglich, bey und neben denen Knaben hergehen«. Der Leichnam des Kantors selbst wurde am Tag nach seinem Tod am 28. Juli 1750 in einem Eichensarg mit dem Wagen zum Johannisfriedhof vor dem Grimmaischen Tor gebracht und am 31. Juli beerdigt. Es sangen die Thomasschüler. Welche Lieder, wissen wir nicht. Ein knappes halbes Jahr später erschien in einer Dresdener Zeitung ein Sonett von Telemann: »Erblichner Bach! Dir hat allein dein Orgelschlagen / das edle Vorzugs-Wort des Großen längst gebracht; / Und was für Kunst dein Kiel aufs Notenblatt getragen, / das wird von Meistern selbst nicht ohne Neid betracht't. / So schlaf! Dein Name bleibt vom Untergange frey!«

Anhang

Nachweise

Zur Zitierweise: Um den literarischen ›Klang‹ der Zeit beim Lesen hörbar zu machen, werden etliche Textpassagen im Originalzustand wiedergegeben. Andere Passagen biete ich (prinzipien-, aber nicht gewissenlos) in modernisierter Fassung, wenn es dem Lesefluss zugutekommt. Auslassungen […] oder [Einfügungen] sind stets gekennzeichnet, nur Kommas werden stillschweigend weggelassen oder eingefügt. Wird ein Satz zu Ende zitiert, steht der Punkt innerhalb der »Anführungszeichen«, bei Unterbrechung des Satzes außerhalb. Um die Zitate deutlich abzusetzen, werden bei Paraphrasen oder eingespielten Redewendungen (wie oben beim ›Klang‹) einfache ›Anführungszeichen‹ verwendet.

Motti
Telemann nach telemann.org. Händel nach Hogwood, *Händel*, S. 386. Bach nach *Bach-Dokumente* I, S. 120.

Persönliches Vorwort
Telemann, *Singen* (Dokumentensammlung), S. 129. Die Stellen bei Spitta, *Bach*, Bd. 1, S. 462, S. 175, Bd. 2, S. 743.

Präludium
Gottscheds Bemerkung in seiner Zeitschrift *Der Biedermann* ist zitiert nach der Dokumentensammlung Telemann: *Singen ist das Fundament*, S. 146. **Telemanns Trauer-Music:** Der Kantatentext nach koelner-philharmonie.de/media/content/veranstaltung/programmheft/2017-03-26.pdf **Händels Dettinger Te Deum:** Swift, *Gullivers Reisen*, S. 320. **Bachs Chaconne:** Maarten 't Hart, *Bach und ich*, S. 61.

1. Die Welt, Europa und die deutschen Länder
Tanz der Kontinente: Zeitungsmeldung über Amo nach Ette, *Amo*, S. 41f. Das Pesne-Bild ist zu sehen in Helmut Börsch-Supan, *Pesne*, S. 61. Weitere Gemälde mit ›Mohr‹ dort S. 60, 67, 141, 143. Leibniz nach Li, *Briefwechsel*, S. 312. Fassmann, *Leben und Thaten*, S. 789. Die Philippi-Stellen in dessen *Poetischer Schaubühne*, S. 17f. Zahlen zum brandenburgischen Sklavenhandel nach

Weindl, *Kurbrandenburger im ›atlantischen System‹*, S. 67f. Merian, *Insektenbuch*, S. 99. Voltaire, *Candide*, S. 105. **Singende Geographie:** Die Stellen aus der *Singenden Geographie* S. 7, 15f, 137, 153. Die Bach-Kantate (der Textdichter ist nicht bekannt) nach Fröde, *Texte*, S. 358. Bevölkerungszahlen nach Cipolla, *Wirtschaftsgeschichte*, S. 20. Swift, *Gullivers Reisen*, S. 168f, 183, 175. Die Auskunft in der Fußnote folgt den Erläuterungen des Bandes, S. 414. Defoe nach Cipolla, *Wirtschaftsgeschichte*, S. 69. **Der ›Südseeschwindel‹:** Mandeville, *Bienenfabel*, S. 387ff. Nürnberger Flugblatt und Liselotte von der Pfalz nach Ries, *Hausse und Baisse*, S. 260. **Deutschland nach der Verheerung:** Bergbauzahlen im Mansfeldischen nach Schilfert, *Deutschland*, S. 23. Seckendorff nach Mittenzwei/ Herzfeld, *Brandenburg-Preußen*, S. 86. Gefallenenzahlen nach einer bei Parker wiedergegebenen Schätzung, *Militärische Revolution*, S. 201, Anmerkung 30. Die Kriegsreihe nach van Dülmen, *Deutsche Geschichte in Daten*, S. 241ff. Zedler nach Dülmen, *Kultur und Alltag*, Bd. 2, S. 225.

2. Die Fürsten machen Staat

Friedrich von Brandenburg setzt in Königsberg eine Krone auf: »Seiner Königlichen Majestät Staaten und Provinzen« nach Regge, *Kabinettsjustiz*, S. 98. Die Stellen bei Besser nach Schoeps, *Preußen*, S. 42f. BWV 207a nach Fröde, *Texte*, S. 363. Der Befehl, das Te Deum zu singen und die Glocken zu läuten, datiert vom 8. Januar 1701, dokumentiert in *C. C. M.*, 1 Teil, 2. Abt., Nr. LXXI. Die schnupfende Sophie Charlotte nach Vehse, *Höfe zu Preussen*, S. 132. Friedrich nach Pleschinski, *Briefwechsel Voltaire – Friedrich*, S. 184. Wolff nach Gerteis, *Zeremoniell*, S. 32. Rohr, *Ceremoniel-Wissenschafft der großen Herren*, S. 1, S. 16. Besser nach Schoeps, *Preußen*, S. 43. BWV 163 nach Fröde, *Texte*, S. 278f. Neutestamentliche Episode: Hier nach Matthäus 22, 17–21, von mir orthographisch modernisiert zitiert nach Luther, *Gantze Heilige Schrifft. Deudsch auffs neu zugericht*, Fassung von 1545. Die Episode findet sich auch bei Markus 12, 14–17 und Lukas 20, 22–25. **Antichambrieren bei Herzog Anton Ulrich:** Sophie an Leibniz in Li, *Leibniz-Kurfürstin Sophie. Briefwechsel*, S. 194. Rohr, *Ceremoniel-Wissenschafft der großen Herren*, S. 39. Voltaire nach Stollberg-Rilinger, *Maria Theresia*, S. 318. Voltaire, *Philosophische Briefe*, nach correspondance-voltaire.de/html/lettres-philosophiques.php. Die Kammergerichtsordnung bei Stollberg-Rilinger, *Maria Theresia*, S. 333. Die Audienz der Gottscheds bei Maria Theresia ebenda, S. 320–326. Zedler nach Berghaus, *Das Herrscherporträt*, in: ders. (Hg.): *Ausstellungskatalog Portrait 1 – Der Herrscher*, S. 14. Leibniz nach Hirsch, *Leibniz*, S. 550. Rohr, *Ceremoniel-Wissenschafft der Privat-Personen*, S. 93f., 157, 178. **Herzog Carl Rudolf unterzeichnet das Todesurteil über Süß Oppenheimer:** Rohr, *Ceremoniel-Wissenschafft der großen Herren*, S. 698f. Die Stellen aus der zeitgenössischen Chronik: Imhof, *Bilder-Saal*, S. 421ff. Posthorn-Zitat nach Gerteis (Hg.), *Alltag*, S. 13. Das Vernehmungsprotokoll als pdf-Datei auf landesarchiv-bw.de. Marperger, *Küch- und Keller-Dictionarium*, Vorrede. Warnungsanzeige nach Consentius, *Berliner Zeitungen*, S. 88. Diese Schätzzahl der Hoffaktoren referiert bei Davis, *Frauenleben*, S. 270 – Anm. 33. Aktenvermerk über die Leihgebühr für Juwelen nach Heinrich Lange, *Wo sind die Juwelen und Perlen der Kronen geblieben?*, pdf unter luise-berlin.de. **August der Starke inszeniert das Zeithainer Lustlager:** Bachs Titelreigen für August nach Spitta, *Bach*, Bd. 2, Anhang, S. 912. Quantz, *Versuch einer Anweisung*, Widmung unpaginiert. Die Bewilligung nach js.bach.de/bachs-welt/dokumente. Der preußische Gesandte über Händels *Wassermusik* nach Overbeck, *Händel*, S. 120. Rohr, *Ceremoniel-Wissenschafft der große Herren*, S. 874. Wilhelmine von Bayreuth, *Preußische Königstochter*, S. 105. Friedrich Wilhelm aus Dresden nach Doubek, *August der Starke*, S. 128. Wilhelmine von Bayreuth, *Preußische Königstochter*, S. 175. Fassmann, *Leben und Thaten Friedrich Augusti*, S. 918, S. 939. **Der Soldatenkönig lässt in Potsdam exerzieren:** Heereszahlen nach Hahn/Kerndl, *Münzbildnis*, S. 255, und Schilfert, *Deutschland*, S. 125f. Friedrich Wilhelm nach Bröckling, *Disziplin*, S. 57. Etatzahlen für Köthen bei Wolff, *Bach*, S. 222. Desertionszahlen bei Groehler, *Heerwesen*, S. 20. Das »Geschärffte Edict« in CCM, Nr. XCVIII. Friedrich II. nach Schnitter, *Absolutismus*, S. 187. Die Stellen bei Fleming, *Teutscher Soldat*, S. 143f. Das Infanterie-Reglement nach Bröckling, *Disziplin*, S. 69–71. Das Exerzierreglement von 1718 nach Groehler, *Heerwesen*, S. 119. Der österreichische Offizier nach Henning Eichberg, *Geometrie als barocke Verhaltensnorm – Fortifikation und Exerzitien;* in: *Zeitschrift für historische Forschung*, Nr. 4, 1977, S.36. Mollwitz-Zahlen nach Groehler, *Heerwesen*, S. 122. Friedrich nach Pleschinski, *Briefwechsel Voltaire – Friedrich*, S. 225. **Der Philosophenkönig reitet in Breslau ein:** Friedrich nach Pleschinski, *Briefwechsel Voltaire – Friedrich*, S. 198. Friedrich an Podewils nach Schoeps, *Preußen*, S. 331. Friedrich Wilhelm nach Schoeps, *Preußen*, S. 328f. Friedrich über die Flöte nach Quantz, *Versuch einer Anweisung*, Nachwort S. 411. **Der ›Herr der fünf Kirchen‹:** Telemanns Trauermusik nach ich-habe-gehoert.blogspot.de/2011/07/telemann-ich-hoffete-aufs-licht-cpo.html und youtube.com/watch?v=5lgCyv7XEEM. Entouragezahlen nach Stollberg-Rilinger, *Maria Theresia*, S. 148.

3. Städte und Leute

Vivaldi in Wien: Goldoni, »*Meine Helden sind Menschen*«, die Vivaldi-Stelle S. 145, die Venedig-Stelle S. 141. Scheibe über Vivaldi nach kammermusikfuehrer.de/werke/1888. Scheibe über Bach, *Der Critische Musicus*, I. Teil, 6. Stück. Abraham a Santa Clara, *Huy und Pfuy*, S. 147. Keyssler, *Neuste Reisen*, Ausgabe 1751, S. 1222, S. 1213. *Wienerisches Diarium* nach dem Digitalisat bei ANNO. Libretto-Vermerk nach Heller, *Vivaldi*, S. 344. Keyssler, *Neueste Reisen*, Ausgabe 1751, S. 1233. *Wienerisches Diarium* v. 2. August 1741. **Händel in London:** Einwohnerzahl Londons um 1750 nach Ackroyd, *London*. Händel zu Gluck nach Overbeck, *Händel*, S. 63. Die Zahlenangabe zu Händels Aufführungen des *Messias* nach Harnoncourt, *Musik als Klangrede*, S. 228. **Telemanns Reise nach Paris:** Grebe, *Telemann*, S. 40. Richter, *Die redende Thiere über menschliche Fehler und Laster*, nach *Deutsche Literatur der Barockzeit*, Nr. 92. Pleschinski, *Briefwechsel Voltaire – Friedrich*, S. 143, 146. Telemann über seine Quartette nach telemann.magdeburg.de. **Telemann in Hamburg:** Telemanns Hamburg-Lob nach der

Dokumentensammlung *Singen ist das Fundament*, S. 124. Hunold nach wikipedia.org/wiki/Oper_am_Gänsemarkt. Hunold, *Satyrischer Roman*, S. 69. Reuter, *Schelmuffsky*, S. 47ff. Neumeister nach Brockes, *Irdisches Vergnügen*, Nachwort, S. 267. Text der Kantate BWV 21 nach Fröde, *Texte*, S. 41. Sterberegister nach Wolff, *Bach*, S. 231. Gehaltszahlen nach Klessmann, *Telemann*, S. 44. Mattheson nach Wolff, *Bach*, S. 235f. Schreiben eines Schwaben nach Marx, *Mattheson*, S. 149. Müller, *Meines Lebens Vorfälle*, S. 283. Hagedorn nach Martus, *Aufklärung*, S. 164. Schilderung der ›Admiralitätsmusik‹ nach Klessmann, *Telemann*, S. 54f. Mattheson nach Schleuning, *Der Bürger erhebt sich*, S. 345. **Quantz in Dresden:** Quantz, *Lebenslauf*, S. 209, S. 212. Gehalts- und Lohnzahlen nach Schleuning, *Der Bürger erhebt sich*, S. 17. Die Stellen bei Loen, *Kleine Schrifften* 1, S. 41–48. Keyssler, *Neueste Reisen*, Ausgabe 1751, S. 1326. Quantz, *Lebenslauf*, über die Faustina, S. 241, und über seine ›Arbeitsbedingungen‹ bei Friedrich, S. 248. **Die Gebrüder Graun in Belin:** *Berlinische Nachrichten* zitiert nach dem Digitalisat. Zeitgenosse über das Eintreten des Königs nach Claudia Terne, *Friedrich II. von Preußen und die Hofoper*, Abschnitt 7, als pdf unter perspektivia.net/publikationen. Kostenangaben zu den Gemälden nach Hahn/Kerndl, *Friedrich der Große im Münzbildnis*, S. 255. *Berlinische Nachrichten* zitiert nach dem Digitalisat. Prinz Heinrich nach Pleschinski, *Briefwechsel Voltaire – Friedrich*, S. 342. **Bach in Leipzig:** Graupner nach *Bachlexikon*, S. 242. Bach an Erdmann nach bach.de/leben. Einwohnerzahlen nach Wolff, *Bach*, S. 537. Das erste zeitgenössische Zitat über Leipzig von Christian Gerber: *Die unerkannten Wohltaten Gottes in dem Churfürstentum Sachsen;* Dresden, Leipzig 1717, Bd. 2, S. 398; hier zitiert nach Doubek, *August der Starke*, S. 104. Das zweite Zitat nach Czok, *Leipzig*, S. 149. Bachkantate zu Ehren des Rats der Stadt Leipzig, BWV 216a, nach Spitta, *Bach*, Bd. 2, S. 892. Text zu BWV 87 nach Fröde, *Texte*, S. 158. Widmung von Anna Magdalena nach dem *Museumsführer* des Bach-Hauses, S. 14.

4. Ausflüge aufs Land

Die Gärten der Familie Bose: Die ›figurirten Lust-Beete‹ nach einer Tafel im Garten des Bach-Museums, das »Plaisirliches Lust Hauß« nach *Bach-Museum, Museumsführer*, S. 95. Schilderung des Kleinbosischen Gartens im Jahr 1727: Bei dem Zeitgenossen handelte es sich um den aus Königsberg vertriebenen Wolffianer Christian Gabriel Fischer (1686–1751), zitiert nach *Stadtgeschichte. Mitteilungen des Leipziger Geschichtsvereins. Jahrbuch 2008;* Leipzig 2009, S. 74. *Land-Leben in Ritzebüttel:* Probst, *Verzeichnis*, S. 4. *Der Patriot*, 26. Stück vom 29. Juni 1724. Zitiert nach der Buchausgabe von 1747, Bd. 1, S. 252f, 256f. Brockes, *Land-Leben*, Vorbericht, unpaginiert. Oehme, *Medicinische Fama*, S. 550. Die Zitate aus Gedichten von Brockes, *Land-Leben*, S. 30, S. 376f. BWV 187 nach Fröde, *Texte*, S. 319. B. von Rohr, *Cermoniel-Wissenschafft der großen Herren*, 824f., 831, 880. Fassmann, *Das glorwürdigste Leben und Thaten Friedrich Augusti*, S. 911f. **Die ›Oberkeit‹:** Loen, *Schriften* 4, S. 349f. Schwarz, *Historische Nachlese*, S. 1. Bauernkantate nach Fröde, *Texte*, S. 380ff. Anonymes Zitat von 1711 nach Dülmen, *Kultur und Alltag* Bd. 2, S. 54. Zitat aus dem *Biedermann* nach Mattenklott, Scherpe, *Westberliner Projekt,* S. 100. Gellert, *Leben der schwedischen Gräfin,* S. 19. **Warnung vor Lips Tullian:** Gellert, *Der Hund,* in *Werke* Bd. 1, S. 51. Der Titel des Buchs über Lips Tullian nach Danker, *Räuberbanden,* Bd. 1, S. 38, das Zitat daraus S. 32. Zeitzeugnisse über Tullian nach Danker, *Räuberbanden* Bd. 1, S. 34f. Alle Stellen aus Marperger, *Wohlmeynende Gedancken,* S. 65–67. Wolff, *Vernünfftige Gedancken,* S. 300.

5. Fortschritte

Thomasius greift die Folter an: Leibniz nach Li, *Briefwechsel,* S. 139. Heineccius nach Wieckenberg, *Einladung ins 18. Jahrhundert,* S. 33. Die Stellen im *Universal-Lexicon,* Spalten 1530, 1451, 1460, 1510. Die Vorrede der Thomasius-Schrift ist nicht paginiert. Thomasius, *Vernünfftige und Christliche [...] Erinnerungen,* unpag. Vorrede. Vorlesungsankündigung von Thomasius nach Martus, *Aufklärung,* S. 98. Widmungsschrift der *Vernunfft-Lehre,* unpaginiert. **Leibniz rechnet:** Leibniz nach Russell, *Philosophie,* S. 599. Leibniz nach Finster, *Leibniz,* S. 102f, 121, S. 120. *Philosophischer Bücher-Saal,* S. 218. Leibniz über die ›Büchse‹ nach Padova, *Leibniz,* S. 176. Leibniz über die Berechenbarkeit nach Finster, *Leibniz,* S. 63, 115. Leibniz über praktische Lehren nach Russell, *Philosophie,* S. 600. Leibniz über die ›Staats-Tafeln‹ nach Stolleis, *Staatsdenker,* S. 213. Leibniz über Musik nach Gardiner, *Bach,* S. 92. Leibniz an Wolff nach Finster, *Leibniz,* S. 77. **Wolff macht sich *Vernünfftige Gedancken:*** In der Fußnote: Sapere aude bei Kant nach Bahr (Hg.), *Aufklärung,* S. 9. Gottsched nach Martus, *Aufklärung,* S. 297. Friedrich Wilhelm nach Martus, *Aufklärung,* S. 281f. Wolff nach Dipper, *Deutsche Geschichte,* S. 236f. **Ein Zeitsprung:** Zeitgenössischer Kalenderkritiker nach Koller, *Strittige Zeiten,* S. 382. Telemanns »moralische Kantate« nach lieder.net. **Böttger muss das Porzellan erfinden:** Swift, *Gullivers Reisen,* S. 444 – Anm. Leibniz über Böttger nach Li, *Briefwechsel,* S. 364f. Böttger nach Staatsarchiv Dresden, Loc. 41910, Rep. IXb Blatt 218b Nr. 205c. Lexikon: ›Zedler‹, Stichwort Porzellan, Bd. 28, Spalte 1681. **Zedler verlegt ein Lexikon:** Ludewigs Vorrede, *Universal-Lexicon,* Bd. 1, § 1. Der ›Zedler‹ über Zedler, Bd. 61, Spalte 311. Hübner, Vorrede zum *Curieusen [...] Lexicon,* Punkt 19. Amaranthes, *Frauenzimmer-Lexicon,* Spalte 1259. **Ehrenrettung für Gottsched:** Kurfürstin Sophie nach Li, *Briefwechsel,* S. 455. Neuberin nach Emde, *Schauspielerinnen,* S. 160. Gottsched über die Oper nach Gardiner, *Bach,* S. 149 – Fußnote. Gottsched, *Vorrede,* S. 199. Komödienzettel nach Plümicke, *Theatergeschichte,* S. 175. Gottsched über Henrici nach Forchert, *Bach,* S. 153. Henrici nach Fröde, *Texte,* S. 338–342. **Süßmilch treibt Statistik:** Süßmilch, *Göttliche Ordnung,* Vorrede, S. 33, 37. *Göttliche Ordnung,* S. 44. **Haller seziert Leichen:** Ankündigung der öffentlichen Sektion: Spener, *Allen Liebhabern der Anatomie,* S. 4. Hoffmann nach Winau, *Medizin in Berlin,* S. 59. *Die wächserne Anatomie* nach der Northeimer Datenbank Deutsches Gedicht, nddg.de. Die Anekdote über Haller: Lepenies, *Ende der Naturgeschichte,* S. 35. Haller nach Schott, *Meilensteine,* S. 247. **Dorothea Erxleben darf promovieren:** *Frauenzimmer-Lexicon* nach *Das Achtzehnte Jahrhundert,* Jahrgang 22, Heft 1, 1998, S. 28. Erxleben nach Markau, *Erxleben,* S. 22. Erxlebens

Quedlinburger Konkurrenten nach Markau, *Erxleben,* S. 28. Die ursprünglich lateinisch abgefasste Bewertung des Doktorvaters in der deutschen Übersetzung bei Markau, *Erxleben,* S. 30 – Anm. 81. Rieger nach Elisabeth Schneider-Böklen auf frauen-und-reformation.de. Sperontes nach lieder-archiv.de. Leporin/Erxleben, *Gründliche Untersuchung,* § 409, § 14. Gottsched nach Martus, *Aufklärung,* S. 388. Spottgedicht nach Martus, *Aufklärung,* S. 388. Müller, *Meines Lebens Vorfälle,* S. 123. Zedler, *Universal Lexicon,* Sp. 1126.

6. Musik, Macht, Religion

Wie kommen die Noten aufs Papier? Unger, *Entwurf,* S. 4f. Zu Emanuels Abschreibefehler und den Folgen für die Datierung der *Missa* als Vorläuferin der h-Moll-Messe: Gardiner, *Bach,* S. 585f. **Wie kommt der Klang ins Ohr?** Fleming, *Teutsche Soldat,* S. 1. Nicolai, *Verbindung der Musik,* S. 2. Scheibe nach Schleuning, *Der Bürger erhebt sich,* S. 340. Nicolai, *Verbindung der Musik,* S. 34. **Pauken und Trompeten:** Hannß Friedrich von Fleming, *Der vollkommene Teutsche Soldat,* S. 22. Bannormen, *Haußhaltungs-Magazin,* S. 245f. *Schauet doch,* diese und die folgende Stelle nach Fröde, *Texte,* S. 94. Der Zeitgenosse nach Geck, *Bach,* S. 219. Das Zitat auch bei Wolff, *Bach,* S. 388. Wolff zufolge war August bei der Aufführung anwesend, Geck zufolge »sicher nicht«. Rohr, *Cermoniel-Wissenschafft der großen Herren,* S. 613. Die Passagen bei Fassmann, *Leben und Thaten,* S. 778ff. und S. 945. Der *Entwurff* nach Martens, *Obrigkeitliche Sicht. Das Bühnenwesen in den Lehrbüchern der Policey und Cameralistik des 18. Jahrhunderts;* in: *Internationales Archiv für Sozialgeschichte der deutschen Literatur,* Nr. 6-1981, S. 23f. **Stadtpfeifer, Bierfiedler etc.:** Mattheson, *Das neu-eröffnete Orchestre,* S. 14f. Telemann nach Grebe, *Telemann,* S. 95f. Birnbaum nach Wolff, *Bach,* S. 1f. Telemann nach Schleuning, *Der Bürger erhebt sich,* S. 48. Die Stelle über Nicolaus Ephraim Bachs Bestallung nach Spitta, *Bach,* Bd. 1, S. 13. »Laquey Baach« nach Wolff, *Bach,* S. 74. Königliches Privileg für Händel nach Schickling, *Händel in Briefen,* S. 92f. *Musicalische Discurse* nach Schleuning, *Der Bürger erhebt sich,* S. 19. **Kastraten und Diven:** Prévost nach Hogwood, *Händel,* S. 220f. Gay aus einem Brief an Swift, nach Schickling, *Händel in Briefen,* S. 96. Quantz, *Lebensbeschreibung,* in: F. W. Marpurg, *Historisch-kritische Beyträge,* Bd. 1, 1754/55, S. 213. Zeitgenossen über Farinelli nach Hogwood, *Händel,* S. 217 und Barbier, *Farinelli,* S. 43f. Der Verdienstvergleich zwischen Faustina und Johann Adolph Hasse in Dresden und Bach in Leipzig nach Gardiner, *Bach,* S. 588f. **Soli Deo Gloria:** Werckmeister, *Paradoxal-Discourse,* S. 118, 110. Bach nach Spitta, *Bach,* Bd. 2, Anhang S. 915f. Niedt nach Diez Eichler, *Die spitze Feder des Johann Mattheson* von 2008, hier zitiert nach clavichord.info/Vortrag_Mattheson.doc. Bachs Leipziger Vertrag nach Williams, *Bach,* S. 242. Der Berliner Kirchenmann nach Gardiner, *Bach,* S. 341f. Scheibel nach Gardiner, *Bach,* S. 157 – Fußnote. *Buch der Chronik* II, 5–12, 13 nach Luther, *Die gantze Heilige Schrift,* Bd. 1, S. 797. Bachs Randnotiz nach Gardiner, *Bach,* Untertitel zu Abbildung 13, das die Notiz zeigt. Marperger, *Küch- und Keller-Dictionarium,* S. 1124. **Die große Klangmaschine:** *Orgelbüchlein* nach *Bach-Lexikon,* S. 409. Bachs Bemerkung über die Leichtigkeit des Orgelspiels wird kolportiert von Spitta, *Bach*, Bd. 2, S. 744. Zeitgenosse über Bachs Orgelspiel nach Wolff, *Bach*, S. 346. Inschrift auf dem Pianoforte nach Conny Restle, *Gottfried Silbermann und die Hammerflügel für den Preussischen Hof in Potsdam;* pdf-Datei: sim.spk-berlin. de/uploads/03-forschung-jahrbuch/SIM-Jb_2001-09.pdf. Die Zahlenangabe zu Bachs Orgelprüfungen nach der Tabelle in Wolff, *Bach*, S. 158. Händels Bestallung nach Schickling, *Händel in Briefen*, S. 31f. Bachs Bewerbungsschreiben nach *Bach-Museum Museumsführer*, S. 47. **Wer sitzt wo in der Kirche:** Kirchenstuhlregister der Weimarer Hofkirche nach Wolff, *Bach*, S. XX (Vorwort). Zahl der Plätze der Thomaskirche nach Wolff, *Bach*, S. 538 – Anm. 38. Weitere Zahlenangaben nach Kevorkian, *Baroque Piety*, S. 30 – Anm. 5. Die Aristokratenbeschwerde nach Jan Peters, *Der Platz in der Kirche*, in: Iggers, *Ein anderer historischer Blick*, S. 93–127, hier S. 104. *Die vernünfftigen Tadlerinnen* nach Gardiner, *Bach*, S. 339. Die folgenden beiden zeitgenössischen Zitate nach Peters S. 93, 116. Rohr, *Ceremoniel-Wissenschafft*, S. 121. Frauenstreit in der Kirchenbank nach Dülmen, *Kultur und Alltag*, Bd. 2, S. 192. **Der Gottesdienst:** Die Abendmahlzahl nach Wolff, *Bach*, S. 539. Leipziger Ratgeber nach Maul, *Musikstadt Leipzig*, S. 119. Bachs Notiz zum Gottesdienstverlauf nach Wolff, *Bach*, S. 278. Verlauf der Gottesdienste nach Spitta, *Bach* Bd. 2, S. 96–106. Vorrede *Musicalisches Gesang-Buch*, unpaginiert, die Stelle über Bach ganz am Schluss. Die Instruktion des Soldatenkönigs nach Dietrich, *Politische Testamente*, S. 235. **Die Kirchenbuße:** Die Verordnung zur Kirchenbuße nach CCM 1/2/CVII. Müller, *Meines Lebens Vorfälle*, S. 98. Leibniz nach Li, *Leibniz – Kurfürstin Sophie von Hannover. Briefwechsel*, S. 504. Zweite Verordnung nach CCM 1/2/CXIV. **Schafottpredigten:** Die Böcke und Schafe aus einer zeitgenössischen Abhandlung nach Uwe Danker, *Vom Malefikanten zum Zeugen Gottes*, in: *Traverse. Zeitschrift für Geschichte* 1995-1, S. 91. *Wahrhaffter theologischer Bericht*, S. 27. Claessens »Anrede an das Volck« in *Wahrhaffter theologischer Bericht*, S. 49–52. **Passionen:** Matthäus 27, 46 nach Luther, *Heilige Schrift*, Bd. 3, S. 2027, Johannes 19, 30 ebenda S. 2182. Matthäus-Passion nach Fröde, *Texte zu den Kantaten*, S. 437, 440.

7. Innere Frömmigkeit

Irdisches Vergnügen in Gott: Händel-Arie nach Brockes: naxos.com/sharedfiles/PDF/8.572587. Haller nach Ruth und Dieter Groh, *Religiöse Wurzeln der ökologischen Krise. Naturteleologie und Geschichtsoptimismus in der frühen Neuzeit;* in: *Merkur* 498, S. 621–637, hier S. 634. **Franckes Gottesstadt:** Das Pamphlet nach Raabe, *Vier Thaler*, S. 84. Francke nach Dülmen, *Kultur und Alltag* Bd. 3, S. 132f. Tagesablauf des Collegium Fridericianum in Königsberg nach Kühn, *Kant*, S. 65. Tagesablauf der Thomasschule nach Wolff, *Bach*, S. 447. Francke über den Speisesaal, *Historische Nachricht*, S. 10f. Johann Elias Bach an Hille nach Geck, Bach, S. 295. Francke über die Anfänge, *Historische Nachricht*, S. 5f. Zahlen nach Obst, *Francke*, S. 97 und Raabe, *Vier Thaler*, S. 147. Francke über die Aufsicht nach Obst, *Francke*, S. 124f. Trauergedicht nach Raabe, *Vier Thaler*, S. 246. **Graf Zinzendorf:** David, *Beschreibung*, S. 68, 70, 67. Zinzendorf, *Teut-*

sche Gedichte, Vorrede unpaginiert, das Gedicht S. 12. **Windstille:** Joh. 3, 8 nach Luther, *Heilige Schrift,* Bd. 3, S. 2141. Bernd, *Lebensbeschreibung,* aus der unpag. Vorrede, hier nach dem Digitalisat der Erstausgabe zitiert. Bernd nach Böhme, *Das Andere der Vernunft,* S. 402. Bernd, *Lebensbeschreibung,* moderne Druckausgabe, S. 281. Zedler, Stichwort Adam Bernd im 3. Supplementband. *Pietisterey:* Pietistisches Gesangbuch nach Gardiner, *Bach,* S. 75 – Fußnote. Exter, *Tractätlein,* S. 131. Gellert, *Betschwester* in Werke Bd. 1, S. 447, 449, 482. Gottschedin, *Pietisterey,* S. 92ff.

8. Äußere Erscheinung

»**Schönheit des Frauenzimmers**«: Der so titulierte Eintrag findet sich in Zedlers Lexikon, Bd. 35. »**Abbildung eines vollkommenen Mannes**«: Loens Aufsatz in *Kleine Schriften,* Bd. 1, S. 12–28. »**Kleider machen Leute**«: Mandeville, *Die Bienenfabel,* S. 170. Die Geschichte um das Würzburger »Kleyder-Mandat« nach Scharold, *Der sogenannte Haubenkrieg im ehemaligen Fürstenthum Würzburg,* in: *Archiv des Historischen Vereins von Unterfranken und Aschaffenburg,* Bd. 6, Heft 1, Würzburg 1841, S. 135–146. Das Edikt des Soldatenkönigs nach Münch, *Lebensformen,* S. 349. Rohr, *Ceremoniel-Wissenschafft der Privat-Personen,* S. 196. **Der weit ausgespannte Unterrock:** Amaranthes, *Frauenzimmer-Lexicon,* Spalten 543, 1591, 1133. Der reisende Zeitgenosse über Hamburg nach North, *Genuss und Glück,* S. 62f. *Der Patriot* nach Martens (Hg.), S. 25. *Kaffeekantate* nach Fröde, *Texte,* S. 377f. **Der hohe Haupt-Schmuck:** Leibniz, *Briefwechsel,* S. 394f. Sperander, *A la Mode-Sprach,* Stichwort Fontange. Zedlers *Universal Lexicon,* Stichwort in Bd. 9. Der Predigttitel nach dem Faksimile in Fuchs, *Frau in der Karikatur,* S. 272. **Verschiedene schwache Stäblein:** *Universal Lexicon,* Bd. 30, Stichwort ›Regale‹ und Bd. 9 ›Fecher‹. *Frauenzimmer-Lexicon,* Stichwort ›Fecher‹ Sp. 457, ›Fächlein‹, Sp. 523. J. B. von Rohr, *Ceremoniel-Wissenschafft der Privat-Personen,* S. 197. Schnabel, *Der im Irrgarten der Liebe,* S. 364. **Schminck-Pflästergen:** Sperander, *A la Mode-Sprach,* Stichwort ›Mouches‹. Reuter, *Schelmuffsky,* S. 163. *Der Patriot* v. 20. 1. 1724 nach Martens S. 24. J. B. von Rohr, *Ceremoniel-Wissenschafft der Privat-Personen,* S. 36. Keyssler, *Neueste Reise,* Ausgabe 1740, S. 62. **Der Berliner Perückenkrieg:** Mattheson nach Schleuning, *Der Bürger erhebt sich,* S. 331. Bannormen, *Haußhaltungs-Magazin* S. 98, 104. Uffenbach, *Merkwürdige Reisen,* S. 409. Burney nach Overbeck, *Händel,* S. 71. Die Edikte und Patente zur Perückensteuer nach CCM, IV. Teil, V. Abteilung. Sp. 266ff. **Samthosen und Seidenstrümpfe:** Voltaire nach Pleschinski, *Briefwechsel Voltaire – Friedrich,* S. 200f. **Der Dreispitz:** Das Hutlied ist aus meinem Kindergedächtnis zitiert. Parolenbuch nach Kuczynski, *Geschichte des Alltags,* S. 360. **Die Bauernkluft:** Sächsische Kleiderordnung nach Jacobeit, *Illustrierte Alltagsgeschichte,* S. 218. *Frauenzimmer-Lexicon,* Sp. 1049. Selhamer nach Kuczynski, *Geschichte des Alltags,* S. 295. **Maskeraden:** Die Stellen aus von Rohrs *Cermoniel-Wissenschafft der großen Herren* S. 815ff. Leibniz, *Briefwechsel,* S. 325. Keyssler, *Neueste Reise 2,* S. 1232. Mandeville, *Bienenfabel,* S. 212. Müller, *Meines Lebens Vorfälle,* S. 81.

Intermezzo

Leibniz nach Schöne, *Deutsche Literatur* Bd. III, S. 47. *Der Teutsch-französische Moden-Geist,* hier nach Kuczynski, *Geschichte des Alltags,* S. 297. Sperander, *A la Mode-Sprach,* S. 273. Thomasius nach Wiedemann, *Deutsche Texte,* S. 1. Von Rohr, *Ceremoniel-Wissenschafft der Privat-Personen,* S. 1. Neukirch nach Schöne, *Deutsche Literatur* Bd. III, S. 495. Schnabel, *Irrgarten,* S. 10, 158f, 25, 56. Neumeister nach Florack, *Kunst der Galanterie,* S. 353. *Galante Ethica,* Register, unpag. Clisander, *Welt-Weißheit,* unpag. Vorrede. Die *Vernünfftigen Tadlerinnen* nach *Deutsche Literatur der Barockzeit,* Nr. 247. Biedermann nach Ball, *Moralische Küsse,* S. 76. Gellert, *Leben der schwedischen Gräfin,* S. 52.

9. Familienleben

Die Jungfern-Lotterie: Die Jungfernlotterie in den *Tadlerinnen* hier nach der dritten Auflage, Hamburg 1748, S. 356–362. Der Leipziger Zeitgenosse nach Maul, *Musikstadt Leipzig,* S. 110. Verordnung von Friedrich Wilhelm I. nach Dipper, *Deutsche Geschichte,* S. 90. Mandeville, *Bienenfabel,* S. 186. Telemann, *Ungleiche Heirath,* unpag. Intermezzo I, Intermezzo III. Schnabel, *Der im Irrgarten der Liebe herumtaumelnde Kavalier,* S. 373f. Von Rohr, *Juristischer Tractat,* S. 34. Prévost, *Manon Lescaut,* S. 175. Philander, *Scherzhaffte Gedichte,* S. 2, S. 72. Sperontes, *Singende Muse an der Pleisse,* Lied Nr. 20. »**Große Hochzeit, große Freuden**«: Gellert, *Leben der schwedischen Gräfin,* in: *Werke. Zweiter Band,* S. 32. *Patriot* v. 20. 1. 1724, nach der Edition von Martens. Die Anweisung an die Prediger nach Dülmen, *Kultur und Alltag* 1, S. 147. Gellert, *Betschwester,* in: *Werke. Erster Band,* S. 462. Zedlers *Universal Lexicon,* Bd. 9, Sp. 205. Das Hochzeitsquodlibet nach bach-digital.de. BWV 202 nach Fröde, *Texte,* S. 344. Brief an Francke nach Dülmen, *Kultur und Alltag* Bd. 1, S. 168; der Brief der Kulmus dort S. 281 – Anm. 31. **Bettelhochzeiten:** J. B. von Rohr, *Juristischer Tractat,* S. 4. Schellhammer, *Die wol unterwiesene Köchinn,* S. 56f. Süßmilch nach Kuczynski, *Geschichte des Alltags,* S. 234, 237f. Marperger, *Wohlmeynende Gedancken,* S. 53. **Mätressen und Ehen ›linker Hand‹:** Wilhelmine von Bayreuth, *Eine preußische Königstochter,* S. 128. Mandeville, *Bienenfabel,* S. 189. Soldatenkönig nach Dietrich, *Politische Testamente,* S. 224. Von Rohr, *Ceremoniel-Wissenschafft der großen Herren,* S. 19f. Pöllnitz, *Geheime Geschichte,* S. 11. Augusts Dokument für die Cosel nach Doubek, *August der Starke,* S. 61f. »**Leg ewig Uhr und Uhr zusammen**«: Schwarz, *Historische Nachlese,* S. 187. Trillers Lehrgedicht in *Poetische Betrachtungen,* S. 201. Thomasius nach Kluckhohn, *Auffassung der Liebe,* S. 144. Beck, *Tractatus,* S. 44. Schmidt, *Die göttlichen Schriften,* S. 9, 16-Anmerkung. **Der ›gedoppelte Handgriff‹:** Clisander, *Welt-Weißheit,* S. 382. Siegemunds »Nöthiger Vorbericht« in *Chur-Brandenburgische Hoff-Wehe-Mutter* ist unpaginiert, die beiden anderen Stellen S. 13 und S. 40. Widenmann, *Kurtze Anweisung,* S. 19f. Die Lehren zur Seelenentstehung nach Mulsow, *Radikale Frühaufklärung* Bd. 2, S. 47 – Anm. 101. Die Prüfungsfragen: Widenmann, *Kurtze Anweisung,* S. 200–207. Die Charité-Zahlen nach Winau, *Medizin in Berlin,* S. 93. J. B. v. Rohr, *Ceremoniel-Wissenschafft der Grossen Herren,* hier nach Stollberg-Rilinger, *Maria Theresia*, S. 292. **Kinder, Kinder:** Die Kinder Bachs nach der Tabelle in Wolff, *Bach*, S. 432ff. Schnabel, *Der im Irrgarten der Liebe*, S. 370. Familiengröße nach Süßmilch bei Münch, *Lebensformen*, S. 220. Süßmilch nach Dülmen, *Kultur und Alltag* Bd. 1, S. 89. Bernd nach Dülmen, *Kultur und Alltag* Bd. 1, S. 264 – Anm. 33. *Frauenzimmer-Lexicon*, S. 1043. Wolff nach Sorensen, *Herrschaft und Zärtlichkeit*, S. 17. *Discourse der Mahlern* nach Dülmen, *Kultur und Alltag* Bd. 1, S. 266 – Anm. 7. *Patriot* vom 20. 1. 1724, zitiert nach der Edition von Martens. *Sächsisches Land- und Hauß-Wirthschafts-Buch*, S. 13. **Schulmeisterkantate:** Francke nach Obst, *Francke*, S. 117. Die zeitgenössische Auskunft über Gesner nach Spitta, *Bach*, Bd. 2, S. 87. Francke nach Rutschky, *Schwarze Pädogogik*, S. 382, 386. Krüger nach Rutschky, *Schwarze Pädogogik*, S. 170f. Die Verordnung von 1703 nach *CCM*, 1. Teil, 2. Abt., LXXIII. Der Brief Bachs nach Geck, *Bach*, S. 300f. Kaffeekantate nach Fröde, *Texte*, S. 377. Schulmeisterkantate nach lieder.net, dort Telemann zugeschrieben. Das Prüfungsprotokoll aus Pommern nach Münch, *Lebensformen*, S. 115. *Patriot* v. 20. 1. 1724 nach der Edition von Martens. J. B. von Rohr, *Cermoniel-Wissenschafft der großen Herren*, S. 200, 197. Zitat über die Lateinschule nach Gardiner, *Bach*, S. 89 – Fußnote. Bachs Einstufungen als Schüler nach Glöckner, *Kalendarium*, S. 13f. Mandeville, *Bienenfabel*, S. 320f. **Die wol unterwiesene Köchinn:** *Sächsisches Land- und Hauß-Wirthschafts-Buch*, S. 12. Nürnberger Kochbuch, vorderes Inhaltsregister, unpag., die »Erklärung« 1015. Schellhammer, *Wol unterwiesene Köchinn*, Voransprache unpag. Die übrigen Stellen: S. 35, 16f., 30, 19, 29. *Frauenzimmer-Lexicon*, Stichwort Egerin. Rieger nach Elisabeth Schneider-Böklen, *Magdalena Sibylla Rieger*, frauen-und-reformation.de. **Hausrat:** *Correspondent* nach Wolff, *Bach*, S. 259. »Specificatio« nach jsbach.de/dokumente/1750-herbst-leipzig-spezifikation-der-hinterlassenschaft-johann-sebastian-bachs. Hauptbuch von St. Georgen nach Raabe, *Vier Thaler*, S. 80f. Bannormen, *Haußhaltungs-Magazin*, S. 111.

10. Weltliche Freuden

Ruhestat der Liebe: J. v. Besser, *Schooß der Geliebten*, das Langgedicht ist unpaginiert. Gundling, *Philosophischer Discourse Anderer [...] Theil*, S. 334. »Lüsterne Brunsten«: Schnabel, *Der im Irrgarten der Liebe herumtaumelnde Kavalier*, S. 147. Heidegger nach Schöne III, S. 63, 61f. Clisander, *Einleitung*, S. 331. Gottsched, *Versuch einer Critischen Dichtkunst*, S. 102. Derselbe in *Abhandlung von Gesprächen*, enthalten in den von ihm herausgegebenen Schriften Fontenelles, S. XLIII. Publikationszahlen 1740 nach Dülmen, *Kultur und Alltag 3*, S. 244. **Singen und Tanzen:** Gottsched, *Versuch einer Critischen Dichtkunst*, S. 24f. *Ruhestat der Liebe*, siehe den Nachweis zum gleichnamigen Abschnitt. Hagedorn nach Hottmann, *Liedkultur*, S. 1f. Quantz, *Lebenslauf*, S. 198f, die zweite Stelle nach Schleuning, *Der Bürger erhebt sich*, S. 138. Telemann nach Grebe, *Telemann*, S. 77. *Psalter:* Psalm 149 und 150 nach Luther, *Biblia* Bd. 2, S. 1092. Telemann, *Singen ist das Fundament*, S. 148f. Weigel, *Haupt-Stände*, S. 116f, 113f. Schulmeisterkantate nach lieder.net. Pan nach Fröde, *Texte*, S. 340. Francke nach Raabe, *Vier Thaler*,

S. 109. Ruetz nach Gardiner, *Bach,* S. 322 – Fußnote. Clisander, *Einleitung zu der Welt-Weissheit,* S. 350f. Trichter, *Lexicon,* S. 2189. Fleming, *Der vollkommene Teutsche Soldat,* S. 22. Behr, *Tantz-Kunst,* Widmungsgedicht eines Freundes, unpag. vor dem eigentlichen Text. Rost, *Nutzbarkeit des Tantzens,* S. 1. Taubert, *Rechtschaffener Tantzmeister,* S. 1ff, 6of. Der Soldatenkönig nach Doubek, *August der Starke,* S. 128. **Tabakskollegien und Tabakskantaten:** Die *Tabakskantate,* BWV 515, aus dem *Noten-Büchlein für Anna Magdalena Bach,* zitiert nach der Text-CD der Bach Edition. Müller, *Meines Lebens Vorfälle,* S. 277f. Mattheson nach Diez Eichler, 2008, *Die spitze Feder des Johann Mattheson,* clavichord.info/ Vortrag_Mattheson.doc. Sperontes nach Maul, *Musikstadt Leipzig,* S. 179. Bannormen, *Haußhaltungs-Magazin,* S. 99. Krüger, *Gedancken,* S. 51. Mandeville, *Die Bienenfabel,* S. 389. Krüger, *Gedancken,* S. 56, 12. **Kaffeehäuser und Kaffeekantaten:** Marperger, *Küch- und Keller-Dictionarium,* S. 186. *Frauenzimmer-Lexicon,* S. 285. Verordnung nach Schulze, *Ey!,* S. 20. Zeitgenössischer Bericht von 1736 nach Schleuning, *Der Bürger erhebt sich,* S. 121. Fröde, *Texte,* S. 376ff. Krause nach Schulze, *Ey!,* S. 32. Picander nach Spitta, *Bach 2,* S. 472. Oehme, *Medicinische Fama,* S. 147. Kurfürstin Sophie nach Li, *Briefwechsel,* S. 482. Marperger, *Küch- und Keller-Dictionarium,* S. 186. *Patriot* v. 20. 1. 1724 nach der Edition von Martens. Krüger, *Gedancken,* S. 7. Liste des Oppenheimer-Inventars nach North, *Genuss und Glück,* S. 210. Bach-Liste nach jsbach.de/dokumente. **Die Lerchen der Leipziger:** Marperger, *Küch- und Keller-Dictionarium,* S. 664, 27, 1132. Keyssler, *Neueste Reisen,* Ausgabe 1751, S. 1338. Marperger, *Küch- und Keller-Dictionarium,* S. 716. Amaranthes, *Frauenzimmer-Lexicon,* Sp. 1151f, das Finken-Rezept Sp. 55of. Über »Sachsens Victualien« in Marperger, *Küch- und Keller-Dictionarium,* S. 974–976. **Bach und Bier:** Müller, *Meines Lebens Vorfälle,* S. 108. Reuter, *Schelmuffsky,* S. 99. Zedler, *Universal Lexicon,* S. 1038. Weigel, *Abbildung,* S. 541. Bach an Vetter Elias nach Spitta, *Bach 2,* S. 757. Der Passage folgt die im Motto zitierte Kostenrechnung für die Zustellung mit der süffisanten Schlussfolgerung, solche Geschenke kämen ihm zu teuer. Marperger, *Dictionarium,* S. 991. Johann Mattheson, *Der brauchbare Virtuoso, Actus Primus,* S. 3, zitiert nach Diez Eichlers Vortrag von 2008: »Die spitze Feder des Johann Mattheson«, clavicord. info/Vortrag.Mattheson.doc. **Händels Tafel:** Liste des Händelnachlasses bei Schickling, *Händel in Briefen,* S. 243–247. Mandeville, *Bienenfabel,* S. 162, 190f. Von Rohr, *Ceremoniel-Wissenschafft der großen Herren,* S. 99f., 120. Schellhammer, *Wol unterwiesene Köchinn,* S. 2. Dinnerzeiten nach Ackroyd, *London,* S. 325f. Händel nach Rampe, *Händel,* S. 277f. Der Brief ist im Original auf Französisch abgefasst. **Telemanns Blumenliebe:** Händel nach Rampe, *Händel,* S. 277f. Telemanns Bemerkung über seine »Bluhmen-Liebe« ist als Motto zitiert, im Nachweis dazu die Quelle. Das Pflanzenverzeichnis ist einsehbar über telemann.org. Die Briefe von Gleditsch an Linné sind wiedergegeben auf linnaeus.c18.net/ Letters/display_bio.php?id_person=980. Von Gleditschs Katalog ist nur ein Exemplar vorhanden. Es befindet sich in der Universitätsbibliothek Göttingen. Ein Digitalisat ist einsehbar unter gdz.sub.uni-goettingen.de. **Münchausens Ananas:** Zedler, Stichwort »Schwobber, Schwoebber«. Volckamer, *Hesperides,* S. 71ff. Marperger, *Dictionarium,*

S. 28, zu finden nach dem Stichwort »Anis«, weil »Annanas« geschrieben. Merian, *Insektenbuch*, S. 12. **Studentenleben:** Das Hochzeitsquodlibet nach bach-digital.de. Zahlenangaben zu den deutschen Universitäten nach Kühn, *Kant*, S. 85. Die Göttinger Werbeschrift nach Weigl, *Schauplätze*, S. 194. Leipziger Beobachter nach *Der Leipziger Spectateur*, S. 5. Schnabel, *Der im Irrgarten der Liebe herumtaumelnde Kavalier*, S. 371. Francke-Titel nach Raabe, *Vier Thaler*, S. 238. Müller, *Meines Lebens Vorfälle*, S. 213. Edelmann, *Selbstbiographie*, § 85. Zachariae, *Renommist*, S. 13, 71. Müller, *Meines Lebens Vorfälle*, S. 199f. Der Bericht über Kant nach Kühn, *Kant*, S. 83. **Volksbelustigung:** Müller, *Meines Lebens Vorfälle*, S. 185f. Marperger nach Martens, *Obrigkeitliche Sicht. Das Bühnenwesen in den Lehrbüchern der Policey und Cameralistik des 18. Jahrhunderts;* in: *Internationales Archiv für Sozialgeschichte der deutschen Literatur;* 6-1981, S. 26. Reuter, *Schelmuffsky*, S. 151. **Bänkelsänger:** Mattheson nach Hottmann, *»Auf! stimmt ein freies Scherzlied an«*, S. 55. Gottsched, *Critische Dichtkunst*, S. 31f. Müller, *Meines Lebens Vorfälle*, S. 222.

11. Irdisches Leid

Wetterberichte: Der Zeitgenosse mit der Spucke nach Lenke, *Untersuchungen*, S. 13, Zahl der Frosttage dort S. 43, Angaben zu den Temperaturstürzen S. 30. Marcus, *Curiöse und historische Nachricht*, S. 9f. Kirch-Notizen nach Lenke, *Untersuchungen*, S. 32 und S. 36. Imhof, *Bilder-Saal*, 9. Teil, S. 878. Marcus, *Nachricht*, S. 46f. Krüger, *Gedancken*, S. 49. Fassmann, *Leben und Thaten*, S. 845. **Die letzte große Pest:** Die Verordnungen gegen die Juden nach Wilderotter, *Das große Sterben*, S. 42. Santa Clara, *Huy und Pfuy*, Abschnitt Pest, unpag. Mortalitätszahlen nach Münch, *Lebensformen*, S. 54. Der Soldatenkönig nach Regge, *Kabinettsjustiz*, S. 96. Die königlich-preußischen Anordnungen gegen die Pest nach Wilderotter, *Das große Sterben*, S. 131f. Carl, *Armen-Apothecke*, S. 196. Leibniz nach Li, *Briefwechsel*, S. 730. Bestandsaufnahme Berliner Ärzte nach Winau, *Medizin in Berlin*, S. 95. Leibniz nach Li, *Briefwechsel*, S. 119. **Wer war Doktor Eisenbarth?** Heister nach Schießl, *Doktor Eisenbarth*, S. 175. Kuhnau, *Quack-Salber*, S. 14f. Grob nach Schöne, *Deutsche Literatur* III, S. 999f. Gottscheds Eisenbart-Gedicht in *Gottscheds Gedichte*, S. 496. Eisenbarths Inserat nach Schießl, *Doktor Eisenbarth*, S. 146 – Fußnote. Vossische nach Winau, *Medizin in Berlin*, S. 112f. **Carls *Armen-Apothecke*:** Santa Clara, *Huy und Pfuy*, S. 171f. Carl, *Armen-Apothecke*, Vorrede-unpag., S. 5, die Kräuterreihe S. 6–29. Neumann nach Winau, *Medizin in Berlin*, S. 65. Richter in *Von der Apotheke*, S. 21. Werbeschrift für die Essentia Dulcis nach Raabe, *Vier Thaler*, S. 172. Der Apotheker-Eid nach Winau, *Medizin in Berlin*, S. 50. **Stahls Pillen und Hoffmanns Tropfen:** Stahl, *Praxis*, S. 4 und S. 1435. Hoffmann, *Gründlicher Unterricht*, S. 5f, 9 im Digitalisat der unpaginierten Vorlage. **Fahrenheit misst Fieber:** *Stabat mater* nach Stock, *Lateinische Hymnen*, S. 264; die deutsche Fassung S. 266. BWV 25 nach Fröde, *Texte*, S. 49f. Triller, *Das Fieber*, von ihm auf August 1720 datiert, veröffentlicht in *Poetische Betrachtungen*, S. 128ff. Brockes, *Das Fieber* im *Irdischen Vergnügen*, nach dem Digitalisat bei books.google.de, S. 474,

477. Kurfürstin Sophie nach Li, *Briefwechsel,* S. 469, 472. **Brockes wird ein Zahn gezogen:** Eisenbarth Flugblatt von 1724 nach Schießl, *Doktor Eisenbarth,* S. 191. Kuhnau, *Quack-Salber,* S. 18. Müller, *Meines Lebens Vorfälle,* S. 204f. Brockes, *Der Zahn* nach *Irdisches Vergnügen,* S. 168–172. Keil, *Chirurgisches Handbüchlein,* S. 253ff. **»Weiberkranckheiten«:** Johann Elias nach Wolff, *Bach,* S. 428. Die Titel der Storch'schen Reihe über »Weiberkranckheiten« nach Duden, *Geschichte unter der Haut,* S. 251f., das Zitat S. 244 – Anm. 42. **Den Star stechen:** Zeitung nach Wolff, *Bach,* S. 489, Taylor dort S. 490. Mattheson nach Marx, *Mattheson,* S. 105. *Cambridge Chronicle* nach Hogwood, *Händel,* S. 390. Keil, *Chirurgisches Handbüchlein,* S. 231. Heister nach Schießl, *Eisenbarth,* S. 199f. Händel nach Rampe, *Händel,* S. 102.

Finale

Fleming, *Der Teutsche Soldat,* S. 4. Triller, *Poetische Betrachtungen,* S. 191. BWV 82 nach Fröde, *Texte,* S. 152. Triller, *Poetische Betrachtungen,* S. 55. BWV 106 nach Fröde, *Texte,* S. 190. Johannes-Passion nach Fröde, *Texte,* S. 454. BWV 8 nach Fröde, *Texte,* S. 21. Gottscheds Trauerode nach Fröde, *Texte,* S. 334. Die beiden preußischen Verordnungen: *CCM* 5. Teil, 1. Abteilung, 1. Kapitel, Nr. XIII, *CCM* 5. Teil, 1. Abteilung, 1. Kapitel, Nr. XV. Punkt 13 nach Williams, *Bach,* S. 243. Telemann nach Maul, *Musikstadt,* S. 191.

Bach, Händel, Telemann synchron (Anhang)

Herangezogen wurden Glöckner, *Kalendarium,* sowie die Zeittafeln in Woff, *Bach,* S.565–575; Gardiner, *Bach,* S. 671–682; Hogwood, *Händel,* S. 481–515; Telemann, *Singen* (Dokumentensammlung), S.318–338.

Quellen- und Literaturverzeichnis

Zeitgenössisches

Kürzungen innerhalb der Titelwiedergabe sind mit eckigen Klammern gekennzeichnet. Werden die sehr ausführlichen barocken Titel am Ende abgeschnitten, ist das nicht gesondert gekennzeichnet.
DQ verweist auf digitale Zugriffsmöglichkeiten.

Lexika

Amaranthes [= Gottlieb Siegmund Corvinus]: *Nutzbares, galantes und curiöses Frauenzimmer-Lexicon Worinnen nicht nur der Frauenzimmer geistlich und
weltliche Orden, Aemter, Würden, Ehrenstellen, Professionen und Gewerbe [...]
und alles dasjenige, was einem Frauenzimmer vorkommen kan und ihm nöthig
zu wissen, Sondern auch Ein vollkommenes und auf die allerneueste Art verfer-
tigtes Koch-Torten und Gebackens-Buch [...] erkläret zu finden;* Leipzig 1715.
DQ=reader.digitale-sammlungen.de

Hübner, Johann:
- *Reales Staats- und Zeitungs-Lexicon;* Leipzig 1704. Das von Hübner herausgegebene (nicht verfasste) Werk kursierte in vielen Auflagen jahrzehntelang als
»Hübners Zeitungslexikon«. Seit 1708 führte es die Bezeichnung »Conversa-
tions-Lexikon« im Titel. DQ=deutschestextarchiv.de
- *Curieuses und Reales Natur-, Berg-, Gewerck- und Handlungs-Lexicon;* Leipzig
1714. Die erste Auflage erschien 1712. Das zusammen mit Marperger (ohne Na-
mensnennung auf dem Titelblatt) herausgegebene Werk präsentiert sich als Ergänzung von »Hübners Zeitungslexikon«. DQ=reader.digitale-sammlungen.de

Marperger, Paul Jacob: *Vollständiges Küch- und Keller-Dictionarium, in welchem
allerhand Speisen und Geträncke, bekannte und unbekannte, gesunde und ungesunde,
einheimische und ausländische [...] und andere wie sie Nahmen haben mögen mehr
beschrieben. [...] Ferner allerhand nützliche Haushaltungs-, Gesundheits-, Lebens-
und Policey-Regeln mit Moralischen Anmerckungen gegeben;* Hamburg 1716. Reprint München 1978.

428

Sperander [= Friedrich Gladov, Zuschreibung unsicher]: *A la Mode-Sprach der Teutschen, Oder Compendieuses Hand-Lexicon, In welchem die meisten aus fremden Sprachen entlehnte [!] Wörter und gewöhnliche Redens-Arten, So in denen Zeitungen, Briefen und täglichen Conversationen vorkommen, klar und deutlich erkläret werden;* Nürnberg 1728. DQ=digitale.bibliothek.uni-halle.de

Trichter, Valentin: *Curioses Reit- Jagd- Fecht- Tantz- oder Ritter-Exercitien-Lexicon: Worinne der galanten ritterlichen Uebungen Vortreflichkeit, Nutzen und Nothwendigkeit, nebst allen in denselben vorkommenden Kunst-Wörtern erkläret;* Leipzig 1742. Das über 2300 Seiten starke Werk des Stallmeisters beschäftigt sich auch ausgiebig mit Pferdehaltung. DQ=reader.digitale-sammlungen.de

Walch, Johann Georg: *Philosophisches Lexicon. Darinnen Die in allen Theilen der Philosophie [...] wie auch Politic fürkommenden Materien und Kunst-Wörter erkläret und aus der Historie erläutert;* Leipzig 1726. DQ=gdz.sub.uni-goettingen.de

Walther, Johann Gottfried: *Musicalisches Lexicon Oder musicalische Bibliothec Darinnen nicht allein Die Musici, welche so wol in alten als neurn Zeiten [...] sich hervor gethan [...] angeführet, Sondern auch Die [...] gebräuchliche Musicalische Kunst- oder sonst dahin gehörige Wörter nach Alphabetischer Ordnung vorgetragen und erkläret;* Leipzig 1732. Als stark gekürzter Raubdruck erschien 1737 ein *Kurtzgefaßtes Musicalisches Lexicon.* DQ=reader.digitale-sammlungen.de (hier das Original)

Zedler, Johann Heinrich: *Grosses vollständiges Universal Lexicon aller Wissenschafften und Künste;* 64 Bde, Halle und Leipzig 1731–1750, zuzüglich vier Supplementbände bis 1754. Reprint Graz 1961–1964. DQ=zedler-lexikon.de

Zeitschriften

Berlinische Nachrichten von Staats- und gelehrten Sachen: Gegründet 1740, erschien sechsmal die Woche bei Haude und Spener, Berlin. DQ=digitale.bibliothek.uni-halle.de (nicht vollständig).

Die Discourse der Mahlern: Herausgegeben von Johann Jakob Bodmer und Johann Jakob Breitinger in Zürich von 1721–1723. DQ=books.google.com und reader.digitale-sammlungen.de

Die Vernünfftigen Tadlerinnen: Herausgegeben von Johann Christoph Gottsched. Frankfurt und Leipzig 1725–27. Die ›Tadlerinnen‹ sind Gender-Masken des Autors Gottsched. Die sechs Pfennig kostenden Einzellieferungen erschienen von Januar 1725 bis Dezember 1726 zunächst in Halle, dann in Leipzig, und wurden danach in Buchform zusammengefasst und in verschiedenen Ausgaben veröffentlicht. DQ=reader.digitale-sammlungen.de (Bd. 1 mit Jahrgang 1725) und books.google.de (Bd. 2, dritte Auflage, Hamburg 1748)

Der Biedermann: Herausgegeben und verfasst von Johann Christoph Gottsched. Leipzig 1728–29. Unter dem sprechenden Federnamen Ernst Wahrlieb Biedermann erschienen jeweils sechs Pfennige kostende Einzellieferungen, die danach in Buchform zusammengefasst wurden. Der erste Band beginnt mit den Stücken des Jahrgangs 1727. DQ=hs-augsburg.de und reader.digitale-sammlungen.de

Der Critische Musicus: Herausgegeben von Johann Adolph Scheibe. Hamburg 1738–1745, der erste Band beginnt mit den Stücken des Jahres 1737. DQ=archive.org und reader.digitale-sammlungen.de

Der Leipziger SPECTATEUR, Welcher die heutige Welt, Der Gelehrten und Ungelehrten, Klugen und Thorhafften, Vornehmen und Geringen, Reichen und Armen, Verehlichten und Unverehlichten, So wohl Maennliches als Weibliches Geschlechts, Leben und Thaten, Auch wohl Schrifften, beleuchtet und ihnen die Wahrheit saget; Frankfurt, Hamburg, Leipzig 1723. Erschienen in fünf undatierten ›Speculationen‹. DQ=reader.digitale-sammlungen.de

Der Patriot: »*Der Patriot*« *nach der Originalausgabe Hamburg 1724–26 in drei Textbänden und einem Kommentarband herausgegeben von Wolfgang Martens;* Berlin 1969. DQ=books.google.de (dreibändige Buchausgabe, Hamburg 1747) und digipress.digitale-sammlungen.de

Wienerisches Diarium: Gegründet 1703 (als *Wiennerisches Diarium*), erscheint seit 1780 bis heute als *Wiener Zeitung.* DQ=anno.onb.ac.at

Bücher und sonstige Schriften

Abraham a Santa Clara: *Huy und Pfuy der Welt. Oder zu allen schönen Tugenden: Oder von allen schändlichen Lastern: Historien und Fabeln vorgestellt;* Nürnberg 1707. Jedes Kapitel besteht aus einer Abbildung, einem lateinischem Gedicht mit deutscher Übersetzung, allgemeinen moralischen Erläuterungen, Hinweisen auf Bibelstellen und abschließend einer kurzen Fabel. Große Teile des Werkes sind versehentlich unpaginiert geblieben. In einer Fußnote zur Vorrede bittet der Autor, »es wolle also der geneigte Leser sich großgünstig gefallen lassen, mit Bleyweiß oder Rötelstein die Ziffer beyzuschreiben, biß er an die eingedruckte Zahlen komt«. DQ=https://archive.org/details/huyundpfuyderwelooabra

Anonymus: *Der Teutsch-Französische Moden-Geist. Wer es lieset der verstehets;* Geyersbergk 1689. Das vier Jahre nach der Aufhebung des Edikts von Nantes anonym erschienene Werk ist heute wegen seiner Poltrigkeit köstlich zu lesen, war seinerzeit aber kein Spaß, sondern eine Abstoßungsreaktion auf die eingewanderten französischen Hugenotten. DQ=haab-digital.klassik-stiftung.de

Anonymus: *Sächsisches Land- und Hauß-Wirthschafts-Buch, worinnen alles, was ein Haußwirth und Landmann in seiner Haußhaltung, bey dem Ackerbau, bey der Vieh- und Bienen-Zucht, bey Fischereyen, in Gärten und Weinbergen, und was dem anhängig, zu wissen von nöthen hat, umständlich und gründlich enthalten ist;* Leipzig 1704. DQ=digitale.bibliothek.uni-halle.de

Anonymus: *Wahrhaffte und gründliche Relation, Was sich in den letzten Stunden mit dem ehemalig Würtembergischen Finanzien Directore, anjetzo aber fameusen Ertz-Dieb und Land-Betrüger Juden Joseph Süß Oppenheimer zugetragen [...] Alles mit unpartheischer Feder entworffen und dem Druck überlassen;* Augsburg 1738. DQ=sammlungen.ub.uni-frankfurt.de/freimann/content

Bannormen: *Das wohlangelegt- und kurtz gefaßte Haußhaltungs-Magazin;* Frankfurt und Leipzig 1730. DQ=books.google.de. Siehe die Kurznotiz im Personenregister.

Barth, Johann Christian: *Die Galante Ethica Oder nach der neuesten Art eingerichtete Sitten-Lehre, in welcher gezeiget wird, wie sich ein junger Mensch bey der galanten Welt Sowohl Durch manierliche Wercke als complaisante Worte recommandiren soll, Allen Liebhabern der heutigen Politesse zu sonderbaren Nutzen und Vergnügen ans Licht gestellet;* Dresden und Leipzig 1748. Die erste Ausgabe erschien 1720 ohne die *neueste Art* im Titel. DQ=reader.digitale-sammlungen.de

Beck, Johann Jodoco: *Tractatus de Eo quod justum est circa Conjugalis debiti praestationem. Von Leistung der ehelichen Pflicht. Worinnen in specie von der boshafft- und halsstarrigen Entziehung der ehelichen Pflicht, und der daraus entstehenden Ehescheidung, und noch andern besondern Würckungen [...] gehandelt wird;* Frankfurt und Leipzig 1733.

Behr, Samuel Rudolph: *Samuel Rudolph Behrens, Maitre de Dance, Wohlgegründete Tantz-Kunst, So er Auff Begehren seiner Herren Scholaren und vielen anderen Liebhabern der Edlen Tantz-Kunst zum drittenmahl, vermehrter, verbessert und anitzo aber mit unterschiedenen Kupffern und Figuren heraus gegeben;* Leipzig 1709. DQ=digitale.bibliothek.uni-halle.de

Bernd, Adam: *Eigene Lebens-Beschreibung, Samt einer Aufrichtigen Entdeckung, und deutlichen Beschreibung einer der größten, obwol großen Theils noch unbekannten Leibes- und Gemüths-Plage, Welche Gott zuweilen über die Welt-Kinder, und auch wohl über seine eigene Kinder verhänget; Den Unwissenden zum Unterricht, Den Gelehrten zu weiterm Nachdencken, Den Sündern zum Schrecken, und Den Betrübten, und Angefochtenen zum Troste;* Leipzig 1738. Eine moderne Ausgabe wurde von Volker Hoffmann herausgegeben, München 1973. Im Jahr 1742 veröffentlichte Bernd im Anhang eines Traktats eine Fortsetzung seiner Lebensgeschichte und 1745 schließlich *Ursachen, warum der Autor seine bisher herausgegebene Lebens-Beschreibung nicht fortzusetzen gesonnen.* DQ der Erstausgabe von 1738=deutschestextarchiv.de.

Besser, Johannes von:

- *Preußische Krönungs-Geschichte oder Verlauf der Ceremonien, mit welchen der Allerdurchlauchtigste Großmächtigste Fürst und Herr Friderich III., Marggraf und Churfürst zu Brandenburg, die Königliche Würde des von Ihm gestifften Königreiches Preußens angenommen;* Cölln an der Spree 1702. DQ=digital.slub-dresden.de (hier allerdings kein Volltext)
- *Ruhestat der Liebe oder Schooß der Geliebten;* anonym und ohne Orts- und Jahresangabe vermutlich um 1730 gedruckt, also möglicherweise erst nach Bessers Tod 1729. DQ=diglib.hab.de

Brockes, Barthold Heinrich:

- *Irdisches Vergnügen in Gott. Naturlyrik und Lehrdichtung. Ausgewählt und herausgegeben von Hans-Georg Kemper;* Stuttgart 1999. Den vollständigen Text des von 1721 bis 1748 erschienenen neunbändigen Riesenwerks bietet Jürgen Rathje in der von ihm herausgegebenen Brockes-Werkausgabe, Göttingen 2012ff. Ein Digitalisat der 2. Ausgabe, Hamburg 1724, bietet books.google.de
- *Land-Leben in Ritzebüttel, des irdischen Vergnügens in Gott siebender Theil;* Hamburg 1748. DQ=reader.digitale-sammlungen.de

Carl, Johann Samuel: *Armen-Apothecke. Nach allen Grund-Theilen und Sätzen der Medicin kürtzlich und einfältig eingericht und mitgetheilt;* Büdingen 1748. Es handelt sich um die 6. Auflage. DQ=dfg-viewer.de

CCM = *Corpus Constitutionum Marchicarum, Oder: Königl. Preuß. Und Churfürstl.* *Brandenburgische in der Chur- und Marck Brandenburg, auch incorporirten Landen publicirte und ergangene Ordnungen, Edicta, Mandata, Rescripta. Von Zeiten Friedrich I. Churfürsten zu Brandenburg* [i. e. der Große Kurfürst, nicht König Friedrich I.] *biß ietzo unter der Regierung Friederich Wilhelm Königs in Preußen ad annum 1736 inclusive. Mit allergn*[ädigster] *Bewilligung colligiret und ans Licht gegeben von Christian Otto Mylius. Mit Königl. Preußischem Privilegio. Berlin und Halle, zu finden im Buchladen des Waysenhauses.* Von 1737 bis 1755 in sechs Bänden bei sechs verschiedenen Druckern hergestellt. DQ=web-archiv.staatsbibliothek-berlin.de/altedrucke.staatsbibliothek-berlin.de/Rechtsquellen/CCMT51/start.html

[Claessen, Dietrich Siegfried]: *Wahrhaffter theologischer Bericht von der Bekehrung und Ende des Welt-beruffenen* [berühmten] *Maleficanten Valentin Runcks, gewesenen Castellans auf dem Königlichen Schloß zu Berlin. Welcher Wegen begangenen abscheulichen Diebstals in den Königlichen Gemächern und Schatz-Cammer, den 8. Juni 1718. Zur wohl-verdienten Straffe gezogen worden. Zur Verherrlichung der Gnade GOTTes an armen Sündern, wie auch zur Steur der Wahrheit und Erbauung frommer Seelen beschrieben und zum Druck gegeben von dem Reformirten Ministerio der Dom- und Parochial-Kirchen in Cölln und Berlin;* Berlin 1720. Der bekannte Verfasser bleibt auf dem Titelblatt ungenannt. DQ=books.google.de

Clisander: *Einleitung zu der Welt-Weißheit Oder Philosophie eines galanten Frauenzimmers;* Leipzig 1720. Wer hinter dem Pseudonym des mehr als tausend Seiten starken Werks steckt ist ungeklärt. DQ=books.google.de

David, Christian: *Beschreibung und Zuverläßige Nachricht von Herrnhut in der Ober-Lausitz;* Leipzig 1735. DQ=books.google.de

Edelmann, Johann Christian: *Selbstbiographie. Neu herausgegeben, kommentiert und mit einem Nachwort versehen von Bernd Neumann;* Stuttgart, Bad Cannstatt 1976. Der Text wurde 1752 niedergeschrieben. DQ=zeno.org

Eger, Susanna: *Leipziger Koch-Buch, welches lehret, was man auf seinen täglichen Tisch, bey Gastereyen und Hochzeiten, gutes und delicates auftragen, auch Tische und Tafeln mit Speisen zierlich besetzen könne. Dem beygefüget XXX. Curieuse Tisch-Fragen, mit kurtzer doch gründlicher Antwort, sowohl für Gesunde als Krancke wie auch Tisch- und Speise-Lexicon, in welchem die Victualien, so ein jeder Mensch Jahr aus Jahr ein geniesset, ob und wie weit selbige gesund oder nicht gesund seyn, enthalten. Dann letztens zum Anhange die auf dem Marckt zum Einkauf gehende allzeit fertig-Rechnende Köchin;* Leipzig 1712. Es handelt sich um die zweite, stark erweiterte Ausgabe des zuerst 1706 nur unter Initialen erschienenen Werks.

Endter, Susanna Maria: *Der aus dem Parnasso ehmals entlauffenen vortrefflichen Köchin […] in grosser Geheim gehalten gewesene Gemerck-Zettul;* Nürnberg 1691. Noch vor dem eigentlichen Titelblatt erscheint die Bezeichnung *Vollständiges Nürnbergisches Koch-Buch.* DQ=digital.slub-dresden.de

Fassmann, David:
  – *Das glorwürdigste Leben und Thaten Friedrich Augusti, des Großen, Königs in Polen und Churfürst zu Sachsen […] Mit aufrichtiger Feder in behöriger historischer Ordnung beschrieben;* Hamburg und Frankfurt 1733. Obwohl es Fassmann an der üblichen verschwenderischen Loyalitätsrhetorik nicht fehlen ließ, wurde das Werk anfänglich konfisziert.
  – *Leben und Thaten des Allerdurchlauchtigsten und großmächtigsten Königs von [!]Preußen Friedrich Wilhelm;* Hamburg und Breslau 1735. Zunächst anonym erschienen. Die Titulatur Friedrich Wilhelms hätte staatsrechtlich korrekt nicht ›König von Preußen‹, sondern ›König in Preußen‹ lauten müssen.

Fleming, Hannß Friedrich von: *Der vollkommene Teutsche Soldat, welcher die gantze Kriegs-Wissenschafft, insonderheit was bey der Infanterie vorkommt, ordentlich und deutlich vorträgt;* Leipzig 1726. Nachdruck: Graz 1967. DQ=books.google.de

Francke, August Hermann:
  – *Speise-Ordnung im Waysenhauße zu Halle. 1702. (=Kleine Texte der Franckeschen Stiftungen 14.)* Halle 2011
  – *Eines zehen-jährigen Knabens Christlieb Leberecht von Exter aus Zerbst Christlich geführter Lebens-Lauff, Nebst dessen angefangenen Tractätlein*

vom Wahren Christenthum; Halle 1708. Das Werk wurde von Francke herausgegeben. DQ=digitale.bibliothek.uni-halle.de

– *Historische Nachricht von dem Anfang, Fortgang und gegenwärtigen Zustande der Tische des Waysenhauses. 1717.* (=*Kleine Texte der Franckeschen Stiftungen 16.* Halle 2017.) Es handelt sich um das erste Hauptkapitel von *Der von GOTT in dem Waysenhause zu Glaucha an Halle (für ietzo 500 Personen) zubereitete Tisch [...]* aus dem Jahr 1717.

Gellert, Christian Fürchtegott:
– *Die Betschwester;* in: *Werke. Erster Band. Herausgegeben von Gottfried Honnefelder;* 2 Bde., Frankfurt am Main 1979. Das Lustspiel erschien erstmals 1745.
– *Leben der Schwedischen Gräfin von G**;* in: *Werke. Zweiter Band.* Der Roman erschien erstmals 1747/48 anonym in zwei Teilen in Leipzig.

Gerber, Christian: *Historie der Kirchen-Ceremonien in Sachsen. Nach ihrer Beschaffenheit in möglichster Kürtze mit Anführung vieler Moralien und specialen Nachrichten;* Dresden und Leipzig 1732. Die ›möglichste Kürzte‹ besteht in über 800 Seiten. DQ=gdz.sub.uni-goettingen.de.

Goldoni, Carlo: »*Meine Helden sind Menschen*«. *Memoiren;* Frankfurt a. M. 1987. Die Erstausgabe erschien 1787 auf Französisch in Paris.

Gottsched, Johann Christoph:
– *Johann Christoph Gottsched. Schriften zur Literatur. Herausgegeben von Horst Steinmetz;* Stuttgart 1977.
– *Versuch einer Critischen Dichtkunst;* in Steinmetz (Hg.), *Schriften zur Literatur;* und in: Birke, Joachim; Birke, Brigitta (Hg.): *Ausgewählte Werke;* Bd. VI-2, Berlin, New York 1973. Der Erstdruck erschien 1729 (mit dem Impressum 1730) in Leipzig als *Versuch einer Critischen Dichtkunst vor die Deutschen; Darinnen erstlich die allgemeinen Regeln der Poesie, hernach alle besondere Gattungen der Gedichte, abgehandelt und mit Exempeln erläutert werden: Überall aber gezeiget wird, Daß das innere Wesen der Poesie in einer Nachahmung der Natur bestehe.*
– *Vorrede zum ›Sterbenden Cato‹;* in Steinmetz (Hg.), *Schriften zur Literatur.* Erstmals Leipzig 1732.
– *Herrn Johann Christoph Gottscheds [...] Gedichte, gesammlet und herausgegeben von Johann Joachim Schwabe;* Leipzig 1736. DQ=books.google.de
– *Abhandlung von Gesprächen überhaupt;* in: *Herrn Bernhards von Fontenelle [...] Auserlesene Schriften, nämlich von mehr als einer Welt, Gespräche der Todten, und die Historie der heydnischen Orakel; vormals einzeln herausgegeben, nun aber mit verschiedenen Zugaben und schönen Kupfern vermehrter ans Licht gestellet, von Johann Christoph Gottscheden;* Leipzig 1751.

[Gottsched, Luise Adelgunde Victorie:] *Die Pietisterey im Fischbein-Rocke, Oder die Doctormäßige Frau. In einem Lust-Spiele vorgestellet;* Rostock 1736. Das auf französischer Vorlage beruhende Stück erschien anonym mit einem Brief des »Herausgebers an den Verfasser dieses Lust-Spiels« und »Der Antwort des Verfassers« im Selbstverlag »Auf Kosten guter Freunde«, wie es auf dem Titelblatt heißt. DQ=reader.digitale-sammlungen.de

Gundling, Nicolaus Hieronymus: *Philosophischer Discourse Anderer und Dritter als letzter Theil;* Frankfurt und Leipzig 1740.

Haller, Albrecht von: *Die Alpen;* erstmals in *Versuch Schweizerischer Gedichten* [!]; Bern 1732. Haller hat die Entstehung des Gedichts auf 1729 datiert. DQ=books.google.de

Heidegger, Gotthard: *Von den so benanten Romans, Das ist Erdichtete Liebes-Helden- und Hirten-Geschichten: Von dero Uhrsprung Einrisse Verschiedenheit Nuetz- oder Schaedlichkeit;* Zürich 1698.

Hoffmann, Friedrich: *Gründlicher Unterricht Vom Nutzen und Gebrauch Einiger bewährtesten Medicinen Als eines Lebens-Balsams, Lindernden Spiritus;* Halle 1719. DQ=digital.ub.uni-duesseldorf.de

Hunold, Christian Friedrich:

- *Die liebenswürdige Adalie. Mit einem Nachwort von Herbert Singer;* Stuttgart 1967. Der Originaltitel des 1702 in Hamburg erschienenen und auf einer französischen Vorlage beruhenden Werks geht folgendermaßen weiter: *In einer annehmlichen und wahrhafftigen Liebes-Geschichte. Der Galanten Welt zu vergönneter Gemüths-Ergetzung heraus gegeben von Menantes.*
- *Satyrischer Roman. In Unterschiedlichen, lustigen, lächerlichen und galanten Liebes-Begebenheiten von Menantes;* Hamburg 1706. DQ=gutenberg. spiegel.de, außerdem reader.digitale-sammlungen.de (hier die Ausgabe Frankfurt, Leipzig 1726)
- *Die Verliebte und Galante Welt in vielen annehmlichen und wahrhaftigen Liebes-Geschichten, welche sich in etlichen Jahren her in Teutschland zugetragen;* Hamburg 1707.
- *Auserlesene und theils noch nie gedruckte Gedichte;* Halle 1718–1720.

Imhof, Andreas Lazarus von (und Nachfolger): *Neu-eröffneter Historischer Bilder-Saal;* Nürnberg. Das von Imhof (1656–1704) begründete Werk erschien in 17 Bänden, darunter mehrere Teilbände, in verschiedenen Auflagen von 1692 bis 1782 und erzählt Geschichten aus der ›Geschichte der Welt‹ von der Schöpfung bis ins Jahr 1777. DQ=reader.digitale-sammlungen.de (sämtliche Bände)

Keil, Christoph Heinrich: *Compendiöses Doch vollkommenes Chirurgisches Handbüchlein;* Augsburg 1748. Es handelt sich vermutlich um die siebte Auflage des in zahlreichen Ausgaben von den 1730er bis in die 1770er Jahre verbreiteten Werks.

Keyssler, Johann Georg: *Neueste Reise durch Teutschland, Böhmen, Ungarn, die Schweitz, Italien und Lothringen, worin der Zustand und das merckwürdigste dieser Länder beschrieben;* Hannover 1740. Es handelt sich um eine Reisebeschreibung in Briefen. Die Ausgabe enthält die Briefe I bis L aus dem Jahr 1729, die Briefe der *Zweyten Abtheilung* erschienen posthum 1751 und sind mit 1730 und 1731 datiert. DQ=books.google.de

435

Krafft, Georg Wolfgang: *Wahrhaffte und umständliche Beschreibung und Abbildung des im Monath Januarius 1740 in St. Petersburg aufgerichteten merckwürdigen Hauses von Eiss, mit dem in demselben befindlich gewesenen Hausgeräthe: nebst einigen nützlichen Anmerckungen von der Kälte überhaupt, und derjenigen insonderheit, welche in gedachtem Jahre durch gantz Europa verspühret worden;* St. Petersburg 1741.

Krüger, Johann Gottlob:
- *Gedancken Vom Caffee, Thee Und Toback;* Halle 1743. DQ=books.google.de
- *Gedancken Von dem Kalten Winter des Jahres 1740;* Halle 1741. DQ=books.google.de

Kuhnau, Johann: *Der Musicalische Quack-salber, nicht alleine denen verständigen Liebhabern der Music, sondern auch allen andern, welche in dieser Kunst keine sonderbahre Wissenschaft haben. Herausgegeben von Kurt Benndorf;* Berlin 1900. Kuhnaus satirischer Roman über das Leben eines wandernden Virtuosen erschien erstmals 1700. DQ=archive.org

Leibniz, Gottfried Wilhelm:
- *Die Theodizee. Philosophische Schriften. Französisch und deutsch herausgegeben und übersetzt von Herbert Herring;* Frankfurt a. M. 1996. Erstmals 1710 auf Französisch. Die »Théodicée« ging aus Gesprächen mit der brandenburgischen Kurfürstin und preußischen Königin Sophie Charlotte hervor und ist einer der wenigen zu Leibnizens Lebzeiten gedruckten Texte. Die erste deutsche Ausgabe erfolgte posthum 1726, berühmt wurde das Buch durch die Übersetzung Gottscheds 1744.
- *Monadologie. Neu übersetzt, eingeleitet und erläutert von Hermann Glockner;* Stuttgart 1970. Im Jahr 1714 auf Französisch niedergeschrieben und erst posthum veröffentlicht, war der Text nicht als Einführung in die *Théodicée* gedacht, wie öfter behauptet, sondern als deren hoch komprimierte und deshalb ohne Vorkenntnis nahezu unerschließbare Zusammenfassung. Der Titel *Monadologie* geht auf die 1720 ebenfalls posthum erschienene deutsche Übersetzung zurück.

Leporin, Dorothea Christiana: *Gründliche Untersuchung der Ursachen, die das weibliche Geschlecht vom Studiren abhalten, darin deren Unerheblichkeit gezeiget, und wie möglich, nöthig und nützlich es sey, dass dieses Geschlecht der Gelahrheit sich befleisse;* Berlin 1742. Das Werk erschien mit einer Vorrede des Vaters der Autorin. Dieser Flankenschutz umfasst 110 Paragraphen. DQ=reader.digitale-sammlungen.de

Loen, Johann Michael von:
- *Der Redliche Mann am Hofe. Faksimiledruck nach der Ausgabe von 1742. Mit einem Nachwort von Karl Reichert;* Stuttgart 1966. Der Untertitel der Ausgabe von 1742 lautete: *Oder die Begebenheiten des Grafens von Rivera. In einer auf den Zustand der heutigen Welt gerichteten Lehr- und Staats-Geschichte.*
- *Des Herrn von Loen gesammlete Kleine Schrifften;* 4 Bde, Frankfurt und Leipzig 1750–1752. DQ=books.google.de

Losius, Johann Christoph: *Singende Geographie, darin der Kern dieser nöhtigen [!] Wissenschaft in deutliche Lieder verfasset [...];* Hildesheim 1708. Den Beschreibungen der Länder und Städte sind Gedichte mit Aufzählreimen vorangestellt. Noten sind keine abgedruckt. Doch hat der junge Telemann, ein Schüler des Hildesheimer Gymnasialdirektors, etliche Jahre vor der Drucklegung knapp vierzig dieser Gedichte vertont. Die Kompositionen waren lange verschollen, bis Mitte des 20. Jahrhunderts ein Exemplar gefunden wurde, in das Blätter mit handschriftlichen Noten eingebunden waren. Die Autorschaft Telemanns gilt als sicher, definitiv bewiesen ist sie nicht. DQ=books.google.de

Mandeville, Bernard: *Die Bienenfabel oder Private Laster, öffentliche Vorteile. Mit einer Einleitung von Walter Euchner;* Frankfurt am Main 1980. Das nicht sehr lange Lehrgedicht erschien erstmals 1705 in London mit dem Titel *The Grumbling Hive or Knaves turn'd Honest* (*Der unzufriedene Bienenstock oder Die ehrlich gewordenen Schurken*) als Billigbroschüre und schwoll bis zur Ausgabe von 1724, der die Neuausgabe folgt, durch ergänzende, explizierende und rechtfertigende Essays zu einem opulenten Werk in Prosa an.

Marcus, Johann Rudolph: *Curiöse und historische Nachricht von dem im ietzigen 1740ten Jahre eingefallenen ausserordentlich strengen und Langen Winter;* Leipzig und Cöthen, 1740. DQ=reader.digitale-sammlungen.de

Marperger, Paul Jacob: *Wohlmeynende Gedancken über die Versorgung der Armen;* Leipzig 1977 (Fotomechanischer Nachdruck der Originalausgabe, o. O. 1733.)

Mattheson, Johann:
– *Das Neu-Eröffnete Orchestre, Oder Universelle und gründliche Anleitung, Wie ein Galant Homme einen vollkommnen Begriff von der Hoheit und Würde der edlen Music erlangen [...] möge;* Hamburg 1713. DQ=reader.digitale-sammlungen.de
– *Grundlage einer Ehren-Pforte, woran der Tüchtigsten Capellmeister, Componisten, Musikgelehrten, Tonkünstlern [...] Leben, Wercke, Verdienste [...] erscheinen sollen;* Hamburg 1740. Sammlung von Selbstbiographien, die Mattheson sich bei bedeutenden ›musicalischen‹ Zeitgenossen erbat, etwa von Bach, Händel und Telemann – von Bach übrigens vergeblich. DQ=archive.org (Das Digitalisat bringt einen Nachdruck von 1910.)

[**Mencke,** Johann Burkhard]: *Philanders von der Linde Schertzhaffte Gedichte, Darinnen So wol einige Satyren, als auch Hochzeit- und Schertz-Gedichte, Nebst einer Ausführlichen Vertheidigung Satyrischer Schrifften enthalten;* Leipzig 1713. Es handelt sich um die zweite, vermehrte Auflage des pseudonym veröffentlichten Werks. DQ=reader.digitale-sammlungen.de

Merian, Maria Sibylla: *Das Insektenbuch. Metamorphosis Insectorum Surinamensium. Nachwort von Helmut Deckert;* Frankfurt am Main, Leipzig 1991. Das Werk mit von ihr selbst ausgemalten Tafeln erschien erstmals 1705 im Eigenverlag in einer lateinischen und einer niederländischen Ausgabe, deren Gesamtauflage hundert Exemplare nicht überschritten haben dürfte. Der vollständige Titel lautete in schönster barocker Ausführlichkeit und ins Deutsche übersetzt: *Metamorphosis Insectorum Surinamensium oder Verwandlung der Surinamischen Insekten, worin die surinamischen Raupen und Würmer in allen ihren Verwandlungen nach dem Leben abgebildet sind und beschrieben werden und wobei sie auf die Gewächse, Blumen und Früchte gesetzt werden, auf denen sie gefunden wurden. Es werden hier auch Frösche, wundersame Kröten, Eidechsen, Schlangen, Spinnen und Ameisen gezeigt und erklärt, und alles wurde in Amerika nach dem Leben und in natürlicher Größe gemalt und berschrieben von Maria Sibylla Merian. Zu Amsterdam, für den Autor, der in der Kirchstraße wohnt, zwischen der Leidener Straße und der Spiegelstraße über dem Goldenen Adler, wo dieses Werk auch gedruckt wird und erhältlich ist, sowie bei Gerard Valk auf dem Damm im Wachsamen Hund.*

Müller, Johann Christian: *Meines Lebens Vorfälle und Neben-Umstände. Teil 1: Kindheit und Studienjahre (1720–1746).* Herausgegeben von Katrin Löffler und Nadine Sobirai; Leipzig 2007. Die Erinnerungen entstanden Mitte der 1760er Jahre und sind hier zum ersten Mal vollständig veröffentlicht.

Nicolai, Ernst Anton: *Die Verbindung der Musik mit der Artzneygelahrtheit;* Halle 1745. DQ= reader.digitale-sammlungen.de

Oehme, Johann August: *Medicinische Fama, Worinne von der Schwindsucht, Scorbut, befleckten Venus, Und andern langwierigen Kranckheiten, auch deren Chur gehandelt wird. Mit beygefügter Kunst Lange zu leben;* Dresden, Leipzig 1751. Es handelt sich um die 7. erweiterte Auflage in zwei Bänden.

Philosophischer Bücher-Saal, worinnen sowohl von alten als neuen dahin gehörigen Büchern eine gründliche Nachricht ertheilet wird. 1. Theil; Leipzig 1741. Das Sammelwerk präsentiert sich ohne Verfasserangabe.
DQ=gdz.sub.uni-goettingen.de

Philippi, Johann Ernst:
- *Belustigende Poetische Schaubühne, und auf derselben [...] III. Herrn M. Amo, eines gelehrten Mohren, galanter Liebes-Antrag an eine schöne Brünette, Madem. Astrine. IV. Der Mademoiselle Astrine Parodische Antwort auf solchen Antrag eines verliebten Mohren;* Cöthen 1747. Die Schmähgedichte erschienen unter dem Namen M. Leberecht Ehrenhold.
DQ=gdz.sub.uni-goettingen.de
- *Belustigende Academische Schaubühne, Auf welcher die, Auf Universitäten im Schwange gehende, Tugenden und Laster, In Sieben Auftritten, Poetisch abgeschildert werden, Von M. Leberecht Ehrenhold unter Aufsicht von Herrn D. Johann Ernst Philippi;* Franckfurth und Leipzig 1749.
DQ=gdz.sub.uni-goettingen.de

Plümicke, Karl Martin: *Entwurf einer Theatergeschichte von Berlin nebst allgemeinen Bemerkungen über den Geschmack, hiesige Theaterschriftsteller und Behandlung der Kunst in den verschiedenen Epochen;* Berlin und Stettin 1781.

Pöllnitz, Carl Ludwig von:
- *Geheime Geschichte der Hertzogin von Hanovre, in welchen [!] das unglück-liche Schicksal dieser Printzeßin deren auf dem Schlosse Ahlen biß an ihr Ende ausgestandene Gefängnis [...] ausführlich enthalten;* o.O. 1734. Der ur-sprünglich französische Text erschien anonym.
  DQ=digitale.bibliothek.uni-halle.de
- *Das galante Sachsen;* Offenbach 1735. Erweiterte Ausgabe des ursprüng-lich auf Französisch erschienenen Textes.
  DQ=reader.digitale-sammlungen.de

Prévost d'Exiles, Abbé Antoine-Francois: *Geschichte des Chevalier des Grieux und der Manon Lescaut;* Stuttgart 1977. Die Originalausgabe erschien 1731 als siebter Band der *Mémoires d' un homme de qualité* des fingierten Verfassers Marquis de Renoncourt. Schon wenige Jahre später erschien eine deutsche Übersetzung, wenn auch eine recht zweifelhafte und zudem auf der engli-schen Übersetzung beruhende.

Probst, Johann Ernst: *Verzeichnis derer in- und ausländischen Bäume, Stauden und Sommer-Gewächse des Caspar Bosischen Gartens in vier Ordnungen wie solche sich im Jahr 1737 befunden;* Leipzig 1738. DQ=digital.slub-dresden.de

Quantz, Johann Joachim:
- *Quantzens Lebenslauf, von ihm selbst entworfen;* in: Friedrich Wilhelm Marpurg: *Historisch-Kritische Beyträge zur Aufnahme der Musik;* Berlin 1755. DQ=reader.digitale-sammlungen.de
- *Versuch einer Anweisung, die Flöte traversière zu spielen. Reprint der Ausgabe Berlin 1752. Mit einem Vorwort von Hans-Peter Schmitz. Mit einem Nach-wort [...] von Horst Augsbach;* München 1992.

Reuter, Christian: *Schelmuffskys warhafftige curiöse und sehr gefährliche Reisebe-schreibung zu Wasser und Lande. Herausgegeben von Ilse-Marie Barth;* Stutt-gart 1979. Die Ausgabe bringt den ersten und den zweiten Teil des anonym publizierten Romans, »Gedruckt zu Schelmerode [!] 1696«, bzw. »Gedruckt zu Padua eine halbe Stunde von Rom« im Jahr 1697.

Richter, Christian Friedrich: *Von der Apotheke und Artzney-Wesen bey dem Way-senhause zu Glaucha an Halle. Drei Quellentexte. (=Kleine Texte der Francke-schen Stiftungen 17.)* Halle 2017. Die handschriftlich überlieferten Texte ent-standen um 1700.

Rohr, Julius Bernhard von:
- *Einleitung zu der allgemeinen Land- und Feld-Wirthschafftskunst;* Leipzig 1720. DQ=digitale.bibliothek.uni-halle.de
- *Einleitung zur Ceremoniel-Wissenschafft der Privat-Personen;* Berlin 1728. DQ=digitale.bibliothek.uni-halle.de (Ausgabe von 1730)
- *Einleitung zur Cermoniel-Wissenschafft der großen Herren;* Berlin 1729. DQ=books.google.de
Eine kommentierte Neuausgabe der ›Zeremonial‹-Werke erschien 1990 (Weinheim).

– *Des Juristischen Tractats von dem Betrug bey den Heyrathen, Anderer Theil;*
Berlin 1738. DQ=books.google.de

[**Rost,** Johann Leonhard] = **Meletaon:** *Von der Nutzbarkeit des Tantzens. Wie
viel selbiges zu einer Galanten und wohlanständigen Conduite bey einem jungen
Menschen und Frauenzimmer beytrage; Auch wie man dadurch sowol die Kin-
der als erwachsene Leute von beederley Geschlechte zur Höflichkeit, Artigkeit und
Freymüthigkeit anweisen solle;* Frankfurt und Leipzig, 1713.
DQ=books.google.de

Schellhammer, Maria Sophia:
– *Die wol unterwiesene Köchinn, Das ist: Unterricht, Wie man alle Speisen,
so nur in Teutschland bekat seyn mögen, aufs füglichste zubereiten, schmak-
hafte Suppen, Potagen, Pasteten, Tarten und allerhand Gebakkenes machen
[...] solle;* Braunschweig 1697. Diese Ausgabe erschien mit den Initialen
der Autorin, die erste Ausgabe 1692 noch anonym. Spätere Ausgaben des
auch posthum noch verbreiteten und dann als ›Brandenburgisches Koch-
buch‹ etikettierten Werks trugen den ausgeschriebenen Namen.
– *Der wohl unterwiesenen Köchinn Zufälliger Confect-Tisch. Bestehend In Zubereitung allerhand Confecten, zugerichten Früchten, Säfften, Weinen, Aqvaviten, Brandteweinen, Bieren, Eßigen und dergleichen.* Braunschweig 1700.
Schemelli, Georg Christian: *Musicalisches Gesang-Buch, Darinnen 954 geistreiche,
sowohl alte als neue Lieder und Arien, mit wohlgesetzten Melodien, in Discant
und Bass, befindlich sind;* Leipzig 1736. DQ=reader.digitale-sammlungen.de
Schnabel, Johann Gottfried: *Der im Irrgarten der Liebe herumtaumelnde Kavalier. Mit einem Nachwort von Hans Mayer;* München 1968. Die Originalausgabe erschien 1746 vorgeblich in »Warnungsstadt« und, ebenso vorgeblich,
»allen Wollüstigen zum [abschreckenden] Beyspiel« unter dem Titel *Der
im Irr-Garten der Liebe herum taumelnde Cavalier. Oder Reise und Liebes-Geschichte Eines vornehmen Deutschen von Adel, Herrn von St. *** Welcher nach vielen, so wohl auf Reisen, als auch bey andern Gelegenheiten verübten Liebes-Ex-
cessen, endlich erfahren müssen, wie der Himmel die Sünden der Jugend im Alter
zu bestrafen pflegt.*
Schmidt, Johann Lorenz: *Die göttlichen Schriften vor den Zeiten des Messie Jesus. Der erste Theil worinnen Die Gesetze der Israelen enthalten sind nach einer
freyen Übersetzung, welche durch und durch mit Anmerkungen erläutert und be-
stätiget wird;* Wertheim 1735. Das aufklärerische Werk bietet die fünf Bücher
Mose und wurde sofort verboten. Heute ist es nach dem Erscheinungsort als
›Wertheimer Bibel‹ bekannt. DQ=reader.digitale-sammlungen.de
[**Scholze,** Johann Sigismund]:
– *Sperontes Singende Muse an der Pleisse. Erste Fortsetzung in 2 mahl 25 Oden;*
Leipzig 1742.
– *Sperontes: Singende Muse an der Pleisse in 2. mahl 50 Oden. Derer neuesten,
besten und leichtesten musicalischen Stücke, mit denen dazu gehörigen Melo-
dien versehen zu beliebter Clavier-Übung und Gemüths-Ergötzung ans Licht
gestellet;* Leipzig 1742. DQ=reader.digitale-sammlungen.de

Schwarz, Heinrich Engelbert: *Historische Nachlese zu denen Geschichten der Stadt Leipzig [...] Als eine nutzbare Land-Chronicke [...] ausgefertiget;* Leipzig 1744.

Siegemund, Justine: *Die Chur-Brandenburgische Hoff-Wehe-Mutter Das ist: Ein höchst-nöthiger Unterricht Von schweren und unrecht-stehenden Geburthen In einem Gespräch vorgestellet Wie nehmlich durch Göttlichen Beystand eine wohlunterrichtete und geübte Wehe-Mutter Mit Verstand und geschickter Hand dergleichen verhüten oder wanns Noth ist, das Kind wenden könne;* Cölln an der Spree 1690. Das Werk erschien bis weit ins 18. Jahrhundert in mehreren Ausgaben, von denen einige, wie die von 1723, durch Einschübe medizinisch ausgebildeter Herausgeber verändert wurden. DQ=deutschestextarchiv.de

Spener, Christian Maximilian: *Allen Liebhabern der Anatomie;* Berlin 1713. DQ=digital.slub-dresden.de

Stahl, Georg Ernst:

- *Materia Medica. D. i. [Das ist] Zubereitung, Krafft und Würckung derer sonderlich durch Chymische Kunst erfundenen Artzneyen;* Dresden 1728. DQ=dfg-viewer.de

- *Ausführliche Abhandlung von den Zufällen und Kranckheiten des Frauenzimmers, deme beygefügt, was zu einer guten Amme erfordert wird, inglei-chen eine völlige Beschreibung des mortuus tonici, nebst einer Vorrede von dem weissen Fluß;* Leipzig 1735.

- *Praxis Stahliana. Das ist [...] Collegium Practicum, Welches von Ihm priva-tim in die Feder dictirt, theils von seinem damahligen Auditoribus aus dem Discurs mit besonderem Fleiß nachgeschrieben;* Leipzig 1745. Es handelt sich um die Übersetzung von Mitschriften lateinisch gehaltener Vorlesungen Stahls, herausgegeben vom Eisenacher Stadtarzt Johann Storch. DQ=books.google.de

Süßmilch, Johann Peter: *Die göttliche Ordnung in denen Veränderungen des menschlichen Geschlechts. Das ist, Gründlicher Beweiß der göttlichen Vorsehung und Vorsorge für das menschliche Geschlecht aus der Vergleichung der gebohrnen und sterbenden, der verheiratheten und gebohrnen, wie auch insonderheit aus der beständigen Verhältniß der gebohrnen Knaben und Mädgens, Wobey Accurate und vieljährige Listen der gebohrnen und gestorbenen in allen Königl. Preußischen Ländern, in London, Amsterdam, Paris, Wien, Berlin, Breßlau etc daraus der Wachsthum und die Anzahl der Einwohner in selbigen Ländern und Städten be-stimmet wird, Nebst Einem Versuch, die Verhältnis der sterbenden nach dem Alter und nach denen Kranckheiten zu bestimmen;* Berlin 1742. Eine erste, wesentlich schmalere Ausgabe war im Vorjahr erschienen, zahlreiche weitere Auflagen folgten. DQ=reader.digitale-sammlungen.de

Swift, Jonathan: *Gullivers Reisen;* Stuttgart 2011. Die Originalausgabe erschien 1726 in vier Teilen, in denen die vier Reisen Gullivers erzählt werden. Eine deutsche Übersetzung erschien 1732 in Altona.

Taubert, Gottfried: *Rechtschaffener Tantzmeister, oder gründliche Erklärung der Frantzösischen Tantz-Kunst;* Leipzig 1717. DQ=books.google.de

[**Telemann,** Georg Philipp; Praetorius, Johann Philipp]: *Die Ungleiche Heyrath, Oder das Herrsch-süchtige Kammer-Mädgen. In einem schertzhafften Zwischen-Spiele Auf dem Hamburgischen Schau-Platze Aufgeführet;* 1725. Das Textbuch des nach dem männlichen Protagonisten auch *Pimpinone* genannten Intermezzo bringt das von Praetorius aus dem Italienischen kompilierte und durch deutsche Zusätze erweiterte Libretto in beiden Sprachen. DQ=digital. staatsbibliothek-berlin.de

Thomasius, Christian:

– *Ausübung der Vernunfft-Lehre oder Kurtze, deutliche und wohlgegründete Handgriffe, wie man in seinem Kopffe aufräumen und sich zur Erforschung der Wahrheit geschickt machen; die erkante Wahrheit andern beybringen; andere verstehen und auslegen, von anderer Meynungen urtheilen und die Irrthümer geschicklich widerlegen solle;* Halle 1727. Die Erstausgabe erschien 1691 in Halle. DQ=reader.digitale-sammlungen.de

– *Vernünfftige und Christliche, aber nicht Scheinheilige Thomasische Gedancken und Erinnerungen über allerhand Gemischte Philosophische und Juristische Händel;* Halle 1723. DQ=books.google.de

– *Von der Kunst, Vernünftig und Tugendhaft zu lieben, Als dem eintzigen Mittel zu einem glückseeligen, galanten und vergnügten Leben zu gelangen;* Halle 1726. DQ=reader.digitale-sammlungen.de

Triller, Daniel Wilhelm: *Poetische Betrachtungen über verschiedene aus der Natur- und Sittenlehre hergenommene Materien. Erster Theil;* Hamburg 1750 (= 3. Auflage). Die erste Auflage erschien 1725.

Uffenbach, Zacharias Conrad von: *Merkwürdige Reisen durch Niedersachsen, Holland und Engelland. Erster Theil;* Ulm und Memmingen 1753. DQ=e-rara.ch

Unger, Johann Friedrich: *Entwurf einer Maschine wodurch alles, was auf dem Clavier gespielet wird, sich von selber in Noten setzt. Im Jahr 1752 an die Königl. Akademie der Wissenschaften zu Berlin eingesandt;* Braunschweig 1774. DQ=reader.digitale-sammlungen.de

Volckamer, Johann Christoph: *Nürnbergische Hesperides, Oder Gründliche Beschreibung Der Edlen Citronat, Citronen, und Pomerantzen-Früchte;* Nürnberg 1708. Eine *Continuation der Nürnbergischen Hesperidum* folgte 1714. DQ=digital.bibliothek.uni-halle.de

Voltaire: *Candide oder der Optimismus. Aus dem Deutschen übersetzt von Dr. Ralph und mit Anmerkungen versehen, die man in der Tasche des Doktors fand, als er im Jahre des Heils 1759 zu Minden starb;* Frankfurt a. M. 1975. Die ersten französischen Ausgaben erschienen 1759 anonym an verschiedenen Druckorten. Der Untertitel ziert erst die zweite, erweiterte Ausgabe von 1761. Die dort annoncierte Übersetzung aus dem Deutschen ist fingiert und gehört wie das höhnische »im Jahre des Heils« zu der gegen den rationalistischen Optimismus von Leibniz und dessen Nachfolger Wolff gerichteten Satirestrategie. Die erste Übersetzung ins Deutsche erschien bereits 1759 in Riga und Leipzig. Das Buch hat zahlreiche Nachahmungen erfahren, darunter mein eigenes ›Update‹: *Candy oder Die unsichtbare Hand. Nach einer berühmten Vorlage des Herrn von Voltaire erzählt und auf den Stand der Neuen Weltordnung gebracht;* Berlin 2012.

Weigel, Christoff: *Abbildung Der Gemein-Nützlichen Haupt-Stände Von denen Regenten Und Ihren So in Friedens- als Kriegs-Zeiten zugeordneten Bedienten an biß auf alle Künstler und Handwercker Nach Jedes Ambts- und Beruffs-Verrichtungen meist nach dem Leben gezeichnet und in Kupfer gebracht;* Regensburg 1698. DQ= books.google.de

Werckmeister, Andrea[s]: *Musicalische Paradoxal-Discourse. Oder Allgemeine Vorstellungen, wie die Musica einen hohen und göttlichen Ursprung habe;* Quedlinburg 1707. Die Schrift erschien posthum.
DQ= reader.digitale-sammlungen.de

Widenmann, Barbara: *Kurtze, Jedoch hinlängliche und gründliche Anweisung Christlicher Hebammen, Wie sie So wohl bey ordentlichen, als allen ausserordentlichen schwehren Geburten denen kreissenden Frauen Hülffe leisten, den Handgriff gewiß und sicher verrichten, die unrecht zur Geburt stehende Kinder ohne und mit Instrumenten in ihre gebührende Stellung bringen, und durch GOttes Gnade unschadhafft zur Geburt befördern;* Augsburg 1738.

Wilhelmine von Bayreuth: *Eine preußische Königstochter. Glanz und Elend am Hofe des Soldatenkönigs in den Memoiren der Markgräfin Wilhelmine von Bayreuth;* Frankfurt a. M. 1990. Die vermutlich in den 1740ern auf Französisch abgefassten Memoiren erschienen erstmals 1810, ein halbes Jahrhundert nach Wilhelmines Tod. Die hier benutzte deutsche Übersetzung wiederum erschien erstmals 1910.

Wolff, Christian:
- *Vernünfftige Gedancken von Gott, der Welt und der Seele des Menschen, auch allen Dingen überhaupt. Den Liebhabern der Wahrheit mitgetheilet;* Halle 1720. DQ=reader.digitale-sammlungen.de
- *Vernünfftige Gedancken Von dem Gesellschafftlichen Leben der Menschen Und insonderheit Dem gemeinen Wesen zur Beförderung der Glückseligkeit des menschlichen Geschlechts, den Liebhabern der Wahrheit mitgeteilt;* Frankfurt am Main, Leipzig 1740. Es handelt sich um die 5. Auflage des erstmals 1721 in Halle erschienenen Werks, heute auch als Wolffs »Deutsche Politik« bezeichnet.

Zachariae, Justus Friedrich Wilhelm: *Der Renommist. Ein scherzhaftes Heldengedicht;* in: Ders.: *Poetische Schriften, Bd. 1;* Braunschweig 1763. Das Werk entstand 1744. DQ=deutschestextarchiv.de

Zinzendorff [!], Graf Ludwig von: *Teutscher Gedichte Erster Theil;* Herrnhuth 1735. DQ=deutschestextarchiv.de

Sekundärliteratur

Handbücher, Text- und Briefsammlungen, Lexika

Bach-Dokumente, 1–9 (Bd. 8 in Vorbereitung), verschiedene Herausgeber, 1969–2017.

Bach Edition: *Texts/Libretti.* CD-ROM zu *Complete Works* in 160 CDs bei Brilliant Classics 2005.

Bahr, Ehrhard (Hg.): *Was ist Aufklärung? Thesen und Definitionen;* Stuttgart 1974.

Baumgartner, Alfred: *Propyläen. Welt der Musik. Die Komponisten;* 5 Bde., Frankfurt a. M., Berlin 1989.

Csampai, Attila; **Holland,** Dietmaar (Hg.): *Der Konzertführer. Orchestermusik von 1700 bis zur Gegenwart;* Frankfurt a. M., Wien 1992.

Deutsche Literatur der Barockzeit. *Ein Katalog zum Gedenken Christian Weißes, der in diesem Jahr 350. Geburtstag feiert. Mit besonderer Gewichtung der Entwicklung des Romanschaffens von Joh. Fischarts Geschichtklitterung bis zu Christian Gellerts Schwedischer Gräfin.* Antiquariat Hatry, Katalog 3; Heidelberg 1992.

Deutsches Rechtswörterbuch Online. DQ=drw-www.adw.uni-heidelberg.de/drw-cgi/zeige

Dietrich, Richard (Hg.): *Die politischen Testamente der Hohenzollern. Veröffentlichungen aus den Archiven preußischer Kulturbesitz; Bd.20;* Köln, Wien 1986.

Dülmen, Andrea van: *Deutsche Geschichte in Daten. Band 1: Von den Anfängen bis 1770;* München 1979.

Fröde, Christine (Hg.): *Texte zu den Kantaten, Motetten, Messen, Passionen und Oratorien von Johann Sebastian Bach;* Leipzig 1989.

Fuchs, Konrad; **Raab,** Heribert: *Wörterbuch zur Geschichte;* 2 Bde., München 1987.

Gebhardt: *Handbuch der deutschen Geschichte.* Band 11 = Burkhardt, Johannes: *Vollendung und Neuorientierung des frühmodernen Reiches 1648–1763;* Stuttgart 2006.

Harden, Ingo: *Die Musik Europas. Formen – Geschichte – Klangbeispiele;* Frankfurt a. M., Wien 1992.

Heinemann, Michael (Hg.): *Das Bach-Lexikon;* Laaber 2000.

Hirschberg, Leopold: *Der Taschengoedeke. Bibliographie deutscher Erstausgaben;* München 1990.

Historisches Lexikon Bayerns: historisches-lexikon-bayerns.de

Leipzig-Lexikon von André Loh-Kliesch: leipzig-lexikon.de

Li, Wenchao (Hg.): *Gottfried Wilhelm Leibniz – Kurfürstin Sophie von Hannover. Briefwechsel;* Göttingen 2017.

Loschek, Ingrid: *Reclams Mode- und Kostümlexikon;* Stuttgart 2005.

Lütgendorff, Willibald Leo Frh. v.: *Die Geigen- und Lautenmacher vom Mittelalter bis zur Gegenwart. Nach den besten Quellen bearbeitet;* Bd. II, Tutzing 1975.

MGG = *Die Musik in Geschichte und Gegenwart;* DQ=mgg-online.com

Oesterreichisches Musiklexikon online: musiklexikon.ac.at

Pleschinski, Hans (Hg.): *Aus dem Briefwechsel Voltaire – Friedrich der Große;* Frankfurt a. M., Wien 1992.

Rutschky, Katharina (Hg.): *Schwarze Pädagogik. Quellen zur Naturgeschichte der bürgerlichen Erziehung;* Frankfurt a. M., Berlin 1993.

Sadie, Stanley; **Latham,** Alison (Hg.): *Das Cambridge Buch der Musik;* Frankfurt a. M. 1994.

Schickling, Dieter (Hg.): *Georg Friedrich Händel in Briefen, Selbstzeugnissen und zeitgenössischen Dokumenten;* Zürich 1985.

Schöne, Albrecht (Hg.): *Die Deutsche Literatur vom Mittelalter bis zum 20. Jahrhundert. Band III: Das Zeitalter des Barock. Texte und Zeugnisse;* München 1988.

Schreiber, Ulrich: *Die Kunst der Oper. Geschichte des Musiktheaters. Band 1: Von den Anfängen bis zur Französischen Revolution;* Frankfurt a. M. 1988.

Stock, Alex (Hg.): *Lateinische Hymnen;* Berlin 2012.

Telemann, Georg Philipp: *Singen ist das Fundament zur Music in allen Dingen. Eine Dokumentensammlung;* Wilhelmshaven 1981.

Werner-Jensen, Arnold: *Johann Sebastian Bach. Musikführer;* 2 Bde., Mainz 2015.

Wiedemann, Conrad (Hg.): *Deutsche Texte 11. Der galante Stil 1680–1730;* Tübingen 1969.

Wisniewski, Claudia: *Kleines Wörterbuch des Kostüms und der Mode;* Stuttgart 1999.

Über Johann Sebastian Bach

Bach-Archiv Leipzig (Hg.): *Bach-Museum. Museumsführer;* Leipzig 2010.

Forkel, Johann Nicolaus: *Über Johann Sebastian Bachs Leben, Kunst und Kunstwerke;* Leipzig 1802.

Forchert, Arno: *Johann Sebastian Bach und seine Zeit;* Laaber 2000.

Gardiner, John Eliot: *Bach. Musik für die Himmelsburg;* München 2016.

Geck, Martin: *Bach. Leben und Werk;* Reinbek 2001.

Glöckner, Andreas (Hg.): *Kalendarium zur Lebensgeschichte Johann Sebastian Bachs;* Leipzig 2008.

Hagedorn, Volker: *Bachs Welt. Die Familiengeschichte eines Genies;* Reinbek 2016.

't Hart, Maarten: *Bach und ich;* München 2003.

Marshall, Robert L.; **Marshall,** Traute M.: *Exploring the world of J. S. Bach. A Traveler's Guide;* Illinois 2016.

Scholz, Gottfried: *Bachs Passionen. Ein musikalischer Werkführer;* Mainz 2015.

Spitta, Philipp: *Joh. Seb. Bach;* 2 Bde. Leipzig 1921 (3. Aufl., erstmals 1873).

Werner-Jensen, Arnold: *Johann Sebastian Bach. Musikführer. Band 2: Vokalmusik;* Mainz 2015.

Williams, Peter: *J. S. Bach. Ein Leben in der Musik;* Berlin 2008.

Wolff, Christoph: *Johann Sebastian Bach;* Frankfurt a. M. 2005.

Über andere Musiker

Rampe, Siegbert: **Carl Philipp Emanuel Bach** *und seine Zeit;* Laaber 2014.

Binder, Franz: **Georg Friedrich Händel.** *Sein Leben und seine Zeit;* München 2009.
Chrysander, Friedrich: **G. F. Händel;** Leipzig 1858 bis 1867 (Teileinsicht auf zeno.org)
Heinemann, Michael: **Georg Friedrich Händel;** Reinbek 2004.
Hogwood, Christopher: **Georg Friedrich Händel;** Frankfurt a. M. 2000.
Mainwaring, John: **Georg Friedrich Händels** *Lebensbeschreibung. Übersetzt und mit Anmerkungen versehen von Johann Mattheson. Faksimile der Ausgabe Hamburg 1761;* Leipzig 1976.
Neumahr, Uwe: **Händel.** *Ein abenteuerliches Leben im Barock;* München 2009.
Ott, Karl-Heinz: *Tumult und Grazie. Über* **Georg Friedrich Händel;** Hamburg 2008.
Overbeck, Peter: **Georg Friedrich Händel.** *Leben – Werk – Wirkung;* Frankfurt a. M. 2009.
Rampe, Siegbert (Hg.): **Georg Friedrich Händel** *und seine Zeit;* Laaber 2009.
Wersin, Michael: **Händel & Co.** *Die Musik der Barockzeit;* Stuttgart 2009.

Marx, Hans Joachim: **Johann Mattheson** *(1681–1764). Lebensbeschreibung des Hamburger Musikers, Schriftstellers und Diplomaten;* Hamburg 1982.

Grebe, Karl: **Georg Philipp Telemann** *in Selbstzeugnissen und Bilddokumenten;* Reinbek 1970.
Klessmann, Eckart: **Telemann** *in Hamburg. 1721–1767;* Hamburg 1980.

Heller, Karl: **Antonio Vivaldi;** Leipzig 1991.
Stegemann, Michael: **Antonio Vivaldi** *mit Selbstzeugnissen und Bilddokumenten dargestellt;* Reinbek bei Hamburg 1988.
Talbot, Michael: **Antonio Vivaldi.** *Der Venezianer und das barocke Europa. Leben und Werk;* Stuttgart 1985.

Weitere personenbezogene Literatur

Ette, Ottmar: *Anton Wilhelm* **Amo.** *Philosophieren ohne festen Wohnsitz. Eine Philosophie der Aufklärung zwischen Europa und Afrika;* Berlin 2014.

Czok, Karl: **August der Starke** *und Kursachsen;* München 1988.
Doubek, Katja: **August der Starke;** Reinbek 2007.

Schießl, Ludwig: *Doktor **Eisenbarth** (1663–1727). Ein Meister seines Fachs. Medizinhistorische Würdigung des barocken Wanderarztes zum 350. Geburtstag;* Baden-Baden 2013.

Markau, Kornelia: *Dorothea Christiana **Erxleben** (1715–1762): Die erste promovierte Ärztin Deutschlands;* Diss. Halle 2006 (online: sundoc.bibliothek.uni-halle.de/diss-online/06/06H090/prom.pdf)

Barbier, Patrick: ***Farinelli**. Der Kastrat der Könige;* München 1995.

Obst, Helmut: *August Hermann **Francke** und sein Werk;* Halle 2013.
Raabe, Paul (Hg.): *Vier Thaler und sechzehn Groschen. August Hermann **Francke**. Der Stifter und sein Werk;* Halle 1998.

Hahn, Gunther; Kerndl, Alfred: ***Friedrich der Große** im* Münzbildnis seiner Zeit; Berlin 1986.
Kunisch, Johannes: ***Friedrich der Große**. Der König und seine Zeit;* München 2004.
Schieder, Theodor: ***Friedrich der Große**. Ein Königtum der Widersprüche;* Zürich 1985.

Oestreich, Gerhard: ***Friedrich Wilhelm I**. Preußischer Absolutismus, Merkantilismus, Militarismus;* Göttingen, Zürich, Frankfurt a. M. 1977.
Venohr, Wolfgang: *Der Soldatenkönig.[**Friedrich Wilhelm I**.] Revolutionär auf dem Thron;* Frankfurt a. M., Berlin 1988.

Ball, Gabriele: *Moralische Küsse. **Gottsched** als Zeitschriftenherausgeber und literarischer Vermittler;* Göttingen 2000 (= Das 18. Jahrhundert Supplementa, Bd. 7.)

Finster, Reinhard; van den Heuvel, Gerd: *Gottfried Wilhelm **Leibniz** mit Selbstzeugnissen und Bilddokumenten dargestellt;* Reinbek 2016.
Hirsch, Eike Christian: *Der berühmte Herr **Leibniz**. Eine Biographie;* München 2007.
Padova, Thomas de: ***Leibniz**, Newton und die Erfindung der Zeit;* München 2017.

Burke, Peter: ***Ludwig XIV**. Die Inszenierung des Sonnenkönigs;* Berlin 1993.

Stollberg-Rilinger: ***Maria Theresia**. Die Kaiserin in ihrer Zeit. Eine Biographie;* München 2017.

Davis, Natalie Zemon: *Drei Frauenleben. Glikl. Marie de l'Incarnation. Maria Sibylla **Merian**;* Berlin 1996.

Oelker, Petra: *Die **Neuberin**. Die Lebensgeschichte der ersten großen deutschen Schauspielerin;* Reinbek 2004.

Börsch-Supan, Helmut: *Der Maler Antoine **Pesne**. Franzose und Preuße;* Friedberg 1986.

Elsner, Eckart: *Zum 250. Todestag von Johann Peter **Süßmilch**. Über den Berliner Aufklärer;* dgd-online.de 2017 (pdf-Dokument der Deutschen Gesellschaft für Demographie)

Sonstige Literatur

(Einzelaufsätze sind in den Nachweisen belegt.)

Ackroyd, Peter: *London. Die Biographie;* München 2002.

Alewyn, Richard: *Das große Welttheater. Die Epoche der höfischen Feste;* München 1985.

Baron, Carol K. (ed.): *Bach's Changing World. Voices in the Community;* Rochester, USA, 2006.

Barudio, Günter: *Das Zeitalter des Absolutismus und der Aufklärung. 1648–1779;* Frankfurt a. M. 1981.

Bauer, Hermann: *Barock. Kunst einer Epoche;* Berlin 1992.

Behringer, Wolfgang: *Kulturgeschichte des Klimas. Von der Eiszeit bis zur globalen Erwärmung;* München 2012.

Berghaus, Peter (Hg.): *Ausstellungskatalog Portrait 1 – Der Herrscher. Graphische Bildnisse des 16.–19. Jahrhunderts aus dem Portraitarchiv Diepenbroick;* Münster 1978.

Blumenberg, Hans: *Matthäuspassion;* Frankfurt a. M. 2018.

Böhme, Hartmut und Gernot: *Das Andere der Vernunft. Zur Entwicklung von Rationalitätsstrukturen am Beispiel Kants;* Frankfurt a. M. 1985.

Brachvogel, A[lbert]. E[mil].: *Geschichte des königlichen Theaters zu Berlin. Nach Archivalien des Königl. Geh. Staats-Archivs und des Königl. Theaters;* 2 Bde, Berlin 1877, 1878.

Bröckling, Ulrich: *Disziplin. Soziologie und Geschichte militärischer Gehorsamsproduktion;* München 1997.

Buck, August (Hg.): *Europäische Hofkultur im 16. und 17. Jahrhundert;* Bd. 3, Hamburg 1981.

Cipolla, Carlo M.; **Borchardt,** K. (Hg.): *Europäische Wirtschaftsgeschichte. Bd. 2;* Stuttgart, New York 1983.

Claussen, Johann Hinrich: *Gottes Klänge. Eine Geschichte der Kirchenmusik;* München 2015.

Consentius, Ernst: *Die Berliner Zeitungen bis zur Regierung Friedrichs des Gro-ßen;* Berlin o. J. (=Reprint der Ausgabe von 1904).

Czok, Karl: *Das alte Leipzig;* Leipzig 1978.

Danker, Uwe: *Räuberbanden im Alten Reich um 1700. Ein Beitrag zur Geschichte von Herrschaft und Kriminalität in der Frühen Neuzeit;* 2 Bde., Frankfurt am Main 1988.

Dipper, Christof: *Deutsche Geschichte. 1648–1789;* Frankfurt a. M. 1991.

Duchhardt, Heinz (Hg.): *Herrscherweihe und Königskrönung im frühneuzeitli-chen Europa;* Wiesbaden 1983.

Duden, Barbara: *Geschichte unter der Haut. Ein Eisenacher Arzt und seine Patien-tinnen um 1730;* Stuttgart 1991.

van **Dülmen,** Richard: *Kultur und Alltag in der Frühen Neuzeit. 16.–18. Jahrhun-dert. Erster Band: Das Haus und seine Menschen;* München 1995 (2. Auflage). *Zweiter Band: Dorf und Stadt;* München 1992. *Dritter Band: Religion, Magie, Aufklärung;* München 1999 (2. Auflage).

Emde, Ruth B.: *Schauspielerinnen im Europa des 18. Jahrhunderts. Ihr Leben, ihre Schriften und ihr Publikum;* Amsterdam, Atlanta 1997.

Florack, Ruth; **Singer,** Rüdiger (Hg.): *Die Kunst der Galanterie. Facetten eines Verhaltensmodells in der Literatur der Frühen Neuzeit;* Berlin 2012.

Fuchs, Eduard: *Die Frau in der Karikatur. Sozialgeschichte der Frau;* Frankfurt a. M. 1979.

Gerteis, Klaus (Hg.):
– *Alltag in der Zeit der Aufklärung;* Hamburg 1990 (= *Aufklärung*, Heft 2, Jahr-gang 5).
– *Zum Wandel von Zeremoniell und Gesellschaftsritualen in der Zeit der Aufklä-rung;* Hamburg 1991 (= *Aufklärung*, Heft 2, Jahrgang 6).

Glaser, Rüdiger: *Klimageschichte Mitteleuropas. 1200 Jahre Wetter, Klima, Katas-trophen;* Darmstadt 2008.

Grimm, Reinhold (Hg.): *Deutsche Dramentheorien I. Beiträge zu einer histori-schen Poetik des Dramas in Deutschland;* Wiesbaden 1980.

Groehler, Olaf: *Das Heerwesen in Brandenburg und Preußen von 1640 bis 1806;* Berlin 1993.

Haarmann, Franz: *Das Haus Hannover. Welfen – Herzöge von Braunschweig und Lüneburg;* Werl 2016 (= *Deutsche Fürstenhäuser*, Heft 27).

Harnoncourt, Nikolaus: *Musik als Klangrede. Wege zu einem neuen Musikver-ständnis;* München 1985.

Hauser, Arnold: *Sozialgeschichte der Kunst und Literatur;* München 1978.

Herzfeld-Schild, Marie Louise: »*Stimmung des Nervengeistes«. Neurophysiologie *und Musik im 18. Jahrhundert;* in: Moosmüller, Silvan u. a. (Hg.): *Stimmungen und Vielstimmigkeit der Aufklärung;* Göttingen 2017.

Holborn, Hajo: *Deutsche Geschichte in der Neuzeit. Band I. Das Zeitalter der Reformation und des Absolutismus (bis 1790);* Frankfurt a. M. 1981.

Horowski, Leonhard: *Das Europa der Könige. Macht und Spiel an den Höfen des 17. und 18. Jahrhunderts;* Reinbek 2017.

Hottmann, Katharina: *»Auf! stimmt ein freies Scherzlied an«. Weltliche Liedkultur im Hamburg der Aufklärung;* Stuttgart 2017.

Hubatsch, Walther: *Grundlinien preußischer Geschichte. Königtum und Staatsgestaltung. 1701–1871;* Darmstadt 1983.

Iggers, Georg G. (Hg.): *Ein anderer historischer Blick. Beispiele ostdeutscher Sozialgeschichte;* Frankfurt a. M. 1991.

Jacobeit, Sigrid und Wolfgang: *Illustrierte Alltagsgeschichte des deutschen Volkes. 1550–1810;* Köln 1988.

Jourdain, Robert: *Das wohltemperierte Gehirn. Wie Musik im Kopf entsteht und wirkt;* Heidelberg, Berlin 2001.

Kennedy, Paul: *Aufstieg und Fall der großen Mächte. Ökonomischer Wandel und militärischer Konflikt von 1500 bis 2000;* Frankfurt a. M. 1989.

Kevorkian, Tanya: *Baroque Piety: Religion, Society, and Music in Leipzig, 1650–1750;* London, New York 2007.

Kluckhohn, Paul: *Die Auffassung der Liebe in der Literatur des 18. Jahrhunderts und in der deutschen Romantik;* Halle 1931.

Koller, Edith: *Strittige Zeiten. Kalenderreformen im Alten Reich 1582–1700;* Berlin, Boston 2014.

Kuczynski, Jürgen: *Geschichte des Alltags des deutschen Volkes. Studien 2. 1650–1810;* Berlin 1983.

Langen, August: *Der Wortschatz des 18. Jahrhunderts;* Berlin 1959 (=*Deutsche Wortgeschichte* Bd. 2).

Lenke, Walter: *Untersuchungen der ältesten Temperaturmessungen mit Hilfe des strengen Winters 1708–1709;* Offenbach a. M. 1964 (*Berichte des Deutschen Wetterdienstes* Nr. 92.) Als pdf-Datei einsehbar unter met.fu-berlin. de/~manfred/Winter1709.pdf

Lepenies, Wolf: *Das Ende der Naturgeschichte. Wandel kultureller Selbstverständlichkeiten in den Wissenschaften des 18. und 19. Jahrhunderts;* Frankfurt a. M. 1978.

Luther, Martin: *Biblia. Das ist die gantze Heilige Schrifft. Deudsch auffs new zugericht. Wittenberg 1545. Herausgegeben von Hans Volz;* 3 Bde. München 1974.

Maier, Hans: *Die Orgel. Kleine Geschichte eines großen Instruments;* München 2016.

Martus, Steffen: *Aufklärung. Das deutsche 18. Jahrhundert – ein Epochenbild;* Berlin 2015.

Mattenklott, Gert; **Scherpe**, Klaus R. (Hg.): *Westberliner Projekt: Grundkurs 18. Jahrhundert;* Bd. 1, Kronberg 1974, S. 100.

Maul, Michael: *Musikstadt Leipzig in Bildern. Von den Anfängen bis ins 18. Jahrhundert;* Leipzig 2015.

Mittenzwei, Ingrid; **Herzfeld**, Erika: *Brandenburg-Preußen 1648–1789. Das Zeitalter des Absolutismus in Text und Bild;* Köln 1987.

Münch, Paul: *Lebensformen in der frühen Neuzeit;* Frankfurt a. M., Berlin 1992.

Mulsow, Martin: *Radikale Frühaufklärung in Deutschland 1680–1720. Bd. 1: Moderne aus dem Untergrund. Bd. 2: Clandestine Vernunft;* Göttingen 2018.

North, Michael: *Genuss und Glück des Lebens. Kulturkonsum im Zeitalter der Aufklärung;* Köln, Weimar, Wien 2003.

Parker, Geoffrey: *Die militärische Revolution. Die Kriegskunst und der Aufstieg des Westens 1500–1800;* Frankfurt a. M., New York 1990.

Plümicke, Karl Martin: *Entwurf einer Theatergeschichte von Berlin nebst allgemeinen Bemerkungen über den Geschmack [...] in den verschiedenen Epochen;* Berlin und Stettin 1781.

Preisendörfer, Bruno: *Staatsbildung als Königskunst. Ästhetik und Herrschaft im preußischen Absolutismus;* Berlin 2000.

Radbruch, Gustav; **Gwinner**, Heinrich: *Geschichte des Verbrechens. Versuch einer historischen Kriminologie;* Frankfurt a. M. 1991.

Regge, Jürgen: *Kabinettsjustiz in Brandenburg-Preußen. Eine Studie zur Geschichte des landesherrlichen Bestätigungsrechts in der Strafrechtspflege des 17. und 18. Jahrhunderts;* Berlin 1977.

Ries, Hans: *Zwischen Hausse und Baisse. Börse und Geld in der Karikatur;* Stuttgart 1987.

Russell, Bertrand: *Philosophie des Abendlandes. Ihr Zusammenhang mit der politischen und sozialen Entwicklung;* München, Wien 1999.

Schilfert, Gerhard: *Deutschland von 1648–1789. (Vom Westfälischen Frieden bis zum Ausbruch der Französischen Revolution);* Berlin 1980.

Schleuning, Peter: *Der Bürger erhebt sich. Geschichte der deutschen Musik im 18. Jahrhundert;* Stuttgart 2000.

Schnitter, Helmut u. a.: *Absolutismus und Heer. Zur Entwicklung des Militärwesens im Spätfeudalismus;* Berlin 1987.

Schoeps, Hans-Joachim: *Preußen. Geschichte eines Staates;* Frankfurt a. M., Berlin 1975.

Schott, Heinz (Hg.): *Meilensteine der Medizin;* Dortmund 1996.

Schulze, Hans-Joachim: *Ey! Wie schmeckt der Coffee süße. Johann Sebastian Bachs Kaffee-Kantate;* Leipzig 2005.

Sennett, Richard: *Verfall und Ende des öffentlichen Lebens. Die Tyrannei der Intimität;* Frankfurt a. M. 1986.
Soerensen, Bengt Algot: *Herrschaft und Zärtlichkeit. Der Patriarchalismus und das Drama des 18. Jahrhunderts;* München 1984.
Stolleis, Michael (Hg.): *Staatsdenker in der frühen Neuzeit;* München 1995.

Trentmann, Frank: *Herrschaft der Dinge. Die Geschichte des Konsums vom 15. Jahrhundert bis heute;* München 2017.

Unger-Hamilton, Clive: *Barock;* Darmstadt 2013.

Vehse, Carl Eduard: *Die Höfe zu Preussen. Von Kurfürst Joachim II. Hector bis König Friedrich Wilhelm I. 1535–1740;* Leipzig 1993 (erstmals 1851).
Villari, Rosario (Hg.): *Der Mensch des Barock;* Frankfurt a. M. 1999.

Waller, Maureen: *Huren, Henker, Hugenotten. Das Leben in London um 1700;* Bergisch Gladbach o. J.
Weber, Max: *Die protestantische Ethik I. Eine Aufsatzsammlung. Herausgegeben von Johannes Winckelmann;* Tübingen 1981.
Wehler, Hans-Ulrich: *Deutsche Gesellschaftsgeschichte. Erster Band: Vom Feudalismus des Alten Reiches bis zur Defensiven Modernisierung der Reformära. 1700–1815;* München 1987.
Weigl, Engelhard: *Schauplätze der deutschen Aufklärung. Ein Städterundgang;* Reinbek 1997.
Weindl, Andrea: *Die Kurbrandenburger im ›atlantischen System‹ 1650–1720;* Köln 2001 (= *Arbeitspapiere zur Lateinamerikaforschung*). Als pdf-Datei unter lateinamerika.phil-fak.uni-koeln.de/fileadmin/sites/aspla/bilder/arbeitspapiere/weindl.pdf
Wieckenberg, Ernst-Peter (Hg.): *Einladung ins 18. Jahrhundert;* München 1988.
Wilderotter, Hans (Hg.): *Das große Sterben. Seuchen machen Geschichte;* Dresden 1995.
Winau, Rolf: *Medizin in Berlin;* Berlin, New York 1987.

Websites

bach-cantatas.com (alles über Bach-Kantaten, auf Englisch)
bach.de (Seite von Peter Bach)
bach-digital.de
bach-frankfurt.de (Seite der Musikgesellschaft Carl Philipp Emanuel Bach in Frankfurt an der Oder)
bachhaus.de (Seite des Eisenacher Bachhauses)

bach-lebensreise.de (mit Bachbiographie und ›Bach-Orten‹)
bach-leipzig.de (Seite des Leipziger Bach-Archivs)
bachmuseumleipzig.de
bachstadt-koethen.de
bachueberbach.de (lustige und lehrreiche Seite von Peter Bach)
landesarchiv-bw.de
jsbach.de (ebenfalls vom Bach-Archiv Leipzig)
meinhardo.wordpress.com (= *Volkers Klassikseiten J. S. Bach*)

francke-halle.de

gf.handel.org (englische Seite)
handelhendrix.org (Seite des Händelhauses in London, verbunden mit einem
    Museum zu Jimi Hendrix, der 1968/69 im Nachbarhaus wohnte)
haendel.it (italienische Seite)
haendelhaus.de (Seite von Händels Geburtshaus in Halle)

hasse-gesellschaft-bergedorf.de
hasse-gesellschaft-muenchen.de

kammermusikfuehrer.de (Online-Konzertführer der Villa Musica, Mainz)
klassika.info.de (lexikalisch aufgebaute Klassikseite)

leipzig-lexikon.de
lieder.net (Seite mit zehntausenden Lied-, Song- und Kantatentexten)

quantz.de (Seite der Johann-Joachim-Quantz-Gesellschaft, Scheden)

rdklabor.de (»Online-Plattform zur kunsthistorischen Objektforschung«,
    Selbstbeschreibung)

telemann2017.eu (Seite zum 250. Geburtstag)
telemann-hamburg.de
telemann.info.de (Seite der Frankfurter Telemann-Gesellschaft)
telemann.magdeburg.de
telemann.org

woerterbuchnetz.de (Zugangsportal zu verschiedenen Wörterbüchern)

Bach, Händel, Telemann synchron

Aus Gründen der Übersichtlichkeit wird auf Datumsangaben verzichtet.
Die + Meldungen sind vermischte Zugaben aus der Zeitgeschichte.

1685

Bach kommt in Eisenach, **Händel** in Halle zur Welt. Der in Magdeburg geborene **Telemann** ist vier Jahre alt. + Ludwig XIV. hebt Das *Edikt von Nantes* auf, das seit 1598 den calvinistisch-protestantischen Hugenotten im katholischen Frankreich Religionsfreiheit gewährt hatte. Kurfürst Friedrich Wilhelm von Brandenburg erlässt das *Edikt von Potsdam* und zieht damit Tausende hugenottischer Handwerkerfamilien nach Berlin, Brandenburg und Preußen.

1686–1695

Bach besucht die Lateinschule (1693–95), zwei Brüder und eine Schwester sterben, sowie 1694 die Mutter und 1695 der Vater. Johann Sebastian kommt in der Familie seines ältesten Bruders in Ohrdruf unter. **Händel** erhält 1694 seinen ersten Kompositionsunterricht von dem Halleschen Organisten Friedrich Wilhelm Zachow. **Telemann** geht in Magdeburg, Zellerfeld und Hildesheim zur Schule. Mit zwölf Jahren komponiert er seine erste Oper. + 1687 hält Christian Thomasius in Leipzig die erste öffentliche Vorlesung in deutscher statt in lateinischer Sprache und gibt 1688/89 mit den *Monatsgesprächen* die erste wissenschaftliche Zeitschrift in deutscher Sprache heraus. + 1688 tritt Friedrich III. die Nachfolge als Kurfürst von Brandenburg an. + 1691 plädiert Andreas Werckmeister für die »temperierte Stimmung« bei Tasteninstrumenten und schafft damit die musiktheoretische Voraussetzung für das *Wohltemperierte Klavier* (1722, 1744). + 1692 ertrotzt Herzog Ernst August von Braunschweig-Lüneburg die neunte Kurwürde (›Kurhannover‹). + 1694 wird August der Starke Kurfürst von Sachsen. Friedrich III. von Brandenburg lässt in Halle auf der Grundlage der bestehenden Ritterakademie eine Universität gründen. + 1695 schafft August Hermann Francke in Glaucha bei Halle mit einer Armenschule die Voraussetzung für das spätere Waisenhaus.

1696–1702

Bach besucht das Lyceum in Ohrdruf, bis er 1700 an die Michaelisschule in Lüneburg wechselt. 1702 tritt er nach dem Scheitern seiner Berufung auf eine Organistenstelle in Sangerhausen am Weimarer Hof eine Stelle als Musiker und Lakai an. **Händel** beginnt 1702 sein Studium in Halle, wird aber dann Organist an der Domkirche. Im Vorjahr hat er Telemann kennengelernt, der in Leipzig ein Studium begonnen hatte. Dort gründet **Telemann** 1702 das Collegium musicum, das auch nach seinem Weggang weiterbesteht. + 1697 wird August der Starke zum König in Polen gewählt. + 1700 gehen die protestantischen Gebiete Deutschlands vom julianischen zum gregorianischen Kalender über. Leibniz erreicht in Berlin die formelle Gründung einer *Sozietät der Wissenschaften*. + 1701 krönt sich Kurfürst Friedrich III. von Brandenburg als Friedrich I. zum König in Preußen.

1703–1707

Bach wechselt 1703 als Organist nach Arnstadt und 1707 als Organist nach Mühlhausen. Heirat mit Maria Barbara. 1705 nimmt er für eine Reise nach Lübeck zu Buxtehude vier Wochen Urlaub und bleibt etwa vier Monate weg. **Händel** geht nach Hamburg, schließt Freundschaft mit Johann Mattheson und wird 1704 Mitglied des Orchesters der Hamburger Gänsemarktoper, 1705 hat dort seine *Almira* Premiere, 1706 bricht er nach Italien auf und bleibt bis 1710. **Telemann** geht 1705 als Kapellmeister nach Sorau. + 1704 August der Starke wird vom schwedischen König Karl XII. vorübergehend als König in Polen entmachtet. + 1706 nimmt Christian Wolff einen Ruf der Universität Halle an.

1708–1711

Bach wechselt 1708 als Organist und Kammermusiker nach Weimar. **Händels** *Agrippina* hat 1709 in Venedig Premiere, 1710 wird er Kapellmeister am Hof in Hannover und reist von nun an häufig nach London. 1711 hat *Rinaldo* in London Premiere. **Telemann** wechselt 1708 als Konzertmeister nach Eisenach, Heirat mit Amalie Eberlin, die 1711 im Kindbett stirbt. + Karl XII. von Schweden fällt 1708 in Russland ein. + 1709 wird die schwedische Armee in Russland besiegt. In London erscheint zum ersten Mal *The Tatler*, Vorbild der ›moralischen Wochenschriften‹ in Deutschland, darunter diejenigen Gottscheds. + 1710 erhält August der Starke seine Rolle als König in Polen zurück. + 1711 wird der Habsburger Karl VI. zum Kaiser gewählt. Der *Tatler* in London geht ein, Nachfolgeorgan wird *The Spectator*.

1712–1716

Bach wird 1714 zum Konzertmeister der Weimarer Hofkapelle befördert mit der Aufgabe, monatlich eine Kantate zu komponieren. **Händel** lässt sich 1712 in London nieder. **Telemann** wird im selben Jahr Städtischer Musikdirektor in Frankfurt am Main, 1714 heiratet er Maria Catharina Textor und wird Taufpate von Bachs Sohn Carl Philipp Emanuel. + Friedrich Wilhelm I. tritt 1713 die Nachfolge als Kurfürst von Brandenburg und König in Preußen an. + 1714 wird Georg Ludwig aus dem Haus Hannover König von England. Der italienische Parfümeur Giovanni Maria Farina kommt nach Köln und entwickelt dort das »Eau de Cologne«. + 1715 stirbt in Versailles der Sonnenkönig. + 1716 stirbt Leibniz.

1717–1722

Bach wechselt 1717 nach Köthen. 1720 reist er für die Bewerbung um eine Organistenstelle nach Hamburg, zieht sich jedoch wieder zurück. Er fertigt eine Reinschrift der Sonaten und Partiten für Solovioline an. Im selben Jahr stirbt Maria Barbara. 1721 widmet er Christian Ludwig von Brandenburg-Schwedt die Partitur der *Brandenburgischen Konzerte*, Heirat mit Anna Magdalena. 1722 widmet er ihr das erste *Clavier-Büchlein*, ein zweites 1725. **Händel** arbeitet weiter in London, unterbrochen 1719/1720 von Reisen unter anderem nach Halle und Dresden, wo er den Kastraten Senesino für London verpflichtet. Die Royal Academy of Music in London etabliert sich. Auch **Telemann** reist 1719 nach Dresden, 1721 wird er städtischer Musikdirektor in Hamburg, 1722 übernimmt er die Leitung der Oper am Gänsemarkt. Im selben Jahr bewirbt er sich erfolgreich als Thomaskantor in Leipzig, tritt aber die Stelle nach einer Hamburger Gehaltserhöhung nicht an. + 1717 erobert Prinz Eugen von Savoyen das osmanisch besetzte Belgrad. Im Hochstift Freising werden drei Jungen nach einem Hexenprozess hingerichtet. + 1719 erscheint in London *Robinson Crusoe* von Daniel Defoe. + 1721 werden in Freising infolge des Hexenprozesses von 1717 nach einem Folgeprozess weitere acht Jungen hingerichtet.

1723

Bach nimmt als ›dritte Wahl‹ (nach den Absagen Telemanns und des in Leipzig gebürtigen Darmstädter Hofkapellmeisters Christoph Graupner) die Berufung als Thomaskantor an und zieht nach Leipzig. Im Mai beginnt der erste Kantatenjahrgang, an Weihnachten wird erstmals sein *Magnificat* aufgeführt. **Händel** wird in London zum Hofkomponisten ernannt. **Telemann** nimmt in Hamburg die ›Kapitänsmusiken‹ auf. + Wolff wird aus Halle vertrieben und geht an die Universität im hessischen Marburg.

1724–1730

Bach führt in verschiedenen Fassungen die Johannes-Passion auf (1724, 1725) sowie die Matthäus-Passion (1727, 1729). 1729 übernimmt er die Leitung des Collegium musicum. **Händel** bezieht 1724 sein eigenes Haus in London und wird 1727 eingebürgert. 1729 reist er nach Italien, um Sänger nach London zu verpflichten, und besucht dabei seine Mutter in Halle, die im Folgejahr stirbt. **Telemann** gründet 1728 die Zeitschrift *Der getreue Musikmeister.* + 1725 gibt Gottsched in Leipzig die Zeitschrift *Die vernünftigen Tadlerinnen* heraus. + 1727 lässt Gottsched die Zeitschrift *Der Biedermann* folgen. Der englische König Georg I. stirbt, sein Sohn tritt als Georg II. die Nachfolge als König von England an (bis 1760). In Halle stirbt August Hermann Francke. Seine Einrichtungen bei Halle bleiben weiter erfolgreich. + 1730 veröffentlicht Gottsched den *Versuch einer critischen Dichtkunst für die Deutschen.*

1731–1740

Bach führt 1732 erneut die Johannes-Passion auf, um den Jahreswechsel 1734/1735 verteilt über sechs Tage das Weihnachtsoratorium. In dieser Zeit ist vermutlich auch die Kaffeekantate entstanden. 1736 führt er eine revidierte Fassung der Matthäus-Passion auf. 1737 legt er die Leitung des Collegium musicum nieder, bis er sie 1739 wieder übernimmt. **Händel** sieht sich ab 1733 der Konkurrenz der neu gegründeten ›Adelsoper‹ ausgesetzt. 1737 begibt er sich nach einem körperlichen Zusammenbruch für sechs Wochen zu einer Bäderkur nach Aachen. 1738 wird in den Londoner Vauxhall Gardens ihm zu Ehren eine Statue aufgestellt. **Telemann** bringt 1733 seine *Musique de Table* heraus, auch Händel ist einer der Subskribenten. 1735 zerbricht seine Ehe. 1737 reist er nach Paris und kehrt im Folgejahr zurück. Die Gänsemarktoper muss schließen. Während seiner Leitung des Hauses hat er rund zwanzig Opern selbst komponiert und etwa 140 Händel-Aufführungen verantwortet. + 1733 stirbt August der Starke in Warschau, Nachfolger als Kurfürst Friedrich August II. und als König August III. in Polen wird der einzige ›legitime‹ Sohn des zeugungsfreudigen ›Starken‹. Johann Adolph Hasse tritt das Amt als Hofkapellmeister in Dresden an (bis 1763), dessen Titel er seit 1731 führte. + 1736 stirbt Giovanni Battista Pergolesi nach dem Abschluss seines *Stabat mater*. + 1740 treten Friedrich II. von Preußen und Maria Theresia in Wien die Herrschaft an. Friedrich erkennt Maria Theresias Thronfolge nicht an und marschiert in Schlesien ein. Wolff wird von Friedrich nach Halle zurückgerufen.

1741–1750

Bach zieht sich Anfang der 1740er endgültig vom Collegium musicum zurück. 1742 führt er zum letzten Mal die Matthäus-Passion auf. Die Goldberg-Variationen erscheinen im Druck, allerdings nicht unter diesem Titel, der sich erst lange nach Bachs Tod verbreitet. 1747 reist er nach Potsdam und Berlin. In Potsdam kommt es zur Begegnung mit Friedrich dem Großen, aus der das *Musikalische Opfer* resultiert. 1749 wird zum letzten Mal zu Bachs Lebzeiten und unter fremder Leitung die Johannes-Passion aufgeführt. Bachs letztes Jahr ist von schweren gesundheitlichen Krisen geprägt. Er stirbt am 28. Juli 1750. **Händel** leitet 1741 zum letzten Mal eine eigene Oper. 1742 erfolgt die Uraufführung des *Messias* in Dublin, das Londoner Publikum erlebt die erste Aufführung erst im Jahr darauf, in dem auch das *Dettinger Te Deum* gesungen wird. **Telemann** veröffentlicht 1742 sein *Neues Musicalisches System* und komponiert 1745 eine Johannes-Passion. + 1745 wird der Gemahl Maria Theresias als Franz I. zum Kaiser gewählt. Im Dezember wird Leipzig im Zuge des zweiten Schlesischen Krieges vorübergehend von preußischen Truppen besetzt. + 1749 wird im Hochstift Würzburg die ehemalige Klosteroberin Maria Renata Singer von Mossau als Hexe verbrannt.

Nach 1750

Anna Magdalena lebt nach der Auflösung des Nachlasses in eher bescheidenen Verhältnissen. Sie stirbt am 27. Dezember 1760 im Alter von 59 Jahren. **Händel** beginnt Anfang der 1750er zu erblinden und verbringt die letzten Jahre unter schwierigen gesundheitlichen Bedingungen. Seine musikalische Anerkennung schwindet jedoch nicht, auch materiell hat er keine Sorgen. Er stirbt am 14. April 1759. **Telemann,** der älteste der drei, überlebt Bach um knapp siebzehn und Händel um gut neun Jahre. Seit Mitte der 1750er nimmt auch bei ihm die Sehfähigkeit ab. Er stirbt am 25. Juni 1767.

Bildrechtenachweis

Der Wein- und Bierschencker (Cover) von Christoph Weigel mit freundlicher Genehmigung der Sächsischen Landesbibliothek – Staats- und Universitätsbibliothek Dresden und der Deutschen Fotothek. Kupferstich von der Thomaskirche Leipzig 1749 (Cover) / Foto: H.-P. Haack. Porzellankanne und Kaffeepot (Cover) bereitgestellt durch ClipArt ETC. Abdruck der Thomaskirche (Vorsatz) mit freundlicher Genehmigung des Stadtgeschichtlichen Museums Leipzig. Abdruck des Feuerwerks (Abb. 1), der Händel-Büste (Abb. 7) und des Schokoladenmädchens (Abb. 8) mit freundlicher Genehmigung von akg-images. Abdruck des Gemäldes von Antoine Pesne: Friedrich der Große als Kronprinz und seine Schwester Wilhelmine / SPSG / Foto: Jörg P. Anders (Abb. 2.1) und des Bildes Königs Wusterhausen, Schloss Königs Wusterhausen, Tabakskollegium, R 25, Blick auf Münzkanne / SPSG (Abb. 5) mit freundlicher Genehmigung der Stiftung Preußische Schlösser und Gärten Berlin-Brandenburg. Abdruck des Maskenballs (Abb. 2.2) mit freundlicher Genehmigung des Stadtarchivs Halle (Saale). Abbildung des Paares aus Mühlhausen (Abb. 2.3) mit freundlicher Genehmigung des Stadtarchivs Mühlhausen. Abdruck des Zeithainer Riesenstollens, SLUB / Deutsche Fotothek (Abb. 3) und des Anleitungsbuches von Tanzmeister Samuel Rudolph Behr, SLUB / Deutsche Fotothek (Abb. 10) mit freundlicher Genehmigung der Sächsischen Landesbibliothek – Staats- und Universitätsbibliothek Dresden und der Deutschen Fotothek. Abdruck der Hinrichtung von Josef Süß Oppenheimer (Abb. 13.2), Anonym, nach 1738, Kupferstich auf Hadernbütten, 17,5 x 12,4 cm; Jüdisches Museum Berlin, Inv.-Nr. 2000/280/0, Foto: Jens Ziehe, mit freundlicher Genehmigung des Jüdischen Museums Berlin. Abdruck der Bachbibel (Abb. 15) mit freundlicher Genehmigung von www.bachbibel.de.

Dank ...

... an **Wolfgang Hörner** für die Anregung zu dieser neuen Zeitreise und für die Unterstützung mit alten Büchern, an **das Team von Galiani** für die engagierte Begleitung;

... an meine Fau **Sonja Kautz,** der das Buch gewidmet ist, für ihr beschwingtes und beschwingendes Mitreisen in die Zeit um 1700 und an die Orte, die diese Vergangenheit vergegenwärtigen;

... an die Flötistin und Musikpädagogin **Sophie Mischke** (Leipzig) für ihre zugewandte Beratung in musikalischen Fragen;

... an Herrn **Dr. Claus Veltmann,** Kustos der Francke'schen Stiftungen in Halle, für die instruktive Führung durch die Gebäude;

... an Frau **Dr. Christiane Hausmann** vom Bach-Archiv in Leipzig und an Frau **Melanie Leu** von St. Jacobi in Hamburg für freundliche Auskünfte;

... an Herrn **Dr. Helmut Hiß** (Rheinbach) für die Vorablektüre des Textes.

Personenregister

Historische ›Würdenträger‹, um es absichtlich hochgestochen auszudrücken, werden häufig, aber stets nur, wenn sie über Macht verfügten, mit Beinamen geschmückt (›der Große‹, ›der Starke‹, ›der Weise‹, der ›Sonnenkönig‹, der ›Soldatenkönig‹, der ›Philosophenkönig‹). Die Beinamen sind in der Regel Schmückungen der Nachwelt, manchmal jedoch werden sie schon von Zeitgenossen benutzt. Beispielsweise redete Voltaire in Briefen an Friedrich II. von Preußen diesen mit ›großer König‹ an. Dergleichen Titulierungen werden hier und im Text zur Erleichterung der Identifizierung meistens mitgenannt, was nicht heißt, dass der Verfasser das jeweilige Etikett für angebracht hält. Hier nur soviel: Friedrich der Große wird von mir ohne viel Überzeugung so genannt, August der Starke indessen mit voller Zustimmung. Er war dafür wohlbeleibt genug. Auch dies war im Sprachgebrauch der Zeit mit ›stark‹ gemeint. August ›den Fetten‹ hätte man ihn schlecht nennen können.

Namensunterstreichungen verweisen auf separate Einträge zur jeweiligen Person, gefettete **Seitenangaben** auf Stellen mit Zitaten von ihr. Erwähnungen im Anhang bleiben unberücksichtigt.

Johann Sebastian Bach (1685–1750), außer der Reihe an erster Stelle genannt, braucht wegen seiner Allgegenwart in diesem Buch keine Verweise. Ausführlichere Passagen zu einzelnen Themen sind über das Inhaltsverzeichnis leicht zu finden. Zur Unterscheidung der anderen Bachs wird er in den folgenden Einträgen als JSB bezeichnet.

❧

Anton Ulrich von Braunschweig-Wolfenbüttel (1633–1714, nicht zu verwechseln mit dem in seinem Todesjahr geborenen Anton Ulrich dem Jüngeren), Vater von August Wilhelm, Barockfürst, Bibliothekserbe, Romanschriftsteller: 32 f., 62 ff.

Anton Ulrich von Braunschweig-Wolfenbüttel (der Jüngere, 1714–1774), Militär in russischen Diensten, mit Anna Leopoldowna verheiratet: 60

Apel, Andreas Dietrich (1662–1718), Leipziger Seidenfabrikant, Gründer des Apelschen Barockgartens: 134

Aristoteles, (384–322 v. Chr.), griechischer Denker, dessen Lehren bis zur Aufklärung die Philosophie beherrschten: 158

Arnold, Gottfried (1666–1714), pietistischer Theologe, Verfasser einer im Unterschied zur katholischen Orthodoxie nicht mehr heils-, sondern verfallsgeschichtlich angelegten Historie des Christentums: 80

August der Starke siehe **Friedrich August I.** von Sachsen

August Wilhelm von Braunschweig-Wolfenbüttel (1662–1731), Sohn von Anton Ulrich, Barockfürst, Bibliothekserbe: 33

Bach, Anna Magdalena, geb. Wilcke (1701–1760), seit Dezember 1721 zweite Ehefrau von JSB: **130**, 133, 249, 316, 345 f., 358, 400

Bach, Carl Philipp Emanuel (1714–1788), berühmtester JSB-Sohn und nach dem Vater der bedeutendste Komponist der verzweigten Musikerfamilie: 24, 110, 121 f., 316

Bach, Johann Christoph (1642–1703), der sog. ›Eisenacher Bach‹, Großonkel von JSB, bedeutender Organist: 178

Bach, Johann Christoph (1671–1721, nicht zu verwechseln mit dessen Großonkel oder einem anderen der insgesamt sieben Johann Christophs der Bachfamilie), ältester Bruder von JSB, Organist in Ohrdruf bei Gotha, nahm nach dem Tod des Vaters 1695 seine beiden jüngsten Brüder Johann Sebastian und Johann Jacob zu sich: 15, 220, 323

Bach, Johann Elias (1705–1755), Vetter von JSB und von 1737 bis 1742 dessen Sekretär: Motto, **248 f.**, 358, **400**

Bach, Johann Gottfried Bernhard (1715–1739), JSBs ›ungeratener Sohn‹: 316, 320

Bach, Johann Jacob (1682–1722), Bruder von JSB, diente ab 1704 im Heer Karls XII. als Hautboist: 82

Bach, Johann Nikolaus (1669–1753, nicht zu verwechseln mit den beiden anderen Johann Nikoläusen der Bachfamilie, von denen einer Gambist und der andere – auch das kam vor – kein Musiker war), Organist in Jena: 358

Bach, Johann Sebastian (1748–1778), jüngster Sohn von Carl Philipp Emanuel, der, obwohl nach seinem Großvater benannt, insofern ›aus der Reihe schlug‹, als er kein Musiker wurde, sondern Maler: 396

Bach, Maria Barbara, geb. Bach (1684–1720), Cousine zweiten Grades von JSB, seit Oktober 1707 seine erste Ehefrau, Mutter von Wilhelm Friedemann und Carl Philipp Emanuel: 27, 109, 224, 316, 400, 410

Bach, Nicolaus Ephraim (1690–1760), der ›Gandersheimer Bach‹, Organist: 209

Bach, Wilhelm Friedemann (1710–1784), ältester Sohn von JSB, Musikdirektor

und Organist in Halle, deshalb als ›Hallescher Bach‹ bezeichnet: 117, 120, 223 f.,
316

Bach-Kinder, Zusammenstellung: 316

Bahlsen, Hermann (1859–1919), Butterkekserfinder: 162

Bannormen: Bornemann (Lebensdaten nicht ermittelt), zeitweise Sekretär im
Weimarischen, als Bannormen Verfasser des *Haußhaltungs-Magazin:* **204, 271,
347, 352**

Barth, Johann Christian, Verfassername auf dem Titelblatt einer erstmals 1720
publizierten ›galanten Ethik‹, Identität ungeklärt, ein evangelischer Prediger
gleichen Namens in der Oberlausitz (1683–1724) und ein ebensolcher bei Halle
(gest. 1734) kommen wohl eher nicht infrage: **289**

Bayle, Pierre (1647–1706), französischer Aufklärer, Verfasser des berühmtesten
Lexikons im damaligen Europa: 179

Beaulieu, Jacques (1651–1719/20), genannt ›Frère Jacques‹, ›Bruder Jakob‹, französischer Dominikanermönch, Wanderarzt, Bruch- und Steinschneider: 384 –
Fußnote

Beck, Johann Jodocus (1684–1744), Rechtswissenschaftler: **308 f.**

Beethoven, Ludwig van (1712–1773, nicht zu verwechseln mit seinem Enkel), flämischer Sänger am Bonner Hof von Clemens August von Bayern: 89

Behr, Samuel Rudolph (auch Behrens, geb. 1670, Todesjahr nicht ermittelt), Leipziger Tanzmeister: **341, 342**

Behrens, Isaak (= Isaak Liepman Cohen, 1695–1765), Enkel von Leffmann Behrens, Bankier in Hannover, überstand nach dem Zusammenbruch seines Un-
ternehmens 1721 Kerkerhaft, Folter und Prozess und starb im damals dänischen Altona: 73 f.

Behrens, Leffmann (= Eliever Lippman Cohen, 1634–1714), Großvater von Isaak
Behrens, Bankier, Hof- und Heereslieferant in Hannover: 73 f.

Bell, Joshua (geb. 1967), amerikanischer Geiger: 26 f.

Bellotto, Bernardo, genannt Canaletto (1721 oder 1722–1780), venezianischer Ve-
dutenmaler: 117

Bengel, Johann Albrecht (1687–1752), schwäbischer Pfarrer, Haupt des württembergischen Pietismus, mit Zinzendorf verfeindet: 169

Bernardi, Francesco, genannt Senesino (1686–1758), aus Venedig stammender
Kastrat, einer der bestbezahlten Sänger der europäischen Opernwelt: 77, 101,
115, 212 f., 216

Bernd, Adam (vermutlich 1676–1748), pietistischer Leipziger Prediger (an St. Peter 1712–28) und Autobiograph: 224, 231, **253 ff.**, **317**

Bernini, Gian Lorenzo (1598–1680), Bildhauer und Architekt, der Rom im Auftrag von acht Päpsten in eine Barockstadt verwandelte: 17

Besser, Johann von (1654–1729), Lob- und Heldendichter, Büchersammler, Zere-
monienmeister in Berlin und Dresden: **52 f.**, 77, **333**

Birnbaum, Johann Abraham (1702–1748), Leipziger Jurist, Theoretiker des Urhe-
berrechts, Privatier: **208 f.**

Bodmer, Johann Jakob (1698–1783), Züricher Philologe, Mitarbeiter Breitingers,
Gegner Gottscheds: 317

Böhme, Jacob (1575–1624), Mystiker: 258

Böttger, Johann Friedrich (1682–1719), abenteuernder ›Goldmacher‹, Alchimist und zusammen mit von Tschirnhaus und Papst von Ohain Erfinder des Meißener Porzellans: 125, 170 ff., **173 f.**

Bononcini, Giovanni Battista (1670–1747, nicht zu verwechseln mit Giovanni Maria, seinem Vater, und Antonio Maria, seinem Bruder, beides Komponisten), Opernkomponist, zeitweise im Wetteifer mit Händel in London: 96 f., 216

Bordoni, Faustina (1697–1781), gefeierte und gefürchtete Operndiva, seit 1730 mit Johann Adolph Hasse verheiratet, Rivalin der Cuzzoni: 117, 216 f.

Bose, Caspar (1645–1700), Leipziger Handelsherr, Bruder von Georg Bose, Vater des jüngeren Caspar Bose und von Georg Heinrich Bose, Gründer des Großbosischen Gartens: 133

Bose, Caspar (1672–1730), Leipziger Handelsherr, Sohn des älteren Caspar Bose, Erbe des Großbosischen Gartens: 133

Bose, Christiana Sybilla (1711–1749), Tochter von Georg Heinrich Bose, seit 1744 mit Johann Zacharias Richter verheiratet: 130, 135

Bose, Georg (1650–1700), Leipziger Handelsherr, Bruder des älteren Caspar Bose, Gründer des Kleinbosischen Gartens: 133

Bose, Georg Heinrich (1682–1731), Leipziger Handelsherr, Sohn des älteren Caspar Bose, Besitzer eines städtischen Hausgartens: 130, 133

Bradbury, Ray (1920–2012), amerikanischer Schriftsteller: 395 – Fußnote

Breitinger, Johann Jakob (1701–1776), Züricher Philologe, Mitarbeiter Bodmers, Gegner Gottscheds: 317

Breitkopf, Johann Gottlob Immanuel (1719–1704), Leipziger Musikverleger und Typograf: 200

Brockes, Barthold Heinrich (1680–1747), der Hamburger Honoratior und zeitweilige Ratsherr konnte ›irdisch vergnügt in Gott‹ von seinem Erbe leben und dichten, etwa eine Passion, vertont von Keiser, Händel, Telemann und Mattheson (JSB nutzte Textteile für die Johannes-Passion): 103, 108, 110, 112 f., **136 f.**, 141, 157, 191, 238 f., 243, **244,** 271, 346, **394, 398 f.**

Broschi, Carlo, genannt Farinelli, mitunter auch Farinello (1705–1782), neapolitanischer Kastrat, berühmtester Sänger seiner Zeit: 70, 211 ff.

Broschi, Riccardo (1698–1756), Opernkomponist, Carlo Broschis Bruder: 70

Brühl, Heinrich von (1700–1763), mächtiger Minister unter August dem Starken, allmächtiger Ministerpräsident unter dessen Nachfolger, Prachtliebhaber, Dresdener Terrassen- und Gartenbesitzer: 65, 397

Buchinger, Matthias (1674–1739), schwer behinderter Zeichner und Musiker, Jahrmarktsberühmtheit: 371, 373

Burney, Charles (1726–1814), englischer Musiker und Schriftsteller: **272**

Buxtehude, Dieterich (um 1637–1707), berühmter dänisch-deutscher Orgelvirtuose in Lübeck (seit 1668), auch von JSB bewundert: 110 f., 220, 223

Cäsar, Gaius Julius (100–44 v. Chr.), Feldherr, Konsul, Vorbereiter des römischen Kaisertums: 167

Caetano, Domenico Manuel (auch Gaetano oder Cajetano, um 1670–1709), Alchemist, Goldmacher, hingerichteter Hochstapler: 172 f.

Canaletto siehe **Bellotto,** Bernardo

Carl, Johann Samuel (1677–1757), pietistischer Arzt, studierte u. a. bei <u>Friedrich Hoffmann</u> in Halle: **382, 387 ff., 388 f.**

Carl Alexander von Württemberg (1684–1737), der Aufstieg von <u>Süß Oppenheimer</u> ist mit seinem Regierungsantritt 1733 verbunden: 69 f.

Carl Eugen von Württemberg (1728–1793), ab 1737 Herzog von Württemberg unter der stellvertretenden Regentschaft von <u>Carl Rudolf,</u> ab 1744 Selbstherrscher, heute als Quälgeist <u>Friedrich Schillers</u> berüchtigt: 69 f.

Carl Rudolf von Württemberg (1667–1742), unterzeichnete 1738 als Regent des Herzogtums das Todesurteil über <u>Süß Oppenheimer</u>: 68 ff.

Cavalli, Francesco (eigentlich Francesco Caletti-Bruni, 1602–1676), Komponist, dessen Xerxes-Oper von <u>Bononcini</u> und <u>Händel</u> bearbeitet wurde: 97

Celsius, Anders (1701–1744), schwedischer Mathematiker und Physiker, Erdvermesser, Entwickler einer in hundert Abschnitte unterteilten Temperaturskala: 395

Christian Eberhardine von Brandenburg-Bayreuth (1671–1727), seit 1693 Gemahlin von <u>August dem Starken</u>: 185

Claessen, Dietrich Siegfried (1685–1743), von 1715 bis 1720 Domprediger in Berlin: 236 ff.

Clemens XI. (Giovanni Francesco Albani, 1649–1721), von 1700–1721 Papst: 214 f.

Clemens August von Bayern (1700–1761), seit 1723 Erzbischof von Köln und damit Kurfürst: 89

Clisander, Pseudonym nicht erschlossen: **290, 309, 334 f., 340**

Congreve, William (1670–1729), englischer Dramatiker und Librettist: 100

Conradi, Johann Georg (1645–1699), Komponist, Organist, von 1690–1694 Kapellmeister an der Hamburger Oper am Gänsemarkt: 106 – Fußnote

Corelli, Arcangelo (1653–1713), italienischer Komponist, Meister des Concerto grosso: 214

Corvinus, Gottlieb Siegmund (1677–1747), Leipziger Jurist und ›unverwelklicher‹ (das bedeutet sein Pseudonym Amaranthes) Frauenzimmer-Lexikograph: **179, 290, 348**

Cosel, Anna Constantia von (1680–1765), Mätresse <u>Augusts des Starken,</u> nach ihrem Sturz 1716 bis zu ihrem Tod verbannt: 307

Cuzzoni, Francesca (Geburtsjahr ungesichert, vermutlich 1696–1778), italienische Sopranistin, Rivalin der <u>Bordoni</u>: 216

Dach, Simon (1605–1659), Lehrer, Schuldirektor und Auftragsdichter, von dem 1200 Einblattdrucke überliefert sind: 17

David, Christian (vermutlich 1692–1751), geistlicher Führer mährischer Auswanderer, Gründer der Herrnhuter Gemeinde auf <u>Zinzendorfs</u> Gut: **252 f.**

Defoe, Daniel (ursprünglich Daniel Foe, 1660–1731), gescheiterter Geschäftsmann, Publizist und literarischer Spätentwickler, der seinen Debütroman über die Abenteuer Robinsons mit 59 veröffentlichte: **40, 98, 100**

Diderot, Denis (1731–1784), französischer Aufklärer, Schriftsteller, Enzyklopädist: 179

Dieskau, Carl Heinrich von (1706–1782), Gutsbesitzer bei Leipzig, Hofbeamter in Dresden, personifiziert die ›neue Oberkeit‹ in JSBs *Bauernkantate:* 141 f.

Dinglinger, Johann Melchior (1664–1731), Goldschmied und Hofjuwelier bei August dem Starken in Dresden, Meister des ›Grünen Gewölbes‹: 353

Durastanti, Margherita (zwischen 1685 und 1690 bis nach 1734, genaue Lebensdaten unbekannt), aus Venetien stammende, auch für Händel singende Sopranistin: 77, 115, 214 ff.

Eberhard Ludwig von Württemberg (1676–1733), regierender Herzog ab 1693: 69 f.

Eckenberg, Johann Carl von (geb. als Johann Carl Eckenberger, vermutlich 1684–1748), Jahrmarktskraftprotz, Schauspieler und vom Soldatenkönig privilegierter Theaterprinzipal: 371 ff.

Edelmann, Johann Christian (1698–1767), Schriftsteller der Frühaufklärung, studierte in der ersten Hälfte der 1720er in Jena: **367**

Eger, Susanna (1640–1713), Leipziger Berufsköchin und Kochbuchautorin: **326 f.**

Eisenbarth, Johann Andreas (1663–1727, nicht zu verwechseln mit seinem Sohn Johann Michael, einem akademisch ausgebildeten Arzt), zu Unrecht heute eher berüchtigter als berühmter Wanderchirurg, Wundarzt, Steinschneider und Starstecher: 384 ff., 389, 397 f., 403

Elisabeth I. von Russland (1709–1762), Tochter von Zar Peter dem Großen, seit 1741 Kaiserin: 47, 60

Elisabeth II. von England (geb. 1926), inthronisiert im Februar 1952, gekrönt im Juni 1953: 58

Elisabeth Christine von Braunschweig-Bevern (1715–1797), seit 1733 mit Friedrich II. von Preußen verheiratet: 61 f., 120

Elisabeth Christine von Braunschweig-Wolfenbüttel (1691–1750), Gattin von Karl VI. von Österreich, Mutter Maria Theresias: 61

Elisabeth Ernestine Antonie von Sachsen-Meiningen (1681–1766), seit 1713 Äbtissin des Reichsstifts Gandersheim: 209

Elisabeth Stuart (1596–1662), Prinzessin von England und Schottland, durch Heirat Kurfürstin von der Pfalz, Mutter von Sophie von der Pfalz: 59

Endter, Susanna Maria (1658–1716), Nürnberger Kochbuchautorin: **324 f.**

Erdmann, Georg (1682–1736), Jugendfreund von JSB, Jurist, seit 1718 Gesandter im russischen Dienst in Danzig: 124

Ernst August von Braunschweig-Lüneburg (1629–1698), vom Kaiser 1692 zum neunten Kurfürsten (›Kurhannover‹) erhoben: 58 f., 61 f., 73, 159

Erxleben, Dorothea Christiane (geborene Leporin, 1715–1762), erste promovierte Ärztin Deutschlands: 192 ff., **193, 195,** 310

Eudoxia: Jewdokija Fjodorowna Lopuchina (1669–1731), von 1689–1712 mit Zar Peter I. verheiratet, 1698 in ein Kloster verbannt: 267

Eugen von Savoyen, genannt ›Prinz Eugen‹ (1663–1736), Oberbefehlshaber in den ›Türkenkriegen‹ und heute als Sockelfigur in Wien weit verbreitet: 95, 108

Euler, Leonhard (1707–1783), Physiker und Mathematiker: 167

Exter, Christlieb Leberecht von (1697–1707), pietistisches Wunderkind, Sohn eines Arztes, der die eigene Frömmigkeit in die Vornamen seines Kindes einschrieb und das selbst erbauliche, nach seinem Tod von August Hermann Francke herausgegebene Schriftlein verfasste: 256

Fahrenheit, Daniel Gabriel (1686–1736), Physiker, entwickelte eine Temperaturskala, sowie Weingeist- und Quecksilberthermometer: 393, 395

Farinelli siehe **Broschi,** Carlo

Fasch, Johann Friedrich (1688–1758), Komponist: 350

Fassmann, David (1685–1744), Historiograph, Publizist, als Konkurrent Jacob Paul Gundlings Mitglied im Tabakskollegium des Soldatenkönigs: **33 f.**, **78,** **140, 205 f.**, 343, **380**

Faustina siehe **Bordoni,** Faustina

Fehre, Christoph Ludwig (1718–1772), Komponist und Organist in Dresden, Urheber der bis in die 1980er Telemann zugeschriebenen *Schulmeisterkantate:* 23, 321

Fielding, Henry (1707–1754), englischer Jurist, Rechtsreformer, Journalist, Dramatiker, Romanschriftsteller: 100

Fleming, Hannß Friedrich von, häufig auch Flemming (1670–1733), Oberforstmeister von August dem Starken, Militärschriftsteller: **82 f.**, **201, 203, 340 f.**, 409

Fontanges, Marie Angélique de Scorailles, Duchesse de (1661–1681), Kurzzeitmätresse Ludwigs XIV., Frisurenerfinderin: 266 f.

Forkel, Johann Nicolaus (1749–1818), Musikdirektor an der Universität Göttingen, erster Biograf von JSB: 397

Franck, Salomon (1659–1725), Jurist, Theologe, Weimarer Hof- und Kantatendichter: 57

Francke, Anna Magdalena (1670–1734), Gattin von August Hermann Francke: 301 f.

Francke, August Hermann (1663–1727), Haupt des Halleschen Pietismus: 166, 188, 245 ff., **247 ff.**, 256, 258, 271, 287, **318 f.**, 320, 328 f., **339,** 366, 389 f.

Franz Stephan von Lothringen (1708–1765), Herzog mit wechselnden Herzogtümern (als Franz III. 1729–1736 in Lothringen, als Franz II. ab 1736 in der Toskana), Gatte Maria Theresias, seit 1745 als Franz I. Kaiser des Heiligen Römischen Reichs: 89 f.

Friedrich I. von Preußen (1657–1713), Kurfürst von Brandenburg, seit 1701 König in Preußen: 47, 51 ff., 58, 61, 72 f., 81 f., 107, 120, 140, 157, 172, 272 ff., 280, 344 f. 380, 381 f.

Friedrich II. von Preußen (›der Große‹, 1712–1786), seit 1740 preußischer König, wichtigster Vertreter des ›aufgeklärten Absolutismus‹ unter den deutschen Fürsten: 25, 33, 40, 46, 51 – Fußnote, **54,** 55, 60 ff., 76, 79, 81, **82,** 85, **86,** 86 ff., 114, 116, **118,** 119 ff., 148, 165 ff., 193, 221, 231, 274 f., 277, 305

Friedrich August I. von Sachsen (›der Starke‹, 1670–1733), Kurfürst von Sachsen seit 1694, außerdem seit 1697 (mit einer von seinem Vetter Karl XII. von Schweden in den Nordischen Kriegen erzwungenen Entmachtungsphase von 1704 bis 1710) als August II. König in Polen: 33, 46 f., 73 ff., 80, 87, 114 f., 117, 120, 125, 134, 139 f., 145, 147, 172, 174, 184, 205, 276, 290, 306, 310, 342, 348 f., 353, 372, 380

Friedrich August II. von Sachsen (1696–1763), einziger legitimer Sohn Augusts

466

des Starken, seit 1733 Kurfürst von Sachsen und als **August III**. König in Polen: 37, 52, 65, 75 ff. 204 f., 310

Friedrich Wilhlem I. **von Preußen** (›der Soldatenkönig‹, 1688–1740), seit 1713 brandenburgischer Kurfürst und König in Preußen: 35, 47 f., 54, 61, 70 f., 73, **78**, 79 ff., **87**, 107, 117, 119 f., 145, **165 f.**, 176, 180, 189 f., **231**, 233, 237, 248, 252, 264, 277, 280, 296, **305**, 306 f., 333, **342 f.**, 344 f., 372, 380, **381**, 382, 386 f.

Friedrich Wilhelm von Brandenburg (›der große Kurfürst‹, 1620–1688), gilt als ›Wegbereiter‹ des Aufstiegs Preußens zur Großmacht: 35, 45 f.

Fritsch, Caspar (1677–1745), Verlagsbuchhändler und Lexikonvertreiber, einer von Zedlers Leipziger Konkurrenten: 176, 178

Gay, John (1685–1732), englischer Schriftsteller, Verfasser der *Bettleroper:* 101, **212**, 213, 216

Gellert, Christian Fürchtegott (1715–1769), Fabeldichter, Romanschriftsteller, Moralphilosoph der Aufklärung: **143**, **145**, **257 f.**, **292**, **300**, 301 – Fußnote

Georg I. von England (1660–1727), geboren als Herzog Georg Ludwig von Braunschweig-Lüneburg, seit 1698 Kurfürst des 1692 neu installierten neunten Kurfürstentums Braunschweig-Lüneburg (›Kurhannover‹), seit 1714 König von England: 57 ff., 97 – Fußnote, 100 f. 103, 210, 305 f., 371

Georg II. von England (1683–1760), Sohn und Nachfolger Georgs I. als Kurfürst von Braunschweig-Lüneburg (›Kurhannover‹) und König von England: 25, 58, 192

Georg V. von England (1865–1936), Erfinder der Windsors: 59 – Fußnote

Gesner, Johann Matthias (1691–1761), pädagogischer Reformer, von 1730 bis 1734 Rektor der Thomasschule, danach an der Universität Göttingen, Bewunderer von JSB: 319

Gladov, Friedrich (um 1685–1715), ob er tatsächlich, wie immer wieder behauptet, hinter Sperander steckt, ist fragwürdig und passt nicht zu seinen reichshistorischen Publikationen: **267**, **286**

Gleditsch, Johann Gottlieb (1714–1786), Mediziner und Botaniker, Dattelpalmenbestäuber: 362

Gluck, Christoph Willibald Ritter von (1714–1787), Meister der ›Reformoper‹, die in der zweiten Hälfte des 18. Jahrhunderts die Opera seria und die Opera buffa ablöste: 101

Görner, Johann Gottlieb (1697–1778), seit 1729 Organist der Leipziger Thomaskirche, JSBs Nachlassverwalter und auf Wunsch von Anna Magdalena Bach Vormund der Kinder: 350

Goethe, Johann Caspar (1710–1782), Jurist und Frankfurter Privatier, Johann Wolfgang Goethes Vater: 90

Goethe, Johann Wolfgang von (1749–1832), als Haupt der Weimarer Klassik Namensgeber einer deutschen Kulturepoche: 16

Goldberg, Johann Gottlieb (1727–1756), als Kind von Graf Keyserlingk entdeckter und von JSB geschulter Tastenvirtuose und Komponist: 396 f.

Goldoni, Carlo (1707–1793), venezianischer Komödiendichter, seit 1762 in Paris engagiert: **93**

Iwan V. von Russland (1666–1696), Zar seit 1682: 60

Iwan VI. von Russland (1740–1764), zum russischen Zar bestimmter Welfenspross aus der Wolfenbütteler Linie, verbrachte sein gesamtes Leben nach der 1741 erfolgten Machtübernahme Elisabeths I. in Gefangenschaft: 60

James II. von England (auch Jakob II., 1633–1701), als Jakob VII. auch König von Schottland, im Zuge der »Glorreichen Revolution« durch die Invasion Wilhelms von Oranien vom Thron vertrieben: 38, 58

›**Jud Süß**‹ siehe **Oppenheimer,** Joseph

Justi, Johann Heinrich Gottlob (1720–1771), Staatswissenschaftler, wichtiger Vertreter der Kameralistik: 167

Kändler, Johann Joachim (1706–1775), Modelleur der Meißener Porzellanmanufaktur: 33

Kant, Immanuel (geboren als Emanuel, 1724–1804), Königsberger Provinzphilosoph mit globalem geistigem Einfluss: 55, 159, **165** – Fußnote, 247, 369

Karl VI., Franz Joseph Wenzel (1685–1740), Erzherzog von Österreich, seit 1711 Kaiser des Heiligen Römischen Reichs, Vater von Maria Theresia: 87, 95

Karl XII. von Schweden (1682–1718), Neffe der sächsischen Kurfürstin Anna Sophie, der Mutter von August dem Starken, König seit 1697, während der Nordischen Kriege seit 1700 bis zu seinem Tod Inbegriff des kriegerischen jugendlichen Helden: 53 f., 82

Karl Albrecht von Bayern (1697–1745), Kurfürst, von 1741–43 als Karl III. König von Böhmen, ab 1742 als Karl VII. Kaiser des Heiligen Römischen Reichs: 87, 89

Katharina II. von Russland (›die Große‹, geborene Sophie Auguste Friedrike von Anhalt-Zerbst, 1729–1796), seit 1762 Kaiserin: 47

Keil, Christoph Heinrich (1680–1736), Mediziner, Schüler Friedrich Hoffmanns in Halle: **399, 403**

Keiser, Reinhard (1674–1739), beherrschte mit 75 Opern während der ersten beiden Jahrzehnte des 18. Jahrhunderts die Hamburger Oper am Gänsemarkt bis Telemann die Leitung übernahm, wurde mit der Vertonung der Passion des Hamburger Ratsherrn Brockes zu JSBs Vorläufer: 106, 243

Keyserlingk, Hermann Carl Graf von (1696–1764), baltendeutscher Diplomat in russischen Diensten, Förderer von JSB, Entdecker Goldbergs: 396 f.

Keyssler (auch Keyßler oder Keysler), Johann Georg (1693–1743), renommiert für seine opulente Reisebeschreibung: **95 f., 116, 270, 280 f., 354 f.**

Kirch, Gottfried (1639–1710), Astronom: 378

Kirch, Maria Margaretha (1670–1720), seit 1692 mit Gottfried Kirch verheiratet, Kometenentdeckerin (1702), Astronomin: **378**

Knobelsdorff, Georg Wenzeslaus von (1699–1753), Baumeister Friedrichs II.: 118

Königsmarck, Maria Aurora von (1662–1728), Schwester von Philipp Christoph von Königsmarck, erste Mätresse Augusts des Starken, lebte seit 1698 in der Abtei Quedlinburg: 306

Königsmarck, Philipp Christoph von (1665–1694, verschollen), Bruder von Maria Aurora von Königsmarck, Liebhaber der älteren Sophie Dorothea, vermutlich ermordet: 306

Krafft, Georg Wolfgang (1701–1754), deutscher Physiker mit langjährigem Aufenthalt in St. Petersburg, Gründungsdirektor der Tübinger Sternwarte: 379

Krause, Johann Gottfried (1685–1746), Poet, Pfarrer, Kirchenlieddichter: 351

Krebs, Johann Ludwig (1713–1780), Schüler von JSB, Orgelkomponist und -virtuose: 122

Krüger, Johann Gottlob (1715–1759), schriftstellernder Arzt, Seelenforscher, Genussmittelkritiker, Wetterbeschreiber: **319 f., 347, 352 f.,** 379, 380

Kuhnau, Johann (1660–1722), Komponist, Autor von Musikromanen und Vorgänger von JSB im Thomaskantorat, in dem er so wenig zufrieden war wie sein Nachfolger: 238, 350 – Fußnote, **385, 398**

Lange, Gottfried (1672–1748), Leipziger Ratsmitglied, langjähriger Bürgermeister, seit 1719 Vorsteher der Thomaskirche, 1724 Taufpate von JSBs neuntem Kind: 182

Law of Lauriston, John (1671–1729), schottischer Finanztheoretiker und Pariser Bankier: 43, 104, 214, 349

Lehmann, Issachar Berend (1661–1730), Schwager von Leffmann Behrens und Schwiegervater von Isaak Behrens, einflussreicher und für viele fürstliche Herren tätiger Halberstädter Bankier, Kriegsfinanzier, Militär- und Edelsteinlieferant, außerdem großer Wohltäter in den jüdischen Gemeinden: 73 ff.

Lehmann, Johann (um 1665–1719), Hof-Chocolatier Augusts des Starken, verheiratet mit Johanna Elisabeth Lehmann, Betreiber eines gewerblichen Kaffeeausschanks, u. a. im Leipziger Opernhaus: 349

Lehmann, Johanna Elisabeth (geb. Schütze, um 1699–um 1742, genaue Lebensdaten nicht ermittelt), Tochter von Adam Heinrich Schütze, Gattin und Witwe von Johann Lehmann, Betreiberin des Leipziger »Coffe Baum«: 348 f.

Leibniz, Gottfried Wilhelm (1646–1716), Gedankengeber der Frühaufklärung, wichtigster deutscher Philosoph vor dem Spätaufklärer Kant, oft als letztes ›Universalgenie‹ apostrophiert: 18, **32 f.,** 55, 62, **67, 153, 159 ff.,** 165 ff., 169, **171 f,** 181, 189 f., 199, **234 f.,** 267, 271, 280, **285 f.,** 352, **382 f.,** 394

Leopold I. von Anhalt-Dessau, (›der alte Dessauer‹, 1676–1747), preußischer Feldherr, führte den eisernen Ladestock und den Gleichschritt ein: 79, **83 f.**

Leopold von Anhalt-Köthen (1694–1728), Brotherr JSBs von 1717 bis 1723: 80, 109, 289

Leporin, siehe **Erxleben,** Dorothea Christiane

Lessing, Gotthold Ephraim (1729–1781), Leitfigur der deutschen Aufklärung: 23, 180

Leygebe, Paul Carl (1664–1756), Maler und Anatomieprofessor in Berlin: 344

Liebmann, Esther (geborene Schulhoff, 1645–1714), zweite Ehefrau von Jost Liebmann, nach dessen Tod an seiner Stelle ›Hofjüdin‹ bei Friedrich I. von Preußen: 73

Liebmann, Jost (= Judah Berlin, 1640–1701/02, genaues Todesjahr ungesichert), zweiter Ehemann von Esther Schulhoff, vermutlich aus Halberstadt stammend, seit 1668 ›Hofjude‹ in Brandenburg: 72 f.

Linné, Carl von (1707–1778), schwedischer Naturforscher und Begründer der modernen Nomenklatur für Fauna und Flora: 362, 395

Liselotte von der Pfalz (1652–1722), berühmte Briefschreiberin, verheiratet mit Herzog Philipp I. von Orléans, einem Bruder Ludwigs XIV., Mutter von Philipp II. von Orléans, dem Regenten während Ludwigs XV. Unmündigkeit: **43**, 266

Loen, Johann Michael von (1694–1776), Privatgelehrter, Schriftsteller, zeitweise preußischer Regierungsbeamter: 115 f., 140 f., 262 f.

Losius, Johann Christoph (1659–1733), Pädagoge, langjähriger Direktor des Andreanum in Hildesheim, das auch Telemann besuchte: **36 ff.**

Lotti, Antonio (1667–1740), venezianischer Komponist: 97

Lubotsky, Mark (geb. 1931), russischer Geiger: 28

Ludewig, Johann Peter von (bürgerlicher Geburtsname Ludwig, 1668–1743), Universitätsjurist in Halle, Fürsprecher von Zedlers Lexikon: **176 f.**

Ludwig XIV. von Frankreich (der ›Sonnenkönig‹; das Attribut ›le Grand‹, das er sich beilegte, versagte ihm ›die Geschichte‹, 1638–1715), als absoluter Monarch das repräsentative Vor-Bild vieler europäischer Fürstenhöfe: 38, 42 f., 70, 78, 104, 266

Ludwig XV. von Frankreich (1710–1774), Urenkel Ludwigs XIV., zunächst Kinderkönig unter Vormundschaft, ab 1726 offizieller Selbstherrscher: 43

Ludwig XVI. von Frankreich (1754–1793), guillotiniert: 54 – Fußnote

Ludwig XVIII. von Frankreich (1755–1824). Der Sprung in der Zählung kam zustande, weil die Royalisten den mit zehn Jahren gestorbenen ursprünglichen Thronfolger als Ludwig XVII. bezeichneten. Der ›Achtzehnte‹ war seit 1814 König von Frankreich: 54 – Fußnote

Ludwig Wilhelm von Baden-Baden (der›Türkenlouis‹, 1655–1707), Markgraf von Baden-Baden, Erbauer des Rastatter Schlosses, Generalfeldmarschall des Heiligen Römischen Reiches in den ›Türkenkriegen‹: 72

Lully, Jean-Baptiste (1632–1687), aus Italien stammender Hofmusiker Ludwigs XIV.: 17

Luther, Martin (1483, möglicherweise auch 1484–1546), als Reformator Namensgeber einer deutschen Kulturepoche: 16, 45, 175 f., 219, 229, 232, 238, 337, 410

Mahler, Gustav (1860–1911), österreichischer Komponist: 384 – Fußnote

Mandeville, Bernard (1670–1733), holländischer, in London lebender und dort publizierender Arzt, Übersetzer von Fabeln, selbst Fabeldichter und großer Ausplauderer der wahren Triebkräfte des Menschen: **41, 42, 263, 281, 297, 304, 323 f.,** 359 f., 361

Marcus, Johann Rudolph (Lebensdaten nicht ermittelt), Pfarrer in Mühlstadt, Verfasser eines Wetter- und Winterberichts: **377 ff.**

Maria Josepha von Österreich (1699–1757), seit 1719 Gemahlin des späteren sächsischen Kurfürsten (seit 1733) Friedrich Augusts II.: 52, 204

Maria Theresia von Österreich (1717–178), seit 1740 Erzherzogin von Österreich und Königin von Ungarn: 47, 61, 63 f., 86, 89, 95, 315

472

Neuwirth, Thomas (geb. 1988), Unterhaltungskünstler, firmierte in der ersten Hälfte der 2010er Jahre als Conchita Wurst: 186
Newton, Isaac (1643–1727), naturwissenschaftliches Großgenie: 42, 160
Nicolai, Ernst Anton (1722–1802), Mediziner, studierte bei <u>Friedrich Hoffmann</u> in Halle: 201f.
Nicolini siehe **Grimaldi,** Nicolò
Niedt, Friedrich Erhard (1674–1717), Verfasser von Traktaten über den Generalbass, die <u>JSB</u> beeinflussten: 218

Oehme, Johann August (1693–1754), Dresdener Arzt und Medizinschriftsteller: 137f., 352
Oppenheimer, Joseph Ben Issachar Süß (eigentlich Süßkind, schmähend ›Jud Süß‹, zwischen 1690 und 1698–1738), aus Heidelberg stammender, nach seinem Sturz hingerichteter Hoffaktor von Herzog <u>Carl Alexander von Württemberg</u>: 68ff., 353
Oppenheimer, Samuel (1630–1703), aus Heidelberg stammender Wiener Hoffaktor: 72
Ovid (= Publius Ovidius Naso, 43 v. Chr.–17. n. Chr.), römischer Dichter von unabschätzbarer europäischer Wirkung: 184

Pachelbel, Johann (1653–1706), Komponist und Organist: 220
Papin, Denis (1647–1712, Todesjahr nicht gesichert), französischer Physiker und Erfinder, der sich vor allem mit Dampf befasste: 162f.
Papst von Ohain, Gottfried (1656–1729), kursächsischer Bergrat, zusammen mit <u>Böttger</u> und <u>von Tschirnhaus</u> Erfinder des Meißener Porzellans: 172ff.
Pepusch, John Christopher, geboren als Johann Christoph in Berlin (1667–1752), Musiklehrer, Theaterdirektor, Komponist von <u>John Gays</u> *Bettleroper* von 1728: 101
Pergolesi, Giovanni Batista (1710–1736), italienischer Komponist: 393
Permoser, Balthasar (1651–1732), aus dem Salzburgischen stammender Dresdener Barockbildhauer, zusammen mit Baumeister <u>Pöppelmann</u> Meister des Zwingers: 134
Pesne, Antoine (1683–1757), französischer Preuße, Hofmaler dreier preußischer Könige: 33, 120f., 278, 282, 285
Peter I. (= Pjotr Alexejewitsch Romanow, ›der Große‹, 1672–1725), seit 1682 Zar, seit 1694 tatsächlicher Herrscher Russlands: 77, 161, 267, 363
Philander von der Linde siehe **Mencke,** Johann Burkhard
Philipp II. von Orléans (1674–1723), Sohn der <u>Liselotte von der Pfalz</u>, Neffe <u>Ludwigs XIV.</u> und während der Unmündigkeit <u>Ludwigs XV.</u> Regent, wovon sich die kulturgeschichtliche Epochenbezeichnung Régence herleitet: 43
Philippi, Johann Ernst (um 1700–1757 oder 1758), Jurist, viel verspotteter Spötter, der in einem Gefängnis in Halle zugrunde ging: **34**
Picander siehe **Henrici,** Christian Friedrich
Pisendel, Johann Georg (1687–1755), seit 1712 an der Dresdener Hofkapelle, erst als Violinist, seit 1728 als Konzertmeister, Lehrer von <u>Johann Joachim Quantz,</u> der seinerseits <u>Friedrich II.</u> unterrichtete: 94, 105, 116, 120, 361

1726), Mutter von Sophie Dorothea, bis zur Scheidung 1694 verheiratet mit Herzog Georg Ludwig, dem späteren König von England, nach der Scheidung bis zu ihrem Tod auf Schloss Ahlden festgehalten: 305 f.

Sophie Dorothea von Braunschweig-Lüneburg (1687–1757), Tochter von Sophie Dorothea, Cousine und Gemahlin Friedrichs Wilhelm I., Mutter Friedrichs II.: 61

Sophie Luise von Mecklenburg-Schwerin (1685–1735), seit 1708 dritte Ehefrau Friedrichs I. von Preußen: 344 f.

Spener, Christian Maximilian (1678–1714, nicht mit seinem Vater Philipp Jakob Spener zu verwechseln), Mediziner und Heraldiker: 189 ff.

Spener, Philipp Jakob (1635–1705), einer der Urväter des deutschen Pietismus, auf dessen Schrift *Pia desideria* von 1675 die Bezeichnung zurückgeht: 245, 258

Sperander siehe **Gladov,** Friedrich

Sperontes siehe **Scholze,** Johann Sigismund

Spitta, Julius August Philipp (1841–1894, nicht zu verwechseln mit seinem Vater Carl Johann Philipp Spitta), unersetz- und unvermeidbarer JSB-Biograph: 15

Stahl, Georg Ernst (1659–1734, nicht zu verwechseln mit seinem gleichnamigen Sohn, Apotheker in Berlin, für den JSB – möglicherweise – die Hochzeitskantate *O holder Tag, erwünschte Zeit,* BWV 210, geschrieben hat), Mediziner, Chemiker, Professor in Halle, wissenschaftlicher Konkurrent von Friedrich Hoffmann, ab 1715 Leibarzt des Soldatenkönigs, Pillenerfinder: 390 ff., **391,** 400

Stark (auch Starck), Johann Friedrich (1680–1756), lutherischer Theologe und Prediger in Frankfurt a. M., Verfasser einer weit verbreiteten Erbauungsschrift: 255

Stölzel, Gottfried Heinrich (1690–1749), Komponist, Hofkapellmeister in Gera und Sachsen-Gotha, einer seiner Kantaten-Jahrgänge wurde auch von JSB in Leipzig aufgeführt: 346

Storch, Johann (1681–1751), von Georg Ernst Stahl beeinflusster Stadtarzt in Eisenach und Gotha: **400 f.**

Stradivari, Antonio Giacomo (zwischen 1640/48–1737), mitunter als ›Meister aller Meister der Geigenmacherei‹ gerühmt: 26

Stranitzky, Joseph Anton (1676–1726), Wiener Schauspieler, gilt als komödiantischer ›Vollender‹ der Figur des Hans Wurst: 180 f., 185

Süßmilch, Johann Peter (1707–1767), Theologe, Mediziner, Schüler von August Hermann Francke in Halle und Student Christian Wolffs in Halle und Jena, gilt als der erste deutsche Bevölkerungsstatistiker: 118 f., 186 ff., **187 f.,** 192, **303,** 315, **316 f.**

Swift, Jonathan (1667–1745), englischer (in Irland geborener) Kleriker und satirischer Schriftsteller: **25, 39,** 59 f., 100 f., 171, 212, 291

Taubert, Gottfried (vermutlich 1679–1746), Tanzmeister in Danzig, Leipzig und Zerbst: 342

Taylor, John (1703–1770/72, Todesjahr nicht gesichert), englischer Okulist und reisender Starstecher, der sowohl JSB in Leipzig als auch Händel in London operierte, beide erfolglos: 401, **402,** 403 f.

Telemann, Georg Philipp (1681–1767), einer der produktivsten deutschen Komponisten seiner Zeit: 15, 21 ff., **24,** 37 f., 43, 77, **90, 102,** 103 ff., **104 f.,** 122 f., 125, 135, **169, 178, 205, 208 f.,** 210 f., 225, 238, 243, 271 f., 297 f., 321, **336 ff.,** 339, 346, 349, 361 f., 404, **412**

Thomasius, Christian (1655–1728), Jurist und Philosoph: 153 ff., **154 ff.,** 194, 271, **286, 308**

Tiepolo, Giovanni Battista (1696–1770), venezianischer Maler: 17, 19, 31 f.

Treiber, Johann Friedrich (1642–1719), Schulrektor in Arnstadt: **301** – Fußnote, 357 f.

Trichter, Valentin (1685–1750), die Übereinstimmung der Lebensdaten mit denjenigen von JSB ist Zufall, nicht jedoch die Übereinstimmung des Namens mit dem Pseudonym, unter dem Jahrzehnte nach seinem Tod Pferdebücher veröffentlicht wurden, denn Trichter war selbst ein publizierender Stallmeister: **340, 342**

Triller, Daniel Wilhelm (1695–1782), Mediziner mit Promotion bei Friedrich Hoffmann, Lehr- und Fabeldichter: **308, 393 f., 409 f.**

Tschirnhaus, Ehrenfried Walther von (1651–1708), Physiker, Mineraloge, entwickelte mit Böttger und Pabst von Ohain das Herstellungsverfahren für das Meißener Porzellan: 173 f.

Tullian, Lips (nannte sich in der Haft Philipp Mengstein, der tatsächliche Name ist ungesichert; Lebensdaten ebenfalls ungesichert), legendärer, 1715 in Dresden hingerichteter Räuberhauptmann: 145 ff., 271

Uffenbach, Zacharias Conrad von (1683–1734, nicht zu verwechseln mit seinem gleichnamigen Onkel und mit seinem Bruder Johann Friedrich Armand, der ebenfalls Reiseschriften verfasst hat), Frankfurter Patrizier, Reiseschriftsteller, Büchersammler: **271 f.**

Unger, Johann Friedrich (1714–1781), Mathematiker und Erfinder: 199, **201**

Vater, Antoine (geboren in Hannover als Anton, 1689–1759), seit 1715 Cembalo-Bauer in Paris: 104

Vauban, Sébastian Le Prestre de (1633–1707), Festungsbauer und zugleich Belagerungskünstler, Marschall von Frankreich: 39

Vivaldi, Antonio Lucio (1678–1741), in Venedig geborener, in Wien gestorbener europäischer Großmeister der Barockmusik: 13, 93 ff., 116, 180, 215, 271

Volckamer, Johann Christoph (1644–1720), Nürnberger Kaufmann, Gartenbesitzer und Botaniker: **363 f.**

Voltaire (= François-Marie Arouet, 1694–1778), lauteste Spottdrossel der französischen Aufklärung: 18, **36, 63 f.,** 86, 99 f., **104,** 122, 271, **279 f.**

Walch, Johann Georg (1693–1775), evangelisch-lutherischer Theologe, wiederholt Rektor der Universität Jena, Gegner Wolffs, Verfasser eines philosophischen Lexikons: 178

Walther, Johann Gottfried (1684–1748), entfernter Verwandter von JSB, Organist, Herausgeber des ersten Musiklexikons in deutscher Sprache: 178